Veröffentlichungen der Kommission für Zeitgeschichte

VERÖFFENTLICHUNGEN
DER KOMMISSION FÜR ZEITGESCHICHTE

In Verbindung mit Ulrich von Hehl · Hans Günter Hockerts
Michael Kissener

Herausgegeben von Wilhelm Damberg

Reihe B: Forschungen · Band 121

EUGENIO PACELLI
ALS NUNTIUS IN DEUTSCHLAND

Forschungsperspektiven und Ansätze zu einem internationalen Vergleich

FERDINAND SCHÖNINGH
PADERBORN · MÜNCHEN · WIEN · ZÜRICH

HUBERT WOLF (Hrsg.)

EUGENIO PACELLI ALS NUNTIUS IN DEUTSCHLAND

Forschungsperspektiven und Ansätze zu einem internationalen Vergleich

2012

FERDINAND SCHÖNINGH

PADERBORN · MÜNCHEN · WIEN · ZÜRICH

Bibliografische Information der Deutschen Nationalbibliothek

Die Deutsche Nationalbibliothek verzeichnet diese Publikation in der Deutschen Nationalbibliografie; detaillierte bibliografische Daten sind im Internet über http: //dnb.d-nb.de abrufbar.

Umschlaggestaltung: Evelyn Ziegler, München

(Verlag Ferdinand Schöningh GmbH & Co. KG, Jühenplatz 1, D-33098 Paderborn)

Internet: www.schoeningh.de

Printed in Germany. Herstellung: Ferdinand Schöningh, Paderborn

ISBN 978-3-506-77314-2

INHALTSVERZEICHNIS

VORWORT

Zwölf Jahre Nuntius in Deutschland, zehn Jahre Kardinalstaatssekretär im Vatikan und knapp zwanzig Jahre Papst – das sind die äußeren Stationen der Karriere Eugenio Pacellis. Pius XII. gilt als einer der umstrittensten Päpste des 20. Jahrhunderts: entwickeln sich schon in der scientific community überaus gegensätzliche Meinungen, polarisiert dieser Papst erst recht in der Öffentlichkeit. Bestes Beispiel dafür ist die Diskussion um das »Schweigen«, das »beredte Schweigen«, das »uneigentliche Reden« – gemeint ist das Verhalten Pius' XII. zum Holocaust. Gründe dafür werden viele angeführt, obwohl die Akten aus seinem Pontifikat selbst im Vatikanischen Geheimarchiv der Forschung noch nicht zugänglich sind. Dafür sind seit 2003 beziehungsweise 2006 die Akten aus dem Pontifikat des Vorgängerpapstes Pius XI. für die historische Forschung freigegeben. Sie erlauben einen umfassenden Blick auf die Zeit von 1922 bis 1939 und bieten auch einen neuen Zugang zur Persönlichkeit Pacellis.

Um die Diskussionen zu vertiefen und auszuweiten sowie erste Forschungsergebnisse vorzustellen, fand vom 24. bis 26. März 2010 in Münster ein international und interdisziplinär besetztes Symposion unter dem Titel »Eugenio Pacelli als Nuntius in Deutschland« statt. Die Tagung verfolgte zwei Ziele: In den ersten beiden Sektionen wurden die neuen Möglichkeiten, die sich aufgrund der verschiedensten Editionsprojekte für Einzelforschungen ergeben, aufgezeigt. In den weiteren zwei Sektionen ging es um Ansätze zu einem internationalen Vergleich, näherhin um einen Vergleich auf der Ebene der Nuntien und für die katholischen Parteien in Europa.

Der öffentliche Festakt stand ebenfalls ganz im Zeichen der Internationalisierung der Forschung. Nach Grußworten von Prof. Dr. Jörg Becker, Prorektor der Universität Münster für strategische Planung und Qualitätssicherung, Dr. Michael Stückradt, seinerzeit Staatssekretär im Ministerium für Innovation, Wissenschaft, Forschung und Technologie des Landes Nordrhein-Westfalen und Prof. Dr. Matthias Kleiner, Präsident der Deutschen Forschungsgemeinschaft (DFG), wurde das »Forschungsnetzwerk Pius XI.« feierlich inauguriert. Die beiden Statements von Prof. Dr. Alberto Melloni, Leiter der »Fondazione per le Scienze Religiose Giovanni XXIII« (Bologna) und Prof. Dr. Gerd Althoff, seinerzeit Sprecher des Münsteraner Exzellenzclusters »Religion und Politik«, betonten die Bedeutung eines interdisziplinären und über die Ländergrenzen der Forschung hinweg greifenden Ansatz der Forschung gerade bei problematischen Fragestellungen. Zwei Festansprachen rundeten den Abend ab: Mordechay Lewy, Botschafter Israels beim Heiligen Stuhl, wandte sich in einem Überblick eben dem »Schweigen« von Pius XII. zu, indem er einerseits die Forschungsdefizite und andererseits die Rezeptionsgeschichte des noch nicht abgeschlossenen Kapitels »Heiliger Stuhl, die Juden und die Entstehung Israels« benannte (vgl. den Text seiner Rede in der *Frankfurter Allgemeinen Zeitung,* Nr. 72 vom 26. März 2010), und Romano Prodi, ehemaliger Präsident der Europäischen Kommission, analysierte die katholischen Wurzeln des europäischen Einigungsprozesses, die bis in die Zeit Pacellis zurückreichen, und entwickelte daraus Handlungsmaximen für Kirche, Wissenschaft und Gesellschaft heute (vgl. den Text seiner Rede »Quei cattolici che fecero laica l'Europa« in der italienischen Zeitschrift *Il Sole 24 Ore* vom 25. März 2010).

Der vorliegende Band dokumentiert die wissenschaftlichen Beiträge dieser Tagung, bei der wir zu Gast in der LBS Münster sein durften. Diese, seit vielen Jahren erprobte und nachhaltig gelebte Partnerschaft zwischen Wirtschaft und Wissenschaft ermöglichte eine entspannte und angenehme, aber zugleich sehr intensive und produktive Tagungsatmosphäre. Mein Dank dafür geht an Dr. Christian Badde, dem seinerzeitigen Vorstandsvorsitzenden der LBS, und besonders an Wolfgang Musik, der mit seinem Team dafür sorgte, dass kein Wunsch offen blieb. Dass wir auf internationaler Ebene und in verschiedenen Sprachen inhaltlich sehr tiefgehend diskutieren konnten, verdanken wir zum einen den Moderatoren – Prof. Dr. Michael Matheus, Prof. Dr. Thomas Grossbölting, Prof. Dr. Josef Pilvousek sowie Prof. Dr. Andreas Holzem – und zum anderen natürlich den Simultandolmetscherinnen – Maria Serena Concilio, Patrizia Gallistru-Maerz und Benita von Engel. Mein Geschäftsführer, PD Dr. Thomas Bauer, hat wie immer vorbildlich für die Vorbereitung und insbesondere die finanzielle Abwicklung der Tagung gesorgt.

Ohne die Bereitschaft der Kolleginnen und Kollegen, ihren Beitrag für den Druck zur Verfügung zu stellen, kann ein solcher Tagungsband nicht entstehen, weshalb ich ihnen meine Anerkennung aussprechen will. Mit historisch-philologischer Akribie und erheblichem Sprachgefühl hat Elisabeth-Marie Richter die italienischen Beiträge ins Deutsche übersetzt. Für den Satz und die Satzkorrektur verantwortlich war Katharina Schmidt, die sich wie gewohnt mustergültig um alles gekümmert hat. Sarah Brands als Studentische Hilfskraft hat beim Korrekturlesen viele wichtige Hinweise gegeben und das Register vorbereitet. Besonders danken möchte ich aber Dr. Barbara Schüler, die das Pacelli-Projekt mit aus der Taufe gehoben, Konzeption und Durchführung des Symposions entscheidend mitgeprägt und schließlich den Tagungsband zum Druck befördert hat. Der Kommission für Zeitgeschichte gilt mein Dank für die Aufnahme des Bandes in die »Blaue Reihe«, dem Schöningh-Verlag für Druck und Vertrieb.

Dieser Tagungsband ist aber nicht denkbar ohne das von der DFG geförderte Langfristvorhaben »Kritische Online-Edition der Nuntiaturberichte von Eugenio Pacelli 1917–1929«. Ohne die DFG wäre angesichts der engen Budgets von Akademien und Auslandsinstituten eine solche Grundlagenforschung in der (Kirchen-)Geschichte nicht möglich. Bestens beraten durch die Mitarbeiterinnen und Mitarbeiter in Bonn, versehen mit klaren Vorgaben durch die Gutachterinnen und Gutachter, was machbar ist und was nicht, und eingebunden in die Planungssicherheit durch die Berichts- und Fortsetzungsantragspflicht alle drei Jahre kann man sich auf ein solches Projekt überhaupt erst einlassen. Mein Dank geht deshalb an den Präsidenten der DFG, Prof. Dr. Matthias Kleiner, an die Direktorin der Presse- und Öffentlichkeitsarbeit, Dr. Eva-Maria Streier, und natürlich an den Programmdirektor der Gruppe Geistes- und Sozialwissenschaften, Dr. Guido Lammers.

Ganz zum Schluss möchte ich aber allen »Pacellisti« meine besondere Wertschätzung und ein großes Kompliment aussprechen. Die erste Projektphase von 2008 bis 2010 war durch eine sehr intensive Arbeit am und im Team gekennzeichnet. Nicht selten haben wir heftig diskutiert und nach innovativen und kreativen Lösungen für die Online-Edition gesucht. Dass wir gute Lösungen gefunden haben, zeigen uns die Münsteraner Tagung und die positive Aufnahme des Projekts in Wissenschaft und Öffentlichkeit. Hilfreich dabei ist die Partnerschaft mit dem Vatikanischen Geheimarchiv und dem Deutschen Historischen Institut Rom.

Münster in Westfalen, Oktober 2011 *Hubert Wolf*

I. Eugenio Pacelli: Quellen und Editionen

DIE ARCHIVQUELLEN ZUM PONTIFIKAT PIUS' XI.

Sergio Pagano

In den letzten Jahren des Pontifikats Johannes Pauls II. begann man, die Öffnung der Akten in den Archiven des Heiligen Stuhls, die das Pontifikat Pius' XI. betreffen, vorzubereiten. Der heutige Papst Benedikt XVI. hat sich dieses Vorhaben zu Eigen gemacht und im Juni 2006 durch ein Motuproprio die bevorstehende Öffnung der Archive des Heiligen Stuhls und insbesondere des Vatikanischen Geheimarchivs für den 18. September desselben Jahres angekündigt.[1]

Diese Entscheidung wurde vom Papst selbstverständlich nach einer langen Vorbereitungsphase im Vatikanischen Geheimarchiv und in der Kongregation für die Außerordentlichen Kirchlichen Angelegenheiten (heute die Zweite Sektion des Staatssekretariats) gefällt, in der das Archivmaterial für die Benutzung durch die Forscher aufbereitet wurde.

Im Vatikanischen Geheimarchiv ging es darum, 71 vollkommen unterschiedliche Bestände gänzlich neu zu systematisieren, zu ordnen und häufig auch zu inventarisieren. Diese umfassten etwa hundert Arten von Dokumenten bei insgesamt circa 9.000 archivalischen Einheiten, das heißt Aktenmappen, Ordner, Bände und Faszikel. Im Falle des wichtigen Archivs der Kongregation für die Außerordentlichen Kirchlichen Angelegenheiten, dessen Bestände nun seit mehreren Jahren im Vatikanischen Archiv konsultiert werden können, musste dokumentarisches Material aufbereitet werden, das sich auf ungefähr 6.500 Einheiten beläuft, die sich auf 53 Serien verteilen und nach ihrer geographisch-politischen Provenienz geordnet sind. Diese nicht einfache Vorbereitungsarbeit dauerte etwa zehn Jahre und beanspruchte die tatkräftige Zusammenarbeit des gesamten Personals beider Einrichtungen sowie finanzielle Zuwendungen durch die Güterverwaltung des Apostolischen Stuhls.

Seit Dezember 2006 steht der Forschung nun eine beträchtliche Menge an Dokumenten zu allen Aspekten zur Verfügung, die das Pontifikat Pius' XI. bis zu dessen Tod am 10. Februar 1939 repräsentiert. Diese Akten unterliegen natürlich den Grenzen, die durch das neue Gesetz zu den Archiven des Heiligen Stuhls bedingt sind, das am 21. März 2005 durch ein Motuproprio Johannes Pauls II. promulgiert wurde. Auf der Grundlage dieses Gesetzes sind aus offenkundigen Gründen alle Dokumente zu den Konklaven nach 1922 ausgeschlossen. Gleiches gilt für die *Spogli* (Nachlässe) der Päpste, Kardinäle und Prälaten, die nach 1922 in Rom verstorben sind, sowie für die Akten zu den Bischofsernennungen und Eheverfahren nach 1922.

Diese Einschränkungen wurden dem Gesetzgeber durch die Notwendigkeit auferlegt, die Geheimhaltung und Vertraulichkeit bestimmter persönlicher Schriften, die privat sind und einzelne Personen und ihren guten Ruf betreffen, zu ge-

---

[1] Vgl. das »Bollettino della Sala Stampa della Santa Sede«, Nr. 340 vom 30. Juni 2006.

währleisten und zu schützen. Diese Klausel ist auch in vielen Staats- und Nationalarchiven in Kraft. Sie haben jedoch die Arbeit der alten und neuen Forscher im Vatikanischen Geheimarchiv keineswegs entmutigt oder verlangsamt, die sich, im Gegenteil, erfolgreich auf die neuen, seit September 2006 bis heute zugänglich gemachten Dokumente eingelassen haben, wobei im letzten Jahr eine evidente Steigerung zu verzeichnen war. Zur Veranschaulichung dieser Tatsache seien einige statistische Daten erwähnt.

Im Studienjahr 2004/2005 hat das Vatikanische Geheimarchiv 1.270 Genehmigungen beziehungsweise Benutzerausweise ausgestellt; insgesamt wurden die Lesesäle 9.689 Mal genutzt. Das bedeutet, dass im Durchschnitt täglich 40 bis 45 Forscher im Archiv waren. Nach der Öffnung des Pontifikats Pius' XI. für die Forschung änderte sich die Situation. Im Studienjahr 2006/2007 wurden 1.466 Benutzerausweise ausgestellt und insgesamt 13.460 Nutzungen der Lesesäle verzeichnet, sodass man von durchschnittlich 60 Nutzern pro Tag sprechen kann.

Diesen Angaben, die schon an sich bedeutungsvoll sind (auch aufgrund der Auswirkungen, die sie für das gesamte Personal des päpstlichen Archivs haben), könnte man weitere, ebenso wichtige Daten hinzufügen, die die Anzahl an Bestellungen von Dokumenten betreffen, die die Forscher pro Tag beim Archivpersonal einreichen. Im Studienjahr 2005/2006 hat unser Personal in den Lesesälen insgesamt 22.860 Dokumentbestellungen bearbeitet, bei einem täglichen Mittelwert von ungefähr hundert Einheiten oder Archivalien. Im Jahr 2006/2007 sind diese Zahlen auf etwa 27.930 Einheiten pro Tag gestiegen; dies ist eine Steigerung um mehr als 5.000 Anfragen im Vergleich zum Jahr vor der Öffnung des Pontifikats Pius' XI. beziehungsweise ein durchschnittlicher Wert von 121 Konsultationsanfragen am Tag. Seit Januar dieses Jahres konnte man eine merkbare Zunahme der Anfragen zur Konsultation von Dokumenten aus dem Archiv der früheren Kongregation für die Außerordentlichen Kirchlichen Angelegenheiten feststellen: Es wurden durchschnittlich 50 bis 70 Faszikel pro Tag benutzt.

All dies brachte und bringt eine Menge Arbeit mit sich und zwar nicht nur für das Personal der Lesesäle, sondern auch für die Sekretariate, bei denen jeden Monat zahlreiche und unterschiedliche Anfragen eingehen, für die allgemeine Verwaltung und vor allem für die Kopierstelle, die zunehmend mit Fotokopier- und Digitalisierungsanfragen beauftragt wird. De facto war es notwendig, hier das Personal um gut fünf Mitarbeiter zu erweitern.

Ich muss allerdings auch auf den Aufwand hinweisen, der bei und infolge der Vorbereitung im Vatikanischen Geheimarchiv betrieben wurde. Archivare, Schreiber und wissenschaftliches Personal haben etwa 45 neue Inventare zu ebenso vielen Beständen erstellt, durchgesehen und aktualisiert; zudem wurden den Nutzern mit Hilfe eines EDV-Systems mehr als 110.000 Karteikarten aus dem Archiv des Staatssekretariats Pius' XI. zur Konsultation bereitgestellt. Hinzu kommt die wahrlich nicht geringe Arbeit der Buchbinderei und der Restaurationsabteilung, die über 900 Faszikel des Staatssekretariats für die Jahre 1922 bis 1932 gebunden haben (die Bindung der Faszikel der Jahre 1933 bis 1939 ist zurzeit in Arbeit).

Diese bloßen Daten, denen man noch weitere hinzufügen könnte, sind den Forschern natürlich unbekannt, und sie können sie auch gar nicht kennen. Ich habe es daher für notwendig gehalten, sie hervorzuheben, einerseits um den Verdienst des Personals des Vatikanischen Geheimarchivs und des Archivs der Zweiten Sektion des Staatssekretariats bei der geleisteten Arbeit zugunsten der erfolgten Öffnung zu dokumentieren und herauszustellen; andererseits (und dies ist vielleicht von noch größerer Bedeutung) um die Zeit und Arbeit einzuschätzen, die noch benötigt werden, um die nächste Öffnung des Pontifikats Pius' XII vorzubereiten, die in circa fünf Jahren bevorsteht. So weit zu den äußeren Daten der jüngsten Öffnung.

Man muss zudem sagen, dass das dokumentarische Erbe, auf das das Vatikanische Geheimarchiv im Falle des Pontifikats Pius' XI. zurückgreifen kann, äußerst beachtlich und hochwertig ist.

Was das Staatssekretariat des Papstes angeht, liegen uns insgesamt 5.600 Faszikel aus den Jahren 1922 bis 1935 vor. Einer etablierten Tradition folgend, wurde der Bestand nach einem Aktenplan und entsprechenden Rubriken archiviert (die unter Pius XI. auf mehr als 300 anwuchsen), sodass das Archiv bequem über die Protokollbücher und Rubriken erschlossen werden kann. Im Jahre 1936 wurde jedoch die Art und Weise der Archivierung geändert: Die »Rubricelle« wurden durch Karteikarten ersetzt und den Protokollbüchern die so genannten »locatari« beigegeben. Insgesamt gibt es 15.600 Faszikel aus der Zeit von 1936 bis 1938. Dieser Bestand wird ebenfalls durch die genannten Instrumentarien erschlossen.

Auch das umfangreiche Archiv der Kongregation für die Außerordentlichen Kirchlichen Angelegenheiten, das nach den einzelnen Ländern geordnet ist, mit denen der Heilige Stuhl diplomatische Beziehung unterhält, besteht aus tausenden von Faszikeln. Die Akten sind bekannt wegen ihrer außerordentlichen historiographischen Präzision, sodass, wie bereits gesagt, die Konsultation in den letzten Jahren zahlenmäßig gestiegen ist. Ab 1922 wurden neue Serien gebildet, die den neuen Beziehungen mit staatlichen oder nationalen Einheiten entsprachen, die in Verbindung mit dem Heiligen Stuhl standen: Albanien, China-Japan, die baltischen Länder, Panama, Schweden-Norwegen-Dänemark-Finnland (zuletzt genannte waren zuvor der Propaganda Fide unterstellt gewesen). Besonders beachtenswert ist die Serie »Pontificia Commissione Pro Russia«.

Auch dieses Archiv blieb von den wenig logischen Sortierungen der Vergangenheit nicht unangetastet und der Forscher wird schnell bemerken, dass einige politische oder religiöse Themen in Bezug auf gewisse Länder heute unter dem an sich schon irreführenden Namen »Stati Ecclesiastici« einsortiert worden sind. Hierbei handelt es sich trotz allem um ein unter jedem Gesichtspunkt dokumentarisches Ganzes, besonders was die Bewertung der diplomatischen Beziehungen angeht, die der Heilige Stuhl unter Pius XI. unterhielt.

Eine besondere Erwähnung verdienen die Archive der päpstlichen Vertretungen für die Jahre 1922 bis 1939, die bereits in das Vatikanische Geheimarchiv eingegliedert wurden und dort konsultiert werden können. Es ist allgemein bekannt, dass mit der Auflösung der drei großen Reiche – des russischen, österreichisch-ungarischen und des ottomanischen Reiches – die Politik Pius' XI. (die bereits unter Benedikt XV. eingeschlagen worden war) auf die Aufnahme von bilateralen Beziehungen mit den neuen Staaten und zum Abschluss von Konkordaten beziehungsweise eines Modus Vivendi ausgerichtet war. Man muss zudem bedenken, dass der Heilige Stuhl nach 1870 von einigen Staaten nicht als autonome internationale Einheit anerkannt wurde; es ist daher selbstverständlich, dass die Politik der aktiven und passiven Bindung des Heiligen Stuhls eine Autonomie des subjektiven internationalen Eintretens desselbigen verfolgte, besonders nach der verfehlten Teilnahme (oder Zulassung) an der Friedenskonferenz in Paris im Jahre 1919. Seit Beginn der 1920er Jahre entstanden neue päpstliche Vertretungen (Nuntiaturen oder Apostolische Delegationen), deren Archive heute im Vatikanischen Geheimarchiv eingesehen werden können. Es würde zu lange dauern, sie an dieser Stelle aufzulisten.

Aus der Konsistorialkongregation (heute: Kongregation der Bischöfe) wurden nur die »Relationes dioecesum« bis zum Jahr 1939 ins Vatikanische Geheimarchiv eingegliedert. Jeder weiß, wie wichtig diese Art von Quellen für die Geschichte der katholischen Diözesen und ihrer Bischöfe ist.

Was die Ritenkongregation angeht (heute: Kongregation für die Selig- und Heiligsprechungsprozesse), liegt im Vatikanischen Archiv nur die umfangreiche Serie der »Processus« vor, jedoch nicht das historische Archiv des Dikasteriums, das weiterhin vor Ort in der Kongregation für die Selig- und Heiligsprechungsprozesse aufbewahrt wird. Die Anzahl der Selig- und Heiligsprechungen, die von Pius XI. vorgenommen wurde, beläuft sich auf weniger als hundert. Das Interesse an diesen sehr spezifischen Quellen wächst und sinkt im Laufe der Zeit, je nachdem, ob diese Dokumente, die mühevoll zusammengeführt und organisiert wurden, als verlässliche historische Quelle erachtet werden oder nicht.

Der umfangreiche und sehr interessante Bestand des Archivs des Staatssekretariats, der den Titel »Spogli di Cardinali e Officiali di Curia« (Nachlass von Kardinälen und Mitgliedern der Kurie) angenommen hat und kürzlich (zumindest als Serie) geordnet wurde, umfasst vereinzelte und persönliche Dokumente, die von zahlreichen Kardinälen oder Prälaten nach deren Ableben in Rom zurückgeblieben sind und die von den Archivaren des Staatssekretariats in Archivschachteln (wiewohl sehr konfus) gesammelt und untergliedert worden sind. Dokumente zu Kardinalen und Prälaten, die vor 1939 verstorben sind, sind in diesem Bestand zugänglich; nach diesem Datum bleiben sie jedoch gemäß dem vatikanischen Archivgesetz verschlossen. Ausnahmen werden nur vom Staatssekretariat genehmigt. Es gibt nur wenige Kardinäle, die während des Pontifikats Pius' XI. verstarben und zu denen es Dokumente in dieser Serie gibt; dennoch sind einige davon von Bedeutung: Bonaventura Cerretti († 8. April 1933), Andreas Frühwirth († 9. Februar 1933), Achille Locatelli († 5. April 1935), Rafael Merry del Val († 26. Februar 1930) und Luigi Sincero († 7.2.1936).

Eine gesonderte Erwähnung verdienen die acht Archivmappen aus dem Nachlass Pius' XI., die im Vatikanischen Geheimarchiv aufbewahrt werden; sie gelangten dorthin zu unterschiedlichen Zeitpunkten und beinhalten Dokumente äußerst unterschiedlicher Natur, die vom »sacro tavolo« des Ratti-Papstes stammen. Zu den interessantesten Dokumenten gehören die Entwürfe der päpstlichen Ansprachen mit handschriftlichen Änderungen (darunter die bekannte Ansprache in Radio Vatikan aus dem Jahre 1938 zur Abwendung des Krieges), Korrespondenz, die direkt in die Hände des Papstes gelangte (mit Alfredo Ildefonso Schuster, Agostino Gemelli, Luigi Gramatica, Giovanni Galbiati und anderen) und handschriftliche Notizen zu verschiedenen Fragen. Im derzeitigen Jahr der Astronomie erwähnt man gerne aus der Reihe all dieser Schriften die mit handschriftlichen Korrekturen Achille Rattis versehene Rede zur Einweihung der neuen Sternwarte in Castelgandolfo. Der »private« Ratti zeigt sich hingegen in einem kurzen Gedicht aus 45 Strophen, das im Mailänder Dialekt für seine Mutter anlässlich ihres Namenstages am 15. Oktober 1882 verfasst wurde.

Um nun zu Kardinal Eugenio Pacelli zu kommen, dessen Person als Nuntius sich diese Tagung widmet, sei zuerst gesagt, dass seine »fogli di udienze«, seine »Audienznotate« bereits ausführlich eingesehen wurden, die er in methodischer Beständigkeit und in seiner typischen Schrift während seiner Zeit als Staatssekretär (1930–1939) verfasste, beziehungsweise seit dem Moment seiner Ernennung zum ersten Mitarbeiter Pius' XI. bis hin zu dessen Tode an jenem rauen 10. Februar 1939, am Vorabend der wichtigen Versammlung der Bischöfe, die er so sehr ersehnt hatte und der er nicht mehr vorsitzen konnte. Die wertvollen Audienznotate Kardinal Pacellis werden von Marcel Chappin, Vizepräfekt des Vatikanischen Archivs, Dr. Giovanni Coco und mir untersucht und in einer kritischen Edition aufbereitet.

Was wir als »Audienznotate« des Kardinalstaatssekretärs Eugenio Pacelli bezeichnet haben, ist eine Kategorie von einzigartigen Dokumenten. Es handelt sich nicht um Audienzlisten, da diese vom Präfekten des Päpstlichen Hauses vorbereitet wurden, der dort die Namen und Angaben zu den Personen, die zu den päpstlichen Audienzen zugelassen wurden, notierte (öffentliche, private sowie »Tabellenaudienzen«). Es handelt sich dabei auch nicht um Audienzprotokolle, da sie nicht in jener Systematik und Homogenität erstellt wurden, wie es gewöhnlich bei protokollarischen Berichten über diverse Handlungen des Papstes und somit auch über seine Audienzen, besonders die öffentlichen, der Fall ist. Noch weniger sind sie vergleichbar mit den Seiten des »Diariums« in dem Sinne, wie wir dieses besondere Dokument heute verstehen. Zudem kann man sie nicht als »Notizen« der Audienzen behandeln, weil unsere »Notate« ausgedehnter und elaborierter sind als die einfachen Notizen, auch wenn sie sich in einigen Fällen diesen annähern.

Es handelt sich vielmehr um fast ausschließlich handschriftlich verfasste Dokumente des Staatssekretärs Pacelli (ein paar wurden maschinenschriftlich von ihm geschrieben oder er hat sie abschreiben lassen), die gewöhnlich subsumierend – manchmal ausführlich, nur sehr selten *ad litteram* – die Themen, die Pius XI. in den häufigen Audienzen, die er mit seinem Staatssekretär hatte, behandelte oder die dieser mit den beim Heiligen Stuhl akkreditierten Botschaftern besprach (zuweilen mit Kardinälen oder anderen Prälaten der Kurie). Kardinal Pacelli selbst, der in anderen Schreiben einige seiner Notate erwähnte, bezeichnete sie als »foglietto della udienza« (zum Beispiel im Falle der Audienz mit den Botschaftern vom 8. April 1933), sodass die von uns erwähnte Terminologie auch von Pacelli selbst approbiert zu sein scheint.

Diese kleinformatigen Blätter aus einfachem Papier, die häufig aus nur einer und maximal zwei, drei Seiten bestehen, halten präzise die *mens* des Papstes in Bezug auf unterschiedliche Angelegenheiten fest, die er in Audienzen mit dem Staatssekretär besprach. Der Tenor dieser Notate, die mal ausgeglichene, mal hektische Handschrift Pacellis und die fast stenografische Aufnahme der Entscheidungen, die der Pontifex fällte (die in den darauf folgenden Dokumenten fast haargenau so wiedergegeben wird, wie zum Beispiel in den Briefen des Staatssekretärs, den Depeschen, verschlüsselten Telegrammen, Telegrammen oder weiterem) lassen vermuten, dass sie entweder während der Audienzen mit dem Papst selbst oder kurz danach verfasst wurden. Im Falle der Audienzen mit den Botschaftern muss man eine Abfassung der Notate am Nachmittag oder Abend des gleichen Tages, an dem die Gespräche stattfanden, möglicherweise auf der Grundlage von vorhergehenden Notizen, annehmen. Und wer kennt nicht das erstaunliche Gedächtnis Eugenio Pacellis, der sich ohne Weiteres eine ganze Rede auswendig ins Gedächtnis einprägen konnte, während er sie schrieb? Auch nach mehreren Stunden (was meines Erachtens fast nie stattfand) war der Staatssekretär in der Lage, präzise zu Papier zu bringen, was er vom Papst in der Audienz gehört hatte. Diese Angewohnheit scheint dafür zu sprechen, dass er sofort schwarz auf weiß festhalten wollte, was der Papst ihm befahl und wünschte, also das, was der Staatssekretär in seinen Privataudienzen behandelte, bevor ihr Inhalt in der Audienz auch an den Papst weitergetragen wurde, damit nichts im Staatssekretariat von Pacelli behandelt würde, ohne dass Pius XI. darüber vollständig informiert war.

Dies war im Übrigen eine Praxis, die auch Pacellis Vorgänger gepflegt hatten, zumindest (und dies ist den Quellen zu entnehmen) der energische Kardinal Pietro Gasparri (1914–1930) und Kardinal Luigi Maglione (1939–1944). Beide Staatssekretäre haben Manuskripte einiger ihrer Audienzen mit den Päpsten Benedikt XV., Pius XI. und Pius XII. hinterlassen, wobei es sich jedoch häufig um vereinzelte und unsystematische Schriften handelt, die verstreut auf den Originaldokumenten zu finden sind, um die es bei den Audienzen ging oder die dann zu »bearbeiten« waren, beziehungsweise um Notizen, die zu größeren Schriften zusammenflossen.

Das Beispiel Eugenio Pacellis gestaltet sich, obwohl es sich in eine erprobte (und überdies vorgeschriebene) Tradition des Vatikanischen Staatssekretariats einfügt, als persönliches, systematisches und im Lauf der Zeit konstantes und präzises Werk (sowohl was kurze Audienzen *de more* angeht als auch lange, komplexe und sogar mühsame Audienzen des Staatssekretärs im Gespräch mit einem autoritären und entschiedenen, ja sogar sehr entschiedenen Papst, wie Ratti es war). Die Audienznotate, die in der unverwechselbaren, akkuraten und eleganten Handschrift Pacellis verfasst wurden, dienten sicher als Grundlage für die in der Audienz beim Staatssekretär diskutierten (oder eher vorgestellten) Angelegenheiten, aber sie nahmen auch – in der Sichtweise des gewissenhaften Kardinals – den ursprünglichen Wert eines Zeugnisses von seinem Wirken an. Jedenfalls spricht dafür, dass der Staatssekretär Pacelli, der dann als Papst den Namen Pius XII. annahm, diese Notate lange Zeit in seinem Privatbüro sammeln und aufbewahren wollte, gleichsam als wären sie der beste Beweis (und dies ist in der Tat der Fall) für seinen treuen Dienst, seinen ehrlichen Gehorsam und seine Zustimmung (wenn auch nur formal als Staatssekretär, da es sicherlich persönliche Meinungsverschiedenheiten gab) zur Linie des Pontifikats Pius' XI. und seinen Entscheidungen. Dies ist unter Historikern zwar allgemein bekannt (Pacelli als »Schatten« Pius' XI.), die Audienznotate gestatten jedoch an verschiedenen Stellen, dies mit greifbaren Beweisen zu bestätigen.

Keine erwähnenswerte Einzelheit wird von Pacelli in diesen so wertvollen Notaten verschwiegen, vom Tag oder sogar der Stunde der jeweiligen Audienz bis zum Inhalt, der dabei vom Papst behandelt wurde und zu den Entscheidungen oder Vorstellungen des Papstes in Bezug auf die einzelnen zu unternehmenden Schritte. Einige Lücken, die auch festzustellen sind, können plausibel mithilfe eines Abgleichs mit den Akten des Staatssekretariats erklärt werden. Der erste Band der »Fogli di udienze« (für das Jahr 1930) des Kardinals Eugenio Pacelli ist 2010 erschienen.[2] Im nächsten Band sollen jede Passage der Notate, jede Person, die darin erwähnt wird, und die Fragen, die von Pius XI. mit Pacelli oder von diesem und den Botschaftern behandelt wurden, sowie vorliegende und fehlende zusätzliche Dokumente kommentiert werden.

---

2 Vgl. Sergio Pagano/Marcel Chappin/Giovanni Coco (Hg.), I «Fogli di udienza» del cardinale Eugenio Pacelli Segretaria di Stato I (1930) (Collectanea Archivi Vaticani 72), Rom 2010.

DIE KRITISCHE ONLINE-EDITION DER NUNTIATURBERICHTE EUGENIO PACELLIS

Präsentation des Projektes[1]

Sascha Hinkel, Jörg Hörnschemeyer, Maria Pia Lorenz-Filograno, Elisabeth-Marie Richter, Kirsi Salonen, Barbara Schüler, Hubert Wolf

Hubert Wolf

Das Panorama

Eugenio Pacelli, der spätere Papst Pius XII. (1939–1958), ist eine der umstrittensten Persönlichkeiten des 20. Jahrhunderts überhaupt. Für die einen war er schlicht »Hitler's Pope« (John Cornwell),[2] für die anderen dagegen der »größte jemals lebende Wohltäter des jüdischen Volkes« (Pinchas Lapide).[3] Seit dem Erscheinen von Rolf Hochhuths Theaterstück »Der Stellvertreter« wollen die Debatten um sein »Schweigen« zum Holocaust und die Schuld der katholischen Kirche an der systematischen Ermordung von über sechs Millionen Juden nicht verstummen. Die Forschung und das öffentliche Interesse konzentrieren sich daher fast vollständig auf seine Zeit als Papst, und hier wiederum auf den Zweiten Weltkrieg und die unmittelbare Nachkriegszeit. Hier geht es vor allem um seine Verwicklung in die sogenannte Rattenlinie und seine Rolle bei der Gründung der Democrazia Cristiana in Italien. Die Reaktionen auf den Abschluss des Tugendprozesses im Rahmen des Seligsprechungsverfahrens im Dezember 2009 haben diesen Befund noch einmal nachdrücklich bestätigt.[4]

---

1 Der Beitrag basiert im Wesentlichen auf dem Arbeitsstand vom März 2010. Seitdem wurde das Projekt permanent weiter entwickelt, weshalb sich ein Blick auf die Homepage www.pacelli-edition.de empfiehlt, um sich über den aktuellen Arbeitsstand zu informieren. Lediglich der seit Dezember 2010 veränderten Archivsituation wurde Rechnung getragen.

2 Vgl. John Cornwell, Hitler's pope. The secret history of Pius XII, New York 1999; deutsche Ausgabe: Pius XII. Der Papst, der geschwiegen hat. Aus dem Englischen von Klaus Kochmann, München 1999.

3 Vgl. Pinchas E. Lapide, Rom und die Juden, Freiburg i. Br. u. a. 1967.

4 In diesem Rahmen muss leider auf einen ausführlichen Forschungsüberblick verzichtet werden. Vgl. generell Hubert Wolf/Klaus Unterburger, Papst Pius XII. und die Juden. Zum Stand der Forschung, in: Theologische Revue 105 (2009), H. 4, S. 265–280; Hubert Wolf, Papst und Teufel. Die Archive des Vatikan und das Dritte Reich, München 2008, ²2009. Der Forschungsstand zu Pacelli als Nuntius ist eher dürftig, was auch in der Öffnungspraxis der Archive begründet liegt. Da die staatlichen Archive ihre Akten in der Regel früher als die kirchlichen und speziell vatikanischen der Forschung zur Verfügung stellten, standen bislang nicht Pacellis innerkirchliche Wirksamkeit und sein theologisches Profil, sondern sei-

Doch auch Päpste fallen nicht vom Himmel. Es gibt eine Biographie Eugenio Pacellis vor seinem Pontifikat, und hier spielt Deutschland eine entscheidende Rolle. Denn nicht weniger als zwölf Jahre, von 1917 bis 1929, vom Scheitern der päpstlichen Friedensinitiative bis zum Ausbruch der Weltwirtschaftskrise, war Pacelli als Päpstlicher Nuntius in Deutschland tätig, von 1930 bis 1939 bestimmte er als Kardinalstaatssekretär die Politik Pius' XI. gerade auch in Bezug auf Deutschland entscheidend mit. Genannt seien hier nur das Reichskonkordat oder die Enzyklika *Mit brennender Sorge*.

Diese zwölf Jahre in Deutschland in einer entscheidenden Phase der Weltgeschichte und seiner eigenen Biographie können nicht spurlos an Pacelli vorbei gegangen sein, auch wenn er in seiner Berliner Abschiedsrede von 1929 offenbar genau diesen Eindruck erwecken wollte:

> Meine deutsche Mission ist zu Ende. Eine größere, umfassendere am geistigen und übernatürlichen Brennpunkt der universalen Kirche hebt an. Ich kehre zurück, wovon ich ausgegangen bin. Zu dem Grab des Felsenmannes unter der Kuppel Michelangelos, zu dem lebendigen Petrus im Vatikan. Nahe bei Petrus stehen heißt nahe bei Christus sein.[5]

Pacelli tat so, als ob Deutschland nur eine Durchgangsstation gewesen sei, wo er das, was er in Rom gelernt hatte, bloß anwandte und umsetzte. Wer in Rom ewige Wahrheiten gelernt und bleibende Antworten auf alle Fragen bei Thomas von Aquin gefunden hatte, was konnte der im Land Luthers und Kants, im Reich Rankes und Humboldts schon Neues und Prägendes erfahren?

Diese Fragen konnten von der Forschung bislang nicht auf adäquater Quellengrundlage beantwortet werden. Seit 2003 beziehungsweise 2006 sind nun alle Akten des Pontifikats von Pius XI. 1922 bis 1939 zugänglich.[6] Für die Person Pacellis sind vor allem zwei Quellengattungen von entscheidender Bedeutung:

ne Politik gegenüber Reich und Ländern, namentlich die (erfolgreich abgeschlossenen und gescheiterten) Konkordate im Mittelpunkt des historiographischen Interesses, wie beispielhaft die Arbeiten von Rudolf MORSEY, Eugenio Pacelli als Nuntius in Deutschland, in: Herbert SCHAMBECK (Hg.), Pius XII. zum Gedächtnis, Berlin 1977, S. 103–139, Stewart A. STEHLIN, Weimar and the Vatican 1919–1933. German-Vatican diplomatic relations in the interwar years, Princeton 1983 und Emma FATTORINI, Germania e Santa Sede. Le nunziature di Pacelli fra la Grande guerra e la Repubblica di Weimar (Annali dell'Istituto Storico Italo-Germanico, Monografie 18), Bologna 1992 belegen. Cornwells »Hitler's Pope« bringt für Pacellis deutsche Nuntiaturzeit wenig neues Material. Dies gilt auch für die Gesamtdarstellung Pius' XII. von Philippe CHENAUX, Pie XII. Diplomate et pasteur, Paris 2003, der jedoch die Geschichte Pius' XII. vor seiner Wahl zum Papst verstärkt und auf Quellen gestützt als eigenständige Zeit berücksichtigt: leider nur für den jungen Pacelli vor 1917, nicht aber für dessen Zeit als Nuntius in Deutschland. Dieses dringende Forschungsdesiderat konnte auch durch das Werk von Gerhard BESIER/Francesca PIOMBO, Der Heilige Stuhl und Hitler-Deutschland. Die Faszination des Totalitären, München 2004 nicht eingelöst werden. Dieses bietet aber erstmals viel neues Material aus den neu zugänglichen Beständen des Vatikanischen Geheimarchivs. Vgl. dazu insgesamt auch Hubert WOLF, München – »eine zweite Heimat«? Neue Quellen aus dem Vatikanischen Geheimarchiv zur bayerischen Nuntiatur Eugenio Pacellis (1917–1925), in: Gisela FLECKENSTEIN/Michael KLÖCKER/Norbert SCHLOSSMACHER, Kirchengeschichte. Alte und Neue Wege. Festschrift für Christoph Weber, Frankfurt 2008, S. 339–359; Eugenio Pacelli. Die Lage der Kirche in Deutschland 1929, bearb. von Hubert WOLF und Klaus UNTERBURGER (Veröffentlichungen der Kommission für Zeitgeschichte A 50), Paderborn u. a. 2006.

5 »Zurück nach Rom«, 10. Dezember 1929, in: Eugenio PACELLI, Gesammelte Reden. Ausgewählt und eingeleitet von Ludwig KAAS, Berlin 1930, S. 187–190, hier S. 190.

6 Vgl. dazu den Beitrag des Präfekten des Vatikanischen Geheimarchivs, Sergio Pagano, in diesem Band.

1. Die Akten aus seiner Zeit als Kardinalstaatssekretär, insbesondere die Audienznotate, in denen er die wesentlichen Inhalte seiner fast täglichen Besprechungen mit dem Papst festhielt, und die seine politische Agenda widerspiegeln. Ihrer kritischen Edition hat sich Sergio Pagano angenommen. Der erste Band 1930 ist 2010 erscheinen.[7] Die Berichte des Nachfolgers Pacellis als Nuntius in Deutschland, Cesare Orsenigo, von 1930 bis 1939, ediert Thomas Brechenmacher. Hier ist der Jahrgang 1933 online.[8]
2. Die Nuntiaturberichte Pacellis aus München und Berlin. Pacelli schrieb fast täglich, manchmal sogar mehrmals am Tag, nach Rom, sodass sich über 6.500 Nuntiaturberichte erhalten haben, die zwischen einer und fünfzig Seiten umfassen und nicht selten ganz unterschiedliche Anlagen wie Denkschriften, Briefe und Zeitungsartikel enthalten. Zu fast allen Berichten haben sich sowohl die Entwürfe in den Nuntiaturarchiven von München und Berlin als auch die Ausfertigungen im Päpstlichen Staatssekretariat beziehungsweise der Kongregation für die Außerordentlichen Kirchlichen Angelegenheiten erhalten. Ziel eines von der Deutschen Forschungsgemeinschaft auf zwölf Jahre angelegten Langfristvorhabens ist es, diese Berichte digital zu edieren.[9]

Diese Edition eröffnet zwei einmalige Forschungsperspektiven. Einerseits wird erstmals der »view from Rome«[10] auf Deutschland zwischen den beiden Weltkriegen minutiös rekonstruierbar. Die römische Sicht auf Deutschland, die römische Einschätzung der politischen, wirtschaftlichen, kulturellen und natürlich kirchlichen Verhältnisse, die Beurteilung der kirchlichen und politischen Akteure im Reich war wesentlich auf die Berichterstattung Pacellis angewiesen. Wie exemplarische Studien zur Friedensinitiative,[11] zur Bischofswahl Joannes Baptista Sprolls in Rottenburg[12] und zur Verurteilung der Una Sancta durch das Heilige Offizium zeigen,[13] folgten Kardinalstaatssekretär Pietro Gasparri und Pius XI. in der Regel Pacellis Einschätzungen der deutschen Situation und den daraus resultierenden Empfehlungen und übernahmen nicht selten seine Vorschläge sogar eins zu eins. Beispielhaft dafür steht eine handschriftliche Notiz Gasparris auf einem Nuntiaturbericht vom 31. August 1926, in dem der Nuntius dem Staatssekretär vorgeschlagen hatte, die Bitten des Rottenburger Domkapitels auf Beibehaltung der Kapitelswahl, also die Wahl des neuen Bischofs durch das Domkapitel, strikt abzulehnen und bei der Durchsetzung des päpstlichen Ernennungsrechts notfalls auf Zeit zu spielen: »Der Papst befürwortet, was der Nuntius sagt, und auch ich befürworte es.«[14]

---

7 Vgl. Sergio PAGANO/Marcel CHAPPIN/Giovanni COCO (Hg.), I »Fogli di udienza« del cardinale Eugenio Pacelli Segretaria di Stato I (1930) (Collectanea Archivi Vaticani 72), Rom 2010.

8 Vgl. http://dhi-roma.it/orsenigo.html (02.11.2011).

9 Vgl. www.pacelli-edition.de (12.05.2011).

10 Formulierung in Anlehnung an David G. SCHULTENOVER, A View from Rome: on the Eve of the Modernist Crisis, New York 1993.

11 Vgl. Hubert WOLF, Der Papst als Mediator? Die Friedensinitiative Benedikts XV. von 1917 und Nuntius Pacelli, in: Gerd ALTHOFF (Hg.), Frieden stiften. Vermittlung und Konfliktlösung vom Mittelalter bis heute, Darmstadt 2011, S. 167–220.

12 Vgl. Hubert WOLF, Die Affäre Sproll. Die Rottenburger Bischofswahl von 1926/27 und ihre Hintergründe, Ostfildern 2009.

13 Vgl. WOLF, Papst und Teufel (wie Anm. 4), S. 262–278.

14 »Il Santo Padre approva quanto dice il Nunzio. Anche io approvo.« Edition bei WOLF, Affäre Sproll (wie Anm. 12), Nr. 20, S. 129–131, hier S. 129.

Selbst bei äußerst umstrittenen, hochbrisanten politischen Fragen wie der Erlaubtheit der Koalition der katholischen Zentrumspartei mit der SPD, die zusammen mit Sozialismus und Kommunismus vom Papst mehrfach feierlich verurteilt worden war, setzte sich Pacelli mit seiner Einschätzung gegen den Papst durch. Bislang wurde Pacelli in der Forschung nicht zuletzt im Anschluss an die Brüning-Memoiren immer wieder unterstellt, er sei grundsätzlich für eine Zusammenarbeit des Zentrums mit den Rechten, namentlich der DNVP, eingetreten und habe die Koalition der katholischen Partei mit der SPD genauso entschieden abgelehnt.[15] Seine äußerst abgewogenen und differenzierten Nuntiaturberichte zeigen hier ein anderes Bild: Wiederholt nahm er das Zentrum gegenüber Vorwürfen aus Rom ausdrücklich in Schutz; 1925 bestürmte er seinen Vorgesetzten, Kardinalstaatssekretär Gasparri, sogar, alles zu tun, um den Papst von einer öffentlichen Verurteilung der Koalition Zentrum-SPD abzuhalten. Zwar sei es durchaus »gefährlich, wenn die Koalition mit den Sozialisten zu einer bleibenden Methode würde«, aber vor die Alternative zwischen Szylla und Charybdis gestellt, sei dem Zentrum »aus Gründen der Notwendigkeit und Opportunität« – aus Staatsräson also – nichts anderes übrig geblieben, als die Koalition mit der SPD einzugehen.[16] Außerdem weigerte sich Pacelli, entsprechenden römischen Weisungen nach direkter Intervention zugunsten einer Koalition mit den Rechten nachzukommen. Er müsse, so schrieb er am 6. September 1925 an Gasparri, mit äußerster Vorsicht vorgehen, denn seine Position könne »irreparabel kompromittiert werden, wenn in der Öffentlichkeit durchsickert, dass sich der Nuntius, wie und aus welchem Grund auch immer, in Parteifragen engagiert oder beabsichtigt, die Innenpolitik der deutschen Katholiken zu beeinflussen«.[17] Schließlich hatte Pacelli Erfolg: Der Papst verzichtete nicht nur auf eine feierliche Verurteilung der Koalition Zentrum-SPD im Konsistorium, sondern bestand auch nicht weiter auf der Umsetzung entsprechender Weisungen an seinen Nuntius in Deutschland.

Die Nuntiaturberichte Pacellis als »view from Rome« auf Deutschland beschränken sich freilich nicht auf das Reich allein. Sie öffnen vielmehr über Deutschland den römischen Blick über Deutschland auf Europa und die Welt. Die Nuntiatur Pacellis wurde mehr und mehr zur Drehscheibe vatikanischer Weltpolitik. Schon der Anlass seiner Sendung nach München 1917, die Friedensinitiative mit dem Ziel der Beendigung des Ersten Weltkriegs, hatte weltpolitische Dimensionen. Da der Heilige Stuhl mit zahlreichen Ländern keine diplomatischen Beziehungen unterhielt – so waren sie etwa mit Frankreich seit 1905 unterbrochen, oder bestanden mit den in Osteuropa nach Ende der Habsburgermonarchie entstandenen Staaten noch gar nicht, da mit diesen erst Konkordate ausgehandelt werden mussten – übernahm Pacelli die Zuständigkeit für viele dieser Länder faktisch einfach mit. Als römischer Agent auf der Ebene der Weltpolitik beobachtete Pacelli – um nur einige Beispiele zu nennen – nicht nur die kirchenfeindlichen Vorgänge in

15 Wolf, Papst und Teufel (wie Anm. 4), S. 78–85.

16 Pacelli an Gasparri, 1. Dezember 1925, in: Kritische Online-Edition der Nuntiaturberichte Eugenio Pacellis (1917–1929), Nr. 4117; www.pacelli-edition.de/Dokument/4117 (20.12.2011).

17 Pacelli an Gasparri, 6. September 1925, in: Kritische Online-Edition der Nuntiaturberichte Eugenio Pacellis (1917–1929), Nr. 1740 (Ausfertigung) und Nr. 1295 (Entwurf); www.pacelli-edition.de/Dokument/1740 und /1295 (10.12.2011).

Mexiko[18] oder die Einwanderung zahlreicher Juden nach Palästina im Kontext des Zionismus mit Argusaugen, vielmehr führte er im Auftrag des Papstes auch von Berlin aus Geheimverhandlungen mit der Sowjetunion. Mehrmals bot er der UdSSR die diplomatische Anerkennung durch den Heiligen Stuhl an, wenn diese auf die Christenverfolgungen verzichten würde. Man war sogar zu einer völligen Entpolitisierung der Katholiken bereit.[19]

Andererseits gewähren die Berichte einen einmaligen Blick auf die Persönlichkeit Eugenio Pacellis selbst und insbesondere ihre »deutschen« Prägungen. Wir finden bei ihm eine Abscheu vor dem Frauensport, in dem durch die Sportanzüge die weiblichen »Formen auf provozierende Art« unterstrichen würden,[20] und eine klare Ablehnung der Goldenen Zwanziger mit unsittlichen Tänzen wie dem Tango und tief ausgeschnittenen Dekolletés der Damen. Pacelli ist jedoch voller Bewunderung für deutsche Tugenden wie Pünktlichkeit, Ordnung und Sauberkeit sowie für das anständige Benehmen der einfachen Katholiken während des Gottesdienstes, was er aus Italien offenbar nicht gewöhnt war.[21] Von der deutschen Technik ist er fasziniert: So berichtet er dem Kardinalstaatssekretär kurz nach seinem Amtsantritt in München im Mai 1917 voller Begeisterung von seinem Dienstwagen: »Es ist ein wunderschöner Benz, 18/45 H.P. stark und elegant. Er verfügt über alle Neuheiten der Automobilindustrie, vom automatischen Anlasser bis zum elektrischen Zigarrenanzünder, vom Messgerät für Geschwindigkeit und Steigung bis zur automatischen Sicherung. Es ist ein Automobil, das eines päpstlichen Repräsentanten wahrhaft würdig ist.«[22] Das ist übrigens eine für Pacelli typische Formulierung. Dem Nuntius war es mehr als wichtig, als Vertreter des Heiligen Vaters gesehen und angemessen ästimiert zu werden.

Um das Wechselspiel zwischen Nuntius, Kardinalstaatssekretär und Papst noch besser verstehen zu können, haben wir uns entschlossen, zusätzlich zu den Berichten Pacellis in der nächsten Projektphase 2011 bis 2013 auch die Weisungen Gasparris aufzunehmen. Erst so wird der »view from Rome« in seiner Totalität sichtbar. Zudem bleiben viele Berichte Pacellis unverständlich, wenn man die dazugehörige Weisung nicht kennt.

Seit dem 24. März 2010 sind die Berichte des Jahrgangs 1917 und seit dem 2. März 2011 sind wesentliche Berichte des Jahrgangs 1918 online. Im Dezember 2011 folgten die restlichen Berichte und Weisungen der Jahrgänge 1917 bis 1919. Jahrgang für Jahrgang komplettiert sich also die Sicht auf Pacellis Zeit als Nuntius in Deutschland.

---

18 Hierzu entsteht in Münster eine Habilitation von Norbert Köster mit dem Arbeitstitel »Der Vatikan und die Cristiada in Mexiko 1925–1937«.

19 Hierzu ist in Lyon eine Dissertation »La politique russe du Saint-Siège (1905–1939)« von Laura Pettinaroli entstanden.

20 Vgl. dazu Pacelli, Lage (wie Anm. 4), S. 135.

21 Vgl. dazu ebd., S. 75.

22 Pacelli an Gasparri vom 29. Mai 1917, in: Kritische Online-Edition der Nuntiaturberichte Eugenio Pacellis (1917–1929), Nr. 9390; www.pacelli-edition.de/Dokument/9390 (12.05.2011).

Kirsi Salonen
Die Arbeit in den Archiven

Ausgangspunkt zur Beantwortung all dieser Fragen ist natürlich das Archiv der Münchener[23] und Berliner Nuntiatur,[24] in der Pacelli tätig war, deren Archivmaterial im Vatikanischen Geheimarchiv aufbewahrt ist.

Pacelli trat sein Amt am 20. April 1917 an. Er war bis Juni 1925 als Nuntius in Bayern in München und von Juni 1920 bis Dezember 1929 als Nuntius für das Reich (und bis zum Juni 1925 offiziell auch für Preußen) in Berlin. In der Zeit von 1920 bis 1925 verfügte er über eine doppelte (oder eigentlich dreifache) Akkreditierung.[25] Wegen dieser Doppelrolle hängen auch die zwei Nuntiaturarchive sehr eng zusammen. Deshalb sollte man eigentlich nicht vom »Nuntiaturarchiv München« und vom »Nuntiaturarchiv Berlin« sprechen, sondern nur vom »Nuntiaturarchiv Pacelli«. Zwei Tatsachen belegen dies: Erstens werden die Berichte von München und Berlin fortlaufend nummeriert; zweitens lassen sich oft Dokumente aus seinen ersten Jahren in München im Berliner Nuntiaturarchiv finden, auch wenn er erst seit 1920 in Berlin tätig war.

Die Pacelli-Edition umfasst sowohl die Entwürfe und Ausfertigungen der Nuntiaturberichte als auch deren jeweilige zahlreichen Anlagen wie Denkschriften, Briefe und Zeitungsartikel. Hinzu kommen seit Januar 2011 auch die Ausfertigungen der Weisungen. Als Ausgangspunkt für die Identifikation der zu edierenden Dokumente konnten wir auf das Protokollbuch der Nuntiatur Pacellis zurückgreifen. Leider helfen uns die Protokollbücher nur bis 1925, also bis zum Ende von Pacellis Münchener Zeit, weil die Protokollbücher aus seiner Berliner Zeit zusammen mit dem Nuntiaturgebäude im Zweiten Weltkrieg zerstört worden sind. Nach Ausweis der Protokollbücher hat Pacelli im Jahr 1917 786 Briefe oder Telegramme an die Römische Kurie geschickt. In die Edition werden aber nicht all diese Dokumente aufgenommen, weil man sie nicht zum Typus »Nuntiaturbericht« zählen kann.

Das bringt uns zur Frage: Was ist eigentlich ein Nuntiaturbericht?[26] Eng gesehen sollten Nuntiaturberichte nur an das Kardinalstaatssekretariat gerichtete offizielle Schreiben sein, aber halbamtliche, nicht im Protokollbuch verzeichnete Briefe an den Kardinalstaatssekretär oder an andere Kuriale, wie zum Beispiel den Substituten Federico Tedeschini oder Bonaventura Cerretti, können auch wichtige Informationen enthalten und sind oft extrem spannend, weshalb wir sie in der Regel als Nuntiaturbericht werten und in die Edition aufnehmen. Was wir

---

23 Kirsi L. Salonen, Archivio della Nunziatura in Monaco. Indice 1096A, Rom 2003 (im Vatikanischen Geheimarchiv). Vgl. auch Egon Johannes Greipl, Die Bestände des Archivs der Münchener Nuntiatur in der Zeit von 1877 bis 1904, in: Römische Quartalschrift 78 (1983), S. 192–268; ders., Das Archiv der Münchener Nuntiatur in der Zeit von 1904 bis 1934, in: Quellen und Forschungen aus italienischen Archiven und Bibliotheken 66 (1986), S. 402–406.

24 Kirsi L. Salonen, Archivio della Nunziatura Apostolica in Berlino. Indice 1196, Rom 2003 (im Vatikanischen Geheimarchiv).

25 Dazu Pacelli, Lage (wie Anm. 4), S. 48f.

26 Nach der Definition von Wolfgang Reinhard, in: LThK³ 7 (1998), Sp. 948, bezeichnet man als Nuntiaturbericht heute »den gesamten Schriftverkehr zw. ordentl. Nuntien sowie außerordentl. Gesandten (u. a. Legaten …) u. dem Staatssekretariat sowie anderen röm. Behörden (bes. Kongreg.)«.

im ersten Schritt fast komplett ausgeklammert haben, sind die Positionen zu den Kriegsgefangenen »Prigioneri«, die oft eigentlich nur persönliche Briefe sind, die »Benedizioni« und Messen, die oft fertige gedruckte Formulare sind, in die der Nuntius nur Nummer oder Name ausgefüllt hat. Sofern diese jedoch einen politisch relevanten Betreff enthalten, werden sie aufgenommen.

Weil aus den Protokollbüchern aber nicht hervorgeht, welche Schreiben wir als Nuntiaturberichte zählen können und welche nicht, müssen alle Bestände im Vatikanischen Geheimarchiv und im Historischen Archiv des Staatssekretariats Blatt für Blatt durchgesehen werden. Das heißt, 109 Archivschachteln des Münchener (Arch. Nunz. Monaco 307–415) und 102 Archivschachteln des Berliner Nuntiaturarchivs (Arch. Nunz. Berlino 1–102) waren zu durchsuchen. Wir haben darin 461 Entwürfe aus dem Jahr 1917 gefunden, die in die Edition aufgenommen werden.

Um die Ausfertigungen der Pacelli-Berichte zu finden, ist noch eine wesentlich kompliziertere Sucharbeit nötig als bei den Entwürfen. Denn hier reicht es nicht mehr, eine Archiveinheit systematisch durchzublättern, sondern die möglichen Fundstellen für Ausfertigungen liegen über die gesamten Bestände des Historischen Archivs des Staatssekretariats sowie des Vatikanischen Geheimarchivs zerstreut. Bis jetzt haben wir drei größere Archivbestände systematisch durchsucht. Erstens das Archiv der *Affari Ecclesiastici Straordinari*, in dem wir zunächst die zwei Deutschland direkt betreffenden Länderserien (*Baviera* und *Germania*) konsultiert haben. Darin haben wir insgesamt 92 Ausfertigungen von 1917 gefunden. Dazu haben wir in den anderen Länderserien 200 Berichte von 1917 gefunden. Das heißt, dass eigentlich nur ein Drittel der Ausfertigungen von Pacellis Nuntiaturberichten in AA.EE.SS. *Baviera* und *Germania* zu finden ist. Die Jahresserien der *Segreteria di Stato* im Vatikanischen Geheimarchiv stellen den zweiten großen Bestand dar, in dem man Ausfertigungen findet. In der Jahresserie 1917 haben wir 88 Dokumente entdeckt. Dazu kommt drittens noch der Bestand *Segreteria di Stato, Guerra*, im Vatikanischen Geheimarchiv, in dem wir 59 Pacelliberichte von 1917 gefunden haben.

Pacelli-berichte	Protokoll-buch	Entwürfe			Ausfertigungen			
		Arch. Nunz. Monaco	Arch. Nunz. Berlino	Total	AA.EE.SS.	SdS	Sds Guerra	Total
1917	786	413	48	461	292	88	59	439
1918	2218	522	104	626	353	97	79	529
1919	798	248	102	350	210	59	17	286
Total	3802	1183	254	1437	855	244	155	1254

Es ist auch notwendig, die Archive der verschiedenen Kongregationen zu durchsuchen. Eine Stichprobe im Archiv der Glaubenskongregation und der Propaganda Fide hat bis jetzt aber nur sehr wenige Berichte zu Tage gefördert.

Jörg Hörnschemeyer
Die Aufnahme der Dokumente und ihre Eingabe in DENQ

Die wissenschaftliche Edition historischer Nuntiaturberichte ist vornehmliche Aufgabe der Görres-Gesellschaft zur Pflege der Wissenschaften und des Deutschen Historischen Instituts Rom (DHI).[27] Jedoch unterliegen die in gedruckter Form vorliegenden Nuntiaturberichte bezüglich ihrer Handhabung zahlreichen Einschränkungen. Vergegenwärtigt man sich bisherige Editionen von Nuntiaturberichten, so wird klar, dass sich sowohl für den textkritischen als auch den allgemeinen Apparat zahlreiche Probleme ergeben: Die Erarbeitungs- und vor allem Darstellungsmethoden in ihren zahlreichen Apparaten und Anhängen sind teilweise so hochspezialisiert und komplex, dass sie dem eigentlichen Sinn, die Texte einem breiteren (Fach)publikum zugänglich zu machen, fast nicht mehr gerecht werden. Das Problem besteht darin, dass eine klassische Druckedition bedingt durch ihre naturgemäß begrenzten Möglichkeiten nicht in der Lage ist, die editionstheoretischen Anforderungen adäquat umzusetzen. Schlimmer noch, diese limitierenden Faktoren bewirkten, dass sich die Methode dem Medium anpassen musste, und nicht umgekehrt.

Das Medium Buch ist aufgrund seiner physischen Gestalt sowohl auf eine bestimmte Anzahl von Seiten als auch auf ein bestimmtes Format begrenzt. Es ist auf einen sequentiellen Gebrauch ausgerichtet, Verweise und inhaltliche Sprünge sind nur begrenzt praktikabel, Vergleiche von beliebigen Textvarianten nebeneinander nur in vorgegebenen Konstellationen möglich oder durch meist schwierig zu lesende Variantenapparate darstellbar. Textgenetische Prozesse müssen ebenso in wenig intuitiven Apparaten verzeichnet werden, es bietet sich nur begrenzt Raum für textkritisch erläuternde Kommentare. Aus Platzmangel müssen diese genau wie entsprechende Personen-, Orts- oder Schlagwortregister in den Anhang verbannt werden.

Die nächste große Medienrevolution nach dem Buchdruck bietet uns nun in Form der digitalen Informationsverarbeitung erneut die Chance, von all diesen Zwängen befreite, methodisch saubere und wissenschaftlich fundierte Modelle zu entwickeln. Die Tatsache, dass in der Nuntiaturforschung der Vergangenheit nur bedingt auf den Einsatz digitaler Werkzeuge und Techniken gesetzt wurde, lässt sich durch die nur begrenzt praktikablen Werkzeuge und Methoden erklären, die die Informatiker bislang den Geisteswissenschaftlern zur Verfügung stellen konnten. Archivierungs- und Textverarbeitungssysteme für Geisteswissenschaftler waren seit Ende der 70er Jahre zwar durchaus vorhanden, die Einarbeitung in diese Spezialwerkzeuge aber häufig mit einem sehr intensiven Schulungs- und Konfigurationsaufwand verbunden. Die Projekte bedurften einer sehr langen Vorbereitungsphase, sodass mit der eigentlichen Eingabe der Daten erst lange nach Projektbeginn gestartet werden konnte.

Hinzu kam die bis heute nicht zu unterschätzende Skepsis der Geisteswissenschaften gegenüber den Computerwissenschaften. Um diese Brücke zu schlagen, entstanden seit Ende der 90er Jahre vermehrt Studiengänge, die diese beiden Wissenschaften unter einem Dach zu vereinen suchten. Die Forschungsergebnisse die-

[27] Vgl. als Beispiel den Überblick unter www.dhi-roma.it/nuntiaturberichte.html (11.05.2011).

ser geisteswissenschaftlichen Fachinformatiken und die aktuellen Entwicklungen im Bereich der semantischen Markup- oder Auszeichnungssprachen geben dem Geisteswissenschaftler heute die Möglichkeit, sich auf seine eigentliche Arbeit, die wissenschaftliche Analyse von Quellentexten, konzentrieren zu können.

Am DHI Rom entstand so seit 2005 eine Reihe von Projekten, die unter dem Namen DENQ subsumiert werden können. DENQ steht für »Digitale Editionen Neuzeitlicher Quellen« und beschreibt ein Verfahren für die Online-Edition historischer Dokumente.[28] Die Stärke des Systems liegt darin, dass es den Wissenschaftler in allen Phasen seiner editorischen Tätigkeit unterstützt, das heißt vom Zeitpunkt der Aufnahme der Originaltexte im Archiv über die Eingabe der Texte bis hin zur Recherche in einer Onlinedatenbank.

Derzeit wird DENQ in drei Editionsprojekten eingesetzt: Erstens am DHI London bei der Edition der Berichte britischer Gesandter aus Deutschland von 1816 bis 1850;[29] zweitens am DHI Rom im Projekt »Berichte des Apostolischen Nuntius Cesare Orsenigo aus Deutschland 1930 bis 1939«;[30] und drittens in unserem DFG-Projekt zur »Kritischen Online-Edition der Nuntiaturberichte von Eugenio Pacelli 1917 bis 1929«.

Im Kern basiert die Software auf einer Open-source-XML-Datenbank, die durch PHP- und Java-Module erweitert wurde. Es existiert also keine Bindung an kommerzielle Softwarehersteller. Bei der Entwicklung des Systems wurde Wert darauf gelegt, nur langzeitstabile Formate und Techniken zu verwenden. XML, die Extensible Markup Language, ist ein solcher lizenzfreier, offener Standard, der in jedem beliebigen Text-Editor gelesen und geschrieben werden kann. Attraktiv ist dieses Format auch deswegen, weil die Entwicklungen im Bereich spezieller XML-Datenbanken die Speicherung, Verwaltung und Analyse der Daten direkt in XML zulässt. Somit ist es möglich, die Daten in einem zukunftssicheren Format zu bewahren und gleichzeitig komplexe Lösungen in Form von Web-Datenbanksystemen zur Verfügung zu stellen.

Die Eingabemasken sind leicht verständlich für den Wissenschaftler und bedürfen nur wenig Einarbeitungszeit. In einer Auswahlliste lassen sich die DENQ-XML-Elemente auswählen. Je nach den Erfordernissen der zu edierenden Texte lässt sich das XML-Schema entsprechend erweitern. Markierte Textstellen können mit der entsprechenden Metainformation versehen werden. Ein wichtiger Vorteil bei der Verwendung besteht darin, dass sowohl Fußnoten als auch zahlreiche Formatierungen (fettgedruckter, kursiver, unterstrichener Text, Biographie und Schlagworttooltips, Tabellen) bei der Transformation der Microsoft Word-XML-Dateien in die Webdatenbank erhalten bleiben.

Der mit der Edition beschäftigte Historiker arbeitet also wie gewohnt mit dem Textverarbeitungsprogramm Microsoft Word. Für das, was »dahinter« steht, für die Überführung von XML in eine Web-Datenbank, ist der Informatiker allein zuständig. Der Fortschritt einer solchen Lösung besteht darin, dass nicht der Historiker auf den Informatiker und andersherum trifft, sondern dass sich bei-

---

[28] Hierzu entsteht meine Dissertation mit dem Titel »Softwaretools zur Entwicklung digitaler Editionen« an der Universität in Köln.

[29] Vgl. http://www.ghil.ac.uk/publications/british_envoys_to_germany.html (11.05.2011).

[30] Vgl. http://dhi-roma.it/orsenigo.html (12.05.2011).

de auf einer Ebene treffen. So lassen sich optimale technische Lösungen für die historischen Probleme entwickeln. Im Rahmen unseres Pacelli-Projekts haben wir beispielsweise darüber diskutiert, wie die Edition von Entwürfen ohne einen aufwendigen textkritischen Apparat möglich ist. Die Weiterentwicklungen von DENQ ermöglichen nun auch die Aufnahme und parallele Darstellung von Ausfertigungen und Entwürfen inklusive einer interaktiv dynamischen Anzeige der verschiedenen genetischen Textstufen.

Barbara Schüler
Die einzelnen Arbeitsschritte

Zunächst geht es aber wie bei jeder anderen Edition darum, alle zu edierenden Dokumente in ihren Entwürfen und Ausfertigungen im Vatikanischen Geheimarchiv aufzufinden. Auf die besondere Überlieferungssituation der Nuntiaturberichte Pacellis und insbesondere die Schwierigkeiten, alle Ausfertigungen aufzufinden, wurde bereits hingewiesen. Während wir kürzere Dokumente, insbesondere zu verschlüsselnde, entschlüsselte und unverschlüsselte Telegramme, direkt vor Ort im Archiv selbst eingeben, erhalten wir vom Vatikanischen Geheimarchiv dankenswerterweise Kopien aller anderen einschlägigen Dokumente, um diese in Münster zu bearbeiten.

Die Eingabe in die XML-Struktur folgt einem übersichtlichen, leicht nachvollziehbaren Schema: Jedes Dokument erhält eine sogenannte »Dokumentnummer«, eine intern von uns vergebene Identifikationsnummer. Nach dieser werden die Dokumente der Datenbank zitiert, über sie erfolgen die zentralen Verknüpfungen innerhalb der Web-Datenbank über das Feld »Entwurf-Ausfertigungs-Nummer«. Im »Online-Feld« wird eingegeben, zu welchem Datum ein Dokument online gestellt werden soll. Nach der Eingabe der Archivsignatur wird das Dokument unter »DocClass« klassifiziert, entweder als Nuntiaturbericht, möglicherweise in Form eines Telegramms, als Weisung oder als Anlage. Im »DocType« wird angegeben, ob es sich bei einem Nuntiaturbericht um einen Entwurf oder eine Ausfertigung, beziehungsweise bei einer Anlage um eine Denkschrift, ein Schreiben, einen Zeitungsartikel, ein Buch, ein Foto oder Sonstiges handelt. Im »Docstyle« folgt der Hinweis, ob es sich um eine handschriftliche oder maschinenschriftliche Quelle handelt. Dann folgt die Protokollnummer, wie sie die Nuntiatur vergeben hat. Sie findet sich meist auf dem Nuntiaturbericht selbst oder ist aus dem Protokollbuch rekonstruiert. Im späteren Editionskopf der Web-Datenbank sind außerdem die üblichen Angaben zu Absender, Empfänger, Ort und Datum enthalten. Bei Entwürfen wird im »Schreiberfeld« aufgenommen, welche Bearbeiter an dem Entwurf beteiligt waren. Die folgende Zeile »subject« übernimmt das »Betreff« beziehungsweise »Oggetto«, das Pacelli selbst, den Anweisungen des Staatssekretariats folgend, über seinen Nuntiaturbericht schrieb. Dabei sollte der Bericht im Interesse einer leichteren Ablage nach dem Pertinenzprinzip jeweils nur ein Betreff enthalten, was allerdings nicht immer ganz konsequent durchgehalten wurde. Dann folgt bei den Ausfertigungen das Regest, das in klassischer Weise die wesentlichen Inhalte des Berichts zusammenfasst und in den historischen Kontext einordnet. Bisher sind die Regesten ausschließlich auf Deutsch verfasst; von verschiedenen Seiten ist allerdings an uns herangetragen worden, ob nicht auch eine englische und italienische Fassung sinnvoll wäre. Im sogenannten »Docbody« wird der eigentliche Text des Dokuments eingegeben, den wir komplett abbilden, also bei Nuntiaturberichten und Weisungen auch mit Anrede und Schlussformel. Das Feld »Zusatz« gibt uns die Möglichkeit, Besonderheiten des Berichts wie Markierungen des Empfängers zu vermerken. Über das Feld »attachment« wird mittels der Dokumentnummer ein Link zu den möglichen Anlagen des Nuntiaturberichts gesetzt. Für den Benutzer nicht sichtbar sind die Felder »Anmerkung« für interne Hinweise der jeweiligen Bearbeiter sowie »Bearbeitungsstand«, in dem jeder Mitarbeiter eingibt, was er wann am Dokument bearbeitet hat.

Aus diesen Angaben in der XML-Struktur einer Word-Datei werden in einem nächsten Schritt die relevanten Informationen in die Web-Datenbank übertragen. Die Web-Datenbank bietet uns Möglichkeiten, wie sie ein Buch nicht liefern kann. So kann man sich, sofern erwünscht, Entwurf und Ausfertigung direkt nebeneinander anzeigen lassen, wodurch man die Dokumente einfach miteinander vergleichen kann. Auch kann man auf den ersten Blick sehen, ob und wie viele Anlagen einem Dokument beigelegt wurden. Die Anlagen sind mit dem Nuntiaturbericht verlinkt, sodass man durch einen Klick zu dem entsprechenden Text gelangt. Der Druck aller Anlagen in einem Buch wäre nicht zu realisieren gewesen, handelt es sich doch allein für das Jahr 1917 um circa 3.000 Seiten. Die Anlagen werden weder mit einem Regest versehen noch kommentiert.

Nachdem Ausfertigungen, Entwürfe und die dazugehörigen Anlagen eingegeben sind, geht es ans Kommentieren. Vor allem aus pragmatischen Gründen wird hier jahrgangsweise vorgegangen. Eine klassische kritische Edition verfügt in der Regel über zwei Apparate. Einerseits über einen textkritischen Apparat, der die Genese eines Schriftstücks nachvollziehbar macht, und Fußnoten im eigentlichen Sinne, die den Nachweis von Personen und der Kommentierung von Sachverhalten, ohne die ein Text nicht verständlich wäre, vorbehalten sind. Diese beiden Apparate gibt es in dieser Weise in unserer Online-Edition nicht mehr. An ihre Stelle sind ganz neue Möglichkeiten getreten, die aus unserer Sicht einen Quantensprung in der Edition historischer Texte darstellt.

Zunächst zu dem Bereich, den früher die klassischen Fußnoten abdeckten. Ihre Funktion übernehmen die sogenannten »Tags«, die entweder als »bioFS« – also eine biographische Information – oder als »subFS« – eines Sachkommentars – innerhalb des »Docbodys«, also des Textes eines Nuntiaturberichts oder einer Weisung in der XML-Struktur, vergeben werden. Hier muss nicht jede Fußnote für jedes Dokument separat geschrieben werden, sondern die Vernetzungsmöglichkeiten der Datenbank werden vielfach genutzt. So erhält man beispielsweise alle Informationen zu Georg Michaelis, der von Mitte Juli bis zum 1. November 1917 Reichskanzler war, wenn man in einem Dokument über den Begriff »Cancelliere dell'Impero« fährt. Die Online-Edition macht es zudem möglich, dass das Biogramm nicht nur bei der ersten Nennung einer Person aufgeführt wird, wie es in einem Buch allein aufgrund des beschränkten Umfangs gemacht werden muss. In unserer Datenbank kann man sich das Biogramm in jedem Nuntiaturbericht, in dem die Person genannt wird, in einem Popup-Fenster anschauen, was lästiges

Blättern vermeidet. Auch Sachinformationen zu einem bestimmten Ereignis, das in den Quellen unter ganz unterschiedlichen Begriffen firmiert, wie »Friedensinitiative«, »trattative della pace« oder »appello della pace«, lassen sich mit einem Tag verbinden und können in mehreren Nuntiaturberichten angezeigt werden.

Abschließend möchte ich auf den Bereich eingehen, der früher den textkritischen Apparat darstellte. Gerade in diesem Bereich wurde DENQ systematisch weiter entwickelt. Die Orsenigo-Edition, das Pilotprojekt des Deutschen Historischen Instituts in Rom im Zusammenhang mit DENQ, stand nicht vor der Herausforderung einer kritischen Edition von Entwürfen und Ausfertigungen, weil alle Entwürfe der Nuntiaturberichte Orsenigos im Berliner Nuntiaturarchiv verbrannt sind. So gingen wir am Anfang des Projekts noch von einem klassischen textkritischen Apparat mit aa/bb-Fußnoten aus. Dieses Modell hat uns nicht befriedigt, weil es nicht in der Lage ist, die unterschiedlichen Entwicklungs- und Überarbeitungsstufen eines Nuntiaturberichts von seiner ersten schriftlichen Fassung bis zu der nach Rom abgesandten Ausfertigung adäquat und leicht nachvollziehbar darzustellen. Alle unterschiedlichen Varianten der Genese eines Nuntiaturberichts Pacellis in all seinen einzelnen Entwicklungsschritten stellen wir nun in unserer Datenbank über das »Layer«-Modell dar. Dabei stehen bestimmte Farben für bestimmte Autoren: Schwarz für Pacelli, Grün für den Auditor Lorenzo Schioppa, Rot für die Sekretäre und Blau für die Stenotypisten beziehungsweise eine fremde Hand. Die Bearbeitung ein- und desselben Autors wird durch Streichungen und Einfügungen in der jeweiligen Farbe visualisiert.

Elisabeth-Marie Richter
Überlegungen zum inhaltlichen Mehrwert der Pacelli-Edition

Warum, mag man sich fragen, macht man sich den Aufwand und ediert sowohl Ausfertigung als auch Entwurf? Handelt es sich nicht im Grunde genommen um zwei identische Texte? Diese Frage ist eindeutig mit einem Nein zu beantworten. Die Entwicklung vom allerersten Entwurf zur nach Rom verschickten Ausfertigung ist ein langer Prozess. Um zu ersehen, wie in der Nuntiatur gedacht wurde, um Pacellis Schreiben voll verstehen zu können, muss man ihre Genese kennen, die aus den Entwürfen klar hervorgeht.

Bei Pacellis Schreiben geht es um Details; seine Sprache ist versiert und vielseitig, er ist bemüht, sich *schön* auszudrücken und feilt so lange an seinen Schreiben, bis er das richtige Wort gefunden hat. So gut wie jeder Entwurf beinhaltet rein stilistische Änderungen: häufig tauscht er zum Beispiel die lexikalisch gleichwertigen Relativpronomen »che« durch »il/la quale« aus. Eine Regelmäßigkeit ist dabei nicht zu erkennen, er wählt wohl, wie es ihm im Kontext des Briefes am besten gefällt. Oft ersetzt er einzelne Wörter durch Synonyme, um in vielen Fällen nach mehrfacher Streichung schlussendlich doch zur ursprünglich gewählten Variante zurückzukehren.[31]

---

31 Vgl. als Beispiel Pacelli an Gasparri, 19. Juli 1917, in: Kritische Online-Edition der Nuntiaturberichte Eugenio Pacellis (1917–1929), Nr. 4247, hier fol. 57r; www.pacelli-edition.de/Dokument/4247 (09.06.2011).

Aber philologisches Interesse allein macht es noch nicht notwendig, sich in einer Edition historischer Quellen die Mühe zu machen, neben den Ausfertigungen die teils handschriftlich, teils maschinell verfassten Entwürfe aufzunehmen. Die Entwürfe beinhalten viele Korrekturstufen, die zumeist von mehr als einer Person stammen, sie sind also das »Gesamtprodukt« mehrerer Schreiber. In vielen Fällen ist es so, dass die erste Entwurfsstufe mit der Schreibmaschine zu Papier gebracht wurde, man den Schreibenden also nicht aufgrund paläographischer Befunde identifizieren kann. Jedoch ist zu vermuten, dass der Stenotypist einen Text niedergeschrieben hat, der ihm entweder von Pacelli selbst oder vom Auditor Lorenzo Schioppa diktiert wurde; wer von beiden diktiert hat, lässt sich mit großer Wahrscheinlichkeit daran erkennen, wer das Schreiben im nächsten Schritt korrigiert und modifiziert hat.

Circa ein Drittel der Entwürfe ist von anderer Hand als von Pacelli entworfen worden, zumeist vom Auditor Schioppa, wobei Pacelli diese Fassungen stets noch einmal überarbeitet und somit immer das letzte Wort hat. Dabei überlässt er Schioppa in erster Linie kurze »Routineschreiben«, in einigen selteneren Fällen aber auch gewichtige Berichte zur politischen Lage. Erst durch die konsequente Aufnahme der Entwürfe wird deutlich, welche Parts aus der Feder welches Schreibers kommen. Zudem wird mit Hilfe des Layermodells klar kenntlich gemacht, wie die erste Ursprungsversion ausgesehen hat und wer was geändert hat.

Ein Beispiel: In einem Schreiben vom 18. April 1919 berichtet Pacelli Gasparri von einem Zusammentreffen Schioppas mit dem Revolutionsführer Max Levien nach dem Einmarsch der Roten Armee der Räterepublik in München. Man bedenke wohl, dass es sich um eine Ausfertigung handelt, die Pacelli unterschrieben, und somit ihren Inhalt abgesegnet hat. Pacelli charakterisiert darin Levien sehr negativ:

> Levien ist ein junger Mann, auch er Russe und Jude, von circa 30 oder 35 Jahren. Bleich, schmutzig, mit ausdruckslosen Augen, mit einer kratzigen und groben Stimme: ein wirklich widerlicher Typ, nichtsdestotrotz mit einer intelligenten und schlauen Physionomie.[32]

In diesen Zeilen treten deutlich die klassischen antisemitischen Stereotypen zum Vorschein; gerade in der Debatte um das Schweigen Pius' XII. zum Holocaust bieten sie Anlass zu vermuten, dass Pacelli diese vollständig internalisiert hat. Doch ein Blick in den Entwurf gibt Aufschlüsse über den Ursprung dieser Worte: Dieser wurde zuerst maschinenschriftlich zu Papier gebracht, anschließend von Schioppa korrigiert und im Falle dieser Passage ergänzt. Dieser muss auch in Bezug auf den Inhalt diktiert haben, da es sich um sein Zusammentreffen mit Levien handelt. Es ist also Schioppas Feder, aus der die sehr negativ konnotierte Charakterisierung des russischen Juden Levien stammt. Jedoch übernimmt Pacelli dadurch, dass er im letzten Korrekturdurchgang diesen Satz des Entwurfs Schioppas nicht bear-

---

32 »Il Levien è un giovanotto, anche egli russo ed ebreo di circa trenta o trentacinque anni. Pallido, sporco, dagli occhi scialbi, dalla voce rauca e sguaiata: un vero tipo ributtante, eppure con una fisionomia intelligente e furba.« Pacelli an Gasparri, 18. April 1919, in: Kritische Online-Edition der Nuntiaturberichte Eugenio Pacellis (1917–1929), Nr. 4757 (Entwurf) und Nr. 257 (Ausfertigung), www.pacelli-edition.de/Dokument/4757 und /257 (20.12.2011).

beitet und die zitierte Passage damit abnickt, schlussendlich die Verantwortung. Dieses Beispiel zeigt deutlich, dass eine differenzierte und fundierte Auswertung der Schreiben Pacellis erst möglich wird, wenn man ihre Genese weitestgehend rekonstruiert.

Neben Entwürfen, die von mehreren Schreibern verfasst wurden, gibt es eine Reihe von Berichten, die nur von Pacelli entworfen und modifiziert worden sind. Die Korrekturen und Änderungen lassen uns seinen Gedankengang erahnen, sie enthüllen, was Pacelli ursprünglich eigentlich schreiben wollte, dann aber entweder gestrichen oder ersetzt hat.

In vielen Fällen, in denen Pacelli ein Urteil oder eine Charakterisierung abgeben soll, feilt er lange an der richtigen Wortwahl; er entschärft sie dabei zumeist und verwendet neutralisierende, umschreibende Euphemismen. Dies ist beispielsweise in einem Schreiben aus dem Juni 1917 der Fall, in dem er von einer Unterhaltung mit Reichskanzler Theobald von Bethmann Hollweg zum österreichisch-italienischen Verhältnis und der Haltung des Papstes in Bezug auf territoriale Abtretungen Österreichs zugunsten Italiens berichtet. Pacelli weist auf die Situation des Heiligen Stuhls folgendermaßen hin:

> … und ich erklärte ihm, dass zwischen dem Heiligen Stuhl und Italien schon immer ein Kriegszustand herrschte und dass der Heilige Vater sich nie mit seiner derzeitigen Situation zufrieden erklären können wird, deren Anomalität und Unzumutbarkeit durch den Krieg noch deutlicher geworden ist. …[33]

Seine spontane Meinung zum Verhältnis des Heiligen Stuhls und Italien und der noch ungeklärten Römischen Frage, die hier als Kriegszustand sehr drastisch bewertet wird, nimmt Pacelli schließlich den Wind aus den Segeln, da er die Passage folgendermaßen ändert:

> … und ich erklärte ihm, dass der Heilige Vater sich nicht mit seiner derzeitigen Situation zufrieden erklären kann, deren Anomalität und Unzumutbarkeit durch den Krieg noch deutlicher geworden ist …[34]

Was Pacelli *eigentlich* denkt, erfahren wir hier nur aus der ersten Stufe seines Entwurfes. Die emendierte und schließlich nach Rom geschickte Version ist die diplomatisch geglättete und unverfängliche.

Kommen wir zu einer weiteren Beobachtung: Aus Pacellis Schreiben wird deutlich, dass er sein Amt als Nuntius, als Repräsentant des Heiligen Vaters, als eine hohe und ehrwürdige Mission versteht. Seine Berichte verraten, dass Attribute, die seinen Rang und seine Bestimmung unterstreichen, für ihn eminent wichtig sind und gegenüber Gasparri besonders hervorgehoben werden soll, ob er so behandelt wird, wie es des Vertreters des Heiligen Stuhls, des »rappresentante del Santo Padre« – dies ist eine häufig verwendete Formulierung in seinen Schreiben – würdig

[33] »… ed io gli esposi che fra la S. Sede e l'Italia esiste sempre uno stato di guerra [6v] e che il S. Padre non potrà mai dichiararsi soddisfatto della attuale Sua condizione, la cui anormalità ed inaccettabilità è stata resa ancor più evidente dalla guerra …« Pacelli an Gasparri, 30. Juni 1917, in: Kritische Online-Edition der Nuntiaturberichte Eugenio Pacellis (1917–1929), Nr. 4498; www.pacelli-edition.de/Dokument/4498 (09.06.2011).

[34] »… ed io gli spiegai come [6v] il S. Padre non può dichiararsi soddisfatto della attuale Sua condizione, la cui anormalità ed inaccettabilità è stata resa ancor più evidente dalla guerra …« Ebd.

ist. So fügt er häufig wertende attributive Adjektive hinzu, um den erhaltenen Eindruck zu unterstreichen. In einem Bericht über seinen Besuch in Berlin und Bad Kreuznach im Juni 1917 berichtet er beispielsweise folgendes:

> Am Bahnhof empfing mich der Herr Abgeordnete Erzberger, der mich mit einem Automobil des Militärs, das mir während meines gesamten Aufenthalts in Berlin vom Kriegsministerium zur Verfügung gestellt wurde, zum Hotel Continental begleitete, einem der besten Hotels der Hauptstadt, in dem ich in einem ziemlich schicklichen Apartment in der ersten Etage als Gast der Reichsregierung untergebracht war.[35]

In einer Überarbeitung unterstreicht er mittels des neu eingefügten Adjektivs »splendido« (herrlich) seine Begeisterung für das eigens ihm zur Verfügung gestellte Automobil. Und von seiner Weiterreise nach Bad Kreuznach berichtet er zudem folgendermaßen: »Meine Abreise aus Berlin zum Großen Hauptquartier in Kreuznach erfolgte am Donnerstagabend in einem eigenen kaiserlichen Waggon.«[36] Auch hier fügt er das Adjektiv »sontuoso« (prächtig) hinzu, mit dem er die Pracht des eigens für ihn zur Verfügung gestellten kaiserlichen Waggons und damit die ihm erwiesene Ehre hervorhebt.

Durch eine Rekonstruktion der Genese eines Nuntiaturberichts nähert man sich der Person Pacellis auf einer philologisch-interpretatorischen Schiene. Erst durch die konsequente kritische Edition der Entwürfe bekommt man eine Vorstellung von seiner diplomatischen Sensibilität, seinem Zögern und seinem peniblen Abwägen darüber, welche Informationen er Gasparri auf welche Weise zukommen lassen will. Selbstverständlich stellt sich dabei dann auch die Frage, aus welchen Quellen er seine Informationen bezogen hat.

Sascha Hinkel
Erste Hinweise zum Informantennetzwerk von Nuntius Pacelli

Die Quellen, aus denen Pacelli seine Informationen über das kirchliche und politische Leben in Deutschland bezog, sind für das Deutschlandbild, das er dem Heiligen Stuhl durch seine Nuntiaturberichte vermittelte, von großer Bedeutung. Das von uns bearbeitete Fallbeispiel der Ernennung von Joannes Baptista Sproll zum Bischof von Rottenburg aus den Jahren 1926/1927 weist auf ein funktionierendes Informationsnetzwerk Pacellis hin.[37] 1926 griff Pacelli für die Begutachtung der Rottenburger Domkapitulare als mögliche Kandidaten für das Amt des Bischofs

---

35 »Alla stazione era a ricevermi il Signor Deputato Erzberger, il quale con un automobile militare, messo a mia disposizione durante tutta la mia permanenza a Berlino dal Ministro della Guerra, mi accompagnò all'Hotel Continental, uno dei migliori della capitale, ove sono stato alloggiato in un assai decoroso appartamento al primo piano, ospite del Governo Imperiale.« Ebd.

36 »La mia partenza da Berlino per il Gran Quartiere Generale a Kreuznach avvenne la sera del Giovedì con un vagone speciale imperiale.« Ebd. und Ausfertigung, in: Kritische Online-Edition der Nuntiaturberichte Eugenio Pacellis (1917–1929), Nr. 366; www.pacelli-edition.de/Dokument/366 (09.06.2011).

37 Wolf, Affäre Sproll (wie Anm. 12).

auf drei Jesuiten zurück. Dieser Befund verwundert nicht, ist doch bekannt, dass sich Pacelli bereits in München und Berlin und später in Rom mit Jesuiten wie Pater Robert Leiber als Berater umgab.

Das Beispiel der Translation des Speyerer Bischofs Michael Faulhaber nach München und Freising führt uns zu anderen Ergebnissen. Nur wenige Tage nach seinem Amtsantritt in München holte Pacelli Ende Mai 1917 Gutachten über den Speyerer Bischof ein. Er forderte den Bamberger Erzbischof Jacobus von Hauck, den Guardian der Franziskaner in Bamberg Hieronymus Hummel und den Speyerer Domkapitular Friedrich Molz auf, Gutachten über Faulhaber anzufertigen. Der Unterschied zur »Affäre Sproll« ist kaum zu übersehen. Doch muss dieser Befund nicht verwundern. Schließlich wurde das Jesuitengesetz aus Kulturkampfzeiten, das Niederlassungen der Gesellschaft Jesu im Deutschen Reich verbot, erst im Laufe des Jahres 1917 abgeschafft. Pacelli konnte schlichtweg noch nicht auf Jesuiten als Informanten zurückgreifen.[38]

Pacellis wichtigster Informant in den politischen Fragen dieser Zeit war eindeutig der Zentrumspolitiker Matthias Erzberger. Pacelli und Erzberger waren sich seit dem Ausbruch des Großen Kriegs persönlich bekannt. Erzberger hatte auch schon für die Vorgänger Pacellis, Andreas Frühwirth und Giuseppe Aversa, als Kontaktmann zur Reichsregierung gedient. Der Zentrumsabgeordnete war sich des strukturellen Problems bewusst, dass der Nuntius in München nur über unzureichende Kontakte zu den politischen Entscheidungsträgern und Regierungsstellen in Berlin verfügte. Pacelli berichtete darüber ausführlich an den Kardinalstaatssekretär:

> Durch den höchst aktiven und einflussreichen Herrn Erzberger schreiten die Angelegenheiten zweifelsohne viel flinker voran; aber da er keinen offiziellen Charakter hat, stellen seine Antworten keine Verbindlichkeit seitens der Regierung dar, und da er von Natur aus zu exzessivem Optimismus neigt, kann man sich nie sicher sein, wie präzise das ist, was er berichtet.[39]

Erzberger machte sich für den Informationsfluss nach Rom unersetzlich. Von circa 120 Denkschriften, die Pacelli allein von Mai bis Dezember 1917 nach Rom sandte, stammten allein 56 aus der Feder Erzbergers beziehungsweise seines Büros in Berlin.

Am Beispiel der Friedensinitiative Benedikts XV. im Sommer 1917 lässt sich der Einfluss Erzbergers auf Pacelli verdeutlichen.[40] Nach den ersten Beratungen um die deutsche Antwort auf die Friedensinitiative vermittelte Erzberger den Stand der Verhandlungen. In der deutschen Antwort solle

> klar und unzweideutig zum Ausdruck gebracht werden, dass Deutschland unter den in der Päpstlichen Friedensnote gegebenen Voraussetzungen bereit

---

[38] Vgl. dazu Bernhard Duhr, Das Jesuitengesetz. Sein Abbau und seine Aufhebung. Ein Beitrag zur Kulturgeschichte der Neuzeit, Freiburg i. Br. 1919; Jesuitengesetz, in: Ludwig Koch, Jesuiten-Lexikon. Die Gesellschaft Jesu einst und jetzt, Bd. 1, Löwen-Heverlee 1962, Sp. 918–920; Rita Haub, Die Geschichte der Jesuiten, Darmstadt 2007, S. 99f.

[39] Pacelli an Gasparri, 30. Juni 1917, in: Kritische Online-Edition der Nuntiaturberichte Eugenio Pacellis (1917–1929), Nr. 366; www.pacelli-edition.de/Dokument/366 (09.06.2011).

[40] Vgl. dazu jetzt ausführlich Wolf, Der Papst als Mediator? (wie Anm. 11).

> ist, vollkommene Unabhängigkeit Belgiens gegenüber jeder Macht herzustellen.[41]

Erzberger legte ein Sitzungsprotokoll des beratenden Siebener-Ausschusses bei, das Pacelli als Vorlage für seinen Nuntiaturbericht diente, der letztlich nur eine Übersetzung desselben ist.[42] Selbst als nach der zweiten Sitzung des Siebener-Ausschusses entschieden war, dass die Belgienfrage, der springende Punkt der Friedensinitiative, in der deutschen Antwort ausgeklammert sein würde, urteilte Erzberger: »Wie der Stand der Dinge heute ist, so muss die Friedensaktion Seiner Heiligkeit zum Ziele führen, denn die belgische Frage ist geklärt.« Nur sprach das Sitzungsprotokoll, das Erzberger erneut beilegte, eine andere Sprache. Die Belgienfrage solle erst in definitiven Friedensverhandlungen geklärt werden, denn Belgien galt der Reichsregierung als Trumpf, der nicht zu früh aus der Hand gespielt werden dürfe. Damit war die Friedensinitiative allerdings gescheitert. Zuerst wollte Pacelli das Sitzungsprotokoll in italienischer Übersetzung als Nuntiaturbericht versenden. Dann verwarf er dieses Ansinnen jedoch wieder und schickte es überhaupt nicht nach Rom.

Erzberger blieb weiter optimistisch. »Ich bitte Euer Exzellenz, mir zu vertrauen, dass die Friedensfrage gut weiter gehen wird.«[43] Doch für Pacelli war die Friedensinitiative endgültig gescheitert. »Ich wäre sehr erfreut, Ihre wohlwollenden Überzeugungen zu teilen, aber leider erlauben die Tatsachen es mir nicht.«[44] Der Nuntius war dem Optimismus Erzbergers lange genug aufgesessen.

Doch ließ Pacelli Erzberger auch nicht fallen, als dieser verstärkt in die Kritik der konservativen Katholiken um den Kölner Kardinal Felix von Hartmann geriet. Er glaube nicht

> ihn aufgeben zu können, weil er intelligent und fähig ist, erfüllt von den besten Absichten, von einem außergewöhnlichen Einsatz und weil er der Nuntiatur und dem Heiligen Stuhl (vielleicht als einziger Politiker des Zentrums), von sich aus viele Dienste geleistet hat und leistet; aber natürlich muss ich die größtmögliche Vorsicht walten lassen, vor allem weil sich unter seinen unbestreitbaren hochgeschätzten Qualitäten die der Besonnenheit, des Maßes und der Zurückhaltung sicherlich nicht in der ersten Reihe befinden.[45]

---

41 Erzberger an Pacelli, 28. August 1917; ASV, Arch. Nunz. Monaco 413, fasc. 1, fol. 26r–27r.

42 Pacelli an Gasparri, 30. August 1917, in: Kritische Online-Edition der Nuntiaturberichte Eugenio Pacellis (1917–1929), Nr. 398; www.pacelli-edition.de/Dokument/398 (09.06.2011). Vgl. auch Erich MATTHIAS/Rudolf MORSEY (Bearb.), Der interfraktionelle Ausschuß 1917/18, Bd. 1 (Quellen zur Geschichte des Parlamentarismus und der politischen Parteien 1), Düsseldorf 1959, Nr. 40, S. 168–180.

43 Erzberger an Pacelli, 26. September 1917; ASV, Arch. Nunz. Monaco 409, fasc. 2, fol. 221r–v.

44 »Sarei lietissimo di poter dividere le Sue favorevoli convinzioni, ma pur troppo i fatti non me lo permettono. In ogni caso confido nella Provvidenza divina, la quale regge le sorti delle Nazioni.« Pacelli an Erzberger, 30. September 1917; ASV, Arch. Nunz. Monaco 409, fasc. 2, fol. 236r.

45 »Malgrado tali opposizioni, io non credo di poterlo abbandonare, giacché è intelligente, buono, animato dalle migliori intenzioni, di un'attività fenomenale ed ha reso e rende (solo forse fra gli uomini politici del Centro), spontaneamente, moltissimi servigi alla Nunziatura e alla S. Sede; ma naturalmente debbo usare la massima circospezione, tanto più perché fra le sue innegabili egregie qualità la prudenza, la misura e la riservatezza non si trovano certo in prima linea.« Pacelli an Gasparri, 22. Oktober 1917, in: Kritische Online-Edition der Nuntiaturberichte Eugenio Pacellis (1917–1929), Nr. 4043; www.pacelli-edition.de/Dokument/4043 (09.06.2011).

Die Analyse der in den Nuntiaturberichten aus dem Jahr 1917 genannten Personen scheint diese Ergebnisse zu bestätigen.

Maria Pia Lorenz-Filograno
Weitere Beobachtungen zu den Kontaktpersonen Pacellis

Die soeben aufgezeigten Beispiele unterstreichen die Bedeutung, die den Ausdrucksweisen und den Formulierungen, deren sich Pacelli insbesondere hinsichtlich seiner Beurteilung der persönlichen Eigenschaften und Begabungen seiner Kontaktpersonen bediente, beizumessen sind. Bei der bisherigen Untersuchung und namentlich für den in Betracht genommenen Zeitraum, das Jahr 1917, hat man keinen Fall ausmachen können, in dem er seine Ansicht über eine Person geändert oder in irgendeiner Weise seine Betrachtungen revidiert hätte, außer im Fall von Georg Michaelis.

Will man eine Art Kategorisierung derjenigen Personen, die im ersten Jahr der Nuntiatur genannt sind, vornehmen, ergibt sich folgendes Bild: Von den im Jahr 1917 erwähnten circa 320 Personen zählen etwa 100 zu den Geistlichen beziehungsweise kirchlichen Würdenträgern und ebenso viele zu den Politikern, Diplomaten und Militäroffizieren. Unterschiedlich zu kategorisieren wären etwa 50 Personen (Verleger, Universitätsprofessoren, Autoren von Artikeln und Monographien, Verwandte von anderen genannten Personen). Weiterhin befinden sich unter den Genannten etwa 40 Adlige und eine etwas geringfügigere Zahl, etwa 30, von schlichten Katholiken, die wohltätig oder in Vereinen aktiv waren. Für das genannte Jahr beläuft sich die Anzahl der Tags innerhalb der Datenbank, die der Identifikation von Personen dienen, auf 443.

Es ist darauf hinzuweisen, dass es nicht immer und ausschließlich um Personen ging, zu denen Pacelli eine direkte Beziehung hatte beziehungsweise aufnahm, durch Besuche oder Briefwechsel, sondern auch um Personen, die er nicht persönlich kannte, die aber gleichwohl in seinen Berichten erwähnt sind; auch diese erscheinen interessant, weil sie das weitere Umfeld zeigen, in das ihn sein Amt als Nuntius führte, auch, in welchem Maße und von wem er in seiner Funktion als Nuntius in Anspruch genommen wurde.

Nicht zu vergessen ist natürlich die erhebliche Zahl von Kriegsgefangenen, die in unserem Projekt nicht berücksichtigt werden können, eben aufgrund der übermäßigen Menge an Berichten, die sie betreffen. Pacelli kümmerte sich sehr um sie, vor allem um die italienischen Soldaten, die von ihrer Regierung sich selbst überlassen wurden und denen der Heilige Stuhl Hilfe zuteil werden ließ. Auf diese Weise steigerte er das eigene Ansehen und die Anerkennung auf internationaler Ebene.

Offenkundig ist die überwiegende Präsenz von Kirchenleuten unter den von Pacelli genannten Personen. Man könnte daher vermuten, dass Pacelli sich in der Nuntiatur überwiegend mit Kirchenfragen beschäftigte. Jedoch – sieht man einmal von den Fällen ab, die vornehmlich mit Bischofsernennungen in den deutschen Diözesen zu tun hatten – tauchen in seinen Berichten die zum Klerus gehörenden

Personen im Zusammenhang mit Gesuchen um Segen und Dispensen, die an den Heiligen Vater gerichtet waren, auf, und weniger aufgrund von Problemen in der eigenen Diözese, für die der Ortsordinarius zuständig war. Pacelli bewegte sich in diesem Sinn innerhalb der Grenzen seines Mandats, und zwar sowohl mit Rücksicht auf die Weisungen, die das Staatssekretariat seinem Vorgänger Monsignore Aversa erteilt hatte[46] und die danach auf ihn übergegangen waren, als auch auf die die päpstlichen Legaten betreffenden Regeln, die in dem *Codex Iuris Canonici* von 1917 Eingang gefunden haben, wie etwa die Regel des Kanons 269, § 1. Hierin wurde bestimmt, dass der Legat, das heißt der Nuntius, den Ortsordinarien die freie Ausübung ihrer Jurisdiktion überlassen muss.[47]

Nicht zuletzt galt im Jahr 1917 Pacellis Engagement auch zum Großteil der Päpstlichen Friedensinitiative. Da unsere Arbeit sich jeweils die einzelnen Jahre der Nuntiatur vornimmt, ist es einsichtig, dass ein jedes sich von dem anderen in Abhängigkeit der von dem Nuntius behandelten Fragen unterscheiden wird.

Neben den Geistlichen stechen Personen aus der Politik, der Diplomatie und der öffentlichen Verwaltung hervor. Pacelli scheint bei der Beurteilung der Menschen eine gewisse Vertrautheit an den Tag zu legen und offenbart eine Tendenz, deren politische Aktion einzuschätzen, indem er sehr auf den Charakter und die jeweiligen persönlichen Überzeugungen und weniger auf objektive Umstände oder Faktoren achtete; er lässt eine Auffassung durchscheinen, nach der Geschichte vorwiegend von großen Persönlichkeiten gemacht wird. In seinem Bericht vom 22. Oktober 1917, den Pacelli Gasparri vertraulich zukommen ließ, kann man eine solche Sicht der Dinge feststellen, wenn er behauptet:

> Niemand bedauert mehr als ich die Blindheit und Starrköpfigkeit der Männer, die heute Deutschland regieren. … Ich glaube, dass, wenn Bethmann Hollweg an der Macht geblieben wäre, die Antwort Deutschlands auf den Päpstlichen Friedensappell in höherem Maße den gerechten Wünschen Eurer Eminenz und selbst den Interessen der Zentralmächte entsprochen hätte. … Nun werden wir sehen, ob nach der Krise, die sich imminent ankündigt, ein Mann an die Macht gelangen wird, der mit größerer Weitsicht ausgestattet ist als der bigotte Protestant Michaelis. [48]

Die Tatsache, dass eine Reihe weiterer Personen mit Pacelli Kontakt aufnahm, offenbart zweierlei: zum einen unterstreicht sie die Wichtigkeit, die Pacelli aufgrund seiner Rolle beigemessen wurde, zum anderen weist sie auf den Druck, der auf den Heiligen Stuhl ausgeübt wurde. Ein vielsagendes Beispiel stellt in diesem Sinne

---

[46] Ein Überblick über die Generalinstruktion bei Pacelli, Lage (wie Anm. 4), S. 36–43.

[47] »Legati Ordinariis locorum liberum suae iurisdictionis exercitium relinquant.« Pietro Gasparri (Hg.), Codex Iuris Canonici Pii X Pontificis Maximi iussu digestus, Benedicti Papae XV auctoritate promulgatus, Rom 1917.

[48] »... niuno più di me deplora la cecità e l'ostinazione degli uomini che governano attualmente la Germania. ... Credo che se il Bethmann Hollweg fosse rimasto al potere, la risposta della Germania all'Appello Pontificio sarebbe stata più conforme ai desideri giustissimi di Vostra Eminenza ed all'interesse stesso delle Potenze centrali. ... Vedremo ora se in seguito alla crisi, che si annunzia imminente, salirà al potere un uomo di vedute più larghe del protestante-bigotto Michaelis.« Pacelli an Gasparri, 22. Oktober 1917, in: Kritische Online-Edition der Nuntiaturberichte Eugenio Pacellis (1917–1929), Nr. 4043; www.pacelli-edition.de/Dokument/4043 (09.06.2011).

ein Bericht vom 5. Oktober 1917 dar, in dem Pacelli Gasparri über den Besuch informierte, den ihm Emiel Verhees, Generalsekretär des belgischen Ministeriums für Gewerbe und Arbeit mit Sitz in Brüssel, abstattete. Verhees war ein glühender Vertreter der flämischen Unabhängigkeit und offenbar ein Gegner des Kardinals Désiré-Joseph Mercier, Erzbischof von Malines. Er legte Pacelli die flämische Frage in Belgien dar und beklagte die Haltung des genannten Kardinals, der, wie der Nuntius wiedergibt,

> die Bestrebungen der flämischen Bevölkerungen hart bekämpft (während die anderen Mitglieder des belgischen Episkopats, wenn sie sie nicht billigen, sie dennoch nicht verurteilen) wie auch diejenigen des Monsignore Locatelli, der sich in dieser Angelegenheit völlig in der Hand des oben erwähnten Hochwürdigsten befinde; [Monsignore Locatelli] kenne den wahren Kern des Problems nicht und habe sich sogar geweigert, eine Botschaft der flämischen Katholiken an den Heiligen Vater zu übermitteln.[49]

Pacelli zeigte hier seine ganze Gewandtheit, eine Sache zu umgehen, die er als extrem heikel erkannt hat, und erklärte Verhees, es gehe dabei um eine Angelegenheit, die in die Zuständigkeit des Apostolischen Nuntius von Brüssel falle, weshalb es ihm unmöglich sei, sich auf irgendeine Art und Weise mit der Sache zu beschäftigen. Er fügte hinzu:

> Ich habe es trotzdem nicht für richtig gehalten, mich der einfachen Übersendung der hier beigefügten Papiere und Hefte an Eure Eminenz nicht zu widersetzen, die er wünschte, Rom zukommen zu lassen, um den Heiligen Stuhl diesbezüglich zu informieren, zumal ich den stichhaltigen Grund hätte fürchten müssen, dass eine solche Ablehnung den politischen Behörden Deutschlands sehr unliebsam gewesen wäre, mit denen Herr Verhees natürlich in bester Beziehung steht.[50]

Es wäre nun zu fragen, ob dieser Verhees tatsächlich aus eigener Initiative gehandelt hat oder eher als Spielfigur der deutschen Behörden, die in Belgien – da sie auf eine Intervention des Nuntius Locatelli gegen Mercier nicht zählen konnten – versuchten, Pacelli zu involvieren, um Mercier unschädlich zu machen, oder aber, was nicht unwahrscheinlich erscheint, einfach die diesbezügliche Haltung des Nuntius zu sondieren. Pacelli ging mit der Angelegenheit souverän um und bot keinen Anlass vermuten zu lassen, er habe in der belgischen Frage Partei ergriffen; seine Haltung war es stets, sich nicht dem Spiel der politischen Lager hinzugeben.

---

49 »... severamente combatte le aspirazioni delle popolazioni fiamminghe (mentre gli altri membri dell'Episcopato belga, se non le approvano, neppure però le condannerebbero), come anche di Mons. Locatelli, il quale si troverebbe, sempre secondo lui, in detta vertenza completamente nelle mani del sullodato Eminentissimo, ne ignorerebbe i veri termini ed avrebbe pure negato di trasmettere a Roma un indirizzo al Santo Padre dei cattolici fiamminghi«. Pacelli an Gasparri, 5. Oktober 1917, in: Kritische Online-Edition der Nuntiaturberichte Eugenio Pacellis (1917–1929), Nr. 8458; www.pacelli-edition.de/Dokument/8458 (09.06.2011).

50 »... non ho creduto, tuttavia, di dovermi rifiutare alla pura e semplice trasmissione all'Eminenza Vostra Reverendissima delle carte e degli opuscoli qui uniti, che egli desiderava far pervenire a Roma per informare la Santa Sede al riguardo, tanto più che avevo fondato motivo di temere che un tale rifiuto sarebbe riuscito assai sgradito alle Autorità politiche della Germania, colle quali il Signor Verhees si trova, naturalmente, nei migliori rapporti.« Ebd.

Nicht weniger interessant ist die durch die Datenbank gebotene Möglichkeit, auf einfache Weise Meinungen und Initiativen Pacellis in Bezug auf Vorfälle und Personen auszumachen, und zwar durch die Verbindungen, die unter den von ihm genannten Personen bestehen. Zu dem Besuch Verhees', den Pacelli mit wahrer diplomatischer Taktik behandelte, gibt die Datenbank einen Hinweis auf die Ereignisse um Kardinal Mercier, an denen Pacelli, obwohl mittelbar, mit Ergriffenheit Anteil nahm. Die Angelegenheit Mercier wurde von Pacelli mit derjenigen von Kazimierz Michalkiewicz verglichen, wie ein Bericht vom 4. Januar 1918 deutlich zeigt, denn, als er über die Angelegenheit des Apostolischen Administrators für die Diözese Vilnius berichtete, schrieb der Nuntius: »Der Fall scheint mir einige Ähnlichkeit mit dem des Kardinals Mercier aufzuweisen.«[51]

Wie man sieht, besteht die Möglichkeit, die Art und Weise zu prüfen, wie Pacelli mit den für den Heiligen Stuhl heiklen Fragen umging und bis zu welchem Punkt er eingebunden war. Die personellen Verflechtungen sowie die Vielzahl von involvierten Staaten und Interessen lassen auf weiterführende und interessante Forschungsprojekte hoffen.

Sascha Hinkel
Die Recherchemöglichkeiten in der Datenbank

Die Frage, die wir uns bei Aufbau und Gestaltung der Datenbank immer wieder gestellt haben und weiter stellen, ist die nach der Arbeitsweise des Nutzers. Was erwartet man von einer Online-Edition und welche Funktionen möchte man nutzen? Im Folgenden sollen einige der Möglichkeiten unserer Datenbank kurz vorgestellt werden.

Von der Homepage www.pacelli-edition.de kommt man durch einen Klick auf »Datenbank« zu einer kurzen Einführung in die Suchmöglichkeiten in den Dokumenten. Von dort gelangt man über »Zur Suche« zur Suchmaske. Nun lässt sich entweder eine Suchanfrage starten oder in den Beständen stöbern. Möchte man eine konkrete Suchanfrage starten, hat man dafür verschiedene Möglichkeiten. Die einfachste ist die »Gesamtsuche«, eine Volltextsuche über alle Bereiche der Datenbank. Durch diese »Gesamtsuche« lässt sich das Problem der unterschiedlichen Sprachen in den Griff bekommen – die Nuntiaturberichte sind ausschließlich auf Italienisch abgefasst, die Anlagen auf Italienisch, Lateinisch, Deutsch, Französisch, Flämisch, Polnisch, Russisch, Litauisch, Englisch und Osmanisch. Dies belegt folgendes Beispiel.

Man interessiert sich für die Friedensinitiative Benedikts XV. vom Sommer 1917 und gibt »Friedensinitiative« in das Feld »Gesamtsuche« ein. Es wird nun die gesamte Datenbank, das heißt alle Dokumente inklusive der Regesten, alle Biogramme und alle Schlagwörter nach diesem Begriff durchsucht. Da die Nuntiaturberichte auf Italienisch verfasst wurden, können eigentlich keine Treffer in diesen

---

[51] »Der Fall scheint mir einige Ähnlichkeit mit dem des Kardinals Mercier aufzuweisen.« Pacelli an Gasparri, 4. Januar 1918, in: Kritische Online-Edition der Nuntiaturberichte Eugenio Pacellis (1917–1929), Nr. 2129; www.pacelli-edition.de/Dokument/2129 (09.06.2011).

angezeigt werden. Dennoch gibt es für das Jahr 1917 zehn Treffer bei den Dokumenten, da die »Friedensinitiative« in den deutschsprachigen Regesten der Nuntiaturberichte auftaucht. Darüber hinaus gibt es 21 Treffer bei den Schlagwörtern. Die Gesamtsuche geht damit über die Möglichkeiten einer reinen Volltextsuche in den Nuntiaturberichten hinaus. Dabei dient das Deutsche als Metasprache, in der die Regesten, Biogramme und Schlagwörter verfasst sind.

In der Trefferliste werden die wichtigsten Informationen eines Dokuments angezeigt. Zentral steht die Dokumentnummer. Übersichtlich gruppiert folgen Informationen zur Art des Dokuments und weitere Elemente eines klassischen Editionskopfs: Sender, Empfänger, Ort, Datum und Protokollnummer. Ein Klick auf die »Entwurf Nummer« öffnet direkt neben der Ausfertigung den Entwurf des Nuntiaturberichts. Um die beiden Text leichter vergleichen zu können, kann man den Header einklappen und die Suchleiste am linken Rand zur Seite schieben.

Gibt man, wie gesagt, den Begriff »Friedensinitiative« ein, erhält man diesen in den gefundenen Dokumenten gelb unterlegt angezeigt. Ein blauer Text verweist auf Links, die an dieser Stelle gesetzt wurden. Klickt man etwa im Text eines bei dieser Suche gefundenen Dokuments auf »Appello pontificio per la pace«, öffnet sich ein Popup-Fenster, das die klassische Fußnote ersetzt. In einem Titelfeld wird angezeigt, welche Informationen man erwarten kann: »Päpstliche Friedensinitiative Benedikts XV. vom 1. August 1917«. Klickt man nun auf »mehr«, wird der Kontext der Friedensinitiative erläutert. Klickt man am Ende des Popups auf »Vollansicht«, wird man auf eine neue Seite weitergeleitet. Hier sieht man gelb unterlegt die Schlagwort-Nummer, durch welche das Schlagwort in den Nuntiaturberichten verlinkt ist. Unterhalb des Textes folgen Quellen- und Literaturangaben zum Thema. Daran anschließend werden alle Dokumente angezeigt, die mit diesem Schlagwort verknüpft sind. Somit ergibt sich durch einen einfachen Klick eine weitere Möglichkeit, nach thematisch zusammengehörigen Nuntiaturberichten zu recherchieren.

In der »Suche in Dokumenten« lassen sich erweiterte Suchfunktionen anklicken: hier lässt sich wählen zwischen einer Suche in Nuntiaturberichten in Ausfertigung und/oder Entwurf, Weisungen und/oder Anlagen. Zudem lässt sich die Suche im Dropdown-Menu filtern, zum Beispiel nach den Attributen »Dokumentnummer« oder »Protokollnummer«. Zudem lässt sich über das Feld »Datum« suchen.

Wenn man keine konkrete Suchanfrage stellen möchte, bietet die Datenbank die Möglichkeit, in den Beständen zu stöbern. Dafür eignen sich die beiden am unteren linken Bildrand angezeigten Bäume. Zum einen ein Chronologiebaum, zum anderen ein Archivbaum. Im Chronologiebaum werden alle Dokumente in chronologischer Reihenfolge angezeigt. Klickt man etwa auf das Jahr 1917, dann öffnen sich die Monate. Klickt man auf den Monat Juli – 07 –, dann gelangt man zu einer Übersicht, welche Dokumente an welchem Tag des Monats erstellt wurden. Man erkennt auf den ersten Blick das Datum sowie die Art des Dokuments und gelangt mit einem Klick zu dessen Anzeige. Der Archivbaum spiegelt den Fundort der Dokumente in den vatikanischen Archiven wieder. Daher folgt der Aufbau dem des Vatikanischen Geheimarchivs und des Historischen Archivs des Staatssekretariats und gliedert sich in die Nuntiaturarchive sowie in die Länderserien des Staatssekretariats. Hier lässt sich sozusagen Faszikel für Faszikel in den Akten nach den Nuntiaturberichten Pacellis recherchieren. Schließlich können somit inhaltlich zusammengehörige Dokumente, die in einer Akte abgelegt wurden, leicht in einen Zusammenhang gebracht werden.

II. Eugenio Pacelli als Nuntius: Themen, Personen, Strukturen

BASISNORM DER HANDLUNGEN PACELLIS?

Der Codex Iuris Canonici von 1917

Giorgio Feliciani

Die Rezeption der Prinzipien des ius publicum ecclesiasticum externum

Bietet der *Codex Iuris Canonici* von 1917 eine Richtlinie oder vermittelt er zumindest eine Vorstellung vom Verhältnis von Kirche und Staat, welche eine Hauptdirektive der politisch-diplomatischen Mission darstellen kann, die vom Canon 267 als die erste Aufgabe eines Apostolischen Nuntius angegeben wird? Mit dieser Frage beschäftigt sich der vorliegende Beitrag.

Während der Arbeiten an der ersten Kodifizierung – das sollte man bei dieser Frage nicht vergessen – erwarteten sich nicht wenige Kanonisten von dieser legislativen Reform »eine ausdrückliche und positive und formale Bestätigung« der Prinzipien des *ius publicum ecclesiasticum.*[1] Andere erachteten dies als schwierig, wenn nicht unmöglich, und zwar wegen der ganz unterschiedlichen Beziehungen zwischen der Kirche und den einzelnen Staaten sowie wegen der vorhersehbaren Reaktionen letzterer.[2]

Diese These schien ihre Bestätigung im Text zu finden, der mit der Konstitution *Providentissima Mater Ecclesia* promulgiert wurde. In der Tat stellte der *Codex* laut der Wissenschaftler, die sich mit der Frage beschäftigt haben, eine vollständige Enttäuschung für diejenigen dar, die erhofften, darin die Prinzipien des *ius publicum ecclesiasticum externum* zu finden. Ihrer Meinung nach behandelte der *Codex*, obzwar darin mancher Hinweis in die Richtung zu finden war, das Verhältnis von Kirche und Staat sehr zurückhaltend, und zudem in einem »vorsichtigen, gemäßigten und erhabenen Ton«, ohne jegliche Sorge um Vollständigkeit und Systematik.[3]

---

[1] Anastasio Rossi, La codificazione del diritto canonico, Il Motu Proprio di Pio X »De legibus Ecclesiae in unum redigendis«, Pavia 1905, S. 17. Der gleichen Meinung waren andere italienische und französische Kanonisten; vgl. dazu Mario Falco, Introduzione allo studio del »Codex Iuris Canonici«, Turin 1925, hg. von Giorgio Feliciani, Bologna 1992, S. 100.

[2] Vgl. Johann Baptist Sägmüller, Die formelle Seite der Neukodifikation des kanonischen Rechts, in: Theologische Quartalschrift 87 (1905), S. 401–423, hier S. 403; vgl. auch Francesco Ruffini, La codificazione del diritto ecclesiastico, in: Studi di diritto romano, di diritto moderno e di storia del diritto pubblicati in onore di Vittorio Scialoja, Bd. 2, Mailand 1905, S. 353–393, hier S. 378f.

[3] Falco, Introduzione (wie Anm. 1), S. 397f.; vgl. August Knecht, Das neue kirchliche Gesetzbuch Codex Juris Canonici. Seine Geschichte und Eigenart, Straßburg 1918, S. 46f.; Auguste Boudinhon, Le nouveau Code de droit canonique, in: Revue du clergé français 23 (1917), H. 93, S. 12; Hermann Henrici, Das Gesetzbuch der katholischen Kirche, Basel 1918, S. 33; Ulrich Stutz, Der Geist des

Untersucht man den *Codex* von 1917 jedoch genauer, lässt sich dieses Urteil nicht halten, weil es die Bedeutung des vom Canon 100 § 1 sanktionierten Prinzips zu ignorieren oder zumindest stark zu unterbewerten scheint: »Catholica Ecclesia et Apostolica Sedes moralis personae rationem habent ex ipsa ordinatione divina.«[4] Diese Aussage zielt in der Tat deutlich darauf ab, der Kirche und dem Heiligen Stuhl die Qualifikation der Rechtssubjekte und der Verpflichtungen zuzuschreiben, die, da sie direkt von Gott kommen, sowohl in ihrem Ursprung als auch in ihrer Ausübung vollkommen unabhängig von den staatlichen Kräften sind. Diese Auslegung wurde in der Edition des *Codex*, die von Pietro Gasparri kommentiert wurde, eindeutig bestätigt. Die kommentierte Edition erwähnte im Rahmen der Quellen dieser Anordnung die Verurteilung folgender These im Syllabus:

> Die Kirche ist keine wahre, vollkommene und völlig freie Gesellschaft, die völlig frei ist; sie verfügt auch nicht über ihre eigenen und beständigen Rechte, die ihr von ihrem göttlichen Gründer übertragen wurden, sondern es ist Aufgabe der bürgerlichen Gewalt, festzulegen, welches die Rechte der Kirche und die Grenzen sind, innerhalb derer sie diese Rechte ausüben kann.[5]

Der *Codex* ist in seinen verschiedenen Canones darum bemüht, solche Vorrechte zu verkündigen. Er fordert insbesondere für die Kirche nicht nur ein Staatssystem, sondern auch das System der Gerichtsbarkeit oder der Regierung, wobei der göttliche Ursprung unterstrichen wird (can. 196) und der Kirche allein die Aufgabe zuerkannt wird, diejenigen damit zu betrauen, die dies konkret ausüben sollen. Besonders Canon 109 weist darauf hin, dass die Aufnahme in die Kirchenhierarchie nicht durch einen Konsens oder durch das Volk und die weltliche Macht entsteht, sondern durch die heilige Weihe und die kanonische Mission. Und Canon 147 unterstreicht, dass kein kirchliches Amt gültig bekleidet werden kann, ohne die *provisio canonica*, die per Definitionem der zuständigen kirchlichen Autorität obliegt.

Um schließlich die weitestgehende Freiheit in der Ausübung der kirchlichen Machtbefugnisse zu sichern, werden zugunsten der Kleriker unterschiedliche Privilegien vorgesehen, wie die Immunität von der weltlichen gerichtlichen Gewalt (can. 120 § 1) und die Befreiung von den Funktionen und den öffentlichen Ämtern, die für ihren Status fremd sind (can. 121). Und was spezifisch die Kultausübung angeht, wird festgelegt, dass dabei die Priester einzig von den entsprechenden Vorgesetzten abhängen (can. 1260) und dass die heiligen Orte frei von der zivilen Jurisdiktion sind (can. 1160).

Codex juris canonici, Stuttgart 1918, S. 109f. Vgl. ebenso Gaetano CATALANO, Cenni sulle vicende dell'istituto concordatario nell'età contemporanea, in: DERS., I Concordati tra storia e diritto, Messina 1992, S. 12.

4 Diesbezüglich scheint es bedeutsam, dass Falco in seiner gegliederten Darstellung des Inhalts des Codex dieser Anordnung kaum Beachtung schenkt; vgl. FALCO, Introduzione (wie Anm. 1), S. 133, S. 142 und S. 234.

5 »Ecclesia non est vera perfectaque societas plane libera, nec pollet suis propriis et constantibus iuribus sibi a divino suo fondatore collatis, sed civilis potestatis est definire quae sint Ecclesiae iura ac limites, intra quos eadem iura exercere queat.« Propositio XIX im Syllabus errorum, 8. Dezember 1864, in: ASS 3 (1867), S. 170; deutsche Übersetzung nach DH 2919, S. 801. Eine kritische Bewertung dessen bei Carlo FANTAPPIÈ, Chiesa romana e modernità giuridica. Bd. 2: Il Codex Iuris Canonici (1917), Mailand 2008, S. 826.

Überdies werden in dem Teil des *Codex*, der dem Lehramt gewidmet ist, unter anderem das »ius et officium« der Kirche sanktioniert, allen Völkern die »evangelicam doctrinam« zu lehren, unabhängig von jeder weltlichen Macht (can. 1322 § 2). Festgeschrieben wird zudem ihre alleinige Kompetenz in Bezug auf die Bildung derer, die kirchliche Ämter anstreben (can. 1352) sowie ihre Macht, Bücher zu zensurieren und gegebenenfalls zu verbieten (can. 1384 § 1 und 1395). Besonderes Augenmerk wird auch dem Thema des Vermögens gewidmet, wobei das »ius nativum« der Kirche und des Heiligen Stuhls, weltliche Güter zur Verfolgung der eigenen Ziele zu erwerben, zu besitzen und zu verwalten (can. 1495) beansprucht wird, wie auch das Recht der Kirche, von den Gläubigen die notwendigen Mittel zu diesen Zielen einzufordern (can. 1496). Auf juristischem Gebiet wird zudem ausdrücklich das der Kirche eigene und exklusive Recht bestätigt, sich der Rechtssachen anzunehmen, welche die »res spirituales et spiritualibus adnexas« betreffen, sich überdies der Verletzungen der kirchlichen Gesetze, der Personen, die das *privilegium fori* genießen (can. 1553 § 1), zu widmen und in vollständiger Unabhängigkeit von jeglicher menschlicher Macht die Vergehen der eigenen Untergebenen mit sowohl spirituellen als auch weltlichen Strafen zu belegen (can. 2214 § 1).

Die Normative erweist sich als besonders weit und detailliert in den Bereichen, in denen die traditionellen Vorrechte der kirchlichen Autoritäten auf größere Hindernisse in der Politik und der Gesetzgebung der liberalen Staaten trafen. Was die Schule angeht, betont der *Codex* nicht nur das Recht der Kirche, Schulen jeder Ordnung und jeden Grades zu gründen (can. 1375), sondern bekundet ein spürbares Misstrauen gegenüber der öffentlichen Schule. Katholischen Kindern wird das Frequentieren dieser Schulen verboten, ausgenommen, wenn der örtliche Ordinarius sie in Ausnahmefällen für tolerierbar hält, nachdem er besondere Maßnahmen getroffen hat »ut periculum perversionis vitetur« (can. 1374). In jedem Fall muss in allen Schulen die religiöse Erziehung und Bildung unter der Leitung der kirchlichen Autorität gesichert sein, der die Pflicht einer Überwachung allgemeinen Charakters obliegt, um in jeder Hinsicht die Unversehrtheit des Glaubens und die Achtbarkeit der Sitten zu schützen (can. 1373, 1381, 1382). In Bezug auf die Ehe der Getauften ist die Kompetenz der »civilis potestas«, legislativ und gerichtlich, rigoros auf die Wirkungen, die »mere civiles« sind, beschränkt (can. 1016, 1960, 1961), während der zivilen Ehe – die als »so genannte« Ehe (»ut aiunt«) qualifiziert wird – keine Bedeutung anerkannt wird, außer in Bezug auf die Anwendung von Sanktionen (can. 188, Nr. 5; can. 646 § 1, Nr. 3; can. 2356; can. 2388).

Dazu kommen schließlich Strafen von besonderer Schwere für Verhaltensweisen, die gegen die Anordnungen all dieser Canones sind. Diejenigen, die von öffentlichen Befugnissen Gebrauch machen, die auf sie übertragen sind, und Gesetze oder Dekrete gegen die Freiheit und die Rechte der Kirche erlassen, werden mit der Exkommunikation *latae sententiae* bestraft, die *speciali modo* dem Heiligen Stuhl vorbehalten ist. Und der gleichen Strafe unterliegen diejenigen, die, indem sie »ad quamlibet laicalem potestatem« zurückgreifen, die Ausübung der kirchlichen Gerichtsbarkeit verhindern (can. 2334).

Die Konzeption der Kirche als »societas perfecta«

Jenseits aller einzelnen Verfügungen muss man sich fragen, ob nicht der ganze Prozess der Kodifizierung durch Pius X. und Benedikt XV. aus der Perspektive des *ius publicum ecclesiasticum externum* gesehen werden muss. Denn das das Verhältnis von Kirche und Staat bestimmende Hauptprinzip in der katholischen Lehre lässt sich ohne weiteres in der Lehre Leos XIII. erkennen:

> Deshalb hat Gott die Sorge für das menschliche Geschlecht unter zwei Gewalten aufgeteilt, nämlich die kirchliche und die bürgerliche, wobei die eine über die göttlichen, die andere über die menschlichen Dinge gesetzt ist. Jede von beiden ist in ihrer Art die höchste …[6]

Aber auch dort, wo dieses Prinzip von den Verfassungen der Staaten akzeptiert wird,[7] sind all die Probleme evident, die sich stellen und stellten, wenn es darum geht, konkret festzustellen und festzulegen, welches System jeweils den beiden Mächten zusteht.[8] In dieser Hinsicht kann der gesamte *Codex*, der in organischer und systematischer Art und Weise die Normative zu den unterschiedlichen Themen zusammenfasst, die unter die Autorität des kanonischen Gesetzgebers fallen, als die vollständigste und ausführlichste Definition *ex parte Ecclesiae* des eigenen Systems der kirchlichen Gewalt erachtet werden, das dann in den Canones, die ausdrücklich die *iura nativa*, *independentia*, *propria*, *exclusiva* sanktionieren, geschützt und beansprucht wird.

Andererseits darf nicht vergessen werden, dass die Kodifizierung durch Pius X. und Benedikt XV. eine »Imitation« der gesetzgebenden Formen der modernen Staaten darstellt. Dies bestätigt übrigens Gasparri selbst in einem Brief, den er am 6. April 1904 an die katholischen Universitäten schickte.[9] Diese Option wird in eklatanten Kontrast mit der gesamten vorhergehenden kanonischen Tradition gestellt, aber im Licht der Theorie der Kirche als »societas perfecta« gerechtfertigt, die von der kurialen Kanonistik als Reaktion auf die Anmaßung der Staaten erarbeitet wird, die Kirchengemeinschaft als gänzlich ihren Befugnissen unterworfen zu erachten.[10] Es ist in der Tat absolut vernünftig anzunehmen, dass die kirchlichen Autoritäten der Zeit es für angebracht, wenn nicht sogar für unumgänglich hielten, diese Annahme konkret zu zeigen, indem sie sich mit Instrumenten

---

6 »Deus humani generis procurationem inter duas potestates partitus est, scilicet ecclesiasticam et civilem, alteram quidem divinis, alteram humanis rebus praepositam. Utraque est in suo genere maxima …« Enzyklika Immortale Dei, 1. November 1885, in: ASS 18 (1885), S. 166; deutsche Übersetzung nach DH 3168, S. 855. Vgl. dazu das Urteil von Georges Jarlot, Doctrine Pontifical et Histoire, Rom 1964, S. 102: »déclaration demeurée celèbre, qui couronne six siècles d'élaboration théologique, depuis la Bulle Unam Sanctam de Boniface VIII«.

7 Vgl. z. B. den ersten Absatz des Art. 7 der Verfassung der Italienischen Republik: »Der Staat und die katholische Kirche sind, jede im eigenen Ordnungsbereich, unabhängig und souverän.«

8 Vgl. diesbezüglich Arturo Carlo Jemolo, Lezioni di diritto ecclesiastico, Mailand [5]1979, S. 45: die Autoren der italienischen Verfassung hätten »berechtigterweise« wie bereits die der Lateranverträge »nicht versucht … die beiden Bereiche voneinander abzugrenzen: ein Unterfangen, das die jahrhundertealte Geschichte als vergeblich erwiesen hat«.

9 ASS 37 (1904–1905), S. 130f. Vgl. diesbezüglich auch Falco, Introduzione (wie Anm. 1), S. 105f.

10 Zu diesem Gedanken vgl. Pietro Agostino D'Avack, Trattato di diritto canonico, Mailand 1980, S. 197–231.

ausstatteten, die in juristisch-formaler Hinsicht so sehr wie möglich jenen anderen bekannten »vollkommenen Gesellschaften« glichen, das heißt, den Staaten.[11]

Und dass diese nicht die letzte Motivation der von Pius X. gewollten Kodifizierung war, wird ausdrücklich von den ersten Worten der Promulgationskonstitution des *Codex Iuris Canonici* bestätigt, die die Kirche folgendermaßen darstellen: »ita a Conditore Christo constituta, ut omnibus instructa esset notis quae cuilibet perfectae societati congruunt.« Es verwundert also nicht, dass der *Codex*, »ebenso wie die zivilen Codices«, »die Identität eines sehr präzisen theologischen und sozialen Modells, dem einer als ›societas perfecta‹ definierten Kirche … ausdrücken«[12] können.

Die Relevanz des *Codex* von Pius X. und Benedikt XV. wurde – das dürfte soweit deutlich geworden sein – im Hinblick auf das *ius publicum ecclesiasticum externum* stark unterbewertet. Und dies ist auch heute noch der Fall. Der Mangel eines speziellen Teils, einer Sektion oder eines Titels, der gänzlich dem Thema gewidmet ist, gestattet nicht ohne weiteres Rückschlüsse auf den Mangel jeglicher Sorge um die Systematik ihrer Behandlung. Nicht nur die Rechte der Kirche werden ausdrücklich und eindeutig in den unterschiedlichsten Bereichen gegenüber den neuen und alten Monarchien beansprucht, sondern der Kodifizierungsprozess selbst wollte gegenüber der weltlichen Macht erneut die Natur der Kirche als *societas perfecta* bekräftigen, die in der Ordnung der Mächte von göttlichem Ursprung gegeben worden war.

Zu einer neuen Konzeption der Konkordate

Es verwundert jedoch, dass die Institution des Konkordats im *Codex* fast beiläufig und mit ausschließlichem Bezug auf die *conventiones* erwähnt wird, die im Moment ihrer Promulgation in Kraft waren (can. 3). Es muss aber bedacht werden, dass, während »das laizistische und liberale Beil den konkordatären Bereich weiträumig ausgeplündert hatte«, seit 1862 ziemlich wenige Staaten neue Abkommen abgeschlossen hatten, sodass »am Vorabend des Ersten Weltkrieges das konkordatäre Instrument wie ein Relikt der Vergangenheit erschien«.[13] Und andererseits sieht man, dass bereits Leo XIII. Konkordate nicht als notwendiges oder zumindest bevorzugtes Mittel in den Beziehungen von Kirche und Staat anerkannte. Vielmehr ging man auf sie in einer überaus vorsichtigen und diskreten Wortwahl ein. Es wird in der Tat die Norm für ausreichend gehalten, dass zwischen beiden Gewalten eine gewisse geordnete Verbindung bestehen müsse und dass jede von

---

11 Als zweckdienlich für dieses Vorhaben Pius' X. erweisen sich auch die Einführung des »Commentarium Officiale« der AAS und die Reform der Römischen Kurie durch die Apostolische Konstitution »Sapienti consilio« vom 29. Juni 1908; vgl. Giorgio Feliciani, La codificazione del diritto canonico e la riforma della curia romana, in: Elio Guerriero/Annibale Zambarbieri (Hg.), La Chiesa e la società industriale, Bd. 2 (Storia della Chiesa XXII/2), Mailand 1990, S. 293–315, hier S. 307f.

12 Eugenio Corecco, I presupposti culturali ed ecclesiologici del nuovo »Codex«, in: Silvio Ferrari, Il nuovo Codice di Diritto Canonico. Aspetti fondamentali della codificazione postconciliare, Bologna 1983, S. 44.

13 Catalano, Cenni sulle vicende (wie Anm. 3), S. 8–11.

beiden sich im Bereich ihrer Gesetzgebung aufhalte und die Kompetenz der anderen im Rahmen anerkenne, der ihr zustehe.[14]

Zudem zeichnet sich in der Abschlussphase des Prozesses der Kodifizierung und in den Jahren, die unmittelbar auf den Ersten Weltkrieg folgten, in den kurialen Gefilden eine veränderte Beurteilung des Instrumentes Konkordat ab.[15] Man betonte vor allem, dass in der konkreten Situation, in der sich die Beziehungen zwischen der Kirche und den einzelnen Staaten befanden, die Anwendung und Bewahrung der konkordatären Regelung nicht immer und notwendigerweise die vorzuziehende Lösung wäre. Diese Einschätzung war realistisch. Eugenio Pacelli, damals noch Sekretär der Kongregation für die Außerordentlichen Kirchlichen Angelegenheiten, bemerkte bereits in einem Votum im Jahr 1916, dass im Falle einer Verletzung durch das Einwirken der Gegenseite die Kündigung eines Konkordates »den Wunsch« realisieren könnte, »im weitesten Maße die Freiheit der Kirche zu fördern und zu sichern, indem man sie sie aus jeder Bindung löste«, wobei er darauf hinwies, dass »dazu vielleicht in ferner Zukunft die modernen Tendenzen zu einer Trennung des Staates von der Kirche führen werden, obwohl diese an sich so verdammenswert sind«.[16] Eine Meinung, die laut eines verlässlichen Zeugnisses auch von Gasparri geteilt werden sollte, der eine gute Trennung als eine lobenswerte Rückkehr zu einer einträchtigen Regelung zwischen Kirche und Staat betrachtete.[17]

Aber Pacelli selbst öffnete dieser Institution neue und bedeutsame Perspektiven, obwohl er es ablehnte, dem Instrument des Konkordats den absoluten und bedingungslosen Vorzug zu geben. Er schlug eine Konzeption der Konkordate vor, die die Perspektive des *ius publicum ecclesiasticum externum* überstieg, wobei er ihnen die Funktion gab, nicht nur die Beziehungen mit den Staaten zu regeln, sondern auch die kanonischen Normen des Partikularrechts festzulegen, die das Wohl der Kirche in den entsprechenden Ländern erforderte.

Die Motive dieser Position sind im Wesentlichen auf eine realistische Bewertung der Entwicklung zurückzuführen, die in der politischen Organisation der Gesellschaft stattgefunden hatte: Die modernen Staaten hatten nunmehr einen solchen Einfluss auf das Leben der Bürger, dass die Kirche, um ihre eigene Mission

---

14 Vgl. Immortale Dei (wie Anm. 6); DH 3168, S. 855f. Jarlot, Doctrine (wie Anm. 6), S. 103 kommentiert folgendermaßen: »Ainsi le régime concordataire est une solution obvie; il n'est pas la seule possible«.

15 Vgl. Romeo Astorri, Le leggi della Chiesa tra codificazione latina e diritti particolari, Padua 1992, S. 87–112.

16 Votum von Pacelli, das der Konsistorialkongregation zugesandt wurde, zur Frage, ob mit dem Bruch des Konkordats die Kirche unter das Gemeine Recht zurückkehre und ob dieses angewandt werde. Den gesamten Text und eine Einordnung in den historischen Kontext findet man bei Romeo Astorri, Diritto comune e normativa concordataria. Uno scritto inedito di mons. Pacelli sulla »decadenza« degli accordi tra Chiesa e Stato, in: Storia contemporanea 22 (1991), S. 685–701. Außerdem wird bemerkt, dass diese Meinung Pacellis nicht als vollkommen neu erachtet werden kann, da bereits die politisch-kirchliche Vorbereitungskommission des Ersten Vatikanums die Nichtigerklärung des Konkordats im Falle einer Verletzung oder Nichtbeachtung seitens der anderen Partei als eine Rückkehr zu einer »vollständigen Freiheit« der Kirche betrachtete; vgl. Michele Maccarone, I concordati nella storia della Chiesa, in: Iustitia 28 (1975), S. 325.

17 Yves de La Brière, La carrière du cardinal Gasparri. Codification canonique et pactes concordataires, in: Études 202 (1930), S. 595–606, hier S. 603.

effektiv auszuüben, sich damit konfrontiert sehen konnte, die eigene Gesetzgebung in Abhängigkeit von den spezifischen Anforderungen pastoralen Charakters zu artikulieren, die sich in den einzelnen Ländern darstellten.

Die ursprünglichen Vorahnungen Pacellis sollten in den unmittelbar folgenden Jahrzehnten weit umgesetzt werden. Während die neo-jurisdiktionalistischen Tendenzen ihre Gültigkeit verloren und die separatistischen Regime die Feindseligkeit gegenüber der Kirche milderten,[18] »wurde das Zeitalter der Privilegien … natürlich durch das der Konkordate ersetzt, die nicht mehr als *aliquid favoris vel privilegii* aufgefasst wurden, die von der Kirche gespendet wurden, sondern als wahrhafte juristische Abmachungen, die zwischen den beiden Autoritäten vereinbart worden waren«, und nicht mehr »auf die Lösung irgendeiner an sich speziellen Frage« begrenzt waren, sondern auf »die gesamte allgemeine Regelung der Beziehungen zwischen den beiden Gewalten« erweitert waren.[19]

Die Rolle des Nuntius

Der Kanon des *Codex* zu den Aufgaben des Nuntius erscheint einfach und nüchtern. Er zeichnet sich durch den Vorrang aus, der der politisch-diplomatischen Mission im Vergleich zu der eher pastoralen Funktion in Bezug auf die Beziehungen mit den Kirchen in den einzelnen Ländern auf dem anvertrauten Terrain gegeben wird. Canon 267 Nr. 1 betraut die päpstlichen Gesandten mit der Aufgabe, gemäß den vom Heiligen Stuhl festgelegten Normen die Verhältnisse zwischen diesem und den Zivilregierungen, bei denen sie akkreditiert sind, zu sichern. Und erst in Nr. 2 beschäftigt der Canon sich mit den Aufgaben der Gesandten in Bezug auf die lokalen Kirchen. Dies geschieht in sehr allgemeinen Formulierungen: Die Gesandten seien eine Aufsichtsinstanz über die Zustände der Kirchen und hätten den Heiligen Stuhl darüber zu informieren.

Wie von einer kürzlich erschienen Studie umfassend beleuchtet wurde,[20] weichen diese Bestimmungen entschieden von dem ursprünglichen Vorhaben ab, die die politisch-diplomatische Funktion nicht nur in die zweite Reihe verwiesen, sondern umso mehr die Verantwortung der Nuntien in Bezug auf die lokalen Kirchen spezifizierten, indem sie sie verpflichteten, über sie zu wachen, um jeden möglichen Missbrauch in Angelegenheiten des Glaubens, der Moral und der Kirchendisziplin zu verhindern und gegebenenfalls zu unterdrücken und indem sie sie darum baten, den Heiligen Stuhl sowohl über den Zustand der lokalen Kirchen als auch über die Personen, die zu kirchlichen Ämtern erhoben werden sollten, zu informieren.

Eine einzige Veränderung, die sicherlich nicht bedingt ist durch Beobachtungen technisch-juristischer Natur, sondern durch Bedenken einzig politischer Natur:

[18] Vgl. Astorri, Leggi (wie Anm. 15), S. 291.

[19] Pietro Agostino D'Avack, La natura giuridica dei concordati nel ius publicum ecclesiasticum, in: Studi in onore di Francesco Scaduto, Bd. 1, Florenz 1936, S. 158.

[20] Vgl. Antonio Guido Filipazzi, Missione ecclesiale e diplomatica dei nunzi apostolici: l'ordine interno del can. 267 § 1 del Codice pio-benedettino, in: Dall'Archivio Segreto Vaticano. Miscellanea di testi, saggi e inventari, Bd. IV (Collectanea Archivi Vaticani 70), Vatikanstadt 2009, S. 4–37.

Es blieb nämlich der Widerstand einiger Regierungen, wenn es darum ging, die Vorrechte des Nuntius in Bezug auf die Kirchen, die es auf dem Staatsgebiet gab, anzuerkennen. Dieser dokumentierte das Überleben von gallikanischen, febronianischen und jurisdiktionalistischen Positionen und traf zuweilen auf offenkundige oder verhohlene Komplizenschaft beim Episkopat, wie der einzigartige Fall des Einschreitens der bayerischen Regierung bei Gasparri zugunsten der Formulierung eines Canons zu den Nuntien entsprechend ihren Wünschen zeigt.[21]

In jedem Falle suggeriert der Text von Canon 267 so, wie er promulgiert wurde, zwei Beobachtungen: Wenn der Nuntius vor allem, wie man gesehen hat, darauf achten soll, dass sich im Leben der lokalen Kirchen keine Missbräuche disziplinärer Natur abspielen, muss er notwendigerweise die unterschiedlichen Situationen im Lichte der Verfügungen des *Codex* bewerten, der also auch unter diesem Gesichtspunkt rechtmäßig als die Hauptdirektive des Handelns des Nuntius angesehen werden kann.

Aber dies hindert nicht daran, darauf hinzuweisen, dass der Canon so allgemein formuliert wurde, dass er die Aufgaben des Nuntius in Bezug auf die lokalen Kirchen und die Modalitäten ihrer konkreten Ausübung weitestgehend undefiniert ließ. Auf die Desiderata jener Bischöfe, die sich eine präzise Verkündigung des »officium, iurisdictio et iura Nuntiorum« wünschten, wurde also nicht eingegangen.[22]

Daraus folgt, dass in seinem Verhältnis zu den lokalen Kirchen und somit zu dem Episkopat des Landes der Nuntius im *Codex* keine Vorschriften fand, an denen er sein konkretes Handeln orientieren konnte, sodass dieses schließlich gänzlich entweder von den Instruktionen abhing, die er jeweils vom Staatssekretariat empfing, oder vom Ermessen des Nuntius besonders in Bezug auf jene Entscheidungen, die er unverzüglich treffen musste.

Die Frage des Verhältnisses zum Episkopat stellte sich in jenen Ländern als besonders komplex dar, in denen, wie in Deutschland, die Bischöfe eine Bischofskonferenz ins Leben gerufen hatten,[23] ein Organ, das vom *Codex* nicht vorgesehen war, der Bischofsversammlungen nichtkonziliaren Charakters nur auf der Ebene der Kirchenprovinz gestattete.

Der Heilige Stuhl begrüßte die Konferenzen, hatte aber, sei es, weil sie eine »Neuheit« waren oder wegen der erheblichen Differenzen zwischen den unterschiedlichen Ländern, darauf verzichtet, sie mit uniformen Normen zu regeln, zumal er zwischen zwei unterschiedlichen Anforderungen schwankte. Einerseits wollte er jegliche Anerkennung offiziellen Charakters vermeiden, die direkt oder indirekt die Kreierung einer neuen kanonischen Einrichtung einschloss, und so tendierte er dazu, diese Versammlungen als »private Konferenzen« zu qualifizieren. Andererseits hatte er nicht vor, diese Organismen jeglicher Kontrolle zu entziehen und versuchte also, mit Bestimmungen, die die einzelnen Länder betrafen, zu ver-

---

21 Vgl. ebd., passim.

22 Dies wünschten sich die Bischöfe der Kirchenprovinzen von Holland und Sens sowie der Bischof von Clermont. Vgl. Postulata Episcoporum in ordinem digesta a R.mo P. Bernardino Klumper, ofm, consultore, Rom 1905, S. 47; ASV, Commissione Cod. Diritto Canonico, scatola 4.

23 Zu den Ursprüngen und der Entwicklung dieser Einrichtung vgl. Giorgio Feliciani, Le conferenze episcopali, Bologna 1974.

fügen, dass der päpstliche Gesandte vorher über die Tagesordnung unterrichtet wurde und dann die betreffenden Sitzungsprotokolle erhielt.

Die empfindlichste Frage betraf die Teilnahme des Nuntius an den Versammlungen der Bischofskonferenz angesichts der Tatsache, dass diese von den Bischöfen häufig nicht erwünscht, wenn auch nicht offen angezweifelt war. Dies bezeugen auf besonders eindrückliche Weise die Widrigkeiten, denen Nuntius Achille Ratti in Polen ausgesetzt war.[24]

Angesichts der neuen und komplexen Probleme, die die Bischofskonferenzen darstellten, gab Pius XI. im Jahr 1924 eine gesonderte gründliche Untersuchung der gesamten Frage durch eine Vollversammlung der beiden interessierten Dikasterien in Auftrag. Er verlangte besonders, »dass die Verhältnisse zwischen diesen Konferenzen und den Vertretern des Heiligen Stuhls (Nuntien oder Gesandte) untersucht und bestimmt würden«.[25]

An dieser Stelle ist es sicherlich nicht angebracht, die weitläufige Debatte, die darauf in der Vollversammlung folgte, zu rekonstruieren, zumal diese einen etwas enttäuschenden Ausgang hatte. Hingegen lohnt es sich, sich auf den Beitrag der Erfahrung und der Überlegung zu konzentrieren, der den Arbeiten von Pacelli geliefert wurde, der neben wenigen anderen päpstlichen Vertretern in zwei bestimmten Momenten konsultiert wurde.

Der Nuntius und die Bischofskonferenz. Die Erfahrung und das Denken Pacellis

Am 28. März 1924, zu Beginn der Arbeiten der Vollversammlung, sandte Pacelli, indem er der Weisung gehorchte, »über die allgemeinen Versammlungen« zu berichten, »die die Bischöfe Deutschlands für gewöhnlich am Grabe des Heiligen Bonifaz in Fulda abhalten«, dem Heiligen Stuhl einen detaillierten Bericht, aus dem die Schwierigkeiten des Verhältnisses mit der Bischofskonferenz deutlich herauszulesen sind.[26] Pacelli informierte darüber, dass seines Wissens der Nuntius niemals eingeladen worden sei und nie an den Versammlungen der Konferenz von Fulda oder der bayerischen in Freising teilgenommen habe. Er beobachtete dabei, dass »die Bischöfe es wahrscheinlich vorziehen, in einer Freiheit zu reden und zu diskutieren, von der sie glauben, dass sie in der Anwesenheit des päpstlichen Vertreters nicht vollständig gewährleistet wäre«. Darüber hinaus hob er hervor, dass seit langer Zeit die Vorschriften zur Regelung der Konferenz nicht mehr umgesetzt werden würden, die vorsahen, dass dem Heiligen Vater ein Bericht über die erfolgten Überlegungen gesandt werde, wobei »insofern das Thema es erfordert,

---

[24] Zu dieser Frage vgl. Giorgio Feliciani, Tra diplomazia e pastoralità: nunzi pontifici ed episcopato locale negli anni di Pio XI, in: Cosimo Semeraro (Hg.), La Sollecitudine Ecclesiale di Pio XI. Alla luce delle nuove fonte archivistiche. Atti del Convegno Internazionale di Studio, Cittá del Vaticano 26–28 febbraio 2009, Vatikanstadt 2010, S. 61–77.

[25] Ebd., S. 70.

[26] Sacra Congregazione Concistoriale e Sacra Congregazione degli Affari Ecclesiastici Straordinari, Francia, Polonia, Germania, America, Svizzera ed altre Nazioni, Le conferenze generali dell'Episcopato, 4. Juni 1925; Archivio della Congregazione per i vescovi, 229/24, doc. 16/A, fol. 59–66.

seine Anweisungen« erbeten werden. Was das Protokoll angeht, das »der Präsident nach der Konferenz … der Nuntiatur zu schicken pflegt«, willigte Pacelli ein, »auf irgendeine Weise die behandelten Punkte und die getroffenen Lösungen anzuerkennen«, aber in verschiedenen Punkten erschien es »zuweilen so vage und knapp formuliert, dass es nicht immer einfach ist, sich eine genaue Vorstellung von der Sache zu machen«.[27]

All dies hinderte Pacelli nicht daran zu glauben, dass die »Bischofskonferenzen, wie die von Fulda und Freising, an sich … nützlich und notwendig sind, besonders in den aktuellen schwierigen Zeiten in Deutschland«.[28] Ein Einschreiten, das den juristischen Status verändern würde, hielt er für unangemessen. In der Tat merkte er zum Schluss der Relation an:

> Sollte der Heilige Stuhl seinen weisen Vorschlag in die Tat umsetzen, die Vollversammlungen der Bischöfe zu disziplinieren, wäre es meiner geringen Meinung nach ratsam – um nicht Unstimmigkeiten und Schwierigkeiten in dieser Nation hervorzurufen, wo die Geister so leicht erregt werden können und häufig gegenüber den Vorkehrungen, die aus Rom kommen, misstrauisch sind – dass dies in allgemeinen Begriffen stattfände, das heißt als für die ganze Welt erlassene Verfügung, und nicht als Einzelmaßnahme für die Bischofskonferenzen Deutschlands, die hingegen klugerweise nicht erwähnt werden sollten.[29]

Im Dezember 1925 wurden die ersten Ergebnisse der Arbeit der Vollversammlung an verschiedene päpstliche Vertreter gesandt, wobei nicht mehr um eine Relation, sondern um ein Votum im eigentlichen Sinn gebeten wurde. Das von Pacelli am 21. Januar 1926 ausgearbeitete Dokument, mit dem er dieser Bitte nachkam,[30] erweist sich als von einzigartigem Interesse, insofern, als dass es persönliche und ursprüngliche Bewertungen darlegt, die unter einigen Gesichtspunkten gänzlich vorwegnehmen, was nach dem Konzil kommen sollte.[31]

Der spätere Papst hielt die Vorgabe des Entwurfs der allgemeinen Regelung, die von Gasparri vorbereitet worden war, für »gänzlich notwendig und angemessen«, die dort, wo »der Heilige Stuhl diplomatische Beziehungen mit der Regierung der Nation unterhält«, der Konferenz auferlegt, dem Heiligen Stuhl selbst »die Fragen, die die Beziehungen der Kirche mit dem Staat oder die allgemeine Politik des Landes zu überlassen«. Gleichzeitig wies Pacelli darauf hin, dass diese Regel keinen absoluten Charakter haben könne. Er beobachtete nämlich: »Es müsste auf jeden Fall, wenn ich mich nicht täusche, der Fall ausgenommen werden, in dem entweder der Heilige Stuhl die Meinung oder die Kooperation des Episkopats verlangt oder auch in dem die betreffenden Verhandlungen von den Ehrwürdigen

---

[27] Ebd., fol. 62f.

[28] Ebd., fol. 64.

[29] Ebd., fol. 65f.

[30] Sacre Congregazioni Concistoriale e degli Affari Ecclesiastici Straordinari e del Concilio, Le Conferenze generali dell'Episcopato, 10. Juni 1926; Archivio della Congregazione per i vescovi, 229/24, doc. 26, fol. 35–44.

[31] Vgl. diesbezüglich Giorgio Feliciani, Gli episcopati nuovi protagonisti delle relazioni tra la Chiesa e gli Stati, in: Libertad Religiosa. Actas del Congreso Latinoamericano de Libertad Religiosa, Lima-Perú (setiembre, 2000), Instituto de Derecho Eclesiástico (IDEC), Lima 2001, S. 343–351, hier S. 348.

Bischöfen im Einverständnis und gemäß den Anordnungen des Heiligen Stuhls ausgeführt werden«, was bereits der Fall gewesen war. Und mit großem Realismus und bemerkenswertem diplomatischen Gespür fügte er hinzu:

> Wenn … es nicht möglich ist, in der Ordnung des Verhältnisses von Kirche und Staat zu einem tatsächlichen Abkommen zu gelangen, das heißt zu einem Konkordat, könnte es für den Heiligen Stuhl opportun sein, um sich nicht zu kompromittieren und die eigene vollständige Freiheit beizubehalten, nicht unmittelbar zu agieren, sondern mit den notwendigen Einwänden und Vorbehalten durch den Episkopat Verbesserungen an Projekten von unilateralen kirchlichen Gesetzen zu erlangen, deren Erlass unmöglich zu vermeiden ist und die außerdem Verfügungen beinhalten, die nicht vollständig positiv zu akzeptieren sind.[32]

Auf der anderen Seite, so insistierte Pacelli, »scheint mir« in Bezug auf die Reservierung von Fragen, die das Verhältnis der Kirche mit dem Staat betreffen, für den Heiligen Stuhl, dass es »sich um prinzipielle Fragen handeln muss, und in erster Linie um den Abschluss, die Interpretation und die Ausführung von Konkordaten. Was hingegen sekundäre und Detailfragen angeht, scheint es mir, Irrtum vorbehalten, dass diese nicht immer von den Kompetenzen der Bischöfe ausgeschlossen werden und dass es in jedem Fall nicht verboten sein sollte, darüber in den Bischofskonferenzen zu diskutieren«. Und zur Veranschaulichung dieser Annahme führte er eine Argumentation einzigartiger Aktualität an, da diese einen der Gründe darstellte, die bei den kurz davor abgeschlossenen Konkordaten den Heiligen Stuhl dazu geführt hatten, die spezifische Regelung von bestimmten Themen dem Einverständnis zwischen den Bischofskonferenzen und den entsprechenden Regierungen zu überlassen.[33] Er konstatierte nämlich, dass in Deutschland viele Themen durch »sehr komplizierte Gesetze und Anordnungen« geregelt seien, und es somit »ziemlich schwierig wäre, und sogar in der Praxis für den Heiligen Stuhl vielleicht unmöglich, die Behandlung selbiger für sich in Anspruch zu nehmen, außer weiterhin … den allgemeinen Linien und Grundsatzfragen«.[34]

In Bezug auf die empfindliche Frage der Teilnahme des päpstlichen Vertreters ist es an dieser Stelle ausreichend, daran zu erinnern, dass, nach Pacellis Meinung, diese »an sich äußerst beträchtliche Vorteile mit sich bringen würde«, aber andererseits »man für diese Aufgabe verlangen würde, dass der Nuntius … außergewöhnliche Begabungen der Wissenschaft und Umsicht besitzen müsste, und überdies, was Deutschland angeht, vollkommene Kenntnis der schwierigen Sprache und der komplizierten persönlichen, örtlichen und juristischen Umstände des Landes haben müsste«.[35] Er meinte also, dass in der Regel der päpstliche Vertreter die Einladung ablehnen müsse, die überdies als pflichtmäßig zu erachten war.

---

32 Sacre Congregazioni Concistoriale e degli Sacra Congregazione degli Affari Ecclesiastici Straordinari e del Concilio, Le Conferenze generali dell'Episcopato, 10. Juni 1926; Archivio della Congregazione per i vescovi, 229/24, doc. 26, fol. 36f.

33 Vgl. Feliciani, Episcopati (wie Anm. 31), S. 348.

34 Sacre Congregazioni Concistoriale e degli Sacra Congregazione degli Affari Ecclesiastici Straordinari e del Concilio, Le Conferenze generali dell'Episcopato, 10. Juni 1926; Archivio della Congregazione per i vescovi, 229/24, doc. 26, fol. 37.

35 Ebd., fol. 39f.

Insgesamt zeigte sich Pacelli also, obwohl er Probleme und Schwierigkeiten nicht verhehlte, entschieden für eine Aufwertung der Konferenz, auch in den Fragen, die das Verhältnis mit dem Staat betrafen, was in bedeutendem Maß erst nach dem Zweiten Vatikanum und in der Konkordatspolitik Johannes Pauls II. realisiert wurde. Im Zusammenhang mit dieser Orientierung glaubte der spätere Papst, dass man in vollständiger Respektierung der Vorrechte des Heiligen Stuhls der Konferenz einen adäquaten Raum der Selbstbestimmung für die Übernahme der eigenen Verantwortungen lassen musste. Infolgedessen hielt er, wie man gesehen hat, nicht nur die Teilnahme des päpstlichen Vertreters an den Sitzungen für nicht angemessen, sondern sah nicht die Notwendigkeiten einer formalen Genehmigung der Tagesordnung von selbigen durch den Heiligen Stuhl[36] und hielt für die getroffenen Überlegungen ein einfaches *nulla-osta* für ausreichend.[37]

Schlussfolgerungen

Im Licht des bisher Ausgeführten kann man zu dem Schluss kommen, dass der *Codex* von Pius X. und Benedikt XV. unter unterschiedlichen Gesichtspunkten einen unausweichlichen Anhaltspunkt für das Handeln des Apostolischen Nuntius bot. Was die politisch-diplomatische Mission anging, stellte die Gesetzgebung von Pius X. und Benedikt XV. eine wirksame Zusammenfassung der wichtigsten Prinzipien des *ius publicum ecclesiasticum externum* dar und bot einen organischen und vollständigen Rahmen aller Themen, die unter die Kompetenz des kanonischen Gesetzgebers fielen. Und was die Funktionen gegenüber den einzelnen Kirchen anging, gestattete er eine bequeme und vollständige Kenntnis jener Disziplin, deren Einhaltung zu bewachen der päpstliche Vertreter gerufen war.

Überdies konnte Nuntius Pacelli im *Codex* nicht alle notwendigen Anweisungen zu einer effizienten und korrekten Erfüllung des eigenen Amtes finden,[38] da, wie deutlich wurde, der *Codex* sich in etwas allgemeiner Weise zu den Aufgaben in Bezug auf die einzelnen Kirchen ausdrückte und zudem die neue Realität der Bischofskonferenzen nicht beachtete. Infolgedessen befand sich der Nuntius im Verhältnis zum Episkopat als ganzem aufgrund mangelnder präziser und spezifischer Instruktionen seitens des Heiligen Stuhls in der Lage, eigenständig die am ehesten angemessene Verhaltenslinie zu erkennen und anzuwenden, was die beiden Dokumente Pacellis, die hier in Betracht gezogen wurden, eindrücklich bezeugen.

---

[36] Ebd., fol. 40.

[37] Ebd., fol. 43f.

[38] Dieses fand, wie allgemein bekannt ist, unter komplexen und schwierigen Umständen statt. Weiterführende Ausführungen dazu bei Emma Fattorini, Germania e Santa Sede. Le nunziature di Pacelli fra la Grande Guerra e la Repubblica di Weimar, Bologna 1992; Stefano Trinchese, La Repubblica di Weimar e la Santa Sede tra Benedetto XV e Pio XI (1919–1922), Napoli 1994; Francesco Traniello, Pio XII, in: Enciclopedia dei Papi 3 (2000), S. 633.

PACELLI UND DER ERSTE WELTKRIEG

Erste diplomatische Gehversuche?

Emma Fattorini

In seinen Schriften zum Krieg, die er zwischen 1914 und 1929 verfasste, feierte der katholische Philosoph Max Scheler, »der katholische Nietzsche«, das Kriegsereignis als »ein metaphysisches Erwachen aus der dunklen Lethargie eines bleiernen Schlafes«.[1] Man könnte dies als eine »karolingische« Strömung bezeichnen (die schließlich den Nationalsozialismus beeinflussen sollte), weil sie den Katholizismus und die Nation mit der Aufgabe betraute, die politische Einheit Europas zu verwirklichen, eine Kombination zweier Konzepte, die auch als Gelegenheit erachtet wurde, um die Kirche selbst von ihrem Universalismus und von ihrer Latinität zu reinigen. Diese Einstellung sollte schließlich auf dramatische Art und Weise die katholische Christenheit spalten, die von den politischen Erfordernissen der eigenen nationalen Zugehörigkeit zerrissen wurde, sowie von den Ansprüchen auf eine größere Treue ihrer Anhänger, auf die Universalität der Kirche und auf das Bedürfnis nach Gerechtigkeit und Frieden. Die nationenübergreifende Verfassung der katholischen Kirche wird auch von vielen Katholiken angefochten werden, die zum ersten Mal ihre eigene Nationalidentität annehmen und in ihr die Gründe für einen »gerechten Krieg« finden.

»Grauen und Schrecken« sind die Begriffe, die Benedikt XV. bei seiner ersten Ansprache im September 1914 verwendete. Schon Ende 1915 zeigte sich der Papst entsetzt über die enorme Unverhältnismäßigkeit zwischen den furchtbaren menschlichen Verlusten und den Zielen, die die kriegführenden Parteien zu verfolgen suchten. Das Grauen über dieses Ungleichgewicht trieb ihn in den ersten Monaten des Jahres 1915 an, als er ein Zusammentreffen zwischen Italien und dem Habsburgerreich vermeiden wollte. Die Kirche war in Sorge um die

---

[1] Dieser Beitrag basiert auf meinem Buch Germania e Santa Sede. Le nunziature di Pacelli tra la Grande guerra e la Repubblica di Weimar (Annali dell'Istituto storico italo-germanico. Mongrafia 18), Bologna 1992. Auf Einzelnachweise wird verzichtet. Die Darstellung basiert auf den Quellen im Archiv der Kongregation für die Außerordentlichen Kirchlichen Angelegenheiten und des Vatikanischen Geheimarchivs, die sich über www.pacelli-edition.de leicht erschließen lassen, sowie auf folgenden Quellensammlungen: Wolfgang Steglich (Hg.), Der Friedensappell Papst Benedikts XV. vom 1. August 1917 und die Mittelmächte, Wiesbaden 1970; Angelo Martini, La Nota di Benedetto XV alle potenze belligeranti nell'agosto 1917, in: Giuseppe Rossini (Hg.), Benedetto XV, i cattolici e la prima guerra mondiale. Atti del convegno di studio tenuto a Spoleto nei giorni 7-8-9 settembre 1962, Rom 1963; Giorgio Rumi (Hg.), Benedetto XV e la pace 1918 (Biblioteca di storia contemporanea), Brescia 1990; Erich Matthias/Rudolf Morsey (Bearb.), Der Interfraktionelle Ausschuss 1917–1918. Teil 1: Quellen zur Geschichte des Parlamentarismus und der politischen Parteien, Serie I: Vor der konstitutionellen Monarchie zur Parlamentarischen Republik, Düsseldorf 1959; Friedrich Engel-Janosi, Il Vaticano fra fascismo e nazismo, Florenz 1973; ders., Österreich und der Vatikan. Bd. 2: 1846–1918, Graz 1960.

katholischen Bevölkerungen dieses Reiches, einer Bastion, die vom Isonzo über Galizien und die Karpatenukraine bis ins Herz Transsilvaniens reichte.

Sein hartnäckiger Einsatz mündete schließlich in die allgemein bekannte »Friedensnote« vom 1. August 1917 an die Führer der kriegführenden Völker, die mit dem bekannten Appell schließt, »dem furchtbaren Kampf, der sich immer mehr als ein *unnützes Blutvergießen* erweist«, ein Ende zu setzen.

Ein ungehörter Appell: Unverstanden, kritisiert und angegriffen musste Giacomo Della Chiesa die knappen Mittel und Möglichkeiten des Heiligen Stuhls abwägen, der gezwungen war, auf einem Terrain zu agieren, auf dem die Kirche mit den entflammten Nationalismen der Staaten sowie mit der Spaltung der Katholiken konfrontiert war. Sowohl die Mittelmächte als auch die Regierungen der Entente waren nur daran interessiert, den Heiligen Stuhl auf ihre jeweilige Seite zu ziehen.

Der Papst folgte dem von Leo XIII. geebneten Weg. Ungehört und von den einzelnen Mächten instrumentalisiert, hinterließ er jedoch als Erbschaft eine maßgebliche »Schwäche«: aus der politischen »Schwäche« nach 1870 wurde der Heilige Stuhl zu einer neuen internationalen Autorität, die das Ziel verfolgte, bei internationalen Streitigkeiten die Rolle eines Friedensstifters einzunehmen. Giacomo Della Chiesa hatte die diplomatische Kraft allein dem politisch-spirituellen Prestige übertragen, damit die Streitmächte wussten, dass der Vatikan über den Parteien stand (nicht neutral, sondern tatsächlich unparteiisch) und damit die schwachen oder neutralen Völker ihn als zuverlässigen politischen Verhandlungspartner erachteten. In diesem Geiste hatte Benedikt XV. seit Juli 1915 erklärt, dass »die Nationen, selbst die gedemütigten und unterdrückten, *nicht sterben*«.

Hintergründe der Friedensinitiative von 1917

Als im Mai 1917 Eugenio Pacelli zum Apostolischen Nuntius in München ernannt wurde, war bereits Deutschland, und nicht mehr Österreich-Ungarn, zum wichtigsten Verhandlungspartner für die Friedensverhandlungen geworden.

Bis zu diesem Moment hatte es verschiedene ergebnislose Versuche gegeben, zu einer Verhandlung zu kommen. Im Januar 1915 hatte Deutschland zusammen mit Österreich-Ungarn erfolglos versucht, die Unabhängigkeit Italiens zu erlangen. Im Dezember 1916 gab es zudem zwei weitere wichtige Friedensinitiativen: Die Note der Mittelmächte und wenige Tage später der Appell des Präsidenten Woodrow Wilson. Bei dieser Gelegenheit enttäuschte die Mittelmächte die Tatsache sehr, dass Benedikt XV. ihr Vorhaben nicht öffentlich und überzeugt unterstützte, der es im Übrigen in der Tat als völlig frei von ernstzunehmenden und konkreten Vorschlägen beurteilte.

Unter diesen Umständen hatten der Papst und sein Staatssekretär Pietro Gasparri den Druck auf Kaiser Wilhelm II. eher verstärkt, auf dass er ein klares Zeichen seiner Bereitschaft gäbe. Aber schon Ende Februar 1917 hatte es keine Antwort auf die vatikanischen Nachfragen gegeben; zudem hatte am 31. Januar Deutschland den uneingeschränkten U-Boot-Krieg angekündigt, während an der Ostfront die französisch-englische Offensive drohte.

Die erste harte Aufgabe des Nuntius bestand also darin, die Hochphase der Friedensinitiative Benedikts XV. zum Ende zu bringen, die im August mit der berühmten und ungehörten Notiz zum »unnützen Blutvergießen« abgeschlossen wurde. Der Moment war entscheidend; die Monate vor Pacellis Ankunft in München waren geprägt von einer Intensivierung des U-Boot-Kriegs, dem Auftreten der Vereinigten Staaten auf der europäischen Kriegsbühne, dem Ausbruch der Revolution in Russland und der blutigen deutschen Offensiven an der Ostfront.

Ab Frühjahr 1917 wurde die Korrespondenz zwischen Pacelli und Gasparri sehr rege. Der Nuntius berichtete fast täglich von jeder Indiskretion, jeder Beobachtung, die ihm von seinem pflichtbewusstesten und treuesten Informanten, Matthias Erzberger, weitergegeben wurde; von Juni 1917 bis Januar 1918 schickte der Zentrumspolitiker an die Nuntiatur in München zahlreiche Berichte, die detailliert die innere und internationale Lage aufzeichneten und kommentierten, die von der Stimmung und selbst den geringsten Verschiebungen berichteten, die in Militär- und Regierungskreisen stattfanden. Die Treue Erzbergers gegenüber dem Heiligen Stuhl war uneingeschränkt. Im Jahre 1915 hatte er sich gut drei Mal nach Rom begeben, um den Kriegseintritt Italiens an der Seite der Entente abzuwenden, und auch, um die Ausweisung des belgischen Primas zu erbeten. Erzberger, der das Interesse des Papstes an der Unabhängigkeit Belgiens unterbewertet hatte, hatte bereits bei dieser Gelegenheit ein unter den deutschen Katholiken verbreitetes Gefühl enthüllt: den Eindruck, dass die internationale Isolierung Deutschlands nur durch eine unmittelbare und bevorzugte Protektion des Papstes gemildert werden könnte.

Erzberger, der in den folgenden Jahren bis zu seinem tragischen Tod ein unermüdlicher Informant des Heiligen Stuhls blieb, war bereits vor Pacellis Ankunft in München an der Spitze eines wichtigen und effizienten Amts nationalistischer Propaganda; der Politiker machte es zu einem wirksamen Instrument, um den katholischen Einfluss im Reich zu stärken. Gemeinsam mit einem anderen Abgeordneten des Zentrums, Victor Naumann, der es gerne gesehen hätte, wenn der Papst eine Enzyklika an die Bischöfe herausgegeben sowie ein Treffen der Führer der katholischen Parteien in einem neutralen Land veranlasst hätte, versuchte Erzberger, die Partei auf eine für die vatikanische Initiative günstige Position zu bringen.

Die politische Entwicklung Erzbergers ist emblematisch für einen bestimmten deutschen Katholizismus, der untrennbar eine bedingungslose Treue gegenüber dem Papsttum mit einem verschärften Nationalismus verband. Dieses nationalistische Gefühl führte ihn jedoch schließlich nicht zu konservativen und pangermanistischen Positionen, sondern zu einem überzeugten Streben nach Frieden, das ihm schwere Anschuldigungen des Verrats einbrachte.

Bereits während der Reise nach München am 26. Mai hatte Pacelli die Gelegenheit, die Botschafter Österreichs und Preußens beim Heiligen Stuhl kennenzulernen, die jedoch keinerlei Bereitschaft zu Verhandlungen zeigten. Die erste wichtige Initiative nach seinem Amtsantritt war die Vorbereitung eines Treffens mit dem Kaiser; am 13. Juni sandte der Staatssekretär die Anweisungen zusammen mit einem handschriftlich verfassten Brief des Papstes an Wilhelm II.

Vom 26. bis 29. Juni – das heißt, wenige Tage nachdem Erzberger seine wichtige Offensive im Reichstag zugunsten eines schnellen Kompromissfriedens gestartet hatte – traf Pacelli in Berlin Kanzler Theobald von Bethmann Hollweg und den Kaiser. Dieses Treffen stand infolgedessen im Mittelpunkt wiederholter und scharfer Polemiken, als zwei Jahre später in Deutschland eine glühende Debatte um die Verantwortlichkeit für das Scheitern der Verhandlungen entbrannte.

Die Fragen, zu denen der Heilige Stuhl Deutschland bat, Stellung zu nehmen, bezogen sich auf eine Reduzierung der Bewaffnung beziehungsweise Abbrüstung, auf eine Rückgabe Belgiens und Elsass-Lothringens im Tausch gegen eine Kolonie und schließlich auf eine Sondierung zum Schicksal Russlands und Polens. Pacelli erwies sich als resolut; der Heilige Stuhl erachtete die Unabhängigkeit und Integrität Belgiens als eine unverzichtbare Voraussetzung für die Friedensverhandlungen, eine Bedingung, zu der Bethmann Hollweg mehr als bereit zu sein schien. Als man sich nach der Katastrophe des Vertrags von Versailles gegenseitig der Verantwortlichkeit des Scheiterns der Friedensverhandlungen beschuldigte, gab Bethmann Hollweg selbst in einem wichtigen Artikel in der *Deutschen Allgemeinen Zeitung* vom 29. Februar 1920 zu, dass er Pacelli gegenüber Versprechungen in Bezug auf die Frage Belgiens und Elsass-Lothringens gemacht hatte. Die Gespräche schienen also zumindest auf den ersten Eindruck dazu bestimmt, einen glücklicheren Ausgang als vorhergesehen zu bewirken, da die deutschen Führer die Bereitschaft gezeigt hatten, Belgien zu befreien und mit Frankreich zu verhandeln. Sehr bald bemerkte man aber, dass die Erklärungen, die der Kanzler dem Nuntius gegenüber gemacht hatte, weder vom Kaiser noch von der Heeresleitung gebilligt worden waren.

Am 30. Juni traf Pacelli in München den österreichischen Kaiser Karl, der ihm gegenüber seine Bereitschaft aussprach, das Trentino ganz oder zum Teil abzutrennen, aber auch dies erwies sich schließlich als eine vollkommen »abstrakte« Konzession. Der Heilige Stuhl bat daraufhin Pacelli, mit der deutschen Regierung einige sehr konkrete Vorschläge zu besprechen: Freiheit der Meere, wechselseitige Abrüstung, internationale Schiedsgerichtsbarkeit, Wiederherstellung der vollständigen Unabhängigkeit Belgiens. Und am 18. Juli betonte der Nuntius die moralische Bedeutung, die ein etwaiges Zeichen Deutschlands der Bereitschaft zum Frieden gegenüber den anderen Mächten darstellte, auch abgesehen vom Ausgang an sich.

In der Zwischenzeit waren in Berlin zwei Dinge vorgefallen: die Krise der Regierung Bethmann Hollweg (12. Juli), und der Friedensantrag des Reichstags (19. Juli), der nach der Rede zugunsten eines schnellen Kompromissfriedens beschlossen wurde, die unerwartet von Erzberger gehalten worden war. Diese Offensive sollte das schon unsichere Gleichgewicht der Regierung regelrecht destabilisieren. Die Mehrheit des Reichstags legte sich jedoch auf die Erklärung Wilhelms II. vom 4. August 1914 fest und proklamierte erneut die alte These, Deutschland sei nur zu einem Krieg gezwungen worden, um die Integrität seiner territorialen Besitztümer zu sichern. Obwohl er wie ein Kompromiss oder »Mittelweg« erscheinen mag, stellt der Abschluss der Debatte im Reichstag am 19. Juli in Wirklichkeit ein deutliches Abtasten oder einen Wendepunkt dar, der in den folgenden Monaten und Jahren auch als solcher bezeichnet wurde.

Dadurch dass die Spitzenposten der Heeresleitung mit Paul von Hindenburg und Erich Ludendorff besetzt wurden, erlangte das Militär endgültig die Überlegenheit über den Reichstag und selbst über den Kaiser: Überdies war der Fall Bethmann Hollwegs schlussendlich durch ihren Einfluss bestimmt. In den Augen des Militärs und der Rechten hatte sich der Kanzler bereits seit 1914 erschreckend offen für demokratische Themen gezeigt, zuerst mit der Erklärung zum defensiven Charakter des Krieges, die auch unter den Sozialdemokraten Aufmerksamkeit erregt hatte; später dann, weil er dem Kaiser eine partielle Wahlreform in Preußen angeboten hatte. Es ist allgemein bekannt, dass die Unnachgiebigkeit der deutschen Generäle ein entscheidender Faktor für die Entwicklung dieser Ereignisse war. Pacelli, der sich des entscheidenden Gewichts des Generalstabs beim Regierungswechsel vollkommen bewusst war, befürchtete, dass die vom Heiligen Stuhl vorgebrachten Vorschläge zum Frieden weiter heruntergespielt werden würden. Aus diesem Grund schien es ihm angebracht, das päpstliche Gesuch zu forcieren, ohne weiter auf die offizielle Antwort der deutschen Regierung zu warten. Und aufgrund der Überlegenheit des Militärs bat Pacelli den Heiligen Stuhl, in Bezug auf die Abrüstung eine lockerere Formel zu verwenden; Gasparri war jedoch gegen substantielle Änderungen, da, wie er sagte, »die Nummer 2 der Dreh- und Angelpunkt des Vorhabens« war.

Überdies fand Pacelli auch in einem Gespräch mit dem neuen Kanzler Georg Michaelis in Berlin (24. Juli) seinerseits die Bestätigung für seine Überzeugung, dass nach den Siegen an der Ostfront die Übermacht des Militärs gestiegen war und dass Deutschland kein Zeichen des Nachgebens geben wollte. Auf das Treffen in Berlin folgte ein weiteres, diesmal in München, in dessen Verlauf der Nuntius unter anderem die Meinung Gasparris zur Tatsache referierte, dass »eine Demokratisierung Deutschlands die Verhandlungen mit der Entente vereinfachen würde«.

Der Eindruck des Nuntius war, dass man auf die Antwort noch ein paar Wochen warten müsste, und er erklärte dem Außenminister, dass der Heilige Stuhl agieren werde, ohne auf die Antwort der deutschen Regierung zu warten, auch um nicht von Vorschlägen eingeengt zu werden, die man nicht annehmen könnte. Und so schickte Benedikt XV. die Notiz an die kriegführenden Mächte, ohne zuvor auf die deutsche Antwort zu warten. Er war beunruhigt darüber, dass die deutsche Regierung auch die vagen Zugeständnisse zurückziehen könnte, die grundsätzlich ausgesprochen worden waren, und der daran interessiert war, die Unterstellung zu widerrufen, die von der Entente bezüglich einer einleitenden Einigung mit Deutschland vorgebracht worden war. Er war auch durch die Tatsache dazu veranlasst worden, dass der 2. August der dritte Jahrestag des Kriegsanbruchs war und die Ententemächte, die sich in großen Schwierigkeiten befanden – sodass man im Vatikan einen Karthago-Frieden befürchtete, der allzu günstig für die Pangermanisten war –, gerade in London vereint waren und somit das päpstliche Dokument hätten diskutieren können. Daher erließ der Papst, ohne weiter zu zögern, seine Friedensnotiz an die kriegführenden Mächte.

Die Ausarbeitung des Textes der Notiz war nicht einfach. Es muss drei Abfassungen der Notiz gegeben haben. Das Dokument in seiner definitiven Version bestand aus drei Teilen: einer Bilanz der vorhergehenden Friedensinitiativen des Heiligen Stuhls, einer Darlegung der konkreten Forderungen und einem abschließenden Appell. Die Vorschläge drehten sich um die Abrüstung und um die zwischenstaatliche Schiedsgerichtsbarkeit, die Freiheit der Meere, den gegenseitigen

Erlass der Kriegsschäden und die Rückgabe besetzter Gebiete und territoriale Angelegenheiten zwischen Deutschland und Frankreich sowie Italien und Österreich.

Missverständnisse und Täuschungen des Militärs im Laufe der Verhandlungen

Obwohl Pacelli sich sehr schnell bewusst geworden war, dass die Unbestimmtheit der deutschen Antworten in Wirklichkeit grundsätzlich eine Absage vertuschte, behielt er während des gesamten Monats August eine positive Haltung bei. Der Kaiser hatte bereits eine vorläufige Antwort an den Heiligen Stuhl gesandt und bat für die endgültige Antwort darum, Bulgarien und Österreich-Ungarn um Rat zu bitten sowie darum, die Reaktionen der Entente abzuwarten, um deren tatsächliche Friedensbereitschaft zu verifizieren. Indes wurde diese erste Antwort auf die Päpstliche Notiz, die von Kanzler Michaelis und vom Staatssekretär für die auswärtigen Angelegenheiten, Richard von Kühlmann, verfasst worden war, in einer eigenen Kommission untersucht, die aus verschiedenen Parteien bestand: der so genannte »Siebener-Ausschuss«.

In zahlreichen Schreiben berichtete Pacelli detailliert über die Entwicklung der internen Diskussion im Siebener-Ausschuss. Er legte Rechenschaft über die unterschiedlichen Positionen der Parteien ab und stellte dabei fest, dass die Belgienfrage immer wieder als der springende Punkt bestätigt wurde. Von Kühlmann hatte in dem am 12. September zusammengekommenen Ausschuss gesagt: »Belgien hat für uns als Faustpfand einen großen Wert, der verloren gehen würde, wenn man die eigenen Karten offen auf den Tisch legen würde, besonders wenn die Forderungen des Feindes noch sehr hoch sind.« Der Nuntius machte darauf aufmerksam, dass die Sozialdemokratische Partei, die auch für eine allgemeine Antwort votierte, sich entschieden in Bezug auf die Unabhängigkeit Belgiens zeigte. Diese Haltung wurde auch von der Volkspartei und mit noch mehr Überzeugung vom Zentrum geteilt, das aufgrund seiner Entschiedenheit allmählich stark von den Konservativen angefochten wurde. Besonders Erzberger ließ keine Gelegenheit aus, um seine vollkommene und uneingeschränkte Unterstützung für die Päpstliche Notiz kundzutun: »Belgien«, sagte er, »ist nun der Benjamin der Welt und Deutschland muss dies berücksichtigen«.

Schließlich folgte der Ausschuss, der anfangs für eine einmütige und entschiedene Erklärung zu Belgien gewesen war, später von Kühlmann und Kanzler Michaelis: er entschied nämlich, nicht über eine allgemeine und wenig kompromittierende Sympathiebekundung für die Erklärung des Papstes hinauszugehen und die definitive Entscheidung der Zustimmung auf das Hauptquartier zu übertragen. Die deutschen Führer erbaten sich vom Heiligen Stuhl, in zwei Stufen zu antworten: zuerst gemäß einer unbestimmten Formel und erst später, nachdem man sich in Bezug auf die Haltung der Entente informiert hatte, in einer definitiven Formulierung in Bezug auf Belgien.

Angesichts dieses Zögerns divergierten die Haltungen des Staatssekretärs und des Nuntius merklich: Gasparri (8. und 15. September) erklärte sich unbeugsam in der Forderung einer klaren Position, die auch die Belgienfrage mit einschloss, während Pacelli (12. September) sich verständnisvoller zeigte: Da Belgien das größte Faustpfand in der Hand der Deutschen war, war es dem Nuntius nach nur natürlich, dass es bis zuletzt als das wertvollste Tauschobjekt zurückgehalten wurde. Aber der Staatssekretär wollte sich auf keine Diskussion einlassen: »Eure Exzellenz müssen energisch zu verstehen geben, dass in Ermangelung einer positiven und konkreten Erklärung in Bezug auf Belgien die Friedensverhandlungen mit Sicherheit dazu bestimmt sind zu scheitern.« Überdies, so fügte er hinzu, hätte Deutschland, da die Antwort mit Sicherheit negativ ausfallen würde, großes Interesse daran, sich bereit zu zeigen, um die Verantwortung für die Fortsetzung des Krieges auf seine Feinde zu schieben.

Am 14. September kommunizierte Pacelli schließlich die – wenngleich noch nicht offizielle – Antwort, die er vom Außenminister erhalten hatte; die endgültige Antwort wurde erst zwischen dem 20. und 22. September promulgiert. Der Kommentar des Nuntius war erneut eher positiv, weil ihm schien, dass die Deutschen im Wesentlichen die Vorschläge des Papstes uneingeschränkt annehmen würden, die die Hauptpunkte der Abrüstung und des Schiedsverfahrens betrafen. Außerdem maß er dem Verweis auf die Friedensresolution des Reichstags vom 19. Juli, die in der Antwort enthalten war, besondere Bedeutung bei: Der deutliche Verweis »auf die territorialen Erwerbungen, die gewaltsam erlangt worden waren, und die politischen, wirtschaftlichen und finanziellen Verletzungen«, bezog in einer etwas verkrampften Interpretation auch Belgien mit ein.

Dies erwies sich als vollkommen falsch. In Wirklichkeit handelte es sich bloß um formelle Konzessionen, wie der Optimist Pacelli bald selbst einsah: »Anstatt nur die einfache und klare Formel anzuwenden, die ich der Regierung gemäß den Weisungen und im Namen Eurer Eminenz vorgeschlagen habe, wurden die guten Ideen und die wohlmeinenden Behauptungen der Notiz jedoch – der deutschen Mentalität entsprechend – in einem Meer von unnützen und unangemessenen Wörtern erstickt, von komplizierten und ungewollten Sätzen, die ihre Klarheit und Effizienz deutlich vermindern.« Tatsächlich war es wieder einmal Kardinal Gasparri, der gänzlich unzufrieden damit war und eine Entscheidung forderte, die die tatsächlichen deutschen Intentionen in Bezug auf Belgien mit einschloss und der, um erneute Ausflüchte zu vermeiden, bei der Regierung in Wien intervenierte, Berlin zu bedrängen. Österreich garantierte sein Interesse. In Wirklichkeit war man sich während der ganzen Zeit mit Deutschland einig gewesen.

Um die verschlossene Haltung Deutschlands gegenüber dem Heiligen Stuhl zu kompensieren, wurde Pacelli mit der höchsten Aufmerksamkeit behandelt und beständig informiert. Am 19. September informierte ihn der Außenminister über alle Bemühungen, die die Regierung anstrengte, und versicherte ihn der vollständigen Anerkennung des Schiedsverfahrens der Kirche, »solange jedoch die deutschen Bedürfnisse vollständig respektiert werden«. Aber schließlich war es trotz der formellen Gesichtspunkte nunmehr klar, dass schon seit Anfang Juni und besonders im Verlauf der beiden folgenden Monate Deutschland seine Position allmählich verändert hatte, sowohl infolge der Ernennung des neuen Kanzlers, des antirömischen Protestanten Michaelis, als auch besonders aufgrund der Hegemonie der Militärkreise, die einen unbegründeten Optimismus in Bezug auf den Ausgang des Konflikts nährten. Des Weiteren dominierte nunmehr der glühendste kriegstreibende Flügel hegemonial das immer dunkler werdende deutsche politisch-militärische Szenario.

Dieser Flügel hatte sich nicht auf einen ausdrücklichen und klaren Boykott der vatikanischen Initiative beschränkt; die Heerführer agierten, wie allgemein bekannt ist, auch mit Täuschung und List. Hindenburg und Ludendorff hatten mit Hilfe der Komplizenschaft des Kanzlers bewirkt, dass der Siebener-Ausschuss über die von Pacelli geäußerten Kritiken an der deutschen Haltung im Dunkeln gehalten wurde.

Eine ebenso zweideutige Haltung geht besonders aus dem Inhalt des berühmten Antwortbriefs hervor, den Michaelis erst am 24. September an Pacelli sandte. Darin wurde – obwohl der Nuntius in ihm auch Zeichen der Öffnung sah – das am 19. Juli vom Reichstag ausgedrückte Entgegenkommen widerrufen. Michaelis selbst gab in der Reichstagssitzung vom 9. Oktober zu, Hindenburg und Ludendorff unterstützt zu haben.

Der Brief von Michaelis an Pacelli, der mit vier Wochen Verspätung ankam, nämlich erst am 24. September, stand im Mittelpunkt der hitzigen Polemik, die sich unmittelbar nach dem Krieg in Bezug auf den verfehlten Abschluss dieser Verhandlungen eröffnete. Von der Tribüne der Nationalversammlung in Weimar hielt Erzberger im Juli 1919 schwere Schmähreden gegen die Rechtsparteien und das Oberkommando des Heeres, die, wie er sagte, »… ›die handgreiflichsten Möglichkeiten eines maßvollen und würdigen Friedens‹ leichtsinnig und mit verbrecherischem Eigensinn hintertrieben hätten«. Um seine Anprangerungen zu bekräftigen, offenbarte er die mutmaßliche Existenz einer »Friedensinitiative«, mittels derer England sich durch die Vermittlung des Vatikans dem Appell des Papstes angeschlossen hätte. Erzberger berichtete diesbezüglich auch, »dem deutschen Reichskanzler Michaelis sei … in einem Schreiben vom 30. August 1917 eine ›Note‹ des englischen Vatikangesandten übermittelt worden. Die französische Regierung habe sich dieser ›Note‹ angeschlossen … Nahezu vier Wochen habe die deutsche Regierung keine Antwort erteilt.« Erst am 24. September entschied sich Michaelis zu einer Antwort, die diesen möglichen Beginn der Verhandlungen begrub und jeglichen Lichtblick zum Erlöschen brachte. Die Enthüllungen Erzbergers bewirkten einen regelrechten Aufruhr zwischen den Streitkräften der Regierung und der nationalistischen Front, die sich gegenseitig wegen der verpassten Gelegenheit eines Verhandlungsfriedens anklagten, der die Tragödie eines Diktats von Versailles hätte verhindern können. Die Zeitungen sprachen von einem kriminellen Verhalten der Regierungsführer zum Schaden des deutschen Volkes und forderten, dass die Schuldigen vor das Verfassungsgericht gestellt würden.

In Wirklichkeit war der Nuntius während der Verhandlungen nicht auf dem Laufenden über die tatsächlichen Intentionen von Michaelis und von Kühlmanns, die darin lagen, sich der Vermittlung des Vatikans innerhalb einer weiteren diplomatischen Strategie zu bedienen, deren tragende Achse nicht der Vatikan war, sondern England durch die spanische Diplomatie. Dieses Überflügeln sollte Pacelli verbittern: »Ich gestehe Eurer Eminenz«, schrieb er Gasparri, »dass diese Neuigkeit auf mich unangenehmen Eindruck machte, da es mir von der Reichsregierung zumindest nicht korrekt schien, dass sie, während sie im Brief des Herrn Reichskanzlers vom 24. September an den Heiligen Stuhl eine verzögernde Antwort gab, um nicht zu sagen, eine negative, fast gleichzeitig in Verhandlungen mit England mittels Spanien eintrat.«

Indem er die politischen und militärischen Führer beschuldigte, sich auf ein Doppelspiel eingelassen zu haben, bei dem nicht nur der Vatikan hintergangen wurde, sondern auch die Meinung der Öffentlichkeit, erklärte Erzberger außerdem, der Nuntius habe ihm, als er von dem Schwindel erfuhr, »in München mit Tränen in den Augen gesagt ›Alles verloren, auch Ihr armes Vaterland.‹ Das deutsche Volk sei gewissenlos irregeführt worden. Denn hätte es diese Dinge gewußt, so ›hätte es den Frieden einfach erzwungen‹.«

Die Verhandlungen zwischen Michaelis, Kühlmann, der Obersten Heeresleitung und Pacelli, die im August und September 1917 beendet wurden, waren also gekennzeichnet durch mehr oder weniger intendierte Missverständnisse. All diese Vorkehrungen schweiften in eine Verschwiegenheit ab, die der Vatikan schließlich als eine grundsätzliche Ablehnung seiner Initiative interpretieren konnte.

Die Antwort der deutschen Regierung

Die endgültige Antwort der deutschen Regierung war also erst am 20. September bei Pacelli angekommen, mit großer Verspätung und ohne jegliche genaue Verbindlichkeit außer in der bereits erwähnten Ausdrucksweise jener allgemeinen Bestätigung des Entgegenkommens. An erster Stelle drückte der Nuntius, der in Bezug auf die Formalitäten niemals unaufmerksam war, Gasparri gegenüber seinen ganzen Ärger darüber aus, dass er es nicht geschafft hatte, die Veröffentlichung der Notiz in der Presse hinauszuzögern. Als er dann die Gründe des Scheiterns kommentierte, beharrte er darauf, dass »kaum Schlüsselpersonen zu finden seien und der streng militaristische Generalstab sich scharf entgegenstellte«; zudem betonte er die Opposition der Pangermanisten, »zu denen leider nicht wenige Kleriker und die ›Kölnische Volkszeitung‹ zählen, die sich besonders in Bezug auf die Belgienfrage querstellen«.

Das persönliche Urteil, das am selben Tag der allzu zuversichtliche und optimistische Erzberger dem Heiligen Stuhl mitteilte, war ganz und gar nicht negativ; seiner Ansicht nach würde die deutsche Antwort schließlich jene Verständigungspolitik begünstigen und nicht verhindern, gegen die sich die pangermanistischen Kreise seit dem ersten Moment gewendet hatten, als sie den Reichstag als Befürworter eines erbärmlichen Friedens und Erzberger selbst als Vorkämpfer einer Haltung, die die eines inneren Feindes war, bezeichnet hatten.

Zu den Gründen für seinen Misserfolg zählte Pacelli ein Problem, das sich in den ersten Jahren der Weimarer Republik dringend stellte: die Notwendigkeit eines ständigen Sitzes der Nuntiatur in Berlin, ohne die »es äußerst mühevoll ist, die Ereignisse zu verfolgen und zu agieren«.

Die tiefgreifenden Gründe für die Absage Deutschlands lagen jedoch seiner Meinung nach nicht so sehr in der mangelnden diplomatischen Fähigkeit des Vatikans, sondern eher im blinden deutschen Optimismus bezüglich des militärischen Schicksals Deutschlands sowie in der unbegründeten Voraussage, dass die

Truppen der Entente zu einem Verhandlungsfrieden bereit wären. Im Laufe eines Gesprächs mit Georg Graf von Hertling, Minister für die auswärtigen Angelegenheiten, entdeckte Pacelli, dass selbst er, ein katholischer und dem Papst ergebener Mann, die Voraussichten des Heiligen Stuhls als zu pessimistisch beurteilte. Dies war eine Beurteilung, die vollkommen den Nachrichten widersprach, die Pacelli von Gasparri empfangen hatte, sodass er den Verdacht schöpfte, es könnte eine geheime Information geben, die vom Heiligen Stuhl ignoriert worden war.

> Und daher trieb ich ihn in die Enge mit bedrängenden und suggestiven Fragen und schließlich vertraute er mir im absoluten Vertrauen an (so vertraulich, dass er mir nicht einmal gestattete, es dem Heiligen Stuhle mitzuteilen), dass die Entente, und insbesondere England Deutschland die Intention zu verstehen gegeben hätte, geheim über den Frieden zu verhandeln, und dass man vielmehr in Berlin einen Unterhändler erwartete (der möglicherweise neutral sein würde).

Pacelli schenkte diesen Nachrichten nur wenig Glauben, die er jedoch zu Recht als sehr aufschlussreich in Bezug auf die Ahnungslosigkeit beurteilte, in der sich die politischen Führer bewegten. Deutschland, das meinte, mehr Schritte zum Frieden unternommen zu haben als die Entente, war erstaunt darüber, dass der Heilige Stuhl sich so enttäuscht über sein Verhalten zeigte. Das Staunen der deutschen Regierung war jedoch fehl am Platz, weil in Wirklichkeit die vatikanische Diplomatie alles getan hatte, um bestenfalls bei den Kanzlerämtern der alliierten Regierungen die umsichtigen und zurückhaltenden Bekundungen des Entgegenkommens seitens Berlins zu unterstreichen. Man muss nur an die Formulierungen denken, die Gasparri in einem Brief an Lloyd George verwendete, oder an die wiederholten Bekräftigungen, die er den Engländern und Franzosen in Bezug auf die deutsche Bereitschaft, über Belgien zu verhandeln, gegeben hatte.

In einem weiteren Gespräch vom 4. Oktober schilderte Pacelli wiederum dem Grafen Hertling gegenüber die Verbitterung des Heiligen Stuhls aufgrund der deutschen Antwort: Der gezeigte Eigenwille würde die Schuld an der Fortführung des Krieges auf die Mittelmächte und eher nicht auf die Entente zurückfallen lassen. Der Minister zeigte sich darüber erstaunt und betrübt, antwortete aber immer mit den gleichen Worten:

> Deutschland wird Belgien räumen, kann sich aber nicht von jetzt an mit einer formalen Versprechung verpflichten und sich somit dieses so wichtige Faustpfand aus den Händen gleiten lassen, da es in diesem Falle nichts mehr hätte, das es geltend machen und zugestehen könnte … Wenn Deutschland schon auf Belgien verzichten sollte, was kann es dann noch geben oder zugestehen, wenn die Ententemächte zum Beispiel Elsass-Lothringen zurückfordern?

Der Eindruck des Ministers war gezeichnet vom üblichen unbegründeten Optimismus: Berlin, so fügte er hinzu, glaubte, dass man noch vor Jahresende zum Frieden kommen würde. Jedoch – so kommentierte dies Pacelli – seien die Ansätze dafür sehr schwach: eine vage diplomatische Beziehung zu England für den Austausch von Kriegsgefangenen: »Ehrlich gesagt ist das ziemlich wenig! Sind das also alle Gründe für den Optimismus der Regierung in Berlin? Eure Eminenz hat sofort richtig geurteilt, dass diese Hoffnungen in die Verhandlung ›nichts als ein Bluff sind‹, eine Illusion, die durch einen frommen Wunsch entstanden ist.«

Die Alliierten und der Appell des Papstes

Im Unterschied zur deutschen Regierung, die mehrere Wochen lang eine Haltung des Aufschiebens eingenommen hatte, die dann fallen gelassen wurde, da dem zentralen Punkt der Verhandlung eine klare Ablehnung entgegengesetzt wurde (die Unabhängigkeit Belgiens und die Reparation der Schäden), waren die alliierten Regierungen von Beginn an gegen die Päpstliche Notiz. Selbstverständlich zeigten sich die extremistischen Kreise empört über die Definition des Krieges als »unnützes Blutvergießen«, eine gefährliche Nachricht des Defätismus und der Resignation. Von mehreren Seiten wurde der Pontifex der Parteilichkeit und des Bevorzugens eines oder des anderen der Kriegführenden beschuldigt.

Für die alliierten Regierungen bezog Präsident Wilson Stellung mit einer Antwort, die an die Kanzlerämter, aber auch an die gesamte Presse verteilt wurde. Wir beziehen uns auf die sozusagen offizielle, die am 27. August aufgrund der mangelnden direkten diplomatischen Beziehungen zwischen Washington und dem Vatikan durch die englische Diplomatie an den Heiligen Stuhl geschickt wurde.

Jenseits der herabgesenkten Anerkennungen für »die Würde und Kraft der menschlichen und großzügigen Motive«, die sicherlich den Papst dazu gebracht hätten, seine Initiative zu unternehmen, nahm sich der Präsident der Vereinigten Staaten die Substanz des Vorschlags zur Brust, nachdem er sie kurz zusammengefasst hatte: »wir kehren zum *status quo ante bellum* zurück, und also wird es ein allgemeines Nachgeben, eine Abrüstung und ein Abkommen zwischen den Nationen auf der Basis der Akzeptanz des Prinzips des Schiedsgerichts geben …«

Die Notiz sei abzulehnen, und zwar nicht wegen einer Uneinigkeit in Bezug auf die einzelnen Punkte und auch nicht, weil sie auf die Tatsache hinwies, dass die Schäden »durch die rasende und brutale Gewalt der deutschen Reichsregierung wieder gutgemacht werden müssen«. Der Einwand Wilsons war radikal und betraf die Bedingungen der Notiz selbst und damit die Rückkehr zur Situation vor dem Krieg. Diese wäre in der Tat gänzlich unzureichend, um einen gerechten und dauerhaften Frieden zu sichern, da es »das Ziel dieses Krieges war, die freien Völker der Welt von der Bedrohung und der tatsächlichen Gewalt eines großen militärischen Regimes zu befreien, das von einer verantwortungslosen Regierung kontrolliert wird, die, da sie insgeheim vorhatte, die Welt zu beherrschen, die Realisierung ihres Vorhabens ohne Rücksicht auf die heiligen Verpflichtungen der Verträge oder der Prinzipien des internationalen Eintretens und der internationalen Ehre in Angriff genommen hat.« Insgesamt könne ein Regime dieser Art kein glaubwürdiger Verhandlungspartner für jedwede Art von Friedensverhandlungen sein und somit sei es nötig, um zu einem Frieden gelangen zu können, dass die »großen Völker der Mittelmächte« sich von ihren Regierungen trennen.

Weniger als eine Grundlage für Verhandlungen erschien die Antwort Wilsons grundsätzlich eher als ein Manifest, das die Gründe und Ziele des von den alliierten Regierungen geführten Krieges wiederholte. Und als solches traf es auf sehr breiten Erfolg in den Ländern, die im Krieg gegen die Mittelmächte waren: In London wurde sie enthusiastischer »als jegliche vorhergehende Erklärung« angenommen, »abgesehen von dem Gespräch, in dem der Präsident den Kongress bat, den Krieg zu erklären«; in Paris »glaubte die allgemeine Meinung, dass die bezogenen Haltungen vollständig die der alliierten Mächte darstellen, und sie sind in diesem Moment besonders willkommen, weil sie die Natur der einzig möglichen Bedingungen für einen befriedigenden und dauerhaften Frieden vorwegnehmen«; sogar unter den »hohen und den Volksklassen Deutschlands, bei denen der Text wohlbekannt ist« – jedenfalls wenn man dem Glauben schenkt, was der schweizerische Geschäftsträger berichtete – hatte die Antwort des Präsidenten auf die Notiz des Papstes »großen Eindruck gemacht«, besonders in einem Moment, in dem »großer Aufruhr unter den Arbeiterklassen der deutschen Regierung große Angst bereitet«.

Wilson war natürlich nicht erstaunt über den Enthusiasmus, mit dem seine negative Antwort an den Papst aufgenommen wurde; er war sich der vollkommen unterschiedlichen Orientierung der alliierten Regierungen in Bezug auf die Initiative Benedikts XV. bewusst, auch, weil er von seinen Diplomaten schnelle Untersuchungen bei ihnen hatte durchführen lassen.

Die Urteile der deutschen Katholiken in Bezug auf die Initiativen Wilsons, von denen gleich die Rede sein wird, verdienen eine profundere Betrachtung. Von Kühlmann hatte in seiner Rede im Reichstag am 28. September offiziell die Notiz des Vatikans kommentiert und sie als »eine unvergängliche ruhmreiche Seite in den Annalen der vatikanischen Diplomatie« bezeichnet, besonders aufgrund des Verweises auf ein starkes Europa mit einem großen Deutschland als dessen geographischem und symbolischem Mittelpunkt. »Diese fünfzig Jahre haben meines Erachtens gezeigt, dass Europa bestens mit einem starken Deutschland in seiner Mitte leben konnte, dass Europa mit einem starken Deutschland selbst stärker und vitaler geworden ist.«

Die politische Bedeutung dieser Rede zielte auf nichts anderes, als die Gründe Deutschlands zu bestätigen, und ein Lob seines Verhaltens in den letzten siegreichen Phasen des Krieges zu zeichnen. Die Einheit des Volkes ging aus der Sache noch gestärkter hervor; die Note Wilsons hatte das genaue Gegenteil dessen bewirkt, was angestrebt worden war, »sie hat alle noch fester im unbeugsamen Willen bestärkt, uns mit Taten und all unserer Kraft jeglichem Eingriff von außen entgegenzustellen«.

In der Rede, die er am 9. Oktober 1917 im Reichstag hielt, verglich der Zentrumsabgeordnete Constantin Fehrenbach die Antwort Wilsons mit der Friedensnotiz des Papstes: »Hier das väterliche Wort, erweckt von den edelsten Gefühlen ... dort unter einer heuchlerischen Maske eine vergiftete, verlogene Anklage gegen das deutsche Volk«. Hier wurde das betont, was ein Topos des gemäßigten Katholizismus bis 1933 sein sollte: die Gegenüberstellung der tiefen Menschlichkeit Benedikts XV. und die Heuchelei des Freimaurers und Atheisten Wilson. Dem Eindruck dieser unzuverlässigen Interpretation entzogen sich nur Erzberger und einige seiner Anhänger, die sich stattdessen bemühten, die Übereinstimmungspunkte zwischen dem Papst und dem Präsidenten der Vereinigten Staaten zu betonen.

Wie die Franzosen die Sache betrachteten, war seit dem 18. August bekannt, als ihr Botschafter in Washington darum gebeten hatte, zu erfahren, ob der Präsident vorhätte, auf die Päpstliche Notiz zu antworten, »die unter feindlichem Einfluss geschrieben zu sein schien«, auch um sich gegebenenfalls auf eine gemeinsame Antwort der alliierten Regierungen zu einigen. Wenige Tage später war es der amerikanische Botschafter in Paris, der von einem Gespräch mit Alexandre Ribot und Jules Cambon berichtete und glaubte, dass der Papst nicht nur »vom Wunsch, Österreich zu helfen« animiert war, sondern auch und vor allem von dem Bestreben, »seine eigene Macht und die der katholischen Kirche zu stärken«. Die französische Regierung könnte den Appell des Papstes somit nicht mit Wohlgefallen betrachten, der in der Tat von allen Pariser Zeitungen unter Anklage gestellt wurde, die »die Notiz nicht nur als zu vage in ihren Erklärungen definieren, sondern ungerecht, da sie die Reparationen für die von Deutschland verursachten schweren Schäden in den Gebieten der alliierten Ländern negiert, in die seine Truppen einmarschiert waren«.

Die Italiener waren sich sehr sicher, dass die Initiative des Heiligen Stuhls von den Mittelmächten inspiriert gewesen sei: Außenminister Sidney Costantino Sonnino dachte, dass die Notiz nicht zu ernst genommen werden müsse, weil »sie augenscheinlich von Deutschland angestiftet und dem Vatikan durch Österreich untergeschoben worden sei, deren Kaiserin eine Freundin des Papstes sei. Vielleicht bemerkt der Papst es nicht einmal, dass er benutzt worden ist«; ihm schien somit eine Initiative der Vereinigten Staaten besonders opportun, denn »eine gute und entschlossene Antwort, vom Präsident vor den anderen alliierten Antworten geschrieben, würde großen Eindruck auf die öffentliche Meinung machen, eben wegen unseres wohlbekannten Wunsches nach Frieden«: Und einige Tage später, Anfang September, insistierte »eine renommierte italienische Quelle« beim amerikanischen Diplomaten, der sich in Bern befand, zum Thema eines fremdgesteuerten Papstes und erläuterte detaillierter, dass der Ursprung der kürzlich erfolgten vatikanischen Initiative bei Erzberger zu suchen sei.

Obwohl sie in ihren Details weniger explizit waren, waren die Meinungen der anderen alliierten Regierungen größtenteils einig in der Tatsache, dass der Vorschlag des Papstes zurückzuweisen sei, weil er ungerecht und deutschlandfreundlich sei. Die besonders empörte Haltung Belgiens verwundert nicht, auch wenn es sich später bei der definitiven Antwort den Bewertungen der Alliierten und besonders dem Standpunkt Wilsons ergab.

Aus London war bereits die Andeutung einer negativen Antwort an den Papst gekommen. Botschafter Walter Hines Page konnte in der Tat ans Staatsministerium die Kopie eines von Lord Arthur James Balfour an den Grafen John Francis Salis, den britischen Minister beim Heiligen Stuhl, überreichten Textes schicken, mit dem die Regierung Seiner Majestät sich nicht darauf beschränkte, Kardinal Gasparri mitzuteilen, noch keine Zeit gehabt zu haben, die Alliierten zu konsultieren, sondern ihn auch daran erinnerte, dass man keinen Schritt auf einen Frieden zu machen könne, solange »die Mittelmächte und ihre Alliierten nicht offiziell auf ihre Kriegsziele verzichtet hatten«. Dieses Misstrauen war mehr als berechtigt, wenn man bedenkt, dass sogar in Bezug auf Belgien die Mittelmächte noch nicht ihr Vorhaben erklärt hatten, dessen Unabhängigkeit wiederherzustellen oder »die Wunden, die ihm zugefügt worden waren«, zu heilen.

Im Chor der Gegner der Päpstlichen Notiz konnte auch die Stimme der Regierung in Petersburg nicht fehlen, deren Botschafter dem Staatssekretär erklärte, dass die »vorgeschlagenen Bedingungen nicht ausreichten, da sie der deutschen militärischen Alleinherrschaft einen Frieden verschaffen, deren Niederlage das höchste Ziel des Krieges und der Hauptpunkt für einen währenden Frieden und die Sicherheit der Demokratie war«.

Die Reaktionen der deutschen öffentlichen Meinung

Pacelli berichtete bereits am 19. August von den Reaktionen der deutschen öffentlichen Meinung; infolgedessen bieten die häufigen und ausführlichen Berichte, die von Erzberger vorbereitet wurden und die der Nuntius an Gasparri schickte, eine sehr detaillierte Zusammenfassung der Entwicklung der Debatte zwischen den politischen Kräften und der Presse; es handelte sich um eine Art detaillierter Presseschau, die aus gewissenhaften Beobachtungen bestand, welche er in einer Gewohnheit zusammenstellte, die auch später, wenn der Nuntius über Ereignisse von besonderer Wichtigkeit berichtete, zu Tage kamen.

Seit den Berichten vom 15. und 16. August wurden die beiden entgegengesetzten politischen Lager umrissen. Die deutsche öffentliche Meinung harrte darauf, den Text der Notiz zu lesen, von dem sie bislang nur in der von den Alliierten publizierten Version informiert worden war (und sie hatte daher begründete Motive, über deren Wahrheitsgehalt argwöhnisch zu werden); sie wurde so zur Beute von zwei entgegengesetzten Propagandalagern: einerseits die extremistische pangermanistische und konservative Presse; andererseits die Zeitungen der Regierungskreise, die einem Verständigungsfrieden wohlwollender gegenüberstanden.

Das offizielle Organ des Zentrums, die *Germania*, lobte in einem Leitartikel vom 16. August die vatikanische Initiative, »den ersten großen Schritt des Papstes als neutralem Souverän«, lehnte es aber ab zu glauben, dass die unausweichlichen Punkte der Notiz Belgien und Elsass-Lothringen seien, weil sie glaubte, dass in diesem Falle der Heilige Stuhl die deutschen Ansprüche nicht mit einbezogen hätte und nur das Reich zur Rückgabe der besetzten Gebiete verpflichtet hätte. Die *Vossische Zeitung*, ein Blatt, dass eher zur Rechten gehörte, berief sich auf diesen Artikel der *Germania*, erhöhte die Dosis und beschuldigte die Notiz der Parteilichkeit, die »nicht einmal ein Wort der Rückgabe der von England besetzten Gebiete widmete«. Das Organ der evangelischen Liga, die *Tägliche Rundschau*, argumentierte entschieden gegen die Notiz – die »noch verderblicher für Deutschland als die Wilsons« sei – und beschuldigte den Papst, mit der Politik der Entente verbunden zu sein und mit seiner Initiative eine gefährliche Trennung zwischen den Kirchen zu begünstigen.

Das Blatt der katholisch-konservativen Kreise, das den Pangermanisten nahestand, die *Kölnische Volkszeitung*, stimmte den Befürchtungen der protestantischen Kreise bezüglich der Tatsache, dass ein eventuelles Scheitern der Notiz ernsthafte Streitigkeiten konfessionellen Charakters hervorrufen würde, nicht zu. In Wirklichkeit wollte diese Beobachtung eine subtile, aber entschiedene Distanzierung von der päpstlichen Intervention sein: »Die Notiz war kein Akt einer kirchlichen Autorität, sondern ein politischer Akt ... Sie ist an die Regierungen und nicht an die katholische Welt gerichtet.« Mit dieser Bewertung stellte die katholische Zeitung die Autorität des Pontifikats nicht in Frage, sondern ermutigte zur gleichen Zeit eine autonome Politik der Katholiken, um rhetorisch zu schließen, dass in jedem Fall »trotz der großen Hindernisse die Note von allen in starken Betracht gezogen wird, da das Bedürfnis nach Frieden stark verbreitet ist«.

Die Liberalnationalen unterstrichen durch die *Kölnische Volkszeitung* und die *Berliner Börsenzeitung* den guten Willen der Regierung zum Frieden, die bereits mit der Resolution vom 19. Juli kundgetan worden war; die liberalen Blätter – die *Frankfurter Zeitung*, das *Berliner Tagblatt* und die *Berliner Morgenpost* – insistierten auf der Tatsache, dass nunmehr auch die Entente sich nach den besagten Erklärungen zu einem Verständigungsfrieden bereit zeigen sollte.

Die herzlichste Würdigung wurde hingegen vom sozialistischen Blatt *Vorwärts* ausgesprochen: »Dürfen wir es aussprechen, daß uns das Oberhaupt der katholischen Kirche dem wahren Gedanken des internationalen Sozialismus näher gekommen zu scheint als der französische Ministersozialist, und dürfen wir so optimistisch sein, zu erwarten, daß diese peinliche Lektion verstanden werden wird?«

Als am 22. September die Antwort der deutschen Regierung veröffentlicht wurde, änderte sich die Meinung der Presse nicht grundlegend. Es bestätigte, so kommentierte dies Erzberger, dass die annexionistischen Parteien, die stark dazu mobilisiert worden waren, eine positive Antwort zu verhindern, nun angesichts der Kohärenz der Regierung in Bezug auf die Friedensresolution vom 19. Juli in Schwierigkeiten seien. Die katholischen Kräfte stellten sich bedingungslos auf die Seite der Antwort der Regierung und akzeptierten auch ihre Zurückhaltung und Ambiguität, die vom maßgeblichen Organ des Zentrums, der *Germania*, so gerechtfertigt und gänzlich verbürgt wurden: »Die Antwort will kein Friedensvertrag im eigentlichen Sinne sein, sondern eine Einladung zu Verhandlungen.«

Während die sozialistische Zeitung *Vorwärts* eben das Fehlen einer klaren Antwort in Bezug auf Belgien beklagte, interpretierten die annexionistischen Blätter die Antwort als einen bloßen Akt des Respekts gegenüber dem Heiligen Vater, ohne dass dies einen tatsächlichen Willen bedeutete, den Frieden zu verhandeln. Das Gesamtbild änderte sich auch nicht in den letzten Berichten, die am 5. Oktober eintrafen: Die Mehrheitsparteien (das Zentrum, die Sozialdemokraten, die Fortschrittspartei, die linken Liberalnationalen) zeigten sich zufrieden mit der Notiz, während die Konservativen und die Pangermanisten sich weiterhin entschieden dagegen zeigten. Die katholischen Zeitungen schienen zwischen der Würdigung der konkreten Forderungen des Heiligen Stuhls und den territorialen Interessen Deutschlands zu schwanken.

Der Nuntius wurde dann auf die Haltung des Historikers Friedrich Meinecke, Professor an der Universität Berlin, hingewiesen, der in einem Artikel in der *Frankfurter Zeitung* mit dem Titel »Die Demobilisierung der Geister« in besonderer Klarheit gemäß dem üblichen Optimismus Erzbergers eine in intellektuellen liberalen Kreise weit geteilte Meinung vertrat. Meinecke bestritt die Stichhaltigkeit des unter den gegnerischen Völkern verbreiteten Gemeinplatzes, der ein

»natürlich« kriegstreibendes und bellizistisches Deutschland verlangte. Die Philosophen und Historiker des Reiches wurden zu Unrecht beschuldigt, »mit ihren Doktrinen« dazu beigetragen zu haben, »den Geist des deutschen Volkes zu vergiften und den Weltkrieg zu entfesseln, aber dem war nicht so: Gerade die deutschen Historiker können ruhigen Gewissens behaupten, versucht zu haben, die historischen Ereignisse in ihrer Wirklichkeit zu verstehen, wobei sie das Spiel der Egoismen des Staates entdeckten, der unvermeidlichen Interessenkonflikte und ihrer logischen Konsequenz«. Der Krieg sei nicht die einzige Form, in der sich »das Bedürfnis zu kämpfen, um seine eigene Kraft zu zeigen« ausdrücken könnte und Deutschland – weiterhin der Meinung Meineckes nach – »hat die Überlegenheit der universellen Ideen über den nationalen Hass« gestellt, was zum Beispiel am Ende der napoleonischen Kriege der Fall war. Jedoch sei »der konservative Pazifismus, der damals von der Heiligen Allianz gepredigt wurde, nicht echt« gewesen und habe sich angesichts des Anspruchs nach Freiheit »in finstere und grausame Unterdrückung umgewandelt«.

Die Schlussfolgerung, zu der der deutsche Historiker kam, wurde aufmerksam betrachtet und kommentiert: die nationalistischen und pangermanistischen Tendenzen waren eine unabkömmliche »Alarmglocke« gewesen, um Deutschland zu warnen, aber nun war diese Funktion nicht mehr notwendig und der Nationalismus musste sich beruhigen. Diese Tendenz beurteilte Erzberger positiv und vielleicht getreu seinem gewohnten Optimismus zu positiv; sie risse seines Erachtens Teile der Intellektualität zu einer immer weniger nationalistischen Haltung hin. Meinecke hielt den Kampf unter den Nationen für unabdingbar, auch wenn der Umfang des letzten Konflikts und die tragischen Zerstörungen, die von technisch immer effizienteren Kriegsmitteln hervorgerufen worden waren, dazu zwangen – und dieser Punkt interessierte die Nuntiatur – zumindest den Kern der Vorschläge der Pazifisten in Betracht zu ziehen.

Die Haltung der *Civiltà Cattolica* ist in diesem Sinne bezeichnend. Im letzten Kriegsjahr versuchte sie neben der Tatsache, dass sie natürlich der Friedens- und Hilfsinitiative des Papstes viel Raum gab, in zahlreichen Kommentaren, die Verantwortung für den Krieg vom deutschen Militarismus allein fortzuschieben und sie dafür dem allgemeinen Werteverlust in der modernen Welt zu unterstellen. In vielen Leitartikeln beklagte die Zeitung der Jesuiten »die Politik der parteilichen Interessen und der nationalistischen Egoismen«, an der die Ententemächte noch eher schuld wären als das kriegstreibende Deutschland. »Auch unter den Katholiken blieben einige an der Oberfläche der Dinge« – schrieb das Blatt der Jesuiten – »und unterstützen den Chor des Wetterns gegen ›den deutschen Militarismus‹«.

> An allem ist Deutschland schuld! Dies sagen alle Zeitungen, alle Führer der Entente wiederholen es … aber wir sagen, dass Deutschland am furchtbarsten logisch dabei war, die allen gemeinsamen Prinzipien zu ihren letzten Konsequenzen zu führen, der modernen Zivilisation, jener ›Kultur‹, die schon so sehr von den Schmeichlern von gestern gelobt wurde … Einzig die konsequenten Katholiken können zu Recht gegen den Militarismus der einen oder der anderen aufstehen.

Die Zeitung hatte natürlich Anfang 1917 einige Friedenssignale der kriegführenden Mächte als Beweis für eine mögliche moralische Laienautorität gegen den Krieg gewürdigt, aber man darf sich nicht täuschen lassen. Der Bezug auf die Ideale, auf jene »spirituelle Kultur«, die die Nationalismen inspiriert und adelt, im Namen einer moralischen und spirituellen Erneuerung oder in einem allgemeinen weltlichen Humanitarismus, wurde dann im modernen Technizismus des Krieges als Todesmaschine umgesetzt.

> Seit langem sind wir daran gewöhnt, die kirchliche Sprache zu weltlichem Zweck usurpiert zu sehen … diese Gewohnheit oder schlechte Angewohnheit, was auch immer sie sei, die schon so stark verbreitet ist, ist durch den Krieg intensiver geworden, in dem die Mächtigkeit der Ereignisse demjenigen, der spricht oder schreibt, die höchsten Bedingungen suggeriert, und dies sind die, denen die religiöse Verwendung die erhabenste Bedeutung gegeben hat.

Der leidenschaftliche Erzberger und der gemässigte Pacelli

Aufgrund der Bedeutung und besonders aufgrund der Widersprüchlichkeit Erzbergers kann man in der umfangreichen Literatur zu diesem deutschen katholischen Parteiführer und ganz besonders in der klassischen Biographie des amerikanischen Historikers Klaus Epstein sehr kontroverse Urteile zu seiner politischen Gestalt und den leidenschaftlichen und naiven Eigenschaften seines Charakters finden. Und auch wegen des beträchtlichen Umfangs an Erinnerungen, Tagebüchern, Berichten, Briefen und den stenographierten Sitzungen des Reichstags, des Zentrums und der unterschiedlichen Organe, denen er angehörte, ist Erzberger sicherlich nicht zu einem Objekt geworden, das die historiographische Forschung nicht erschlossen hat. Aber aufgrund der äußerst speziellen Beziehung, die er durch die Nuntiatur zum Heiligen Stuhl hatte, erscheint eine – wenn auch partielle – Rekonstruktion des Verhältnisses, das Erzberger zu Pacelli aufbaute, als besonders bedeutungsvoll. Dessen Beobachtungen, die er auf vertraulichem und somit von diplomatischer Umsicht freiem Wege an das Staatssekretariat sandte, vermitteln uns einen völlig neuen Blick auf die so stark diskutierte Figur des katholischen Leaders und geben uns vor allem eine Vorstellung davon, wie er vom Vatikan »benutzt« und betrachtet wurde.

Als seit dem Sommer 1917 Erzberger eine führende Rolle in der deutschen Politik spielte, hatte er bereits eine lange und gewichtige politische Biographie hinter sich, die sich gänzlich im Rahmen der politischen Bewegung der Katholiken abgespielt hatte. Er wurde am 20. September 1875 als erstes von sechs Kindern eines Schneiders aus dem Dorf Buttenhausen in Württemberg geboren, dessen 700 Einwohner entweder Protestanten oder Juden waren und in dem die Katholiken eine äußerst begrenzte und isolierte katholische Minderheit darstellten. Rasch erklomm er als Selfmademan die einzelnen Stufen seiner politischen Karriere: er organisierte Arbeiter und Handwerker (im Jahre 1899 gründete er den Verband der schwäbischen Handwerker) und durch die Unterstützung von Conrad Gröber wurde er 1903 mit nur 28 Jahren in den Reichstag gewählt. Bei den alten Zentrumsführern wie Peter Spahn und Georg von Hertling war er sofort unbeliebt, weil diese in ihm einen arroganten jungen Mann sahen, der der glorreichen katholischen Generation des Kulturkampfes nicht genug Respekt zollte.

Als Mitglied der Budgetkommission erforschte er von 1904 bis 1906 unnachgiebig die wirtschaftlichen Verhältnisse in den Kolonien und die Fälle von Korruption in ihrer Verwaltung. Diese Erforschung rief einen Skandal hervor und markierte den Beginn der offenkundigen Aversion, die ihm sein erbitterter Feind Karl Helfferich, Mitarbeiter in der Kolonialabteilung des Außenministeriums, gemeinsam mit der gesamten konservativen katholischen Presse bis zu seinem Tod entgegenbrachte. In der Tat erreichte Erzberger die Einstellung einiger Übergriffe, lieferte allerdings dem Kanzler Bernhard Wilhelm von Bülow auch den Vorwand, den Reichstag im Dezember 1906 aufzulösen.

Bei Kriegsanbruch war Erzberger also eine bedeutende politische Persönlichkeit, deren Charakter bereits deutlich umrissen war: ein Vertreter jener Generation von Katholiken, die sich, nachdem sie alle Minderwertigkeitskomplexe überwunden und das Minderheitenghetto verlassen hatten, dem wilhelminischen Deutschland vorbehaltlos angeschlossen hatten. Er war ein Mann starker nationalistischer Gefühle, dessen Feindseligkeit in der internationalen Politik sich gegen Polen, Russland und besonders gegen England richtete. Erzberger ging den Weg des deutschen demokratischen Katholizismus, er teilte seine Unsicherheiten und Grenzen, und auch den persönlichen Mut, der in jenen entscheidenden Jahren notwendig war, um dessen Positionen zu vertreten. Ein Zeichen eines edlen Zeugnisses, und gleichzeitig von großer Schwäche und politischer Verwirrung: ein alles andere als gerader und hart umkämpfter Weg.

Erzberger hatte ursprünglich bedingungslos die nationalistische Begründung des Krieges der Deutschen übernommen und versucht, für diese Begründung die Unterstützung des Papstes zu gewinnen. Dafür und um den Kriegseintritt Italiens abzuwenden, reiste er gut drei Mal nach Rom und befürwortete den Austausch Kardinal Désiré-Joseph Merciers durch Thomas Louis Heylen, der eher dazu bereit war, mit den deutschen Besatzungsmächten in Belgien zusammenzuarbeiten. Bei dieser Gelegenheit brachte Erzberger, wie zu Recht bemerkt worden ist, eine merkbare Naivität zum Vorschein, da er hoffte, den Papst zu den Interessen Deutschlands umbiegen zu können.

Bereits seit 1914 waren dem Zentrumsführer wichtige Ämter übertragen worden, aufgrund derer er zahlreiche Reisen ins Ausland unternahm und eine unermüdliche diplomatische Werbetätigkeit ergriff. An der Spitze des Amts für Auslandspropaganda des Deutschen Reiches hatte er auch Beziehungen zu jenen Militärspitzen geknüpft, die ihn so sehr bekämpften, mit denen er jedoch nicht wenige Schwierigkeiten hatte.

In der detaillierten Beschreibung der Aktivitäten Erzbergers und ihres wachsenden Boykotts gab Pacelli auch einen beunruhigten Bericht von der fortschreitenden »Stilllegung seines Informationsbüros, das, unterstützt durch die Regierung, für ihn eines der effizientesten Tätigkeitsmittel dargestellt hat«. Und als er ihn zu dieser bedauerlichen Begebenheit befragte, erhielt der Nuntius von Erzberger eine Antwort, die von seinem gewöhnlichen Optimismus geprägt war: »Schon während des Krieges habe ich dieses Büro verkleinert, das anfangs recht groß war, weil der offizielle Dienst sich allmählich verbesserte. Die Tätigkeit im Parlament beschäftigt mich immer mehr, sodass es mir mehr als recht ist, wenn sich die Arbeit in meinem Büro verringert.«

Sein Werdegang erfuhr im Sommer 1917 eine plötzliche Wende, als er sich davon überzeugte, dass die einzige Rettungsmöglichkeit für Deutschland in einem Frieden ohne Annexionen lag, im Verzicht auf Belgien und darauf, einen unermüdlichen Kampf darum inner- und außerhalb seiner Partei zu führen, was ihn im Juli 1917 zur berühmten Rede im Reichstag zum Thema eines Kompromissfriedens führte. Schon im Februar 1917 hatte er in der Schweiz die Internationale Katholische Union gegründet und war allmählich – also noch vor der Ankunft Pacellis in Deutschland – zu einem gefragten Verhandlungspartner der vatikanischen Diplomatie geworden, eine Rolle, die er bis zu seinem Tod nicht immer mit dem gleichen Prestige bekleiden sollte. Das *Memorandum* des Grafen Ottokar Czernin von und zu Chudenitz vom 12. April und seine Reisen nach Wien überzeugten ihn schließlich im Frühjahr 1917 davon, dass der unerlässliche Zusammenbruch Österreich-Ungarns auch das Schicksal Deutschlands ankündigte. Mit dieser begründeten Überzeugung forderte er dementsprechend einen Kompromissfrieden, der im Juli 1917 zum Fall Bethmann Hollwegs beitrug, welcher ihn im April 1918 mit Beleidigungen bedeckte und ihn als »dieser Schurke von Verräter«, »Lump« und »persönlicher Feind meines Hauses« bezeichnete.

Seitdem formierte sich um seine Figur ein Kreis wachsenden und dumpfen Hasses. Diese Zwangslage konnte selbst die Wahl des Grafen Hertling zum Kanzler im Herbst 1917 nicht lösen, der, obwohl er Katholik und Vertreter des Zentrums sowie ein früherer Kollege und Freund war, schließlich ein erbitterter Feind wurde und eine Verleumdungskampagne gegen Erzberger selbst bei Pacelli lancierte; »Graf von Hertling selbst hat mir gegenüber entschieden gegen ihn gesprochen, gleichsam wie über einen nicht ausgeglichenen, gefährlichen und kompromittierenden Menschen«. Die politische Haltung Hertlings war im Übrigen der Erzbergers diametral entgegengesetzt: Er fand sich damit ab, von der Militärdiktatur als »südländischer, katholischer und föderalistischer Puffer« gegen die Mehrheit des Reichstags benutzt zu werden, die von Erzberger geführt wurde und zum Frieden bereit war.

Pacelli, der zahlreiche Beziehungen zu den konservativen Gefilden unterhielt und dessen Sympathien natürlich nicht der Linken galten, begriff daher die Bedeutung und das Neue an der Orientierung Erzbergers. Und so wurde die Unterstützung durch den Nuntius mehrere Male deutlich und mit entschieden sachbezogenen Argumenten bekräftigt: »Seine demokratische und zum Frieden ohne Annexionen bereite Orientierung, die frei von jenem gefährlichen und blendenden Nationalismus war, in die ein so großer Teil der katholischen Hierarchie und des Adels in ihrer totalen Desorientierung geflohen ist, wird die Linie sein, die siegen und sich nach dem unvermeidlichen Fall des Reichs bestätigen wird, mit der die Kirche sich auseinandersetzen werden muss«. Die grundsätzliche Unterstützung Pacellis für Erzberger fällt noch stärker auf, wenn man sie mit dem konzentrischen Feuer der Kritiker vergleicht, deren Opfer der katholische Führer wurde. Eben in den Tagen, in denen der Nuntius den soeben zitierten Bericht entwarf, stiftete die katholische *Kölnische Volkszeitung* den Skandal an, der schließlich zur Schließung des Informationsbüros Erzbergers führte; unterstützt durch die Regierung war dieses Büro für ihn das wichtigste Instrument seiner politischen Tätigkeit.

Der Unterschied zwischen den Bewertungen des Nuntius und eines wichtigen Teils der gemäßigten Katholiken – einschließlich eines breiten Teils des deutschen Episkopats – ist im Übrigen nichts Neues. »Überdies denke ich, dass seine politische Rolle trotz allem nicht zu Ende ist und dass im Gegenteil eher seine Ideen und Tendenzen und nicht die seiner Gegner (der Pangermanisten und Konservativen), ob man es will oder nicht, schließlich triumphieren werden. Es scheint mir schließlich, dass, obwohl Erzbergers Feinde mit aller Mühe versuchen, die Nuntiatur auf ihre Seite zu ziehen und sie vollständig von ihm zu entfernen, diese hingegen in den derzeitigen internen Kämpfen des Zentrums neutral bleiben muss, und mit allen innerhalb der gebotenen Grenzen und mit der notwendigen und angemessenen Umsicht angemessene Beziehungen beibehalten muss«.

Pacelli widerstand dem immer stärkeren Druck, der die Nuntiatur erreichte und darauf abzielte, dass Erzberger ausgegrenzt und entfernt würde. Die Funktion, die der unternehmungslustige katholische Abgeordnete ausübte, war zudem essenziell wichtig, besonders da ein päpstlicher Gesandter in Berlin fehlte: »er ist sehr nützlich und fast unverzichtbar im Werk zugunsten der Kriegsgefangenen, wie auch für den Versand von Paketen und Briefen usw.«

Zeitweise attackiert durch die Oberste Heeresleitung, durch die katholisch-konservative Hierarchie und Presse, sowie durch die pangermanistischen Kreise, die nicht zögerten, in Bezug auf die von der von ihm geleiteten Informationsagentur verwendeten Quellen Empörung zu verbreiten, befand sich Erzberger in einer delikaten Situation, die auch beim Nuntius ein gewisses Maß an Vorsicht aufkommen ließ: »zweifelsohne fehlt es ihm nicht selten an Umsicht und Taktgefühl« – bemerkte Pacelli weiter im Bericht vom 27. Mai 1918 – »seit einiger Zeit sehe ich mich daher dazu gezwungen, ihm gegenüber große Umsicht walten zu lassen und ich meide es, ihm heikle Dinge mitzuteilen und insbesondere ihm diese zu schreiben«. Es handelt sich um kritische, jedoch noch wohlwollende Anmerkungen, die das grundsätzliche Einvernehmen, das zuvor von Pacelli ausgedrückt worden war, nicht dementieren.

Bereits im Herbst 1917 hatte Pacelli trotz der nachdrücklichen Attacken, zum Beispiel vom ultrakonservativen Kölner Kardinal Felix von Hartmann (»ziemlich« – so kommentierte der Nuntius – »pangermanistisch gesinnt«), nicht gezögert, Erzberger gegenüber vollkommenes Vertrauen zu zeigen, auch wenn ihm sicherlich nicht die Grenzen seines sehr speziellen Charakters entgingen, der ungestüm und gutgläubig war.

> Trotz dieser Einsprüche glaube ich nicht, ihn fallen lassen zu können, da er intelligent, gut und vom besten Willen angetrieben ist, eine phänomenale Arbeit leistet und der Nuntiatur und dem Heiligen Stuhl (vielleicht als einziger Zentrumspolitiker) spontan zahlreiche Dienste leistete und leistet, aber natürlich muss ich höchste Umsicht bewahren, umso mehr da unter seinen unbestreitbaren hervorragenden Qualitäten die Besonnenheit, das Maß und die Zurückhaltung sich nicht in vorderster Reihe befinden.

Auch aus dem Briefwechsel Pacellis, einschließlich der langen und häufigen Informationsschreiben, die von Erzberger selbst erstellt wurden, geht mit überzeugender Offenkundigkeit hervor, dass die tiefen Spaltungen, die sich unter den konservativen und den demokratischen Katholiken während der ganzen Zeit der Weimarer Republik zeigten, hier in der letzten Kriegsphase ihre Wurzeln hatten. Von dieser Phase an wurden diese Trennungen deutlicher und qualvoller, und Erzberger musste feststellen, dass er sowohl von Seiten der Rechten als auch der Linken aus diametral entgegengesetzten Gründen zur Zielscheibe geworden war: Die *Kölnische Volkszeitung* beschuldigte ihn etwa als Defätist und Verräter, während die extreme Linke und insbesondere die radikal pazifistischen Tendenzen ihn dessen beschuldigten, die Rechte der Selbstbestimmung der Völker missbraucht zu haben. Den Mittelpunkt dieser Polemiken stellten die Verträge von Brest-Litowsk dar, denen Erzberger sich entgegenstellte, auch in der Furcht, dass sie die Beziehungen zur Entente noch mehr verkomplizieren würden. Seine Überzeugung war die, dass die Trennung der baltischen Staaten von der russischen Vorherrschaft von keiner russischen Regierung endgültig anerkannt werden würde – weder von einer zaristischen, noch von einer bolschewistischen – weil sie auf untragbare Weise den Zugang Russlands zur Ostsee begrenzte und somit der Vertrag ein unüberwindbares Hindernis für eine zukünftige deutsch-russische Versöhnung darstellen würde. Erzberger hatte außerdem ein anderes wichtiges Motiv, um die Verträge abzulehnen: Er war zu der Idee übergegangen, dass es viel besser sein wäre, die Bolschewisten zu bekämpfen als zu einem Abkommen mit ihnen zu gelangen:

> … Deutschland [müsse] unter allen Umständen von den Bolschewiki [abrücken], denn es dürfe nicht wegen augenblicklicher vermeintlicher Vorteile die große Konzession an die Bolschewiki machen, die Aufhebung des Privateigentums anzuerkennen. Das sei der größte Fehler, den Deutschland in diesem Vertrag gemacht habe.

Jenseits der am deutlichsten umrissenen Minderheiten war die große Mehrheit der deutschen Katholiken grundlegend desorientiert, allgemein opportunistisch und nicht immun gegen die kurz andauernde Euphorie, die dem Zusammenbruch vorausging: die große Westoffensive im Frühjahr 1918. Selbst Erzberger, der, wie man gesehen hat, unter den ersten war (neben einem schwachen Teil des linken Flügels seiner Partei), die die Vorschläge des Heiligen Stuhls gemeinsam mit denen Wilsons als den einzig wirklich einzuschlagenden Weg erachteten, hatte Ende 1917 noch zu verstehen gegeben, dass er den ganzen Hass seiner Partei gegenüber dem amerikanischen Präsidenten teilte. Seine Haltung sollte sich erst nach den Niederlagen an der Front und dem in Aussicht stehenden Waffenstillstand ändern, der dazu zwang, sich mit den Vierzehn Punkten Wilsons zu messen. Die Entwicklung Erzbergers in diesem Punkt ist deutlich in den beiden Notizen erkennbar, die die Haltung der deutschen öffentlichen Meinung zur Notiz des amerikanischen Präsidenten vom 23. Oktober und zur deutschen Antwort betreffen. Die allgemeinen Linien der Partei, die fast einmütig die Resolution billigte, werden in einem weiteren Bericht thematisiert und rekonstruiert.

Im Herbst 1918 engagierte er sich dafür, dass die Mehrheitsparteien den Völkerbund durch eine ausdrückliche Resolution unterstützten, und Mitte September wurde er Vorsitzender eines Unterausschusses des Interfraktionellen Ausschusses, der sich mit dieser Frage beschäftigte.

Die umgehenden Beschuldigungen des Verrats, die sich auf Erzberger und die Führung des Zentrums ergossen, wurden, wie er Pacelli detailliert mitteilte, weitestgehend von der konservativen Fraktion des Zentrums geteilt und genährt, besonders in Preußen, das »in vielen Fragen der Gesetzgebung mit der Rechten beziehungsweise den Liberalnationalen und den Konservativen einig war. Die Agitation der Pangermanisten profitierte von diesem Umstand, um den Wählern des Zentrums einen vermeintlichen Block mit den liberalen Parteien als verabscheuenswert darzustellen«. Die Pangermanisten nutzten eben diese internen Oppositionen aus. Als zum Beispiel die Gegner des Zentrums sich in einer Fraktion um die *Kölnische Volkszeitung* formierten, sprachen die Pangermanisten sofort von einer erfolgten Spaltung des Zentrums. In jedem Falle gelang es den Parteiführern, diesen Attacken ins Auge zu schauen, Kundgebungen zur Verteidigung der Resolution zu organisieren und im offiziellen Parteiorgan, der *Germania* auf die Attacken der *Kölnischen Volkszeitung* zu antworten. Effizient war laut Erzberger auch die Antwort auf den Beitritt zahlreicher Katholiken zur Deutschen Vaterlandspartei, die sich kurz davor gebildet hatte: Das Zentrum stimmte nach einer ausdrücklichen Verurteilung einem Beschluss zu, der den Mitgliedern der katholischen Partei verbot, anderen politischen Verbänden zuzugehören.

Zusammenfassend ist dies das Bild, das Erzberger von der Situation der katholischen Partei an der Schwelle des letzten Kriegsjahres zeichnete: Trotz starken Widerstands hatte sich seine Linie in der Partei grundsätzlich bestätigt. Aber diese Oppositionen verschärften sich daraufhin unter der Regierung des Grafen von Hertling und dann unter Prinz Max von Baden, der die letzte Regierung des wilhelminischen Reiches leitete. Die von Erzberger und der Mehrheit des Zentrums unterstützte Linie, die sowohl von der Rechten als auch von der Linken weit entfernt war, stellte schlussendlich einen letzten Strohhalm dar: Das Scheitern der Päpstlichen Notiz, die Ankunft von amerikanischen Soldaten auf dem Kontinent, die Unfähigkeit seitens des politischen Lagers »der Linken« im Reichstag, die extremistischen Kriegsbestrebungen der Heeresführer zu unterbinden, hatten die Aussicht auf einen unmittelbar bevorstehenden Frieden zwangsläufig zum Erliegen gebracht. Der Enthusiasmus der deutschen Katholiken aufgrund der anfänglichen Siege an der Westfront bezeugt deutlich, dass die neuen Ideen nur oberflächlich in die Mentalität der katholischen Massen eingedrungen waren, die fest in der Zeit verwurzelt war. Bei Erzberger selbst erschlafften die Überzeugungen, die im vorhergehenden Jahr gereift waren, sodass nun nichts anderes blieb, als in einer grundsätzlich opportunistischen Orientierung auf einen guten Ausgang der Offensive zu hoffen.

Das Scheitern der Offensive, die Gegenattacke General Ferdinand Fochs und der fortschreitende defensive Rückzug der deutschen Truppen blockierten auch diese Perspektive und löschten jeden Funken Euphorie: Am 8. August 1918 durchbrachen die Truppen der Entente die deutsche Westfront. Im September führte die Unabwendbarkeit des Waffenstillstands, die endlich auch von Hindenburg und Ludendorff anerkannt worden war, zum Rücktritt von Hertlings und zur Ernennung Max von Badens. Die Niederlage markierte den Beginn der politischen Zersetzung Deutschlands, die katholische Partei rutschte in einen Zustand totaler Verwirrung: Der Mangel einer festen und konsequenten Verhaltenslinie kam zu Tage. Die sich überstürzenden Ereignisse und die Mahnungen von allen Seiten warfen die Einheit der Partei in eine Krise, aber der Moment gestattete es nicht, eine Bilanz zu ziehen und zu überlegen, was zu tun war. Die Note Wilsons vom 23. Oktober legte fest, dass die Entente mit dem deutschen Kaiser keinen Waffenstillstand, sondern eine Kapitulation aushandeln würde. Wilhelms Gang ins Exil und die Bildung einer Regierung mit demokratischen Kräften, einschließlich der Sozialdemokraten, waren unabwendbar, auch wenn nur die Meuterei der Marine es schaffte, den letzten Handstreich der Heeresführer zu verhindern.

Erzberger wurde auf Rat General Wilhelm Gröners zum Mitglied der Waffenstillstandskommission gewählt. Auf diese Weise wurde sein Image einer bereits angefeindeten und gehassten Persönlichkeit zum regelrechten Symbol der deutschen Niederlage, die Hand, die den Dolchstoß in den Rücken ausgeführt hatte. Erzberger, der in einem Wortspiel auf seinen Namen, mit dem Spitznamen »Schmerzberger« oder »Erzlügner« bedacht worden war, wurde als Instrument der »rot-schwarzen Internationalen« beschimpft und »angeklagt, insgeheim sogar ein Jude zu sein«. Sein Biograph Klaus Epstein schrieb schließlich zu Recht, dass kein Deutscher in den letzten hundert Jahren mehr gehasst wurde als Erzberger.

Auf die Unterzeichnung des Vertrags folgten Kundgebungen tiefen Grolls, Drohungen und Attentate gegen seine Person, bis zum letzten dieser Übergriffe, der ihm am 26. August 1920 das Leben kostete. Immer noch nicht zufrieden damit, kommentierte die katholische Zeitung der extremen Rechten, das *Katholische Korrespondenzblatt*: »Wir gewähren dem Mann den Tod, den er gefunden hat, nicht. Dieser hat ihn einem irdischen Gericht entzogen.«

Die Beschimpfung durch Pacelli

Pacelli kehrte kurz nachdem der Krieg zu Ende war und nachdem er noch eine weitere ergebnislose Mission bei Karl von Habsburg (April 1918) verrichtet hatte, zu seinem schwierigen und verheerenden diplomatischen Einsatz zurück, und er sparte nicht mit deftigen Beurteilungen des deutschen Leaders.

Wenige Tage nach dem Waffenstillstand schloss er einen Bericht mit der bitteren Meldung, dass dank der von den glühendsten deutschen Verfechtern des Militarismus und des Pangermanismus zu Tage gelegten Dickköpfigkeit Deutschland gleichzeitig den Zusammenbruch des Heeres und den Untergang des Reiches erreicht hätte: »Mit dem Waffenstillstand wollten sie die Revolution erreichen, die alle Throne gestürzt und die soziale Republik ausgerufen hat.«

Dieser desaströse Epilog wäre möglicherweise zu vermeiden gewesen. Nun, da sich das Schlimmste bewahrheitet hatte, konnte der Apostolische Nuntius rechtmäßig Anspruch auf die Weitsicht der Friedensinitiative des Heiligen Stuhls des vorhergehenden Jahres erheben und die Unwissenheit der deutschen Führungskräfte stigmatisieren, die diese sabotiert hatten.

> Wenn Deutschland die Vorschläge des Heiligen Stuhls angehört hätte, wäre es nicht zu so einem traurigen Ende gekommen. Kanzler von Bethmann Hollweg hatte die vom Heiligen Stuhl vorgeschlagenen Punkte wohl akzeptiert, wurde aber gerade wegen seiner relativen Mäßigung gestürzt, wie es scheint durch den Angriff Erzbergers, aber in Wirklichkeit durch den übermächtigen Willen Hindenburgs und Ludendorffs, die sich gegen den Kaiser durchsetzten, der – im Übrigen ein wenig ausgeglichener Mensch – selbst auch Pangermanist und Militarist ist und von Pangermanisten und Militaristen umringt war. Nach der kurzen Amtszeit von Kanzler Michaelis … fiel auch der Graf von Hertling, schwach und alt, in die Hände der Obersten Heeresleitung. Obwohl er sich als sehr katholisch und dem Heiligen Stuhl ergeben bezeichnete, setzte er nicht nur dessen kluge Hinweise nicht in die Tat um, sondern … kam mit der höchst unglücklichen Theorie des Faustpfands an [Belgien].

Schließlich versicherte Pacelli Gasparri, »dass ich gegenüber allen Politikern und Diplomaten, mit denen ich gesprochen habe, den Fehler aufgezeigt habe, den die Regierenden Deutschlands begangen haben, indem sie, trotz der Anweisungen des Heiligen Stuhls, auf dem irrsinnigen und hochmütigen Weg, der von ihnen eingeschlagen worden war, beharrt haben, und ich muss hinzufügen, dass viele von ihnen die Wahrheit dieser Beobachtung zugegeben haben«.

Die gleiche regierende Klasse, die gegenüber der Entwicklung der fundamentalen Kräfteverhältnisse blind gewesen war (so sehr, bemerkte Pacelli, dass sie sich gezwungen sah, den Waffenstillstand und den Frieden um jeden Preis zu erflehen, und die Kapitulation nach Belieben zu akzeptieren, »im Wesentlichen aufgrund einer immer trüberen und unruhigeren Situation im Inneren«), war unter ihren Ambitionen geblieben, auch aus dem eher strategisch-militärischen Gesichtspunkt.

Sehr stark zusammenfassend listete der Nuntius die Hauptgründe für die deutsche Niederlage auf, die ebenso wie viele andere Anklageschriften gegen jene Regierungsklasse klangen. Die aktive Intervention der Vereinigten Staaten war Pacellis Urteil nach »von den Militärautoritäten weit unterbewertet, gemäß der gewohnten stolzen Mentalität, die sie dazu brachte, den Feind zu verachten, sie lachten also über diese Intervention und dachten, dass sie ein amerikanischer Bluff sei und dass die Vereinigten Staaten, die so weit entfernt und so wenig vorbereitet auf einen Krieg waren, weder Furcht erregende Kräfte hervorbringen noch die unbesiegbare deutsche Streitmacht übermannen würden könnten«. Der zweite Grund war das Schwinden des Kampfgeistes der deutschen Truppen:

> Der deutsche Soldat war nicht mehr das, was er einmal war! … a) die unvermeidliche Müdigkeit nach vier langen Jahren des Kampfes … b) Der Mangel an ausreichender Nahrung und Kleidung … c) die aktive sozialistische und bolschewistische Propaganda in den Reihen des Heeres, d) der deprimierende und häufig auch zur Rebellion anstiftende Einfluss, der auf die Soldaten von den eigenen Familien ausgeübt wurde, die selbst auch müde von so vielen Kämpfen und Entbehrungen waren.

Der dritte Grund, der den Tiefstand der deutschen Streitkräfte noch verschlimmerte, war dann der Rückzug, mit dem man Mitte Juli begonnen hatte, und der vierte lag im Zusammenbruch der Alliierten, »von denen Österreich-Ungarn sich weniger aufgrund der militärischen Situation als wegen der vollständigen inneren Auflösung fügen musste«.

Der deutliche Anspruch auf die vatikanische Weitsicht zeichnet sich noch klarer ab, wenn man berücksichtigt, dass der Nuntius seit Ende 1917 eine sehr reservierte Haltung eingenommen hatte. Nachdem in der Tat jede Aussicht auf einen baldigen Frieden dahingeschwunden war, war im Gegenteil eine Wiederaufnahme der nationalistischen Illusionen auch in breiten katholischen Bereichen bemerkbar geworden, dank des Enthusiasmus, den in Deutschland die Militärerfolge von 1918 an der Westfront hervorgerufen hatten; diese Illusionen waren, wie allgemein bekannt ist, bewusst von den Generälen genährt worden, die im Juni 1918 um jede Hypothese von diplomatischen Verhandlungen zu kompromittieren, dem Land den Ernst der Lage verheimlichten. In dieser Atmosphäre klingt die Zurückhaltung des Nuntius wie eine unmissverständliche Distanzierung von den nationalistischen und pangermanistischen Antriebskräften, die auch in der katholischen Hierarchie zugegen waren.

Während dieser ganzen Zeit hatte jedes Einschreiten Pacellis einen hauptsächlich humanitären Charakter. Dies bestätigen mit zahlreichen Einzelheiten die gewaltigen Hilfsbemühungen, die das Pontifikat Benedikts XV. während des Krieges auszeichneten. Der Nuntius beschrieb die einzelnen Lager, in denen die humanitäre Mission abgewickelt wurde; so unterstützte er zum Beispiel den Austausch von deutschen und belgischen Zivilgefangenen und schaltete sich in der Frage der Deportationen nach Afrika ein. Zudem traf er Vorkehrungen, um die Situation der deutschen Missionare an der Goldküste zu verbessern, die von den Engländern gefangen genommen waren. Der Heilige Stuhl bemühte sich, damit auch den italienischen, französischen und englischen politischen Gefangen und Internierten die den Belgiern gewährte Amnestie gewährt und die Verpflegung Deutschlands garantiert würde. Ebenso sorgte sich Pacelli bei vielen Gelegenheiten um die religiöse Betreuung der Kriegsgefangenen, besonders der russischen, durch die Kriegshilfsstelle in Paderborn; überdies schlug er die Entsendung von freiwilligen Kaplänen zur Besserung der Bedingungen der deutschen Gefangenen in Frankreich vor, sowie für ihre Rückkehr ins Vaterland beziehungsweise die Internierung in einem neutralen Land; dieser Austausch wurde besonders für die jungen katholischen Theologiestudenten unter ihnen erbeten.

Reserviertheit heißt natürlich nicht Unaufmerksamkeit: dank der häufigen Berichte Erzbergers konnte Pacelli mit ausreichender Sorgfalt die Entwicklung der militärischen Situation im Verlauf des ganzen Jahres 1918 verfolgen. Am 4. und am 11. September informierte der Nuntius über die ernsten deutschen militärischen Bedingungen an der Ostfront und am 8. September bezog er sich mit bitteren persönlichen Kommentaren auf den Dualismus der Gewalt zwischen dem Militärkommando und der politischen Führung des Reiches, wobei er in einem Bericht vom 9. September das Urteil von Hertlings referierte: »die militärischen Niederlagen dienen dazu, den Stolz des Militärs zu erniedrigen«. Pacelli hatte an den deutschen Gefühlen teil, die »einen würdevollen Schmerz« darstellten;

> die Ruhe findet ihre Nahrung im Vertrauen auf die Ehrlichkeit Wilsons und im Bewusstsein der starken Lebensenergie des deutschen Volkes … Deutschland ist bereit, Opfer zu bringen, aber die Entente darf sie nicht für zu Opfern fähig halten, die nicht mit der Würde eines großen zivilen Volkes vereinbar sind; wenn diese tatsächlich gefordert werden würden, hätten sie als Resultat nicht einen Frieden auf der Basis von Rechtsnormen, sondern einen verzweifelten Endkampf um Leben und Tod.

Die Situation in Deutschland artete in stärkstes Chaos aus. Die Nuntiaturberichte sprachen in einem beunruhigten Ton von der Haltung der Presse; die der Rechten sprach von »Deutschland als einem Irrenhaus und von seiner Politik wie von einer Komödie und einem Puppentheater« und die der Linken sah im Extremismus der Politik Kurt Eisners das Risiko, dass man auf eine regelrechte Spaltung Deutschlands zulaufe.

Und in der Tat stürzte Deutschland schnell in den Abgrund; wenige Wochen später sollte die Nuntiatur erleben, wie sich vor ihren Augen die bolschewistische Gefahr aufbaute, die man so sehr fürchtete, und wie sie selbst schließlich durch die Revolution überrannt werden sollte. Die sich überstürzenden Ereignisse, die seit Anfang November 1918 infolge der militärischen Niederlage und des Falls der Monarchie (9. November) die »Gesandten des Volkes« an die Macht bringen sollte, ließ die Katholiken sprachlos, verwirrt, bestürzt und unsicher zurück.

PACELLI UND DIE THEOLOGIE IN DEUTSCHLAND

Handlungsspielräume, Optionen und Konsequenzen

KLAUS UNTERBURGER

»Der Rhein fließt in den Tiber« – Dieses Bild, das Ralph Wiltgen (1921–2007) für das Ereignis des Zweiten Vatikanischen Konzil geprägt hat, wirft eine der wichtigsten und bis heute umstrittensten Fragen der Kirchengeschichte des 20. Jahrhunderts auf.[1] Der Zusammenhang zwischen der Kirche der Pius-Päpste und der Kirche des Konzils und der Nachkonzilszeit ist bis heute in hohem Grade strittig. War Rom bis zum Pontifikat Pius' XII. ein Bollwerk, das dann von nördlich der Alpen entwickelten theologischen Konzepten, also vor allem aus jenen Ländern, die am Rhein liegen, aufgesprengt worden ist? Hermeneutiken der Kontinuität und Diskontinuität ringen um die Deutung des Konzils und der Pontifikate der Päpste des 20. Jahrhunderts.[2] Der Deutung der vorhergehenden theologischen Entwicklungen südlich und nördlich der Alpen, in Rom und in Deutschland, kommt deshalb ein außergewöhnliches Gewicht zu. Daher erweist sich der nunmehr mögliche quellengestützte Blick auf die Nuntiaturzeit Eugenio Pacellis in Deutschland als ein Vergrößerungsglas auf eine Konstellation, in der sich entscheidende Entwicklungslinien kreuzten. In dieser Zeit wirkten in Deutschland jene Traditionen nach und bereiteten sich jene Aufbrüche vor, die im Verdacht stehen, Jahrzehnte später die Kirche in ihren Grundfesten reformiert und verändert zu haben. Hier war jener Mann mit der in sich durchaus vielfältigen deutschen Theologie konfrontiert, der ein echter Römer war, ein Mann der Kurie, dazu aber später eben auch der Vorkonzilspapst; jener Papst, der für die alte, pianische Epoche wie kein anderer steht. Der Rhein und der Tiber, sie standen sich also bereits hier gegenüber.

Nun stellt das ekklesiologisch-theologisch adäquate Erfassen der Tätigkeit Pacellis als Nuntius erhebliche methodologische Anforderungen. Was ist schließlich von einem römischen Gesandten anderes zu erwarten, als dass er die römische Position seines Weisungsgebers vertreten hat? Verdächtigungen, Missverständnisse und Invektiven der römischen Nuntien gegenüber der Theologie in Deutschland haben seit der Gründung der Münchener Nuntiatur ohnehin eine lange Geschichte. Bereits der zweite Nuntius in Bayern, Annibale della Genga (1760–1829, ab 1823 Papst Leo XII.) – auch er wurde später Papst – propagierte gegen die staatliche Theologenausbildung eine ideologisch aufgeladene tri-

---

1 Vgl. Ralph M. WILTGEN, Der Rhein fließt in den Tiber. Eine Geschichte des Zweiten Vatikanischen Konzils, Feldkirch [2]1988.

2 Vgl. hierzu Günther WASSILOWSKY, Universales Heilssakrament Kirche. Karl Rahners Beitrag zur Ekklesiologie des II. Vatikanums (Innsbrucker Theologische Studien 59), Innsbruck – Wien 2001, S. 15–37.

dentinische Seminaridee,[3] Carlo Mercy d'Argenteau (1787–1879) und Michele Viale-Prelà (1799–1860) kämpften gegen die Bonner Theologische Fakultät und die Hermesianer,[4] Matteo Eustachio Gonella (1811–1870) unterstützte Kardinal August Reisachs (1800–1869) Seminaridee[5] und Flavio Chigi (1810–1885) verdächtigte die deutsche Theologie, besonders Ignaz Döllinger (1799–1890) ganz grundsätzlich und ließ sich von der sogenannten Donzdorfer Fakultät gegen diese instrumentalisieren.[6] Eine differenziertere, tiefergehende Einordnung der Nuntiaturtätigkeit Pacellis in Bezug auf die Theologie in Deutschland wird also methodische und interpretatorische Überlegungen anstellen müssen.

Dabei kommen uns die fundamentalen Annahmen der angelsächsischen *new intellectual history* zu Hilfe, deren produktives Potenzial für eine erneuerte theologische Kirchengeschichtsschreibung längst noch nicht ausgeschöpft ist.[7] Drei von deren Postulaten werden die folgenden Ausführungen bestimmen:

1. Entsprechend der analytischen Sprechakttheorie soll einerseits das in den Handlungen des Nuntius implizierte kognitiv-theologische Konzept ernst genommen, andererseits aber seine theologischen Urteile und Wertungen als Handlungen aus und in einer bestimmten Situation interpretiert werden. Theorie und Praxis sind nie voneinander losgelöst, und deshalb ist kein isoliertes, rein politisches oder theologisches Erfassen von Pacellis Nuntiaturtätigkeit möglich.
2. Die so als Sprechhandlung gefasste theologische Positionierung Pacellis ist deshalb immer nur in und aus einer ganz bestimmten kirchenpolitischen Situation zu erfassen, keinesfalls zeit- und ortlos, losgelöst vom konkreten kirchenpolitischen Umfeld.
3. Damit ist Pacellis Interpretation der deutschen Theologie und seine Maßnahmen als Nuntius immer vor dem Hintergrund der Konventionen und Erwartungen, die man an diese gerichtet hat, zu deuten und nur von diesen her adäquat einzuordnen.

Die Konventionen wurden Pacelli zunächst von seinen Vorgängern in der Münchener Nuntiatur, besonders von der langen Wirksamkeit Andreas Frühwirths (1845–1933), vorgegeben.[8] Die Erwartungen sind hingegen am konzentriertesten

---

3 Vgl. Erich GARHAMMER, Seminaridee und Klerusbildung bei Karl August Graf von Reisach. Eine pastoralgeschichtliche Studie zum Ultramontanismus des 19. Jahrhunderts (Münchener kirchenhistorische Studien 5), Stuttgart – Berlin – Köln 1990, S. 33–54.

4 Vgl. Herman H. SCHWEDT, Das römische Urteil über Georg Hermes (1775–1831). Ein Beitrag zur Geschichte der Inquisition im 19. Jahrhundert (Römische Quartalschrift. Supplementheft 37), Freiburg – Basel – Wien 1980, S. 33–37, S. 85–91.

5 Vgl. GARHAMMER, Seminaridee (wie Anm. 3), S. 142–154.

6 Vgl. Franz Xaver BISCHOF, Theologie und Geschichte. Iganz von Döllinger (1799–1890) in der zweiten Hälfte seines Lebens (Münchener kirchenhistorische Studien 9), Stuttgart – Berlin – Köln 1997, S. 56, S. 88–95; Hubert WOLF, Ketzer oder Kirchenlehrer? Der Tübinger Theologe Johannes von Kuhn (1806–1887) in den kirchenpolitischen Auseinandersetzungen seiner Zeit (Veröffentlichungen der Kommission für Zeitgeschichte B 58), Mainz 1992, S. 211.

7 Quentin SKINNER, Conventions and the understanding of speech acts, in: The Philosophical Quarterly 20 (1970), S. 118–138; DERS., Meaning and understanding in the history of ideas, in: History and Theory 8 (1969), S. 3–53; DERS., Motives, Intentions and the Interpretation of Texts, in: New Literary History 3 (1972), S. 393–408; DERS., On Performing and explaining linguistic actions, in: The Philosophical Quarterly 21 (1971), S. 1–21.

8 Vgl. zu ihm noch immer Angelus WALZ, Andreas Kardinal Frühwirth (1845–1933). Ein Zeit- und Lebensbild, Wien 1950. Eine moderne kritische Darstellung ist ein Desiderat.

verbindlich in jenen römischen Generalinstruktionen zu finden, unter deren Leitkategorien Pacellis Wirken in Deutschland von Anfang an stand.[9]

Das Spektrum römischer Erwartungen und Interessen

Konventionen und Weisungen, beides führt theologiegeschichtlich zurück zum Pontifikat Papst Pius' X. (1903–1914), unter dem sich Pacellis kurialer Aufstieg vollzog. Die von diesem Papst etablierte Interpretationskategorie für weite Strömungen der deutschen Theologie war der Begriff »Modernismus«.[10] Die Inspiratoren des Papstes verstanden darunter ein Geflecht von Ideen, die explizit oder implizit, offen oder im Verborgenen vertreten wurden, die aber in einem notwendigen Implikationsverhältnis zueinander standen und die eine ebenso methodologische wie inhaltliche Seite hatten.[11]

Diese Ideen waren erstens das historistisch-evolutionäre Konzept der Entstehung der Bibel, der Geschichte der Kirche und der Geschichte der Dogmen; die historisch-kritische Methode, in Deutschland im Theologiestudium zentral, wurde abgelehnt, da sie den erkenntnistheoretischen Primat der Dogmatik und des katholischen Glaubens in sein Gegenteil verkehre.[12] Zweitens bestand der Modernismus gemäß dem Papst in der Ablehnung der überzeitlich verstandenen Scholastik, ihrer spekulativen Methode, ihre metaphysisch-rationalen Einsichten. Modernen subjektivistischen Philosophien ausgeliefert, lasse sich das göttliche nicht mehr objektiv erkennen, war man auf innere Erfahrungen angewiesen.[13]

---

9 Vgl. Istruzioni per Mgr. Giuseppe Aversa Nunzio Apostolico di Baviera, November 1916; ASV, Arch. Nunz. Monaco 257, fasc. 10. Ein Zusammenfassung in: Eugenio Pacelli, Die Lage der Kirche in Deutschland 1929, bearb. von Hubert Wolf und Klaus Unterburger (Veröffentlichungen der Kommission für Zeitgeschichte A 50), Paderborn u. a. 2006, S. 36–43.

10 Zum Begriff vgl. Daniele Menozzi, Antimodernismo, secolarizzazione e cristianità, in: Alfonso Botti/Rocco Cerrato (Hg.), Il modernismo tra cristianità e secolarizzazione. Atti del Convegno Internazionale di Urbino 1–4 ottobre 1997, Urbino 2000, S. 53–82; Gabriel Daly, Theological and philosophical modernism, in: Darrell Jodock (Hg.), Catholicism contending with Modernity. Roman Catholic Modernism and Anti-Modernism in Historical Context, Cambridge 2000, S. 88–112; Claus Arnold, Kleine Geschichte des Modernismus, Freiburg – Basel – Wien 2007, v. a. S. 112–115; Peter Neuner, Der Streit um den katholischen Modernismus, Frankfurt a. M. – Leipzig 2009, S. 91–105; Otto Weiss, Der katholische Modernismus. Begriff – Selbstverständnis – Ausprägungen – Weiterwirken, in: Hubert Wolf (Hg.), Antimodernismus und Modernismus in der katholischen Kirche. Beiträge zum theologiegeschichtlichen Vorfeld des II. Vatikanums, Paderborn u. a. 1998, S. 107–139.

11 Vgl. Claus Arnold, P. Joseph Lemius OMI und die Entstehung der Enzyklika »Pascendi«, in: Gisela Fleckenstein/Michael Klöcker/Norbert Schlossmacher (Hg.), Kirchengeschichte. Alte und neue Wege. Festschrift für Christoph Weber, Frankfurt a. M. u .a. 2008, S. 299–320; ders., Die Römische Indexkongregation und Alfred Loisy am Anfang der Modernismuskrise (1893–1903). Mit besonderer Berücksichtigung von P. Thomas Esser O. P. und einem Gutachten von P. Louis Billot S.J., in: Römische Quartalschrift 96 (2001), S. 290–332; ders., Absage an die Moderne? Papst Pius X. und die Entstehung der Enzyklika Pascendi (1907), in: Theologie und Philosophie 80 (2005), S. 201–224.

12 Vgl. Émile Poulat, Histoire, dogme et critique dans la crise moderniste, Paris [3]1996; Arnold, Indexkongregation (wie Anm. 11).

13 Vgl. Albert Raffelt, Age ut intelligas. Eine Skizze zur pragmatischen Dogmenhermeneutik im französischen Modernismus, in: Werner Löser u. a. (Hg.), Dogmengeschichte und katholische Theologie, Würzburg 1985, [2]1988, S. 251–274; Roger Aubert, Le Problème de l'acte de foi. Données traditionnelles et résultats des controverses recente, Löwen [2]1950, S. 265–392; zum inneren Zusammenhang

Beide Positionen, die historische und die philosophische, stützten und forderten sich dabei in den Augen Roms gegenseitig. Doch gab es auch in Rom Abstufungen in der Interpretation und im Gebrauch des Begriffs »Modernismus«, und damit von dem, was unter den Begriff fiel und abgelehnt wurde. Drei Knotenpunkte der Deutung gab es, an denen sich die römische Position in der Zeit Pius' X. ausdifferenzierte:

1. Uneins war man sich, wie eng man die Verpflichtung auf die Scholastik und den Thomismus interpretierte. Die kuriale Rechte um die Jesuiten Louis Billot (1846–1931) und Guido Mattiussi (1852–1925) strebte eine absolute Vereinheitlichung der gesamten Theologie auf den Thomismus an; Uniformität und Zentralismus sollten etabliert werden und in den letzten Akten Pius' X. schienen sie damit Erfolg zu haben.[14]
2. Ein weiterer Streitpunkt war die Frage des Integralismus, wie weit also die Kirche auch direkt in den weltlichen Kultursachbereichen wie Politik, Wissenschaft, Literatur und Kunst unmittelbar normsetzend war. Die integralistische Rechte um Pius X. favorisierte hier ein kompromisslos katholisches, maximalistisches Konzept.[15]
3. In kirchenrechtlicher Hinsicht rangen zwei Schulen in einer damit verwandten Frage miteinander, nämlich inwieweit mit den Staaten als gleichberechtigten Partnern Verhandlungen und Konkordate, dann eben mitunter auch Kompromisse, gesucht werden sollten, oder inwieweit die Kirche als die von Gott gestiftete Instanz über den Staaten stehe, die sich deren Normen also zu fügen hätten.[16]

Schien es nun in den letzten Jahren des Pontifikats Papst Pius' X. so, als wenn sich die thomistische und integralistische Rechte in Rom werde durchsetzen können, so brachte die Wahl Benedikts XV. (1914–1922) hier eine Neuausrichtung. Unter ihm und seinem Nachfolger war deren Dominanz zu Ende: Die Präponderanz des engen Integralismus und des maximalistischen Thomismus wurde gebrochen, mit Pietro Gasparri (1852–1934) wurde ein Mann Kardinalstaatssekretär, der in der Tradition des kirchlichen öffentlichen Rechts, wie es am Apollinare in Rom vertreten wurde, stand und der deshalb mit den Staaten die Verständigung und Konkordate suchte, dem Integralismus aber eher fern stand.[17] Dennoch blieben Integralismus und Rechtsthomismus an den römischen Hochschulen und an der Römischen Kurie eine ideologische und personelle Macht und bestimmten römische Entscheidungen noch immer massiv mit.

---

auch Giovanni Landucci, Il modernismo: La filosofia, le scienze e la nuova apologia, in: Botti/Cerrato, Modernismo (wie Anm. 10), S. 83–109.

[14] Vgl. Klaus Unterburger, Vom Lehramt der Theologen zum Lehramt der Päpste? Pius XI., die Apostolische Konstitution »Deus scientiarum Dominus« und die Reform der Universitätstheologie, Freiburg – Basel – Wien 2010, S. 215–219.

[15] Vgl. Émile Poulat, Modernistica. Horizons, physionomies, débats, Paris 1982, S. 32–57; Arnold, Geschichte (wie Anm. 10), S. 127–136.

[16] Vgl. Klaus Unterburger, In neuem Licht? Papst Pius XII./Eugenio Pacelli und die deutschen Bischöfe. Eine Zwischenbilanz fünfzig Jahre nach dem Tod des Papstes und fünf Jahre nach der Öffnung der vatikanischen Archivbestände, in: Jahrbuch für Augsburger Bistumsgeschichte 43 (2009), S. 23–48.

[17] Vgl. zu ihm Carlo Fantappiè, Chiesa romana e modernità giuridica. Bd. 1: L'edificazione del sistema canonistico (1563–1903) (Per la storia del pensiero moderno 76), Mailand 2008, S. 333–519.

In dieser Situation wurde Pacelli als Nuntius nach Deutschland entsandt. Die Instruktionen, die er im Bezug auf die deutsche Theologie erhielt, entsprachen jenem komplexen Beziehungsgefüge, das im Pontifikat Benedikts XV. an der Römischen Kurie herrschte. Die Generalinstruktion hatte Kardinalstaatssekretär Pietro Gasparri verfasst. Sie beruhte auf der Politik und den Erfahrungen, die Andreas Frühwirth als Nuntius in Deutschland verfolgt und gemacht hatte. Sie sah Reformkatholizismus und Modernismus kritisch, weshalb Frühwirth energisch gegen die Theologen Joseph Schnitzer (1859–1940), Sebastian Merkle (1862–1945) und Franz Xaver Kiefl (1869–1928), bei denen er derartige Tendenzen auszumachen glaubte, vorging. In Pacellis Generalinstruktion klingt dies an.[18] Doch bezog Gasparri in der Instruktion – gestützt auf die Lagebeurteilung Frühwirths – eine grundsätzlich gemäßigte Position, denn zum einen sei nicht die gesamte Theologie in Deutschland modernistisch verseucht, vielmehr seien es Einzelfälle gewesen und es sei eine Besserung eingetreten. Die deutsche Universitätstheologie müsse nicht völlig abgeschafft und überwunden, sondern weiter verbessert werden;[19] und zum zweiten nicht nur die antiintegralistische Kölner Richtung der christlichen Gewerkschaften und des Zentrums habe Schwächen, sondern auch die integralistische Berliner Richtung, weshalb das Päpstliche Staatssekretariat auch in politisch-gesellschaftlicher Hinsicht einen evolutionären Weg verfolgte, die deutsche Wirklichkeit anerkannte und nicht wie die kuriale Rechte vollständig eliminieren wollte.[20]

Zu den Neuerungen im 20. Jahrhunderts gehört es, dass päpstliche Nuntien auch von anderen kurialen Kongregationen Weisungen in deren Teilbereichen bekamen; im Bezug auf die Theologie war Pacelli deshalb auch mit römisch-kurialen Institutionen konfrontiert, die auf einen viel energischeren Kurs gegenüber der deutschen Theologie als das Staatssekretariat drängten und diesen Maßnahmen auch ein höheres Gewicht einräumten.[21] Diese waren:

- Das Heilige Offizium unter Kardinal Rafael Merry del Val (1865–1930), in dem der streng reaktionäre antimodernistische Kurs Papst Pius' X. fortlebte und weiter gepflegt wurde.[22]

---

18 Vgl. »Altre difficoltà incontrò la S. Sede per la rimozione di due professori delle Facoltà Teologiche di Würzburg, il Kiefl ed il Merkle. Dopo lunghe trattative si riuscì a far conferire al primo un Canonicato alla Cattedrale di Regensburg. Il Merkle continua ad insegnare; però si mostra alquanto più moderato e cauto.« Istruzioni (wie Anm. 9), fol. 26.

19 Vgl. ebd. fol. 23f., fol. 27 f.

20 Vgl. »Ma d'altro lato si deve convenire che i capi della tendenza Berlinese (pochi in numero, ma tenaci nel loro intento, e disponenti di mezzi pecuniari cospicui) si sono mostrati nei loro attacchi esagerati o pessimisti ed anche passionati non risparmiando neppure eccellenti Prelati, con l'attuale Cardinale Arcivescovo di Colonia, il quale fu apertamente accusato di ingannare il popolo cattolico. Inoltre i Berlinesi invece di discutere la gran questione da un punto di vista prevalentemente pratico, hanno costituito su indizi non del tutto sicuri e su affermazioni talvolta veramente imprudenti ed erronee di singoli capi, pronunziate o scritte nel fervore della polemica, una critica di carattere teologico-dogmatico che approda a conclusioni le quali possono davvero impensierire chi non conosce il vero stato delle cose.« Ebd. fol. 86.

21 Vgl. Unterburger, Lehramt (wie Anm. 14), S. 247–249.

22 Vgl. Albert Cecilio A. Flores, Vigilance over rectors. A look into some anti-modernist interventions involving Cardinal Merry del Val, in: Hubert Wolf/Judith Schepers (Hg.), »In wilder zügelloser Jagd nach Neuem«. 100 Jahre Modernismus und Antimodernismus in der katholischen Kirche (Römische Inquisition und Indexkongregation 12), Paderborn u. a. 2009, S. 473–489; Hubert Wolf, Papst und Teufel. Die Archive des Vatikan und das Dritte Reich, München 2008, S. 112–138, S. 267–270.

- Die Päpstliche Studienkongregation unter Kardinal Gaetano Bisleti (1856–1937) und dem Sekretär Ernesto Ruffini (1888–1967), die eine zentralistische Vereinheitlichung auf den Thomismus und einen spekulativ-scholastischen Grundcharakter der Theologie forderte und deutsche theologische Traditionen ablehnte.[23]
- Schließlich die Bibelkommission mit dem mächtigen Kardinal Willem van Rossum (1854–1932)[24] und das Bibelinstitut unter dem Jesuiten Leopold Fonck (1865–1930),[25] die der modernen historisch-kritischen Exegese absolut ablehnend gegenüber standen und für einschneidende, radikale Maßnahmen gegenüber der deutschen Theologie plädierten.

Theologiestudium in Deutschland, Bibelstudium und Zensurfälle: Pacellis Agieren gegenüber der deutschen Theologie

Mit allen drei konservativen Strömungen war Pacelli gleich in den ersten Jahren seiner Zeit als Nuntius befasst. So hatte er den Auftrag, für die Studienkongregation eine umfassende Bestandsaufnahme der deutschen Theologie vorzunehmen und zu Plänen Stellung zu beziehen, die Theologenausbildung gänzlich von den staatlichen Universitäten in Deutschland abzuziehen.[26] Zudem lag eine umfassende Denkschrift Foncks über den desolaten Zustand der Bibelstudien in Deutschland zur Begutachtung vor, die die gesamte deutsche Exegese als vom Modernismus verseucht in den schwärzesten Farben schilderte, da sie Inspiration und Inerranz der Heiligen Schrift leugne.[27] Wenig später kamen für Pacelli die ersten Fälle von Häresieverdacht und damit der Kontakt zum Heiligen Offizium und dessen Buchzensur hinzu. Auf die Klagen Foncks hin befragte Pacelli mehrere deutsche Exegeseprofessoren, die dem breiten konservativen Flügel der katholischen Bibelauslegung zuzurechnen waren, die die literarkritische Pentateuchkritik Julius Wellhausens (1844–1918) ebenso ablehnten wie die scheinbar der Tradition widersprechende Zwei-Quellen-Theorie der synoptischen Evangelien. So bezog Pacelli eine Zwischenposition.[28] Einerseits wurde mit den Kategorien des päpstlichen Antimodernismus die moderne historisch-kritische Exegese radikal zurückgewiesen; zugleich wurde aber Foncks Bild korrigiert, die deutschen Exegeten seien nahezu alle modernistisch. Vielmehr gebe es lediglich bei einem Teil gefährliche Tendenzen. Von Nöten sei viel mehr ein verbessertes ausführlicheres scholastisch-spekula-

---

23 Vgl. Unterburger, Lehramt (wie Anm. 14), S. 247–249, S. 283–291.

24 Vgl. Kardinal Willem van Rossum an Pacelli, 20. Mai 1919; ASV, Arch. Nunz. Berlino 67, fasc. 1, fol. 130r–131r. Zu ihm Joop Vernooij, Cardinal Willem Van Rossum, C.SS.R. »The Great Cardinal of the Small Netherlands« (1854–1932), in: Spicilegium Historicum Congregationis SSmi Redemptoris 55 (2007), S. 347–400.

25 Vgl. Leopold Fonck, Der Kampf um die Wahrheit der H. Schrift seit 25 Jahren. Beiträge zur Geschichte und Kritik der modernen Exegese, Innsbruck 1905; Unterburger, Lehramt (wie Anm. 14), S. 250–256.

26 Vgl. Unterburger, Lehramt (wie Anm. 14), S. 247–249.

27 Vgl. Leopold Fonck, Le condizioni degli studi biblici specialmente nella Germania; ASV, Arch. Nunz. Monaco 67, fasc. 1, fol. 54r–56v, fol. 51r–52v.

28 Vgl. Unterburger, Lehramt (wie Anm. 14), S. 256–265.

tives Dogmatikstudium; durch dieses könnten auch die deutschen Exegeten jene Brille erwerben, mit deren Hilfe es ihnen gelingen könnte, die hermeneutischen Fehlannahmen der modernen Bibelkritik zu durchschauen.

Ähnlich Pacellis Lagebeurteilung über die deutsche Universitätstheologie; Gutachten in diesem Sinne gingen auch von Jesuiten, Jesuitenschülern wie Ludwig Kaas (1881–1952)[29] und bewährten katholischen Gelehrten wie Martin Grabmann (1875–1949) ein.[30] Entsprechend den Forderungen der Studienkongregation und des Kirchenrechts müsse, so Pacelli in seinem Bericht, das deutsche Studium reformiert werden: dort herrsche eine zu stark historisch-positive Orientierung. Nötig sei ein Ausbau der scholastisch-spekulativen Philosophie und der scholastisch-spekulativen Dogmatik, Fundamentaltheologie und Moraltheologie. Deshalb müsse die Stundenzahl in diesen Fächern deutlich erhöht und auch die Gesamtstudienzeit verlängert werden.[31] Allerdings ließ sich Pacelli auch hier nicht zu absoluten Extrempositionen hinreißen: er zeigte Verständnis, dass die von der Studienkongregation geforderte lateinische Unterrichtssprache nur allmählich wieder eingeführt werden könne, dass zudem die historischen Disziplinen in einem Land mit protestantischer Konkurrenz auch eine gewisse Wichtigkeit haben, und dass – entsprechend dem Wunsch der deutschen Bischöfe und dem eindringlichen Gutachten Grabmanns – die staatlichen Fakultäten vorerst beibehalten werden könnten, wenn auch eine Reform von Nöten sei.[32]

In all dem zeigte sich Pacelli als Papalist, als Römer und als Antimodernist, und distanzierte sich doch von den Extrempositionen ein Stück weit, wie sie die Kardinäle van Rossum und Bisleti der deutschen Theologie gegenüber anvisierten. Eine ähnliche Tendenz lässt sich in den schweren Konfliktfällen zwischen wissenschaftlicher Freiheit und Lehramt während seiner Nuntiaturzeit konstatieren. Diese war von vier langwierigen Zusammenstößen zwischen Heiligem Offizium und Theologie in Deutschland gekennzeichnet. Betroffen waren die Theologen Joseph Wittig (1879–1949) und Arnold Rademacher (1873–1939), der Priester und Philosoph Johannes Hessen (1889–1971) sowie Ernst Michel (1889–1964), Schriftsteller und Psychotherapeuth, ein Laie.[33] Alle vier Fälle wurden in Rom und von Pacelli mit den Augen des neuscholastischen Antimodernismus gesehen: Wittig[34] vertrete eine protestantische Konzeption von Gnade, Buße, Kirche und Kirchenstiftung, Rademacher[35] konfundiere die Ordnung der Natur und Über-

---

29 Vgl. Ludwig Kaas an Pacelli, 26. Dezember 1920; ASV, Arch. Nunz. Berlino 69, fasc. 1, fol. 177r.

30 Vgl. Martin Grabmann, Über das Verhältnis der positiven und spekulativen Studien, September/Oktober 1919; ASV, Arch. Nunz. Berlino 69, fasc. 1, fol. 84r–91v. Grabmann an Pacelli, Januar 1921; ASV, Arch. Nunz. Berlino 69, fasc. 2, fol. 187r–189r.

31 Vgl. Pacelli an Kardinal Bisleti, 14. November 1919; ASV, Arch. Nunz. Berlino 67, fasc. 3, fol. 1r–24v.

32 Vgl. ebd.; zum Ganzen Unterburger, Lehramt (wie Anm. 14), S. 267–277.

33 Zu den Zensurmaßnahmen gegen diese vier Schriftsteller während der Nuntiaturzeit Pacellis vgl. ebd., S. 291–337.

34 Vgl. zu ihm Siegfried Kleymann, »... und lerne, von dir selbst im Glauben zu reden.« Die autobiographische Theologie Joseph Wittigs (1879–1949) (Studien zur systematischen und spirituellen Theologie 27), Würzburg 2000.

35 Zu ihm vgl. Adolf Kolping, In memoriam Arnold Rademacher. Eine Theologie der Einheit, Bonn 1969; Thomas Ruster, Die verlorene Nützlichkeit der Religion. Katholizismus und Moderne in der Weimarer Republik, Paderborn u. a. 1994, S. 236–246.

natur, Hessen[36] vertrete eine gefährliche antiobjektivistische und antithomistische philosophische Position und Wittig und Michel[37] schließlich haben einen ganz und gar unkatholischen Begriff von der Kirche und ihrem Verhältnis zum Staat. Inhaltlich plädierte Pacelli jeweils klar für eine Verurteilung; in allen vier Fällen kam es zu Indizierungen und Pacelli war faktisch hierfür je die entscheidende Instanz. Dennoch lassen sich seine Handlungsmuster genauer analysieren und auch Bereiche ausmachen, bei denen er trotz römischer Positionen die deutschen Umstände mehr berücksichtigte.

1. Bei den Verurteilungen bestand man im Heiligen Offizium und in der Studienkongregation darauf, dass die Getadelten auch nach einer etwaigen Unterwerfung ihr Lehramt aufgeben mussten. Pacelli war hier vorsichtiger, um seine laufenden Konkordatsverhandlungen jeweils nicht durch romfeindliche Agitationen zu gefährden.[38]
2. Das Recht der Hierarchie, Professoren, die beanstandet wurden, aus dem Lehramt entfernen zu lassen, wollte er evolutiv durch Konkordate sichern. Um keine antirömische Stimmung anzufachen, zwang Pacelli die Ortsbischöfe kraft ihrer Autorität vorzugehen, damit kein schlechtes Licht auf Rom und den Papst falle. So etwa in Breslau im Fall Wittig, in Köln und Münster wegen Hessen, in Limburg, Mainz und Fulda wegen Michel.
3. Wegen der Konkordatsverhandlungen wollte Pacelli möglichst Zensurierungen vermeiden, besonders wenn der betreffende Theologe an einer staatlichen Universität lehrte und keine Breitenwirkung entfaltete.
4. Denunzianten und Gutachter waren für ihn immer wieder Jesuiten. Dies bedeutete die Bevorzugung einer bestimmten, von der großen Mehrzahl der Jesuiten vertretenen Position: Eine zentralistisch-ultramontane Ekklesiologie, eine neuscholastische, vorwiegend spekulativ, nicht historisch ausgerichtete Philosophie und Theologie, die allerdings strittige scholastische Schulfragen nicht determinieren wollte.

Damit kristallisierte sich eine ganz bestimmte Stellungnahme des Nuntius zur Theologie in Deutschland heraus: Sie war antimodernistisch, anti-historisch-kritisch, spekulativ-neuscholastisch und papalistisch, zugleich aber bevorzugte er den evolutiven Weg über Konkordate und ließ sich nicht für einen einseitigen rein thomistischen Schulstandpunkt vereinnahmen. Es war dasselbe Konzept, das die führenden Repräsentanten im Jesuitenorden teilten, auch und gerade in Bezug auf die Theologie in Deutschland.[39]

---

36 Zu ihm vgl. Christoph WEBER, Der Religionsphilosoph Johannes Hessen (1889–1971). Ein Gelehrtenleben zwischen Modernismus und Linkskatholizismus (Beiträge zur Kirchen- und Kulturgeschichte 1), Frankfurt a. M. u. a. 1994.

37 Zu ihm vgl. Arnulf GROSS/Josef HAINZ/Franz Josef KEHR/Christoph MICHEL (Hg.), Weltverantwortung des Christen. Zum Gedenken an Ernst Michel (1889–1964). Dokumentationen, Frankfurt a. M. 1996; Dominik BURKARD, Ernst Michel und die kirchliche Zensur (1921–1952), in: Josef HAINZ (Hg.), Reformkatholizismus nach 1918 in Deutschland. Joseph Wittig (1879–1949) und seine Zeit. Dokumentation des Symposions der »Bibelschule Könnigstein e.V.« am 30./31.03.2001 in Königstein, Eppenhain 2002, S. 45–72; Benno HAUNHORST, »Politik aus dem Glauben«. Zur politischen Theologie Ernst Michels, in: Heiner LUDWIG/Wolfgang SCHROEDER (Hg.), Sozial- und Linkskatholizismus. Erinnerung – Orientierung – Befreiung, Frankfurt a. M. 1990, S. 101–129.

38 Hierzu und zum Folgenden UNTERBURGER, Lehramt (wie Anm. 14), S. 336f.

39 Vgl. ebd., S. 368 f.; Pacelli, Lage (wie Anm. 9), v. a. S. 64–72, S. 190–199; Klaus UNTERBURGER, Die deutschen theologischen Fakultäten in römischer Sicht, in: Dominik BURKARD/Wolfgang WEISS

Römische Reformkonzepte und die Positionierung von Pacelli und Bea

Dabei war in den Augen Pacellis eine Reform der Theologie in Deutschland ein Lebensnerv für die dortige Kirche. In engster Abstimmung mit dem Jesuiten Augustinus Bea lässt sich sein Bild von der deutschen Kirche etwa folgendermaßen zusammenfassen.[40] Was Organisation und Volksfrömmigkeit angehe, sei der dortige Katholizismus zwar in vielem vorbildlich. Dennoch trage die dortige Kirche anfanghaft schon den Keim ihres Niedergangs in sich, der von den Intellektuellen ausgehe, die bereits vom Protestantismus und der Nebulosität des deutschen Geistes angekränkelt seien.[41] Deshalb seien energische, dem Papst ergebene und orthodoxe Bischöfe von Nöten, die diese Gefahren erkennen und gegensteuern; hier habe aber eben der in Deutschland ausgebildete Episkopat seine Grenzen und seine Schwächen. Nur aus einer Reform der deutschen Theologie und Priesterausbildung könne deshalb ein erneuerter Episkopat hervorgehen; aber nur von einem erneuerten Episkopat könne eine ernsthafte Reform der Theologie in Deutschland erhofft werden, ein Zirkel also, den es von außen zu zerschlagen gelte.[42] Abhilfe sollte zunächst von Führungspersönlichkeiten kommen, die die Schwächen des deutschen Systems erkennen, weil sie in Rom oder bei den Jesuiten und nicht an den deutschen staatlichen theologischen Fakultäten studiert haben. Auch die Gründung der Jesuitenhochschule Frankfurt/Sankt Georgen im Jahr 1926 gehört in diesen Kontext.[43]

Diese Einschätzung der Gefahren, die aus der Theologie in Deutschland drohen, scheint an der Römischen Kurie einschließlich des Papstes selbst Konsens gewesen zu sein. Aus Misstrauen gegen den Ortsepiskopat verpflichtete dieser in zwei Geheimerlassen 1927/1928 denselben, vor Erteilung des bischöflichen Nihil obstat bei der Anstellung von Theologieprofessoren, aber auch bereits bei Habilitationen, erst in Rom ein römisches Nihil obstat einzuholen. Pläne zirkulierten, von allen Professoren in Exegese und Kirchengeschichte künftig ein römisches Spezialstudium zu verlangen;[44] der Rektor der Anima, Bischof Alois Hudal (1885–1963), forderte in einer Denkschrift[45] sogar grundsätzlich, für deutsche Theologieprofessoren eine Habilitation in Rom zu verlangen. Jedenfalls sollte der

---

(Hg.), Katholische Theologie im Nationalsozialismus. Bd. I/1: Institutionen und Strukturen, Würzburg 2007, S. 105–131.

40 Vgl. Klaus Unterburger, Das Deutschlandbild Eugenio Pacellis. Römische Ekklesiologie, deutsche Empirie und politische Diplomatie im Denken des Nuntius, in: Jörg Zedler (Hg.), Der Heilige Stuhl in den internationalen Beziehungen 1870–1939, München 2010, S. 227–247.

41 Vgl. Augustinus Bea, Relatio de statu rei Catholicae in Germania; ACEC 164/28; Pacelli, Lage (wie Anm. 9); Edition der Relation Beas durch Klaus Unterburger, Gefahren, die der Kirche drohen. Eine Denkschrift des Jesuiten Augustinus Bea aus dem Jahr 1926 über den deutschen Katholizismus (Quellen und Studien zur neueren Theologiegeschichte 10), Regensburg 2011.

42 Vgl. ebd.

43 Vgl. Klaus Schatz, Zur Gründungsgeschichte der Hochschule Sankt Georgen 1919–1926. Zum 75jährigen Jubiläum, in: Theologie und Philosophie 76 (2001), S. 481–508; Unterburger, Lehramt (wie Anm. 14), S. 354–357.

44 Vgl. Unterburger, Fakultäten (wie Anm. 39).

45 Vgl. Alois Hudal, Promemoria an den Heiligen Vater, 10. Dezember 1927; ACDF, SO, RV 1927, fasc. 18, 1339/27; ASV, Arch. Nunz. Berlino 67, fasc. 18, fol. 3r–8r.

Tiber in den Rhein fließen; an der römischen Theologie sollte die deutsche Kirche gesunden, so der feste Wille Pacellis.

Nun war er freilich ständig auf die Widerstände gestoßen, die dem Doktor romanus in Deutschland entgegengebracht wurden. Besonders Augustinus Bea, der zu dieser Zeit an der Gregoriana für die dortigen Studienreformen verantwortlich war, mit dem er engstens in dieser Frage zusammenarbeitete, war nicht entgangen, woran dies lag: Während in Deutschland das reguläre Studium vom Doktoratsstudium geschieden war und eine wissenschaftliche Monographie verlangt wurde (hinzu kam für Professoren die Habilitation), wurde in Rom der Dr. phil. nach zwei Jahren, der Dr. theol. dann nach weiteren vier Jahren als reguläre theologische Studienabschlüsse verliehen. Hinzu kamen große Ungerechtigkeiten, was die Anforderungen bei den einzelnen Hochschulen anging;[46] ja der Doktor konnte sogar mitunter gnadenweise verliehen werden, wenn der Kandidat auch niedrige Hürden nicht überstieg. Bea und Pacelli erkannten und forderten deshalb, das römische Studium und den römischen Doktorgrad zu reformieren, damit dieser in Deutschland künftig geachtet werde und die deutsche Kirche reformieren könne. Pius XI. entschloss sich im Jahr 1928 aufgrund dieser Forderungen, eine Kommission einzuberufen, die das Studium in den Fächern Theologie, Philosophie und Kirchenrecht und mitlaufend das gesamte Hochschulwesen neu und erstmals päpstlich einheitlich ordnen sollte.[47]

Die apostolische Konstitution Deus scientiarum Dominus

Im Frühjahr 1929 nahm diese Kommission ihre Arbeit auf. Sie wurde präsidiert vom Sekretär der Studienkongregation, dem späteren Erzbischof von Palermo und Kardinal Ernesto Ruffini. Ihr gehörten Vertreter der wichtigsten römischen Hochschulen an, dazu Bea als Spezialist für das Hochschulwesen, der päpstliche Haustheologe Marco Sales (1877–1936) und der Gründungsrektor der Katholischen Universität in Mailand, Agostino Gemelli (1878–1959).[48] In einer über zwei Jahre dauernden Arbeit, an der der Papst lebhaft Anteil nahm und bei der auch zahlreiche auswärtige Gutachten eingeholt wurden, entstand so die Apostolische Konsti-

[46] Vgl. »Il risultato di questa situazione è chiaro: una grande stima di un dottorato conseguito nel proprio paese con molto lavoro e dopo lungo tempo di studio e il disprezzo del dottorato Romano e dei dottori Romani. ... Questo giudizio così sfavorevole al dottorato Romano si conferma ancora in maniera deplorabile da fatti del conferimento del dottorato Romano senza un corso regolare di studi, dopo un semplice esame dato avanti una commissione (p. e. dei Reverendissimi Protonotari apostolici ecc.). Tali casi si considerano nei paesi del Nord come veri scandali. Così p. e. pochi anni fa, un certo sac. Streiter della diocesi di Paderborna, che era stato dimesso della Compagnia di Gesù, non potendo conseguire la laurea in una Università tedesca, si è ricato a Roma; dopo appena due mesi ritornò in Germania come ›doctor theologiae‹. Un tale fatto diminuisce imminentamente il valore del dottorato Romano, tanto più perchè in nessuna Università la laurea si consegue senza una frequenza regolare del corso, specialmente dei ›seminari‹. L'estensore della questa relazione ha sentito delle laguanze su tali fatti da personaggi i più autorevoli e pieni di amore verso la Chiesa e la Sede Apostolica.« Votum Augustinus Bea, 28. Februar 1929; ACEC, DScD Busta VIII 1, fol. 6f.

[47] Vgl. Unterburger, Lehramt (wie Anm. 14), S. 371–374.

[48] Vgl. ebd., S. 374–377.

tution *Deus scientiarum Dominus*, die erstmals weltweit einheitlich das kirchliche Hochschulwesen und insbesondere die Struktur und die Inhalte der Studien in Theologie, Philosophie und Kirchenrecht verbindlich regelte. Damit die gesamte Welt aus den Wassern des Tibers trinken könne, musste in diesen somit zunächst einmal einiges Wasser aus dem Rhein, aus einer in die sogenannte Humboldt'sche Universität integrierten Theologie, umgeleitet werden. Vorgeschichte, Hintergründe und Implikationen dieser Studienreform wurden andernorts eingehend analysiert.[49] Hier nur einige Bemerkungen.

In der Kommission waren die wichtigsten Diskussionspunkte und Streitfragen dabei jene Problemkreise, die schon Pacellis Wirken als Nuntius bestimmt haben.

- Die Gewichtung von historisch-positiver und spekulativ-scholastischer Theologie und Philosophie.[50]
- Der Grad der Uniformierung und Kontrolle oder dagegen der Freiheit in Fragen der theologischen Schule und der lokalen Eigenheiten.[51]
- Die Verbindlichkeit des Thomismus.[52]
- Die Anforderungen an das Doktorat und die Abgrenzung zu nichtuniversitären Formen des Philosophie- und Theologiestudiums.[53]
- Die Verbindlichkeit des Lateins.[54]

Aufs Ganze gesehen hatte sich dabei erneut die Position Beas, die auch Pacelli im Vorfeld übernommen hatte, durchgesetzt. Ein absolutes Schwergewicht auf den spekulativ-systematischen Fächern und eine päpstlich-kuriale Kontrolle aller katholischen Fakultäten; zugleich aber keine allzu rigide Festlegung auf einen Thomismus, der legitime andere Schulmeinungen ausschließt. Überall sollten Mindeststandards eingeführt, dagegen stehende Privilegien abgeschafft und der Doktortitel vom regulären Studienabschluss abgetrennt werden.[55] Die Reform hat so dem anfangs von Bea und Pacelli entworfenen Plan entsprochen, auch wenn für Deutschland Übergangsfristen für die Umsetzung gewährt werden mussten.[56]

Schluss: Die Kirche Pius' XII. und die Kirche des Konzils

Man kann am Ende somit Pacellis Positionierung gegenüber der Theologie in Deutschland genauer einordnen. Es war eine römische, antimodernistische und gegenüber der modernen Philosophie, dem Protestantismus und den modernen Aufbrüchen und gegenüber den historisch-kritischen Studien ablehnende Sicht; es war aber auch eine Sicht, die differenzieren konnte, die ein klares Schwergewicht auf den Primat der dogmatisch-spekulativen Fächer legte und nicht in jedem Detail mit der kurialen Rechten übereinstimmte; eine Sicht, die schließlich

49 Vgl. ebd., S. 371–562.
50 Vgl. ebd., v. a. S. 410–426, S. 452–462.
51 Vgl. ebd., v. a. S. 441–445, S. 498–509.
52 Vgl. ebd., v. a. S. 426–437, S. 455f., S. 461f.
53 Vgl. ebd., v. a. S. 388–403.
54 Vgl. ebd., S. 404–409.
55 Vgl. ebd., S. 569–579.
56 Vgl. ebd., S. 551–562.

einen evolutionär-diplomatischen Weg der Verhandlungen, der Reformen und der Konkordate bevorzugte. Es war die Mehrheitsmeinung im Jesuitenorden, für die auch Augustinus Bea stand, der sich Pacelli anschloss. Theologisch konservativ und antimodernistisch, aber doch der kirchenrechtlichen Schule des Apollinare und Gasparris entstammend und mit einer gewissen Distanz zum extremen Integralismus, das waren auch die frühen Prägungen Pacellis, die seine kuriale Karriere bestimmten und für die Rafael Merry del Val und Pietro Gasparri als seine wichtigsten Patrone stehen, die untereinander eher Antipoden waren.[57]

Was heißt das nun für den Zusammenhang der Kirche der Pius-Päpste und der Konzilspäpste? In den theologischen Problemen der 1920er und 1930er Jahre, mit denen sich Pacelli zu befassen hatte, klingen die späteren Debatten bereits an: die Fragen von Natur und Gnade der *Nouvelle théologie*, das Zusammenleben der Konfessionen und die Kirchenstiftung durch Jesus, der anonyme Christ und die Heilsmöglichkeiten der Menschen guten Willens, das Sich-Öffnen für denkerische Positionen der Gegenwart.[58] Neben dieser weitgehenden Konstanz der Probleme sind auch die personellen Konstanten frappierend. An der Kommissionsarbeit waren wesentlich die Antipoden der *Nouvelle théologie*, etwa Mariano Cordovani (1883–1950), Réginald Garrigou-Lagrange (1877–1964) und Charles Boyer (1884–1980) beteiligt; auch wichtige Konzilskardinäle wie die streng konservativen Ernesto Ruffini und Michael Browne (1887–1971), aber auch der einflussreiche Kardinal der Konzilsmehrheit Bea, drückten den päpstlichen Studienreformen ihren Stempel auf. Seiner, der jesuitischen Position, sollte in Rom unter Pius XII. zunächst die Zukunft gehören. Dies bedeutete die Ablehnung alles dessen, was nach liberaler Theologie und Modernismus roch, aber auch eine elastische Auslegung der Prinzipien, die bei einem Primat des Dogmas, der Dogmatik und der spekulativen Fächer, der Prinzipien also, nach Möglichkeit auf konkrete Umstände Rücksicht nahm und sich den Gegebenheiten anpasste.

Die inhaltlichen theologischen Divergenzen zwischen der pianischen und der späteren Epoche liegen dabei auf der Hand. Ob es zu diesen aber einen evolutionären Weg gegeben hat, eine Konstanz der Prinzipien und sukzessive Ausnutzung der durch diese gegebenen Spielräume, ist deshalb eine Frage, die notwendig zu einer noch eingehenderen Analyse der theologischen Entwicklung Pacellis und seiner engsten Mitstreiter wie Augustinus Bea führt.[59] Lohnende Forschungsarbeit ist hier noch zu leisten; Rhein und Tiber, beide sind eingemündet in die Kirche des Konzils.

---

57 Vgl. Philippe Chenaux, Pie XII. Diplomate et pasteur, Paris 2003, S. 49–84; Unterburger, Deutschlandbild (wie Anm. 40).

58 Vgl. Jürgen Mettepenningen, Nouvelle théologie – new theology. Inheritor of modernism. Precursor of Vatican II, London 2010; Michael Quisinsky, Geschichtlicher Glaube in einer geschichtlichen Welt. Der Beitrag von M.-D. Chenu, Y. Congar und H.-M. Féret zum II. Vaticanum (Dogma und Geschichte 6), Berlin 2007.

59 Neben der Frage nach den Brüchen in den Überzeugungen Beas nach 1958 ist hier natürlich vor allem die Theologie Johannes XXIII. und deren Kontinuitäten und Brüche zum Vorgängerpontifikat entscheidend. Vgl. hierzu Giuseppe Alberigo, Johannes XXIII. Leben und Wirken des Konzilspapstes, Mainz 2000; Alberto Melloni, Papa Giovanni. Un cristiano e il suo concilio, Turin 2009.

EINE DEUTSCHE PRÄGUNG?

Die deutschen Nuntiaturen (München, Berlin) und ihre Bedeutung für Eugenio Pacelli

PHILIPPE CHENAUX

Im Zentrum meines Beitrags steht ein Thema, das nicht einfach zu behandeln ist: Inwiefern war Eugenio Pacellis lange Zeit (fast dreißig Jahre, vom Mai 1917 bis zum Dezember 1929) in den deutschen Nuntiaturen in München und Berlin ausschlaggebend für die Entscheidungen, die er als Pius XII. während und auch nach dem Zweiten Weltkrieg traf? Ist es möglich, eine »strategische« Kontinuität zwischen dem Handeln des Nuntius und den Entscheidungen des Papstes nachzuweisen? In der Einleitung zu der von mir verfassen Biographie Pius' XII. wies ich darauf hin, dass es unmöglich ist, die Politik Pius' XII. während des Krieges von der des Heiligen Stuhls vor 1939 zu trennen, mit der der Diplomat Eugenio Pacelli eng verbunden war. In anderen Worten: Ist die lange Erfahrung des späteren Pius' XII. im Dienste seiner vier Vorgänger ein fundamental wichtiger Schlüssel zum besseren Verständnis seiner Haltung in den Jahren 1939 bis 1945? Ich stellte die Frage auf etwas provokative Art: »War Pius XII. zurecht Protagonist oder bloßes Produkt eines Systems?«[1]

Im Folgenden möchte ich erneut auf diese Problematik eingehen und über das nachdenken, was Hubert Wolf als »die deutsche Prägung« des späteren Pius XII. bezeichnet.[2] »Hat dieses alles den ›Deutschlandfreund‹ Pacelli während seiner zwölf Jahre wirklich geprägt? Oder war *la Germania* doch nur eine Durchgangsstation von Rom nach Rom, die den späteren Papst hinsichtlich seiner entscheidenden Grundeinstellung völlig unbeeindruckt gelassen hat?«[3]

Die historiographische Debatte zur Frage des »Schweigens« von Pius XII., die sich seit Mitte der sechziger Jahre entwickelte, hat sich lange Zeit auf zwei Aspekte konzentriert: die Germanophilie und den Antikommunismus. Die Kombination dieser »beiden Elemente« (die »Vorliebe« Pius' XII. für Deutschland, und seine Furcht vor einer »Bolschewisierung« Europas) sei der Ursprung seiner reservierten Haltung gegenüber den Grausamkeiten des nationalsozialistischen Deutschland gewesen, die als ein »Bollwerk« gegen die bolschewistische Gefahr betrachtet wurde. Dies war die These (oder eher Hypothese), die der französisch-israelische Historiker Saul Friedländer in seinem Buch *Pius XII. und das Dritte Reich* (Rein-

---

[1] Philippe CHENAUX, Pie XII. Diplomate et pasteur, Paris 2003, S. 15.

[2] Hubert WOLF, Pius XII. als Nuntius in Deutschland. Pacellis Schlussrelation vom November 1929, in: Annali dell'Istituto italo-germanico in Trento/Jahrbuch des italienisch-deutschen historischen Instituts in Trient 31 (2005), S. 333–353.

[3] Einleitung zu Eugenio Pacelli. Die Lage der Kirche in Deutschland 1929, bearb. von Hubert WOLF und Klaus UNTERBURGER (Veröffentlichungen der Kommission für Zeitgeschichte A 50), Paderborn u. a. 2006, S. 21.

bek 1965) in den Raum stellte, das nach der Veröffentlichung von Rolf Hochhuths Drama *Der Stellvertreter* publiziert wurde. Basierend auf einer zumindest partiellen und selektiven Auswertung der deutschen diplomatischen Archive sollte Friedländers Buch entscheidenden Einfluss auf die historiographische Debatte zum vermeintlichen »Schweigen« Pius' XII. haben.[4] Trotz des Gegenfeuers der katholischen Publizistik und Geschichtsschreibung sollte seine These (oder Hypothese) lange Zeit die am meisten geteilte, weil scheinbar glaubhafteste Erklärung für dieses Schweigen bleiben.[5] En passant möchte ich darauf hinweisen, dass die Frage des »Antijudaismus« (oder sogar Antisemitismus) erst später, etwa Mitte der achtziger Jahre, aufgekommen ist.[6]

Ohne diese beiden Aspekte erneut grundlegend zur Diskussion zu stellen, scheint es mir dennoch notwendig, klar vor Augen zu haben, was genau gemeint ist, wenn man von »Germanophilie« und »Antikommunismus« im Hinblick auf Pacellis deutsche Erfahrungen spricht. Dazu möchte ich drei Ereignisse in den Fokus stellen, die seine Aktivität als Nuntius in Deutschland gekennzeichnet haben: die Novemberrevolution der Jahre 1918/1919, das Bayerische Konkordat von 1924 und der »gescheiterte« Hitler-Putsch von 1923. Diese Ereignisse betreffen vor allem seine bayerische Zeit, aber meines Erachtens ist ohne sie die Bedeutung der deutschen Prägung des späteren Pius' XII. nicht zu erfassen.[7]

Im Angesicht der bolschewistischen Revolution

»Die Revolution in Bayern ist schnell wie ein Blitz ausgebrochen.« In seinem Bericht vom 15. November 1918 konnte Eugenio Pacelli seine Emotionen in Bezug auf den Ernst der Vorfälle, die sich gerade in der bayerischen Hauptstadt ereignet hatten, nicht verbergen, welche zum Fall der Monarchie und zur Machtergreifung durch die Revolutionäre unter Kurt Eisner führten. Die Parallelen zu den Ereignissen in Russland im Vorjahr entgingen dem Scharfsinn des Vertreters des Heiligen Stuhls nicht, der in seiner Analyse der Gründe für die Revolution die These eines bolschewistischen Komplotts bevorzugte (also externe Gründe) zu Ungunsten der These, die die Tatsachen durch die psychologische Verfassung eines Volkes erklärte, das nach vier Jahren der Entbehrungen und des Verzichts ausgelaugt und ausgehungert war (also innere Gründe):

---

4 Die Tatsache, dass man Saul Friedländer darum gebeten hat, die Festrede zur Eröffnung dieser Tagung zu halten, ist ein weiterer Beweis für den Einfluss seines Buches, das in Frankreich unter Hinzufügung eines Aufsatzes zu »Pie XII et l'extermination des juifs« (Paris 2010) erst jüngst wieder veröffentlicht wurde.

5 Das Standardwerk von Pierre Blet, Pie XII et la Seconde Guerre mondiale d'après les archives du Vatican, Paris 1997, das in dreizehn Sprachen übersetzt wurde, kann als eine Antwort auf das Buch Friedländers betrachtet werden.

6 Für einen Überblick der Historiographie über Pius XII. vgl. Alessandro A. Persico, Il caso Pio XII. Mezzo di secolo di dibattito su Eugenio Pacelli, Mailand 2008; Muriel Guittat-Naudin, Les silences de Pie XII: esquisse d'un bilan historiographique, in: Tsingy. Revue de l'association des professeurs d'histoire et de géographie de Madagscar 7 (2008).

7 Vgl. Philippe Chenaux, La nonciature d'Eugenio Pacelli à Munich (1917–1925): entre l'ordre et la révolution, in: Revue d'Allemagne 38 (2006), S. 339–350.

> Die Rechnung, dass die Randale, in die die Revolution in Russland ausgeartet war, eine heilsame Lehre für die Revolutionäre anderer Länder sein würde, ist nicht aufgegangen. Das, was für anständige Menschen Blutbäder, Raub und Massaker sind, waren für die Menschen, die von der Revolution träumten und für sie kämpften, Ereignisse, die sie ermutigten und sie zur Verwirklichung ihrer grausamen Ideale drängten.[8]

Der Nuntius war im Dilemma, wie man sich in einer absolut unangenehmen Situation verhalten sollte: Sollte man Beziehungen zur neuen revolutionären Regierung aufnehmen und das Risiko eingehen, ihr dadurch eine rechtswidrig angeeignete Legitimität zu verleihen und sich den Unmut der katholischen Kreise und aller »anständigen Menschen« auf sich zu ziehen? Oder sollte man im Gegenteil jeglichen Kontakt mit den vorläufigen Inhabern der auf der Straße erworbenen Macht vermeiden und jede Einladung zu einem Zusammentreffen ausschlagen? Pacelli entschied sich schließlich für letzteres. Die gewichtige Autorität des neuen Erzbischofs von München, Michael von Faulhaber, scheint in der von ihm gefällten Entscheidung, die Stadt zu verlassen, maßgeblich gewesen zu sein. Dieser hatte dem Nuntius in München, mit dem er sehr rasch ein Verhältnis großen gegenseitigen Vertrauens eingegangen war, empfohlen, schnellstmöglich die bayerische Hauptstadt zu verlassen, um nicht auf den »Juden Eisner« treffen zu müssen.[9]

Diese Episode, »die von Historikern kaum untersucht worden ist«, hätte Pacelli davon überzeugt, während der »zweiten Revolution« in München zu bleiben, als das Nuntiaturgebäude von den Roten Brigaden angegriffen wurde; es sei der Ursprung der Haltung des späteren Pius' XII., der Rom nicht verließ, als am 8. September 1943 »die Vatikanstadt von deutschen Truppen umzingelt wurde«.[10] Bisher hat man auf der Tragweite dieser Ereignisse im Hinblick auf die Vorstellung, die sich Pius XII. über die kommunistische Gewalt machen sollte, beharrt. Diesen Aspekt darf man nicht unterbewerten. Der Nuntius, der »seiner Furcht wegen angeklagt wurde«, erklärte sich »bereit zu allem«, aber zur gleichen Zeit hörte er nicht auf, an die eminente Gefahr zu erinnern, und zwar im Briefwechsel mit seinem Bruder Francesco.

> Ich, dessen Furcht man anklagt, schreibe in meinen Briefen nach Rom nichts darüber, weil es falsch interpretiert werden würde und überdies niemand mit absoluter Sicherheit die Zukunft vorhersagen kann. Ich wollte aber dir schreiben, damit du, wenn du siehst (was leider außer Zweifel steht), dass diese Maßnahme eintreten sollte, mit Kardinal Gasparri sprichst, damit man mir klar und deutlich sagt, was ich tun soll. Ich habe mich bereits in unmittelbarer Lebensgefahr befunden, und ich weiß nicht, ob ich ein zweites Mal heil davonkommen werde, aber ich bin *zu allem bereit*, vorausgesetzt, dass er mir auf deutliche Weise und ohne Bedingungen sagt, was man, »*wenn Gefahr besteht*«, von mir will. Wie ich von einem deutschen Herrn, der gerade aus

---

[8] Pacelli an Gasparri, 15. November 1918, in: Kritische Online-Edition der Nuntiaturberichte Eugenio Pacellis (1917–1929), Nr. 302; www.pacelli-edition.de/Dokument/302 (09.06.2011).

[9] Pacelli an Pizzardo, 10. Juli 1921, in: Kritische Online-Edition der Nuntiaturberichte Eugenio Pacellis (1917–1929), Nr. 6251; www.pacelli-edition.de/Dokument/6251 (20.12.2011).

[10] Andrea Tornielli, Pio XII. Eugenio Pacelli. Un uomo sul trono di Pietro, Mailand 2007, S. 106.

> Rom gekommen ist, erfahren habe, glaubt man dort nicht an die Gefahren der Lage in Deutschland. Im Vatikan sagt man, dass das deutsche Volk ein anständiges Volk ist, ein diszipliniertes Volk; und dies wäre wahr, wenn die Entente die Mittel erlauben und zulassen würde, um sich den zahlreichen und mächtigen revolutionären Elementen zu widersetzen.[11]

Die unmittelbare Erfahrung der deutschen Wirklichkeit dieser Jahre brachte ihn dazu, den Ernst der kommunistischen Gefahr und das Wesen der Mittel, um sie zu neutralisieren, anders als seine Vorgesetzten in Rom zu bewerten. In einem Bericht vom 23. Februar 1919 verurteilte der Nuntius den Mord an Revolutionsführer Kurt Eisner durch einen jungen adligen und zudem katholischen Offizier des Heers sehr scharf.

> All die Bemühungen und Opfer, die die »Bayerische Volkspartei« und die gesetzmäßigen Parteien gebracht haben, um ein Parlament zu bilden, das dem Land Ruhe und Frieden geben könnte, wurden vom unbedachten Akt des Mörders Eisners jämmerlich zunichte gemacht. Nunmehr besteht nur noch eine schwache Hoffnung, und sie liegt darin, dass die Sozialisten der Mehrheit nicht mit den Unabhängigen und dem Spartakusbund einig werden.[12]

Der Mord war der Ausgangspunkt für eine neue Gewaltwelle und weitere Unruhen, die in der »zweiten Revolution« in München ausarteten. Obwohl er den konservativen katholischen Kreisen nahe stand, lehnte es der Nuntius ab, auf eine Politik des Schlimmsten zu setzen. Die einzige Strategie, um der revolutionären Gefahr entgegenzutreten, lag in einer Koalition aller demokratischen Kräfte, einschließlich der Sozialdemokraten. Im Kampf, der sich nach der Novemberrevolution in Deutschland »und besonders in Bayern« zwischen den »beiden Prinzipien« entfaltet hatte, nämlich zwischen »Demokratie und Parlamentarismus einerseits, und der Diktatur einer Minderheit oder einem ›Rätesystem‹ andererseits«, hatte Eugenio Pacelli rasch seine Wahl getroffen: das Regime einer parlamentarischen Demokratie war trotz »ihrer vielen Fehler« auf lange Sicht einer hypothetischen »Räterepublik« vorzuziehen, die nichts anderes als die »Frucht der sozialistischen Revolution« war, schon allein deshalb, weil es die Regierungsform war, »die in den [anderen] Ländern Europas in Kraft war«.[13] Aber seine Unterstützung der Demokratie blieb, bedingt durch die revolutionäre Gefahr, gemäßigt. Im oben zitierten Brief an den Bruder verschleierte er nicht, dass er die Entscheidung der französischen Regierung missbilligte, die so genannte Einwohnerwehr aufzulösen, »die wahrlich bis heute nützlich dabei ist, die Kommunisten in Schach zu halten«.[14]

---

11 Pacelli an seinen Bruder Francesco, 6. Dezember 1919; Archivio privato Pacelli, zitiert ebd., S. 111.

12 Pacelli an Gasparri, 23. Februar 1919, in: Kritische Online-Edition der Nuntiaturberichte Eugenio Pacellis (1917–1929), Nr. 317; www.pacelli-edition.de/Dokument/317 (10.12.2011). Vgl. auch Emma Fattorini, Germania e Santa Sede. Le nunziature di Pacelli fra la grande guerra e la Repubblica di Weimar, Bologna 1992, Nr. 10, S. 314–318.

13 Pacelli an Gasparri, 27. Februar 1919, in: Kritische Online-Edition der Nuntiaturberichte Eugenio Pacellis (1917–1929), Nr. 1027; www.pacelli-edition.de/Dokument/1027 (10.12.2011). Vgl. auch Fattorini, Germania (wie Anm. 12), Nr. 11, S. 318–321.

14 Pacelli an seinen Bruder Francesco, 6. Dezember 1919 (wie Anm. 11).

Rom verlangte von Pacelli eine »realistische« Einschätzung der Revolution in Bayern, ohne sich von ideologischen Beschränkungen beeinflussen zu lassen und basierend auf der unmittelbaren Kenntnis der Lage in Deutschland. Dies scheint mir die erste deutsche »Prägung« zu sein, die die Jahre als Nuntius in Deutschland bei Pacelli hinterlassen haben: er war überzeugt von der Unfähigkeit Roms, den Ernst einer Gefahr einzuschätzen. Daraus folgte für ihn als Konsequenz, dass man in Rom auch Schwierigkeiten hatte, sich für die richtigen Mittel zu entscheiden, um einer Gefahr entgegenzutreten.

Der Beginn der kurzlebigen »Räterepublik« in Bayern im Jahre 1919 bestätigte lediglich die äußerst pessimistischen Vorhersagen des Nuntius in Bezug auf »den wahrscheinlichen Triumph« der extremsten Strömung. Trotz der Versicherungen der neuen Regierung wurde das Nuntiaturgebäude von den Revolutionären ins Visier genommen. Am 29. April drangen der führende Kommandant der Roten Brigaden Seyler und sein Stellvertreter Brongratz an der Spitze einer Abteilung von Soldaten, die mit »Gewehren, Revolvern und Handbomben« bewaffnet waren, in den Innenhof der Nuntiatur in der Briennerstraße im Herzen Münchens ein. Nachdem sie gewaltsam in das Gebäude eingebrochen waren, forderten die Angreifer das Automobil des Nuntius ein und baten mit diesem zu sprechen:

> Da sich in dem Moment Monsignor Auditor außer Haus befand, stellte ich selbst mich diesen Wahnsinnigen und machte den Kommandanten darauf aufmerksam, dass das gewaltsame Eindringen in die Nuntiatur und die Beschlagnahmung des Automobils *manu militari* zwei offenkundige Verstöße gegen das internationale Recht waren, das bei allen gesitteten Völkern gilt, und ich zeigte ihnen überdies die Bescheinigung der Extraterritorialität, die vom Volkskommissar für die auswärtigen Angelegenheiten erlassen worden war … Während er mir antworte, hielt mir der Adjutant die ganze Zeit den Revolver vor die Brust und der Kommandant, ein furchtbarer Verbrechertyp, sagte mir frech, nachdem er Gefolgsmännern den Befehl gegeben hatte, die Handgranaten bereitzuhalten, dass jegliche Erklärung unnütz wäre und er sofort das Automobil haben müsste, um sich an die Front zu begeben. Energisch antwortete ich, dass ich gegen dieses Attentat protestierte, aber dass ich angesichts dieser brutalen Gewalt besagtem Untergebenen gestattete, die Garage zu öffnen …[15]

Nach diesen wiederholten Gewaltausübungen entschied der Nuntius, das Nuntiaturgebäude zu verlassen.[16] Als die »Räterepublik« von den Truppen des Reichs in ihrem Blut erstickt wurde, wurde das Nuntiaturgebäude Anfang Mai 1919 zur Zielscheibe einer Schießerei.[17]

Vielleicht sollte man die Auswirkungen dieser Ereignisse auf die Haltung, die Pius XII. später zur kommunistischen Gefahr einnehmen sollte, nicht aufbau-

---

15 Pacelli an Gasparri, 30. April 1919, in: Kritische Online-Edition der Nuntiaturberichte Eugenio Pacellis (1917–1929), Nr. 258; www.pacelli-edition.de/Dokument/258 (10.12.2011).

16 Ebd.

17 Pacelli an Gasparri, 5. Mai 1919, in: Kritische Online-Edition der Nuntiaturberichte Eugenio Pacellis (1917–1929), Nr. 259; www.pacelli-edition.de/Dokument/259 (10.12.2011). Vgl. auch Fattorini, Germania (wie Anm. 12), Nr. 14, S. 325–327.

schen. Aber man kann sich des Eindrucks nicht erwehren, dass diese Ereignisse dazu beigetragen haben, dass die kommunistische Gefahr mehr als nur eine rein theoretische Bedrohung für ihn war. Basierend auf der zusammenfassenden Analyse von Pacellis Haltung zur Novemberrevolution, die zu Beginn der zwanziger Jahre Bayern (und auch Deutschland) bedrohte, lässt sich konstatieren, dass sein Antikommunismus ausgeprägt, aber nicht irrational war und ihn nicht per se empfänglich machte, einer (noch) hypothetischen antibolschewistischen Gegenrevolution, wie es der Faschismus oder der Nationalsozialismus waren, zuzustimmen.

Die Frage des bayerischen Separatismus

Der Nuntius verschwieg in seinen zahlreichen und sehr detaillierten Berichten an den Heiligen Stuhl nicht, dass er die gesetzmäßigen Parteien vorzog, angefangen mit der Bayerischen Volkspartei, die im November 1918 nach dem Fall der Wittelsbacher Dynastie gegründet wurde.[18] Als er seinen Vorgesetzten kurz nach den Wahlen im Juni 1920 das Programm der neuen Partei vorstellte (Erhaltung der Ordnung und der Sicherheit durch irreguläre Truppen, religiöse und moralische Erneuerung, Überholung der Reichsverfassung im föderalistischen Sinne), verbarg Eugenio Pacelli seine Zufriedenheit nicht und schrieb: »Aus ihnen [den Wahlen] geht klar hervor, dass Bayern sich entschieden auf den Weg der politischen und moralischen Genesung begibt, und dass Hoffnung besteht, dass dieses edle Land den Weg des Wiederaufbaus wiederfindet, der möglicherweise auch gesunden Einfluss auf die Gesundung ganz Deutschlands haben kann.«[19] Seine maßlose Sympathie für die neue bayerische Partei missfiel Pietro Kardinal Gasparri. Der Nuntius sah sich im Februar 1920 hart zur Ordnung gerufen, nachdem er in seinen Konversationen mit den Führern der bayerischen Volkspartei hatte durchblicken lassen, dass der Heilige Stuhl »Vorlieben« für die separatistische Lösung hatte:

> Ich halte es für überflüssig, Eure Hochwürden darauf hinzuweisen, dass es ein beständiger Grundsatz des Heiligen Stuhls ist, sich aus jeder rein politischen Frage herauszuhalten, und dass also von Ihnen keine Aussage in besagtem Sinne gemacht wird.[20]

Dieser Ruf zur Ordnung durch Kardinal Gasparri, der für ihn eher ungewöhnlich war, zumal gegenüber jemanden, dessen Verdienste er sonst gerne vor allen Besuchern lobte, hinderte Eugenio Pacelli nicht daran, den Klagen aus den katholisch-konservativen bayerischen Kreisen ein offenes Ohr zu bieten (Baron von Fürstenberg), die sich über die sozialistenfreundliche Politik der Zentrumspartei

---

[18] Pacelli an Gasparri, 11. Januar 1920, in: Kritische Online-Edition der Nuntiaturberichte Eugenio Pacellis (1917–1929), Nr. 329; www.pacelli-edition.de/Dokument/329 (10.12.2011). Vgl. auch Fattorini, Germania (wie Anm. 12), Nr. 21, S. 340–342.

[19] Pacelli an Gasparri, 12. Juni 1920, in: Kritische Online-Edition der Nuntiaturberichte Eugenio Pacellis (1917–1929), Nr. 338; www.pacelli-edition.de/Dokument/338 (10.12.2011).

[20] Gasparri an Pacelli, 14. Februar 1920, in: Kritische Online-Edition der Nuntiaturberichte Eugenio Pacellis (1917–1929), Nr. 1563; www.pacelli-edition.de/Dokument/1563 (10.12.2011).

beschwerten.[21] Zudem hörte er ihre Plädoyers zugunsten einer föderalistischen Organisation Europas, die, begründet auf einer französisch-deutschen Allianz das Ziel im Blick hatte, als Bollwerk gegen die bolschewistische Bedrohung zu dienen, die laut dem bayerischen Regierungschef Gustav Ritter von Kahr »im Moment das ernsteste Problem der Welt« war.[22] Es ist nicht schwierig, schon hier den Ursprung eines strategischen Plans zu erkennen, den Pacelli später in seinem Pontifikat als Pius XII. sich durchzusetzen bemühen wird, nämlich den einer Union der katholischen Länder Westeuropas gegen den Kommunismus. In dieser Hinsicht konnte der bayerische Separatismus auch nach dem Zweiten Weltkrieg ein Trumpf sein. So sollte er im Oktober 1948 ausdrücklich dem französischen Botschafter Wladimir d'Ormesson gegenüber sagen: »Bayern könnte wie ein recht zusammenhängendes Ganzes behandelt werden. Schließlich hassen die Bayern die Nord- und Ostdeutschen … Man könnte daraus Nutzen ziehen.«[23]

Diese Meinungsverschiedenheit mit Kardinal Gasparri in Bezug auf den bayerischen Separatismus zeigt sich deutlich in der Korrespondenz beider Männer darüber, ob es opportun sei oder nicht, im November/Dezember 1921 ein gesondertes Konkordat mit Bayern zu schließen. Die Initiative zugunsten eines neuen Konkordats kam von der bayerischen Regierung, die befürchtete, dass die eher liberale Ausrichtung der Reichsregierung die ihr vom Konkordat von 1817 zuerkannten Privilegien in Bezug auf kirchliche Ernennungen wieder zur Diskussion stellte. Nachdem er von Pacelli konsultiert worden war, gab der Staatssekretär seine Einwilligung zu einer Einleitung dieses Vorhabens, ohne dass »dieser Akt eine Verbindlichkeit für eventuelle Verhandlungen darstellte«. Bestärkt durch diese – wenn auch gemäßigte – Genehmigung durch den Kardinal, wagte es der Nuntius, der Regierung Bayerns in einem Gespräch mit Ministerpräsident Johannes Hoffmann Ende Oktober 1919 vorzuschlagen, »ein neues Abkommen oder eine Vereinbarung abzuschließen« und präsentierte letzterem »die Punkte, die, stets laut meiner eigenen Sicht der Dinge«, Gegenstand von Konkordatsverhandlungen sein könnten.

Im Dezember 1919, während eines Abendessens, das zu Ehren des Nuntius und in Anwesenheit des Reichspräsidenten und des Kanzlers organisiert wurde, hatte Matthias Erzberger den Wunsch ausgesprochen, dass die Verhandlungen für eine neue Regelung der Beziehungen zwischen Kirche und Staat im Inneren jedes Landes »unter der Führung des Reiches« durchgeführt würden. Trotz der Bereitschaft, die von den Autoritäten in Berlin gezeigt wurde, die zu einem »einzigen Konkordat für ganz Deutschland« kommen wollten, verteidigte Pacelli weiterhin vehement die Lösung eines separaten Konkordats mit Bayern; einerseits, so erklärte er Kardinal Gasparri im Juli 1920, weil man »im derzeitigen Moment von Bayern mehr als von jedem anderen Land des Deutschen Reichs erhoffen könnte«, andererseits, weil ein solches Konkordat als »Beispiel und Modell für den Rest Deutschlands« dienen könnte.

---

21 Pacelli an Gasparri, 28. April 1920, in: Kritische Online-Edition der Nuntiaturberichte Eugenio Pacellis (1917–1929), Nr. 336; www.pacelli-edition.de/Dokument/336 (10.12.2011).

22 Pacelli an Gasparri, 18. August 1920, in: Kritische Online-Edition der Nuntiaturberichte Eugenio Pacellis (1917–1929), Nr. 1053; www.pacelli-edition.de/Dokument/1053 (10.12.2011).

23 Depesche, 15. Oktober 1948, zitiert in Philippe Chenaux, Une Europe vaticane? Entre la Plan Marshall et les Traités de Rome, Brüssel 1990, S. 27.

Wie Emma Fattorini schreibt, lag sein Geschick darin, das partikularistische Streben der Bayern »zum Vorteil der Kirche zu nutzen«.[24] Diese Strategie ging das Risiko ein, den Anschein einer Ermutigung separatistischer Intrigen zu haben. Kardinal Gasparri, der vom Nuntius in Paris, Bonaventura Cerretti, über die Unterstützung der katholischen bayerischen Kreise durch die französische Regierung informiert worden war, entschied, zum Stift zu greifen und im November 1921 Pacelli über seine Beunruhigung zu informieren. Der Kopf der vatikanischen Diplomatie gebärdete sich als unbeugsamer Verteidiger nicht nur der territorialen Integrität des Reichs, sondern auch der deutschen nationalen Idee:

> Der Wunsch einer nationalen Union, ein notwendiges Element von Wohlstand und Größe, ist zu selbstverständlich, um nicht vom deutschen Volk geteilt zu werden, das vielleicht das gebildetste Volk Europas ist; und wenn einmal zufällig dieser Geist der Nationalität schlummern sollte, würden die Presse und die Schule, von der Grundschule bis zur Universität, sich darum kümmern, es zu wecken und aufzuscheuchen.[25]

Das Interesse der Kirche an Deutschland, das noch größer war als an jedem anderen Teil Europas, lag nicht darin, gegen dieses »Nationalgefühl« vorzugehen, das auch jenseits der Grenzen des Reichs verbreitet war. Es war zu befürchten, so schrieb er in einem zweiten Brief, der auf den 4. Dezember datiert ist,

> dass ein separates Konkordat mit Bayern nicht ohne Grund als ein Schritt und ein Schub zu einer politischen Separation erachtet wird, das somit eine Opposition zwischen Kirche und dem Nationalgefühl eines Volkes wie dem deutschen hervorruft, die ich als desaströs für die Kirche erachte.[26]

Während der Kardinalstaatssekretär die Idee eines »concordato-quadro«, eines Vierer-Konkordats mit dem Reich vorzog, in dem besondere Abkommen mit einzelnen Staaten (wie Bayern) nicht ausgeschlossen wurden, blieb Nuntius Pacelli bei seiner Haltung und erachtete ein separates Konkordat mit Bayern für notwendig. Er erläuterte Kardinal Gasparri in einem langen Brief vom 9. Dezember seine Haltung. Vor allem müsste man seines Erachtens zwischen Föderalismus und Separatismus unterscheiden: Wenn die Mehrheit der bayerischen Bevölkerung (mit Ausnahme der Sozialisten und Demokraten) »hartnäckig an den eigenen besonderen Rechten festhielt«, hieße das nicht gleich, dass sie »derzeit« vorhabe, »sich vom Reich loszulösen«. Außerdem würde das Konkordat mit Bayern keine »Bestimmungen, die gegen die Reichsverfassung« seien, enthalten und der Zentralregierung in Berlin noch vor dem bayerischen Parlament zur Prüfung vorgelegt werden. »Dies impliziert eine positive Anerkennung, dass Bayern Teil des Reiches ist, und eine öffentliche Verneinung des separatistischen Prinzips«. Wenn schließlich das Konkordat tatsächlich eine Bestätigung der Rechte des Staats Bayern im föderalistischen Sinne darstellt, so war es wenigstens bisher noch nie, nicht

---

24 Fattorini, Germania (wie Anm. 12), S. 210.

25 Gasparri an Pacelli, 29. November 1921; S.RR.SS., AA.EE.SS., Baviera, 1918–1922, pos. 72, vol. I, fol. 282r–284r.

26 Gasparri an Pacelli, 4. Dezember 1921; S.RR.SS., AA.EE.SS., Baviera, 1918–1922, pos. 72, vol. I, fol. 285r–286r.

einmal in Berlin, »als ein Schritt in Richtung Separation« interpretiert worden. Pacelli jedenfalls empfahl umsichtig, um den Heiligen Stuhl vor jeglicher Art von Verdacht zu schützen, die beiden interessierten Regierungen »die Entscheidung selbst« finden zu lassen.[27]

Das Bayernkonkordat, das schließlich am 29. März 1924 unterzeichnet wurde, stellt unbestritten »einen persönlichen Erfolg« Eugenio Pacellis dar. Die Art, wie er damit umging, hatte eine erneute Meinungsverschiedenheit zwischen Nuntius und Kardinalstaatssekretär zur Frage, wie die Lage in Deutschland bewertet werden sollte, durchscheinen lassen. Der Beunruhigung Gasparris, keine Opposition zwischen Kirche und deutschem Nationalgefühl zu schaffen, stellte Pacelli die Notwendigkeit entgegen, die regionalen Partikularismen berücksichtigen zu müssen, um der föderalistischen Struktur besser Rechnung zu tragen.

Die gesamte Angelegenheit führt auch dazu, die so genannte »Germanophilie« Eugenio Pacellis neu zu überdenken, da sie den Ansprüchen des deutschen Nationalismus vollkommen fern bleibt. Seine Vorliebe für Deutschland betrifft vor allem Bayern, über das er später sagt, dort »eine zweite Heimat« gefunden zu haben, oder allgemeiner gesagt, jenen Teil Deutschlands, der der Kirche Roms nach der Reformation treu geblieben ist. Das Aufkommen des aggressiven deutschen Nationalismus, der nicht nur antisemitisch, sondern auch tiefgreifend antikatholisch war, stellte in seinen Augen eine große Gefahr für den christlichen Glauben dar.

Das Aufkommen des antikatholischen Nationalismus

Während Pacelli sich gerade mit der Redaktion »seines« Konkordats beschäftigte, kam es zum denkwürdigen Staatsstreich, der in der Nacht vom 8. zum 9. November 1923 um ein Haar die Einrichtungen der Weimarer Republik zu Fall und Adolf Hitler an die Macht in Deutschland gebracht hätte. Nachdem Bayern in der Zeit nach dem Waffenstillstand einer der Brandherde der spartakistischen Revolution gewesen war, wurde es rasch zur Zuflucht für alle konterrevolutionären Kräfte. Der Amtsantritt General Erich von Ludendorffs in München am Ende des Jahres 1922 hatte die Ansammlung von pangermanistischen und antirepublikanischen Bewegungen in der bayerischen Hauptstadt nur verstärkt. Die konservative Regierung Bayerns hatte im Gegensatz zur Reichsregierung in Berlin Milde gegenüber diesen patriotischen und paramilitärischen Organisationen gezeigt. Während der Gründung der Arbeitsgemeinschaft der Vaterländischen Kampfverbände im Februar 1923 hatte ein gewisser Adolf Hitler die Absicht kundgetan, aus Bayern »ein Zentrum der deutschen Erneuerung inmitten des mürben ›marxistischen Reichs‹« zu machen.[28] Die bayerischen Autoritäten, Regierungspräsident Gustav Ritter von Kahr, der dank der Proklamation des Notstands im September 1923 an die Macht zurückgekehrt war, und der Heereskommandant in der Region, General Hermann von Lossow, der kurz darauf auf Anordnung von Reichspräsident Friedrich

---

[27] Pacelli an Gasparri, 9. Dezember 1921; S.RR.SS., AA.EE.SS., Germania, 1921–1925, pos. 507, fasc. 16, zitiert in Fattorini, Germania (wie Anm. 12), S. 368–375.

[28] Marlies Steinert, Hitler, Paris 1991, S. 148.

Ebert abgesetzt werden sollte, zögerten, sich die Ansichten des Vorsitzenden des Kampfbunds zu eigen zu machen. Während einer Sitzung der Unterstützer von Kahrs im Münchener Bürgerbräukeller am Abend des 8. Novembers entschieden Hitler und seine Männer trotz allem aktiv zu werden. In einem Telegramm vom 9. November berichtete Pacelli folgendermaßen von dem Ereignis:

> In der vergangenen Nacht erklärte Hitler mit bewaffneten Banden die bayerische Regierung für gefallen, den Ministerpräsidenten und die anderen Minister für festgenommen und mit Ludendorff an der Spitze des Heeres eine neue deutschnationale Regierung proklamiert zu haben … Man glaubt, dass in Kürze die Ordnung wiederhergestellt werden kann, allerdings wahrscheinlich nicht ohne Blutvergießen.[29]

Am 10. November erachtete er die Situation als »noch ziemlich kritisch« und sah »schwerwiegende Unruhen« voraus, im Falle, dass das Heer des Reiches sich den Truppen Hitlers anschließen sollte, die kurz davor standen, in München einzumarschieren. Zwei Tage später sandte er eine weitere Kabelnachricht: »Hitler festgenommen. Ruhe scheint nun wiederhergestellt zu sein.« Obwohl Pacelli sonst so weitschweifig in seinen Berichten an den Vatikan war, ging der Nuntius nicht weiter auf der Ideologie der nationalsozialistischen Bewegung und auf die Persönlichkeit seiner Führer Hitler und Ludendorff ein, sondern beschränkte sich darauf, den »antikatholischen Charakter der Kundgebungen« deutlich hervorzuheben. Es ist interessant, dass er die gewalttätigen Verbalattacken – »Nieder mit dem Kardinal!« – gegen den Erzbischof von München, Kardinal von Faulhaber, mit einer Predigt desselbigen in Verbindung brachte, die dieser einige Tage nach dem Putsch im Dom gehalten hatte, um die »Verfolgung der Juden« zu missbilligen.

> Diese antikatholischen Gefühle zeigten sich überdies in den ungestümen Zusammenkünften der Studenten, die vorgestern in der Universität stattfanden und zu denen sich auch verbotene Elemente gesellten, die ihr (und sogar Bayern selbst) sonst fremd sind, sodass der Rektor schließlich gezwungen war, sie bis auf Weiteres zu schließen. Auch in dieser Hochschule, die in jüngster Zeit wiederholt Ziel der wohltätigen Fürsorge und Großzügigkeit des Heiligen Vaters zugunsten der Studenten gewesen ist, randalierte man gegen den Papst, den Ehrwürdigen Erzbischof, die katholische Kirche, den Klerus, die Jesuiten, die »weiße Internationale« und Herrn von Kahr, der, obwohl er Protestant ist, von einem der Redner zum Ehrenmitglied der Jesuiten ernannt wurde.[30]

Im Briefwechsel mit seinem Bruder bewertete er die nationalsozialistische Gefahr nicht anders. »Die Gesamtsituation in Deutschland ist im Allgemeinen nun äußerst schwierig und ziemlich beunruhigend, gerade wegen der Fortschritte, die die fanatisch antikatholischen nationalistischen Parteien machen.«[31] Im Mai 1924

---

[29] Pacelli an Gasparri, 9. November 1923; S.RR.SS., AA.EE.SS., Baviera, 1922–1925, pos. 151, fasc. 3, fol. 6r.

[30] Pacelli an Gasparri, 14. November 1923; S.RR.SS., AA.EE.SS., Baviera, 1922–1925, pos. 151, fasc. 3, fol. 9r–10r.

[31] Pacelli an seinen Bruder Francesco, 18. April 1924; Archivio privato Pacelli, zitiert in Tornielli, Pio XII (wie Anm. 10), S. 127.

nahm der Nuntius während des Prozesses gegen General Ludendorff in München anlässlich neuer Attacken der nationalistischen Presse gegen die Kirche und den Heiligen Stuhl dieses Thema wieder auf: »Das schmerzlichste ist, dass von dieser gefährlichen ultranationalistischen Strömung nicht wenige Katholiken verblendet und irregeführt werden, was auch in Bezug auf Deutschland bestätigt, dass der Nationalismus vielleicht die gefährlichste Häresie unserer Zeit ist.«[32]

Es ist schwierig zu bewerten, welche Bedeutung die Erinnerung an diese Episode bei den Entscheidungen Pius XII. während des Zweiten Weltkriegs haben sollte. Es sollte schließlich Faulhaber selbst sein, der, obwohl er so beherzt in der Verurteilung der antichristlichen Grundlagen des Nationalsozialismus war, den Heiligen Stuhl davon abbrachte, Stellung gegen die ersten antisemitischen Maßnahmen der Naziregierung im April 1933 zu nehmen: »Derzeit ist es nicht möglich, da der Kampf gegen die Juden zugleich ein Kampf gegen die Katholiken werden würde.«[33] Die Besorgnis des Kardinalstaatssekretärs Pacelli, die von vielen deutschen Bischöfen geteilt wurde, sollte die seines Vorgängers Kardinal Gasparri während der Jahre von Pacellis deutscher Nuntiatur erreichen. Und die Strategie zielte darauf ab, zu vermeiden, dass ein neuer Kulturkampf in Deutschland ausgelöst würde.[34]

---

[32] Pacelli an Gasparri, 1. Mai 1924; Archivio privato Pacelli, zitiert in Tornielli, Pio XII (wie Anm. 10), S. 127.

[33] Faulhaber an Pacelli, 10. April 1933; S.RR.SS., AA.EE.SS., Germania, 1933–1945, pos. 643, fasc. 159.

[34] Vgl. Wolf, Pius XII. (wie Anm. 2), S. 352.

DIE AUSEINANDERSETZUNGEN UM ROLF HOCHHUTHS »STELLVERTRETER«

Ein Historisierungsversuch

MARK EDWARD RUFF

Warum konnte sich innerhalb von nur fünf Jahren das historische Bild von Papst Pius XII. fast völlig umkehren?[1] Während im Jahr 1958 noch Lobesreden auf den gerade verstorbenen Pontifex zum Andenken an den so genannten »Papst des Friedens« gehalten wurden, wurde bereits im Jahr 1963 der »Papst, der schwieg«, der sich zum Massenmord an den Juden nicht öffentlich geäußert hatte, als »Verbrecher« verdammt. Wieso schlugen die Stimmen der Öffentlichkeit, oder präziser ausgedrückt, die Stimmen der Teilöffentlichkeiten in Bezug auf die Beurteilung von Papst Pius XII. so schnell um, dass die Schmach, zum Holocaust geschwiegen zu haben, ihm bis heute anhaftet und viele historische Darstellungen dominiert?[2]

Der Sturz dieser Ikone ist von der medialen Wirkung des einschneidenden Werkes eines bis dahin völlig unbekannten 32-jährigen deutschen Schriftstellers nicht zu trennen, das wie ein Blitz in die kulturelle Landschaft der Bundesrepublik einschlug. Oder, wie ein begeisterter Anhänger Hochhuths es damals auf einem Schild auf den Punkt brachte: Hochhuth kam vor dem Fall.

Am 20. Februar 1963 wurde unter der Leitung von *dem* Vertreter des politischen Theaters in der Weimarer Zeit schlechthin, Erwin Piscator, auf der Freien Volksbühne in Westberlin ein Aufsehen erregendes Theaterstück uraufgeführt. Die Premiere des *Stellvertreter*, den Rolf Hochhuth im Zeitraum von 1959 bis 1961 geschrieben hatte, entfachte eine Reihe von Auseinandersetzungen, die auch in den kommenden Jahren nicht abrissen und die zu den größten Medienskandalen in der Geschichte der Bundesrepublik zählen.[3] In mehreren Ländern wur-

---

[1] Dieser Beitrag stützt sich auf eine Reihe neu erschlossener Quellen. Besonders bedanken möchte ich mich bei Rolf Hochhuth, der mir die Einsicht in seinen persönlichen Nachlass im Schweizerischen Literaturarchiv in Bern erlaubte, und bei Karl-Heinz Piscator, der mir eine Sondergenehmigung zur Benutzung der gerade geordneten Bestände der Freien Volksbühne erteilte. Schließlich bin ich auch der Alexander-von-Humboldt-Stiftung zu größtem Dank verpflichtet, die mich während meines gesamten Aufenthalts von insgesamt 21 Monaten in Europa finanziell gefördert hat.

[2] Für einen Überblick über die enorme Historiographie vgl. Jose SANCHEZ, Pius XII and the Holocaust: Understanding the Controversy, Washington 2002; Joseph BOTTUM/David G. DALIN (Hg.), The Pius War: Responses to the Critics of Pius XII, Lanham 2004. Vgl. jetzt auch Muriel GUITTAT-NAUDIN, »Les silences de Pie XII«. Entre mémoire et oubli 1944–1958, in: Revue d'histoire ecclesiastique 106 (2011), H. 1, S. 215–239. Zu Hochhuth vgl. Norbert GÖTTLER/Heinz PUKNUS, Rolf Hochhuth – Störer im Schweigen. Der Provokateur und seine Aktionsliteratur, München 2011; ferner Ilse NAGELSCHMIDT/Sven NEUFERT/Gert UEDING (Hg.), Rolf Hochhuth. Theater als politische Anstalt. Tagungsband mit einer Personalbibliographie, Weimar 2010.

[3] Skandale in Deutschland nach 1945. Begleitbuch zur Ausstellung im Haus der Geschichte 2007/2008 und im Zeitgeschichtlichen Forum Leipzig der Stiftung Haus der Geschichte der Bundesrepublik Deutschland 2008, Bielefeld 2007. Vgl. auch Karl-Heinz WIEST, »Der Stellvertreter« – Ein Stück

den Stinkbomben zertreten, Protestbriefe geschrieben, Anwälte zu Rate gezogen und Demonstrationen organisiert. Hochhuth selbst erhielt innerhalb von sechs Monaten mehr als 4.000 persönliche Schreiben.[4] Zwei Bundestagsabgeordnete entwarfen die so genannte »Kleine Anfrage«, die den damaligen Bundesaußenminister Gerhard Schröder dazu veranlasste, sein Bedauern über die Angriffe gegen Pius XII. zum Ausdruck zu bringen.[5] Seine Erwiderung auf diesen jungen protestantischen Autor hatte er zuerst an die Katholische Nachrichtenagentur (KNA) gesandt, bevor er sie an die Abgeordneten verteilte.[6] Fast alle Teilnehmer dieser Kontroverse waren sich darüber im Klaren, dass es sich dabei um ein internationales mediales Ereignis handelte.

Im folgenden Beitrag geht es um die Medialisierung der so genannten »Pius-Kriege« im Jahr 1963 in der Bundesrepublik. Diese Pius-Kriege wurden als Public-Relations-Kämpfe und Imagekampagnen von konkurrierenden und verfeindeten Netzwerken und Gruppen ausgetragen: das katholische Netzwerk aus Berlin und Einzelkämpfer aus dem Rowohlt-Verlag lieferten sich ein Public-Relations-Gefecht, das seinesgleichen sucht.

Es war die Medialisierung dieser Kämpfe, so meine erste These, die es einem Unbekannten wie Hochhuth innerhalb kürzester Zeit erlaubten, international für Furore zu sorgen und seine kritischen Thesen in den Tageszeitungen, Radionachrichten und Fernsehsendungen über Jahre hinweg zu verbreiten. Zugleich – und so lautet meine zweite These – verhielten sich viele von Hochhuths Gegnern angesichts der großen strukturellen und mentalen Transformation im internationalen Medienbereich oft ungeschickt.

Als Kritiker wie Hochhuth die Kirche und den Papst des moralischen Versagens während des Dritten Reiches und des Holocausts bezichtigten, wandten sie eine ganze Reihe von defensiven Strategien an, um die Vorwürfe päpstlicher Kritiker durch Richtigstellungen in der Presse und Angriffe gegen ihre Kontrahenten zu kontern. Zu diesem Zweck mobilisierte das katholische Netzwerk aus Berlin die deutsche katholische Presse, und zwar die vielen Zeitschriften und Bistumszeitungen, die meist wöchentlich erschienen und eine regelmäßige Leserschaft von mehr

---

und seine Wirkung, in: Rottenburger Jahrbuch für Kirchengeschichte 2 (1983), S. 203–248; Thomas Brechenmacher, Der Dichter als Fallensteller: Hochhuths »Stellvertreter« und die Ohnmacht des Faktischen – Versuch über die Mechanismen einer Geschichtsdebatte, in: Michael Wolffsohn/Thomas Brechenmacher (Hg.), Geschichte als Falle. Deutschland und die jüdische Welt, Neuried bei München 2001, S. 217–257; Jan Berg, Hochhuths »Stellvertreter« und die »Stellvertreter«-Debatte. »Vergangenheitsbewältigung« in Theater und Presse der sechziger Jahre, Kronberg/Taunus 1977; Reinhold Grimm u. a. (Hg.), Der Streit um Hochhuths »Stellvertreter« (Theater unserer Zeit 5), Stuttgart 1963; Walter Hinck (Hg.), Rolf Hochhuth – Eingriff in die Zeitgeschichte. Essays zum Werk. Reinbek bei Hamburg 1981. Für die Wirkungsgeschichte in der Schweiz vgl. Nadine Ritzer, Alles nur Theater? Zur Rezeption von Rolf Hochhuths »Der Stellvertreter« in der Schweiz 1963/1964, Freiburg/Schweiz 2006.

4 Exemplarisch ist die Arbeit von Ritzer, Theater (wie Anm. 3).

5 Kleine Anfrage der Abgeordneten Majonica, Lemmer und Genosse, Bonn, 2. Mai 1963; Deutscher Bundestag, Parlamentsarchiv, Deutscher Bundestag 4. Wahlperiode, Drucksache IV/1216. Gerhard Schröder an den Herrn Präsidenten des Deutschen Bundestages, Betr.: Papst Pius XII., Bonn, 3. Mai 1964; ebd., Drucksache IV/1221.

6 »Bundesregierung bedauert Angriffe gegen Pius XII.: Bundesaußenminister Dr. Schröder beantwortete Anfrage mehrerer Abgeordneter der CDU/CSU«, 3. Mai 1963; ZAKNA, Rolf Hochhuth.

als einer Million hatten.[7] Außerdem verbreitete die Katholische Nachrichtenagentur im Jahr 1963 einschlägige Materialien an Rundfunk- und Fernsehanstalten, 50 ausländische Zeitungen und Zeitschriften, 92 deutsche Tageszeitungen und 415 deutsche Wochen- und Monatszeitungen mit einer Auflage von rund 20 Millionen Exemplaren.[8]

Die Debatte in der Presse entwickelte eine Eigendynamik, ging es doch beiden Seiten darum, den Informationsfluss an die Massenmedien zu kontrollieren. Demzufolge bemühten sich beide Seiten stets darum, den Wire Services Nachrichten anzubieten, die Dutzende von Lokalzeitungen aufgreifen konnten. Eine einzige Nachricht konnte, wenn sie erfolgreich platziert war, durch diese so genannte »rekursive Schließung« tagelang die mediale Berichterstattung dominieren.[9] Um das Interesse der Zeitungen, der Radiosender und der Fernsehprogramme zu wecken, mussten möglichst reißerische Meldungen mit einem topaktuellen Inhalt produziert werden. So wurden die Kontrahenten dazu gedrängt, entweder neue Ereignisse – am liebsten mit dem Element der Konfrontation – zu »entdecken« oder sie sogar zu schaffen, indem man prominente Persönlichkeiten überredete, Erklärungen in einem öffentlichen Forum abzugeben oder Pressekonferenzen abzuhalten. Auf Englisch heißt diese Technik »creating news«.

Diese Strategie spielte den Pius-Gegnern direkt in die Hände, weil das katholische Netzwerk aus Berlin unter gewissen strukturellen Nachteilen litt. Als etwa einigen Anführern der Kampagne gegen Hochhuth langsam klar wurde, dass ihre Gegner in diesen medialen Auseinandersetzungen bessere Karten hatte, zogen sie in Betracht, etwas härtere Maßnahmen zu ergreifen. Sie erwogen, rechtliche Schritte einzuleiten, was aber nicht ausschließlich darauf abzielte, ihre Gegner vor Gericht zu bringen. Aus der Kontroverse über das päpstliche Verhalten während des Zweiten Weltkrieges entstanden zudem neue Debatten über Meinungsfreiheit und Toleranz, die die Position der Pius-Verteidiger nicht gerade stärkten. Kurzum: Die eher defensive kirchliche Strategie lief in der ersten Hälfte der 60er Jahre einer neuen kritischen Öffentlichkeit zuwider, zu der sich auch viele Katholiken zählten. Diese neue kritische Öffentlichkeit testete die Grenzen aus, wie weit sie sich an öffentlichen Diskussionen und Debatten über heikle Themen beteiligen konnten.

In diesem Beitrag muss ich mich auf einige wenige Beispiele beschränken, die sich aus der Hochhuth-Kontroverse ergeben. Es ist mir in diesem Rahmen nicht möglich, den gesamten Verlauf der medialen Auseinandersetzungen zu rekonstruieren, die sich über Jahre hinweg, sogar bis 1966, hinzogen, als der *Stellvertreter* bereits mehr als dreißig neue Bühnen in zwölf Ländern erobert hatte.[10] Die hier

---

7 Referat von Dr. Josef Knecht, »Der deutsche Katholizismus in der gegenwärtigen publizistischen Situation«, Vollversammlung des Zentralkomitees der deutschen Katholiken, 5.–6. November 1964; ZAZdK, VV Sitzungen 1958–1966 (2), 2306 Schachtel 2, 1742.

8 KNA-Dokumentation, Leistungen der KNA: Übersicht über Art und Umfang der von der KNA verbreiteten Dienste, Berichtszeit: 1.1.–31.12.1963, Nr. 11, 20. Januar 1964; AKZG, Nachlass Walter Adolph, WA 24c.

9 Vgl. Klaus Grosse Kracht, Die zankende Zunft: Historische Kontroversen in Deutschland nach 1945, Göttingen 2005, S. 11–15; Niklas Luhmann, Die Realität der Massenmedien, Opladen [3]2004.

10 Rolf Hochhuth – »Der Stellvertreter« Premieren-Termine, Stand 1. Februar 1964; Archiv des Rowohlt-Theater-Verlags, Reinbek. Allein im Jahr 1963 wurde der »Stellvertreter« in Berlin, Stockholm, Basel, London, Odense, Helsinki, Paris und Bern inszeniert. Im ersten Drittel des Jahres 1964

angeführten Beispiele stammen fast ausschließlich aus der ersten Hälfte des Jahres 1963, als sich die Furore noch in ihrer Frühphase befand, und beziehen sich auf die Bundesrepublik Deutschland. Sie sind dennoch für die Gesamtdebatte repräsentativ. In Basel und in New York nahmen die Kontroversen Ende 1963 und auch 1964 einen ähnlichen Verlauf: die jeweiligen Zwischenfälle begannen bereits vor der ersten Aufführung und gaben den Takt für die kommenden Auseinandersetzungen vor.

Anfang der 60er Jahre war Rolf Hochhuth ein einfacher Lektor im Bertelsmann-Verlag und hatte sich gerade durch eine Wilhelm-Busch-Ausgabe hervorgetan. Hochhuth bot sein Erstlingswerk, den *Stellvertreter*, dem Verlag Rütten & Loening an, der damals zum Bertelsmann-Konzern gehörte, und schloss mit diesem auch einen Vertrag. Im Januar 1962 brach Reinhard Mohn, Chef des Konzerns, jedoch den Vertrag, als das Buch bereits im Druck war.[11] Mohn rechtfertigte diesen sehr ungewöhnlichen Schritt mit dem Verweis, 47 Prozent des Leserkreises bestünden aus Katholiken und der Lesering solle nicht durch eine solche Publikation gefährdet werden.[12] Völlig niedergeschlagen hatte der junge Lektor jedoch Glück im Unglück: Karl Ludwig Leonhardt, der im Bertelsmann-Lesering Mitglied der Geschäftsleitung war, sandte das Manuskript an Heinrich-Maria Ledig-Rowohlt, den Leiter des Rowohlt-Verlags. Leonhardt, ein enger Freund von Hochhuth, war wie dieser davon überzeugt, dass die jüngste Zeitgeschichte aufgearbeitet werden müsse.[13] Hochhuth zufolge habe Leonhardt ihn »dem Rowohlt-Verlag aufgezwungen ...«[14]

Für den Erfolg seines »Christlichen Trauerspiels« war die Zusage von Ledig-Rowohlt ausschlaggebend, auch wenn man bei Rowohlt wegen der breiten Anlage und des technischen Aufwands zunächst »keine Bühnenmöglichkeiten« sah.[15] Dieser gab das Werk an Erwin Piscator weiter, der mit ihm seit seiner Rückkehr 1951 aus den USA an mehreren Theaterproduktionen zusammengearbeitet hatte und kurz davor stand, die Leitung der Freien Volksbühne in Westberlin zu übernehmen.[16] Piscator war antiklerikaler Altkommunist, der noch Anfang der 60er Jahre in seinen Tagebüchern gegen »Pfaffen« aus aller Welt wetterte.[17]

Schon vor der Uraufführung verfolgte der Rowohlt-Verlag eine – im Nachhinein betrachtet – schlaue Marketing-Strategie, die Hochhuths Werk Geheimnis umwittert erscheinen ließ. Er verpflichtete seine Mitarbeiter zum Schweigen, um das Durchsickern von Informationen über das neue Schauspiel und zugleich katholische Angriffe zu verhindern. Denn der *Stellvertreter* enthielt nach den Worten Ledig-Rowohlts im Februar 1962 »politisch betrachtet, ungeheuren Explosivstoff und würde ohne Zweifel auch heftig angegriffen wer-

---

folgten Aufführungen in Wien, Frankfurt, Bochum, Essen, Athen, Aarhus, Hamburg, München, Bielefeld, Bremerhaven, New York, Düsseldorf, Flensburg, Gießen und Rotterdam.

11 Poliakov an Hochhuth, 9. Januar 1962; SLA, Nachlass Hochhuth, #5.

12 Gespräch mit Rolf Hochhuth, Berlin, 22. Juni 2007.

13 Telefonisches Gespräch mit Margaret Osthus, Gütersloh, 2007.

14 Hochhuth an Hans-Jürgen Ehlers, 29. Juli 2007; Privatbestand Margaret Osthus.

15 Ohne Name [aber sicherlich Ledig-Rowohlt], Rowohlt-Verlag, an Leonhardt, 26. Februar 1962; SLA, Nachlass Hochhuth, #396.

16 Ledig-Rowohlt an Piscator, 26. Februar 1962; AAdK, FVB, Schnellhefter, Vorkorrespondenz, Der Stellvertreter.

17 Piscator-Tagebücher; AAdK, Erwin Piscator Center.

den, ja vielleicht sogar einen Skandal hervorrufen«.[18] Den Anweisungen zufolge sollte die Buchausgabe ursprünglich erst am Tag der Premiere auf den Markt gebracht werden.[19] Hinter der Betonung der Gleichzeitigkeit der Bucherscheinung und der Uraufführung standen allerdings auch ganz normale Geschäftsinteressen. Wenn der Text ausgerechnet eines Unbekannten vor der Premiere auf den Markt gekommen wäre, hätte dies ebenfalls die Gesamtzahl der Umsätze negativ beeinflussen können.

Nichtsdestotrotz gelangte der Katholiken-Ausschuss des Bistums Berlin frühzeitig in den Besitz des Textes.[20] Unter den fünfundzwanzig Mitgliedern des Fachausschusses »Öffentliches Leben« befanden sich sowohl Monsignore Erich Klausener jun., Chefredakteur der Berliner Bistumszeitung sowie des *Petrusblattes* und Sohn des ermordeten Leiters der Katholischen Aktion, als auch Dr. Ernst-Alfred Jauch, Berliner Korrespondent der KNA. Sicherlich hatte die Mitglieder des Katholiken-Ausschusses die Verleihung der Förderprämie des Gerhart-Hauptmann-Preises Ende 1962 an Hochhuth auf das Konfliktpotenzial dieses Erstlingswerkes aufmerksam gemacht, zumal die Jury bei der Preisverleihung auf den »zornigen jungen Mann unserer dramatischen Literatur« ausdrücklich hingewiesen hatte.[21]

Die Aktivitäten der katholischen Publizisten und Journalisten trugen wesentlich dazu bei, den *Stellvertreter* schon vor der Premiere am 20. Februar 1963 zu einem Medienereignis werden zu lassen. Schon am 28. Januar begann die KNA, über das neue Theaterstück zu berichten.[22] Am 3. Februar, also fast drei Wochen vor der Uraufführung, veröffentlichte das *Petrusblatt* einen kurzen, aber heftigen Angriff auf den *Stellvertreter*.[23] Dieser Artikel war der KNA zuvor, vermutlich schon am 30. Januar, übermittelt worden. Diese leitete die Meldung an ihre Kunden weiter, was die Deutsche Presse-Agentur (DPA) am 31. Januar 1963 dazu veranlasste, Nachrichten über den Angriff des *Petrusblattes* an mehrere Regionalzeitungen zu verteilen – und dies alles lange vor der Druckfassung im Petrusblatt.[24] So sah Hochhuth sich gezwungen, eine schriftliche Erwiderung zu verfassen, die er der Deutschen Presse-Agentur übergab. Unter der Schlagzeile »Kontroverse mit dem Petrusblatt: Ein Autor nimmt Stellung« druckten viele Lokal- und Regionalzeitungen in ganz Deutschland den DPA-Artikel, der die Position Hochhuths

---

18 Ledig-Rowohlt an Piscator, 26. Februar 1962; AAdK, FVB, Schnellhefter, Vorkorrespondenz, Der Stellvertreter.

19 Piscator an Hochhuth, 3. August 1962; SLA, Nachlass Rolf Hochhuth, #269.

20 Katholiken-Ausschuss des Bistums Berlin, Fachausschuss »Öffentliches Leben«, 14. März 1963; DAB, V/12, Nachlass Erich Klausener jun., Korr. Klausener 62–64.

21 »Heiße Diskussion um den ›Stellvertreter‹: Scharfe Proteste gegen Drama um Vatikan und Judenverfolgung« in: Pinneberger Tageblatt, 28. Februar 1963. Umfangreichere Fassungen dieses Artikels, die sicherlich aus einem DPA-Bericht hervorgingen, aber unter anderen Titeln erschienen, wurden in den kommenden Tagen bei anderen Zeitungen veröffentlicht. Vgl. »›Der Stellvertreter‹ im Widerstreit der Meinungen: Papst-Stück ›weit weg von der Wirklichkeit‹ – Autor Hochhuth im Vatikan nicht bekannt«, in: Die Glocke, 28. Februar 1963; »›Der Stellvertreter‹ im Meinungsstreit: Schon vor der Uraufführung begann die Diskussion«, in: Tagesblatt Bersenbrück, Osnabrück, 28. Februar 1963; »Papststück im Widerstreit der Meinungen: Scharfe Kritik an Hochhuths ›Der Stellvertreter‹«, in: Oberbayerisches Volksblatt, 3. März 1963.

22 »Stellvertreter-Aufführung in Rom?«, Donnerstag, 28. Januar 1963; ZAKNA, Rolf Hochhuth.

23 Erich Klausener, »Auge auf Berlin: Papst bei Piscator«, in: Petrusblatt, 3. Februar 1963.

24 DPA, »›Petrusblatt‹ greift die Freie Volksbühne an: ›Unfaires Stück über Pius XII.‹«, in: Der Tagesspiegel, 31. Januar 1963; DPA, »›Petrusblatt‹ zur nächsten Piscator-Premiere«, in: Telegraf, 31. Januar 1963.

kurz zusammenfasste.[25] Andere Zeitungen kürzten den DPA-Inhalt und ließen ihn unter Titeln wie »Nicht Pius XII.: Hochhuth antwortet dem Petrusblatt« erscheinen.[26]

Die KNA heizte kaum eine Woche später die aufkommende Debatte weiter an, als sie am 12. Februar eine vernichtende Kritik am noch nicht erschienenen Werk herausbrachte, die nach Søren Kierkegaard »Nimm ein Brechmittel ... Du, der du dies liesest« betitelt wurde.[27] Das Zitat von Kierkegaard hatte die KNA zweifellos den Überschriften aus der Buchausgabe zum *Stellvertreter* entnommen. Etwa zur gleichen Zeit verfasste Ernst-Alfred Jauch einen Artikel, der dem äußeren Gewand nach eine Meldung zu sein schien, die durch die KNA an viele Orts- und Regionalzeitungen weitergeleitet wurde. Durch die geschickte Anwendung von Anführungsstrichen entpuppte sich diese Meldung jedoch relativ schnell als nichts weniger als ein scharfer Angriff gegen die Vorgehensweise und Arbeitsmethode des jungen Schriftstellers.[28] Piscator sah sich dazu gezwungen, die Sicherheitsmaßnahmen zu verschärfen: Er drohte allen Schauspielern und Mitarbeitern des Theaters am Kurfürstendamm noch am Tag der KNA-Stellungnahme eine Geldstrafe von 10.000 DM an, sollten Fahnen und Texte an dritte Personen weitergegeben werden.[29]

Das Ergebnis der katholischen Pressekampagne gegen Hochhuth war eindeutig. Die Schlagzeilen lassen ohne Zweifel darauf schließen, dass die aggressive Art und Weise der kirchlichen Berichterstattung zum integralen Bestandteil der öffentlichen Debatte wurde. Für die Tagespresse war diese Mischung von halbgelüfteten Geheimnissen und katholischen Intrigen unwiderstehlich.[30] Schon vor der Premiere erstattete die Tagespresse in ganz Deutschland Bericht über die kommende Theatersensation auf dem Kurfürstendamm.[31] Ein DPA-Bericht, der von Hunderten von Orts- und Regionalzeitungen verbreitet wurde, sprach vom »mit Spannung erwarteten Schauspiel«. Um das Interesse der Leser zu steigern, druckte die DPA neben dem Text das Foto einer Szene, das zeigte, wie der SS-Mann Kurt Gerstein vergeblich versuchte, Nuntius Cesare Orsenigo für eine Rettungsaktion für die Juden zu gewinnen.[32] Solche Artikel führten fast direkt dazu, dass nicht nur die wichtigsten nationalen Zeitungen, die ohnehin ihre Theaterkritiker zur

---

[25] DPA, »Kontroverse mit dem ›Petrusblatt‹: Ein Autor nimmt Stellung«, 3. Februar 1963; DPA, »Schauspiel-Autor antwortet dem Petrusblatt«, in: Der Tagesspiegel, 3. Februar 1963; DPA, »Die Antwort«, Abend, 2. Februar 1963.

[26] »Nicht Pius XII.: Hochhuth antwortet dem ›Petrusblatt‹«, in: Der Tag, Berlin, 3. Februar 1963.

[27] Katholiken-Ausschuss des Bistums Berlin, Fachausschuss »Öffentliches Leben«, 14. März 1963; DAB, V/12, Nachlass Erich Klausener jun., Korr. Klausener 62–64. KNA, Nr. 29: Ernst-Alfred JAUCH, »Nimm ein Brechmittel ... du, der du dies liesest«, Dienstag, 12. Februar 1963; ZAKNA, Rolf Hochhuth.

[28] Ernst-Alfred JAUCH, »Theater-Angriff auf Papst Pius XII.: Rolf Hochhuths Schauspiel ›Der Stellvertreter‹: Piscator bereitet Uraufführung vor«, in: Mühlheimer Tageblatt, 13. Februar 1963.

[29] Piscator an alle Schauspieler und Mitarbeiter des Theaters am Kurfürstendamm, 12. Februar 1963; AAdK, FVB, Schnellhefter, Vorkorrespondenz, Der Stellvertreter.

[30] Paul Moor, Berliner Stringer, filing through Bonn Bureau, 19. Februar 1963; AAdK, Erwin-Piscator-Center 182, F66.

[31] H. G. SELLENTHIN, »Querschüsse vor der Premiere: Piscator entfesselt Debatten«, in: Neue Rhein-Zeitung, 19. Februar 1963; Hans-Ulrich KERSTEN, »Piscator inszeniert dramatischen Zeitzünder: Die katholische Kirche und die Gasöfen von Auschwitz«, in: Lübecker Nachrichten, 20. Februar 1963.

[32] Photo und Text, ohne Titel, in: Tagesblatt Bersenbrück, Osnabrück, 20. Februar 1963.

Premiere nach Berlin entsandt hätten, sondern auch einige Regional- und Lokalzeitungen eigene Journalisten schickten, statt sich auf die Materialien der Wire Services zu verlassen.[33] Dadurch wurde der Einflussbereich der KNA eingegrenzt. Auf amerikanisch heißt das etwas salopp und pejorativ: »they lost the chance to get the ultimate spin«.

Es mag angesichts dessen verwundern, dass die meisten Berichte vom Kurfürstendamm sich darüber einig waren, dass die sehnsüchtig erwartete Uraufführung in Berlin keinen neuen Sturm entfachte. Abgesehen von vereinzelten Buh-Rufen während des päpstlichen Auftritts blieben die Proteste aus.[34] Aber beide Seiten waren erpicht darauf, den Konflikt weiter zu schüren, was bedeutete, um die Gunst der Medien und die Übernahme der jeweiligen Positionen kämpfen zu müssen.

Eine solche Nutzung medialer Strukturen lässt sich an einem Beispiel aus den ersten Tagen der Kontroverse um Hochhuths Werk festmachen. Am 21. Februar, also einen Tag nach der Premiere, verbreitete die KNA in Rom und Berlin die Meldung, dass Hochhuth laut des Päpstlichen Staatssekretariats den zuständigen Stellen im Vatikan »völlig unbekannt« gewesen sei.[35] In einer Erwiderung auf die KNA-Meldung übergab der Rowohlt-Verlag, und hier vermutlich Fritz Raddatz, der Deutschen Presse-Agentur eine Erklärung, Hochhuth habe nie behauptet, sich

---

33 »Papst Pius an den Pranger gestellt: Rolf Hochhuths Stück ›Der Stellvertreter‹ in Piscators Fassung, von unserem zur Uraufführung nach Berlin entsandten Redakteur«, in: Kölnische Rundschau, 22. Februar 1963; ts, »Publikum war tief erschüttert«, in: Westfälische Zeitung, Gütersloh, 23. Februar 1963; Hans Fabian, »Großes Zeitstück«, in: Berliner Stimme, 23. Februar 1963; Dora Fehling, »Die entsetzlichen Umwege des Herrn«, in: Telegraf, Berlin, 22. Februar 1963; Werner Fiedler, »Fragwürdig in der Zielrichtung«, in: Der Tag, Berlin, 22. Februar 1963; Michael Grant, »Leichtfertigkeit oder bewußte Provokation?«, in: Deutsche Tagespost, Würzburg, 1. März 1963; Georg Groos, »Piscator handhabte den Rotstift«, in: Düsseldorfer Nachrichten, 22. Februar 1963; Dieter Hildebrandt, »Bruchstücke eines großen Zorns: Erwin Piscator inszeniert ›Der Stellvertreter‹ von Hochhuth«, in: Frankfurter Allgemeine Zeitung, 22. Februar 1963; Johannes Jacobi, »Zwei junge deutsche Dramatiker in Berlin«, in: Die Zeit, 1. März 1963; Herbert Ihering, »Zeittheater und Werkregie«, in: Die andere Zeitung, 28. Februar 1963; Hellmuth Karasek, »Hintertreppe zum Vatikan«, in: Deutsche Zeitung, 23. Februar 1963; Walther Karsch, »Jüngste Geschichte auf der Bühne«, in: Der Tagesspiegel, Berlin, 22. Februar 1963; Heinz Ritter, »Der Wille zur Wahrheit: Erregender Abend im Theater am Kurfürstendamm«, in: Der Abend, Berlin, 21. Februar 1963; Walter Kaul, »Eifernde Reportage mit Tendenz«, in: Der Kurier, Berlin, 21. Februar 1963; Friedrich Luft, »Der Christ in der Hölle der Barbarei«, in: Die Welt, Essen, 22. Februar 1963; Karena Niehoff, »Eine Christliche Tragödie steht zur Debatte«, in: Süddeutsche Zeitung, 27. Februar 1963; Wolfgang Paul, »Der Papst und der Pater: Uraufführung ›Der Stellvertreter‹«, in: Echo der Zeit, 3. März 1963.

34 Kersten, »Zahmer Piscator gab nur ein Fragment«, in: Kölner Stadt-Anzeiger, 22. Februar 1963; Helmut Kotschenreuther, »›Aber der Papst schwieg...‹: Beifall und Buh-Rufe für Rolf Hochhuths ›Der Stellvertreter‹ in Berlin«, in: Neue Rheinzeitung an Rhein und Ruhr, 22. Februar 1963; »Papst Pius an den Pranger gestellt: Rolf Hochhuths Stück ›Der Stellvertreter‹ in Piscators Fassung, von unserem zur Uraufführung nach Berlin entsandten Redakteur«, in: Kölnische Rundschau, 22. Februar 1963; »Der Christ in der Hölle der Barbarei«, in: Die Welt, Berlin, 22. Februar 1963; »›Stellvertreter‹-Uraufführung ohne Zwischenfälle«, in: Hamburger Abendblatt, 21. Februar 1963; »›Christliches Trauerspiel‹ ohne Skandal: Achtungsbeifall für Hochhuths ›Stellvertreter‹ in der Berliner Volksbühne«, in: Fränkische Landeszeitung, 21. Februar 1963; »Beifall und Buhrufe für Nachwuchsautor Hochhuth: Theaterskandal blieb aus«, in: Offenbach-Post, 22. Februar 1963; »Publikum klatschte Pfiffe nieder: heftige Anteilnahme an der Problematik von Hochhuths Schauspiel ›Der Stellvertreter‹«, in: Westdeutsches Tageblatt, 23. Februar 1963; P. A.O., »Erfolgreiche Premiere am Kurfürstendamm: Aufführung ohne falsches Pathos!«, in: Bild-Zeitung, 22. Februar 1963.

35 »Vatikan: Hochhuth nicht bekannt (KNA – 62/II/FS-voraus)«, 21. Februar 1963; KNA-Archiv.

im Archiv des Vatikans aufgehalten zu haben. Hochhuth selbst ging einen Schritt weiter und informierte die DPA, die KNA begehe Rufmord und der *Stellvertreter* sei im Gegensatz zu den Vorwürfen in der katholischen Presse »ein prononciert katholisches Stück«.[36] Die DPA-Berichte wurden an viele Tageszeitungen verteilt, und ein anderer Wire Service, United Press International (UPI), erstattete Bericht über diese Ereignisse, freilich ohne den Namen ihres Konkurrenten zu erwähnen.[37] Andere Zeitungen griffen diese neue Kontroverse auf und konzentrierten sich auf die medialen Aspekte in ihrer Reportage mit Schlagzeilen wie »Hochhuth weist ›Rufmord‹ zurück: Kontroverse zwischen Katholischer Nachrichtenagentur und dem Autor des ›Stellvertreter‹« in der *Berliner Abendzeitung*.[38] Einige Tage später konnte die UPI über die Bildung einer katholischen »Front« gegen das Schauspiel berichten, hinter der der Berliner Katholiken-Ausschuss stand.[39]

Eine nicht zu unterschätzende Rolle bei diesen medialen Auseinandersetzungen spielte der Berliner Prälat und Generalvikar Walter Adolph. Adolph war Journalist, der die kämpferischen publizistischen Techniken seines Mentors, Carl Sonnenschein, verinnerlicht hatte. Im Dritten Reich war er seines Amtes in der katholisch-kirchlichen Presse in der Reichspressekammer enthoben und durch einen SS-Führer abgelöst worden.[40] In den folgenden drei Jahren hatte Adolph dem neuen Bischof von Berlin, Konrad Graf von Preysing, zugearbeitet, was das Schreiben vieler Eingaben und Proteste anbelangte. Frustriert von der schwachen Haltung des Vorsitzenden der Fuldaer Bischofskonferenz, Adolf Kardinal Bertram, kam Adolph schon in den 30er Jahren zu dem Schluss, dass die beste Verteidigungsstrategie der Angriff war – eine Folgerung, die die Auseinandersetzung mit Kirchenkritikern wie Hochhuth maßgeblich prägte. In der Nachkriegzeit publizierte er beim Verlag seines Bistums, dem Morus-Verlag, eine Reihe Bücher und Artikel über die katholischen Opfer des Nationalsozialismus aus dem Bistum Berlin, zu denen ebenfalls Bernhard Lichtenberg zählte.[41]

Dass Hochhuth den *Stellvertreter* dem polnischen Priester Maximilian Kolbe und ausgerechnet Bernhard Lichtenberg gewidmet hatte, war für Adolph eine persönliche Provokation, der unter allen Unständen entgegengetreten werden musste. Außerdem kamen durch das Werk eines jungen Protestanten, das ausgerechnet in Berlin uraufgeführt wurde, alte Vorurteile gegen die katholische Kirche erneut zum Vorschein. Adolph wies in seiner Erwiderung auf Hochhuth darauf hin, dass Hochhuths Vorwürfe kommunistischen Beschuldigungen ähnelten, die in der DDR und in der Sowjetunion schon in den 40er und 50er Jahren erhoben worden

---

36 »Rowohlt verteidigt Hochhuth«, in: [Zeitungsausschnitt, Name der Zeitung unlesbar], 24. Februar 1963; Rowohlt-Theaterverlag, Archiv, Pressesammlung: Der Stellvertreter.

37 UPI, »Weiter heftiger Streit um ›Stellvertreter‹«, in: Rundschau am Sonntag, 24. Februar 1963.

38 »Hochhuth weist ›Rufmord‹ zurück: Kontroverse zwischen Katholischer Nachrichtenagentur und dem Autor des ›Stellvertreter‹«, in: Berliner Abendzeitung, 25. Februar 1963. Vgl. auch »›Stellvertreter‹-Autor spricht von Rufmord: Kontroverse um die neue Berliner Piscator-Inszenierung spitzt sich immer mehr zu«, in: Freie Presse, Bielefeld, und Osnabrücker Tageszeitung, 25. Februar 1963.

39 UPI, »Front gegen ›Stellvertreter‹«, in: Landsberger Tagesblatt, 28. Februar 1963.

40 Walter Adolph, Geheime Aufzeichnungen aus dem nationalsozialistischen Kirchenkampf 1935–1943, bearbeitet von Ulrich von Hehl (Veröffentlichungen der Kommission für Zeitgeschichte A 28), Mainz 1979.

41 Walter Adolph, Erich Klausener, Berlin 1955; Walter Adolph, Im Schatten des Galgens, Berlin 1953; Heinz R. Kühn, Blutzeugen des Bistums Berlin, Berlin 1950.

waren. Dass Liberale, Sozialisten, Kommunisten und viele Protestanten in ihrer Verurteilung des verstorbenen Pontifex gemeinsame Sache machten, beschwor aus der Sicht vieler Katholiken den Geist der weltanschaulichen Auseinandersetzungen der vorausgegangen hundert Jahre und vor allem den Geist des Kulturkampfes herauf. Während einige prominente Katholiken zur Vorsicht rieten, reagierte Adolph impulsiv und leitete zumindest im Jahr 1963 einen Angriff nach dem anderen.

Da ich nur begrenzten Zugang zu den einschlägigen Korrespondenzen im Archiv des Rowohlt-Verlags hatte, kann in diesem Rahmen über die Ziele des im Rowohlt-Verlag verankerten Netzwerks nur spekuliert werden. Je länger und härter die medialen Auseinandersetzungen abliefen, umso höher wurden die Umsätze für die Buchausgabe des *Stellvertreters*, der zum ersten Platz auf der *Spiegel*-Bestseller-Liste avancierte. Ein bekanntes Sprichwort besagt, »no publicity is bad publicity«. Aber es muss ebenfalls im Auge behalten werden, dass Verleger wie Rowohlt in den frühen 60er Jahren nicht nur an hohen Umsätzen interessiert waren, sondern auch von einem verstärkten politischen Engagement getrieben wurden. In den Monaten vor der Premiere rechnete keiner im Rowohlt-Verlag, geschweige denn Hochhuth, mit einem Erfolg, was für diese Hypothese vielleicht den Beweis liefert.

Die Rowohlt-Leute hatten jedoch einige strukturelle Vorteile, die es ihnen besser als ihren Gegnern erlaubten, sich in Szene zu setzen und dadurch in die Schlagzeilen zu geraten. Der *Stellvertreter* wurde nicht als Neuerscheinung, sondern als Theaterstück zum Medienereignis: Es liegt auf der Hand, dass eine Theaterpremiere Schlagzeilen macht, über die sich Millionen Zeitungsleser empören oder freuen können, was durch eine Buchneuerscheinung nicht unbedingt erreicht werden kann. Eine Theaterproduktion sorgt für eine Ästhetisierung von Vorstellungen, die sich in den Köpfen der Zuschauer festsetzen können. Beispielhaft dafür wäre die berühmte Händewaschszene am Höhepunkt des vierten Aktes, in der Pius XII. sich wie Pilatus die Hände in Unschuld wäscht.

Zudem war Hochhuth jung, gut aussehend und vor allem sehr fotogen. Seine widersprüchlichen Seiten machten ihn zum interessanten Gesprächsthema, zumal die Mediengesellschaft in der zweiten Hälfte der 50er Jahre eine starke Visualisierung erlebte. Hochhuth erschien in der Öffentlichkeit abwechselnd verschämt, zurückhaltend und kämpferisch. Ein sehr bekanntes Foto, das in einem sonst eher kritischen Artikel im *Spiegel* abgedruckt wurde, zeigt einen gut gekleideten jungen Mann, der in einem Anzug mit dem Fahrrad zu seinem Arbeitsplatz fährt.[42] Diese Aufsehen erregende Mischung von bürgerlicher Konvention und eigenwilligem Nonkonformismus wirkte auf die Presse spannend. So konnte sich Hochhuth einen Celebrity-Status erwerben zu einer Zeit, als die großen florierenden Illustrierten regelmäßig Profile von Berühmtheiten erstellten. Im März 1963 war dieser Theaterneuling Subjekt einer schmeichelhaften fünfseitigen Photomontage im *Life Magazine*.[43] Andere »soft feature stories«, wie man in den USA sagen würde, zeigten das Familienleben des jungen Bühnenautors, so etwa ein Artikel, der »Schokolade für den Dichter«, betitelt wurde und mit den Worten »Wie stellen

42 Der Spiegel, Heft 17, 1963, S. 78–94. Ein ähnliches Bild erschien in der Bild-Zeitung: Felix Schmidt, »Wieder zielt Hochhuth auf ein Tabu«, in: Bild-Zeitung am Sonntag, 14. April 1963.

43 »Drama that Rocks Germany«, in: Life Magazine, 11. März 1963, S. 10–15.

Sie sich einen modernen deutschen Dichter vor? Mit Bart? Mit Pfeife?« begann.[44] Gedruckte Fotos zeigten seine schöne blonde Ehefrau zusammen mit ihrem zweijährigen Sohn Martin.[45] Im starken Gegensatz dazu schnitten seine meist älteren und weniger fotogenen Gegner, die das Rampenlicht scheuten, am liebsten hinter den Kulissen operierten und dadurch einen Eindruck von Hinterhältigkeit hinterließen, in der Öffentlichkeit eher schlecht ab. Die mediale Berichterstattung vermittelte ohne Zweifel den Eindruck eines Generationenwandels.

Darüber hinaus kannte Piscator aufgrund seiner vielen Auslandsaufenthalte und Stellen als Regisseur in New York Journalisten aus aller Welt. Fast einen Monat vor der Premiere kontaktierte Piscator Journalisten unter anderem bei *The New York Times*, *Le Monde* und *The Times*, um sie zur Weltpremiere in Berlin einzuladen.[46] Seinem linksliberalen Ruf entsprechend verfügte der Rowohlt-Verlag über Kontakte zu »weltoffenen« Intellektuellen aus aller Welt, deren öffentliche Äußerungen zur neuen Theatersensation nicht nur in Deutschland, sondern auch im Ausland ein großes Echo fanden. Die Liste von prominenten Intellektuellen und Klerikern, die den Verlag kontaktierten oder vom Verlag kontaktiert wurden, um sich zum Werk positiv zu äußern, liest sich wie ein »Who's who«: Heinrich Grüber, Hannah Arendt, Georg Lukacs, Albert Schweitzer, Friedrich Herr, Martin Walser.[47]

Zwar konnte Walter Adolph durch die KNA theoretisch Meldungen in alle Welt schicken, doch hatte er mit einigen strukturellen Schwächen zu kämpfen. Die katholische Tagespresse in Deutschland hatte sich von der Verfolgung der nationalsozialistischen Zeit nie richtig erholt. Gewiss erreichten die Bistumsblätter in den frühen 60er Jahren ihre höchste Auflage, aber diese erschienen nur wöchentlich, und somit nicht oft genug, um den Verlauf der täglichen medialen Kämpfe regelmäßig beeinflussen zu können. Häufig mangelte es an modernen Formen in Schrift und Ausstattung. Einem Bericht zufolge verfügten sie zudem über »einen ungewöhnlich konservativen Leserkreis«.[48] Außerdem war die Koordination zwischen ihnen und der KNA, die täglich Berichte erstattete, nicht immer perfekt. In Berlin herrschte sogar eine Art Konkurrenz zwischen der KNA und dem *Petrusblatt*, wobei Erich Klausener, der Schriftleiter des *Petrusblattes*, im April 1963, also mitten im Höhepunkt der Auseinandersetzungen mit Hochhuth, den Chefredakteur der KNA, Konrad Kraemer informierte, er würde der KNA in Zukunft keine Leitartikel mehr vor Erscheinen des Berliner Bistumsblattes zur

---

44 Eve Stolze, »Schokolade für den Dichter«, in: [Zeitung unbekannt], 25. Februar 1963; Rowohlt-Theatherverlag, Archiv.

45 Marianne Koch, »Rolf Hochhuth freut sich auf den Alltag«, in: Bild-Zeitung, 28. Februar 1963; Marianne Koch »Wirbel wider Willen«, in: Bild-Zeitung am Sonntag, 3. März 1963; »Wer ist das eigentlich, dieser Rolf Hochhuth? Der Mann, der ›Deutschland erschütterte‹ – die ›Werra-Rundschau‹ sprach mit seinen Eltern«, in: Werra-Rundschau, 7. März 1963.

46 Piscator an Howard Taubmann, New York Times, 22. Januar 1963; AAdK, FVB, Schnellhefter, Vorkorrespondenz, Der Stellvertreter.

47 »Schweitzer über Hochhuths Drama«, in: Frankfurter Allgemeine Zeitung, 25. September 1963. Lukacs an Hochhuth, 9. August 1963; SLA, Nachlass Rolf Hochhuth, #271. Fritz J. Raddatz (Hg.), Summa Iniuria oder Durfte der Papst Schweigen?, Reinbek 1963.

48 Referat von Dr. Josef Knecht, »Der deutsche Katholizismus in der gegenwärtigen publizistischen Situation«, Vollversammlung des Zentralkomitees der deutschen Katholiken, 5.–6. November 1964; ZAZdK, VV Sitzungen 1958–1966 (2), 2306 Schachtel 2, 1742.

Verfügung stellen.[49] Darüber hinaus fehlte es Adolph vor allem an zuverlässigen Kontakten in der säkularen Presse, die für diese Auseinandersetzungen in der Öffentlichkeit und den Erfolg seiner Kampagne wichtiger waren als weltanschauliche Mitkämpfer in der katholischen Presse.

Adolph und seinem Netzwerk blieb nichts anderes übrig, als die Übertragungsmöglichkeiten ihrer Gegner im Fernsehen und im Rundfunk einzuschränken und durch ihre Sitze in den Rundfunk- und Fernsehräten politischen Druck auf die öffentlichen Mediensender auszuüben.[50] Der Nuntius wandte sich an das Katholische Büro mit der Bitte, alles Mögliche zu tun, um Übertragungen des *Stellvertreters* im Rundfunk und Fernsehen zu verhindern. »Ich muss sagen«, so die Worte eines Mitarbeiters, »ich habe persönlich den Nuntius noch nie so engagiert gesehen wie in dieser Frage.«[51] Diesem Druck wollte der protestantische Intendant des Westdeutschen Rundfunks (WDR), Klaus von Bismarck, nicht standhalten, als er sich im April 1963 entschied, im WDR weder den Text noch die Aufführung des *Stellvertreters* zu bringen: »Meine persönlichen Erwägungen sind von der Erfahrung mitbestimmt, dass mir bereits mehrere katholische Christen begegnet sind, die in ihrer persönlichen Glaubenshaltung durch Text und Inhalt der ›Stellvertreter‹-Aufführung zutiefst erschüttert und in Zweifel gestoßen wurden.«[52] Joseph Kardinal Frings, der sich in diese Angelegenheit schon eingeschaltet hatte, zeigte sich einer Aktennotiz von Walter Dirks, Leiter des Kulturressorts des WDR, zufolge als »sehr befriedigt.«[53]

Aber mindestens zwei andere Intendanten, beim Hessischen Rundfunk und beim Sender Freies Berlin, fügten sich dem zunehmenden öffentlichen Interesse an der Debatte und fingen an, die kirchlichen Wünsche zu missachten und Sendungen über den *Stellvertreter* doch noch auszustrahlen.[54] Darüber hinaus hatte von Anfang an RIAS (Radio in the American Sector) über das »Theater« auf dem Kurfürstendamm berichtet. Zu Beginn seiner Sendung am 3. März verkündete der Theaterkritiker Friedrich Luft: »Guten Tag, liebe Hörer, ich konnte Ihnen vor einer Woche von einem dramatisch explosiven, diskussionsgeladenen, auf seine Art hochbegabten neuen, deutschen Drama berichten, von Rolf Hochhuths ›Stellvertreter‹, das bisher nicht aufgehört hat, leidenschaftlich in Pro und Contra weiterzuwirken.«[55]

---

49 Klausener an Kraemer, 25. April 1963; DAB, V/12, Nachlass Erich Klausener jun., Korr. Klausener, 62–64.

50 Heinz Glässgen, Katholische Kirche und Rundfunk in der Bundesrepublik Deutschland 1945–1962, Berlin 1983. Vgl. auch Nicolai Hannig, Religion gehört. Der Kirchenfunk des NWDR und WDR in den 1950er und 60er Jahren, in: Geschichte im Westen 22 (2007), S. 113–137.

51 Prälat [kein Name] an Dr. Franz Hermann, 15. März 1963; AEK, Katholisches Büro, ZUG 862 #126.

52 Klaus von Bismarck an Dr. Brühl, Dr. Lange, Dr. Zons, Dirks, Wiegenstein, Waltermann, Dr. Oxenius, 9. April 1963; HAWDR, #13006.

53 Aktennotiz zur Frage »Der Stellvertreter«, gez. Walter Dirks, 11. April 1963; HAWDR, #02188.

54 Dr. Zons an Klaus von Bismarck, Betr.: Hochhuth »Der Stellvertreter«, 20. März 1963; HAWDR, #13006. Zur Diskussion um Rolf Hochhuths »Stellvertreter« Hessischer Rundfunk, Frankfurt a. M., Manuskript: Hans Kühner, 7. April 1963; Rowohlt-Theaterverlag, Archiv.

55 Rolf Hochhuth, »Der Stellvertreter«; Rowohlt-Theaterverlag, Archiv, Pressesammlung: Der Stellvertreter; RIAS Berlin, Kulturelles Wort, Unkorrigiertes Manuskript, Kopie, 3. März 1963, Sendung 11.45–12.00 Uhr; Rowohlt-Theaterverlag, Archiv.

Selbst der WDR sollte in den kommenden Jahren das Thema aufgreifen und ausgerechnet Hochhuth zu einem unfangreichen Interview einladen.[56]

Um Hochhuth keine weitere Aufmerksamkeit zu schenken, entschieden sich viele kirchliche Prominente, an Sendungen, die einer Paneldiskussion ähnelten, nicht teilzunehmen.[57] Am 18. März besuchte Adolph den Intendanten des Senders Freies Berlin und erklärte ihm, dass eine geplante Sendung »Hochhuth – der Stellvertreter« nicht vertretbar sei, weil »die Bewohner Mitteldeutschlands von einem westlichen Sender ihre eigenen Propagandathesen empfangen können«.[58] Durch solche Schritte jedoch überließen sie ihren Gegnern das Feld und ließen deren Meinung unangefochten stehen. So standen sie vor einem Dilemma, das Sozialpsychologen sehr bekannt ist: Diejenigen, die Anschuldigungen öffentlich erheben, verschaffen sich fast immer eine größere mediale Wirkung. Auch wenn die Gegner es schaffen, ihre Unschuld zu erweisen, bleibt trotzdem immer ein Nachgeschmack des Vorwurfs an ihnen haften, weil die Verteidigung die öffentliche Aufmerksamkeit auf den Vorwurf lenkt und diesen dadurch in den Köpfen der Zeitgenossen verfestigt. Aber wenn die Gegner die Anschuldigungen eben nicht zurückweisen, hinterlässt es den Anschein, dass diese nicht von der Hand zu weisen sind.[59]

Zur gleichen Zeit stellten die Kreise um Walter Adolph Erwägungen über rechtliche Schritte an. Zur Bestürzung vieler Katholiken bewirkten solche Überlegungen jedoch das genaue Gegenteil von dem, was sie eigentlich erreichen wollten. In Berlin zog man in Erwägung, eine Anzeige gegen Hochhuth, Piscator und Ledig-Rowohlt wegen Verunglimpfung des Andenkens des verstorbenen Bernhard Lichtenbergs zu erstatten.[60] In Bonn beauftragte das Katholische Büro den Anwalt Karl Panzer zu prüfen, ob eine Klage der Schwester von Papst Pius XII. wegen Verunglimpfung »Aussicht auf Erfolg« versprach.[61] Diese Bemühungen sollten streng geheim bleiben, aber Panzer protzte geradezu damit in einem Moment des Übermuts vor einem Publikum junger katholischer Journalisten.[62] Ein junger Journalist ließ die preisgegebenen Details an die Tagespresse durchsickern und entfachte

---

[56] Kreuzfeuer mit Herrn Hochhuth, 15. Juni 1965; HAWDR, #05790.

[57] Vgl. Walter Kampe an Werner Heß (Hessischer Rundfunk), 20. Mai 1963, sowie Werner Heß an Walter Kampe, 10. Juni 1963; DAL, D, Publizistik, II, Rundfunk, 1963–1964. Ferner Katholiken-Ausschuss München, »Des Fischers vergeblicher Fischzug oder: Die Macht des Schweigens«, o. D. [April 1964]; AEM, Dokumentation Pressestelle, 1957a, »Der Stellvertreter« I, 1963: Der Autor schrieb: »Münchens Katholiken jedenfalls dürfen sich rühmen, daß durch ihr beharrliches Schweigen und durch ihre Disziplin Hochhuths antikirchliches Trauerspiel zum erstenmal in seiner rummelreichen Geschichte in Europa unter den Krokodilstränen der Beteiligten ohne Glanz und Gloria durchfiel.«

[58] Protokoll Diöz. Ref. Tagung, 19. März 1963, Aktennotiz, Anlage 6; AKZG, Nachlass Walter Adolph, WA 25C3.

[59] Cass Sunstein, On Rumors: How they Spread and What We Can Do About them, New York 2009; Brendan Nuhan/Jason Reifler, »When Corrections Fail: The Persistence of Political Misperceptions«, in: Political Behavior 32 (2010), H. 2, S. 303–330; Robert Y. Shapiro/Zaeli Bloch-Elkon, »Do the Facts Speak for Themselves? Partisan Disagreement as a Challenge to Democratic Competence«, in: Critical Review 20 (2008), H. 1–2, S. 115–139.

[60] Vermerk: Möglichkeiten für ein gerichtliches Vorgehen gegen Hochhuth, Rowohlt-Verlag und das Theater am Kurfürstendamm wegen der Nennung des Namens von Dompropst Lichtenberg, Berlin, 11. März 1963; DAB, V/1–3.

[61] Panzer an Wilhelm Wissing, 29. März 1963, und Aktenvermerk Betr. »Der Stellvertreter« von Hochhuth, 5. April 1963; AEK, Katholisches Büro, ZUG 862, #126.

[62] Aktenvermerk, Dr. Erning, Betr.: Dr. Panzer; AEK, Katholisches Büro, ZUG 862, #126.

einen weiteren Medienskandal, obwohl Panzer ausgerechnet zu dem Schluss gekommen war, dass von gerichtlichen Maßnahmen abzusehen war.[63]

Durch derart ungeschickte Taktiken katholischer Prominenter wurde die Debatte über das Schweigen des Papstes vor dem Holocaust in eine gesellschaftliche Diskussion über die Öffentlichkeit verwandelt. Im Rahmen des gesellschaftlichen Umbruchs der 60er Jahre entwickelten sich die Debatten über den *Stellvertreter* zu einem Musterfall für die Grenzen der gesellschaftlichen Toleranz in Bezug auf die Austragung kontroverser Meinungsverschiedenheiten in der Öffentlichkeit. Wie viel Toleranz für unterschiedliche Meinungen konnte eine Gesellschaft dulden? In einer KNA-Erklärung behauptete Konrad Kraemer, Freiheit ohne Wahrheit sei der Nährboden der Anarchie.[64] Ein Musterbeispiel ist die öffentliche Kontroverse über die Frage, ob 3.000 Westberliner Schulkindern Eintrittskarten zum Theaterstück verweigert werden sollten oder nicht.[65] Das Berliner Ordinariat protestierte gegen eine Entscheidung des Gutachterausschusses, das Schauspiel für 17- bis 18-jährige Schüler und Schülerinnen freizugeben. Der Ausschuss – so eine öffentliche Erklärung des Bischöflichen Ordinariats Berlin – verfüge weder über »das kirchengeschichtliche Wissen« noch über »die moralische Urteilsfähigkeit« zur deutschen Geschichte 1939 bis 1945, um zu einer solchen Entscheidung zu kommen.[66]

Meines Erachtens erhoben die Kritiker der Nachkriegsgesellschaft ihre Stimmen und bezogen Stellung zum *Stellvertreter* vor allem deshalb, um ihr Recht auf Meinungsfreiheit geltend zu machen. Es ging ihnen weniger um ein genuin wissenschaftliches Interesse an Pius XII., sondern um eine öffentliche Kundgebung ihrer Aufgeschlossenheit für neue Ideen, die sich aus ihrer Sicht von der Verschlossenheit der katholischen Kirche und der CDU demonstrativ abhob. Aufgrund seines Engagements für die deutsche Nation in der Nachkriegszeit wurde Pius XII. von seinen Verteidigern als »der deutsche Papst« verehrt und zum Symbol der Verflechtung zwischen der Bundesrepublik und dem christlichen Abendland erhoben. Ausgerechnet der *Spiegel* pries unmittelbar nach Eugenio Pacellis Tod im Jahre 1958 dessen Einsatz für Deutschland mit folgendem Fazit: »Pius XII. hat mit seinem Leben nicht nur seiner Kirche, er hat auch unserem Volke, er hat auch der Menschheit gehört und das soll ihm unvergessen bleiben.«[67] Die Hoffnung vieler Deutscher, durch eine Beteiligung an einer kontroversen demokratischen Diskussion neue Vitalität in eine aus ihrer Sicht muffige Landschaft des Schweigens zu bringen, dient als eine Teilerklärung für die große, ja sogar phänomenale Anzahl der Teilnehmer an den öffentlichen Debatten im Radio, Fernsehen oder

---

63 Zeitungsausschnitt »Gezielte Aktion gegen Hochhuth? Indiskretion nährt Gerüchte über geplanten Boykott des ›Stellvertreters‹«, in: Frankfurter Rundschau, 9. Mai 1963; ACDP, Nachlass Gerhard Schröder, I 483 – 287 – 2, Korr. Heinrich von Brentano.

64 KNA, Nr. 38, Montag, 25. Februar 1963, »Freiheit ohne Wahrheit ist Anarchie« (KNA – 63/II/319 – FS-Voraus); Dr. K. Kraemer, »Der Würde ins Gesicht geschlagen! Ohne Wahrheit keine Freiheit«, Nr. 12, Montag, 25. Februar 1963; KNA-Archiv.

65 DPA, »Vorstellung jeden Abend ausverkauft: 3.000 Schüler wollen Hochhuth-Drama sehen – Bischöfliches Ordinariat protestiert«, in: Hanauer Anzeiger, 23. März 1963.

66 »›Stellvertreter‹ für Schulen: scharfe Erklärung des Berliner Ordinariates«, in: Das Wort, Hannover, 31. März 1963.

67 Der Spiegel, 15. Oktober 1958, S. 57.

in den Leserbriefen.[68] Oder, wie ein Zeitungsartikel es präziser formulierte: »Die Kirchen sind in gewissem Sinne tabu geworden, rein aus politischen Zweckmäßigkeitsgründen. Beide großen politischen Parteien sind auf das Wohlwollen der Kirchen angewiesen.«[69] Vor allem bei Linkskatholiken hatten sich solche Frustrationsgefühle aufgestaut, denn ihre Versuche, bei katholischen Verlagen ihre kritischen Ansichten zu veröffentlichen, stießen auf scharfe Ablehnung. Kritische Äußerungen des amerikanischen katholischen Soziologen Gordon Zahn über die Unterstützung der deutschen katholischen Presse für den Zweiten Weltkrieg hatten sogar eine katholische Kampagne ausgelöst, mit dem Ziel, seine Entlassung aus seiner Stelle als Associate Professor an der Loyola-University in Chicago zu erreichen.[70]

Im historischen Rückblick erweisen sich die Kontroversen um den *Stellvertreter* als ein wichtiger Wendepunkt. Seitdem konnten sich die Kirchenkritiker in der Öffentlichkeit durchsetzen und den Ton für den öffentlichen Diskurs über die Kirche maßgeblich bestimmen. So avancierten innerhalb weniger Wochen nicht nur der *Stellvertreter*, sondern auch eine Anthologie von Fritz Raddatz *Summa Iniuria, oder durfte der Papst schweigen?*, die ebenfalls beim Rowohlt-Verlag erschien, zu Bestsellern. Sie schafften es in der Kategorie Belletristik auf den zweiten Platz (bis Ende 1964 wurden 210.000 Exemplare verkauft) beziehungsweise auf den siebten Platz bei den Sachbüchern der *Spiegel*-Bestseller-Liste.[71] Und bei der »Freien Volksbühne« stapelten sich die Zeitungsausschnitte dermaßen, dass man sechs Karteien allein für die Jahre 1963 bis 1965 damit füllen konnte. Die Beteiligten an den Debatten – so meine These – wollten Teil einer kritischen Öffentlichkeit werden, genau das, was ihnen im katholischen Milieu angeblich verweigert wurde. Im Gegensatz dazu schnitten die ersten drei Ausgaben von Walter Adolphs Band *Verfälschte Geschichte: Antwort an Rolf Hochhuth* mit einer Gesamtauflage von kaum 20.500 Exemplaren eher schlecht ab.[72]

Zwei weitere Transformationen gingen diesem Wandel der Partizipation an einer kritischen Öffentlichkeit voraus. Die öffentlichen Auseinandersetzungen zum *Stellvertreter* begannen nur zwei Monate nach dem Ende der *Spiegel*-Affäre. Auch wenn diese Affäre von den meisten Historikern heute immer noch überbewertet wird, wollten viele Journalisten durch die öffentliche Publikation ihrer Stellungnahmen zum neuen papstkritischen Theaterstück einen Präzedenzfall schaf-

---

68 Beispielhaft anzuführen ist die Teilnahme von über 1.000 Interessierten an einer öffentlichen Diskussion in Berlin Ende März 1963, die von der »Arbeitsgemeinschaft Christentum und Sozialismus« der SPD veranstaltet wurde; vgl. »Streit um den ›Stellvertreter‹ geht weiter: Über 1.000 Teilnehmer an öffentlicher Diskussion in Berlin«, in: Pinneberger Tageblatt, 29. März 1963.

69 Dr. Hans KAPFINGER, »Papst Pius XII. und die Juden: Theaterstück ›Der Stellvertreter‹, ein Politikum – Blinder Hass gegen die Kirche«, in: Passauer Neue Presse, 23. März 1963.

70 Vgl. Mark Edward RUFF, The Zeal of the Converts: Vergangenheitsbewältigung, Catholic Fault Lines and the Gordon Zahn Debate, 1959–1962, in: David LUGINBÜHL/Franziska METZGER/Thomas METZGER/Elke PAHUD DE MORTANGES/Martina SOCHIN (Hg.), Religiöse Grenzziehungen im öffentlichen Raum. Mechanismen und Strategien von Inklusion und Exklusion im 19. und 20. Jahrhundert, Stuttgart 2012 (im Druck).

71 Der Spiegel, 2. Oktober 1963, S. 125. Vgl. auch Siegfried MELCHINGER, Hochhuth, Hannover 1967, S. 11; RADDATZ (Hg.), Summa Iniuria (wie Anm. 47).

72 Walter ADOLPH, Verfälschte Geschichte. Antwort an Rolf Hochhuth, Berlin 1963; DAB, IV/154–183, Bestände des Morus Verlags.

fen, um Meinungsfreiheit zu garantieren. Sie nahmen vom Konsensjournalismus der Adenauerzeit deutlich Abschied.[73] Stattdessen griffen sie vor dem Hintergrund der großen Medienskandale der 60er Jahre moralische Themen auf und machten selbst vor großen Persönlichkeiten keinen Halt.[74] Hochhuth ging es prinzipiell um eine ethische Frage, und die Massenmedien der 60er Jahre zeigten eine große Bereitschaft, ihn als neuen, energischen Moralisten in den Vordergrund zu stellen.[75]

Die zweite Transformation war innerkatholisch und in einen theologischen Wandel eingebettet, der schon Ende der 50er Jahre begonnen hatte, sich durchzusetzen. Die althergebrachte katholische Lehre behauptete, dass es kein Recht auf Irrtum gab. Dieser Richtung getreu veröffentlichte das *Petrusblatt* 1959 den Artikel, »Wo die Toleranz endet«, in dem die Meinung vertreten wurde, dass die Öffentlichkeit in Fällen von Lügen oder Verleumdungen eingeschränkt werden sollte.[76] Gleichzeitig breiteten sich neue theologische Impulse aus, die kritische Reflexionen fördern und dem eigenen Gewissen einen höheren Rang verleihen wollten. Selbst im Zweiten Vatikanum sollten traditionsreiche Doktrinen kritisch hinterfragt werden, die sich als unversöhnbar mit Elementen der »modernen« Welt erwiesen hatten. Der *Stellvertreter* passte solchen theologischen Strömungen gänzlich ins Konzept. Hochhuths Held, Riccardo Fontana, war katholischer Nonkonformist, der dem Papst trotzte, weil er das päpstliche Schweigen nicht mit den Diktaten des eigenen Gewissens in Einklang bringen konnte.

So war in dieser Hinsicht der *Stellvertreter* das richtige Werk zur richtigen Zeit. Die neuen Strukturen der kritischen Öffentlichkeit erlaubten dem Stück eine Wirkung und Resonanz, die fünf Jahre zuvor unmöglich gewesen wäre.[77] Die kritische Auseinandersetzung mit der NS-Vergangenheit war ebenfalls im vollen Gang – ein Thema, worauf ich hier nicht ausführlicher eingehen kann. So führte der *Stellvertreter* mit seiner Negation des bis dahin vorherrschenden Bildes von Pacelli zu einer wissenschaftlichen Aufarbeitung der päpstlichen Zeitgeschichte, die sonst erst später ins Rollen gekommen wäre. Und nun, mehr als 47 Jahre nach der Premiere des *Stellvertreters*, ist die Zeit gekommen, mit der Historisierung des Hochhuth-Theaters insgesamt anzufangen.

---

[73] Siehe Christina von Hodenberg, Konsens und Krise. Eine Geschichte der westdeutschen Medienöffentlichkeit 1945–1973, Göttingen 2006; Daniela Münkel, Willy Brandt und die «Vierte Gewalt». Politik und Massenmedien in den 50er bis 70er Jahren, Frankfurt a. M. 2005; Karl Christian Führer/Knut Hickethier/Axel Schildt, Öffentlichkeit – Medien – Geschichte. Konzepte der modernen Öffentlichkeit und Zugänge zu ihrer Erforschung, in: Archiv für Sozialgeschichte 41 (2001), S. 1–38; Frank Bösch, Mediengeschichte im 20. Jahrhundert. Neue Forschungen und Perspektiven, in: Neue Politische Literatur 52 (2007), S. 409–429.

[74] Vgl. Nicolai Hannig, Die Religion der Öffentlichkeit. Kirche, Religion und Medien in der Bundesrepublik 1945–1980 (Geschichte der Religion in der Neuzeit 3), Göttingen 2010.

[75] Vgl. als Beispiel Dieter Hildebrandt, »Bruchstücke eines großen Zorns. Erwin Piscator inszeniert ›Der Stellvertreter‹ von Hochhuth«, in: Frankfurter Allgemeine Zeitung, 22. Februar 1963. Hildebrandt schreibt: »... denn ›Der Stellvertreter‹ ist bis zum Bersten voll mit der Aggresivität eines eifernden Moralisten.« Ferner Christian Pohl, Art. Hochhuth, Rolf, in: Metzler Autoren Lexikon. Deutschsprachige Dichter und Schriftsteller vom Mittelalter bis zur Gegenwart, hg. von Bernd Lutz, Stuttgart 1986, S. 283 und 284.

[76] »Wo die Toleranz endet«, in: Petrusblatt, 19. Juli 1959.

[77] Nicolai Hannig/Benjamin Städter, Die kommunizierte Krise. Kirche und Religion in der Medienöffentlichkeit der 1950er und 60er Jahre, in: Schweizerische Zeitschrift für Religions- und Kulturgeschichte 101 (2007), S. 151–183; Frank Bösch/Lucian Hölscher (Hg.), Kirchen – Medien – Öffentlichkeit: Transformationen kirchlicher Selbst- und Fremddeutungen seit 1945, Göttingen 2009.

III. Eugenio Pacelli im Vergleich zu anderen Nuntien seiner Zeit

REPRÄSENTANTEN, IMPULSGEBER, STÖRENFRIEDE?

Die Nuntien der Ära Papst Pius' XI. in Wien

Rupert Klieber

Ein Nuntius in Wien unter der Regierung Papst Pius XI. (1922–1939) stand zweifelsohne in einer großen Tradition. Im Jahr der Lateranverträge 1929 waren bereits vierhundert Jahre vergangen, dass hier ein erster ständiger Nuntius sein Akkreditiv an Ferdinand I., Bruder Kaiser Karls V., überreicht hatte.[1] Den päpstlichen Gesandten am Kaiserhof, die mit diesem Hof vorübergehend auch in Prag residierten, oblag meist eine diffizile Aufgabe: Die oft weit divergierenden Interessen der beiden »höchsten Gewalten« der lateinischen Christenheit in einer Weise zu kommunizieren, dass ein gedeihliches Zusammenwirken gewährleistet blieb.

Mit dem Ende des Römischen Reiches samt seiner fürstlichen Reichskirche beziehungsweise mit der Errichtung des Kaiserstaates Österreich 1804 trat die päpstliche Gesandtschaft in Wien in eine neue Ära. Der Umbruch verengte räumlich ihren Zuständigkeitsbereich, schmälerte aber nicht ihre Bedeutung. Im Hinblick auf das Wirken eines Nuntius in Wien nach 1918 sind somit zwei Fragen zu stellen: Welches Erbe gab das »lange 19. Jahrhundert« vor? Und in welchem Maße führten die apostolischen Amtsträger nach 1918 dieses wie immer geartete Erbe fort?

Im Zeitraum von 1804 bis 1918 residierten in Wien siebzehn päpstliche Gesandte. Sie traten ihren Dienst statistisch gesehen im Alter von etwas über fünfzig Jahren an und amtierten im Schnitt knapp sieben Jahre lang. Zwei von ihnen verstarben im Dienst: Paolo Leardi 1823 und nach nicht einmal einem Jahr im Amt Alessandro Bavona im Jahr 1912; nur wenige Monate überlebte seinen Dienst auch Mariano Falcinelli Antoniacci 1874.[2] Einschlägige Studien zeigen, dass sich ihr diplomatisches Wirken in der kaiserlichen Haupt- und Residenzstadt Wien recht wechselhaft gestaltete.[3] Bis zur Revolution von 1848 war ihr Spielraum durch die josephinischen Kirchengesetze eng begrenzt. Mit den Kirchenfreiheiten nach 1848, erst recht ab dem Konkordat von 1855 aber vergrößerten sich ihre Handlungsspielräume; sie konnten in der Folge stärker auf die politischen Verhältnisse beziehungsweise die Kirche des Landes Einfluss nehmen. Zugleich wurden

---

[1] Donato Squicciarini, Die Apostolischen Nuntien in Wien, Vatikanstadt ²2000, S. 7.

[2] Vgl. Tabelle I bei Rupert Klieber, Die Nuntien in Wien im langen 19. Jahrhundert (1802–1919). Promotoren des Ultramontanismus in Österreich und Ungarn? In: Gaetano Platania/Matteo Sanfilippo/Péter Tusor (Hg.), Gli Archivi della Santa Sede e il Regno d'Ungheria (secc. 15–20). In memoriam di Lajos Pásztor (Collectanea Vaticana Hungariae 4), Budapest – Rom 2008, S. 209–221, hier S. 209f.

[3] Grundlegend zum Thema Donato Squicciarini, Nunzi apostolici a Vienna, Vatikanstadt 1998; bzw. auf Deutsch: Die Apostolischen Nuntien in Wien, Vatikanstadt 2000; Friedrich Engel-Janosi, Die politische Korrespondenz der Päpste mit den österreichischen Kaisern 1804–1918, Wien – München 1964; Wolfgang J. Bandion/Rüdiger Feulner, Die Apostolische Nuntiatur in Wien, Wien 2005.

sie ab dieser Zeit auch von Seiten der Kurie stärker in die Pflicht genommen – per »infiammare lo zelo«, das heißt, um den religiösen Eifer der Kirche jenseits der Alpen zu mehren, zum Beispiel hinsichtlich der ultramontanen Ausrichtung der Katholiken oder der Finanzierung des Heiligen Stuhls durch den sogenannten Peterspfennig.[4] Damit hing es nun vorwiegend von der Persönlichkeit und dem Weitblick des jeweiligen Nuntius ab, ob er über seine unmittelbaren diplomatischen Pflichten hinaus die »katholische« Ausrichtung der Politik des Gastlandes inspirieren und die nationalen katholischen Milieus beeinflussen konnte.

Von ihrem Werdegang und ihrer Ausbildung her waren die Nuntien vor 1918 in der Regel stramme Konservative. Für Mariano Falcinelli (1863–1874) waren alle Liberalen ausnahmslos »cattivi«. Er rühmte sich seiner Vertrautheit mit konservativen Ministern und Abgeordneten sowie Vertretern der Hocharistokratie ebenso wie seiner Mitwirkung bei der Auswahl Tiroler Parlamentarier. 1865 hielt er sich gar die Regierungsbildung zugute (»… e dichiararmi che tutto si debba sperare da un Ministero da me iniziato«).[5] Von Nuntius Serafino Vannutelli (1880–1887) wird überliefert, er habe bei »der vornehmen Welt sich großer Beliebtheit erfreut«.[6] Symptomatisch auch die Briefnotiz Herbert von Bismarcks über Nuntius Luigi Galimberti 1888: »… er war zum Abt von Melk gefahren, einem Spezialfreund, mit dem er öfters saufen soll«.[7] Spätestens mit den liberalen Regierungen beziehungsweise dem Ausbruch des österreichischen Kulturkampfes in den 1860er Jahren zeigte sich die Unzulänglichkeit solcher gesellschaftlich selektiven Kontakte, welche die Nuntien ins realpolitische Abseits zu manövrieren drohten.

Es ist daher zweifellos als eine seltene Koinzidenz zu werten, dass ausgerechnet zwischen 1893 und 1896, als der österreichische Katholizismus an einer entscheidenden Wendemarke seiner Geschichte stand, in Gestalt des Nuntius Antonio Agliardi der vielleicht politisch klügste und für soziale Fragen am meisten aufgeschlossene aller Nuntien in Wien amtierte.[8] Durch seine guten kurialen Kontakte und eine klug dosierte Informationspolitik konnte er ein Vorhaben durchkreuzen, auf das sich das gesamte konservative wie liberale politische und kirchliche

---

4 Vgl. Rupert Klieber, Efforts and Difficulties in Financing the Holy See by means of Peterspence – or can Ultramontanism be quantified? In: Vincent Viaene (Hg.), The Papacy and the New World Order. Vatican Diplomacy, Catholic Opinion and International Politics at the Time of Leo XIII 1878–1903/ La papauté et le nouvel ordre mondial. Diplomatie vaticane, opinion catholique et politique internationale au temps de Léon XIII, Löwen 2005, S. 287–302; ders., Vom »Scherflein der Witwe« und dem »Schatz Leos XIII.« – Die Finanzierung des Heiligen Stuhles durch die katholische Welt 1870 bis 1914, in: Römische Historische Mitteilungen 48 (2006), S. 465–488.

5 Angelika Berchtold, Nuntius Mariano Falcinelli Antoniacci, seine Persönlichkeit, sein Einfluß und seine Berichterstattung in den Jahren 1863–1866, in: Römische Historische Mitteilungen 15 (1973), S. 129–141, Zitate mit Quellenbelegen S. 132f.

6 Egon Johann Greipl, Römische Kurie und katholische Partei. Die Auseinandersetzung um die Christlichsozialen in Österreich im Jahre 1895, in: Quellen und Forschungen aus italienischen Archiven und Bibliotheken 64 (1984), S. 284–344, Zitat mit Quellenbeleg S. 304.

7 Ebd., Zitat mit Quellenbeleg S. 305.

8 Zur Person und zum Verhalten des Nuntius in Wien vgl. v. a. Greipl, Römische Kurie (wie Anm. 6); Robert Rill, Zur Neuorientierung der päpstlichen Politik unter Kardinalstaatssekretär Rampolla: Die Münchner Aussprache zwischen Reichskanzler Caprivi und Nuntius Agliardi 1891, in: Römische Historische Mitteilungen 28 (1986), S. 353–364.

Establishment Österreichs in seltener Eintracht verständigt hatten: eine kirchliche Verurteilung der dynamischen antisemitischen Bewegung der sogenannten Christlichsozialen zu erreichen. Diese waren gerade dabei, einen europaweit einzigartigen politischen Coup zu landen und den klassischen (groß-)bürgerlichen Liberalismus, der in den größeren Städten und vielen Landtagen regierte und nicht zuletzt die Kommunalpolitik der Hauptstadt scheinbar unanfechtbar beherrschte, von der Macht zu verdrängen. Diesen Erfolg verdankten sie nicht zuletzt eifrigen Mitstreitern im niederen Klerus, mit dessen Hilfe sie zunehmend auch in den volkskirchlich-katholischen Milieus reüssierten und dabei die behäbige Honoratiorenpolitik der Katholisch-Konservativen links überholten. Wäre ihre Verurteilung wie allgemein erwartet tatsächlich erfolgt, hätte die kirchliche wie politische Entwicklung Österreichs in den nächsten Jahrzehnten zweifellos einen wesentlich anderen Verlauf genommen. Die tatsächliche Ermunterung Leo XIII. für das christlichsoziale Engagement beförderte den politischen Durchbruch der Bewegung und führte zu markanten Neupositionierungen im (deutschsprachigen) politischen Katholizismus Alt-Österreichs. »Christlichsoziale« Politik bekannte sich zur demokratischen Willensbildung, orientierte sich an den sozialen Interessen ihrer Hauptklientel (Bauern, Gewerbetreibende, Angestellte, niederer Klerus) und verschrieb sich einer stärker »national« ausgerichteten Politik mit mehreren Stoßrichtungen: Sie wollte den »unverhältnismäßigen jüdischen Einfluss« im Wirtschafts- und Wissenschaftsbetrieb der Monarchie zurückdrängen, bekämpfte auch die »Übervorteilung« der westlichen Reichshälfte durch Ungarn in den Ausgleichsverhandlungen und suchte in den Grenzgebieten (vor allem in Böhmen, Mähren, Steiermark, Kärnten) das Deutschbewusstsein zu stärken. Konfessionelle Interessen, vor allem die klassischen Anliegen im Bereich der Schul- und Ehegesetze, wurden gleichsam »mitbetreut«.[9]

Parallel zu seinem Eintreten für die Christlichsozialen unterstützte Nuntius Agliardi auch die kämpferischen Elemente im Kirchenstreit Ungarns. Bis 1893 beschäftigten dort bereits mehr als 200 Priester wegen Widersetzlichkeiten in Ehe- und Tauffragen die Justiz. Ihr gefeierter Wortführer János Molnár von Komorn rühmte sich seiner mindestens 27 Verurteilungen.[10] Agliardi spornte diesen Widerstand auf einer Rundreise durch ungarische Diözesen an und zog sich damit den Unwillen der Regierung Dezsö Bánffy (1895–1899) zu, was letztlich zu seiner Abberufung aus Wien führte (Exklusive im Konklave 1903 auch gegen ihn!).[11]

Spätestens mit dem Sieg der Christlichsozialen in den ersten allgemeinen Reichsratswahlen Cisleithaniens von 1907 konnte gleichsam die Ernte dieses besonderen Engagements eines Nuntius in Wien eingefahren werden. Im selben

---

9 Vgl. Rupert Klieber, Der volkskirchliche Riese und sein Erwachen zum Movimento Cattolico. Katholische Kirche und Katholizismus im alten und neuen Österreich bis 1938, in: Werner Drobesch/Reinhard Stauber/Peter G. Tropper (Hg.), Mensch, Staat und Kirchen zwischen Alpen und Adria 1848–1938. Einblicke in Religion, Politik, Kultur und Wirtschaft einer Übergangszeit, Klagenfurt – Laibach – Wien 2007, S. 11–28.

10 Rita Tolomeo, La questione religiosa in Ungheria nella seconda metà del XIX sec., in: Rassegna Storica Toscana 39 (1993), H. 2, S. 351–361.

11 Robert Nemes, Die Komorner Kriegserklärung. Der Kulturkampf in Ungarn, in: Christopher Clark/Wolfram Kaiser, Kulturkampf in Europa im 19. Jahrhundert (Comparativ 12 [2002], H. 5–6), Leipzig 2003, S. 116–133, hier S. 120f.

Jahr aber führte Nuntius Gennaro Granito Pignatelli di Belmonte (1904–1911) ebenfalls vor Augen, wie sehr ein dilettantisches Agieren das Potenzial dieses Amtes konterkarieren konnte. Sein ungeschicktes Verhalten in der sogenannten Wahrmund-Affäre (Auseinandersetzungen über kirchenkritische Äußerungen des Innsbrucker Professors für Kirchenrecht Ludwig Wahrmund) brachte die diplomatischen Beziehungen zwischen Österreich-Ungarn und dem Heiligen Stuhl an den Rand des Abbruchs und lieferte über Jahre Munition für die antiklerikale Agitation im Lande.[12]

Die Bilanz des 19. Jahrhunderts ist somit ambivalent. Nur wenigen Nuntien der ersten Jahrhunderthälfte wie Antonio Gabriele Severoli (1802–1816) und Michele Viale-Prelà (1845–1856) gelang es, in der großen Politik relevant mitzumischen. Ab der Jahrhundertmitte verlagerte sich die Bedeutung der Nuntien auf innerkirchliche Belange. Eine folgenschwere kirchen- wie innenpolitische Weichenstellung bewirkte wohl allein Antonio Agliardi während seines nur dreijährigen Aufenthaltes in Wien. Seinem zweiten Nachfolger Belmonte gelang das Kunststück, mehr diplomatische Probleme zu verursachen als zu lösen.

Das führt zur zweiten Frage der Einleitung: In welchem Maße führten päpstliche Botschafter im nun zum Kleinstaat geschrumpften Österreich das Erbe ihrer Vorgänger fort? Dabei gilt es, drei sehr ungleich gewichtige Amtsperioden zu betrachten. Außer Acht bleiben kann das kurze Amtieren des Francesco Marchetti-Salvaggiani 1920 bis 1922, das noch vor das Pontifikat Pius XI. fällt. Das Hauptaugenmerk liegt naturgemäß auf der dreizehnjährigen Amtszeit des Nuntius Enrico Sibilia von 1923 bis 1936. In die betreffenden Jahre fielen praktisch alle wichtigen Entwicklungen und Entscheidungen der Ersten Republik. Einen kurzen Nachspann bildet die Nuntiatur des Gaetano Cicognani von Ende 1936 bis Anfang 1938. Er konnte im Wesentlichen nur das Ende Österreichs als eines souveränen Staates kommentieren und hatte zuletzt die traurige Aufgabe, die traditionsreiche päpstliche Gesandtschaft in Wien aufzulösen.

Wie fügt sich somit im Speziellen Enrico Sibilia in das Schema der konstatierten drei Idealtypen von Nuntien: Vermehrte er die Zahl jener vatikanischen Spitzendiplomaten, die für den Heiligen Stuhl primär bella figura machten und ihr Amt repräsentativ auffassten (Typ I)? Ist er gar zur Minderheit derer zu rechnen, die politische oder kirchliche Impulse zu geben vermochten und damit Weichen stellten (Typ II)? Oder gehörte er zu jener Gruppe von Gesandten, die mehr Probleme verursachten, als sie lösten (Typ III)?

Nuntius Enrico Sibilia (1861–1948; in Wien 1923–1936)

Herkunft und Werdegang prädestinierten Nuntius Sibilia für den Typus I: den »Repräsentanten«. Enrico Ulderico Vincenzo Sibilia stammte aus einer hochkirchlich vernetzten Familie von Anagni nahe Rom – mit Verbindungen zum damals

---

[12] Ausführliche Abhandlung der diplomatisch-akademischen Affäre bei Richard Schober, Belmonte und Aerenthal. Österreichisch-vatikanische Beziehungen im Schatten der Wahrmundaffäre, in: Mitteilungen des Österreichischen Staatsarchivs 27 (1974), S. 295–336.

regierenden Papst Leo XIII., der ebenfalls aus der näheren Umgebung stammte. Nach Absolvierung des Bischöflichen Seminars der Stadt sandte sein Bischof den erst 17-jährigen ans Anteneo, das päpstliche römische Seminar an der Piazza Sant'Apollinare (später Lateran-Universität). Sibilia studierte dort stattliche zwölf Jahre von 1878 bis 1890 Philosophie, Theologie und beide Rechte. In dieser Zeit wurde er 1884 als 23-Jähriger – mit Altersdispens – von seinem Onkel Biagio Sibilia, der ein Jahr zuvor Bischof von Segna geworden war, zum Priester geweiht. Sofort nach Abschluss seiner Studien bestimmte Papst Leo XIII. die Aufnahme Enrico Sibilias in den diplomatischen Dienst des Heiligen Stuhls.[13] Wie sein Kollege Eugenio Pacelli und sein Nachfolger Cicognani hatte Sibilia somit keinen einzigen Tag seiner Laufbahn in der unmittelbaren Seelsorge zugebracht. Seine erste »pastorale« Aufgabe im engeren Wortsinn sollte er erst 1939 als 78-jähriger in Form eines suburbikarischen Bischofs von Sabina übernehmen.[14] Schon im ersten Dienstjahr wurde er als Pro-Auditor ins südamerikanische Kolumbien gesandt. Es folgte ein rascher Aufstieg auf der diplomatischen Karriereleiter: 1897 Auditor zweiter Klasse in Brasilien, 1901 Auditor erster Klasse in Belgien und ab 1902 in Spanien; 1908 und somit im Alter von 47 Jahren Apostolischer Internuntius bei der Republik Chile, zugleich die Weihe zum Erzbischof von Side durch Staatssekretär Rafael Merry del Val.[15]

Der erste Posten mit voller Verantwortung als Missionschef in Chile[16] weist Sibilia – zumindest aufs Erste – dem genannten Typus III zu: jener Nuntien, die mehr Probleme verursachen als sie lösen. Die südamerikanischen Staaten der betreffenden Jahrzehnte waren von starken politischen Polarisierungen geprägt.[17] Diese erstreckten sich regelmäßig auch auf kirchliche Fragen (etwa des Patronatsrechts) und wurden nicht selten von streitbaren Männern im hohen Klerus zusätzlich angeheizt. Internuntius Enrico Sibilia verstrickte sich in den folgenden Jahren in mehrere nationale Konfliktfelder mit kirchlichen Konnotationen. In manche geriet er wohl unschuldig, zum Beispiel im Falle der Grenzstreitigkeiten zwischen Chile und Peru und ihren Folgen für die kirchliche Administration. Andere aber hat er sehr wohl durch sein eigenes Verhalten heraufbeschworen oder

---

13 Salvatore SIBILIA, Il cardinale Enrico Sibilia. Un diplomatico della Santa Sede (1861–1948), Rom 1960, S. 7f.

14 Ebd., S. 96–101.

15 Ebd., S. 8–28.

16 Zur Situation in Chile vgl. den zeitgenössischen Eintrag »Chile« in: Catholic Encyclopedia 3 (1908), Absatz Religion, http://www.newadvent.org/cathen/03660a.htm (10.05.2011): »While the State religion is Catholic, still the Church has not enjoyed entire peace. In 1768 the Jesuits, who had begun missionary work among the Araucanians at the beginning of the seventeenth or end of the sixteenth century, were expelled. They were re-admitted, however, in 1843. The State confiscated the church property in 1824, and fixed a salary for the clergy. Tithes and most of the religious houses were abolished. In 1883 ecclesiastical tribunals were placed under lay supervision, and in 1884 civil marriage was introduced, and is the only form acknowledged by law. A conflict arose, in 1883, between Chile and Rome concerning the right of nomination to vacant sees; this difficulty was satisfactorily adjusted in 1888. Diplomatic relations are maintained with the Holy See, an internuncio residing permanently at Santiago.«

17 Vgl. Teile I und II im Kapitel »Lateinamerika« von Jean André MEYER, in: Jean-Marie MAYEUR u. a. (Hg.), Die Geschichte des Christentums. Religion – Politik – Kultur, Bd. 11, Freiburg – Basel – Wien 1995, S. 918–930.

zumindest eskalieren lassen. Dazu gehörte vor allem sein Versuch, den gesamten vorhandenen Lehrkörper des bischöflichen Seminars in Santiago durch Jesuiten zu ersetzen.[18] Selbst sein panegyrischer Biograph aus der eigenen Familie, Salvatore Sibilia, konnte nicht umhin, kritisch festzuhalten: »… l'internunzio vi metteva quell'impegno, che era proprio del suo temperamento, che, giova dirlo, era un po' intransigente …«[19]

Die zunehmenden Angriffe auf Sibilia führten dazu, dass er im Jahr 1911 vorerst Chile verließ, ohne formell zur »persona non grata« erklärt worden zu sein. Seine chilenischen Widersacher gingen jedoch davon aus, dass es ein Abschied für immer war. Als Sibilia jedoch 1913 wiederum nach Chile zurückkehrte, löste er damit einen Eklat aus. Nach einem feierlichen offiziellen Empfang wurde die Karosse des Internuntius am Weg zu seiner Residenz von Studenten angegriffen. Ein Stein zerschlug das Fenster der Kutsche, der Hut des Internuntius wurde erbeutet und diente in der Folge an der Universität von Santiago noch einige Zeit als »antiklerikale Trophäe«. Da die gegnerischen Proteste anhielten, wagte es Sibilia nicht, in seiner Residenz zu wohnen und zog sich schließlich endgültig aus Chile zurück. Sein ungebrochener Kampfgeist manifestierte sich noch auf der Heimfahrt per Schiff. Gegen das Glückwunschtelegramm des stramm nationalen Genueser Kapitäns an den Bürgermeister von Rom anlässlich des Jahrestags der Eroberung Roms im Jahr 1870 organisierte er einen Protest mehrerer Mitreisender Erster Klasse.[20] Als Fazit bleibt festzuhalten: Sibilia war an seinem ersten diplomatischen Leitungsposten unübersehbar gescheitert. Ungeachtet päpstlicher Tröstungen (ein persönlicher Brief Pius X., seine Ernennung zum Päpstlichen Thronassistent) hielt sich Sibilia daraufhin für einige Jahre allen diplomatischen oder geistlichen Aufgaben fern. Erst im Jahr 1917 trat er als Vikar der Patriarchalbasilika von Santa Maria Maggiore wiederum öffentlich in Erscheinung. Zwei Jahre später kehrte Sibilia als Konsultor der Congregazione degli Affari Ecclesiastici Straordinari auch wieder in den außenpolitischen Dienst zurück.[21]

Sibilias Ernennung zum Nuntius in Wien 1922 kann daher wohl in der Weise interpretiert werden, dass dem nun bereits 61-jährigen eine zweite Chance gegeben wurde, sich in der Leitung einer päpstlichen Gesandtschaft zu bewähren. Wien bot sich dafür aus zweierlei Gründen an. Die Wiener Nuntiatur stand im Nimbus ihrer glanzvollen Vergangenheit und bot somit eine sehr ehrenhafte und repräsentable Stelle. Andererseits war sie realpolitisch »gefahrlos« – sie war zur päpstlichen Botschaft in einem kleinen, nunmehr weltpolitisch ziemlich unbedeutenden Land geworden. Bestand Sibilia seine zweite Bewährungsprobe?

Enrico Sibilia hat jedenfalls dreizehn Jahre lang in Österreich ausgeharrt. Soweit ersichtlich hat er in dieser Zeit keine gröberen diplomatischen Verwicklungen verursacht und ist im Jahr 1936 mit allen Ehren nach Rom zurückgekehrt. Der Bundespräsident des Landes durfte ihm zuvor noch das Kardinalsbirett aufsetzen – eine Auszeichnung, die vormals Monarchen zukam. In der Welt nach 1918 war sie bisher sonst nur in Spanien dem Präsidenten einer Republik zugestanden

18 Zur ersten Phase seines Wirkens in Chile vgl. Sibilia, Cardinale (wie Anm. 13), S. 28–37.
19 Ebd., S. 33.
20 Ebd., S. 33–51.
21 Ebd., S. 52–56.

worden.[22] Abgesehen von diesem äußeren Verlauf ist jedoch die Frage zu stellen, mit welchen Anweisungen seiner vorgesetzten kurialen Behörde Sibilia nach Wien kam. Hat er den Gang der Geschehnisse im Gastland mit geprägt? Welches Bild hat er von jenseits der Alpen nach Rom vermittelt und welche erkennbaren Wirkungen zeitigten seine Berichte?

Sibilia wurde für seine neue Aufgabe von Seiten der Kurie mit ausführlichen schriftlichen Instruktionen versehen. Sie bestanden aus 28 Seiten, die bereits zwei Jahre zuvor für seinen Vorgänger erarbeitet worden waren.[23] Den ersten Teil bildet eine von Kardinalstaatssekretär Pietro Gasparri (1852–1934; Staatssekretär 1914–1930) abgezeichnete, zehnseitige Einführung mit einer politischen und kirchlichen Landeskunde des neuen Österreich. Darauf folgen ausführliche Darlegungen zu sechs wichtigen Aufgabenfeldern des Nuntius: 1. dem Verhältnis zwischen Kirche und Staat; 2. der Systematisierung einiger Diözesen (Problemfelder: das als »Burgenland« zu Österreich geschlagene Westungarn; die nunmehr zwischen Italien und Österreich geteilte Diözese Brixen); 3. Kirchliche Finanzfragen; 4. Fragen der Katholischen Aktion (vorwiegend dargelegt anhand der katholischen Vereine); 5. die Christlichsoziale Partei; 6. das Interesse des Heiligen Stuhls für Österreich (vorwiegend Bezug nehmend auf die bedrängte soziale Lage). Daran angeschlossen wurden zwei weitere Anweisungen, die für Nuntius Sibilia neu angefertigt worden waren: Gaetano Kardinal De Lai (†1928) schärfte namens der Konsistorialkongregation dem neuen Botschafter auf vier Seiten ein, angesichts eines bedrohlichen Furors der Kirchengegner und einer deplorablen sittlichen Lage den Eifer des österreichischen Episkopats und Klerus nach Kräften anzufeuern[24] – man war an der Kurie offensichtlich der Meinung, dass die österreichische Kirche eines solchen römischen Ansporns bedurfte. Staatssekretär Gasparri ergänzte die Ausführungen auf weiteren sechs Seiten um Hinweise auf aktuellste Entwicklungen im Land: wie die Bemühungen Bundeskanzler Ignaz Seipels um eine Stabilisierung der Finanzen sowie den Stand der Verhandlungen um die Diözese Brixen.[25] Beide Gutachten beschworen die Gefahr »di socializzazione e di laicizzazione« Österreichs.

Enrico Sibilia war der deutschen Sprache nicht mächtig. Dies beeinträchtigte naturgemäß seine Möglichkeiten der Kommunikation erheblich. Er kommunizierte in der Diplomatensprache Französisch oder war auf Gesprächspartner angewiesen, die Italienisch oder Latein beherrschten beziehungsweise musste einen Dolmetscher beiziehen. Sein Biograph Salvatore Sibilia erwähnt als einzigen privaten einheimischen Gesprächspartner und Informanten den um zwanzig Jahre jüngeren Rheinländer Dr. Joseph van Tongelen (†1943). Dieser leitete die Caritas-Arbeit der Wiener Erzdiözese und verfügte seit seiner römischen Studienzeit über gute italienische Sprachkenntnisse.[26] Ihm verdanken wir auch einige Hinweise auf das private Leben des Nuntius. Er beschreibt ihn in einem Nachruf zum einen als »Freund der Armen« (nicht zuletzt als Unterstützer des von ihm selbst geleiteten Caritasverbandes), aber auch als Kunstsammler und als »cacciatore di gran pas-

---

22 Ebd., S. 79–84.
23 ASV, Arch. Nunz. Vienna 860, fasc. 1, fol. 72–85.
24 Ebd., fol. 87–88.
25 Ebd., fol. 90–92.
26 Vgl. Fußnoten zu Tongelen in: Sibilia, Cardinale (wie Anm. 13), S. 73 und S. 113.

sione«, was sich in einigen Jagd-Trophäen niedergeschlagen hätte. Sibilia liebte zudem die Handarbeit: Er richtete sich an seinem Wiener Amtssitz in der Theresianumgasse eine Schlosserwerkstatt ein und bestückte sie mit modernen Maschinen, »... e quasi ogni giorno, egli si dedicava, con passione, a compiere qualche lavoro manuale«.[27]

Die spärlichen Hinweise auf die Arbeits- und Lebensweise Sibilias sprechen nicht unbedingt für eine ausgedehnte »Netzwerkarbeit« in Wien. Die Literatur bietet bis dato insbesondere keine Hinweise darauf, dass Sibilia in Österreich über persönliche Kontakte verfügt hätte, die über den Tellerrand des dezidiert kirchlichen Milieus hinausgegangen wären. Sein Biograph bestätigt diese Einschätzung mit diskreten Umschreibungen:

> Nei contatti personali il nunzio Sibilia era riservato ... Fu un rappresentante, quanto mai riservato, della curia romana, in contrasto col suo successore, colui che fu, poi, il Cardinale Cicognani, incline, invece, ad un concetto della vita più gioviale e maggiormente aperto.[28]

Zugleich glaubt er ihn gegen seinen Ruf in Schutz nehmen zu müssen, ein verschlossener, unduldsamer, wenig umgänglicher, quasi asozialer Mensch gewesen zu sein (»uomo chiuso, intransigente, non pieghevole, quasi asociale«).[29]

Bleiben die offiziellen Kontakte des päpstlichen Gesandten und seine Art der Berichterstattung, die sich erst durch die seit 2006 neu zugänglichen Quellen erschließt. Viele Fragen sind in diesem Zusammenhang noch offen, konnte doch bisher noch nicht systematisch erhoben werden, in welcher Frequenz und mit welcher genauen Themenpalette Nuntius Sibilia seine Berichte an die Kirchenzentrale verfasste. Eine Erhebung dieser Art wird bekanntlich durch die hohe »Filettierung« der vatikanischen Archivbestände einigermaßen erschwert. Es sei ausdrücklich darauf hingewiesen, dass in die vorliegenden Ausführungen auch Ergebnisse einfließen, die von Nachwuchsforschern beziehungsweise Beteiligten des Projekts »Pius XI. und Österreich« in jüngerer Zeit erarbeitet wurden und werden (Jürgen Steinmair, Walter Iber, Andreas Gottsmann).[30] Ihre Archivarbeiten der letzten Monate versprechen wertvolle Beiträge für das Projekt, die sie zu gegebener Zeit in eigenen Arbeiten vorlegen werden.

Nach bisherigem Wissensstand bezogen sich die Berichte Sibilias nach Rom vor allem auf zwei Bereiche. Zum einen boten sie Informationen über die wichtigsten politischen Vorgänge (Kabinettsbildungen, dramatische Ereignisse wie Attentate, große Aufmärsche mit oder ohne Gewalt, usw.). Darüber hinaus kam der Nuntius dem Wunsche seiner kurialen Vorgesetzten nach, Auskünfte über Personen oder Sachverhalte zu liefern, die in direkten Schreiben an die Kurie zur Sprache kamen; die Informationen des Nuntius sollten offenkundig angemessene Reak-

---

27 Ebd., S. 113–115.

28 Ebd., S. 85.

29 Ebd., S. 115.

30 Vgl. z. B. die Berichte der Projekt-Homepage: http://piusxi.univie.ac.at; bereits veröffentlicht: Andreas Gottsmann, Archivbericht »Finis Austriae« im Archiv der Kongregation für außerordentliche kirchliche Angelegenheiten (Affari Ecclesiastici Straordinarii), in: Römische Historische Mitteilungen 50 (2008), S. 545–556.

tionen der Kurie gewährleisten.[31] Die Quellen schildern Sibilia nach dem Muster seiner Vorgänger im 19. Jahrhundert als »gestandenen Konservativen« mit einem wenig differenzierten Blick auf die politische und kirchliche Gegenwart seiner Zeit. Wenn er sich nicht explizit auf vertrauliche Informationen von Betroffenen stützen konnte, spiegeln seine »Rapporti« zu politischen und kirchlichen Themen einen Informationsstand wider, den man auch einschlägigen katholischen Zeitungen der Zeit entnehmen konnte. Sein Interesse an den politischen Vorgängen konzentrierte sich beinahe ausschließlich auf die Kulturkampfthemen Ehe und Schule beziehungsweise die Abwehr eines Sozialismus, von dem man die »Entchristlichung« des Staates, vor allem aber seiner Jugend erwartete.

Sibilia teilte die von ihm skizzierten Politiker holzschnittartig in »Buoni« und »Cattivi« ein, was sich jeweils auf deren unbedingte oder weniger verlässliche Kirchlichkeit bezog. Entsprechende positive Einschätzungen zeigen nur geringe Nuancen. Seipel war ihm ein »ottimo Prelato« und ein »vero e buon servo di Dio«.[32] Der auf Anregung des Heiligen Stuhls neu nach Moskau entsandte österreichische Botschafter Baron Hein galt ihm als »ottimo cattolico«, ebenso Bundespräsident Miklas, der mehrfache Bundeskanzler Johann Schober sowie der Niederösterreichische Landeshauptmann und Kurzzeitkanzler Karl Buresch.[33] Unterrichtsminister Emmerich Czermak stand demnach im Ruf eines »fervente cattolico pratico«.[34] Den Unterrichtsminister und späteren Wiener Bürgermeister im Ständestaat Richard Schmitz lobte er als »cattolico pratico in tutta l'estensione della parola« und als »ottimo cristiano«,[35] den langjährigen Heeresminister und Kurzzeitkanzler Carl Vaugoin als »cattolico a tutta prova«;[36] Kurzzeitkanzler Ernst von Streeruwitz war nach einem von Jesuiten eingeholten Urteil zumindest ein »buon cattolico, forse non molto pratico«.[37] Bemerkenswerter Weise wird auch

---

31 Am Beispiel von Erläuterungen über einen Privatmann, der ausführliche Erörterungen zur Frage der Katholischen Aktion an die Kurie geschickt hatte: Rapport des Nuntius Sibilia an Mgr. Giuseppe Pizzardo, Wien 20. August 1930: Es handle sich bei dem Betreffenden um Baron von Friebeisz »... Egli è un semplice ufficialetto trentenne del disciolto esercito austriaco, celibe, buono ma ignorante, disoccupato, non appartiene né lavora in organizzazione alcuna cattolica, e ciò che ha scritto nelle dattilografe non è suo, ma della sua madre, con la quale vive, un'ebrea convertita, pericolosa e stravagante e ambiziosa a tal segno da formare una vera e propria croce del Parroco ...«; S.RR.SS., AA.EE.SS., Austria-Ungheria, 1923–1935, pos. 852, fasc. 24, fol. 55.

32 Rapport des Nuntius Sibilia an Staatssekretär Gasparri, Wien, 4. April 1929; S.RR.SS., AA.EE.SS., Austria-Ungheria, 1923–1935, pos. 852, fasc. 23, fol. 56. Vgl. Das Antwortschreiben Staatssekretär Gasparri an Nuntius Sibilia, Vatikan 12. August 1927; ASV, Arch. Nunz. Vienna 854, fasc. 2, fol. 118.

33 Zu Hein vgl. den Rapport des Nuntius Sibilia an Staatssekretär Gasparri, Wien, 14. Dezember 1927; S.RR.SS., AA.EE.SS., Austria-Ungheria, 1923–1935, pos. 852, fasc. 23, fol. 44. Zu Miklas und Schober vgl. den Rapport des Nuntius Sibilia an Staatssekretär Gasparri, Wien, 6. Dezember 1928; ebd. fol. 50. Zu Buresch vgl. den Rapport des Nuntius Sibilia an Staatssekretär Pacelli, Wien, 21. Juni 1931; ebd.. fasc. 25, fol. 40; sowie den Rapport des Nuntius Sibilia an Staatssekretär Pacelli, Wien, 31. Januar 1932; ebd. fol. 53.

34 Rapport des Nuntius Sibilia an Staatssekretär Gasparri, Wien, 5. Mai 1929; S.RR.SS., AA.EE.SS., Austria-Ungheria, 1923–1935, pos. 852, fasc. 23, fol. 59–60, hier 59v.

35 Rapport des Nuntius Sibilia an Staatssekretär Gasparri, Wien, 4. April 1929; S.RR.SS., AA.EE.SS., Austria-Ungheria, 1923–1935, pos. 852, fasc. 23, fol. 56; Chiffriertes Telegramm des Nuntius, Wien, 13. Februar 1934; ASV, Segreteria di Stato 1934, Rubrica 156, fasc. 1, fol. 11.

36 Rapport des Nuntius Sibilia an Staatssekretär Gasparri, Wien, 5. Mai 1929; S.RR.SS., AA.EE.SS., Austria-Ungheria, 1923–1935, pos. 852, fasc. 23, fol. 59–60, hier 60.

37 Ebd., fol. 59v.

Engelbert Dollfuß bei Eintritt ins Kabinett Karl Buresch 1931 und zur ersten eigenen Kabinettsbildung 1932 nur ein »buon cattolico« attestiert, dem umstrittenen Minister und vormaligen steirischen Landeshauptmann Anton Rintelen im selben Schreiben aber ein »molto buon cattolico«.[38]

Ausdrücklich ins Vertrauen gezogen wurde Sibilia nach Ausweis der Quellen von den Bundeskanzlern Seipel, Schober und Dollfuß und zwar jeweils im Zusammenhang mit der Ankündigung einer härteren innenpolitischen Gangart beziehungsweise der Ankündigung von Maßnahmen zur Änderung oder Ausschaltung der Verfassung 1929 beziehungsweise 1933 – sie wollten offensichtlich den Heiligen Stuhl vorweg informiert wissen.[39] Besonders Bundeskanzler Schober scheint in Sibilia einen Gesinnungsfreund für eine härtere politische Gangart notfalls jenseits der Verfassung erblickt zu haben und verglich die Sozialisten ihm gegenüber scherzhaft mit den Türken von weiland:

> … È uomo energico, favorevole alla Chiesa, molto amico del Cardinale Piffl ed anche del Nunzio. / Ieri, nella prima udienza, mi disse di metterlo ai Piedi di Sua Santità e di trasmettere i suoi profondi omaggi, e sensi di ossequio e di venerazione all'Eminenza Vostra Reverendissima: mi disse inoltre che egli procederà con molta calma verso i socialisti, ma con pari fermezza: e sorridendo diceva: è ora di finirla con questi Turchi del secolo ventesimo. Si deve riformare la Costituzione; e, finchè i socialisti appoggeranno le riforme che proporrà il Governo, si userà con loro tutta la longanimità possibile: ma se vi si opponessero ostinatamente, prenderemo altre misure …[40]

Ignaz Seipel nutzte seine Kontakte zu Sibilia auch dazu, um von der Kurie Unterstützung für seine eigene Politik zu erhalten. Illustratives Beispiel dafür ist seine im Jahr 1927 gegebene Anregung einer päpstlichen Ermunterung der österreichischen Bischöfe zu entschiedener Haltung in den kulturellen Dauerstreitfragen Ehe und Schule.[41] Umgekehrt stellte Seipel über Vermittlung Sibilias den österreichischen diplomatischen Dienst ab demselben Jahr mehrmals diskret in den Dienst

---

38 Rapport des Nuntius Sibilia an Staatssekretär Pacelli, Wien, 21. Mai 1932; S.RR.SS., AA.EE.SS., Austria-Ungheria, 1923–1935, pos. 852, fasc. 25, fol. 59; vgl. auch Rapport des Nuntius Sibilia an Staatssekretär Pacelli, Wien, 21. Juni 1931; ebd., fol. 40.

39 Zu Seipel vgl. Rapport des Nuntius Sibilia an Staatssekretär Gasparri, Wien, 4. April 1928; S.RR.SS., AA.EE.SS., Austria-Ungheria, 1923–1935, pos. 852, fasc. 23, fol. 55–56. Zu Schober vgl. Rapport des Nuntius Sibilia an Staatssekretär Gasparri, Wien, 9. Oktober 1929; ebd., fol. 73–74; sowie Rapport des Nuntius Sibilia an Staatssekretär Gasparri, Wien, 21. November 1929; ebd., fasc. 24, fol. 6. Zu Dollfuß vgl. Rapport des Nuntius Sibilia an Staatssekretär Pacelli, Wien, 22. September 1933; S.RR.SS., AA.EE.SS., Austria-Ungheria, pos. 881, fasc. 40, fol. 4–5.

40 S.RR.SS., AA.EE.SS., Austria-Ungheria, 1923–1935, pos. 852, fasc. 23, fol. 73–74, Rapport des Nuntius Sibilia an Staatssekretär Gasparri, Wien, 9. Oktober 1929.

41 U. a.: »… A questo riguardo, Mgr. Seipel, ieri nel consueto ricevimento diplomatico, con delicata allusione, mi faceva intendere quanto utile sarebbe una parola del SANTO PADRE (diretta ai Vescovi quando se ne offra opportuna occasione, e in quella forma che è tutta propria solamente del Sommo Pontefice) la quale scuotesse i dormienti, incoraggiasse i Vescovi ed aggiungesse una maggior lena ai buoni innanzi ai pericoli da cui sono minacciati gl'interessi della Religione dai nemici della Chiesa che tentano con tutti i mezzi di scristianizzare questa cattolica nazione …« Rapport des Nuntius Sibilia an Staatssekretär Gasparri, Wien, 24. Mai 1927; S.RR.SS., AA.EE.SS., Austria-Ungheria, 1923–1935, pos. 852, fasc. 23, fol. 14–15.

vatikanischer Interessen in Russland.[42] In diesem Zusammenhang ist wohl auch die Rolle Sibilias für das Zustandekommen des Konkordates von 1933 zu sehen: Als die Bundeskanzler Seipel wie auch Schober aus unterschiedlichen Gründen nach einem Konkordat strebten, nutzten sie ihre Kontakte zu Sibilia, um dieses Vorhaben offiziell in Rom zu lancieren. Schon die mangelnden Sprachkenntnisse lassen es indes als unwahrscheinlich erscheinen, dass der Nuntius substanziell in nennenswertem Maße zum Inhalt des Konkordats beigetragen hat – eine gründliche Untersuchung dazu ist ein Desiderat des laufenden Forschungsprojekts.

Es gibt indes zwei starke Indizien dafür, dass dem politischen Urteil beziehungsweise der diplomatischen Berichterstattung Sibilias von höchster Stelle nicht ungeteiltes Vertrauen entgegengebracht wurde. Das erste Indiz betrifft die Einschätzung der politischen und kirchlichen Lage in Österreich im spannungsgeladenen Jahr 1929, als mehrere hoch dramatische Gutachten über die kirchliche Situation Österreichs in Rom einlangten. Sie zeichneten das Bild einer drohenden Bolschewisierung des Landes und überholten damit selbst die starke Schwarz-Weiß-Malerei der Nuntiaturberichte weit rechts. Dieser Umstand und die von Sibilia vermutete Urheberschaft der Gutachten in chilenischen Diplomatenkreisen – dem Land seines dramatischen Scheiterns vor beinahe zwanzig Jahren – motivierte den Nuntius zu einer selten differenzierten Stellungnahme, die wohltuend aus seinen übrigen Berichten heraus sticht. Man lese in einem der Gutachten: »il socialismo viennese è marxismo e bolscevismo«. Diese Ansicht sei mit Sicherheit falsch oder zumindest maßlos übertrieben. Der Führer der Sozialisten, Otto Bauer, sei eher ein Heide als ein Jude und Ultramarxist, aber es gibt höchstens vier oder fünf um ihn, die so dächten wie er: Die große Mehrheit, also die Masse der sozialistisch organisierten Arbeiter, sei tatsächlich antimarxistisch. Und das habe er kürzlich in einem Bericht nach Rom auch eindeutig festgehalten: »in qualunque modo il bolscevismo è ben lontano dal raggiungere i suoi ideali su Vienna«. So schätzten dies auch alle vernünftigen Personen in Kirche und Staat ein, angefangen von Kardinal Piffl über Monsignore Seipel bis zum Bundespräsidenten Dr. Wilhelm Miklas.[43]

In dieser Situation verließ man sich in Rom offensichtlich aber nicht mehr allein auf die Wohlmeinung des eigenen Botschafters am Ort. Vielmehr beauftragte man den aus seiner Heimat verbannten Görzer Prälaten und nunmehrigen Vatikanischen Diplomaten Luigi Faidutti mit einer »Fact-Finding-Mission«, konnte der Friulaner Landeshauptmann der ausgehenden Monarchie doch als ein exzellenter Österreich-Kenner gelten. Faidutti befragte eine Reihe kirchlicher und politischer Größen der Zeit und legte die Ergebnisse seiner Gespräche in einem ausführlichen Gutachten vor. Es bestätigte im Wesentlichen die Einschätzung des Nuntius: Nicht der Bolschewismus drohe in Wien, vielmehr eine systematische

---

42 Vgl. Rupert Klieber, Die österreichische Diplomatie der Ersten Republik im Dienste von Interessen des Heiligen Stuhles in der Sowjetunion, in: Massimiliano Valente (Hg.), Santa Sede e Russia da Leone XIII a Pio XI. Atti del secondo Simposio organizzato dal Pontificio Comitato di Scienze Storiche dall'Istituto di Storia Universale dell'Accademia Russa delle Scienze, Vienna, 23–30 aprile 2001, Vatikanstadt 2006, S. 284–310.

43 Durchschlag des Antwortschreibens Nuntius Sibilia an Staatssekretär Gasparri, Wien, 6. Mai 1929; ASV, Arch. Nunz. Vienna 854, fasc. 2, fol. 392–395. Bezugnahme auf den früheren Bericht des Nuntius Sibilia an Staatssekretär Gasparri, Wien, 5. Mai 1929; S.RR.SS., AA.EE.SS., Austria-Ungheria, 1923–1935, pos. 852, fasc. 23, fol. 59–60.

Entfremdung vieler Teile der Bevölkerung von der Kirche durch die Kulturpolitik sozialistischer Provenienz vor allem in Wien.[44]

Das zweite Indiz liefert der österreichische Bundespräsident Wilhelm Miklas, den hinsichtlich der sukzessiven Ausschaltung der österreichischen Verfassung ab März 1933 ernsthafte Gewissensskrupel quälten. Er hatte bei Amtsantritt einen Eid zum Schutz dieser Verfassung abgelegt und war nach Ausschaltung des Verfassungsgerichtshofes die einzig verbliebene politische Instanz des Landes, welche die offenkundigen Verfassungsbrüche hätte ahnden können. In seiner Gewissensnot wollte er allerhöchsten moralischen Rat beim Papst einholen, bediente sich dazu aber bewusst nicht des päpstlichen Repräsentanten am Ort, sondern ließ ein entsprechendes Schreiben im Dezember 1933 über Kardinal Theodor Innitzer direkt an Staatssekretär Pacelli gelangen. Sibilia erachtete er zu sehr an der Seite des autoritären Kurses von Kanzler Engelbert Dollfuß, als dass er sich in dieser heiklen Angelegenheit ihm hätte anvertrauen wollen.[45] Seine Skepsis wurde nachträglich dadurch bestätigt, dass Nuntius Sibilia den autoritären Kurs des sogenannten Ständestaates fast vorbehaltlos unterstützte.

Eine formelle Schlussrelation Sibilias ist in den einschlägigen Beständen bis dato nicht aufgeschienen. Der Nuntius und seine römischen Vorgesetzten begnügten sich offensichtlich mit einem eher knappen abschließenden Resümee Ende März 1936, in welchem Sibilia die politische Lage in Österreich als ruhig kennzeichnete, sodass nur einige kirchliche Belange von untergeordneter Bedeutung der Regelung harrten. Aufgrund seines geringen Zutrauens in den Platzhalter während der Vakanz riet er dennoch zur raschen Entsendung des Nachfolgers: Er möchte vor seiner Abreise noch alles in Ordnung bringen:

> … e particolarmente se dovrò presentare a questo Ministero degli Esteri Monsignore Luigi Punzolo, nuovo Segretario, quale Incaricato degli affari di questa Nunziatura fino all'arrivo del nuovo Nunzio. Egli è un buon figliuolo, ma ben poco esperto; ed il suo modo di fare non mi sembra molto serio. Crederei subordinatamente che la venuta del nuovo Nunzio fosse quanto più presto possibile. / La situazione generale politica è buona e tranquilla, ma è necessario seguirla con attenzione. Qui in Nunziatura tutto è in regola e in perfetto ordine. Vi sono alcuni affari pendenti, venuti da recente, che riguardano la Propaganda Fide, la Commiss[ione] Pontif[icia] per l'interpret[azione] del Codice, il Concilio, il S[ancto] Officio ed ultimamente anche la questione del »Neuland«, di cui già da tempo mi sto occupando …[46]

---

44 Gutachten des Priesters Luigi Faidutti über die kirchlichen Verhältnisse in Österreich, an Staatssekretär Gasparri übermittelt am 6. August 1929; S.RR.SS., AA.EE.SS., Austria-Ungheria, pos. 848, fasc. 20, fol. 69–87.

45 Schreiben Kardinal Innitzer an eine ungenannte Eminenz (offensichtlich Staatssekretär Pacelli), Wien, 19. Dezember 1933; S.RR.SS., AA.EE.SS., Austria-Ungheria, pos. 881, fasc. 40, fol. 18–19. Eine ausführliche Darlegung der Aktion samt einer erstmaligen Publikation des politisch brisanten Briefes: Rupert Klieber, Quadragesimo anno e lo »Ständestaat« d'Austria Nuova (1934–1938), in: Cosimo Semeraro (Hg.), La Sollecitudine Ecclesiale di Pio XI. Alla luce delle nuove fonte archivistiche. Atti del Convegno Internazionale di Studio, Cittá del Vaticano 26–28 febbraio 2009, Vatikanstadt 2010, S. 347–362.

46 S.RR.SS., AA.EE.SS., Austria-Ungheria, 1936–1947, pos. 901–902, fasc. 63, fol. 5.

Nuntius Gaetano Cicognani (1881–1962; in Wien 1936–1938)

Im Unterschied zu seinen Vorgängern wurde Nuntius Cicognani im Jahr 1936 – soweit bisher ersichtlich – mit keinen ausführlichen Instruktionen nach Österreich entsandt. Kardinal Raffaele Carlo Rossi konstatierte, dass die Konsistorialkongregation »... al presente non ha istruzioni particolari da dare«; Staatssekretär Pacelli legte dem neuen Nuntius lediglich Interventionen in Detailfragen zum Ehegesetz und der Klerusbesoldung nahe.[47]

Der neue Nuntius war genau zwanzig Jahre jünger als sein Vorgänger (Jahrgang 1881, geboren in Brisighella, Diözese Faenza). Auch er stammte aus einer hochkirchlich vernetzten Familie; sein Bruder Amleto Giovanni Cicognani diente zwischen 1961 und 1969 zwei Päpsten als Staatssekretär. Die Karriere Gaetano Cicognanis zeigt Parallelen zu jener seines Vorgängers. Nach Seminar und Priesterweihe in Faenza erfolgten Ausbildung und Promotion im römischen Seminar San Appollinare in Philosophie, Theologie und beiden Rechten. Nach zwei Jahren an der Rota und als Professor am Apollinare trat Cicognani im Jahr 1912 in die Accademia dei Nobili Ecclesiastici ein, 1915 wechselte er ins Staatssekretariat. Es folgten erste diplomatische Außendienste in Spanien, Belgien und Den Haag; 1925 wurde er zum Titularerzbischof von Ancyra geweiht und mit einer ersten selbständigen Mission als Internuntius in Bolivien betraut. Hier wie als Nuntius in Peru ab 1928 war auch er mit heftigen kulturkämpferischen Polarisierungen der Politik südamerikanischer Länder konfrontiert.[48]

Im Jahr 1936 erfolgte die Nominierung Cicognanis als Nuntius in Wien, wo er im Dezember eintraf. In den nur fünfzehn Monaten, die Cicognani in seiner Funktion gegönnt waren, entfaltete er eine rege Berichterstattung. Wie schon Andreas Gottsmann in seiner Studie herausgearbeitet hat, war sie im Ton merklich neutraler und distanzierter gehalten als die seines Vorgängers.[49] Er berichtete ausführlich von den nationalsozialistischen Aktivitäten in Österreich sowie von den Versuchen des Ständestaates, den Anschluss-Bestrebungen einen Österreich-Patriotismus entgegen zu setzen. Er thematisierte auch eingehend die Divergenzen des österreichischen Episkopates zu dieser Frage. Der relevanteste Teil seines Wirkens fiel zweifelsohne in die ersten Monate des Jahres 1938. Er kritisierte damals die nachgiebige und mutlose Haltung Bundeskanzler Kurt Schuschniggs gegenüber Adolf Hitler. Nach erfolgtem deutschen Einmarsch versuchte er vergeblich, Kardinal Theodor Innitzer von seinen vorauseilenden Loyalitätsbekundungen abzuhalten.[50] Auch bei ihm fungierte wiederum van Tongelen mit seinen guten Italienischkenntnissen in den entscheidenden Stunden als Relais der telefonischen Kontakte. Seine resignative Klage über die beschränkten Möglichkeiten und die eingeschränkte Akzeptanz eines päpstlichen Botschafters im Gastland bilden einen

---

[47] Antwortschreiben Kardinal Rossi an Pizzardo, 7. August 1936; ebd., fol. 18; bzw. handschriftlicher Entwurf eines Schreibens von Pacelli an Cicognani, laut handschriftlichem Vermerk vom 10. Dezember 1936; ebd., fol. 20. Inhalt dieses Schreibens sind zwei kurze Abhandlungen über offene Fragen bezüglich »Matrimonio« und »Stipendi del clero«.

[48] Squicciarini, Nuntien (wie Anm. 1), S. 307f.

[49] Gottsmann, Archivbericht (wie Anm. 30), S. 549.

[50] Ebd., S. 551–553.

anregenden Beitrag für eine grundsätzliche Diskussion über die »Wirkmächtigkeit« päpstlicher Gesandter zur fraglichen Zeit, die wohl nicht nur den Einsatzort Wien betrifft: »Da allora il Cardinale Innitzer mantenne colla Nunziatura un riserbo il più assoluto; anzi, lo dico con pena, ma è questa la verità, fece di tutto per tenerla all'oscuro sui progetti che d'accordo con i suoi consiglieri stava, certamente con la migliore volontà, architettando…« Er beklagt sich in der Folge über die traditionell geringe Unterstützung der Nunziatur in Österreich und stellt fest: »… e i pochi sacerdoti che la frequentavano e prestavano qualche aiuto, erano guardati con diffidenza …« Auch die Bischöfe entschieden selbst in schwierigen Fragen lieber alleine (Beispiel: Jugendfrage vor einem Jahr). Er habe vergeblich auf gemeinsame Ziele und Anliegen hingewiesen: »… Mi dicono che un simile stato d'animo esista in qualche altra Nazione dell'antico impero austro-ugarico [sic]«.[51]

Conclusio

Die durchgeführte Analyse von Umfang, Art und Relevanz des Wirkens der Nuntien in Wien während der Regierungszeit Pius XI. hat sowohl grundlegende Probleme und Desiderate der speziellen Forschung als auch erste Ergebnisse ans Licht gefördert. Qualifizierte Aussagen über die Bandbreite, vor allem aber die Gewichtung der verschiedenen Arbeits- und Berichtmaterien der päpstlichen Gesandten werden durch die hochgradige »Filettierung« der einschlägigen Aktenbestände sehr erschwert (zwischen und innerhalb der Bestände Staatssekretariat, Affari Ecclesiastici Straordinari, Nuntiatur). Nur ein aufwendiges, vollständiges Aufspüren und Sichten aller Berichte – wie es das hehre Ziel der Münsteraner Pacelli-Edition darstellt – könnte diese historiographische Hürde beseitigen. Die bisherige Auswertung vor allem der politischen Berichte der Nuntien in Wien liefert jedoch keine Rechtfertigung für einen derartigen Aufwand: Nicht alle Botschafter des Heiligen Stuhls verfügten offenkundig über den Fleiß und die Fähigkeiten eines Eugenio Pacelli, um so viel forscherisches Aufhebens um ihre Berichte zu machen. Ein gutes Beispiel dafür, wie sehr vor allem Persönlichkeit und Fähigkeiten des »Botschafters« über die Art und Qualität der »Botschaften« entschieden, ist der fast während des gesamten relevanten Zeitraums in Wien residierende Nuntius Enrico Sibilia.

Sibilia war der Landessprache nicht mächtig. Er konnte nur berichten, was ihm aktiv zugetragen beziehungsweise übersetzt wurde. Auch liefern die Quellen keine Indizien für ein kommunikatives oder gar »exploratives« Naturell des Nuntius. Die gesetzlichen und politischen Verhältnisse der Ersten Republik hätten diesbezüglichen Ambitionen kaum Grenzen gesetzt, eher schon die deutliche Zurückhaltung relevanter Kreise (inklusive des heimischen Klerus), sich dem Vertreter der kirchlichen Zentrale anzuvertrauen beziehungsweise gar »anzubiedern« – eine Skepsis, die Sibilias umgänglicherer Nachfolger Cicognani stärker wahrgenommen und

---

[51] Gedruckter »Rapporto del 12 c. m. [April 1938] di S. E. Monsignor Gaetano Cicognani circa l'attitudine dell'Episcopato austriaco di fronte al nuovo regime«; S.RR.SS., AA.EE.SS., Austria-Ungheria, 1938–1946, pos. 918, fasc. 74, fol. 9–25.

offen beklagt hat. Sibilias Einschätzung der gesellschaftlichen Gegenwart erfolgte augenscheinlich nach jenen holzschnittartigen Schablonen, die eine Sozialisation in einer konservativen »Hochkirche-Familie« im Gebiet des alten Kirchenstaates von Rom und Umgebung beziehungsweise eine ausschließlich »hochkirchliche« römische Ausbildung vermittelte. Die gesellschaftlichen Polarisierungen seines früheren Einsatzgebietes Chile, die ihn zuletzt sogar aus dem Lande getrieben hatten, sind wohl ebenfalls nicht ohne traumatisierende Wirkung geblieben und haben die Kerben dieser Holzschnitte vermutlich weiter vertieft. Er unterschied in seinen politischen Analysen recht undifferenziert zwischen den »buoni« und »cattivi«; letztere wurden eindeutig mehr in linken als in rechten politischen Milieus verortet. Die Bundeskanzler Seipel, Schober und Dollfuß haben ihm von daher bedenkenlos auch ihre (zeitweisen) autoritären Ambitionen anvertraut.

Das Beispiel der drei Nuntien in Wien zwischen 1918 und 1938 zeigt, dass formelle und ausführliche Instruktionen und Schlussrelationen offenbar nicht zu den unumstößlichen Gepflogenheiten der vatikanischen Diplomatie gehörten. Die vorgesetzte kuriale Behörde nahm Nuntius Sibilia vorwiegend in seinen primären Funktionen als »Briefträger« und »Zuträger« in die Pflicht, das heißt als Berichterstatter und diplomatisch-diskreten Vermittler von Anliegen. Schon die ausführlichen Anweisungen zum Dienstantritt – im Kernbestand bereits für seinen Vorgänger formuliert – erläuterten seine Aufgaben meist nur recht allgemein (wie Förderung des katholischen Eifers) oder benannten offenkundigen Handlungsbedarf (zum Beispiel Diözesanregulierungen). Seine Berichte wurden in der Regel mit Dank quittiert, ohne daran konkrete Handlungsanleitungen zu knüpfen oder gar eigenständiges Agieren des Nuntius anzuregen. Da man im Vatikan und in der Wiener Theresianumgasse davon ausging, dass die amtierenden österreichischen Regierungen im kirchlichen Sinne handelten, erfolgte keine nennenswerte »Einmischung« in die heimische Politik, eher ihre Ermunterung und wohlmeinende Kommentierung. Politisch wie kirchlich heikle Angelegenheiten und Gutachten liefen indes mehrfach am Nuntius vorbei.

Es war Sibilias Nachfolger Cicognani, der angesichts des dramatischen Endes des »Christlichen Ständestaates« Österreich die ganze Ohnmacht eines päpstlichen Gesandten auskosten musste, da selbst ein Kardinal der römischen Kirche und alle übrigen Bischöfe seinen diplomatischen Ratschlag hinsichtlich ihrer unseligen »Anschluss-Erklärung« missachteten:

> … secondo il mio giudizio, il silenzio e l'attesa erano, in quei momenti così difficili, la linea migliore di condotta; che consideravo il comunicato inopportuno e prematura, tanto più che in esso vi era una frase (quella riguardante il felice avvenire della Nazione) che richiamava il concetto e le parole pronunziate il giorno prima dal Signor Seiss-Inquart nell'assumere la carica di Cancelliere nel fugace ministero nazional-socialista austriaco. Raccomandai infine prudenza somma …[52]

Der Episkopat des Landes mit den Erzbischöfen Sigismund Waitz und Theodor Innitzer an der Spitze sollte es schon bald bereuen, in diesem Punkt nicht der

---

[52] Ebd.

Einschätzung des apostolischen Gesandten sondern dem eigenen trügerischen politischen Instinkt gefolgt zu sein.

Der auf Basis der neu zugänglichen Archivbestände in der vorliegenden Studie formulierte Befund wird in absehbarer Zeit durch tiefer gehende Untersuchungen, die im Rahmen des Projektes »Pius XI. und Österreich« durchgeführt werden, ergänzt werden können. Gespeist aus ersten Erfahrungen mit dem neuen Material setzt das Projekt bestenfalls auf eine teilweise Edition von Quellen. Sein Hauptaugenmerk wird auf Spezialuntersuchungen zu ausgewählten Fragestellungen liegen. Einschlägige Dissertationsprojekte (Jürgen Steinmair: Bundeskanzler Seipel und der Heilige Stuhl; Johannes Schwaiger: Der Heilige Stuhl unter Pius XI. und die Katholische Aktion in Österreich) sind weit gediehen; weitere Studien von thematisch großer Bandbreite werden ihnen laut Projektplan im Laufe der kommenden Jahre folgen.[53]

[53] Zu Aktivitäten im Rahmen des Projekts »Pius XI. und Österreich« vgl. http://piusxi.univie.ac.at.

DIE NUNTIEN IN PARIS

Bonaventura Cerretti, Luigi Maglione und Valerio Valeri

Gianfranco Armando

Bonaventura Cerretti (1921–1926): Der Nuntius der Wiederaufnahme der diplomatischen Beziehungen und der Diözesanvereine

Bonaventura Cerretti traf am 2. August 1921 in Paris ein und übergab am 6. des folgenden Monats sein Akkreditierungsschreiben. Nach dem dramatischen Bruch vom 30. Juli 1904 und der Abschiebung Carlo Montagninis, dem »Beauftragten des Heiligen Stuhls für die religiösen Interessen in Frankreich und dem Hüter der Nuntiaturarchive«, wurden damit die diplomatischen Beziehungen zwischen dem Heiligen Stuhl und der Französischen Republik am 11. Dezember 1906 offiziell wiederaufgenommen.[1] Bonaventura Cerretti (1872–1933), ein Karrierediplomat mit internationaler Erfahrung in Mexiko, den Vereinigten Staaten und Australien,[2] kam aus Rom nach Frankreich, wo er seit dem 6. Mai 1917 das wichtige und einflussreiche Amt des Sekretärs der Kongregation für die Außerordentlichen Kirchlichen Angelegenheiten bekleidet hatte (die im Jahre 1814 gegründet worden war), und so Eugenio Pacellis Nachfolger im Amt geworden war, der am 20. April 1917, inmitten des Krieges, zum Nuntius in Bayern ernannt wurde.

In den ersten Jahren des 20. Jahrhunderts arbeitete Cerretti eng zusammen mit Kardinal Mariano Rampolla, dem Staatssekretär Leos XIII., mit Giacomo Della Chiesa und Pietro Gasparri; all diese Personen sollten seine diplomatische Karriere im Dienste der Kurie prägen. Bei seiner Rückkehr aus Australien im Jahre 1917 war Benedikt XV. Papst, und ein guter Freund von ihm, Kardinal Gasparri, Staatssekretär.

Mit Cerretti kam nach 16 Jahren wieder ein Nuntius nach Paris. Der ernannte Nuntius hatte überdies zur Klärung der Fragen, die die Bestimmung der deutschen katholischen Missionen betrafen, an der Friedenskonferenz von Versailles teilgenommen. Man befand sich an einem sehr heiklen Punkt der internationalen Politik. Der Krieg war seit wenigen Jahren vorbei und es gab zahlreiche Umwälzungen. Der Heilige Stuhl versuchte sich aus einer langen diplomatischen Isolierung zu befreien und das siegreiche Frankreich der *Union Sacrée* wollte seinerseits die Bindung zum Stuhl Petri wiederherstellen.

---

[1] Giuseppe De Marchi, Le Nunziature Apostoliche dal 1800 al 1956, Edizioni di Storia e Letteratura, Rom 1957, S. 129.

[2] Francesco Margiotta Broglio, Bonaventura Cerretti, in: DBI 25 (1980), S. 2–5.

Denkwürdig ist ein Ausspruch Kardinal Rampollas, Staatssekretär unter Leo XIII., der zu behaupten pflegte, dass, wenn Frankreich der Kirche fehle und die Kirche Frankreich, dann etwas auf der Welt nicht richtig laufe.

Im Jahre 1904, als der Bruch der diplomatischen Beziehungen zwischen dem Heiligen Stuhl und der Französischen Republik vollzogen wurde, gab es in der ganzen Welt insgesamt neun Nuntien; bei Kriegsanbruch 1914 war die Zahl bereits auf 13 gestiegen, im Jahr 1921 auf 20 und 1939, im Todesjahr Pius' XI., auf 34. Nach Paris entsandte man Cerretti, einen diplomatischen Experten, aber auch einen Mann des Kampfes, der es gewohnt war, eher unter Menschen als am Schreibtisch zu agieren.

Auf internationaler Ebene wurden nach dem Krieg ruhmreiche Nuntiaturen erheblich verkleinert, vor allem die in Wien, die nach dem Fall der jahrhundertealten Habsburger Monarchie nicht mehr beim Kaiser, Seiner Kaiserlichen Majestät, sondern bei einer Republik akkreditiert war, deren Überleben noch sehr ungewiss war.

Cerrettis Aufgabe bestand vor allem darin, die guten Beziehungen zur französischen Regierung wiederherzustellen, in einem System, das nicht mehr den Bestimmungen eines Konkordats unterlag, sondern in dem Staat und Kirche sehr strikt voneinander getrennt waren. Von den vielen Fragen der delikaten Frankreichmission muss man vor allem hervorheben, dass der Kirche Frankreichs eine gesetzliche Verfassung gegeben werden sollte, da diese seit 1905 einer separatistischen Gesetzgebung unterlag, und, da sie nicht mehr als juristische Person anerkannt war, unter anderem keine Güter mehr besitzen durfte. Den Weisungen, die aus dem Staatssekretariat kamen, folgend fungierte Cerretti als Transmissionsriemen zwischen diesem und dem französischen Episkopat, sodass man nach langen Bemühungen auch dank des Beitrags tüchtiger Berater auf juristischem Gebiet, im Jahre 1924 zur Enzyklika *Maximam gravissimamque* Pius' XI kommen konnte, mit der man seitens des Heiligen Stuhls die Einrichtung von »Diözesanvereinen« gestattete, Organismen, die von der französischen bürgerlichen Verfassung und der katholischen Hierarchie anerkannt waren. Diesen Vereinigungen, an deren Spitze der Diözesanbischof stand, gehörten und gehören weiterhin die kirchlichen Güter; zudem obliegt ihnen bis heute ihre Verwaltung.

Eine weitere Neuerung, die den Heiligen Stuhl freier vom neuen separatistischen französischen Regime machte, war, dass bei Bischofsernennungen anders als zu Zeiten des napoleonischen Konkordats nicht mehr eine Vereinbarung zwischen der Regierung und dem Heiligen Stuhl nötig war. Nun lag die Wahl allein beim Heiligen Stuhl und insbesondere beim Staatssekretariat, das durch den Nuntius dem Außenminister den Namen des auserwählten Kandidaten für das Bischofsamt mitteilte. Die Regierung musste lediglich ihr *agrément* geben oder begründen, ob es Hindernisse politischer Natur bezüglich des vom Heiligen Stuhl vorgeschlagenen Kandidaten gab.

Einer der Gründe für die Wiederannäherung Frankreichs, das zu der Zeit eine große Kolonial- und Siegesmacht war, an den Heiligen Stuhl war, dass die französische Regierung die Unterstützung der Kirche brauchte sowie ihrer Institutionen und der tausenden von französischen Missionarinnen und Missionaren, die in den afrikanischen Kolonien, in Indochina und dem Mittleren Osten tätig waren, um ihre Präsenz unter den eingeborenen Völkern besser zu festigen.

Aufgrund der Friedenskonferenz von Versailles war Paris in jenen Jahren das Weltzentrum der internationalen Politik. Sich in Paris zu befinden hieß daher, auch für den Heiligen Stuhl, die Welt der internationalen Beziehung besser kennenzulernen; außerdem hatte er aufgrund der vielen dort ansässigen Diplomaten die Möglichkeit, an zahlreiche Informationen zu gelangen. Der Nuntius war laut Beschluss des Wiener Kongresses von der französischen Regierung als Doyen des diplomatischen Korps anerkannt; dies ermöglichte ihm, Vorzugsbeziehungen nicht nur mit dem Außenministerium, sondern auch mit den Botschaftern vieler bei der französischen Republik akkreditierter Länder zu haben.

Der Heilige Stuhl verfolgte somit seine Politik der Wiederkehr in die Völkergemeinschaft nach mehreren Jahrzehnten der Isolation seit dem Ende der weltlichen Macht im Jahr 1870. Die Anwesenheit eines Nuntius in der wichtigsten Hauptstadt jener Zeit gestattete all das soeben Gesagte und verlieh dem diplomatischen Eintreten des Heiligen Stuhls mehr Handlungsspielraum außerhalb Italiens, weit weg von der Kontrolle der Regierung in einer Zeit, die noch vom vorkonkordatären Vergleich zwischen Kirche und Staat gezeichnet war. Paris war schließlich ein Finanzstandort erster Wichtigkeit und diente überdies auch dazu, weit entfernt von neugierigen Augen, die vatikanischen Finanzen zu regeln.

Es gab auch kritische Momente zwischen beiden Parteien. Unter anderem galt es, in einem Land, in dem der Antiklerikalismus sehr stark und es auch lange gewesen war, eine wohlwollende Haltung zum Heiligen Stuhl und zur katholischen Kirche zu schaffen. Der Nuntius beabsichtigte zudem, gute Beziehungen zu den französischen Bischöfen zu knüpfen, von denen einige offen die katholische Rechte unterstützten, die monarchistische Tendenzen hegte und durch die Bewegung der *Action française* auf breite Zustimmung bei Klerus und Gläubigen traf. Cerrettis Amtszeit als Nuntius dauerte nur wenige Jahre, sie war jedoch von schweren politischen und finanziellen Krisen geprägt. Auf internationaler Ebene muss man dabei nur an das Inkrafttreten des Friedensvertrags von Versailles und seine Konsequenzen denken und vor allem an die Frage der deutschen Reparationen. Auf nationaler Ebene erlebte der Nuntius zahlreiche Regierungskrisen, die, besonders 1924 in Folge des Wahlsieges des *Cartel des Gauches*, seine Anwesenheit in Paris in Frage stellten, sodass man einen erneuten Bruch der diplomatischen Beziehungen fürchtete. Bei dieser Gelegenheit mobilisierte sich der französische »militante Katholizismus« als fester Block und angesichts einer inneren Krise im politischen Leben Frankreichs und Volkskundgebungen von Katholiken im Elsass und in Lothringen zugunsten der Beibehaltung des napoleonischen Konkordats in ihren Gebieten, die erst vor kurzer Zeit zu Frankreich zurückgekehrt waren, wurden die Französische Botschaft in Rom und die Apostolische Nuntiatur in Paris aufrechterhalten.

Die Nuntiatur in Frankreich wird im Organigramm der diplomatischen Vertretungen des Heiligen Stuhls als eine Nuntiatur erster Klasse betrachtet; einer alten Tradition folgend wurde ein Nuntius nach Ende seiner Amtszeit zum Kardinal befördert. Cerretti wurde am 14. Dezember 1925 mit dem Purpur bekleidet und empfing im Elysee-Palast das Birett gemäß einer alten Tradition, die auf die Könige Frankreichs zurückgeht. Das Birett wurde ihm jedoch nicht vom Präsidenten der Republik Doumergue aufgesetzt, sondern von Kardinal Louis-Ernest Dubois, Erzbischof von Paris und päpstlicher Ablegat.[3] Cerretti blieb bis 1926 als Pronuntius in Paris.

Luigi Maglione (1926–1936): Der Nuntius der Verurteilung der Action française, der Erneuerung des Episkopats und der Katholischen Aktion

Luigi Maglione (1877–1944)[4] wurde am 24. Mai 1926 zum Nuntius in Frankreich ernannt, als er gerade päpstlicher Vertreter bei der Schweizerischen Eidgenossenschaft in Bern war. Seine Amtszeit war durchaus lang und dauerte gut zehn Jahre (eine ungewöhnlich lange Dauer für dieses Amt). Sie fällt in eine leidvolle Phase der Geschichte der Kirche Frankreichs und Europas.

Maglione war ein Karrierediplomat, der in sich einige der Qualitäten der besten Nuntien vereinte: er war akkurat und methodisch in seiner Arbeit im Amt und sehr diskret in seinem diplomatischen Handeln. Im Jahre 1908 wurde er ins Staatssekretariat berufen und arbeitete dort in der Kongregation für die Außerordentlichen Kirchlichen Angelegenheiten. Zur gleichen Zeit unterrichtete er Diplomatie an der päpstlichen Adelsakademie (der Schule der künftigen päpstlichen Diplomaten). Benedikt XV., der die Qualitäten dieses Geistlichen aus Kampanien schätzte, ernannte ihn im Februar 1918 zum Vertreter des Heiligen Stuhls bei der Schweizerischen Eidgenossenschaft.

Kardinal Alexis-Armand Charost, Erzbischof von Rennes, sagte im Juni 1928 anlässlich einer politisch-journalistischen Polemik bezüglich vermeintlicher Einmischungen des Nuntius: »Man hat es gewagt, dieses Eingreifen einem Nuntius zuzuschreiben, dessen Reserviertheit, vollkommene Würde und dessen hohes religiöses Gewissen offensichtlich sind.«[5] Diese lobende Meinung sollte in Frankreich immer mehr geteilt werden.

Seit seiner Ankunft in der französischen Hauptstadt sollte Maglione der treue Vollstrecker des Vorgehens Pius' XI. in Bezug auf die *Action française* sein. Man könnte vereinfachend sagen, dass Maglione der Nuntius der Verurteilung der *Action française* ist, da ein Großteil seiner Aktivität, besonders in seinen ersten Pariser Jahren, dieser in der Kirche Frankreichs so tief verwurzelten politisch-religiösen Bewegung gewidmet war. Wirft man einen Blick auf den Index der Nuntiatur Magliones,[6] entdeckt man, dass gut 241 von insgesamt 1.553 Faszikeln (so viele umfasst der Bestand) die *Action française* betreffen. Die Arbeit des Nuntius war engmaschig und systematisch; es gab keinen einzigen Bereich des kirchlichen Lebens Frankreichs, in dem sein diplomatischer und religiöser Einsatz nicht spür-

---

3 Die Angabe Margiotta Broglios im Dizionario Biografico degli Italiani (wie Anm. 2) ist nicht korrekt.
4 Francesco Malgeri, Maglione Luigi, in: DBI 67 (2006), S. 433–436.
5 ASV, Arch. Nunz. Parigi 507, fasc. 1174, fol. 74.
6 ASV, Arch. Nunz. Parigi 1921–1944, Indice 1086.

bar war. In den Akten befindet sich unter anderem ein umfangreicher und prononcierter Spiegel der freundlichen und feindlichen Presse zur Bewegung Charles Maurras'; jeder einzelne Bischof wurde persönlich kontaktiert und es gibt Dossiers zu allen Diözesen sowie zu den katholischen Universitäten, den Seminaren und katholischen Organisationen. Kein Bereich entging der Aufmerksamkeit des Nuntius, der gut informiert war und seinerseits die Informationen an den Heiligen Stuhl weiterleitete. Der Wirkungsbereich des Nuntius berührte selbstverständlich die Bischofsernennungen, die römische Bildung des Klerus, die Wahl der Professoren in den Seminaren und den katholischen Universitäten sowie die Beziehungen zu den männlichen und weiblichen religiösen Instituten und das politische Leben.

Vom Moment der Verurteilung der *Action française* durch Pius XI. im Jahre 1926, auf die 1927 das Dekret des Heiligen Offiziums folgte, das die Mitglieder und Unterstützer besagter Bewegung von den Sakramenten und der kirchlichen Beerdigung ausschloss, bemühte sich Maglione aktiv darum, dass die ganze Kirche Frankreichs in all ihren Facetten den Anweisungen Roms folgte. Möglicherweise erklärt dies seine so lange Amtszeit: Ein treuer und gleichzeitig so hartnäckiger Mann musste den Kampf gegen die Bewegung Maurras', die im französischen Katholizismus der Zeit so sehr verwurzelt und verzweigt war, ohne Pardon siegreich zu einem Ende bringen.

Eng verbunden mit der *Action française* erscheint in den Akten Magliones das von ihm vollendete tiefgreifende Erneuerungswerk des transalpinen Episkopats. Vom Moment der Wiederaufnahme der diplomatischen Beziehungen im Jahre 1921, in dem bereits das Regime der Separation galt, war die Bischofsernennung der Kongregation für die Außerordentlichen Kirchlichen Angelegenheiten anvertraut, praktisch also dem Staatssekretariat. Dieses Vorgehen verlangte, dass der Nuntius Informationsdossiers zu den einzelnen Kandidaten für den Bischofsstuhl vorbereitete. Maglione erfüllte diese Aufgabe mit Gewissenhaftigkeit und Sorgfalt: Man suchte im Klerus immer die romtreuen Priester heraus, die einer gesunden Lehre folgten, und im Dossier, das den Informanten gesandt wurde, fragte man immer, wie die Kandidaten zur *Action française* standen. Der Heilige Stuhl wollte an der Spitze der Diözesen Bischöfe sehen, die Hirten beispielhafter Lehre und Moral und der Linie Roms gegenüber treu und gehorsam waren.

Maglione war auch dank seiner früheren diplomatischen Mission in der Schweiz und der Kontakte, die er mit dem Völkerbund gehabt hatte, sehr aufmerksam, was die französische und internationale Politik anging. Ein Großteil der Korrespondenz, die er nach Rom schickte, betraf die Wahlen in Frankreich zu einer Zeit, die, besonders in der ersten Hälfte der dreißiger Jahre, von großen Spannungen und inneren Turbulenzen geprägt war. Außerdem war Paris in diesen Jahren weiterhin einer der von der internationalen Politik bevorzugten Orte, nicht nur als Sitz für Botschafter aus aller Welt, sondern auch durch die dichte Ansiedlungen von Exilanten aus verschiedenen europäischen Ländern, wie zum Beispiel Deutschland, Italien, der Sowjetunion und Spanien. Die Beziehungen, die Maglione im Laufe seiner zehnjährigen Amtszeit als Nuntius mit unterschiedlichen politisch-religiösen Persönlichkeiten, die in Frankreich anwesend waren, zu unterhalten wusste, gestatteten es ihm, wertvolle Informationen zu sammeln, die er gewissenhaft ans Staatssekretariat weiterleitete. Seine Erfahrung in Frankreich bereicherte das diplomatische Curriculum Magliones tiefgreifend und es ist nicht unangebracht zu vermuten, dass gerade aufgrund dessen Pius XII. ihn am Tag nach seiner Wahl auf den wichtigen und delikaten Posten im Staatssekretariat rief.

Maglione wurde am 16. Dezember 1935 zum Kardinal erhoben, blieb aber als Pronuntius bis zum Frühjahr 1936 in Paris. Vom 25. bis 30. April 1936 begab sich Staatssekretär Kardinal Pacelli anlässlich des Abschlusses des Heiligen Jahres der Erlösung nach Lourdes. Bei dieser Gelegenheit wurde Pacelli mit allen bürgerlichen und militärischen Ehren empfangen, auch als Beweis der hohen internationalen Achtung, die dem Heiligen Stuhl in einer sehr kritischen Phase der internationalen Politik in Europa bedacht war. Das politische Klima hatte sich in Frankreich zu Beginn des Jahrhundert stark verändert, als die diplomatischen Beziehungen zwischen dem Heiligen Stuhl und der Französischen Republik auf dramatische Weise unterbrochen worden waren und es am 11. Dezember 1906 zur Abschiebung des Geschäftsträgers Carlo Montagnini gekommen war.

Valerio Valeri (1936–1944): Der Nuntius der Zeit der Front populaire und des Krieges

Valerio Valeri (1883–1963) wurde am 3. Juni 1936 zum Nuntius ernannt, nachdem er bereits umfangreiche diplomatische Erfahrungen gesammelt hatte. Im Juni 1921, als er gerade als Angestellter im Staatssekretariat arbeitete, wurde er zum Auditor der Nuntiatur in Paris ernannt. 1927 wurde er zum Apostolischen Delegaten in Ägypten und Arabien befördert. 1929 wurde ihm die Apostolische Delegation in Jerusalem, Palästina und Transjordanien anvertraut. Im Jahre 1933 wurde er zum Nuntius in Rumänien ernannt, wo er bis zu seiner Berufung nach Paris blieb.[7]

Valeri blieb bis zum Dezember 1944 Nuntius in Frankreich, sodass über die Hälfte seiner Amtszeit in die Zeit des Zweiten Weltkriegs und in die Zeit des Pontifikats Pius' XII. fiel; die Akten dieser Zeit sind bislang noch nicht zu konsultieren. Valeri folgte im Juni 1940 der französischen Regierung nach Tours und nach Bordeaux und wurde im folgenden Monat nach dem Waffenstillstand bei Marschall Philippe Pétain, dem neuen Regierungschef, zur Akkreditierung seiner diplomatischen Mission vorstellig. In diesen Jahren lebte er in Vichy, wo auch die französische Regierung ansässig war, während der Auditor am Sitz in Paris verblieb. Im Moment der Befreiung bat General de Gaulle den Heiligen Stuhl, Valeri nach Rom zurückzurufen, da er bereits bei der Regierung Pétains akkreditiert war.[8] General Charles de Gaulle lehnte es ab, diejenigen Diplomaten bei seiner Regierung zu akkreditieren, die ihr Land bei Marschall Pétain vertreten hatten. Der Heilige Stuhl versuchte auf seine Weise sich den Intentionen des französischen Regierungschefs entgegenzustellen, aber am Ende gab Pius XII. nach. Der Nuntius kehrte am 23. Dezember 1944 nach Rom zurück und am 30. Dezember

---

7 Paul Christophe, Valerio Valeri, in: Catholicisme hier, aujourd'hui, demain 15 (2000), S. 662–665.

8 Vgl. Pierre Blet, Pie XII et la Seconde Guerre mondiale d'après les archives du Vatican, Paris 2005, S. 255–286.

traf, von der Apostolischen Delegation in der Türkei kommend, Angelo Giuseppe Roncalli, der spätere Johannes XXIII., in Paris ein. Beide wurden unter Pius XII. im Jahre 1952 zu Kardinälen erhoben.

Valeri war in Paris allgemein bekannt, weil er von 1921 bis 1927 unter Cerretti das Amt des Auditors bekleidet hatte. Am 29. Mai 1936 schrieb die katholische Zeitung *La Croix* über den neuen Nuntius:

> Monsignor Valeri ist in unserer Hauptstadt kein Unbekannter, wo er sechs Jahre lang, von 1921 bis 1927, überaus ausgezeichnet seine Aufgaben als Auditor der Nuntiatur erfüllte. Seine Kenntnisse über unser Land, unsere Sprache und unsere Kultur sind bewundernswert. Außerdem erinnern sich die, die ihn während seiner Zeit in Paris getroffen haben, an ihn als einen ausgezeichneten Prälaten von großer Frömmigkeit.[9]

Die Akten aus Valeris Zeit als Nuntius sind, zumindest was den Abschnitt von Juli 1936 bis März 1939 angeht, der bisher einsehbar ist, äußerst interessant. Es handelt sich dabei um entscheidende Jahre für das Schicksal Europas. Im Februar 1936 hatte die *Frente popular* die Wahlen in Spanien gewonnen und im Mai 1936 gewann die *Front populaire* in Frankreich. Im Juli desselben Jahres kam es in Spanien zum Militäraufstand unter Francisco Franco und zum Ausbruch des Bürgerkrieges. Bei zahlreichen Gelegenheiten fungierte die Pariser Nuntiatur als Vermittler zwischen dem Heiligen Stuhl und Spanien. Die Situation in Frankreich selbst präsentierte sich als äußerst bewegt. Der Sieg der linken Parteien bei den Wahlen im Mai 1936 hatte in der öffentlichen Meinung in Frankreich große Hoffnung erweckt, aber gleichzeitig zu einer Radikalisierung des politischen Kampfes auch in Bezug auf die kritische internationale Situation geführt (Spanischer Bürgerkrieg mit der Unterstützung General Francos durch das nationalsozialistische Deutschland und das faschistische Italien mit allen internationalen Konsequenzen, der deutschen Aufrüstung usw.).

Der Weisung des Heiligen Stuhls folgend versuchte Valeri gegenüber der Regierung der *Front populaire* eine Politik, die durch Mediation und Vergleich geprägt war, durchzusetzen. Nichtsdestotrotz gab es einige Momente der Spannung, die durch die Schulpolitik der Regierung in Bezug auf die Departments Elsass und Lothringen bedingt waren. Valeris Aufgabe, in der er der Linie Magliones folgte, bestand darin, den katholischen Katholizismus immer mehr aus den Bindungen mit der *Action française* zu lösen, weshalb er als Bischöfe weiterhin Männer wählte, die aus dem französischen sozialen Katholizismus stammten, der Katholischen Aktion gegenüber positiv gestimmt waren und von Verbindungen mit politischen Parteien fern von waren.

Nuntius Valeri durchlebte viele schwierige Jahre der Geschichte Frankreichs, während der sich die Handlungsmaßnahmen des friedensstiftenden Werks Pius' XI. und seines treuen Staatssekretärs Kardinal Pacelli immer mehr einschränkten. Den unermüdlichen Einsatz Valeris und seiner Mitarbeiter, nicht nur auf diplomatischer, sondern auch auf karitativer und pastoraler Ebene, wird man besser kennenlernen können, wenn die Akten zum Pontifikat Pius' XII., besonders für die Kriegsjahre 1939 bis 1944, zugänglich sein werden.

---

9 ASV, Arch. Nunz. Parigi 522, fasc. 1302, fol. 14.

Im Juli 1937 begab sich Kardinal Pacelli als außerordentlicher Gesandter Pius' XI. nach Frankreich, um die Basilika von Lisieux einzuweihen und zu segnen, die dort erbaut worden war, wo das Kloster der Karmeliterinnen gestanden hatte, in dem 1897 die heilige Theresia vom Kinde Jesu verstorben war, die Pius XI. 1925 heiliggesprochen hatte. Bei dieser Gelegenheit vollbrachte Pacelli, wie auch bei den anderen Reisen, die er in diesen Jahren nach Amerika unternahm, eine sehr wichtige diplomatische und pastorale Mission, besonders in Paris, wo er mit allen bürgerlichen und militärischen Ehren empfangen wurde und mit vielen Vertretern der politischen Welt zusammenkam. Die Reise des vatikanischen Staatssekretärs wurde sehr gut aufgenommen, nicht nur von den Katholiken, sondern auch von der Regierung und der öffentlichen Meinung. In dieser so bedrohlichen Phase auf der europäischen Bühne konnte man wieder auf das friedensstiftende Werk des Stuhls Petri hoffen.

»DIES WAR DER BEGINN DER NUNTIATUR ITALIENS«

Anmerkungen zur Person Francesco Borgongini Ducas

Alberto Guasco

Leider ist es nicht möglich, einen Querschnitt der gesamten Zeit geben, in der Francesco Borgongini Duca das Amt des Nuntius von Italien bekleidete, nämlich vom 2. Juli 1929 bis zum 12. Januar 1953. Sein Nachfolger sollte übrigens Giuseppe Fietta werden. Dies liegt nicht nur daran, dass zu seiner Zeit als Nuntius einige weitere Untersuchungen notwendig wären, sondern auch daran, dass die Akten zum Pontifikat Pius' XII. im Vatikanischen Geheimarchiv – in das vierzehn der fast fünfundzwanzig Jahre von Borgonginis Zeit im Amt fallen – noch nicht zugänglich sind. Diese zeitliche Begrenzung schließt derzeit jede Hypothese zu einer eventuellen vom Nuntius unterschriebenen Finalrelation und zu ihren Inhalten aus.

In dieser zweifellos partiellen Sicht der Dinge scheint es mir sinnvoll, sich zunächst auf den Moment der Ernennung und dann auf den Amtsantritt des Nuntius zu konzentrieren. Angesichts fehlender schriftlicher Instruktionen zur einzuschlagenden politischen Linie in Bezug auf das faschistische Regime werde ich versuchen, diese Ereignisse wie eine Art Lackmustest zu lesen, durch den man mithilfe von Protokollen von Audienzen mit dem Duce, die von Borgongini selbst zwischen 1929 und 1936 verfasst wurden, die Mentalität erkennen kann, mit der die Römische Kurie das Ereignis der Versöhnung, der *Conciliazione*, die Grenzen, denen das Einschreiten des Nuntius unterlag, und seine Handlungsmöglichkeiten, auch in Bezug auf die Feinde der katholischen Kirche, erlebte.

Über Francesco Borgongini Duca weiß man objektiv wenig. Das *Dizionario Biografico degli Italiani* schreibt zu den Phasen seiner Ausbildung, dass er das Studium der Theologie und des kanonischen Rechts am Päpstlichen Römischen Priesterseminar durchlief und am 22. Dezember 1906 in Rom zum Priester geweiht wurde. 1909 wurde er Offizial der Apostolischen Pönitentiarie und ein Jahr später Minutant der Propaganda Fide; gleichzeitig unterrichtete er Fundamentaltheologie und Dogmatik sowohl am Päpstlichen Priesterseminar in Rom als auch am Kolleg der Propaganda Fide. 1917 wurde er Sekretär der Pönitentiarie; dies hinderte ihn nicht daran, sich auch der pastoralen Tätigkeit im Amt als geistlicher Leiter des »Pontificio seminario minore« im Vatikan zu widmen.[1] Sein Weg war gezeichnet durch eine Linie rigider Orthodoxie in der Glaubenslehre – die in den Jahren des Ersten Weltkriegs in einer Auseinandersetzung mit Ernesto Buonaiuti mündete[2] – sowie durch einen *cursus honorum*, der ihn im Jahr 1921 ins

[1] Vgl. G. Caputo, Francesco Borgongini Duca, in: DBI 12 (1970), S. 782–784.

[2] Die beiden waren bereits während ihrer Kindheit befreundet; vgl. Ernesto Buonaiuti, Pellegrino di Roma. La generazione dell'esodo, Rom – Bari 1964, S. 4. Sie waren später Protagonisten einer langen, auf Distanz geführten Polemik; vgl. Ernesto Buonaiuti, La genesi della dottrina agostiniana intorno

Staatssekretariat führte, zunächst als Prosekretär der Kongregation für die Außerordentlichen Kirchlichen Angelegenheiten, dann, ab dem 14. Oktober 1922, dem unmittelbaren Vorabend des Marschs auf Rom, als Sekretär.[3] Fünf Jahre später, 1927, wurde er Apostolischer Protonotar und schließlich, am 7. Juni 1929, wurde er zum Apostolischen Nuntius in Italien ernannt und zum Erzbischof von Eraclea erhoben.

Diese Ernennung ist auf die komplexen Verhandlungen zurückzuführen, die zwischen der Kirche und dem Regime geführt wurden und die im Abschluss der Lateranverträge am 11. Februar 1929 gipfelten. Nach deren Unterzeichnung begann jedoch für zwei Jahre, wie die Geschichtsschreibung herausgestellt hat,[4] schon vor der Parlamentsdebatte und dem Austausch der Ratifizierungsurkunden bis hin zum September 1931, eine neue Phase der Auseinandersetzung, die, wie Roberto Pertici treffend formuliert, in einem »bewaffneten Frieden« endete.

Wie dem auch sei, der daraus resultierende Vertrag sah in Artikel 12 im Rahmen der Aufnahme diplomatischer Beziehungen zwischen dem Heiligen Stuhl und dem Reich Italien die Einsetzung eines Apostolischen Nuntius beim König Italiens vor:

> Die Hohen Vertragsparteien verpflichten sich zur Herstellung normaler diplomatischer Beziehungen untereinander durch Beglaubigung eines italienischen Botschafters beim Heiligen Stuhl und eines päpstlichen Nuntius in Italien. Dieser ist auf Grund des von der Wiener Kongressakte vom 9. Juni 1815 anerkannten Gewohnheitsrechtes der Doyen des Diplomatischen Korps.[5]

Für diese delikate Position brauchte der Papst, so steht zu vermuten, einen Geistlichen mit genau folgenden Eigenschaften: dem Regime bekannt und ihm nicht unangenehm, ja besser noch willkommen; ein guter Kenner der Kurie und der römischen Kirchenwelt und ein treuer Vermittler der Linie des Pontifex. Die Wahl fiel auf Borgongini Duca, dem Eugenio Pacelli am 22. April 1929 aus Rom zur »erhabenen Mission, die der Heilige Vater Ihnen zu geben gedenkt« und zur Erfüllung »einer so schwierigen, delikaten und wichtigen Aufgabe« gratulierte.[6] Dieser Brief zeigt einen Borgongini, der bereits am Werk und sich einer Aufgabe bewusst war, die ihn nicht nur mit Männern des Regimes, sondern auch mit Gesprächspartnern aus dem Diplomatischen Korps der Länder, mit denen der Heilige Stuhl keine Beziehungen unterhielt, in Kontakt bringen sollte, besonders mit der Sowjetunion und Mexiko. Um sich auf die Haltung einzurichten, die er

al peccato originale, Rom 1916, und DERS., S. Agostino, Rom 1917; Francesco BORGONGINI DUCA, Il profilo di s. Agostino e la genesi della dottrina agostiniana intorno al peccato originale, Rom 1919; Ernesto BUONAIUTI, Sant'Ambrogio o l'Ambrosiastro, Rom 1919; Francesco BORGONGINI DUCA, Al chiar.mo prof. E. Buonaiuti, per la sincerità, Monza 1919.

3 Vgl. zu diesen Daten Giulio BARBETTA, Un cardinale tra »li regazzini«. Il cardinale Francesco Borgongini Duca nei ricordi di un discepolo, Rom 1966, S. 65f.

4 Vgl. dazu Mario CASELLA, Stato e Chiesa in Italia dalla Conciliazione alla riconciliazione (1929–1931): Aspetti e problemi nella documentazione dell'Archivio Storico Diplomatico del Ministero degli Affari Esteri, Galatina 2005; Roberto PERTICI, Chiesa e Stato in Italia. Dalla Grande Guerra al nuovo concordato (1914–1984). Dibattiti storici in Parlamento, Bologna 2009, S. 147.

5 Vgl. Pietro SCOPPOLA, Santa Sede e fascismo, Documenti e interpretazioni, Rom – Bari 1970, S. 167. Hier zitiert nach www.verfassungen.eu/va/lateranvertrag1929.htm (16.07.2011).

6 ASV, Arch. Nunz. Italia 13, fasc. 1, fol. 2.

zu den Botschaftern dieser Länder einnehmen musste, und auch in Bezug auf allgemeine Fragen des Protokolls, schlug Borgongini üblicherweise einen direkten Weg ein: Er griff auf die Hilfe zweier erfahrener Nuntien zurück, die in zwei der größten Länder Europas tätig waren – neben Pacelli in Deutschland Maglione in Frankreich –, und erhielt von ihnen allgemeine Ratschläge.[7]

Borgonginis Ernennung fällt in eine Zeit wachsender Polemiken. So hielt Mussolini am 13. Mai 1929 eine aggressive Rede zum Schluss der Diskussion über die Lateranverträge in der Abgeordnetenkammer, in der er formulierte, dass »im Staat ... die Kirche weder souverän noch frei«[8] sei. Die Antwort des Papstes, die in Form eines öffentlichen Chirographen am 5. Juni 1929 erschien, auf den 30. Mai datiert und an Kardinal Gasparri adressiert war, blieb jedoch unerschütterlich bei der Linie des unterzeichneten Abkommens, was die grundsätzliche und miteinander verbundene Einhaltung der Verträge und des Konkordats anging (»*simul stabunt*« oder »*simul cadent*«), betonte also die unverletzbaren Rechte des Heiligen Stuhls.[9]

Nach drei Jahren sprunghafter Verhandlungen zwischen den beiden Parteien musste Borgongini diese Linie auch ohne schriftliche Instruktionen eindeutig klar sein, zumal die offizielle Bekanntgabe seiner Ernennung gerade in den Tagen zwischen dem 6. und dem 7. Juni 1929 stattfand. Diese Tage waren für den Austausch der Ratifizierungsurkunden festgelegt worden. In Wirklichkeit handelte es sich dabei aber um Tage, an denen Abkommen, die mit Mühe und Not erreicht worden waren, polemisch und kontrovers diskutiert wurden.

Was die Daten angeht, wandte sich Pietro Kardinal Gasparri am 6. Juni 1929 an Carlo Kardinal Perosi, den Sekretär der Konsistorialkongregation, und bat ihn darum, »dem neuen Nuntius einen erzbischöflichen Titel zu konferieren und ihm dann die opportunen Instruktionen zu geben, sowie die Befugnisse, die von dieser Heiligen Kongregation gewöhnlich erlassen werden«.[10] Am 7. Juni kommunizierte Gasparri die Nachricht der Ernennung Borgonginis an Mussolini, um dessen »Wohlgefallen« zu erlangen;[11] am 29., dem Fest der heiligen Peter und Paul, feierte er, nachdem die Beglaubigungsschreiben für den König, die Königin und für den

---

[7] In seinem Brief vom 17. Juni 1929 schrieb Pacelli: »Mi sono sempre astenuto dal far visite, come anche dall'accettare gli inviti, che mi sono venuti, non dalla legazione del Messico, ma dall'Ambasciata dei Soviety. In quest'ultima mi dovetti recare privatamente alcuni anni or sono una o due volte, a causa delle trattative, che, V. E. ben sa, erano allora in corso per tentare di regolare la situazione della Chiesa cattolica in quella Nazione«; Arch. Nunz. Italia 13, fasc. 1, fol. 7–8. Am gleichen Tag schrieb Maglione aus Paris: »Qui ... il Nunzio fa una visita all'Ambasciatore di Russia già in sede, o riceve la visita di quello, che arriva, e gliela restituisce. Poi lo saluta: chi si è visto, si è visto. A Roma, attesa anche la stagione, il caldo ecc. il Nunzio, io credo, può immaginare che l'Ambasciatore di Russia è in villeggiatura e sarà quindi lieto di lasciargli soltanto un biglietto da visita. Il Ministro del Messico può essere raccomandato al Signore ... da lontano«; ebd., fol. 9–10.

[8] Vgl. Pertici, Chiesa (wie Anm. 4), S. 603–668, wo die Rede Mussolinis vollständig ediert ist, sowie auch im Standardwerk von Scoppola, Santa Sede (wie Anm. 5), S. 207–209 und S. 217–225.

[9] Vgl. S.RR.SS., AA.EE.SS., Stati Ecclesiastici, pos. 214 P. O., fasc. 13, fol. 20–26.

[10] S.RR.SS., AA.EE.SS., Italia, pos. 712 P. O., fasc. 190, fol. 59.

[11] »In seguito alla ratifica dei Patti Lateranensi che prevedono le relazioni diplomatiche tra la Santa Sede e il Governo Italiano, il Santo Padre ha in animo di nominare Nunzio Apostolico presso Sua Maestà il Re d'Italia l'Ill.mo e Rev.mo Monsignor Francesco Borgongini Duca, presentemente Segretario della Sacra Congregazione degli Affari Ecclesiastici Straordinari. Prima però di procedere a tale nomina Sua Santità mi ha incaricato di domandare il gradimento di cotesto Governo. Profitto dell'opportunità per confermarmi con i sensi della mia più alta stima e distinta considerazione«; ebd., fol. 57.

Regierungschef unterzeichnet waren, die Weihe des Nuntius zum Bischof in pectore und ernannte ihn zum Erzbischof von Eraclea.[12]

Borgongini Duca trat sein Amt am 2. Juli 1929 an[13] und bezog das Nuntiaturgebäude an der Via Nomentana. Am 8. Juli – am gleichen Tag, an dem er dem italienischen Episkopat die Nachricht von seinem Amtsantritt kommunizierte und sich »zur vollständigen Verfügung« erklärte[14] – übergab er offiziell dem König von Italien und Mussolini die Akkreditierungsschreiben.

Wenn man die Instruktionen für den Nuntius, oder besser gesagt: das betreffende Material dazu, das in der Kongregation für die Außerordentlichen Kirchlichen Angelegenheiten und in der Nuntiatur Italiens archiviert ist, mit Blick auf das liest, was explizit ausgedrückt ist, als auch auf das, worüber geschwiegen wird, fällt Folgendes auf: Neben den Instruktionen zu den Privilegien und den Vorrechten des Nuntius in Italien und denen der Propaganda Fide, die die drei afrikanischen Vikariate betrafen, findet man in den Akten keine Instruktion in Bezug auf die Linien der Kirchenpolitik, die der Nuntius dem faschistischen Regime gegenüber hätte einhalten müssen. Man findet anderes – Instruktionen zur antiklerikalen und pornographischen Presse, zu den kommunistischen Aktivitäten zum Schaden der Jugend, zur Sittlichkeit der Unterhaltung, zur Einhaltung der Sonntagsruhe, zur Situation des durch die Kongrua besoldeten Klerus, zur demographischen Protektion der Stadt Rom – aber nichts dazu.

Mehr Raum wird dem Problem der Kolonien gegeben. Hierzu stellte die Propaganda Fide durch ihren Präfekten, Willem Kardinal van Rossum, Borgongini einige Dokumente zur Verfügung, die Aussagen zur Amtsführung der Missionen in den Apostolischen Vikariaten von Tripolitanien, Cyrenaika und Mogadischu, die von der Kongregation abhingen, enthielten. Während sich – darauf wies man gesondert hin – die ersten beiden Vikariate, die den Franziskanern anvertraut waren, »ziemlich regelmäßig« entwickelten, befinde sich das Vikariat von Mogadischu »unter Apostolischer Visitation«. Die von van Rossum an die Instruktionen angehängten Dokumente bezeugen – auch für Tripolitanien und Cyrenaika – eine Konfliktsituation im Hinblick auf die Unkontrollierbarkeit der Militärkapläne und ihrer Arbeit, die weder moralisch tadellos noch so unpolitisch war, wie es sich der Heilige Stuhl vorstellte: »Es lässt sich beobachten, dass die Missionare, die für diese bestimmt sind, immer ein gutes Verhältnis mit dem Nationalverbund hatten, obwohl die Propaganda immer bei den Missionaren insistiert hat, dass sie sich so unabhängig wie möglich verhielten und sich in den Missionen hauptsächlich um die Sache der Religion kümmerten und sich von übertriebenen nationalistischen Bekundungen fernhielten.«[15] Außerdem gab die Konsistorialkongregation durch ihren Präfekt, Kardinal Perosi, am 2. Juli Gasparri folgendes zu verstehen:

> Im Anbetracht der Tatsache, dass besagter Nuntius gewohnheitsmäßig in Rom residiert, wo der Pontifex Maximus seinen Sitz hat und wo sich außerdem die Heiligen Römischen Kongregationen befinden, die üblicherweise

---

[12] ASV, Arch. Nunz. Italia 13, fasc. 1, fol. 23–25.

[13] S.RR.SS., AA.EE.SS, Italia, pos. 712 P. O., fasc. 190, fol. 94.

[14] ASV, Arch. Nunz. Italia 13, fasc. 1, fol. 16–22.

[15] S.RR.SS., AA.EE.SS, Italia, pos. 712 P. O., fasc. 190, fol. 80.

> direkt die Befugnisse und päpstlichen Indulte vermitteln, hält es diese Heilige Kongregation nicht für opportun, dem Nuntius von Italien selbst (zumindest in Rom und in den suburbikarischen Bistümern) alle Befugnisse zu verleihen, die normalerweise den päpstlichen Vertretern außerhalb Italiens gewährt werden. Dafür, dass diesen besondere apostolische Befugnisse gewährt werden, gibt es ein gerechtes und evidentes Motiv in der wohlwollenden Bereitschaft des Heiligen Stuhls, es den Ordinarien und den Gläubigen anderer Nationen einfacher zu machen, spirituelle Gefallen zu erlangen, die sie benötigen, und die ein unmittelbares Gesuch *singulis vicibus* an den Heiligen Stuhl zuweilen erschweren würde. Wenn man hingegen dem Nuntius in Italien ähnliche außerordentliche Befugnisse verleihen würde, würde man nichts anderes tun, als ein neues Organ für päpstliche Konzessionen zu schaffen, parallel zu den Heiligen Dikasterien der Kurie, dessen Notwendigkeit nicht ersichtlich ist, weil sich die Ordinarien und die Gläubigen Italiens in der gleichen Zeit und auf die gleiche Weise direkt an die Heiligen Kongregationen wenden können.[16]

Zum Problem der Kompetenzen befragt, wandte sich die Kongregation für die Außerordentlichen Kirchlichen Angelegenheiten an den Papst, der sie anwies, die Untersuchung des Problems einem mit der Materie vertrauten Konsultor anzuvertrauen. Die Ergebnisse dieser Untersuchung wurden am 5. Juli 1929 herausgegeben[17] und vom Papst approbiert; noch am selben Tag gestattete er die Ausführung der betreffenden Instruktionen.

Mit diesen Instruktionen ausgerüstet übergab Borgongini die Akkreditierungsschreiben, was in einem zeremoniellen Rahmen geschah, besser gesagt in einer »Liturgie der Mächte«, die er in seinem ersten Brief an Gasparri detailliert beschrieb. Die Zeremonie rief bei einigen italienischen Purpurträgern anscheinend ein wenig Sorge hervor. Immerhin schrieb der Erzbischof von Pisa, Pietro Kardinal Maffi, der die Abwesenheit Viktor Emanuels von Rom bemerkt hatte, am 29. Juni an Gasparri und stellte dem Nuntius, für den Fall, dass es notwendig werden sollte, den König außerhalb Roms zu erreichen, die Strukturen des Erzbistums zur Verfügung:

> Seine Majestät der König ist mit der ganzen Familie in San Rossore und die Zeitungen sprechen von einer unmittelbarer Vorlegung der Akkreditierungsschreiben durch den Nuntius. Ich habe keinen Grund, dies zu beurteilen und hege in Bezug auf die Zeitungen die Vorsicht, die die Zeitungen sich verdient haben. Wie dem auch sei: Wenn man hier etwas tun müsste, bin ich sehr froh, in diesem Erzbistum die ganze Gastfreundlichkeit anzubieten, die die

16 S.RR.SS., AA.EE.SS, Italia, pos. 712 P.O., fasc. 190, fol. 92 (Hervorhebung im Original). Kardinal Perosi fügte auf einem angehängten Blatt hinzu, dass »dopo l'elenco dei candidati all'Episcopato e delle rettifiche delle circoscrizioni diocesane in corso … questa S. Congregazione non ha per il momento altre istruzioni da dare al novello Nunzio Apostolico presso la Real Corte d'Italia, eccetto la nota … delle diocesi italiane, attualmente vacanti«; ebd. 87–88.

17 »Evidentemente, nel Regno d'Italia, questo Nunzio godrà di tutti i privilegi e di tutte le prerogative, delle quali godono gli altri Nunzi, nelle Nazioni in cui sono accreditati. Ma in Roma, sede del Sommo Pontefice e residenza di molti E.mi Membri del S. Collegio, la situazione del Nunzio, che naturalmente, in questa città dovrà risiedere, riguardo a queste prerogative e a questi privilegi, presenta qualche difficoltà«; ebd. fol. 64.

> Personen des Heiligen Stuhls nur wünschen könnten: *ich unterstehe Eurer Eminenz.*[18]

Diese Option war schlussendlich nicht mehr notwendig: Borgongini begab sich am 8. Juli erst zum König, dann zum Ministerpräsidenten, dann zum Grab Petri und schließlich zum Grabmal des unbekannten Soldaten, wie er eine Woche später, am 15. Juli, in seinem ersten sehr umfangreichen Bericht an Kardinal Gasparri schrieb. Er beschränkte sich dabei nicht auf eine bloße Beschreibung der Ereignisse. Vielmehr durchzieht den ganzen Bericht die noch traumatisierte Erinnerung an das Jahr 1870 – das Ereignis, das, um es mit Pius XI. zu sagen, »Italien Gott und Gott Italien zurückgab« – und die Ergriffenheit, wenn nicht das Wohlgefallen des Kirchenmannes, der in der Niederlage des alten Feindes, des freimaurerischen Liberalismus, einen ganzen Abschnitt der Geschichte Revue passieren ließ. Borgongini schrieb:

> Als ich durch die Porta Pia ging, berichtete ich dem Hofzeremonienmeister von meiner Ergriffenheit, der als guter Katholik meine Gefühle teilte (er hatte mir bereits gesagt, dass man den Namen der Via XX Settembre ändern und in Via XI Febbraio umbenennen müsste). »Vor sechzig Jahren«, bemerkte ich, »als die italienischen Truppen durch dieses Tor einmarschierten, plante die Freimaurerei, der Kirche und dem Papsttum den letzten Dolchstoß zu geben; heute tritt hier mit dem universellen Einverständnis des italienischen Volkes der demütige Vertreter des Papstes feierlich ein und nimmt den Ehrenplatz im öffentlichen Leben der Nation ein. Die Vorsehung hat verfügt, dass wir durch das gleiche Tor eintreten.« Dasselbe sagte ich Seiner Majestät dem König und dann dem Regierungschef.[19]

Es handelte sich also um eine angemessene Wiedergutmachung, einen Akt, der die Lücke der Porta Pia schloss und die Via della Conciliazione öffnete; und aus diesem Grund stieß sich dieses Ereignis 1929 und 1930 hauptsächlich an der Frage der Abschaffung des Feiertags des 20. Septembers,[20] einem Überbleibsel jenes Ereignisses von 1870. Dies muss im weiteren Kontext des fortwährenden und erneuerten Zusammenstoßens erfasst werden, das den Beginn der offiziellen Beziehungen darstellte und das gut aus dem zweiten Bericht des Nuntius hervorgeht. Darin geht es um die Audienz mit Mussolini vom 5. August 1929,[21] der »dem Heiligen Vater zugetragen wurde«, aber (und er nutzte eine Abwesenheit Gaspar-

---

18 Vgl. S.RR.SS., AA.EE.SS, Italia, pos. 712 P. O., fasc. 190, fol. 60 (Hervorhebung im Original). Zur allgemeinen Haltung des Königs in Bezug auf die Conciliazione vgl. Giovanni Battista Varnier, Gli ultimi governi liberali e la questione romana 1918–1922, Mailand 1976, S. 108f. Zur Nähe Kardinal Maffis zur Königsfamilie vgl. Pasquale Stefanini, Il Cardinale Maffi, Pisa 1958, S. 303–310; Il cardinale Pietro Maffi arcivescovo di Pisa. Primi contributi di ricerca (Tavola rotonda 18 marzo 1982), Pisa 1983, S. 37f.

19 Vgl. S.RR.SS., AA.EE.SS, Italia, pos. 712 P. O., fasc. 190, fol. 96.

20 Vgl. Marta Margotti (Hg.), La soppressione della festa in discorso. Le trattative tra Italia e Santa Sede per l'abolizione della festività del 20 settembre, in: Contemporanea. Rivista di storia dell'800 e del 900 1 (2009), S. 87–104.

21 ASV, Arch. Nunz. Italia 23, fasc. 1, fol. 9–18. Hieraus stammen auch die im Folgenden angeführten Zitate.

ris[22]), wie eine handschriftliche Anmerkung von Borgongini selbst deutlich macht, »nicht an den Staatssekretär geschickt« wurde. Der Nuntius schrieb folgendes über sein Gespräch mit dem Duce:

> Alles ging gut nach der Unterzeichnung der Lateranverträge, und Eure Exzellenz und der Faschismus haben das größte Lob aus ganz Italien und der ganzen Welt erhalten, bis zum 13. Mai, als Sie die erste Rede gehalten haben. Alle waren verblüfft. Der Heilige Vater fragte sich: Wer hat diese Rede veranlasst? Keiner hat verstanden, warum Eure Exzellenz auf diese Weise gesprochen haben. Wissen Sie, dass der Heilige Vater kurz davor war, das Heilige Kolleg zusammenzurufen und anzukündigen, dass die Verträge nicht ratifiziert werden würden? Aber dann überwog die Idee zu warten, auch weil Eure Exzellenz sich gegenüber Pacelli enttäuscht über die Auswirkung der Rede zeigten und sagten, dass Sie in der zweiten Rede im Senat den Heiligen Vater glücklich stimmen würden. Diese zweite Rede war besser im Ton, aber Seine Heiligkeit hat sie als schlechter im Inhalt bewertet. Hier habe ich ihn auf die Sorgen des Heiligen Vaters hingewiesen, auch auf Gewissensprobleme, sodass er sich gezwungen sah, den berühmten Brief zu schreiben, damit die Katholiken der ganzen Welt nicht glaubten, dass er die Behauptungen und Deutungen Eurer Exzellenz teilte.

Borgongini fügte hinzu:

> Ich habe gesagt, dass der Heilige Vater sehr betrübt und alarmiert darüber war, »so sehr, dass er mich diese Woche jeden Tag zu sich rief, und dass ich nicht weiß, was er machen wird und dass er jedwede ernsthafte Sache unternehmen kann«. »Was kann er tun?«; »Wenn die Situation sich nicht verändert, kann es auch zum Bruch kommen, was sehr schlimm wäre, fünfzehn Tage nach dem Beginn der diplomatischen Beziehungen und so kurz nach der Ratifizierung.« Er antwortete mir: »Guter Gott! Wenn in einem Land die kirchliche Heirat, der Religionsunterricht, die religiösen Orden anerkannt werden, kommt es nicht zu einem Bruch aufgrund von [ein Wort unlesbar] Dingen.« Ich habe ihm die Entwicklung dieser Meinungen des Heiligen Vaters erklärt, die sich im Schmerz der Katholiken widerspiegeln.

Man kann glauben, dass der Nuntius übertrieb, als er das Wesen des Gesprächs wiedergab, oder dass der Papst selbst die eigenen Intentionen in dieser Sache übertrieben dargestellt hätte, um Mussolini zu ermahnen. Aber mehr als diese Möglichkeit interessiert hier das Problem der Trennbarkeit des Konkordats vom Vertrag, ein Kernpunkt, den Borgongini in einem Gespräch vom 15. Januar 1930 wieder aufnahm, in dem er den Duce in Bezug auf eine eventuelle Diskussion im Abgeordnetenhaus zu Rate zog:

> Kann ich also dem Heiligen Vater gewährleisten, dass die Gerüchte bar jeder Grundlage sind, und dass Sie weder vorhaben, eine Antwort auf die Anfrage zur Trennbarkeit des Konkordats vom Vertrag zu geben, noch eine andere

---

22 Zu dieser Zeit war Kardinal Gasparri verreist; vgl. S.RR.SS., AA.EE.SS, Italia, pos. 730 P.O., fasc. 237.

> Rede der Art? Geben Sie Obacht, Exzellenz, dass es sich um ein sehr ernstes Thema handelt, und dass eine betreffende Rede seitens des Heiligen Stuhls auch extreme Konsequenzen haben könnte. »Versichern Sie das auch dem Heiligen Vater.«[23]

Wiederholt sollte Borgongini auch bei anderen Gelegenheiten darauf beharren, beispielsweise im Januar 1934. Nachdem er die Nachricht erhalten hatte, dass die Kommission, die mit der Reform des Kirchenrechts betraut war, ihre Arbeit beendet hatte, begab er sich zum Duce und fragte: »Der Heilige Vater hat mich zu Ihnen geschickt, um Ihnen zu sagen, dass er hofft, dass Eure Eminenz das Vorhaben bekannt machen wird ... Wir befürchten, dass man das Konkordat berühren will.« »Nein« – antwortete Mussolini – »das Konkordat wird nicht berührt, sondern im Gegenteil angewandt«.[24]

Liest man die Berichte und die Aufzeichnungen der Audienzen mit Mussolini, die Borgongini im Laufe der Jahre entwarf, und analysiert man die Häufigkeit und die Regelmäßigkeit beziehungsweise Unregelmäßigkeit, ist es im Übrigen eher allgemein möglich, sich über das Einverständnis oder die Spannung klar zu werden, die abwechselnd zwischen dem Heiligen Stuhl und dem Regime bestand. Und dies sagte Borgongini selbst, sowohl in den Berichten, die die entspanntesten Momente des Verhältnisses mit Mussolini betrafen (»der Regierungschef war ... ziemlich versöhnlich; und ich habe von der Audienz, wie gewöhnlich, einen guten Eindruck erhalten«[25]; »der Regierungschef behält uns gegenüber eine versöhnliche Haltung bei und, wenn ich mich nicht täusche, eine wohlwollende«[26]), als auch in jenen Berichten, in denen die Politik des Duce anders motivierte antiklerikale Reaktionen ausdrückte.[27] Angesichts derer wurde Borgongini zum Überbringer einer entsprechenden kirchlichen Reaktion:

> Die Politik Eurer Exzellenz ist eine Pendelpolitik ... und in diesem Moment befindet sich das Pendel links, in der antiklerikalen Zone, im Schatten, und alle warten darauf, dass es bald das Licht der Sonne erblickt. Wenn Eure Exzellenz bedenkt: Solange der Faschismus antiklerikale Haltungen beibehält, müssen die Katholiken automatisch zu ihrem Schmerz Antifaschisten sein.[28]

Auch die Rolle des Nuntius selbst erscheint klarer. Das negative Bild jedoch, das am 6. Oktober 1929, drei Monate nach dem Amtsantritt von einem anonymen Informanten der Polizei von Borgongini gezeichnet wurde, ist sicherlich übertrieben. Der Nuntius wird hier als Mitläufer der päpstlichen Anweisungen skizziert:

> Monsignor Borgongini, ein Mann und Prälat von nicht hohem intellektuellem Niveau und auch nicht eben hoch studiert ... er hat es nie gewollt und

---

23 Bericht an Kardinal Gasparri, 16. Januar 1930; S.RR.SS., AA.EE.SS, Italia, pos. 794, fasc. 389, fol. 8.

24 Alle Zitate stammen aus ASV, Arch. Nunz. Italia 23, fasc. 6, fol. 14–19.

25 Bericht an Kardinal Pacelli, 4. Juni 1930; S.RR.SS., AA.EE.SS, Italia, pos. 794, fasc. 389, fol. 17.

26 Bericht zum Gespräch vom 15. April 1930; ASV, Arch. Nunz. Italia 23, fasc. 2, fol. 66.

27 Vgl. z. B. den Bericht über die Audienz vom 4. Oktober 1929: »Trovo Mussolini abbastanza eccitato; mi dice che se l'Azione Cattolica farà politica egli la distruggerà in un momento«; ASV, Arch. Nunz. Italia 23, fasc. 1, fol. 27.

28 Bericht an Kardinal Gasparri, 15. Januar 1930; ebd., fol. 6.

> verstanden, seine Meinung zu den großen Linien der vatikanischen Politik auszudrücken, vielleicht weil er nicht im Stande ist, eine eigene Meinung zu haben; aber er hat sich immer in den herausragenden besetzten Ämtern mit Leuten von seinem Schlag umgeben, das heißt mit früheren Schülern des Römischen Priesterseminars, wie Ottaviani, Tardini und weiteren, um in einem gänzlich homogenen Umfeld zu leben und zu arbeiten, in dem er nichts zu befürchten hatte. Seine derzeitige Mission bei der italienischen Regierung ist schwieriger denn je. Und in dieser kurzen Zeit hat er äußerst gefährliche Momente gehabt. Aber unter einem guten Stern geboren, hat sich Borgongini gerettet und er rettet sich, weil er, da er hier alles unter der Hand hat, Anweisungen und Ratschläge zur richtigen Zeit erhält, ohne krampfartige Wartezeiten und widersprüchliche Dementis. Fern von Rom wäre er einer jener Vertreter der päpstlichen Diplomatie, die sich, wenn nicht ungeeignet, so doch ihrer Mission unterlegen erweisen.[29]

Dies scheint jedoch nicht allzu übertrieben. Denn ähnlich urteilt die Hagiographie Borgonginis, die vom Sekretär Giulio Barbetta geschrieben wurde, und in der es in einem Kommentar zu dessen Arbeit als Nuntius heißt: »… geschult in Rom, das heißt bei den diplomatischen Dikasterien des Heiligen Stuhls, in Kontakt mit zwei sehr starken Persönlichkeiten, nämlich Pius XI. und Benito Mussolini, und in häufig dramatischen Umständen … war er Quelle vieler Beunruhigungen, zahlreicher Ärgernisse und nicht weniger Demütigungen«.[30] Ganz zu schweigen von den Memoiren des Botschafters Cesare Maria De Vecchi, dem der Nuntius niemals sympathisch war.

Andererseits stellen Ausdrücke wie »der Heilige Vater befahl mir«, »da mich der Heilige Vater dazu autorisiert hat«, »gemäß der genauen Anweisungen des Heiligen Vaters«, »laut den empfangenen Instruktionen«, »der unterzeichnete Nuntius führt auf Weisung Seiner Heiligkeit folgendes aus«, die in den Berichten Borgonginis häufig zu finden sind, nicht nur Höflichkeitsformeln dar, sondern definieren unbestreitbare eine Linie, die der Nuntius nicht selbst entworfen hatte, sondern zu deren Einhaltung er angehalten wurde.

Dies wird gänzlich bestätigt durch ein Dokument vom 12. April 1931, einer Antwort auf »sieben Punkte«, über die Mussolini durch den Botschafter De Vecchi zu verstehen gab, dass der Heilige Stuhl sich nach ihnen richten sollte, um eine friedliche Zusammenarbeit zwischen den Parteien fortzusetzen. Die Antwort wurde von Borgongini erstellt, »unter dem Diktat Seiner Heiligkeit Pius XI.«, wie es in einer Randnotiz heißt. Sie fügt sich nahtlos in das Bild der wachsenden Spannung zwischen den Parteien ein, die in der Krise der Katholischen Aktion im Jahr 1931 ausarten sollte; und die Ausdrücke, die der Pontifex darin verwendet, erhellen gut, wie der Papst die Aktivität des Nuntius verstand und wer die Zügel der Politik im Angesicht des Faschismus in der Hand hatte:

> Monsignor Borgongini Duca muss in erster Linie Graf De Vecchi gegenüber den Zweifel vorbringen: Befinden wir uns auf dem richtigen Gleis? Sie brin-

[29] Zitiert nach Carlo M. Fiorentino, All'ombra di Pietro. La Chiesa cattolica e lo spionaggio fascista in Vaticano, Florenz 1999, S. 90f.

[30] Vgl. Barbetta, Cardinale (wie Anm. 3), S. 182.

> gen mir die Meinung Mussolinis und berichten dann Mussolini; aber ich bin nicht der Heilige Stuhl, sondern der Nuntius des Heiligen Stuhls. Ich muss zurückkehren zum gemachten Schritt … Ich kann Ihnen auf der Stelle auf einige Dinge antworten, je nachdem, was Ihre Fragen mir empfehlen, aber dann werde ich meinerseits referieren müssen, wie Sie es ihrerseits machen, und somit werde ich in einem nächsten Treffen Ihnen das mitteilen können, was man für zu antworten nötig halten muss.[31]

Dieser Besonderheit war sich Borgongini selbst bewusst: »Die Diplomatie hier in Rom hat wenig zu tun, weil die beiden obersten Autoritäten agieren.«[32] Sie führte sogar, besonders anlässlich der Krise von 1931, dazu, dass er in der Diplomatie zurückgestellt und Pietro Tacchi Venturi mit den Verhandlungen betraut wurde. »Am Donnerstag, dem 3. September 1931, wurde ich morgens zum Heiligen Vater gerufen; Seine Heiligkeit begann zu reden und entschuldigte sich fast bei mir, dass er mich in den Verhandlungen mit dem Abgeordneten Mussolini beiseite gelassen hatte, die zum Abschluss eines Abkommens führten, das am Tag darauf von P. Tacchi Venturi unterzeichnet wurde.«[33]

Eine weitere Besonderheit der Aktivitäten des Nuntius tritt zu Tage: er zog immer mehr Aufgaben an sich, als ursprünglich in den Instruktionen vorgesehen worden war. So veränderte sich zum Beispiel die in Bezug auf die kommunistische Propaganda auszuübende Wachsamkeit zu einer Haltung der vollkommenen Opposition gegenüber einem breiten Feld von ideellen und institutionellen Feinden, mit denen Borgongini sich konfrontiert sah.

Auf philosophischer Ebene war es eine idealistische Strömung: »Ich empfahl ihm zudem das Gesetz zum Religionsunterricht, das sich zur Diskussion im Senat befindet, und berichtete ihm von den Beunruhigungen der Katholiken aufgrund der verspäteten Diskussion, was vielleicht durch die Umtriebe Gentiles bedingt ist.«[34]. Auf religiöser Ebene waren es die anderen Konfessionen, besonders die Reformierten: »Ich sagte dem Regierungschef, dass das Vorhaben, die protestantischen Konfessionen, die Parasiten sind, die zum Schaden der wahren Religion leben wollen, mit der katholischen Religion gleichzustellen, eine äußerst ungerechte und für uns sehr offensive Sache ist.«[35] Dazu kamen, nicht aus persönlichen,

---

31 Pius XI. an Graf De Vecchi, 12. April 1931; S.RR.SS., AA.EE.SS, Italia, pos. 794, fasc. 389, fol. 51. Zum Verhältnis zu De Vecchi und den Botschaftern in Italien im allgemeinen vgl. Mario Casella, Gli ambasciatori d'Italia presso la Santa Sede dal 1929 al 1943, Galatina 2009. Zum Verhältnis zu den Faschisten vgl. Cesare Maria De Vecchi, Il quadrumviro scomodo. Il vero Mussolini nelle memorie del più monarchico dei fascisti, Mailand 1983; ders., Tra papa, duce e re. Il conflitto tra chiesa cattolica e stato fascista nel diario 1930–1931 del primo ambasciatore del regno d'Italia presso la Santa Sede, Rom 1998.

32 Vgl. die Aufzeichnungen Borgonginis; ASV, Arch. Nunz. Italia 23, fasc. 3, fol. 46–48.

33 Ebd., fol. 46–48.

34 Bericht an Kardinal Pacelli, 4. Juni 1930; S.RR.SS., AA.EE.SS, Italia, pos. 794, fasc. 389, fol. 20. Vgl. auch ASV, Arch. Nunz. Italia 23, fasc. 2, fol. 100, mit der Anmerkung des Nuntius: »Data l'influenza del Gentile nell'ambiente fascista, purtroppo non completamente controbilanciata dagli elementi cattolici che fanno capo all'Ambasciatore De Vecchi, prevedo che vi sarà da combattere per raggiungere l'intento«.

35 Bericht an Kardinal Pacelli, 4. Juni 1930, ebd., fol. 20. Vgl. auch den Bericht an Pacelli vom 18. März 1933: »[Mussolini] passò a parlare dei protestanti in genere e mi disse che gli allarmi del Santo Padre … erano ingiustificati. I protestanti in Italia sono 150 mila, dei quali 40 mila sono Valdesi, mentre in

sondern aus einzig kirchlichen Motiven, die Nachahmer des antiken Modernismus, besonders Ernesto Buonaiuti. Mehrere Male hatte er Gelegenheit, mit dem Duce über ihn zu sprechen:

> Ich nutzte die Gelegenheit, um dem Abgeordneten Mussolini … von dem Missbrauch des Priesterkleids zu berichten, den der exkommunizierte Priester Ernesto Buonaiuti betreibt. Als der Regierungschef verstanden hatte, dass es ein Urteil gab, das Buonaiuti das Tragen der Soutane verbot, wollte er nichts anderes hören, und sagte zu mir, indem er mich unterbrach: »Dieses Urteil übernehme ich, da ich durch das Konkordat dazu verpflichtet bin. Wenn wir Faschisten einem unserer Partei das schwarze Hemd entziehen müssen, der sich seines unwürdig gezeigt hat, rufen wir die Faschisten zusammen, reißen es ihm vom Leib und spucken ihm ins Gesicht.« An diesem Punkt unterbrach ich ihn: »So viel verlangen wir nicht; wir wollen nur, dass dieser Priester, der den katholischen Glauben nicht mehr hat und von der zuständigen Autorität von der kirchlichen Gemeinschaft ausgeschlossen wurde, nicht die Montur eines katholischen Priesters trägt.« »Ohne weiteres; versichern sie auch dem Heiligen Vater, dass es meine Pflicht ist, das zu tun, was das Konkordat vorschreibt. Das Urteil besteht; ich führe es aus und diskutiere es nicht, weil ich dazu nicht befugt bin. Vor allem werde ich ihm sagen lassen, dem Buonaiuti: Junger Mann, ziehen sie sich die Soutane aus; und dann, wenn er auf diese Einschüchterung nicht gehorcht, werde ich ihm die Polizeibeamten schicken, die das tun werden, was man gewöhnlich mit jemandem tut, der unbefugt die Militärkluft trägt: mir scheint, dass es dafür drei Monate Gefängnis gibt.«[36]

Auf politischer Ebene fanden sich Freimaurer und Antiklerikaler jeder Provenienz – die etliche Jahre nach der Selbstauflösung der italienischen Freimaurerei aktiv und wirksam waren, welche eine Folge des vom Regime auch auf Bitte der Kirche ausgeübten Drucks war – einschließlich der faschistischen Minister der höchsten Ränge:

> »Wenn Eure Exzellenz außerdem wissen wollen, mit wem wir nicht zufrieden sind, werde ich es Ihnen offen sagen: mit dem Abgeordneten Arpinati. Der Innenminister passt einfach nicht…« »Wieso passt er nicht? Er passt sehr gut.« »Er wird Ihnen passen, aber mir nicht. Alle Verfahren, die ich abwickle, bleiben im Innenministerium stehen.« »Aber Arpinati war Mitglied des Komitees des Eucharistischen Kongresses von Bologna, und in diesen Tagen hat er mir in Bezug auf die Konferenz Pacellis in Bologna gesagt, dass er dort für eine gute Atmosphäre sorgen wird. Dies hat er mir aus eigenem Antrieb gesagt, was zeigt, dass er eine gute Gesinnung hat…« »In Wahrheit zeigt das gar nichts (auch der Duce lächelt, und sagt mir dann:) Ja, ich gebe zu, dass Arpinati nicht positiv dazu eingestellt ist …«[37]

Francia sono 3 milioni. Replicai che Sua Santità domenica scorsa mi aveva fatto vedere un grosso fascicolo dattilografato, il quale conteneva i risultati di una inchiesta fatta fare in merito, e mi aveva detto: ›I protestanti sono in quasi tutte le diocesi d'Italia, e questa è la nostra più grande croce!‹«; ebd., fol. 89.

36 Audienz vom 7. Februar 1930; ASV, Arch. Nunz. Italia 23, fasc. 2, fol. 45–46. Von Buonaiuti ist z. B. auch die Rede in der Audienz vom 5. August 1929; ebd., fasc. 1, fol. 17–18, und am 14. März 1933; ebd., fasc. 5, fol. 13.

37 Bericht an Kardinal Gasparri, 16. Januar 1930; S.RR.SS., AA.EE.SS, Italia, pos. 794, fasc. 389, fol. 7. Hier heißt es weiter: »Il discorso è tornato su Arpinati e su gli altri membri del Partito dei quali non ho

Auf kirchlicher Ebene, und hier wird die Frage persönlich, sah sich der Nuntius konfrontiert mit Feinden, die sich nicht so einfach identifizieren ließen. Im Wesentlichen handelte es sich dabei aber um Personen, die ersatzweise für Borgongini das Amt des Apostolischen Nuntius anstrebten, dessen Intentionen sich während der Krise von 1931 auf besonders evidente Weise offenbaren:

> Er sagt mir: »Nuntius, ich muss ihnen eine Sache, die sie betrifft sagen (Zeichen der Aufmerksamkeit von meiner Seite). Nach dem Friedensabschluss sagen einige, dass der Nuntius und der Botschafter ihn bezahlen [werden]. Aber ich sehe nicht, warum …« »Was mich angeht«, raune ich, »weiß ich wohl, dass es einige gibt, die gerne auf meinem Posten wären und die ihn – darüber bin ich sicher – besser besetzen würden als ich.« Er: »Ich habe drei ermittelt, die denken, dass sie gut in die Via Nomentana passen würden.« »Ich habe einen ermittelt (ich nenne ich jedoch nicht). Wenn Eure Eminenz jedenfalls meinen Kopf will: hier ist er.« Er lacht und sagt mir, dass er will, dass ich bleibe und dass die anderen es sicherlich nicht so wie ich machen würden. Und als ich ihm auf Nachfrage antworte, dass der Heilige Vater mir gesagt hat, dass ich sein volles Vertrauen genieße, zeigt er, dass er zufrieden ist. »Sie werden sehen«, fügt er hinzu, »jetzt beginnt eine lange Phase der Ruhe (so als wenn er mir sagen wollte, dass meine Mission nicht schwierig sein wird).«[38]

Es handelte sich also nicht um einen Feind, sondern um einen Komplex von Feinden, denen sich Borgongini ausgesetzt sah. Zu den Feinden könnte man auch einige faschistische Maßnahmen zählen oder, eher allgemeiner, einige Tendenzen der faschistischen Politik, besonders im Moment der schlimmsten Auseinandersetzungen um die Katholische Aktion. Aber – zumindest für die betreffende Zeit – ist der Feind nicht der Faschismus als Ganzes, da die oben erwähnte »Pendelpolitik« unberührt gelassen wurde. Wenn es also zwischen der Linie des Nuntius und der des Papstes Abweichungen gab, konkretisierten sie sich im Vergleich zu den päpstlichen Instruktionen seitens Borgonginis nie in einer Linie größerer Auseinandersetzung mit dem Regime; allenfalls im Gegenteil, also indem er versuchte, die Harmonie des Verhältnisses zwischen Kirche und Staat um jeden Preis zu wahren.[39] Die Überzeugung, von der Pius XI. später abrücken sollte, nämlich dass

---

fatto il nome, ostili alla religione e mi sono permesso di fargli notare come molti fascisti, e non degli ultimi, anzi tra i più militanti deploravano che l'On. Mussolini fosse sotto la loro influenza«; ebd., fol. 7–8. Vgl. z. B. auch die Audienz vom 12. August 1932 mit Borgongini, der Hilfe erbat »contro il modo di agire del Provveditore di Napoli, Finzi, ebreo massone« und einen ähnlichen Dialog mit dem Duce: »Ci deve essere al Ministero dell'Educazione Nazionale qualche cellula massonica« – »Ce ne sono dappertutto«; ASV, Arch. Nunz. Italia 23, fasc. 4, fol. 37.

38 Vgl. ASV, Arch. Nunz. Italia 23, fasc. 3, fol. 46–48. Vgl. aber auch die Aufzeichnungen Borgonginis von der Audienz am 31. Januar 1930: »Durante la discussione mi dice che ho dei nemici, quelli che trovano che avrebbero fatto meglio di me al mio posto di Nunzio, e di avere più ingegno e più [voti (?)]. Gli rispondo: ›Il guaio è che io pure sono della medesima opinione‹ (Ridiamo tutti e due) – ›No, mi dice, io credo che il Papa non poteva fare una scelta migliore‹«; ebd., fasc. 2, fol. 37.

39 Zu den Mediationsversuchen, die Borgongini 1938 bei Galeazzo Ciano und Guido Buffarini Guidi in Auftrag gab, nicht bei Mussolini, der ihn nach 1937 nicht mehr empfing, vgl. die entsprechenden Berichte an Pacelli, S.RR.SS., AA.EE.SS, Italia, pos. 1007 P. O., fasc. 695, besonders den vom 9. August 1938, in dem er die Situation als »notevolmente migliorata« bezeichnete, worauf der Staatssekretär am Seitenrand notierte: »Il S. Padre trova che il nunzio è troppo ottimista«; ebd., fol. 67–68.

»die Feinde der Kirche die Feinde des Faschismus sind, und die, die die Kirche bekämpfen, keine wahren Freunde des Faschismus sein können«, behielt der Nuntius, im Gegensatz zum Papst, im Laufe der Zeit unverändert bei.

DOKUMENTE

Borgongini Duca an Gasparri
Rom, 15. Juli 1929

S.RR.SS., AA.EE.SS, Italia, pos. 712 P. O., fasc. 190, fol. 94–99.
Maschinenschriftliche Ausfertigung mit eigenhändiger Unterschrift und Überschrift: Così ha avuto inizio la nunziatura in Italia

[94] Eminenza Reverendissima
Dopo la Consacrazione Episcopale, ricevuta dalle mani dell'Eminenza Vostra il giorno dei SS. Apostoli Pietro e Paolo, presi possesso di questa Nunziatura Apostolica il 2 corrente, festa della Visitazione, e mi diedi subito premura di chiedere, come è l'uso, udienza privata a Sua Eccellenza Mussolini, Ministro degli Esteri e Capo del Governo. Il Ministro che era ancora a Predappio in Romagna, mi fissava l'udienza per il pomeriggio del venerdì seguente, 5 corr. Alle ore 18 di tale giorno mi recai al Ministero degli Esteri, ove fui ricevuto con speciale deferenza e non senza destare una certa curiosità tra i vari funzionari che con una scusa o con un'altra, cercarono d'incontrarmi e di farsi presentare. Introdotto dal Capo del Governo, questi mi accolse con molta cordialità. Gli consegnai le lettere commendatizie di Vostra Eminenza per me e le copie delle Lettere Credenziali da presentarsi a Sua Maestà il Re, a Sua Maestà la Regina e a lui medesimo. L'On. Mussolini si compiacque dell'elegante latino, benché si dicesse giudice poco competente (ma lesse le copie dalla prima all'ultima parola); e quanto alla data della presentazione delle Credenziali, *la* stabiliva senz'altro pel lunedì seguente, alle ore 10, se il giorno e l'ora erano convenienti per me. Gli risposi che piuttosto io mi rimettevo a Sua Maestà, il quale, essendo a San Rossore, doveva venire a Roma. Mi replicò che era già d'accordo col Re e che perciò tutto dipendeva dalla mia scelta. Accettai quindi la data e l'ora. Mi disse anche di non sapere che la Santa Sede usasse fare le Lettere Credenziali anche [cancellato] per Sua Maestà la Regina, la quale però difficilmente avrebbe potuto muoversi da San Rossore, dato il suo stato delicato di salute.

Il Ministro entrò poi a parlare della mia residenza Villa Maria Pia, della vicinanza con Villa Torlonia, dove egli risiede, del caldo della stagione, che egli sopporta benissimo. Dopo i consueti convenevoli, presi com[95]miato da lui.

Zur Haltung des Regimes, die von Buffarini Guidi gegenüber dem Bischof von Triest Antonio Santin ausgedrückt wurde und die von diesem am 22. Dezember 1938 Pacelli referiert wurde (»Il Concordato non può legare eternamente lo Stato. Bisogna poter trattare con qualche punto quando lo Stato si trova costretto a qualche provvedimento. Ma trattare non vuol dire che la Chiesa non ceda mai. Bisogna cedere un po' d'ambo le parti«), vgl. ebd., pos. 1063 P. O., fasc. 755, fol. 469. Zur Haltung der Faschisten vgl. Galeazzo Ciano, Diario 1937–1943, Mailand 1990.

Mi recai quindi dall'On. Grandi, Sottosegretario del Ministero degli Esteri, il quale mi parlò subito del Decanato del Corpo Diplomatico: il Ministero, pur riconoscendo, secondo il Trattato, la Decananza del Nunzio, si trovava in qualche difficoltà per liquidare il Decano in funzione, l'Ambasciatore d'Inghilterra Sir Ronald Graham; mi pregava perciò di lasciare allo stesso Ministero degli Esteri la cura di mettersi d'accordo con Londra e con lo stesso Sir Graham. Gli dissi che ero grato a lui per tale iniziativa e che, per dimostrare al detto Ambasciatore la mia deferenza, sarei andato il giorno stesso della presentazione delle Credenziali, insieme col Personale della Nunziatura, a fargli visita. »Benissimo« mi replicò »con tale atto di cortesia si elimineranno le ultime difficoltà«.

Il giorno seguente invitai Monsignor Testa e Monsignor Serena, rispettivamente Consigliere e Uditore della Nunziatura, al Quirinale, perché prendessero contatto, secondo il Protocollo, con le alte Cariche di Corte e fossero informati circa il cerimoniale di uso per l'atto solenne da compiere.

Essi furono accolti con ogni riguardo dal Prefetto di Palazzo, Senatore Borea d'Olmo, e dai Cerimonieri di Corte. Particolare da rilevarsi, il vecchio Prefetto di Palazzo, più che nonagenario, nel ricevere i due Monsignori era visibilmente commosso, e disse di ringraziare Iddio che lo faceva assistere a fatti così memorandi.

La sera, il mastro di cerimonie, Signor Umberto Ruffo di Calabria dei Principi di Scilla, venne alla Nunziatura con carrozze di corte a darmi il benvenuto a nome di Sua Maestà e a prevenirmi che il lunedì seguente sarebbe ritornato con le berline di gala di Palazzo per la Cerimonia della Presentazione delle Credenziali.

Infatti alle 9 del lunedì seguente, 8 luglio, il detto Gentiluomo si presentò alla Nunziatura con due berline reali, accompagnato da staffieri in parrucca e livrea e preceduto dal battistrada. Superfluo dire che la villa era stata invasa da fotografi e operatori cinematografici, dai quali come potemmo cercammo di liberarci.

Alle ore 9.30 uscimmo dalla Nunziatura.

Secondo le istruzioni ricevute da Vostra Eminenza, io vestivo l'abito prelatizio di seta ondata, con rocchetto, mantelletta e guanti. Portavo la Croce di brillanti donatami dal S. Padre. Quelli del mio seguito avevano i rispettivi abiti di cerimonia.

[96] Nella prima berlina salirono Monsignor Consigliere e Monsignor Uditore; nella seconda presi posto io, avendo a me dirimpetto, secondo il protocollo, perché io sono del rango degli ambasciatori, il Mastro di Cerimonie. Il battistrada cavalcava tra le due carrozze. Le berline per via Nomentana, Porta Pia, Via Venti Settembre si avviarono al Quirinale. Lungo il percorso fummo fatti segno a saluti e applausi, specialmente passando dinanzi alle chiese ove di preferenza era affollato il pubblico. I maggiori applausi furono dinanzi alla Chiesa della Vittoria, dove era una rappresentanza dell'Oratorio di San Pietro, che ci gettò i fiori, ed in Piazza del Quirinale, dove, tra la folla, riconoscemmo parecchie personalità del Clero, dell'Aristocrazia, del Corpo Diplomatico e dell'Azione Cattolica.

Passando per Porta Pia manifestai la mia emozione al Cerimoniere di Corte, il quale da buon cattolico, condivideva i miei sentimenti (egli mi aveva già detto che bisognava mutare il nome di via XX Settembre e chiamarla via XI Febbraio). »Sessant'anni fa« io osservavo »entrando le truppe italiane per questa Porta, la massoneria intendeva di dare l'ultimo colpo alla Chiesa e al Pontificato; oggi, con il consenso universale del popolo italiano, l'umile rappresentante del Sommo Pontefice entra solennemente, e riprende il posto d'onore nella vita pubblica della Nazione. La Provvidenza ha disposto che noi passassimo per la stessa Porta«.

Altrettanto dissi a Sua Maestà il Re, e poi al Capo del Governo.

Nel Cortile del Quirinale era schierata una Compagnia di Cavalleggeri del Piemonte Reale, che rese gli onori militari.

Ai piedi dello scalone era il primo Mastro di Cerimonie di Corte, Duca di Fragnito, mentre all'ingresso della Sala dei Corazzieri, dove uno squadrone di detti militi rendeva gli onori, si fece incontro il Senatore Duca Borea dell'Olmo, Prefetto di Palazzo, che mi accompagnò nella Sala degli Ambasciatori in cui erano riunite le Case Civile e Militare del Re. Per la circostanza sua Maestà aveva fatto venire anche il Cappellano Maggiore di Corte, Monsignor Beccaria.

Il Duca Borea d'Olmo, dopo aver presentato a me ed al mio seguito tutti i componenti delle due Case, m'introdusse nella Sala del Trono, che mi sembrò più grande della Sala del Concistoro del Vaticano.

Il re mi venne incontro fino a due terzi della sala, e dopo gli inchini prescritti dal cerimoniale, il Prefetto [97] di Palazzo si ritirò, lasciandomi solo presso il Re, che vestiva l'alta uniforme da Generale, con guanti bianchi e decorazioni. Sua Maestà stava a capo scoperto, e così rimase durante tutta l'udienza, tenendo in mano il bonetto militare.

Ci sedemmo presso una delle grandi finestre, su due sgabelli posti l'uno di fronte all'altro.

Sua Maestà cominciò a dirmi che era stato molto lieto della mia nomina »perché Lei« disse »oltre ad essere uomo di chiesa è anche italiano«. Passò quindi a domandare della mia famiglia, domandandone la provenienza, specialmente per quanto riguarda i Duca. Io ringraziai il Re della sua Bontà verso di me, e gli dissi la mia emozione nel venire come primo Nunzio di Sua Santità presso la Corte Italiana. Allora egli soggiunse: »Se ha la fortuna di vedere Sua Santità in questi giorni, gli esprima i miei più vivi ringraziamenti«. Promisi che avrei detto tutto ciò a Sua Santità, e intanto per parte mia soggiungevo che non sarebbe bastata tutta la mia vita per ringraziare la Divina Provvidenza, la quale, senza alcun mio merito, mi aveva condotto, dopo la riconciliazione dell'Italia con Dio, vicino a Sua Maestà come rappresentante del Santo Padre. Consegnai allora al re le due lettere, quella in pergamena e quella in carta, che Sua Maestà prese, ma non aprì.

Questo fu l'argomento principale dell'udienza.

Sua Maestà parlò anche della sede della Nunziatura in Via Nomentana; del Comm. Serafini, Governatore della Città del vaticano, e della sua competenza in numismatica; dell'Archivio Vaticano, che, come aveva avuto modo di constatare, doveva essere ordinatissimo. Riguardo alle Credenziali della Regina, osservò quanto era stato delicato il pensiero della Santa Sede di preparare anche per lei (cosa che gli altri Stati non fanno), e si scusò perché Ella non aveva potuto muoversi da San Rossore.

Terminata l'udienza, nell'uscire dalla Sala del Trono, chiesi a Sua Maestà di poterLe presentare il mio seguito. Furono allora introdotti Monsignor Testa e Monsignor Serena, coi quali il Sovrano si degnò trattenersi circa 10 minuti, anche con molta affabilità.

Uscii poi col mio seguito dalla Sala del Trono, e, accompagnato dal Prefetto di Palazzo fino alla Sala dei Corazzieri, dove mi congedai dai Dignitari di Corte, scesi lo scalone, accompagnato dal Duca di Fragnito e da altri cerimonieri e camerieri.

Tornato alla Nunziatura con le berline di Corte, salii in automobile con Monsignor Testa e Monsignor Serena, e mi [98] recai immediatamente a Palazzo Chigi. Le sale erano piene di gente; notai tra gli altri molti ufficiali dell'Aeronautica, tra i quali il Generale De Pinedo e l'On. Balbo. Introdotto subito da S.E. il Capo del Governo, questi mi accolse molto affabilmente. Gli consegnai la lettera di accreditamento. Mi domandò la mia impressione sulla visita al Re, »che« mi disse »oggi era di eccellente umore«. »Io« soggiunse »l'ho visto prima di Lei«. Risposi che ero rimasto non solo soddisfatto, ma anche commosso sia per l'atto che compivo, sia per la bontà che il Sovrano si era degnato di mostrarmi. Così ebbi modo di riferire all'On. Mussolini quanto avevo detto al Re: che cioè non sarebbe bastata tutta la mia vita ecc. poi gli domandai il permesso di dirgli una cosa che mi stava grandemente a cuore, e di dirgliela con semplicità e schiettezza, senza studiare le parole, per esprimere interamente il mio pensiero. »Così« aggiunsi »Le parlerò sempre«. »Sì« mi rispose »mi dica sempre tutto«. Gli parlai allora, come mi aveva ordinato il Santo Padre, dei giornali cattolici sequestrati. Egli mi disse: »Sono quattro, e l'ordine l'ho dato io per certe intemperanze. Il Comm. Ciriaci nel foglio ›Noi uomini‹ ha detto bene: non esageriamo«. Poi mi aggiunse testualmente: »L'Italia diventerà una grande nazione cattolica, ma bisogna procedere per gradi. Non mancai di dimostrare la pena del Santo Padre, soprattutto perché era stata sequestrata l'»Azione Giovanile« di Milano e con la motivazione di »anarcoide«. Il colloquio si protraeva su questo argomento un po' a lungo: era il primo incontro e il primo scambio di idee; quindi non mi parve opportuno scendere a molti particolari: mi limitai alle più vive raccomandazioni.

Poi fu introdotto il mio seguito.

Alle 12.30 l'On. Mussolini, accompagnato dal Capo di Gabinetto Capitano Mameli, venne a restituirmi la visita alla Nunziatura; qui non si parlò di affari. Espresse la sua soddisfazione per la bella residenza, posò per un gruppo fotografico, mise la prima firma sul registro dei visitatori, e mi promise di venire al primo ricevimento. »Al primo solo, perché non vado più a ricevimenti« e ripartì.

Nel pomeriggio mi recai col personale della Nunziatura sul Sepolcro del Principe degli Apostoli. Quindi andammo al milite ignoto, per suffragare, come ho poi dichiarato ai giornalisti, le anime dei morti nella grande guerra. Gli Ambasciatori sogliono deporre una corona di fiori sull'altare della Patria: io, considerando da un lato che a Parigi e a Bruxelles i Nunzi con il permesso della Santa Sede sono andati dal Milite ignoto, e che, se a[99]vessi atteso qualche giorno, la cosa avrebbe anche potuto essermi suggerita dall'Ufficio del Cerimoniale, il che avrebbe tolto al mio atto ogni carattere di spontaneità, andai senz'altro. Giungemmo all'improvviso in abito nero e potemmo pregare con tranquillità. L'assenza di persone ufficiali e della folla ha tolto ogni teatralità all'atto pietoso del suffragio.

Alle ore 6, mutati gli abiti, andammo a far visita ufficiale all'Ambasciatore d'Inghilterra, che ci consegnò l'Archivio del Decanato (una semplice busta con una decina di fogli dattilografati). Egli fu amabilissimo e il giorno dopo, accompagnato dal Consigliere e dal Segretario, ci restituì la visita.

Ecco, Eminenza, come, con l'aiuto di Dio, ha avuto inizio la Nunziatura d'Italia.

Inchinandomi al bacio della S. Porpora, mi confermo con i sensi del più profondo ossequio.

Dell'Eminenza Vostra Reverendissima umil.mo dev.mo e ubb.mo servo

F. Borgongini Duca, Nunzio Apostolico.[40]

Borgongini Duca an Pius XI.
Rom, 5. August 1929

ASV, Arch. Nunz. Italia, 23 fasc. 1, fol. 9–18.
Maschinenschriftliche Ausfertigung mit eigenhändiger Unterschrift und handschriftlichem Vermerk: Rapporto dettato subito dopo l'udienza e riportato al S. Padre ma non mandato al Segr. di Stato. Hervorhebung im Original.

[9] Sono entrato in udienza alle 6.25. L'udienza si è protratta per oltre un'ora. Sono uscito alle 7.35. Mi ha accolto con volto sorridente e mi ha domandato come vanno le cose. Ho risposto: »Così così« esprimendo col volto che andavano male. Egli ha continuato: »Mi sembra che la situazione da dieci giorni sia molto migliorata«. Ho risposto: »Vostra Eccellenza ha parlato con l'Ambasciatore De Vecchi, il quale ha avuto un'udienza di un'ora e mezza dal Santo Padre. Egli le avrà detto che la situazione è peggiorata ...«

[10] Ho detto che il Santo Padre era addoloratissimo e allarmatissimo, »tanto che questa settimana mi ha chiamato tutti i giorni, e che non so che cosa farà e che può fare qualunque cosa grave«. »Che cosa può fare?«; »Se la situazione non muta possiamo anche arrivare alla rottura, il che sarebbe cosa gravissima, quindici giorni dopo l'inizio delle relazioni diplomatiche e a così breve distanza dalla ratifica«. Mi ha risposto: »Dio buono! Quando in un paese vi è il matrimonio religioso riconosciuto, l'istruzione religiosa, il riconoscimento degli ordini religiosi, non si viene a una rottura per cose [ein Wort unlesbar]«. Gli ho spiegato la genesi di tali sentimenti del Santo Padre, che si flettono nel dolore dei cattolici. »Tutto andava bene dopo la firma dei Patti Lateranensi, e i più grandi elogi l'Eccellenza Vostra e il Fascismo li ha avuti in tutta Italia e in tutto il mondo, fino al 13 maggio, quando lei ha pronunciato il primo discorso. Tutti sono rimasti attoniti. Il Santo Padre si domanda: chi ha provocato quel discorso? Nessuno ha capito perché Vostra Eccellenza ha parlato in tale modo. Lo sa che il Santo padre stava lì lì per convocare il Sacro Collegio ed annunziare che non avrebbe ratificato i patti? Ma poi prevalse l'idea di aspettare, anche perché Vostra Eccellenza con Pacelli si mostrò dispiacente dell'effetto del discorso e disse che nel secondo discorso al Senato avrebbe contentato il Santo Padre. Questo secondo discorso fu migliore nel tono, ma Sua

[40] Am 31. Juli antwortete Gasparri Borgongini Duca: »Mi è regolarmente pervenuto l'ampio e accurato rapporto dell'Em. V. R.issima del 19 corr. n. 14, circa la presentazione delle Lettere Credenziali e la ringrazio delle interessanti notizie che mi ha comunicato. Mi congratulo inoltre, che la cerimonia, si sia svolta in tutte le sue diverse parti, con l'aiuto di Dio, con comune soddisfazione. Mi auguro che questo primo felice incontro dell'Em. V. con le più Alte Autorità dello Stato Italiano, giovi a rendere più agevole la via della delicata missione che il Santo Padre si è degnato darle«; S.RR.SS., AA.EE.SS, Italia, pos. 712 P. O., fasc. 190, fol. 100.

Santità l'ha stimato peggiore nel contenuto. Qui gli ho accennato alle angustie del Santo Padre, anche angustie di coscienza, tanto che si sentì costretto a scrivere la celebre lettera, perché i cattolici di tutto il mondo non credessero che egli approvava le affermazioni e le interpretazioni di Vostra Eccellenza. Poi Ella venne per la ratifica in Vaticano e quando lesse il telegramma del Santo Padre e le parole di benedizione anche per Vostra Eccellenza, Ella disse: »Questa lettera dissipa ogni nube«. Sembrava dunque chiusa la partita e tutto finito. Invece dopo una settimana Vostra Eccellenza pubblica i discorsi e perciò ricominciamo da capo. Sua Santità allora ha pubblicato i suoi documenti. In questi giorni Vostra Eccellenza fa anche la seconda edizione. Non so se il Santo Padre farà anche lui una seconda edizione; ma certo così non si può conti[11]nuare. Inoltre vi è un'offensiva generale contro l'Azione Cattolica, che è sotto inchiesta in tutto il paese. Si sequestrano tanti giornali cattolici. Capirà Vostra Eccellenza che le cose così non vanno bene. I cattolici quanto più furono entusiasti al momento della Conciliazione, altrettanto, anzi in maggior misura, sono oggi sotto l'impressione della delusione. E se è merito di Vostra Eccellenza di aver chiuso la Questione Romana (la quale però, galvanizzata com'era, non turbava il paese quando la Santa Sede protestava) ora Vostra Eccellenza rischia di aprirne un'altra, la questione religiosa, la quale turba tutti gli spiriti. Tutte queste sono le riflessioni del Santo Padre«. L'on. Mussolini mi ha ascoltato sempre con calma e mi ha lasciato parlare: così ho potuto parlare con molta tranquillità. Avendo io fatto una breve pausa, egli ha cominciato a replicarmi. Parlando al principio mi è sembrato un poco nervoso; ma è stato affare di poche battute.

»Eppure il Papa non sa« egli ha detto »in quante difficoltà mi sono trovato io. Finirà che un giorno o l'altro domando un'udienza al Santo Padre e sono certo che mi darà ragione. Egli non sa che Sforza, Collare dell'Annunziata, Cugino del RE e cugino mio (ma io non ci tengo) nel »Manchester Guardian« (non sono sicuro di questo titolo) ha pubblicato che Mussolini ha rinnegato il Risorgimento restituendo il Potere Temporale, che perciò gli spiriti di Cavour, di Mazzini, di Garibaldi sono indignati, che io ho dato al Papa un'idennità inverosimile e inaudita. Non sa che Eugenio Chiesa, allo stipendio delle Logge di Francia, mi sta spubblicando sullo stesso tono. Non sa quello che scrive la stampa antifascista internazionale. Tale agitazione ha avuto eco in Italia, anche in certi elementi del Fascismo e negli ambienti universitari. A Padova nell'Università un professore« (di cui mi ha detto il nome che non ricordo) »dinanzi agli scolari in pubblica lezione è arrivato a dire che io ho tradito l'Italia. Mi sono perciò trovato nell'assoluta necessità di dimostrare che io non ho rinnegato il Risorgimento, né ho messo lo Stato ai piedi della Chiesa. Quanto alla stampa cattolica, io ho voluto solamente insegnare loro che abbassino il tono, (e bisognerebbe dirlo al signor Jervolino) perchè nessun Annibale è alle porte e non ci sono nemici da sgominare. Si tratta di pochi giornali sequestrati: quattro o cinque«. L'interrompo: »Quattro o cinque [12] in questa settimana; ma i sequestri vengono dal Santo Padre sommati con i precedenti«. »Si tratta« replica »anche sommando tutti i sequestri, di una trentina di piccoli fogli. Ora, tutti i giornali cattolici sono 237, (domando il permesso di scrivere questo numero e scrivo con la mia penna stilografica). Allora gli ho letto i due promemoria, l'uno sull'inchiesta della Pubblica Sicurezza. »A Cremona« gli ho detto »l'inchiesta è fatta dai Carabinieri, da un agente di P.S. e da un Ufficiale della Milizia. E questo dopo il Concordato. Come vuole che lo capiscano i cattolici, come vuole che lo capisca il Papa? I cattolici che colpa hanno commesso?« Gli ho letto poi l'altro promemoria sui giornali sequestrati. Mi ha risposto: »Adesso la situazione è molto migliorata. Credo che siamo quasi a posto. L'inchiesta non è una vera e propria inchiesta, ma una semplice applicazione della legge di P.S. Che deve conoscere le associazioni, gli statuti e il numero degli organizzati. I nominativi non sono stati richiesti che in pochi luoghi. Non c'è nessuna idea di persecuzione. Io non sono così stolto da iniziare una lotta che arieggi a quella iniziata da Bismarck con il Kulturkampf, oltre tutto, anche perché Bismarck finì per cedere. Questa lotta fu uno degli errori di Bismarck e io non voglio ripeterlo«. Qui naturalmente io mi misi a ridere per la franchezza. »Domando il permesso di scrivere tali parole perché faranno piacere al Santo Padre ed egli me le ripete dettandole. »Del resto« aggiunge »non è da meravigliarsi se queste scosse avvengono proprio dopo la Conciliazione; come i primi urti fra gli sposi avvengono dopo la luna di miele. Ed è naturale, perchè la luna di miele copre le differenze di carattere fra gli sposi, che ai primi contatti della vita rude si scontrano. [13] Del resto dica al Santo Padre che in questi giorni sto interrogando tutti i Prefetti del Regno, e tutti mi dicono che il Clero è perfetto, ed io questo lo dirò nel discorso annunciato pel 14 settembre. Anche l'Azione Cattolica è corretta, salvo nel Friuli, nel Bergamasco e in alcune zone del Piemonte, dove gli antichi elementi popolari sono entrati nell'Azione Cattolica.

A questo punto io ho pregato di segnalarmi, come già gli avevo detto nell'udienza del 15 luglio, i fatti concreti e i nomi delle persone comunque compromesse, promettendogli un'azione immediata e implacabile. Egli non ha fatto nomi e non ha citato fatti, ma mi è sembrato sinceramente persuaso di quello che gli dicevo.

Nell'udienza del 15 luglio mi aveva citato semplicemente 2 nomi: Cingolani ed Anile. Di Anile mi aveva detto che andava spargendo la voce di una alleanza tra la Monarchia ereditaria =Savoia= e la Monarchia elettiva =Santa Sede= per schiacciare il Fascismo; ed io avevo sorriso per questa trovata, dicendo che poteva pure stare tranquillo, perché la Santa Sede non aveva idee aggressive. Dall'altra parte non avrebbe avuto nemmeno i mezzi occorrenti come nemmeno casa Savoia. A questo punto egli mi aveva replicato che la Santa Sede aveva però una immensa forza morale, e, quanto a casa Savoia, egli pure riconosceva che non aveva i mezzi; ma ad ogni modo, aggiungeva che il Fascismo, il qua[14]le combatte dappertutto ed ha nemici su tutti i fronti, è sensibilissimo e si difende.

Gli avevo replicato che l'onorevole Anile non fa parte e non ha mai fatto parte dell'azione cattolica.

Quanto poi ai fatti, mi aveva segnalato solamente il Congresso dei Giornalisti Cattolici, nel quale, avendo proposto qualcuno di mandare un telegramma al Duce, il Conte della Torre si rifiutò dicendo che questo avrebbe suscitato »un vespaio«. Poi vennero i giornalisti cattolici a domandarmi denaro e io naturalmente rifiutai.

Mi ha parlato della Civiltà Cattolica »la quale mi manda niente meno che a Sant'Elena, paragonandomi pure a Napoleone, al quale però non posso essere paragonato, perché io non ho fatto le grandi cose che egli ha fatto«. Gli ho risposto che il Santo Padre è rimasto molto dolente, ed ha ritenuto come un'offesa personale, che V.E. non ha accettato la di Lui proposta, fattale per mezzo dell'Ambasciatore, di allontanare il P. Rosa, il quale è malato, e di non far pubblicare il decreto di sequestro, decreto che colpisce più che il padre Rosa, il Collegio della Civiltà Cattolica, la quale, come V.E. sa e come il Santo Pdre dice, non è una rivista, è piuttosto un'istituzione«. Mussolini mi interruppe: »Io non ho inteso di fare nessuna offesa personale contro il Santo Padre. Si trattava semplicemente di applicare la legge che prescive la pubblicazione del decreto di seque[15]stro. D'altra parte io non avevo niente contro quel povero diavolo di Padre Rosa«.[41]

Allora gli ho parlato del sequestro della Rivista Del Clero Italiano, e gli ho spiegato che chi gli ha segnalato il periodo in questione non ha capito: Padre Gemelli dice semplicemente che la Chiesa è depositaria della Rivelazione e che solo lei può insegnare ed educare secondo le verità soprannaturali, non lo Stato. Padre Gemelli, in altri termini, parla dell'educazione cristiana e non dell'educazione civile. Ho aggiunto »V.E. ha dei servitori che la servono male«. Mi ha risposto »Questo è fatale; capisco il senso che lei mi dice. Però sono sottigliezze che sfuggono alle masse. Perciò era necessario il sequestro«. Io allora mi sono permesso di dirgli quello che tante volte ho inteso dal Santo Padre, cioè che i nemici della Chiesa sono i nemici del Fascismo, e che quelli che combattono la Chiesa, non possono essere amici veri del Fascismo. E che perciò egli si guardi dai falsi amici. Mi ha replicato, dicendomi che non vi sono massoni nel Fascismo, ed ha incominciato a entrare nei particolari.

»Per esempio« diceva »Giunta non è massone ma antimassone« ... io l'ho interrotto dicendo che le parole del Santo Padre »falsi amici« non contengono alcuna allusione personale. V.E. può comprendere l'irritazione del Santo Padre, vedendo che da un lato si [16] sequestrano la Civiltà Cattolica e la Rivista Del Clero Italiano, periodici a lui tanto cari (ed a proposito della Civiltà Cattolica gli ho affirmato con chiarezza che, tranne l'allusione a Napoleone, tutto il resto dell'articolo contiene le idee che tante volte mi ha espresse il Santo Padre, specialmente circa i due noti discorsi di V.E.) e lasciava invece a Roma che »l'Impero« insultasse la Santa Sede, come del resto gli avevo già accennato nell'udienza del 15 luglio. Il fatto era grave non tanto per il giornale in se stesso, ma perché la censura aveva lasciato passare certi articoli, a proposito dei quali gli dicevo che il Santo Padre aveva domandato all'Ambasciatore De Vecchi soddisfazione per l'articolo del 27 luglio intitolato »Indifferenza«, articolo che offendeva il Santo Padre e l'onore del Santissimo Sacramento, e tuttavia ancora il Santo Padre non aveva ottenuto risposta. Mussolini mi replicò che questo giornale non merita di essere preso in considerazione; che i sequestri, non essendo censura preventiva, arrivano sempre tardi e quindi si risolvono in una reclame per il giornale, le cui copie crescono di prezzo; e che egli mantiene in vita l'Impero, perché talvolta è utile per certe verità. Lo interruppi: [17] »Lo mantiene per dire queste *verità* proprio contro il Papa?« Egli mi aggiunse che ad ogni modo Settimelli era stato richiamato all'ordine parecchie volte e anche questa volta. A questo punto domandai il permesso di scrivere,

---

41 Zur Beschlagnahmung der Civiltà Cattolica vgl. S.RR.SS., AA.EE.SS, Italia, pos. 730–731, fasc. 237, fol. 95–99.

perché questa soddisfazione farà piacere al Santo Padre; acconsente e scrivo: Settimelli è stato richiamato all'ordine.

In conclusione di tutto, domando a Mussolini che cosa debbo dire al Santo Padre e sto colla penna in mano, in atto di scrivere. Egli mi detta: »Gli dica che ho trovato Mussolini tranquillo e anche, con parola che io uso per dipingere me stesso, massiccio; ma questa parola »massiccio« non la scriva, perché è volgare e potrebbe essere male interpretata; che non ha nessuna intenzione di fare la guerra; che ho qualche altra grana per la testa, per esempio la questione economica; e che nel discorso del 14 settembre dirò delle cose che faranno piacere al Santo Padre«. A questo punto, poco prima di alzarmi, gli ho domandato notizie circa il maestro Salomone, candidato direttore didattico a Roma. Mi ha risposto: tutto fatto. Ho scritto al Governatorato che un ex prete non può essere direttore didattico. Gli ho domandato se ci era qualche novità per Buonaiuti, »perché il Rettore dell'Università ha incontrato un prete e gli ha detto, forse per tastare il terreno: Buonaiuti nel prossimo anno scolastico potrebbe far lezione in abito da laico, [18] il che ha suscitato l'allarme negli ambienti cattolici«. Mi ha risposto, dandomi le più ampie assicurazioni e promettendomi che avrebbe parlato tra qualche giorno al Rettore dell'Università, il quale doveva andare da lui. Dopo di ciò mi sono alzato, lo ho ringraziato della bontà con cui mi aveva ascoltato, perché io avevo dovuto dirgli le cose come stavano ed informarlo della realtà della situazione, cioè dei sentimenti del Santo Padre.

Il colloquio si è svolto sempre nella massima calma e tranquillità e anzi cordialità, perché abbiamo detto le cose rispettive con tono benevolo, ma improntato alla più grande sincerità.

Tanto ho riferito al Santo Padre nell'udienza del giorno seguente, e Sua Santità mi ha autorizzato, data la delicatezza del contenuto, di non mandare questa relazione nemmeno alla Segreteria di Stato, ma di conservarla nell'Archivio della Nunziatura.

Aufzeichnungen Monsignor Borgongini Ducas zur Audienz mit dem Duce
9. September 1931

ASV, Arch. Nunz. Italia 23, fasc. 3, fol. 46–48.
Handschriftlich. Hervorhebung im Original.

[46] Dopo il conflitto
Giovedì 3 corrente settembre 1931 fui chiamato dal S. Padre in mattinata; Sua Santità cominciò un discorso quasi per iscusarsi con me, che mi aveva messo da parte nella trattativa con l'On. Mussolini, le quali avevano portato alle conchiusoni di un accordo firmato il giorno innanzi dal P. Tacchi Venturi. Su questo accordo, cioè sulla tesi di esso e sul testo io ero stato interrogato in una circostanza dal S. Padre alla presenza dell'Em.o Pacelli e di Tacchi Venturi ed avevo dato sempre parere favorevole (come del resto era da farsi, perché l'accordo era bene imbastito) cercando di facilitare il compito del buon padre. Il S. Padre mi aggiunse che altrettanto aveva fatto con l'Ambasciatore.

Risposti a Sua Santità che l'intervento del p. Tacchi nella controversia, così acuta, era stato provvidenziale, che egli anzi ha compiuto una missione molto difficile, per la quale forse io non avrei avuto la forza fisica (alludevo al primo incontro fatto con il Duce per minacciargli la condanna) e che anzi avevo riflettuto molte volte, se (atteso il mio animo così addolorato dopo gli avvenimenti di maggio e giugno e quindi l'impossibilità per me di avere in seguito contatti con il Governo italiano) la mia persona non fosse di ostacolo alla buona causa; perciò pregavo Sua Santità, qualora ciò credesse, di scegliere qualche altra persona, perché tanti altri avrebbero senza dubbio fatto meglio di me.

Il S. Padre mi rispose che stessi pure tranquillo e che doveva bastarsi di sapere che io godevo la fiducia del Papa.

Lo ringraziai. Mi disse di chiedere udienza a Mussolini subito ...

[47] [Mussolini] mi viene incontro fino a metà del salone, mi dà la mano sorridendo: – Nunzio, come sta? – – Abbastanza bene – e Lui: – dopo la tempesta viene il sereno. Mi fa sedere, egli pure siede, si parla – Io: – per questo sono venuto, persuaso che essendo tornato il sereno, era bene che io riprendessi contatto con l'E.V. ...

Mi dice: Nunzio, debbo dirle una cosa per Lei (segni di attenzione da parte mia) – Fatta la pace, si va dicendo da alcuni che il Nunzio e l'ambasciatore la paghino. Ma io non vedo perché. Ho intenzione di mantenere De Vecchi. Di lui si potrà discutere in genere le attitudini (e poi fa un largo gesto disegnando una curva) ma, nel caso specifico dei conflitti, egli non ha nessuna colpa.

Rispondo: la diplomazia qui a Roma ha poco da fare, perché agiscono le due supreme autorità.

– È vero, signore – è come il Prefetto di Roma. Qui il Prefetto è il Ministro degli Interni.

– Quanto a me, sussurro, so bene che ci sono alcuni che desidererebbero di stare al mio posto e che farebbero – son sicuro – meglio di me.

Egli: ne ho individuati 3, che pensano che starebbero bene a via Nomentana

– Io ne ho individuato uno (non lo nomino però). Ad ogni modo, se vuole l'E.V. la mia testa: eccola qua.

Egli ride e mi dice che desidera che io resti e che gli altri certamente non farebbero come me. E quando – su sua richiesta – gli rispondo che il S. Padre mi ha detto che godo la piena sua fiducia – egli mostra [48] di essere contento.

– Poi vedrà, aggiunge, adesso incomincia un lungo periodo di bonaccia (come per dirmi che la mia missione non sarà difficile).

– Sia ringraziato Iddio! Esclamo mandando un respiro di liberazione

– Venga pure e tratteremo tutta la cosa. Così anche ora ci son subito gli ordini per quello che si desidera (alludeva agli appunti mandatigli da Tacchi Venturi, su gli affari in corso).

Si parla della sua visita al Papa. Gli dico: Il Papa mi ha detto di dirle che Lei sarà il benvenuto tra i benvenuti (perché figliol prodigo, ma questo non lo dico). Aggiungo che non bisogna ritardare. Dispone testualmente – Se la visita avverrà, sarà dentro questo mese – Replico: Anche il S. Padre nel mese di ottobre ha molte cose da fare, specialmente gli esercizi spirituali.

Avendo poi detto che non avevo portato alcun affare, volendo solo in questa prima visita riprendere i contatti, anche perché le trattative del P. Tacchi V. non erano ancora terminate e io non volevo mettere un affare sopra l'altro, mi rispose: – Col P. Tacchi V. tutto è finito bene. Il S. Padre stesso ha fatto questa sera sull'*Osservatore* del 10 sett. un comunicato che esclude ogni protocollo segreto e ciò dimostra la rettitudine e l'alto spirito di Sua Santità.

Quest'ultima parte della conversazione si è svolta mentre egli mi accompagnava alla porta.

Pertanto della mia situazione presente io gli avevo detto che poco m'importava di me stesso e della mia posizione e che avevo cercato di fare il mio dovere per amore di Dio.

Egli mi ha aggiunto: Ad ogni modo, in qualsiasi ipotesi, Lei non ha niente da temere perché è un cardinale.

Rispondo che non sono cardinale, ma solo arcivescovo – Domanda ulteriori spiegazioni anche sulla cerimonia grande che vi fu al principio (la mia consacrazione!) e sugli anni che debbono passare per ottenere il cardinalato. Spiego tutto e che il cardinalato dipende dalla volontà del S. Padre

Mi dice: avrei giurato che Lei è cardinale ...

DIE NUNTIEN IN DER TSCHECHOSLOWAKEI

Clemente Micara, Francesco Marmaggi, Pietro Ciriaci und Saverio Ritter

Emilia Hrabovec

Die Tschechoslowakei war von Anfang an ein Sorgenkind der vatikanischen Diplomatie. Die tschechische politische und intellektuelle Trägerschicht der jungen Republik, geprägt von liberalen und sozialistischen Ideen und der Bewunderung für die tschechische Reformation, sah in der katholischen Kirche einen nationalen und ideologischen Feind und in der »nationalen und demokratischen Revolution« der Nachkriegsmonate die Gelegenheit, nicht nur mit Wien, sondern auch »mit Rom abzurechnen«. Das laizistische Ideal der führenden Eliten der »Republik von Hus und Komenský«, wie ihre Gründungsväter sie gerne nannten, ging eine seltsame Symbiose mit den von Österreich geerbten staatskirchlichen und den tschechischen nationalkirchlichen Bemühungen ein, von denen sie sich die Vervollständigung der nationalen Eigenständigkeit und die Stärkung des ideologischen und politischen Einflusses auf die als *instrumentum regni* angesehene Kirche erwarteten.[1]

Der erste vatikanische Diplomat, dem die Aufgabe zukam, sich diesen Herausforderungen zu stellen, war der Wiener Nuntius Teodoro Valfrè di Bonzo, am 8. November 1918 hierzu vom Papst ermächtigt und im darauffolgenden Dezember zum Apostolischen Legaten für die »Staaten, die in Vergangenheit einen integralen Bestandteil des ehemaligen Österreichisch-Ungarischen Reiches bildeten«, also auch für die Tschechoslowakei ernannt.[2] In Zeiten der schlecht funktionierenden Kommunikationswege, schwer überwindbaren politischen und psychologischen Grenzen und eifrig bewachten Souveränitäten erwies es sich jedoch bald als schwierig, die äußerst diffizilen tschechischen und slowakischen Angele-

---

1 Zur Lage der katholischen Kirche in den Anfangsjahren der Tschechoslowakei vgl. die ausführlichen Situationsberichte des Wiener Nuntius Teodoro Valfrè di Bonzo an den Staatssekretär Kardinal Pietro Gasparri; S.RR.SS., AA.EE.SS., Austria-Ungheria, pos. 1320, fasc. 519; Emilia Hrabovec, Der Heilige Stuhl und die Slowakei 1918–1922 im Kontext internationaler Beziehungen, Frankfurt a. M. u. a. 2002, S. 32–46; Martin Schulze Wessel, Tschechische Nation und katholische Konfession vor und nach der Gründung des tschechoslowakischen Nationalstaates, in: Bohemia 38 (1997), S. 311–327; Helmut Slapnicka, Die Kirchen in der Ersten Republik, in: Ferdinand Seibt (Hg.), Bohemia sacra. Das Christentum in Böhmen 973–1973, Düsseldorf 1974, S. 333–344; Jaroslav Šebek, Der tschechische Katholizismus im Spannungsfeld von Kirche, Staat und Gesellschaft zwischen den Weltkriegen, in: Hans-Christian Maner/Martin Schulze Wessel (Hg.), Religion im Nationalstaat zwischen den Weltkriegen 1918–1939. Polen – Tschechoslowakei – Ungarn – Rumänien, Stuttgart 2002, S. 145–156; Kurt Augustinus Huber, Kirche in Mähren-Schlesien im 19. und 20. Jahrhundert. Strukturen, Probleme, Entwicklungen, in: Archiv für Kirchengeschichte von Böhmen-Mähren-Schlesien 5 (1978), S. 9–130.

2 Gasparri an Valfrè di Bonzo, 8. November 1918 und 29. Dezember 1918; S.RR.SS., AA.EE.SS., Austria-Ungheria, pos. 1336, fasc. 529.

genheiten von Wien aus zu betreuen. So reifte die von Valfrè angeregte Idee heran, noch vor der Anknüpfung der regulären diplomatischen Beziehungen nach Prag einen päpstlichen Vertreter zu entsenden, vorerst in der Eigenschaft des Beauftragten bei den tschechischen und den slowakischen Bischöfen.

Clemente Micara

Die Wahl fiel auf den knapp vierzig Jahre jungen Clemente Micara, Doktor in Theologie und kanonischem Recht und Absolventen der Accademia dei Nobili, der päpstlichen Diplomatenakademie. Er verfügte zwar damals noch über keine langjährige diplomatische Erfahrung, doch als Auditor der Wiener Nuntiatur, über dessen Hände die ersten Fühlungnahmen mit den Nachfolgestaaten gelaufen waren, hatte er Verhandlunsgeschick, Offenheit sowie die Fähigkeit gezeigt, über soziale und ideologische Barrieren hinweg effektive Kontakte anzuknüpfen – so zum Beispiel zum sozialdemokratischen Typographen und Gewerkschafter Vlastimil Tusar, dem ersten tschechoslowakischen diplomatischen Vertreter in Wien und späteren Ministerpräsidenten.[3] Im Sommer 1919 war Micara jedenfalls einer der wenigen päpstlichen Diplomaten, denen die komplizierte Lage im jungen tschechoslowakischen Staat einigermaßen vertraut war.

Eine schriftliche Instruktion für Micara konnte bis dato nicht aufgefunden werden; Weisungen dürfte er erhalten haben, als er sich unmittelbar vor Antritt seiner neuen Mission in Rom aufhielt.[4] Seine Aufgaben lassen sich jedoch aus dem umfangreichen Schriftwechsel rekonstruieren, den er von Prag aus mit dem Staatssekretariat pflegte. Die erste Hauptaufgabe Micaras bestand demnach vor allem darin, vor Ort wirksame Informations- und Kommunikationsnetze auszubauen und dem Heiligen Stuhl die dringend notwendigen Informationen über die Lage der Kirche zu liefern sowie Lösungsvorschläge zu präsentieren, um die kurialen Entscheidungsprozesse, die im Sommer 1919 durch eine Serie der abwartenden *dilata* blockiert worden waren,[5] wieder in Gang zu setzen. Durch aktive Präsenz

---

3 Mit Tusar, dem Micara eine »loyale Art des Handelns« zubilligte, blieb der päpstliche Diplomat allen weltanschaulichen Barrieren zum Trotz auch in Prag in einem relativ engen Kontakt. Vgl. Micara an Gasparri, 27. Oktober 1919; S.RR.SS., AA.EE.SS., Austria-Ungheria, pos. 1332. fasc. 527, fol. 33rv–43rv; Micara an Gasparri, 12. November 1919; ebd. In der Schlussrelation über seine Prager Mission meinte Micara, Tusar habe eine »äußerst begrenzte Kultur, doch guten Menschenverstand« und sei, »seltenerweise, auch tolerant« (»Cultura limitatissima, ma abbastanza buon senso e, cosa rara, anche tollerante«); Rapporto finale di Clemente Micara, 9. Juni 1923; S.RR.SS., AA.EE.SS., Cecoslovacchia, pos. 32 P. O., fasc. 44, fol. 46r–103r, hier 57r. Zur Datierung vgl. ASV, Arch. Nunz. Cecoslovacchia 5, fasc. 19, fol. 50r.

4 Auf in Rom erteilte Instruktionen weist auch das Schreiben Gasparris an Valfrè vom 5. Oktober 1919 hin. Der Wiener Nuntius wurde darin informiert, dass Micara in Rom unter anderem die Aufgabe anvertraut worden war, vor Ort zu klären, ob die unter Einflussnahme der Prager Regierung erfolgte Wahl des neuen Kapitularvikars in Spišská Kapitula (Zipser Kapitel, im Nordosten der Slowakei), Marián Blaha, zu sanieren, oder vom Heiligen Stuhl ein Apostolischer Administrator zu ernennen war; S.RR.SS., AA.EE.SS., Austria-Ungheria, pos. 1320, fasc. 522, fol. 67rv. Ausführlichere Instruktionen dürfte Micara erhalten haben, nachdem er zum Nuntius befördert worden war und im Sommer 1920 nach Rom kam, um die Bischofsweihe zu empfangen. Vgl. ASV, Arch. Nunz. Cecoslovacchia 5, fasc. 17.

5 28. Juni 1919; S.RR.SS., AA.EE.SS., Rapporti Sessioni S.C. AA.EE.SS., Sessione 1227. Für die von Enttäuschungen über die katholikenfeindlichen Schritte der Tschechoslowakei und Unsicherheit über

in Zeiten von Weichenstellungen sollte Micara die Fürsorge des Papstes für alle Gläubigen und die Offenheit des Heiligen Stuhls gegenüber den territorialen und politischen Veränderungen demonstrieren und so die katholische Kirche vom Vorwurf der konservativen Monarchiefreundlichkeit und feindlichen Einstellung gegenüber nationalen Ambitionen freisprechen,[6] zugleich aber auch den Anspruch des Papstes auf Freiheit in kirchlichen Entscheidungen manifestieren und in einem sich säkular bis säkularistisch gebenden Staat die Interessen der Kirche vertreten.

Obgleich Micaras Mission anfangs rein innerkirchlich definiert war und keinen diplomatischen Charakter besaß,[7] wurde er von Kardinalstaatssekretär Pietro Gasparri ermächtigt, offiziös auch mit der Regierung Kontakt aufzunehmen und ihre Wünsche nach Rom zu übermitteln.[8] Diese etwas vage und, wie manche meinten, »unwürdige« Position des päpstlichen Vertreters in Prag wurde in der Kurie Gegenstand herber Kritik von Seiten jener um den ehemaligen Staatssekretär Rafael Merry del Val versammelten Kardinäle, welche die Politik Gasparris gegenüber den Nachfolgestaaten für zu entgegenkommend hielten.[9] Die Lage entspannte sich, nachdem im März 1920 der erste tschechoslowakische Gesandte Kamil Krofta in den Vatikan entsandt und kurz darauf Micara zum Nuntius erhoben worden war, im August in Rom die Bischofsweihe empfangen und am 9. September 1920 dem Staatspräsidenten Tomáš Garrigue Masaryk das Akkreditierungsschreiben präsentiert hatte.[10]

---

die weitere Entwicklung und die zu ergreifenden Maßnahmen geprägte Atmosphäre in der Sitzung war die Wortmeldung des Kardinals Granito di Belmonte, vormals Nuntius in Wien, bezeichnend: »Was man heute tun würde, würde morgen nichts nützen.« (»Quello che si farebbe oggi, non servirebbe domani.«) In ähnlichem Sinne sprach Kardinal Andreas Frühwirth: »Es wäre sehr gefährlich, definitive Entscheidungen zu treffen, eher man klar sieht.« (»Sarebbe pericolosissimo prendere disposizioni definitive fino a che non si vede chiaro.«).

6 Valfrè wurde anlässlich seiner ersten Reise nach Prag im Februar 1919 von Staatssekretär Gasparri ausdrücklich aufgetragen, der Prager Regierung und der Bevölkerung das »väterliche Wohlwollen« und die Offenheit des Papstes dem neuen Staat gegenüber zu übermitteln. Ähnliche Instruktionen bekamen Valfrè und Micara vor ihrer Fahrt nach Prag im Oktober 1919. Vgl. Gasparri an Valfrè, Telegramm, 24. Januar 1919; S.RR.SS., AA.EE.SS., Austria-Ungheria, pos. 1275, fasc. 511, fol. 41rv. Materialienbericht, Dezember 1919; ebd., Rapporti Sessioni S.C. AA.EE.SS., fasc. 73, Sessione 1231.

7 Der offizielle Titel Micaras hieß »Incaricato della Santa Sede presso l'Episcopato Czeco-Slovacco per gli affari religiosi« (Beauftragter des Heiligen Stuhls für religiöse Angelegenheiten beim tschechoslowakischen Episkopat). Vgl. Schriftverkehr bezüglich der Ernennung Micaras; ASV, Arch. Nunz. Cecoslovacchia 1, fasc. 1, und b. 5, fasc. 16; Gasparri an Valfrè, 27. September 1919; S.RR.SS., AA.EE.SS., Austria-Ungheria, pos. 1332, fasc. 527.

8 Micara tat dies bereits mit dem ersten, vier Tage nach der Ankunft in Prag verfassten umfangreichen Bericht, in dem er unter anderem die Inhalte seiner Unterredung mit Außenminister Edvard Beneš und Staatspräsidenten Tomáš G. Masaryk übermittelte. Vgl. Micara an Gasparri, 27. Oktober 1919; S.RR.SS., AA.EE.SS., Austria-Ungheria, pos. 1332, fasc. 527; fol. 33rv–43rv.

9 Protokoll der Sitzung, 14. Dezember 1919; S.RR.SS., AA.EE.SS., Rapporti Sessioni S.C. AA.EE.SS., fasc. 73, Sessione 1231.

10 Micara an Gasparri, 17. September 1920; S.RR.SS., AA.EE.SS., Austria-Ungheria, pos. 1463, fasc. 591, fol. 24rv–31rv; vgl. Hrabovec, Heiliger Stuhl (wie Anm. 1), S. 243–260. Zu den Anfängen der diplomatischen Beziehungen vgl. auch die nicht publizierten Tagebücher des ersten tschechoslowakischen Gesandten Kamil Krofta; Archiv Akademie věd České Republiky Praha (AAVČR), pozůstalost Kamil Krofta, Karton 1, Deník I.; sowie den ersten politischen Monatsbericht Kroftas an den Außenminister Beneš für die Zeit vom 10. bis 31. März 1920; Archiv Ministerstva zahraničních věcí České republiky Praha (AMZV), PZ-Vatikán 1920.

Die Häufigkeit, mit der Micara zur Feder griff und Berichte schrieb, blieb quantitativ im Mittelfeld der päpstlichen Diplomatie. Sehr unterschiedlich konnte dagegen der Umfang seiner Berichte sein, von knappen, zwei bis drei Seiten umfassenden Berichten zu politischen Fragen mit nur indirektem Kirchenbezug bis hin zu stolzen 150-seitigen Rapporten zu kirchlichen oder kirchenpolitischen Fragen, die ihn besonders beschäftigten.[11]

Zu den wichtigsten konkreten Aufgaben, denen Micara den Großteil seiner Berichterstattung widmete, gehörte die Neuordnung der jurisdiktionellen und personellen Kirchenstruktur im Einklang mit den neuen politischen Grenzen und pastoralen Bedürfnissen. Obgleich auch in den böhmischen Ländern einige durch Ableben oder national-politisch motivierte Resignation freigewordene Bischofsstühle nachbesetzt werden mussten, wirklich dramatisch präsentierte sich die Lage vor allem in der Slowakei. An der Spitze ihrer durch die neue Grenzziehung zerschnittenen Diözesen standen noch vom ungarischen Kultusminister ernannte Bischöfe, die in der Mehrheit nicht einmal die Sprache ihrer Gläubigen sprachen und den neuen Staat ablehnten. Nach Flucht, Ausweisung beziehungsweise natürlichen Todesfällen blieb im Lande bis Herbst 1920 lediglich ein einziger Diözesanbischof übrig (Augustin Fischer-Colbrie in Košice), in den Diözesen herrschten schwierige administrative, rechtliche und pastorale Verhältnisse und vielfache politische, nationale und menschliche Spannungen. Micara war von Anfang an überzeugt, dass die Lage pastoral wie politisch untragbar war und die Ernennung neuer Oberhirten rasch in die Wege geleitet werden musste, da selbst im von ihm für äußerst unwahrscheinlich gehaltenen Falle einer Rückgliederung der Slowakei nach Ungarn diese die politische Autonomie und damit auch nationale Bischöfe fordern würde.[12] Gasparri teilte Micaras Meinung und wies ihn bereits im Dezember 1919, zu einem Zeitpunkt also, als weder die Nuntiatur errichtet noch der Friedensvertrag mit Ungarn unterzeichnet war, an, Informationen über mögliche Bischofskandidaten zu sammeln, um die Ernennung im gegebenen Augenblick rasch durchführen zu können.[13]

Viel Energie – und konsequenterweise viel Platz in der Berichterstattung – raubten Micara Auseinandersetzungen mit der Regierung, die in der Ernennung von regierungsfreundlichen, der Ideologie der fiktiven »tschechoslowakischen Nation« ergebenen und der Reformbewegung des tschechischen Klerus nahestehenden Bischöfen ein eminentes Instrument zur Stärkung der nationalen und ideologischen Kompaktheit des innerlich zerrissenen Staates sahen und unter Berufung auf den Übergang der königlichen Oberpatronatsrechte an die neuen staatlichen Autoritäten mit aller Kraft eigene Kandidaten forcierten.[14] Hier zeigte sich Mi-

---

[11] Vgl. zum Beispiel den 150 Seiten zählenden Bericht vom 10. Juni 1922, mit dem Micara auf Wunsch des Kardinalsstaatssekretärs Gasparri auf ein Memorandum über die Lage der Slowaken in der Tschechoslowakei reagierte; S.RR.SS., AA.EE.SS., Cecoslovacchia, pos. 13 P. O., fasc. 16, fol. 46rv–108r.

[12] Micara an Gasparri, 27. Oktober 1919; S.RR.SS., AA.EE.SS., Austria-Ungheria, pos. 1332, fasc. 527, fol. 33rv–43rv.

[13] Gasparri an Micara, 19. Dezember 1919; S.RR.SS., AA.EE.SS., Austria-Ungheria, pos. 1332, fasc. 528.

[14] Hrabovec, Heiliger Stuhl (wie Anm. 1), S. 269–300; Emilia Hrabovec, Pio XI e le conseguenze pastorali die trattati di pace nell'Europa centro-orientale: Il caso della Cecoslovacchia e dell'Ungheria, in: Cosimo Semeraro (Hg.), La sollecitudine ecclesiale di Pio XI. Alla luce delle nuove fonti archivistiche, Vatikanstadt 2010, S. 363–395, hier S. 366–369.

cara als pragmatischer Realist, der keine Hemmungen besaß, die Schwächen des österreichisch-ungarischen Staatskirchensystems beim Namen zu nennen, zugleich aber entschlossen war, ihre Wiederholung im neuen tschechoslowakischen Gewand abzuwehren, und als geschickter Unterhändler, der Kompromisse, solange sie die prinzipielle Idoneität des Kandidaten respektierten, nicht ablehnte und bis an die äußerste Grenze seiner Kompetenzen ging, als er im Spätsommer 1920 dem Außenminister Edvard Beneš nicht die ihm vom Staatssekretariat übermittelte, sondern eine davon abweichende Kandidatenliste vorlegte.[15] Wie tief die Kluft zwischen der Nuntiatur und der Regierung dennoch blieb, zeigt Micaras Bericht über das darauffolgende Gespräch mit dem Außenminister Beneš, der das weitgehende Entgegenkommen des vatikanischen Diplomaten gar nicht zur Kenntnis nahm, sondern sich lediglich darüber empörte, dass sich auf der Liste der Name eines von der Regierung protegierten Kandidaten nicht befand, und mit der Einstellung der staatlichen Subventionen an die Kirche drohte. Micara antwortete ihm gelassen: »Die Kirche hat in den 20 Jahrhunderten ihrer Geschichte, die sie hinter sich hat, bereits andere Gewitter gesehen, und sie wird gewiss die tschechoslowakische Republik überdauern.«[16]

Innerkirchlich galt die meiste Aufmerksamkeit des ersten päpstlichen Vertreters in Prag der tiefen Nachkriegskrise im tschechischen Katholizismus, die diesen innerhalb weniger Zeit über anderthalb Millionen Gläubige kostete und im Schoße des tschechischen Klerus eine breite Reformbewegung entstehen ließ, deren radikalster Kern, mit zumindest indirekter Unterstützung des Staates, im Januar 1920 die Tschechoslowakische Nationalkirche gründete.[17] Micara widmete in seinen Berichten viel Raum der Suche nach den Ursachen der tiefen Krise und den möglichen Abhilfen. Er teilte voll die Überzeugung sowohl Benedikts XV. als auch Pius' XI., dass eine der tiefsten Ursachen der Krisenerscheinungen in der unzulänglichen, den Herausforderungen der Zeit nicht mehr gewachsenen theologischen Ausbildung und Formation der Kleriker lag, die sie weder intellektuell noch spirituell auf den Zusammenstoß mit der modernen säkularisierten Welt und ihren massenwirksamen Ideologien und Verlockungen wappnete.[18] In den Fußstapfen seines vormaligen Vorgesetzten Valfrè ging Micara auch mit dem österreichischen staatskirchlichen »System der beständigen Anordnungen und Ingerenzen der zivilen Autorität in kirchlichen Angelegenheiten«,[19] welches die Kirche der Freiheit und Eigeninitiative beraubt habe, ins Gericht und erblickte eine seiner wichtigsten Aufgaben darin, die Bischöfe zu klaren Stellungnahmen und entschlossenem Handeln gegenüber

---

15 Micara an Gasparri 17. September 1920; S.RR.SS., AA.EE.SS., Austria-Ungheria, pos. 1463, fasc. 591, fol. 24rv–31rv.

16 Ebd.

17 Pavel Marek, Od katolické moderny k českému církevnímu rozkolu, Rossitz – Brünn 2000; Emilia Hrabovec, Reformbestrebungen der tschechischen Priester und die Entstehung der »Tschechoslowakischen Kirche«, in: Römische Historische Mitteilungen 51 (2009), S. 337–368.

18 S.RR.SS., AA.EE.SS., Cecoslovacchia, pos. 5, fasc. 4, 5. Vgl. auch das Schreiben Benedikts XV. an die tschechischen und slowakischen Bischöfe vom 30. November 1921; S.RR.SS., AA.EE.SS., Austria-Ungheria, pos. 1464, fasc. 593, fol. 32rv–36rv (Konzept), 59rv–62r (gedruckter Text). Hrabovec, Reformbestrebungen (wie Anm. 17), S. 349–363.

19 Valfrè an Gasparri, 8. Dezember 1918; S.RR.SS., AA.EE.SS., Austria-Ungheria, pos. 1320, fasc. 519, fol. 34rv–37rv.

dem Staat wie den eigenen kirchlichen Reihen sowie zur Umsetzung einer radikalen Reform der Priesterausbildung und strengeren Überwachung der priesterlichen Disziplin zu ermuntern. Micara veranlasste im Januar 1920 die Einberufung der Konferenz der tschechischen und slowakischen Bischöfe und übermittelte ihr die in Rom ausgearbeitete Tagesordnung, die zugleich als eine Art Instruktion für die Vorgehensweise sowohl Micaras als auch des Episkopates in den wichtigsten für die Kirche relevanten Fragen angesehen werden kann.[20] Die aktive Rolle des päpstlichen Vertreters bei den bischöflichen Zusammenkünften, in der österreichisch-ungarischen Zeit in dieser Form unbekannt, blieb auch später erhalten und unterstrich die wachsende Autorität des Nuntius als Vertreters des Papstes gegenüber dem örtlichen Episkopat, aber auch die gewachsene Freiheit der Kirche gegenüber dem Staat.

Die Tagesordnung für die Bischofskonferenz vom Januar 1920, zu einem Zeitpunkt geschrieben, als einerseits die Reformbewegung der tschechischen Priester sich auf dem Höhepunkt befand und die Ausrufung der Nationalkirche unmittelbar bevorstand, andererseits die politischen Eliten verschiedene Entwürfe über die Trennung zwischen Kirche und Staat diskutierten, spiegelte die wichtigsten und schmerzlichsten Probleme wider, mit denen die katholische Kirche in der Tschechoslowakei konfrontiert war, und instruierte den päpstlichen Vertreter in wesentlichen Zügen über die Haltung des Heiligen Stuhls und die empfohlene Vorgehensweise. Es verwundert nicht, dass drei der insgesamt sechs Punkte der Instruktion der priesterlichen Reformbewegung gewidmet waren und die Disziplin des Klerus, das Pflichtzölibat und die Liturgiesprache behandelten. Ein weiterer Punkt der Instruktion erörterte die Freiheit des Papstes in den Nominationsfragen, die restlichen zwei galten der von der politischen Führungsschicht des Staates angepeilten Trennung zwischen Kirche und Staat sowie der damit verbundenen Frage der Kirchengüter. Die Instruktion versuchte, Strenge in den Prinzipien mit Pragmatismus und Realitätssinn in der praktischen Durchführung zu verknüpfen und stellte fest, dass die Trennung zwischen Kirche und Staat aus Prinzip abzulehnen sei, unter bestimmten Umständen jedoch toleriert werden könne. Für den Fall, dass sie in der Tschechoslowakei eingeführt werden sollte, wurde Micara und den Bischöfen aufgetragen, dafür Sorge zu tragen, dass die Kirche frei und ihre heiligsten Rechte unberührt bleiben. In ähnlichem Geiste wurde in Bezug auf die Frage der Liturgiesprache dem Episkopat empfohlen, dem Heiligen Stuhl Vorschläge zu machen, ob und welche sprachlichen Zugeständnisse den tschechischen Katholiken gemacht werden könnten, um der sensibilisierten tschechischen Öffentlichkeit entgegenzukommen und althergebrachte Traditionen zu wahren, ohne die lateinische Liturgie prinzipiell in Frage zu stellen.[21]

Micara berichtete in den folgenden Jahren sehr ausführlich über seine Bemühungen, im Zuge der Durchführung der Agrarreform für die dem Gemeinwohl dienenden Kirchengüter mäßigende Sonderregelungen zu erwirken[22] sowie dar-

---

20 Questioni da trattarsi nell'adunanza dell'Episcopato czeco-slavo, 2. Januar 1920; S.RR.SS., AA.EE.SS., Austria-Ungheria, pos. 1356, fasc. 543, fol. 65rv–66rv. Zu Micaras Initiative bei der Einberufung der Bischofskonferenz vgl. auch seine Schlussrelation; ebd., Cecoslovacchia, pos. 32 P. O., fasc. 44, fol. 64r.

21 Ebd.

22 Vgl. z. B. Micara an Gasparri, 12. Januar 1921, 9. November 1921 und 10. Dezember 1921; S.RR.SS., AA.EE.SS., Austria-Ungheria, pos. 1473, fasc. 599, fol. 4rv–7rv, 19rv–23r.

über, mit Hilfe des Episkopates sowie der katholischen Parteien die gesetzliche Verankerung der Separation zu verhindern beziehungsweise ihre etwaigen Konsequenzen zu mildern.[23]

Nicht zuletzt solche politischen Aktivitäten führten Micara in den Kontakt zu den Abgeordneten der tschechischen und der Slowakischen Volkspartei. Sie stellten ihn aber spätestens Ende 1921, nach dem Regierungsbeitritt der tschechischen *lidáci* und dem Austritt der slowakischen Schwesternpartei aus der gemeinsamen Parlamentsfraktion, vor das Dilemma, ob der Heilige Stuhl die Teilnahme der tschechischen Volkspartei an der sozialistisch-agrarisch-liberalen Koalition tolerieren solle oder nicht. Micara selbst verurteilte die Entscheidung der tschechischen Partei als unzulässige Überordnung der Parteiinteressen unter jene der Kirche und als untragbare Übernahme der Verantwortung für antikirchliche Programmpunkte der Regierung,[24] unter dem Einfluss der Gespräche mit dem Parteiführer Jan Šrámek begann er jedoch zeitweise die Entscheidung auch als möglichen Weg zur Verhinderung des größeren Übels zu sehen.[25]

Einen beträchtlichen Teil der Berichte widmete Micara der Slowakei, nicht nur ihren ungelösten kirchenpolitischen Fragen, sondern mehr noch dem geistigen und kulturellen Einfluß des neuen Staates auf die Religiosität ihrer Bevölkerung. Er analysierte die durch die politischen Veränderungen beschleunigten Säkularisierungprozesse in der Slowakei sowie die *opera di scristianizzazione*, die Entchristlichungsmaßnahmen, deren Träger er vor allem in den ins Land kommenden freisinnig beziehungsweise hussitisch gesinnten tschechischen Lehrern und Beamten sah. Auf Wunsch des Staatssekretariats verfasste er im Juni 1922 diesbezüglich einen langen und dramatischen Sonderbericht, der vor allem der antikatholischen Propaganda in den verstaatlichten slowakischen Schulen und dem Wirken des staatlich geförderten Vereins *Sokol* (Der Falke) gewidmet war.[26] Micara sah – genauso wie Valfrè vor ihm und Marmaggi nach ihm – in der tief religiösen Slowakei eine Stütze der bedrohten Interessen der katholischen Kirche im tschechoslowakischen Staat und in der Forderung ihrer politischen Autonomie ein Instrument, um das Eindringen der antikatholischen Ideen in den östlichen Teil der Republik zu verhindern und die nötige Plattform zu schaffen, um die Stärke des slowakischen Katholizismus wirksam werden zu lassen. In dem vor allem aus Micaras Berichten zusammengestellten Materialienbericht zur Sitzung der Kongregation für die Außerordentlichen Kirchlichen Angelegenheiten vom April 1922 hieß es dazu ausdrücklich:

> Es ist klar, daß wenn eine solche Autonomie gewährt werden würde, die Slowakei (ein Land, das seinem katholischen Glauben so fest anhängt, daß das

---

[23] Vgl. z. B. Micara an Gasparri, 28. Februar 1920; S.RR.SS., AA.EE.SS., Austria-Ungheria, pos. 1476, fasc. 600, fol. 51rv–57r; Micara an Gasparri, 26. September 1920, 1. Oktober 1920 und 10. Dezember 1920; ebd., Cecoslovacchia. pos. 3, fasc. 3, fol. 9rv–10r, 11rv–14rv, 19rv–24r.

[24] Micara an Gasparri, 8. Dezember 1921; S.RR.SS., AA.EE.SS., Austria-Ungheria, pos. 1476, fasc. 601, fol. 96rv–99r; Gasparri an Micara, 29. Dezember 1921; ebd., Cecoslovacchia, pos. 2, fasc. 2, fol. 53rv.

[25] Micara an Gasparri, 14. März 1922; S.RR.SS., AA.EE.SS., Cecoslovacchia, pos. 4 P. O., fasc. 4, fol. 50rv–54rv.

[26] Micara an Gasparri, 10. Juni 1922; S.RR.SS., AA.EE.SS., Cecoslovacchia, pos. 13 P. O., fasc. 16, fol. 46rv–108r. Vgl. dazu auch die Schlussrelation Micaras; ebd., pos. 32 P. O., fasc. 44, , fol. 72r–76r.

> tschechische Schisma dort keinen Fuß fassen konnte) der zersetzenden Tätigkeit, die dort von den tschechischen Autoritäten ausgeübt wird, größtenteils entzogen werden könnte. Andererseits würde die vollständige Auflösung der Slowakei im tschechischen Staat dem Heiligen Stuhl die größte Kraft wegnehmen, über die er gegenüber der Prager Regierung sicher verfügen kann.[27]

Micara berichtete freilich nicht nur über Themen mit unmittelbarem Kirchenbezug, sondern auch über die allgemeine innen- wie außenpolitische sowie wirtschaftliche Lage im Lande, über die nationalen und sozialen Probleme, die Berichterstattung der Presse, die intellektuellen Strömungen oder die Stimmung im Land. Je länger er in Prag weilte, desto schärfer und ablehnender wurde sein Urteil über die tschechoslowakische Politik und ihre Träger, insbesondere den Staatspräsidenten Tomáš Garrigue Masaryk und den Außenminister Edvard Beneš, in deren antikatholisch unterlegtem humanistisch-religiösen Ideal im Geiste der schottischen Maçonnerie (Masaryk) oder frankophilen Laizismus (Beneš) er die schlimmsten Gegner der katholischen Kirche erblickte.[28]

Das gegenseitige Verhältnis zwischen der Tschechoslowakei und dem Heiligen Stuhl, durch die staatlichen Nominationsansprüche, Eingriffe gegen die Kirchengüter, die ausgebliebene Rückgabe der verstaatlichten katholischen Gymnasien in der Slowakei, vor allem jedoch die antikatholische Gesinnung der politischen und intellektuellen Eliten und die zumindest indirekte Unterstützung der Nationalkirche aufs Äußerste belastet, war im Winter 1921/1922 auf dem ersten Tiefpunkt angelangt, und in Rom erwog man gar die Unterbrechung der diplomatischen Beziehungen.[29] Obgleich der neue Papst Pius XI. sich schließlich mit einer Sammelprotestnote begnügte, erholte sich die Mission Micaras von dieser Krise nicht mehr. Liberale und sozialistische Blätter starteten eine Offensive gegen den Nuntius, den sie für den Inhalt der vatikanischen Protestnote verantwortlich machten.[30]

Den jungen Diplomaten, der enthusiastisch versucht hatte, mit Offenheit und Pragmatismus Konflikte zu lösen und Standpunkte anzunähern, belastete sehr die scheinbare Ausweglosigkeit der Situation, in der er nicht nur gegen konkrete Einzelmaßnahmen des Staates, sondern vielmehr gegen eine Mauer unverhüllter ideologisch motivierter Ablehnung anzukämpfen hatte, welche selbst weitreichende Kompromissvorschläge oder Mäßigungsversuche nicht zu schätzen vermochte. Die Entfremdung zwischen ihm und den neuen tschechischen Eliten erreichte den Höhepunkt, er fühlte sich allein und in seiner Würde als Repräsentant der obersten kirchlichen Autorität beständig verletzt und gedemütigt. Zusätzlich belastete den feinfühligen italienischen Hocharistokraten, dass die Nuntiatur

---

27 Materialienbericht, April 1922; S.RR.SS., AA.EE.SS., Rapporti Sessioni S.C. AA.EE.SS., Sessione 1249, 12. April 1922, fol. 14–15.

28 Vgl. u. a. die Schlussrelation Micaras; S.RR.SS., AA.EE.SS., Cecoslovacchia, pos. 32 P. O., fasc. 44, fol. 53r–58r; vgl. auch Micara an Gasparri, 13. Juni 1922 und 12. August 1922; S.RR.SS., AA.EE.SS, Cecoslovacchia, pos. 4 P. O., fasc. 4, fol. 80rv–81r, 84rv.

29 Protokoll der Sitzung, 18. Dezember 1921; S.RR.SS., AA.EE.SS., Rapporti Sessioni S.C. AA.EE.SS., fasc. 74, Sessione 1244. Vgl. auch den Bericht des Gesandten Krofta, 28. Juni 1921, und des Chargè d'affaires Niederle, 1. September 1921; AMZV, PZ-Vatikán 1921.

30 Ausschnitte aus České slovo, Čech, Slovenský denník; ASV, Arch. Nunz. Cecoslovacchia 5, fasc. 18, fol. 28rv–38r.

kein eigenständiges Gebäude besaß, sondern auf die Gastfreundschaft des Prager Erzbischofs angewiesen war, dessen Kontrolle er sich selbst bei delikaten Besuchen nicht zu entziehen vermochte und mit dem er auch die tägliche Lebensgestaltung und Küche teilen musste. »Ich bin allein und habe eine Arbeit, die mich belastet: Wenn es sich wenigstens um angenehme Sachen handeln würde, doch habe ich nur Schwierigkeiten und Verantwortung zu tragen«, beklagte sich Micara bei dem hochgebildeten, aber im ostslowakischen Košice viel zu entfernten Bischof der alten Schule, Augustin Fischer-Colbrie.[31]

Auf ausdrücklichen Wunsch der Prager Regierung wurde Micara im Frühjahr 1923 aus der Tschechoslowakei abberufen.[32] Dass dieser Schritt als Zeichen des guten Willens gegenüber Prag, nicht jedoch als negative Wertung des Wirkens des Prager Nuntius zu beurteilen war, bezeugt nicht zuletzt die Tatsache, dass Micara gleich anschließend mit der anspruchsvollen (und durchaus erfolgreich bewältigten) Nuntiatur in Belgien betraut wurde. In seinem 58 Seiten zählenden Schlussbericht, dem einzigen seiner Art, der im Archiv der Prager Nuntiatur auffindbar ist, bilanzierte er in düsteren Farben seine beinahe vierjährige Arbeit in einer feindlich gesinnten Umgebung, zählte die vielen offen gebliebenen Fragen auf, ließ den Bericht dann aber doch optimistisch ausklingen: Der antikatholische Impetus der neuen Republik habe unter den Katholiken eine lebendige Reaktion und eine rege Verteidigungsbewegung entstehen lassen, die Gegner der Kirche würden allmählich die Relevanz des religiösen Faktors entdecken und im Klerus würden sich nach der »schmerzlichen«, aber notwendigen Selektion ein besseres Verständnis für die eigenen Pflichten und eine deutlicher römische Gesinnung durchsetzen, die für die Zukunft Besseres erhoffen lassen.[33]

Francesco Marmaggi

Die Prager Nuntiatur bekam einen neuen Titular – Francesco Marmaggi. Der gebürtige Römer, im Römischen Seminar erzogen und zum Doktor der Theologie promoviert, brachte nicht nur ein reiferes Alter, sondern als langjähriger Mitarbeiter der ersten Sektion des Staatssekretariats, Nuntius in Rumänien und außerordentlicher Vertreter des Papstes in der Türkei nach dem griechisch-türkischen Krieg auch eine beachtliche kuriale und »osteuropäische« diplomatische Erfahrung mit. Nicht zuletzt dies sowie die Tatsache, dass er seinerzeit an den Konkordaten mit Serbien und Rumänien mitgewirkt hatte und somit in der Lage zu sein schien, diese schwierige Aufgabe auch in Prag zu bewältigen, dürften für die Wahl Marmaggis ausschlaggebend gewesen sein. In der tschechoslowakischen

---

31 Micara an Fischer-Colbrie, 2. März 1921; ASV, Arch. Nunz. Cecoslovacchia, pos. XVI-G. Vgl. auch Micara an Gasparri, 22. Dezember 1921; S.RR.SS., AA.EE.SS., Cecoslovacchia, pos. 5 fasc. 5; ähnlich reagierte später auch Pietro Ciriaci: Ciriaci an Gasparri, 21. November 1928; ebd., pos. 112 P.O., fasc. 139; vgl. auch Materialienbericht, Januar 1929; ebd., Rapporti Sessioni S.C. AA.EE.SS., Sessione 1315, 17. Januar 1929.

32 Gasparri an Micara, 5. Juni 1923; ASV, Arch. Nunz. Cecoslovacchia 5, fasc. 19.

33 Schlussrelation Micaras; S.RR.SS., AA.EE.SS., Cecoslovacchia, pos. 32 P.O., fasc. 44, fol. 102r–103r.

Presse wurde sofort positiv quittiert, dass der aus dem römischen Viertel Trastevere stammende Nuntius einfacher Herkunft sei, große Sensibilität für soziale und karitative Fragen sowie Interesse für den Unionismus zeige.[34]

Der Start der neuen Mission wurde auch durch einige atmosphärische Veränderungen in der tschechoslowakischen Innenpolitik erleichtert. In den pragmatischeren politischen Kreisen begann sich die Einsicht durchzusetzen, daß die nötige Konsolidierung des heterogenen Staates den Verzicht auf offenen politischen Radikalismus und die Suche nach einem Modus Vivendi mit der katholischen Kirche erforderten. Im Herbst 1923 wurde im Regierungsprogramm die Forderung nach der Trennung zwischen Kirche und Staat durch die vorsichtigere Formulierung einer »Regelung des gegenseitigen Verhältnisses« abgelöst[35] und der Außenminister vom Ministerrat offiziell betraut, mit dem Heiligen Stuhl Verhandlungen über offene kirchenpolitische Fragen zu initiieren.[36]

In dieser Atmosphäre erschien es nun aus vatikanischer Perspektive möglich – und der neue Nuntius vergaß nicht, es in seinen ersten Berichten mehrfach zu betonen –, kirchenpolitische Fragen fortan nicht nur einzeln zu behandeln, sondern in den veränderten politischen, rechtlichen und kulturellen Umständen das Verhältnis zwischen Kirche und Staat neu zu definieren und auf eine völkerrechtlich wirksame vertragliche Grundlage zu stellen.[37] Als Bestandteil dieser neuen, umfassenden Regelung wurde nun zum ersten Mal, dank der Stabilisierung des tschechoslowakischen Staates und trotz des anhaltenden ungarischen Widerstandes, auch die Neuordnung der territorialen Struktur der Kirche im Einklang mit den neuen Grenzen konkret erwogen. Mit diesem wichtigsten Aufgabenpaket reiste im Frühherbst 1923 Francesco Marmaggi nach Prag.

Die Konsistorialkongregation, wegen der fortgeschrittenen Säkularisierung insbesondere der tschechischen Gesellschaft besorgt, empfahl Marmaggi in ihren Instruktionen darüber hinaus, besondere Aufmerksamkeit der religiösen Unterweisung, den katholischen Vereinigungen sowie der Förderung des Priesternachwuchses zu widmen, um die Integrität des Glaubens vor der in der Tschechoslowakei so verbreiteten antikatholischen Propaganda zu schützen und die sinkenden Berufungen wieder anzukurbeln. Kardinalpräfekt Gaetano De Lai legte Marmaggi auch ans Herz, in Zusammenarbeit mit den Bischöfen zu versuchen, von den vielfach bedrohten Kirchengütern zu retten, was noch zu retten war.[38]

Eine umfassende schriftliche Instruktion gab Marmaggi auch die Ostkirchenkongregation mit. Sie ersuchte den Nuntius, sich insbesondere der lange vernachlässigten griechisch-katholischen Bevölkerung Karpatenrusslands und der Ost-

---

34 Marmaggi an Gasparri, 26. September 1923; ASV, Arch. Nunz. Cecoslovacchia 30, fasc. 135, fol. 7rv–8r. Vgl auch das beigelegte Prager Abendblatt vom 22. August 1923 mit dem Artikel von Marmaggi; ebd., fol. 9r.

35 Marmaggi an Gasparri, 3. Dezember 1924; S.RR.SS., AA.EE.SS., Cecoslovacchia, pos. 56 P. O. fasc. 54, fol. 44rv–55r.

36 Vgl. Aide mémoire der politischen Sektion des Außenministeriums an Minister Beneš, 20. November 1923; AMZV, II/3, Karton 28.

37 Marmaggi an Gasparri, 3. Dezember 1924; S.RR.SS., AA.EE.SS., Cecoslovacchia, pos. 56 P. O., fasc. 54, fol. 44rv–55r.

38 S. Congregatio Consistorialis, Istruzioni per l'Illmo e Rmo Mgr Francesco Marmaggi, Nunzio Apostolico nella Cecoslovacchia; ASV, Arch. Nunz. Cecoslovacchia 30, fasc. 135, fol. 141rv.

slowakei anzunehmen, welche infolge der Magyarisierung im alten Ungarn, der großen Kluft zwischen den magyarisierten Würdenträgern und der Masse der einfachen Gläubigen sowie der politisch motivierten Unterstützung der Orthodoxie durch die tschechoslowakische Regierung einer starken orthodoxen Propaganda ausgesetzt war. Der Nuntius sollte dafür Sorge tragen, dass die griechisch-katholischen Bischofsstühle so rasch wie möglich besetzt und eine reguläre Seelsorge und geistige Erneuerung ermöglicht würden.[39]

Die Berichte, die Marmaggi aus Prag schickte, zeigen, dass der neue Nuntius kein bloßer Berichterstatter, sondern vielmehr ein Protagonist war, imstande, auf Entscheidungsprozesse des Episkopats wie der katholischen Politiker Einfluss zu nehmen und auch in Rom respektierte Lösungsvorschläge zu erarbeiten, und der in Verhandlungen mit dem Staat selbst vor gewagten Eigeninitiativen wie dem Entwurf eines komplexen konkordatsähnlichen Vertragswerkes (»Vorschlag aus eigener Initiative«), das später zur vatikanischen Verhandlungsgrundlage in den Gesprächen zur Vorbereitung des Modus Vivendi werden sollte, nicht zurückschrak.[40] Marmaggi verfolgte damit vor allem das Ziel, das Interesse der tschechoslowakischen Regierung an der Neuordnung der Diözesangrenzen im Einklang mit den neuen Staatsgrenzen dazu zu nutzen, um Prag zu einer breiteren vertraglichen Regelung der gegenseitigen Beziehungen zu bewegen.

Einen breiten Raum widmete Marmaggi in seinen Berichten den katholischen Parteien. Offensichtlich war er sich der Bedeutung bewusst, die in den parlamentarischen Regimes und Massengesellschaften der Mobilisierung der katholischen Massen zukam, zumal in einem Land, dessen Staatspräsident Tomáš Garrigue Masaryk, auch von Marmaggi wie generell vom Heiligen Stuhl für den größten Feind der katholischen Kirche gehalten, in den Anfängen der Republik offen proklamiert hatte, die Katholiken würden »so viele Rechte haben, wie viele sie sich erkämpfen werden«. Marmaggi lobte in seinen Berichten die Erfolge, die die katholischen Volksparteien in den Wahlen erzielt sowie das gewachsene Selbstvertrauen und den Mut, die sie im öffentlichen Leben demonstriert hätten.[41] Auch Marmaggi konnte sich freilich nicht der Frage entziehen, bis wann die Präsenz der Minister der tschechischen Volkspartei im Kabinett toleriert werden sollte, und er sparte in seinen Berichten nicht an Kritik des, wie er meinte, zögerlichen und gesichtslosen Verhaltens der Šrámek-Partei, riet aber schließlich doch dazu, ihre lavierende Zurückhaltung zu tolerieren, solange es ratsam schien, auf diese Weise die vom Präsidenten Masaryk wie von den sozialistischen Kreisen massiv geförderte Ablöse der Volksparteiminister durch deutsche Sozialdemokraten und damit die Herbeiführung einer Konstellation zu verhindern, von der offen antikatholische Maßnahmen zu erwarten waren.[42]

---

39 Istruzioni della S. C. pro Ecclesia Orientali per Mons. Nunzio di Praga; ASV, Arch. Nunz. Cecoslovacchia 30, fasc. 135, fol. 143rv–146rv.

40 Marmaggi an Borgongini Duca, 30. November 1924; S.RR.SS., AA.EE.SS., Cecoslovacchia, pos. 13 P. O., fasc. 17, fol. 82rv–84r.

41 Marmaggi an Gasparri, 23. Oktober 1923; S.RR.SS., AA.EE.SS., Cecoslovacchia, pos. 34 P. O., fasc. 49, fol. 7rv–11rv.

42 Marmaggi an Gasparri, 28. Februar 1925; S.RR.SS., AA.EE.SS., Cecoslovacchia, pos. 55 P. O., fasc. 54, fol. 28rv–33r; Marmaggi an Gasparri, 7. März 1925; ebd., fasc. 55, fol. 22rv–26r.

Im Einklang mit der Instruktion der Ostkirchenkongregation, aber auch mit seinem persönlichen, bereits während seiner Nuntiatur in Rumänien demonstrierten Interesse widmete Marmaggi viel Raum in der Berichterstattung dem Unionismus, dessen erfolgreiche Umsetzung er vor allem mit der Vision von Mähren und der Slowakei als geistige und kulturelle Brücke zwischen der lateinischen und slawisch-orthodoxen Welt verband. Seine Berichte zeigten folglich großes Interesse für die Aktivitäten verschiedener unionistisch orientierter Institutionen und Veranstaltungen wie der Vereinigung der heiligen Kyril und Method oder des großen Velehrader Kongresses, an dem er im Sommer 1924 als einziger Nuntius in der Geschichte dieser Zusammenkünfte auch persönlich teilnahm. Mit Besorgnis kommentierte dagegen Marmaggi die von der Regierung aus politischen Gründen zumindest indirekt begünstigte Ausbreitung der Orthodoxie im Osten der Republik.[43]

Gemäß der zitierten Instruktion der Ostkongregation[44] wandte Marmaggi große Aufmerksamkeit der kleinen russischen katholischen Mission in Prag zu, welche die Aufgabe besaß, die Katholiken unter den in den böhmischen Ländern lebenden russischen Emigranten spirituell zu betreuen und eine Annäherung an die Orthodoxen zu suchen, um im Sinne der Enzyklika *Ecclesiam Dei* die gegenseitigen Vorurteile und Unkenntnisse abzubauen und den Weg zur »Union«, also zur Rückkehr der Orthodoxen in den Schoß der katholischen Kirche, zu pflastern.[45] In den Jahren 1923 bis 1924 stand die Mission unter der Leitung von Pater Gleb Verchovskij, eines russischen katholischen Priesters des östlichen Ritus, der in Sankt Petersburg zum engsten Kreis des Exarchen Leonid Fedorov gehört hatte. Marmaggi half nach Kräften, um für die Bedürfnisse der Mission, die aus ideologischen Gründen von der offiziellen staatlichen »Russischen Aktion« gänzlich ignoriert wurde, und insbesondere die Umgestaltung der für sie zur Verfügung gestellten Kirche die nötigen finanziellen Mittel zu besorgen. Er warf aber auch ein still beaufsichtigendes Auge auf den Missionsleiter, einen »sehr intelligenten und glühenden Priester«, den jedoch manchmal eine »allzu große Ungeduld«[46] und ein radikaler Maximalismus auszuzeichnen schienen, typisch für Menschen, die das ganze Leben einem absoluten geistigen Ideal widmen, um darüber zu wachen, dass die Grenzen der Kompetenzen Verchovskij respektiert werden und um national, kulturell, pastoral oder menschlich bedingte Spannungen zu schlichten.[47]

Im Winter 1924/1925 begann sich die Atmosphäre zwischen dem Vatikan und der Tschechoslowakei wieder zu verschlechtern und das Pendel auf beiden

---

43 Marmaggi an Gasparri, 7. August 1924; S.RR.SS., AA.EE.SS., Cecoslovacchia, pos. 21 P. O., fasc. 30. Marmaggis Beitrag zum Velehrader Kongress 1924 »Oratio ad finem Cogressus« wurde abgedruckt in: Acta IV. Conventus Velehradensis anno MCMXXIV, Olmütz 1925, S. 221–226.

44 Istruzioni della S. C. pro Ecclesia Orientali per Mons. Nunzio di Praga; ASV, Arch. Nunz. Cecoslovacchia 30, fasc. 135, fol. 143rv–146rv.

45 Enzyklika »Ecclesiam Dei« vom 12. November 1923, in: AAS 15 (1923), H. 12, S. 572–582. Zu den Aufgaben der russischen katholischen Mission vgl. Micara an Kardinal Tacci, 21. März 1923; ASV, Arch. Nunz. Cecoslovacchia 37, fasc. 220.

46 Kardinal Tacci an Micara, 18. Mai 1923; ASV, Arch. Nunz. Cecoslovacchia 37, fasc. 220.

47 ASV, Arch. Nunz. Cecoslovacchia 37, fasc. 220. Vgl. dazu Emilia Hrabovec, Die russische Emigration in der Tschechoslowakei zwischen den beiden Weltkriegen und die katholische Kirche, in: Römische Quartalsschrift 106 (2011) (in Vorbereitung).

Seiten in Richtung Verhärtung auszuschlagen. Die politische Gruppierung um den Staatspräsidenten Masaryk, als die »Burg« bekannt, sowie die sozialistischen Kreise versuchten, vor dem erwarteten politischen Umschwung nach den Parlamentswahlen noch eine Reihe von *faits accompli* durchzubringen: So präsentierte der Außenminister Beneš dem Nuntius den Entwurf eines »Konkordats über die Trennung« (!), die Regierung erhöhte den Druck, um bei der Besetzung der seit Jahren vakanten Bischofsstühle eigene Kandidaten durchzusetzen, während das Parlament ein neues Gesetz über die Feiertage verabschiedete, welches in Gestalt von Jan Hus offiziell eine Symbolfigur des in der tschechischen nationalen Ideologie apostrophierten historischen Ringens der Nation für Freiheit und Fortschritt und gegen die katholische Kirche verherrlichte.[48] Signifikant für die gereizte Atmosphäre des Jahres 1925 waren verschiedene Karikaturen in der Presse, die den Nuntius angriffen oder lächerlich machten.[49] Marmaggi, starken Gesten an sich eher abhold, riet nun dazu, Standfestigkeit zu signalisieren.[50] Sein Vorschlag, für die vakanten Bischofstühle sofort Apostolische Administratoren zu ernennen, um auf die politische Meinung der Regierung keine Rücksicht nehmen zu müssen,[51] wurde in Rom befolgt, heizte aber die Stimmung noch mehr an. Der Konflikt gipfelte am 6. Juli 1925, dem ersten offiziellen, unter der Schirmherrschaft des Staats- und des Ministerpräsidenten gehaltenen und zumindest von Masaryk durchaus als antikatholischer Mobilisierungsversuch gestalteten Feiertags Hussens, als der Nuntius aus Rom telegraphisch angewiesen wurde, die Tschechoslowakei sofort zu verlassen.[52] In der Nuntiatur blieb nur der seit 1921 seinen Dienst in Prag verrichtende Sekretär Antonino Arata zurück,[53] dem aufgetragen wurde, die Geschäfte provisorisch zu verwalten. Wie ernst mit dem endgültigen Bruch gerechnet wurde, bezeugt auch die Tatsache, dass das Archiv der Nuntiatur in der belgischen Gesandtschaft versteckt wurde, wo es dann über ein Jahr lang blieb.[54]

Von Juli 1925 bis März 1927 wurden also die Nuntiaturberichte aus Prag vom Priester Antonino Arata unterzeichnet, dessen Kontakte mit der Regierung zwar begrenzt blieben, dessen Aktivität in Richtung Kirche und katholische Parteien aber umso reger wurde. Nach den Parlamentswahlen im November 1925, in

---

[48] Vgl. Materialienbericht, Februar 1925; S.RR.SS., AA.EE.SS., Rapporti Sessioni S.C. AA.EE.SS., Sessione 1283, 24. Februar 1925. Marmaggi an Gasparri, 7. März 1925 und 25. März 1925; S.RR.SS., AA.EE.SS., Cecoslovacchia, pos. 56 P.O., fasc. 55, fol. 22rv–26r, 38rv–41r. Zur Problematik des Hus-Feiertages vgl. auch Martin Schulze Wessel, Konfessionelle Konflikte in der Ersten Tschechoslowakischen Republik: Zum Problem des Status von Konfessionen im Nationalstaat, in: Hans-Christian Maner/Martin Schulze Wessel (Hg.), Religion im Nationalstaat zwischen den Weltkriegen 1918–1939. Polen – Tschechoslowakei – Ungarn – Rumänien, Stuttgart 2002, S. 75–105, hier S. 88.

[49] Den Höhepunkt erreichten solche bildlichen Verunglimpfungen im Herbst 1925. Vgl. Arata an Gasparri, 18. November 1925; S.RR.SS., AA.EE.SS., Cecoslovacchia, pos. 62 P.O., fasc. 64, fol. 3rv–5rv.

[50] Marmaggi an Gasparri, 7. März 1925; S.RR.SS., AA.EE.SS., Cecoslovacchia, pos. 56 P.O., fasc. 55, fol. 22rv–26r.

[51] Ebd.

[52] Diario; S.RR.SS., AA.EE.SS., Cecoslovacchia, pos. 61 P.O., fasc. 57, fol. 57rv; Telegramme von Gasparri an Marmaggi, 2. Juli und 4. Juli 1925; ebd.

[53] Antonino Arata, gebürtig aus Piacenza, in Philosophie, Theologie und kanonischem Recht promoviert und Absolvent der päpstlichen diplomatischen Akademie, wurde im Juni 1921 zum Sekretär der Apostolischen Nuntiatur in der Tschechoslowakei ernannt. Vgl. Gasparri an Micara, 27. Juni 1921; ASV, Arch. Nunz. Cecoslovacchia 5, fasc. 18, fol. 66r.

[54] ASV, Arch. Nunz. Cecoslovacchia 51, fasc. 417.

denen die katholischen Parteien ihre Stimmen verdoppeln konnten, überbrachte er ihren Parteichefs den ausdrücklichen Wunsch des Papstes, ihre Differenzen zu überwinden und in die Regierung einzutreten,[55] um die Sozialisten und allen voran den nationalen Sozialisten und Freimaurer an der Spitze der Außenpolitik Edvard Beneš aus dem Kabinett zu verdrängen und die Bildung einer bürgerlich-katholischen Koalition zu ermöglichen, die den Konflikt mit dem Vatikan bereinigen, die Lösung der schwebenden kirchenpolitischen Fragen in Angriff nehmen und langfristig die Rahmenbedingungen für eine Rechristianisierung des profund säkularisierten tschechischen gesellschaftlichen Raumes schaffen würde. Aus den in der Serie Affari Ecclesiastici Straordinari Cecoslovacchia abgehefteten Berichten Aratas wird ersichtlich, welche emsige Tätigkeit der vatikanische Geschäftsträger entwickelte, um die dominanten Agrarier vom guten Willen des Heiligen Stuhls zu überzeugen, das Misstrauen des slowakischen Oppositionspolitikers Andrej Hlinka gegenüber dem Regierungsbeitritt zu zerstreuen und den politisch motivierten Widerstand des tschechischen Volksparteiführers Jan Šrámek gegen die Aufnahme der autonomistischen katholischen Schwesternpartei in die Regierungsverantwortung zu brechen.[56]

Die im Januar 1927 ins Leben gerufene bürgerlich-katholische Koalition vermochte es zwar nicht, den vom Staatspräsidenten Masaryk gestützten Außenminister Beneš durch einen bürgerlichen Politiker zu ersetzen, sie schuf aber dennoch Bedingungen für die Wiederaufnahme der Verhandlungen mit dem Heiligen Stuhl, welche Ende 1927, nicht zuletzt dank der außerordentlichen Kompromissbereitschaft des päpstlichen Unterhändlers Pietro Ciriaci, mit der Unterzeichnung des (inhaltlich freilich eher mageren) Modus Vivendi gekrönt wurden.[57] Dem Heiligen Stuhl gelang es allerdings nicht, den Widerstand Prags gegen die (von allen Koalitionspolitikern allein von Hlinka unterstützte) Rückkehr Marmaggis zu brechen,[58] sodass die Nuntiatur Anfang 1928 bereits ihren dritten Inhaber bekam.

Pietro Ciriaci

Es lag nahe, die schwierige Mission dem Architekten der großen Einigung zwischen Prag und dem Vatikan, Pietro Ciriaci, anzuvertrauen, obgleich er selbst die Mission vielmehr als Opfer wahrnahm, welches er nur aus Gehorsam und

---

[55] Telegramm von Gasparri an Arata, 24. November 1925; S.RR.SS., AA.EE.SS., Cecoslovacchia, pos. 62 P. O., fasc. 63, fol. 70r.

[56] Arata an Gasparri, 18. November 1925; S.RR.SS., AA.EE.SS., Cecoslovacchia, pos. 62 P. O., fasc. 64, fol. 3rv–5rv. Arata an Gasparri, 19. November 1925; ebd., pos. 62 P. O., fasc. 64, fol. 11rv–16rv. Arata an Gasparri, 25. März 1926; ebd., pos. 70 P. O., fasc. 71, fol. 7rv–10rv. Arata an Gasparri, 21. Oktober 1926, 13. November 1926, 27. November 1926 und 10. Dezember 1926; ebd., pos. 70 P. O., fasc. 72., fol. 13rv–17rv, 37rv–39rv, 44rv–49r, 55rv–59rv. Staatssekretariat an Pacelli, 11. November 1926; ebd. Vgl. Emilia Hrabovec, Andrej Hlinka – kňaz a politik očami Svätej stolice 1918–1927, in: Róbert Letz/Peter Mulík u. a., Pohľady na osobnosť Andreja Hlinku, Martin 2009, S. 148–156.

[57] Modus Vivendi inter Sanctam Sedem et Rempublicam Cecoslovachum, in: AAS 20 (1928) 3, S. 65f. Zu den Verhandlungen Ciriacis in Prag vgl. AMZV, II/2, karton 1; ČNA, fond Mšano, karton 797; S.RR.SS., AA.EE.SS., Rapporti Sessioni S.C. AA.EE.SS., Sessione 1302, 25. April 1927, Sessione 1304, 28. Juli 1927.

[58] S.RR.SS., AA.EE.SS., Cecoslovacchia, pos. 95 P. O., fasc. 94–95.

Liebe zur Kirche auf sich nahm.[59] Der gebürtige Römer Ciriaci war am Römischen Seminar erzogen worden, besaß das Doktorat in Philosophie, Theologie und kanonischem Recht und hatte in verschiedenen kurialen Dikasterien gedient, zuerst in der Pönitentierie, dann in der Konzilskongregation und von 1917 an in den Affari Ecclesiastici Straordinari, zuletzt als deren stellvertretender Sekretär.[60] Seine Berichterstattung aus Prag spiegelte in einem gewissen Sinne die schrittweise Normalisierung der Beziehungen zwischen der Tschechoslowakei und dem Vatikan wider, konzentrierte sich auf die großen offenen kirchenpolitischen beziehungsweise kirchlichen Fragen, denen zahlreiche Berichte mit dicken Anlage und Dokumentationen gewidmet wurden, während die »politische« Berichterstattung ohne unmittelbaren Kirchenbezug etwas in den Hintergrund trat.

Ciriaci kam mit zwei großen Aufgabenpaketen nach Prag. Zum einen sollte er für die rasche Umsetzung des Modus Vivendi, eines Versprechungen abgebenden Rahmenvertrags, sorgen. Das Prestige, mit dem der erfolgreiche Unterhändler an seinen Wirkungsort gekommen war, sowie die persönliche Haltung dieses Diplomaten der Gasparrischen Schule, welcher der direkten Einigung mit dem Staat einen großen Stellenwert beimaß, ließen eine rasche Lösung der offenen Fragen erwarten. Doch unklare Formulierungen und unterschiedliche Auslegungen des Vertragstextes sowie objektive, durch die Agrarreform, außen- wie innenpolitische Interventionen und innerkirchliche Meinungsverschiedenheiten zusätzlich vergrößerte Schwierigkeiten bei der Aufteilung des riesigen Vermögens insbesondere der Esztergomer und der Breslauer Diözese sollten Optimisten einmal mehr eines Besseren belehren. Die entgegenkommende Verhandlungsführung des Nuntius wurde von den regierungskritischen Katholiken mit Unverständnis betrachtet, von den regierungsnahen wiederum als zu »römisch« kritisiert, bis sie schließlich ins Stocken geriet.[61]

Das zweite große Ciriaci aufgetragene Aufgabenpaket, dem er auch einen beträchtlichen Teil seiner Berichterstattung widmete, war in die eigenen Reihen gerichtet und zielte darauf ab, den durch das staatskirchliche Erbe, die Erschütterungen der Nachkriegszeit sowie die Auswirkungen der lang anhaltenden antikatholischen Grundausrichtung der tschechischen nationalen Ideologie innerlich geschwächten und gesellschaftlich marginalisierten tschechischen Katholizismus zu erneuern, die Formation des Klerus im ganzen Lande spirituell und intellektuell aufzuwerten und die Katholiken zur Rückeroberung des verloren gegangenen sozialen Raums zu mobilisieren. Obgleich die katholische Vereins-, Publikations- und Organisationstätigkeit gemessen an ihren bescheidenen materiellen Möglichkeiten und der andauernden Absenz der staatlichen Unterstützung beachtlich war, erwies sich die Umsetzung des italienischen Modells der verbal häufig angerufenen Katholischen Aktion als schwierig und blieb in der Realität von der organisatorischen und nationalen Zersplitterung und parteipolitischen Zerwürfnissen sowie einem gewissen Mißtrauen des Klerus gegenüber den Laien überschattet.[62] Ciria-

---

[59] Ciriaci an Gasparri, 13. Februar 1928; S.RR.SS., AA.EE.SS., Cecoslovacchia, pos. 98 P.O., fasc. 130.

[60] Aufzeichnung, o. D.; S.RR.SS., AA.EE.SS., Cecoslovacchia, pos. 98 P.O., fasc. 130, fol. 5r.

[61] S.RR.SS., AA.EE.SS., Cecoslovacchia, pos. 97 P.O., fasc. 105–112.

[62] Hrabovec, Pio XI e le conseguenze (wie Anm. 14), S. 378–381.

cis Beziehung zum tschechischen Katholizismus wurde außerdem bald durch zwei Konflikte belastet: den Konflikt mit dem Prager Theologieprofessor und Reformer Vojtěch Šanda, einst Mitglied der Delegation der tschechischen Priestervereinigung *Jednota*, die im Juni 1919 dem Heiligen Stuhl ihre Reformforderungen überbracht hatte, dem nun wegen seiner Kritik am *Codex* des kanonischen Rechts sowie seines Eintretens für den Ausschluss der theologischen Fakultät aus dem Verband der Prager Universität die Missio canonica, nicht jedoch die staatliche Professur entzogen wurde,[63] vor allem jedoch durch den tiefen Konflikt mit dem Prager Erzbischof František Kordač.

Im November 1928 schickte Ciriaci nach Rom einen langen und alarmierenden Bericht über den Zustand des Katholizismus in den böhmischen Ländern, insbesondere in der Prager Erzdiözese.[64] Er sprach von der anhaltenden antikatholischen Propaganda und Stimmung in der Öffentlichkeit, welche fast für eine patriotische Pflicht gehalten werde, sowie der Abfallbewegung, welche die Zahl der Katholiken in Prag, das vor 1918 statistisch noch zu 90 Prozent katholisch gewesen war, auf 58 Prozent Katholiken, davon nur 0,5 Prozent praktizierende Männer und 5 Prozent praktizierende Frauen, reduziert habe. Als Hauptübel bezeichnete Ciriaci in dieser Situation die Tatsache, dass die Katholiken selbst gleichgültig und oberflächlich seien und ihnen der *sensus catholicus* fehle. Dieser triste Zustand der Kirche sei ein unzweifelhafter Beweis des Versagens des Klerus, dessen Zahl durch lange ausbleibende Berufungen niedrig sei und dessen theologische Ausbildung und spirituelle Qualitäten den Anforderungen nicht entsprächen. Im Klerus wirke die Reformbewegung nach und es herrsche ein nationalistischer Geist, antirömische Aversionen sowie eine Tradition, welche viele Priester mehr als Staatsdiener denn als eifrige Missionare leben lasse. Für einen beträchtlichen Teil der andauernden Übel machte Ciriaci den Prager Erzbischof František Kordač verantwortlich, dessen Regierung er für schwach, in menschlichen Rücksichten befangen und durch zahlreiche Fehlentscheidungen geprägt hielt und dem er vorwarf, dass er sich zu wenig um die Seminaristen kümmere, den alarmierenden Zustand der Pfarrseelsorge insbesondere in der Stadt sowie seine Aufsichtspflicht über den Religionsunterricht vernachlässige, der »einzigen Hoffnung in dieser Lage«, dem römischen Kolleg Nepomucenum, die finanzielle und moralische Unterstützung verweigere, dass er für die Anliegen des Papstes und insbesondere die Katholische Aktion ungenügendes Verständnis zeige, dafür aber willens sei, im Sinne der Regierung zu handeln. Der dramatische Bericht Ciriacis veranlasste Kardinalstaatssekretär Gasparri dazu, sofort eine Sitzung der Kongregation für Außerordentliche Kirchliche Angelegenheiten einzuberufen, die nicht nur einen radikalen Maßnahmenkatalog verabschiedete, sondern bereits damals auch den zwei Jahre später tatsächlich erfolgten Rücktritt Kordačs überlegte.[65] Ciriacis ausführliche Berichterstattung in dieser Causa wirft ein völlig neues Licht auf den Konflikt mit dem

63 Aufzeichnung über ein Gespräch zwischen Ciriaci, Kamil Krofta und Jan Šrámek; AMZV, II/3, Karton 57. Aufzeichnung, 27. Juli 1934; ebd.

64 Ciriaci an Gasparri, 21. November 1928; S.RR.SS., AA.EE.SS., Cecoslovacchia, pos. 112 P. O., fasc. 139.

65 Januar 1929; S.RR.SS., AA.EE.SS., Rapporti Sessioni S.C. AA.EE.SS., Sessione 1315, 17. Januar 1929.

Prager Erzbischof, der in Unkenntnis der vatikanischen Quellen bisher vielmehr im Lichte der hitzigen zeitgenössischen Diskussionen einseitig vor allem als Folge der Weigerung Kordačs interpretiert wurde, den Bau des Nuntiaturgebäudes finanziell zu unterstützen.

Seit 1931, dem Jahr der erzwungenen Resignation Kordačs, geriet auch Ciriaci immer mehr in das Kreuzfeuer demütigender öffentlicher Angriffe. Der Prager Nuntius begann nun unter dem politisch-gesellschaftlichen Klima in Prag ähnlich zu leiden, wie seine Vorgänger. Das Fass zum überlaufen brachten die Ereignisse nach den Pribina-Feierlichkeiten in Nitra im August 1933. Die Regierung, welche den 1.100. Jahrestag der Einweihung der ältesten in schriftlichen Quellen erwähnten christlichen Kirche der Slowakei zu einer Manifestation der »tschechoslowakischen Einheit« hatte umwandeln wollen, aber mit einer Demonstration des slowakischen Autonomismus konfrontiert wurde, erlitt eine schmerzliche Blamage und fand den Sündenbock im allseits angegriffenen Nuntius, der wiederum in den öffentlichen Solidaritätsgesten des Slowakischen Volksparteiführers Hlinka den einzigen Trost zu erblicken glaubte und diesem mit einem offenen Brief antwortete, in welchem er sich bei der *generosa gens slovaca* für die Unterstützung bedankte, und dessen Veröffentlichung im Parteiblatt der Slowakischen Volkspartei *Slovák* er erlaubte. Die Regierung erblickte darin eine Einmischung in die Innenpolitik und eine verfassungswidrige Tat, welche ein Volk erwähnte, das es laut der unitaristischen Verfassung gar nicht geben durfte, und forderte die Abberufung des Nuntius. Der Heilige Stuhl, mit der sich verschlechternden Situation der Kirche in vielen Ländern konfrontiert, wollte keine weitere offene Front aufmachen und fand sich schließlich dazu bereit, den Konflikt durch eine stille Versetzung Ciriacis an einen anderen Wirkungsort zu liquidieren. Die reiche Dokumentation, die der Nuntius über seine Tätigkeit in Prag und den Zwischenfall für die Kurie verfasst hat, bietet die Möglichkeit, zahlreiche Fehlschlüsse der politisch nicht desinteressierten, aber mit den vatikanischen Quellen nicht vertrauten Historiographie zu korrigieren und die komplexen innen- und außenpolitischen Hintergründe der Krise zu rekonstruieren.[66]

Die Prager Nuntiatur blieb wieder für rund zwei Jahre unbesetzt, lediglich der Verwaltung des Sekretärs Giovanni Panico anvertraut. Die Kommissionen für die Durchführung des Modus Vivendi setzten ihre Arbeit jedoch fort und schlossen sie im Sommer 1935 mit dem Vertrag über die Rückgabe des sequestrierten Kirchenguts an die rechtmäßigen Eigentümer ab. Ein Erfolg, dem nicht zuletzt politische Rücksichten Pate standen: die sich verschlechternde internationale Lage, die immer spürbarer werdende Isolation der Republik und die wachsenden inneren Spannungen, welche die Bereitschaft der Prager Politik erhöhten, die Unterstützung der katholischen Kirche zu suchen, um katholische Stimmen für die Präsidentschaftskandidatur Beneš' zu sichern,[67] auf dem Umweg über einen »katholi-

---

[66] S.RR.SS., AA.EE.SS., Cecoslovacchia, pos. 126 P. O., fasc. 149. Zur Krise vgl. auch Emilia Hrabovec, Pribinove slávnosti v Nitre a vypovedanie nuncia Ciriaciho z Česko-Siovenska 1933, in: Studia Historica Tyrnaviensia 5 (2004), S. 73–98. Dies., »L'incidente Ciriaci« 1933. La diplomazia pontificia e il difficile rapporto fra Chiesa, Stato e Nazione in Cecoslovacchia, in: Römische Historische Mitteilungen 54 (2012) (in Vorbereitung).

[67] Vgl. die Aufzeichnung vom 20. Dezember 1935 in den Tagebüchern des Slowakischen Volksparteipolitikers, Abgeordneten und späteren Gesandten der Slowakei beim Heiligen Stuhl: Karol Sidor,

schen Block« die oppositionelle autonomistische slowakische Partei zu zähmen, außenpolitisch die Republik als konsolidierten und katholikenfreundlicher Staat zu präsentieren und dadurch den schlechten Eindruck der militärischen Allianz mit der Sowjetunion sowie der immer offensichtlicheren inneren Spannungen auszubalancieren.[68] Obgleich es auch jetzt nicht an Zwischentönen fehlte, die das gegenseitige Verhältnis trübten – man denke vor allem an die offizielle Schirmherrschaft Beneš' über den ersten Weltkongress der vereinigten Gottlosen in Prag[69] oder die Protestnoten der slowakischen Bischöfe gegen die Benachteiligung des kirchlichen Schulwesens[70] –, im Vatikan war man mit dem Verhandlungserfolg nicht ganz unzufrieden und hoffte außerdem, durch die Festigung des katholischen Faktors in der tschechoslowakischen Politik die Republik zum Bestandteil einer potentiellen ostmitteleuropäischen katholischen Barriere gegen das Ausgreifen sowohl des nationalsozialistischen Deutschlands als auch der kommunistischen Ideologie zu machen. Nach Prag wurde Ende 1935 ein neuer Nuntius entsandt, bei dessen Wahl gar der personelle Wunsch Prags berücksichtigt wurde.

Saverio Ritter

Saverio Ritter, ein dem italienisch-schweizerischen Grenzland entstammender Doktor der Theologie, war vorher einige Zeit lang Sekretär der Prager Nuntiatur gewesen und hatte gewisse Sympathien der Prager Umgebung gewonnen. Seine offiziellen Instruktionen sind zwar vorerst nicht auffindbar, seine Aufgaben aber anhand der Nuntiaturberichte sowie der Aufzeichnungen von Kardinalstaatssekretär Eugenio Pacelli über diplomatische Audienzen rekonstruierbar. Ritter hatte primär die vertraglich abgesicherte Rückgabe des sequestrierten kirchlichen Eigentums zu beaufsichtigen, von der tschechoslowakischen Regierung Zusicherungen der schonenden Anwendung der Agrarreform auf diesen Gütern auszuhandeln, anschließend die Herausgabe der Apostolischen Konstitution über die neuen Grenzen der Diözesen und die Errichtung einer selbständigen slowakischen Kirchenprovinz vorzubereiten und nach deren Publikation im September 1937 ihre Bestimmungen durchzuführen.[71] Innenpolitisch sollte er im Sinne der Schaffung eines übernationalen »katholischen Blocks« wirken, um dem katholischen Fundament in

---

Denníky 1930–1939, hg. von František Vnuk, Bratislava 2010, S. 222–226. Vgl. auch František Vnuk, Parlamentné voľby a voľba prezidenta Č-SR v roku 1935 v správach britských diplomatov, in: Historický zborník 1 (2005), S. 67f.; Martin Holák, Hlinkova slovenská ľudová strana počas parlamentných a prezidentských volieb 1935, in: Róbert Letz/Peter Mulík/Alena Bartlová (Hg.), Slovenská ľudová strana v dejinách 1905–1945, Martin 2006, S. 204–213.

68 Emilia Hrabovec, Der Vatikan, die Tschechoslowakei und die europäischen Mächte in der politischen Krise der späten dreißiger Jahre, in: Arnold Suppan/Maddalena Guiotto (Hg.), Österreich und Italien im Mitteleuropa der Zwischenkriegszeit (Contributi/Beiträge. Collana dell'Istituto storico italo-germanico Trento) (im Druck).

69 S.RR.SS., AA.EE.SS., Cecoslovacchia, pos. 533 P. O., fasc. 556.

70 Audienzen des tschechoslowakischen Gesandten Vladimir Radimský bei Kardinalstaatssekretär Pacelli im Jahre 1936; S.RR.SS., AA.EE.SS., Stati Ecclesiastici, pos. 430b P. O., fasc. 363.

71 Ad ecclesiastici regiminis incrementum, in: AAS 29 (1937), H. 11, S. 366–369. Vgl. dazu auch die Audienzen des tschechoslowakischen Gesandten Radimský bei Kardinalstaatssekretär Pacelli in den Jahren 1937 bis 1938; S.RR.SS., AA.EE.SS., Stati Ecclesiastici, pos. 430b P. O., fasc. 364.

der tschechoslowakischen Politik mehr Gewicht zu verschaffen und mit dessen Hilfe auf die tschechoslowakische Innen- wie Außenpolitik im katholischen Sinne Einfluss zu nehmen. Ritters erster damals wie später umstrittener Schritt auf dem Weg zur erhofften Festigung des Kirche-Staat-Verhältnisses bestand darin, die Slowakische Volkspartei dazu zu bewegen, in der Präsidentschaftswahl im Dezember 1935 die Stimmen für jenen Mann abzugeben, der anderthalb Jahrzehnte davor als der größte Gegner der katholischen Kirche angesehen worden war – für Edvard Beneš.[72] Beneš wurde zwar auch mit einigen – nicht allen – slowakischen katholischen Stimmen gewählt, doch der Rest des Programmes scheiterte: der »katholische Block« an der Unvereinbarkeit nicht nur der nationalen, sondern auch der politischen und weltanschaulichen Gegensätze zwischen der tschechischen und der Slowakischen Volkspartei, die ersehnte neue Delimitation der Bistümer an neuen Grenzverschiebungen.

Die Berichterstattung Ritters wurde seit dem Winter 1937/1938 – ähnlich wie einst jene Micaras, nur in einem der Tschechoslowakei gegenüber wesentlich freundschaftlicheren Ton – wieder eminent politisch, die häufiger gewordenen und in Krisenmomenten von zahlreichen Telegrammen begleiteten Berichte waren in erster Linie der innen- und außenpolitischen Situation des Landes gewidmet, insbesondere der brisanten Nationalitätenfrage sowie der außenpolitischen Bedrohung durch die territorialen Ambitionen der Nachbarstaaten.[73] Obgleich Ritter klar sah, dass die Hauptprotagonisten der Geschehnisse in Berlin saßen, war er sich auch der innenpolitischen Defizite und hausgemachten Ursachen der tschechoslowakischen Krise bewusst, insbesondere der lange angestauten ungelösten nationalen Fragen und der Unnachgiebigkeit der tschechischen politischen Führungseliten, und er wies in seinen Berichten wiederholt auf die Diskrepanz zwischen verbalen Versprechungen und faktischer Intransigenz der Prager Politik hin.[74] Seine Kritik ernteten in diesem Sinne auch die tschechischen katholischen Volksparteiler, denen er auch eine philo-sowjetische außenpolitische Orientierung und die Unterschätzung der drohenden bolschewistischen Gefahr vorwarf.[75]

Während ein Teil des tschechischen Katholizismus sich nach links zu bewegen schien, schienen viele sudetendeutsche Katholiken der Euphorie der »nationalen Revolution« und der Anziehungskraft der Sudetendeutschen Partei zu erliegen.[76] Trotz unverhüllter Kritik solcher Einstellungen scheint Ritter aber eher zu vorsichtigem Vorgehen geneigt zu haben und ließ im Vatikan ausrichten, dass er auch auf Grund der in der Kirchenpolitik Italiens gemachten Erfahrungen

---

72 Vgl. die Aufzeichnung vom 20. Dezember 1935; Sidor, Denníky 1930–1939 (wie Anm. 67), S. 222–226; Vnuk, Parlamentné (wie Anm. 67), S. 67f.; Holák, Hlinkova slovenská (wie Anm. 67), S. 204–213.

73 Ritter an Pizzardo, 21. Oktober 1937; S.RR.SS., Cecoslovacchia, pos. 139 P. O., fasc. 174, fol. 2r. Ritter an Pacelli, 8. Mai 1938; ebd., pos. 144 P. O., fasc. 181, fol. 4rv–9rv. Ritter an Pacelli. 16. Mai 1938; ebd., fol. 21rv–24r. Ritter an Pacelli, 31. Juli 1938; ebd., fasc. 182; Ritter an Pacelli, 9. August 1938; ebd., fol. 10rv–15rv. Vgl. auch Emilia Hrabovec, Der Heilige Stuhl und die Tschechoslowakei 1938–1939, in: Jörg Zedler (Hg.), Der Heilige Stuhl in den internationalen Beziehungen (1870–1939), München 2010, S. 333–360.

74 Ritter an Pacelli, 8. Mai 1938; S.RR.SS., AA.EE.SS., Cecoslovacchia, pos. 144 P. O., fasc. 181, fol. 4rv–9rv.

75 Ebd.

76 Ritter an Pacelli, 31. Juli 1938; S.RR.SS., AA.EE.SS., Cecoslovacchia, pos. 144 P. O., fasc. 182.

überzeugt sei, »es sei nicht im Interesse der Kirche eine Frontstellung ›hie katholisch – hie national‹ entstehen zu lassen«.[77]

Nach Oktober 1938 quittierte Ritter mit großer Anerkennung die politischen Veränderungen in der Zweiten Republik, die er als Bemühungen um eine »christliche Wiedergeburt des Staates« wahrnahm.[78] Doch Ritters Hoffnung, die Republik würde den Weg zur katholischen Ausgestaltung der Politik und zur Umwandlung in einen Bestandteil der ostmitteleuropäischen »katholischen Barriere« beschreiten, konnte unter den gegebenen Umständen nicht in Erfüllung gehen. In den historischen Märztagen 1939, als die Slowakei ihre Unabhängigkeit ausrief und die böhmischen Länder zum deutschen Protektorat erklärt wurden, befand sich Ritter nicht in Prag. So fiel es seinem Auditor Raffaele Forni zu, das Archiv der Prager Nuntiatur nach Rom zu bringen. Die bewegte Geschichte der Prager Nuntiatur der Zwischenkriegszeit ging zu Ende.

---

77 Aufzeichnung vom 12. Mai 1938 von P. Alfons M. Mitnacht; S.RR.SS., AA.EE.SS., Cecoslovacchia, pos. 144 P. O., fasc. 181, fol. 53r–54r.

78 Ritter an Pacelli, 9. Oktober 1938; S.RR.SS., AA.EE.SS., Cecoslovacchia, pos. 144 P. O., fasc. 188, fol. 36rv–41rv. Ritter an Pacelli, 11. November 1938; ebd., pos. 147 P. O., fasc. 198, 13rv–17bis.

DIE WARSCHAUER NUNTIATUR IN DEN JAHREN 1919 BIS 1939[1]

STANISŁAW WILK

Papst Benedikt XV. richtete an die Regierungen der am Ersten Weltkrieg beteiligten Staaten seit dem Beginn seines Pontifikats Appelle, den Frieden wiederherzustellen. Gleichzeitig unternahm er Initiativen, deren Ziel die Milderung der Folgen des fortgeführten Krieges war.[2] Mit großer Aufmerksamkeit verfolgte er auch die Situation der Kirche in den europäischen Ländern, weil es in fast jedem von ihnen zu einem Wandel des bisherigen politischen Kräfteverhältnisses und der Relation zwischen Staat und Kirche kam. Seine größte Aufmerksamkeit fanden am Ende des Krieges die Staaten, die auf den Trümmern der untergegangenen Monarchien entstanden, insbesondere auf dem Gebiet des Imperiums der russischen Zaren.

In den ehemals von Russland einverleibten polnischen Gebieten, die jetzt von den Truppen der Mittelmächte okkupiert wurden, proklamierten die beiden Kaiser, Wilhelm II. und Franz Joseph, bereits am 5. November 1916 ein selbständiges Königreich Polen als eine erbliche konstitutionelle Monarchie. Auf dieser Grundlage berief man in Warschau einen Provisorischen Staatsrat (14. Januar 1917 bis 26. August 1917) und anschließend einen Regentschaftsrat (ab dem 12. September 1917), der bis zur Berufung eines Königs oder eines Regenten das oberste Staatsorgan im Königreich Polen darstellen sollte.[3] Mitglieder des Rates wurden der Warschauer Metropolit Erzbischof Aleksander Kakowski, Fürst Zdzisław Lubomirski und Graf Józef Ostrowski. Der Papst erlaubte Erzbischof Kakowski, in den Regentschaftsrat einzutreten, und stimmte auch der Annahme der Notifikation über die Übernahme der Regierung im Königreich Polen durch diesen Rat zu. In einer Adresse bekundete der Regentschaftsrat am 29. Oktober 1917 seine Anhänglichkeit und die des gesamten polnischen Volkes an den Apostolischen Stuhl. Benedikt XV. unterstrich am 7. Januar 1918 in seiner Antwort, dass die Mitglieder des Rates dadurch »rühmenswert und in einer ihrer Vorfahren würdigen Weise« handelten.[4]

---

1 Der Beitrag wurde freundlicherweise aus dem Polnischen von Wieńczysław Niemirowski übertragen.

2 Die päpstliche karitative Aktion wird im Artikel »Fatti e non parole«, in: La Civilta Cattolica, 18. Juni 1918, eingehend besprochen, der in den meisten polnischen Diözesanzeitschriften abgedruckt oder zusammengefasst besprochen wurde. Vgl. z. B. Działalność Ojca świętego w czasie obecnej wojny [Die Wirksamkeit des heiligen Vaters während des jetzigen Krieges], in: Wiadomości Archidiecezjalne Warszawskie 9 (1918), Nr. 2, S. 1–16, und Nr. 3, S. 17–38; Ojciec św. Benedykt XV a wszechświatowa wojna [Der heilige Vater Benedikt XV. und der gesamtweltliche Krieg], in: Wiadomości Diecezjalne Podlaskie 1 (1919), Nr. 3, S. 42–49.

3 Kazimierz Władysław KUMANIECKI, Odbudowa państwowości polskiej. Najważniejsze dokumenty 1912 – styczeń 1924 [Der Wiederaufbau der polnischen Staatlichkeit. Die wichtigsten Urkunden 1912 – Januar 1924], Warschau – Krakau 1924, S. 48, 50, 71–72, 88–89; vgl. Janusz PAJEWSKI, Odbudowa państwa polskiego [Der Wiederaufbau des polnischen Staates], Warschau 1978, S. 116 passim.

4 Monitor Polski 1918, Nr. 11; Ateneum Kapłańskie 10 (1918), Bd. 15, S. 137; vgl. auch Aleksander KAKOWSKI, Z niewoli do niepodległości. Pamiętniki [Aus der Sklaverei zur Unabhängigkeit. Memoiren], Krakau 2000, S. 756.

Aktiv wurde auch der Episkopat der Warschauer Metropolie. Erzbischof Aleksander Kakowski berief 1916 erneuert die Bischofskonferenz der Provinz Warschau ein. Tagungsgegenstand waren unter anderem die Frage der Reorganisation der Kirche, die Hebung des Niveaus des religiösen Lebens, die Vorbereitung auf das künftige Konkordat und gesellschaftlich-politische Belange.[5] Als Erzbischof Kakowski dem Papst Informationen über die Absichten und Aktivitäten des Episkopats erstattete, bat er ihn als Metropolit und als Mitglied des Regentschaftsrates mehrmals im eigenen Namen und im Namen des Episkopats, einen Vertreter nach Warschau zu schicken.[6] Auch der Metropolit von Mahiljou, Erzbischof Edward Ropp, wandte sich nach dem Zusammenbruch des Zarats an den Apostolischen Stuhl mit einer Bitte, einen Apostolischen Visitator nach Russland zu entsenden – dieser könne eine Visitation der Kirche in Russland und in Sibirien durchführen und neue Einheiten der kirchlichen Verwaltung errichten.[7]

Der Apostolische Visitator

Die Entscheidung des Papstes, einen Abgesandten mit einer ausschließlich religiösen Mission nach Warschau zu schicken, wurde durch mehrere Faktoren beschleunigt: Neben den Bitten der polnischen Bischöfe sind zu nennen die politischen Veränderungen auf dem Territorium des ehemaligen Imperiums der russischen Zaren sowie die Notwendigkeit, das dortige religiöse Leben wiederaufzubauen und die kirchlichen Strukturen zu reorganisieren. Seine Hauptaufgabe bestand darin, die Situation und die Probleme der Kirche vor Ort im Königreich Polen zu erkunden und den Apostolischen Stuhl darüber zu informieren. Im Apostolischen Brief *In maximis*[8] ernannte der Papst am 25. April 1918 den Apostolischen Visitator für die Warschauer Metropolie. Seine Wahl fiel auf den Präfekten der Vatikanischen Bibliothek, Prälat Achille Ratti.[9] Dieser besaß zwar keine diplomatische Erfahrung, verfügte aber über andere Eigenschaften, die ihn zu einem solchen Amt prädestinierten: wissenschaftliche Kompetenzen und Autorität, Geläufigkeit im kanonischen Recht, organisatorische Talente und die Gabe, schnell und zutref-

---

5 Piotr Hemperek, Konferencje biskupów metropolii warszawskiej (1906–1925) [Die Konferenzen der Bischöfe der Warschauer Metropolie (1906–1925)], in: Roczniki Teologiczno – Kanoniczne 24 (1977), H. 5, S. 45–58.

6 Kakowski, Z niewoli (wie Anm. 4), S. 757.

7 Priester Henryk Przeździecki, Unterstaatssekretär im Außenministerium des Königreichs Polen und Generalvikar der Erzdiözese Warschau, an Gasparri, 18. Mai 1918; ASV, Arch. Nunz. Varsavia 206, fol. 1096–1097.

8 AAS 10 (1918), H. 6, S. 227f.; vgl. auch ANP LVII/1, S. 33–36.

9 Achille Ratti, geboren am 31. Mai 1857 in Desio (Lombardei), 1879 Priesterweihe in Rom, Studium von Theologie, kanonisches Recht und Philosophie, 1882 pro Fach jeweils einen Doktortitel. Nach der Rückkehr in die Diözese war er Dozent in den Fächern Dogmatik und Homiletik im Priesterseminar. 1888 wurde er Mitglied des Doktorenkollegiums der Ambrosianischen Bibliothek und 1907 wurde deren Präfekt. 1912 berief ihn Papst Pius X. zum Vizepräfekten der Vatikanischen Bibliothek, 1914 Ernennung zu ihrem Präfekten. Am 6. Juni 1919 wurde er zum Apostolischen Nuntius in Polen ernannt und am 3. August zum Titularerzbischof von Lepanto geweiht. Polen verließ er am 4. Juni 1921. 13. Juni 1921 Erzbischof von Mailand und Kardinal; am 6. Februar 1922 zum Papst gewählt, nahm er den Namen Pius XI. an. Er starb am 10. Februar 1939.

fend zu entscheiden. Nachdem er die notwendigen Instruktionen erhalten hatte, verließ er am 19. Mai Rom via Mailand, München und Berlin und kam am Abend des 29. Mai in Warschau an. Nicht nur dort, sondern zuvor schon auf der Reise, in Włocławek und Skierniewice, wurde er enthusiastisch empfangen. Am nächsten Tag war Fronleichnam, und Ratti stand der feierlichen Prozession durch die Straßen Warschaus vor, zu deren Teilnehmern die Mitglieder des Regentschaftsrates, Vertreter der Besatzungsbehörden und Mitglieder der polnischen Regierung zählten. Er konnte sich persönlich vom Glauben und von der Frömmigkeit des polnischen Volkes sowie von dessen Achtung und Anhänglichkeit an den Heiligen Vater überzeugen.

Der territoriale Umfang seiner Jurisdiktion sollte ursprünglich nur die Warschauer Metropolie umfassen, also ein Gebiet, das sich auf der Ebene der staatlichen Verwaltung auf das Königreich Polen erstreckte – auch wenn eine seiner Aufgaben darin bestand, die Situation und die Bedürfnisse der benachbarten Metropolie Mahiljou zu erkunden. Es stimmt nicht, wie häufig behauptet wird, dass Ratti nach Warschau mit dem Titel des »Apostolischen Visitators für Polen und Litauen« kam.[10] Weder die päpstliche Nominierungsurkunde noch die Instruktion des Staatssekretariats enthielten einen solchen Titel. Nach der Ankunft in Warschau wurde er aber am 30. Juni 1918 zum Apostolischen Visitator für Russland ernannt. Damit war er für Litauen, Lettland, Estland und Finnland zuständig, die bis zum Ersten Weltkrieg zum Zarenreich gehört hatten.[11]

Die Kompetenzen des Apostolischen Visitators erstreckten sich hingegen nicht auf die Gebiete, die sich Preußen und Österreich in den polnischen Teilungen einverleibt hatten und für die weiterhin die Nuntiaturen in Wien und in München zuständig waren. Dennoch wandten sich die Gläubigen, die Geistlichkeit und die Bischöfe aus den ehemals österreichischen Gebieten ab November 1918, und diejenigen aus den ehemals preußischen ab Anfang 1919, mit Bitten um Gnaden, Privilegien, Dispensen und Interventionen an Achille Ratti, der über sehr breite Befugnisse verfügte. Der Visitator nahm sie an und versuchte, sie positiv abzuwickeln. Im März 1919 wandte er sich allerdings an das Staatssekretariat und fragte, ob er den Gedanken des Apostolischen Stuhls zutreffend interpretiere, wenn er seine Befugnisse zunächst auf die ehemals zu Österreich gehörenden Gebiete erweitere, die den Kontakt mit dem Apostolischen Nuntius in Wien verloren hätten, und dann auf die ehemals von Preußen einverleibten Gebiete. Er bat gleichzeitig den Heiligen Vater um die Erteilung einer genereller Sanatio all dessen, was er bisher getan habe und bis zum Erhalt endgültiger Entscheidungen tun werde.[12] Im Antwortschreiben versicherte ihm Kardinal Gasparri am 12. April 1919, dass

---

[10] Vgl. z. B. Jarosław Jurkiewicz, Nuncjatura Achillesa Ratti w Polsce [Nuntiatur von Achilles Ratti in Polen], Warschau 1955, S. 16; Tomasz Schramm, Watykan wobec odbudowy państwa Polskiego [Vatikan gegenüber Wiederaufbau des polnischen Staates], in: Irena Koberdowa/Janusz Tazbir (Hg.), Szkice z dziejów papiestwa [Skizzen aus der Geschichte des Papsttums], Bd. 1, Warschau 1989, S. 255–256; Yves Chiron, Pio XI. Il papa die Patti Lateranensi e dell'opposizione ai totalitarismi, Mailand 2006, S. 93.

[11] Gasparri an Ratti, 30. Juni 1918; ANP LVII/1, Nr. 47, S. 199–201; vgl. auch Ratti an Gasparri, 5. September 1918; ANP LVII/2, Nr. 147, S. 163–169.

[12] Ratti an Gasparri, 19. März 1919; ANP LVII/4, Nr. 596, S. 170.

er den Gedanken des Heiligen Vaters richtig interpretiere und weiter in diesem Geist handeln solle.[13]

Das erste offizielle Treffen des Apostolischen Visitators mit den Bischöfen des Königreichs Polen erfolgte in Warschau am 20. und 21. Juni 1918 während der Konferenz des Episkopats. Zu deren Beginn begrüßte Prälat Ratti die Versammelten mit einer Ansprache, anschließend übernahm er auf Bitten des Metropoliten Kakowski den Vorsitz bei der Tagung.[14] Die Gespräche mit den Ordinarien, die ihm nach seiner Ankunft Höflichkeitsbesuche abstatteten, und der Vorsitz bei der Tagung dieser und der nächsten Bischofskonferenz am 27. und 28. Juli erlaubten ihm, die brennendsten Probleme des Kirchenlebens und die durch den Episkopat geplanten Lösungswege im Groben kennenzulernen.

Der Apostolische Visitator beschränkte sich nicht auf die Informationen und Berichte, die er von der kirchlichen Hierarchie des Königreichs erhielt. Sein Wissen erweiterte er während der offiziellen Besuche bei den Vertretern der staatlichen Behörden und bei wichtigen Vertretern des öffentlichen Lebens. Anlässlich der religiösen Feierlichkeiten und der Visitationen in den kirchlichen Anstalten und gesellschaftlich-edukativen Institutionen in Warschau erhielt er viele Informationen aus dem niederen Klerus und von Gläubigen, die alle gesellschaftlichen Schichten und Kreise vertraten. Nachdem er von den deutschen und österreichischen Besatzungsbehörden die Erlaubnis bekommen hatte, sich auf dem Territorium des Königreichs frei zu bewegen, reiste er zunächst ins Sanktuarium der Muttergottes auf dem Hellen Berg (14. bis 16. Juli), anschließend visitierte er die Diözese Kielce (16. bis 19. Juli). Auf seiner nächsten Reise besuchte er die Diözesen Sandomierz (7. bis 10. September), Krakau (10. bis 13. September) sowie Lublin und Podlachien (14. bis 18. September). In die Diözese Włocławek reiste er vom 21. bis 24. September, und in die Diözese Płock vom 24. bis 27. September. Bei der Wahrnehmung der Hauptaufgabe seiner Mission als Apostolischer Visitator für die Metropolie Warschau versäumte er lediglich, die Diözese Sejny (das heißt: Augustów) zu visitieren, aber er erhielt keine Erlaubnis der deutschen Militärbehörden für das Gebiet des Oberbefehlshabers der deutschen Streitkräfte im Osten. Er stattete allerdings anlässlich der Konsekration des Weihbischofs von Sejny, Romuald Jałbrzykowski, einen Besuch in Łomża ab (29. November bis 1. Dezember 1918). Während der Visitationen sammelte Ratti zahlreiche Informationen. Sie ermöglichten ihm, erschöpfende und viele Aspekte ansprechende Berichte für das Staatssekretariat über die Diözesan- und Ordensgeistlichkeit, die gesellschaftliche Situation und das religiöse Leben der Bevölkerung sowie über die katholischen Institutionen und Organisationen zu erarbeiten.[15]

---

13 ANP LVII/4, Nr. 671, S. 293.

14 Einen genauen Bericht über ihren Verlauf und das Tagungsprotokoll sandte er am 29. Juni 1918 an das Staatssekretariat; ANP LVII/1, Nr. 46, S. 177–193.

15 Mehr zu diesem Thema bei Stanisław Wilk, Wizytacja apostolska prałata Achillesa Rattiego w Królestwie Polskim w 1918 roku (itinerarium) [Die apostolische Visitation des Prälaten Achille Ratti im Königreich Polen im Jahr 1918 (Itinerarium)], in: Roczniki Teologiczne 43 (1996), H. 4, S. 283–295; ders., Kościół katolicki w Polsce w świetle raportów wizytatora apostolskiego Achillesa Rattiego z lat 1918–1919 [Die katholische Kirche in Polen im Licht der Berichte des Apostolischen Visitators Achilles Ratti aus den Jahren 1918–1919], in: Roczniki Teologiczne 46 (1999), H. 4, S. 343–355.

In den ersten Monaten der Unabhängigkeit Polens löste der Apostolische Visitator das Problem der Besetzung des Feldbistums. Die Regierung und die Militärbehörden wünschten sich auf diesem Posten Bischof Władysław Bandurski, den ehemaligen Weihbischof von Lemberg. Dieser erfreute sich in den militärischen Kreisen gewaltiger Sympathie, weil er während der Kämpfe gegen Russland die Militärseelsorge gesichert hatte. Der polnische Episkopat war jedoch in seiner Mehrheit gegen diese Kandidatur und designierte für diese Stelle während der Bischofskonferenz vom 10. bis 12. Dezember 1918 den Warschauer Weihbischof Stanisław Gall. Nachdem die polnische Regierung gegen diesen entschlossen Widerstand geleistet hatte, schlugen die Bischöfe als nächstes Józef Teodorowicz vor, einen Erzbischof des armenischen Ritus, der sich bereits als entschlossener Gegner der politischen Linie von Józef Piłsudski zu erkennen gab. In den Gesprächen der Vertreter des Staatsoberhauptes und des Ministerpräsidenten Ignacy Paderewski mit dem Apostolischen Visitator erreichte man am 31. Januar einen Kompromiss. Die Behörden verzichteten auf die Kandidatur von Bischof Bandurski unter der Bedingung, dass auch Bischof Teodorowicz nicht zum Feldbischof ernannt würde. Ministerpräsident Paderewski schrieb am 4. Februar 1919 an den Apostolischen Visitator und bat ihn, einer provisorischen Ernennung von Bischof Gall zum Feldbischof zuzustimmen, bis es zu einer Regelung der diplomatischen Verhältnisse zwischen Polen und dem Apostolischen Stuhl komme. Prälat Ratti benachrichtigte am nächsten Tag den Ministerpräsidenten, dass der Heilige Vater Bischof Gall provisorisch zum Feldbischof der Polnischen Streitkräfte ernannt habe, mit allen Befugnissen, die diesem Amt zustanden. Das Staatsoberhaupt überreichte Bischof Gall die Ernennung am 8. Februar, und einen Tag später trat dieser sein Amt an.[16]

Der Initiative von Ratti ist auch die formelle Anerkennung des polnischen Staates durch den Apostolischen Stuhl zu verdanken, der auf eine durch die polnische Regierung organisierte spezielle Delegation wartete. Ihr gegenüber sollte der Papst feierlich die Anerkennung vollziehen. Als sich ihre Ausreise verzögerte, beschloss Ratti jedoch, nicht länger zu warten: Am 30. März 1919 überreichte er dem Ministerpräsidenten Ignacy Paderewski die »formelle Anerkennung des wiedererweckten Polnischen Staates und seiner Regierung«.[17] In seinem Dankschreiben erläuterte der Ministerpräsident die Umstände, die den Aufbruch der Sonderdelegation zum Apostolischen Stuhl verzögert hatten.

Der erste Nuntius

Die Mission des Apostolischen Visitators Achille Ratti dauerte formell bis zum 6. Juni 1919, das heißt, bis zum Moment seiner Ernennung zum ersten Apostolischen Nuntius im wiedergeborenen Polen. Die eigentliche Visitation war jedoch wesentlich kürzer, denn nach der Anerkennung Polens durch den Apostolischen

---

[16] Die diesbezügliche Dokumentation findet man in ANP LVII/3, Nr. 327–328, S. 130–133; Nr. 345, S. 149–173; Nr. 436, S. 308; Nr. 422, S. 284f.; Nr. 436, S. 308; ANP LVII/4, Nr. 481, S. 16; Nr. 484f., S. 20–22; Nr. 487, S. 23; Nr. 507f., S. 47–49; Nr. 520, S. 62; Nr. 543, S. 91–93; Nr. 552, S. 100f.

[17] Monitor Polski, Nr. 78 vom 5. April 1919. Paderewski an Ratti, 1. April 1919; ANP LVII/4, Nr. 638, S. 245f.

Stuhl am 30. März 1919 bat Ratti Staatssekretär Pietro Gasparri, ihn durch jemanden zu ersetzen, der über den Rang eines Chargé d'Affaires mit Akkreditiv verfüge.[18] Der Visitator wusste, dass die polnischen staatlichen Behörden in ihrem Streben, diplomatische Beziehungen mit dem Apostolischen Stuhl anzuknüpfen, bemüht waren, dass gerade er der Apostolische Nuntius in Polen würde. In diesem Zusammenhang bat er bereits am 30. November 1918 das Staatssekretariat, an seiner statt nach Warschau jemand Passenderen, Jüngeren und auf den Pfaden des diplomatischen Dienstes besser Bewanderten zu schicken. Mit geradezu entwaffnender Aufrichtigkeit belegte er seine angebliche Untauglichkeit zu diesem Dienst mit der Behauptung, dass er niemals ein Buch über die päpstliche Diplomatie zu Ende gelesen habe.[19] Der Apostolische Stuhl war jedoch anderer Meinung und bestimmte ihn trotzdem zur Erfüllung dieser überaus schweren Pflicht. Man kann nur mutmaßen, dass die bisherige Wirksamkeit des Prälaten Ratti als Apostolischer Visitator dermaßen überzeugt hatte, dass Papst Benedikt XV. und sein Staatssekretär Kardinal Gasparri keinen Zweifel darüber hegten, wem die Pflichten des Apostolischen Nuntius in Polen anzuvertrauen waren.

Nachdem der Apostolische Stuhl den polnischen Staat anerkannt hatte und engere diplomatischer Beziehungen geknüpft worden waren, wurde Achille Ratti am 6. Juni 1919 zum Apostolischen Nuntius in Polen und am 3. Juli zum Titularerzbischof von Lepanto ernannt. Das Beglaubigungsschreiben überreichte er dem Staatsoberhaupt Józef Piłsudski am 19. Juli 1919. Im Warschauer Dom erhielt er am 28. Oktober durch den Erzbischof Aleksander Kakowski die Bischofsweihe.[20] Er blieb weiterhin Apostolischer Visitator gegenüber anderen Staaten, die auf dem ehemaligen Territorium des russischen Zarenreiches entstanden. Erst am 2. Februar 1920 ernannte der Apostolische Stuhl Giovanni Genocchi zum Apostolischen Visitator für die Ukraine, und am 8. Juni 1920 wurde der Ordinarius der Diözese Bois-le-Duc, Bischof Arnold Francesco Diepen, zum Apostolischen Visitator für Russland, Finnland, Dänemark, Schweden und Norwegen erhoben. Im Dezember 1920 erwog der Apostolische Stuhl, den bisherigen Ordinarius von Riga, Bischof Edward O'Rourke, zu seinem Vertreter in den baltischen Ländern zu ernennen. Dazu kam es aber nicht, und bis zum Ende seines Aufenthaltes in Warschau am 4. Juni 1921 blieb Ratti Nuntius in Polen und Apostolischer Visitator für Litauen, Lettland und Estland.

Nach seiner Ernennung zum Nuntius erlangte Ratti in Zusammenarbeit mit Erzbischof Kakowski eine positive Entscheidung im »stillen« Streit um die Funktion des Dekans des Diplomatischen Korps, die vom französischen Gesandten Eugenio Pralon angestrebt wurde. Durch seine Intervention bei der Regierung erreichte er außerdem, dass die polnische Botschaft beim Apostolischen Stuhl in den Rang einer Botschaft erster Klasse erhoben wurde.

Eine der Aufgaben, die der Apostolische Stuhl seinem Vertreter in Polen anvertraut hatte, war die Regelung der Verhältnisse zwischen dem Staat und der Kirche. Die Aufhebung der Beschränkungen der katholischen Kirche und die Frage

---

[18] Ratti an Gasparri, 3. April 1919; ANP LVII/4, Nr. 646, S. 258f.

[19] ANP LVII/3, Nr. 299, S. 85f.

[20] Zur Beschreibung der Feierlichkeiten vgl. Wiadomości Archidiecezjalne Warszawskie 9 (1919), S. 261f., S. 283–288.

des künftigen Konkordats waren bereits im Juni 1918 Tagungsgegenstand der Bischofskonferenz der Warschauer Metropolie und ein Thema inoffizieller Gespräche des Apostolischen Visitators mit den Vertretern der Regierung des Ministerpräsidenten Józef Steczkowski. Auf Antrag des Staatsrates fasste die Regierung sogar den Beschluss, die Arbeiten an einem Konkordat aufzunehmen und einen Gesetzentwurf vorzubereiten, der die Beschränkungen der katholischen Kirche aufheben sollte. Ein Haupthindernis bei der Realisierung dieser Beschlüsse war anfänglich die Haltung der deutschen Behörden. Diese machten die Übergabe der Zuständigkeit in den Bekenntnisfragen an die polnischen Behörden davon abhängig, zunächst die konfessionelle Situation von Protestanten und Juden im Einklang mit den Postulaten der Besatzungsbehörden rechtlich zu regeln.[21]

Auf dem Wege zu einer Normalisierung des Verhältnisses zwischen Staat und Kirche nach der Unabhängigkeit waren einige grundsätzliche Hindernisse zu überwinden: Es gab keine Verfassung, die sogenannten gemischten Fragen waren nicht geregelt, und mehrere Bischöfe, insbesondere Erzbischof Teodorowicz, Bischof Adam S. Sapieha und Kardinal Edmund Dalbor, vertraten die Meinung, dass man den Konkordatsabschluss auf einen besseren Zeitpunkt verschieben solle – zunächst sei die Frage der Bezüge der Geistlichkeit zu lösen, womit wiederum die Bodenreform und die Parzellierung der kirchlichen Güter zusammenhingen. Die Bischöfe forderten, die diesbezüglichen Gespräche mit der Regierung selbst zu führen, während dem Apostolischen Stuhl die endgültigen Entscheidungen überlassen bleiben sollten. Ihre Einwendungen stellten der Nuntius und der Episkopat dem Apostolischen Stuhl vor, der den Bischöfen recht gab. Eine der letzten amtlichen Handlungen von Nuntius Ratti vor dem Verlassen Polens war in der Konsequenz, am 23. Mai 1921 eine Päpstlichen Kommission zu berufen, die sich aus den Vertretern des Episkopats und der männlichen Orden zusammensetzte und Partner bei den durch die Regierung vorgeschlagenen Verhandlungen sein sollte.[22]

Unter den vielfältigen Aktivitäten des Vertreters des Apostolischen Stuhls in Polen sind unter anderem noch zwei weitere zu nennen: So bemühte sich Ratti darum, dass der katholischen Religion der Charakter einer Staatsreligion zuerkannt wurde. Und er erwarb sich Verdienste um die Entwicklung der katholischen Wissenschaft, indem er im Staatssekretariat und in weiteren römischen Dikasterien zugunsten der Katholischen Universität Lublin und der theologischen Fakultäten an den staatlichen Universitäten in Warschau, Vilnius und Posen intervenierte. Seine apostolischen Visitationen in den einzelnen Orden und Ordenskongregationen führten zur Wiederherstellung beziehungsweise Stärkung der Ordensobservanz und zerstreuten wohl endgültig die Bedenken der kirchlichen Behörden gegenüber den verborgenen Klostergemeinschaften als neuer Form des Ordenslebens.[23] Dank seines Engagements wurde 1920 eine neue polnische Diözese mit der Hauptstadt Lodz gegründet, einer Stadt, die er in den Schreiben an das Staatssekretariat als »polnisches Manchester« bezeichnete. Ohne sich direkt in politischen Fragen zu engagieren, intervenierte Prälat Ratti mehrfach, um die nationalen

---

[21] Stanisław Wilk, Episkopat Kościoła katolickiego w Polsce w latach 1918–1939 [Der Episkopat der katholischen Kirche in Polen in den Jahren 1918–1939], Warschau 1992, S. 17f.

[22] Ebd., S. 115–123.

[23] Zur Dokumentation dieser Belange vgl. ANP LVII/1–7.

Konflikte zwischen den Polen, den Litauern und den Ukrainern zu schlichten. Ein charakteristisches Beispiel ist sein Brief vom 27. Dezember 1918, der auf Anordnung des Heiligen Vaters an die Lemberger Erzbischöfe Józef Bilczewski und Andrzej Szeptycki gerichtet wurde. Sie wurden gebeten, alle zugänglichen Mittel (Hirtenbriefe, Benachrichtigungen, Konferenzen und mündliche Ermahnungen) anzuwenden, um die Kämpfe beizulegen und den Frieden herbeizuführen.[24] Außerdem setzte Ratti sich bei den staatlichen Behörden für Geiseln ein und intervenierte bei den Ordinarien, damit die ihnen unterstellte Geistlichkeit keine aufhetzende, nationalistische Propaganda entfaltete. Bei Konflikten war er immer bemüht, eine unparteiliche und objektive Haltung einzunehmen, und rief stets zum Frieden auf.

Wenig bekannt ist die Tatsache, dass Nuntius Ratti zum 600. Jahrestag des Todes von Dante Alighieri 1921 den berühmten Mailänder Verleger Ulrico Hoepli bat, die Universitätsbibliothek in Warschau mit entsprechenden Publikationen auszustatten. Hoepli sandte 15 Bände einer Veröffentlichung mit Werken von Dante und Studien über Dante. Dank dieser Gabe konnte sich die Warschauer Universität an dem in der ganzen Welt begangenen Dante-Jahr beteiligen. Der Rektor und der Akademische Senat der Warschauer Universität luden nach der Ausreise Rattis aus Polen den Auditor der Nuntiatur, Ermenegildo Pellegrinetti, ein, Mitglied im Generalpräsidium des Polnischen Ehrenkomitees für das Dante-Jahr zu werden. Am 9. November 1921 verlieh der Akademische Senat der Universität Ratti, der inzwischen Erzbischof von Mailand war, die Ehrendoktorwürde.[25]

Während des polnisch-bolschewistischen Krieges blieb Nuntius Ratti als einer von wenigen Diplomaten in Warschau und stärkte so den Widerstandsgeist der Verteidiger der Hauptstadt im August 1920. Die Haltung des Nuntius fand nicht nur in der Bevölkerung Warschaus Anerkennung: Während der ersten Sitzung des Sejms nach der Zurückwerfung der bolschewistischen Invasion, am 24. September, sprach Ministerpräsident Wincenty Witos im Namen der Regierung öffentlich seinen Dank an den Apostolischen Stuhl und seinen Vertreter für die moralische Unterstützung in den Tagen der größten Gefährdung der Nation aus.[26] Um der historischen Wahrheit zu genügen, ist jedoch festzustellen, dass Rattis Verbleiben in Warschau wohl eher zufällig war. Wie es ihm das Staatssekretariat nahelegte,[27] hatte er nämlich durchaus die Absicht, die bedrohte Hauptstadt gemeinsam mit anderen Diplomaten zu verlassen. Unter der Obhut des Auditors Pellegrinetti verlagerte er zuvor noch das Archiv der Nuntiatur nach Posen. Das Außenministerium benachrichtigte ihn am 13. August, dass für das Diplomatische Korps ein Sonderzug vorbereitet werde, der am 14. August um Mitternacht vom Wiener Bahnhof abfahren sollte. In Anbetracht des Vordringens der bolschewistischen Truppen verlegte das Ministerium die Abfahrt des Sonderzuges im letzten Mo-

---

24 Vgl. List wizytatora apostolskiego Rattiego do abpa J. Bilczewskiego [Brief des Apostolischen Visitators an Erzbischof J. Bilczewski], in: Wiadomości Archidiecezjalne Warszawskie 9 (1919), S. 59–61.

25 ASV, Arch. Nunz. Varsavia 198, fol. 177–180, fol. 187, fol. 231f.

26 Ratti an Gasparri, 25. September 1920 und 28. September 1920; ASV, Arch. Nunz. Varsavia 193, fol. 256, fol. 258.

27 »S. Padre loda spirito carita V.S.I. ma essendo Ella accreditata presso governo crede opportuno seguire sorte governo medesimo. Cardinale Gasparri«. Chiffriertes Telegramm, 7. August 1920; ASV, Arch. Nunz. Varsavia 193, fol. 156.

ment jedoch um einen ganzen Tag vor – und Nuntius Ratti, den im entstandenen Durcheinander niemand über die Änderung des Abfahrttermins informierte, blieb in Warschau zurück.[28]

Vom 20. April bis zum 12. Dezember 1920 war Nuntius Ratti kirchlicher Hoher Kommissar für die Plebiszitgebiete in Oberschlesien, Ostpreußen und Masuren. Im Zusammenhang mit dieser Ernennung erweiterte sich der Bereich der Pflichten seines Büros. Kardinal Gasparri ernannte am 15. Mai 1920 Antonio Farolfi aus der Diözese Faenza, der bis dahin in der Apostolischen Datarie gearbeitet hatte, zum Sekretär der Nuntiatur.

Für sein Engagement und seine Aktivität als Hoher Kirchlicher Kommissar in den Plebiszitgebieten ist Nuntius Ratti häufig kritisiert worden. Auf der Grundlage der in den Akten der Nuntiatur aufbewahrten Quellen ist indes festzustellen, dass seine Zuständigkeiten durch dermaßen viele Vorgaben seitens des Staatssekretariats eingeschränkt waren, dass er in Wirklichkeit zur gänzlichen Passivität verurteilt war. Dies bestätigte übrigens Kardinal Gasparri selbst, wenn er dem Nuntius expressis verbis empfahl, in der Erfüllung seiner so delikaten Funktion beim Sprechen und Wirken höchste Zurückhaltung zu üben.[29] Indem er sich an die in der Instruktion enthaltenen Anweisungen hielt, versuchte Ratti in seinen Berichten sehr genau die in den Plebiszitgebieten herrschende Situation zu schildern und nach Möglichkeit gegebenenfalls irrtümliche Informationen und Urteile des Staatssekretariat zu berichtigen. Er betonte die gewaltige Dominanz der deutschen Seite auf allen Ebenen des gesellschaftlich-politischen und kirchlichen Lebens. Er artikulierte den eigenen Standpunkt, in den Plebiszitfragen gänzlich unparteilich zu bleiben, und konstatierte, dass ein unter diesen Bedingungen durchgeführtes Plebiszit sich als eine große Mystifikation erweisen könnte.

Ratti bat zudem Gasparri, dass dieser die vom Breslauer Kardinal Adolf Bertram erhaltenen Informationen verifizieren möge, da sie nicht komplett und nicht genau seien. Kardinal Bertram war seiner Ansicht nach ein eifriger Bischof, doch im Herzen und in der Seele bleibe er ein Deutscher, was dazu führe, dass er das Plebiszit allzu emotional behandle.[30] Als die Alliierte Kommission, deren Mitglied Ratti war, Kardinal Bertram nicht genehmigte, sich in die Plebiszitgebiete zu begeben, reagierte dieser am 21. November 1920 mit dem berühmten Dekret, in dem er der Geistlichkeit mit Blick auf das Plebiszit eine politische Betätigung ohne Erlaubnis des eigenen Pfarrers untersagte. Das Dekret wurde ohne Erlaubnis von Ratti vorbereitet. Dennoch entfachte die polnische Seite gegen den Nuntius eine gewaltige Hetzkampagne. Auf strikte Anordnung des Staatssekretärs musste er, im Geiste des Gehorsams dem Apostolischen Stuhl gegenüber, davon Abstand nehmen, eine Aussage für die Presse zu machen, einen offiziellen Kommentar oder eine Erklärungen abzugeben. Das bedeutete für den Nuntius Ratti eine schwere Prüfung und eine für ihn persönlich schmerzliche Erfahrung.[31]

---

28 »La partenza poi del treno fu accellerata. Il Corpo Diplomatico parti circa la mezza notte tra il 13 e il 14 Agosto. Mons. Nunzio rimase in Varsavia«. Notiz auf dem Schreiben des Außenministers Sapieha, 13. August 1920; ASV, Arch. Nunz. Varsavia 193, fol. 167.

29 »... nel suo delicato ufficio di Alto Commissario Ella procuri di dire e di fare il meno possibile«. Gasparri an Ratti, 3. August 1920; ASV, Arch. Nunz. Varsavia 194, fol. 747.

30 Vgl. ASV, Arch. Nunz. Varsavia 194, fol. 706–731.

31 Vgl. Wilk, Episkopat (wie Anm. 21), S. 341–343.

Unverständnis und negative Beurteilungen beeinträchtigten das Image des Nuntius bei der polnischen Bevölkerung sehr stark. Am 18. April 1921 informierte ihn Staatssekretär Gasparri, dass Papst Benedikt XV. vorhabe, ihn zum Erzbischof der Erzdiözese Mailand zu berufen.[32] Im Telegramm, das er am 19. Mai erhielt und das ihn nach Rom abrief, war die Information enthalten, dass ihm beim nächsten Konsistorium die Kardinalswürde übertragen werde.[33] Ein Schreiben von Papst Benedikt XV. an Marschall Piłsudski vom 16. Mai 1921 beendete die Mission von Ratti offiziell.[34] Der Nuntius verließ Warschau am 4. Juni. Während des Konsistoriums, das am 13. Juni stattfand, ernannte ihn der Papst zum Erzbischof von Mailand und zum Kardinal. Die feierliche Einführung des Erzbischofs fand in der Kathedrale zu Mailand am 8. September statt, am Fest der Geburt der Muttergottes. Die polnische Regierung zeichnete ihn mit dem Orden des Weißen Adlers aus, dessen Insignien ihm in Rom durch den Gesandten Władysław Skrzyński einige Tage vor dem Konklave überreicht wurden. Manche behaupten, dass dies am Tag des Aufbruchs zum Konklave geschah, in dessen Verlauf Ratti am 6. Februar 1922 als Pius XI. zum Papst gewählt wurde.

Die hier notwendigerweise nur sehr allgemein besprochene Aktivität von Achille Ratti erlaubt uns dennoch, das Gewicht der Tatsache hervorzuheben, dass der Papst seinen Vertreter in Warschau zunächst im Rang eines Visitators und dann eines Nuntius entsandte. Seine Anwesenheit beschleunigte den Wiederaufbau der kirchlichen Strukturen sowie die Entwicklung und Vertiefung des religiösen Lebens der Geistlichkeit und der Gläubigen entscheidend. Er war zwar nicht imstande, alle ihm anvertrauten Aufgaben zu erfüllen – so gelang es ihm beispielsweise nicht, die von den Besatzern konfiszierten kirchlichen Güter wiederzuerlangen. Es steht aber außer Zweifel, dass seine Urteile und Ansichten über einzelne Personen, über das breit aufgefasste kirchliche Leben und die gesellschaftlich-politischen Fragen nicht selten die Informationen des Apostolischen Stuhls aus anderen Quellen korrigierten.

Die Apostolischen Nuntien in den Jahren 1921 bis 1939

Nachfolger von Ratti wurde Erzbischof Lorenzo Lauri[35] (25. Mai 1921 bis Anfang 1927), zuvor Nuntius in Peru. Er kam am 10. Oktober 1921 in Warschau an und überreichte vier Tage später dem Staatsoberhaupt Piłsudski das Beglaubigungsschreiben. Kardinal Kakowski schreibt, dass die vatikanische Diplomatie »eine Person aus-

[32] Cifra A/132; ASV, Arch. Nunz. Varsavia 190, fol. 265.

[33] Cifra A/1; ASV, Arch. Nunz. Varsavia 190, fol. 278.

[34] Pellegrinetti, Incaricato d'affari der Nuntiatur, überreichte dieses Schreiben dem Staatsoberhaupt am 30. Juni; ASV, Arch. Nunz. Varsavia 193, fol. 423.

[35] Lorenzo Lauri, geboren am 15. Oktober 1864 in Rom. Nach dem philosophisch-theologischen Studium, das er mit einem Doktortitel im Fach Theologie abschloss, empfing er am 4. Juni 1887 die Priesterweihe. In den Jahren 1887 bis 1910 war er Dozent an der Päpstlichen Universität Urbanianum »De Propaganda Fide« und am Päpstlichen Priesterseminar, außerdem arbeitete er in den Jahren 1895 bis 1910 im Vikariat Roms. Seit 5. Februar 1910 arbeitete er in der Apostolischen Pönitentiarie. Am 5. Januar 1917 wurde er zum Titularerzbischof von Ephesus und zum Apostolischen Internuntius in Peru ernannt. Nach der Erhebung der Internuntiatur zum Rang einer Nuntiatur wurde Lauri am 20. Juli 1917 erster Apostolischer Nuntius in Peru. Am 25. Mai 1921 wurde er zum Apostolischen Nuntius in Polen ernannt. Pius XI. verlieh ihm am 20. Dezember 1926 die Würde eines Kardinals. Am 31. Juli 1927 wurde er zum Kardinalgroßpönitentiar und zum Vorgesetzten der Apostolischen Pönitentiarie ernannt.

suchte, über deren Existenz niemand in Polen etwas wusste«, um eine Exklusive der polnischen Regierung zu vermeiden.[36]

In die Zeit der Nuntiatur Lauris fielen mehrere wichtige Ereignisse. So wurde das Konkordat vorbereitet und geschlossen und die polnischen Diözesen wurden reorganisiert, die Frage des Primasamtes in Polen gelöst und der byzantinisch-slawische Ritus entwickelt. Das Konkordat zwischen der Republik Polen und dem Apostolischen Stuhl wurde in Rom am 10. Februar 1925 unterzeichnet und galt nach seiner Ratifizierung durch den Sejm am 26. März und den Senat am 23. April seit dem 2. August 1925. Der Nuntius beteiligte sich zwar nicht direkt an den Konkordatsverhandlungen, arbeitete aber mit dem Episkopat bei der Vorbereitung der Materialien für das Konkordat und der anschließenden Durchführungsverordnungen zusammen. Viel Zeit und Aufmerksamkeit widmete er auch der Umsetzung der Zirkumskriptionsbulle *Vixdum Poloniae unitas* vom 28. Oktober 1925. Zu den neu geschaffenen Verwaltungseinheiten gehörten zwei Metropolien, die Krakauer und die Wilnaer, sowie die Diözesen Tschenstochau, Kattowitz, Łomża, Pinsk und Luzk.[37]

Einige Tage vor der Unterzeichnung des Konkordats fiel die Entscheidung in der Frage des Primasamtes in Polen. Am 5. Februar 1925 informierte Nuntius Lauri die beiden polnischen Kardinäle über die Entscheidung der Kongregation für Außerordentliche Kirchliche Angelegenheiten, die vom Heiligen Vater approbiert wurde. Kraft dieser Entscheidung sollte dem Erzbischof von Gnesen künftig der Titel des Primas von Polen zustehen, dem Erzbischof von Warschau der Titel des Primas des Königreichs Polen, beiden räumte man das Privileg ein, das purpurrote Gewand zu tragen. In Bezug auf die Präzedenz sollten die Vorschriften des kanonischen Rechts beibehalten werden. Der Apostolische Stuhl hob *ad cautelam* die Jurisdiktion des Primas von Gnesen auf, da sie im Lichte der dargestellten Urkunden nicht begründet war, und ließ aus demselben Grund die Primaskanzlei in Warschau schließen.[38]

1924 erhielten die Ordinarien der östlichen Diözesen vom Apostolischen Stuhl Instruktionen und Vollmachten, einen ostslawischen beziehungsweise byzantinisch-slawischen Ritus zu schaffen, also für die sogenannte Neounion. Eingebunden waren die Bischöfe Henryk Przeździecki (Diözese Podlachien), Marian Fulman (Lublin), Ignacy Dubowski (Luzk-Schitomir), Zygmunt Łoziński (Minsk) und Jerzy Matulewicz (Vilnius). Dieser vom Nuntius stark unterstützte Ritus beunruhigte die staatlichen Behörden, namentlich wegen seiner zahlreichen Parallelen zur orthodoxen Kirche in der Liturgie, Sprache und Tracht der Geistlichen. Die Neounion unterschied sich von der Orthodoxie nur durch die Anerkennung des Primats des Papstes. Von der polnischen Regierung wurde sie daher als Instrument der Russifizierung wahrgenommen.[39]

1932 war er päpstlicher Legat beim Eucharistischen Kongress in Dublin. Am 11. Dezember 1939 wurde er zum Camerlengo der Heiligen Römischen Kirche ernannt. Er starb am 8. Oktober 1941 in Rom.

[36] Kakowski, Z niewoli (wie Anm. 4), S. 915.

[37] Vgl. Wilk, Episkopat (wie Anm. 21), S. 151–155.

[38] Mehr dazu bei Stanisław Wilk, Funkcja prymasa Polski w II Rzeczypospolitej [Die Funktion des Primas von Polen in der Zweiten Republik], in: Studia Theologica Varsaviensia 26 (1988), H. 2, S. 161–188.

[39] Vgl. Wilk, Episkopat (wie Anm. 21), S. 169–172.

Der Sitz der Apostolischen Nuntiatur war in den Jahren 1918 bis 1924 das Pfarrhaus der Sankt-Alexander-Pfarrei an der Książęca-Str. 21. Dort wohnten die Nuntien und die Mitarbeiter der Nuntiatur. Für die Benutzung der Räume erhob der Pfarrer der Pfarrei, Prälat Euzebiusz Brzeziewicz, keine Gebühren. Wenn Pfarrer Brzeziewicz in den späteren Jahren nach Rom kam, lud ihn Pius XI. aus Dankbarkeit für seine Freigebigkeit und Großzügigkeit immer in die vatikanischen Appartements ein. Der Episkopat bemühte sich jedoch um einen würdigeren und repräsentativeren Sitz für die Vertretung des Apostolischen Stuhls. Man dachte an den Bau eines neuen Gebäudes und erwog verschiedene Orte, unter anderem bei der im Zentrum Warschaus gelegenen Peter-und-Paul-Kirche. Letzten Endes entschloss man sich zum Kauf einer Immobilie an der Szucha-Allee. Auf Anordnung des Episkopats erwarb sie Stanisław Adamski für die Summe von 70.000[40] Dollar und schenkte sie am 14. Oktober 1924 dem Apostolischen Stuhl. Feierlich übergeben wurde das Gebäude in Anwesenheit des Nuntius und des Episkopats von Polen mit den Kardinälen an der Spitze am 4. Dezember 1924.[41]

Wie Kardinal Kakowski schreibt, war Nuntius Lauri anfänglich allzu aufgeschlossen gegenüber den Beschwerden und Klagen der nationalen Minderheiten, doch er konnte sich bald überzeugen, dass sie grundlos waren.[42] Mit der Art, wie Erzbischof Lauri das Amt des Nuntius ausübte, waren jedoch nicht alle Bischöfe zufrieden. Die größten Einwände stammten wohl von den Lemberger Erzbischöfen Józef Teodorowicz und Bolesław Twardowski sowie von Erzbischof Adam S. Sapieha von Krakau. Auf Ablehnung stießen unter anderem sein apodiktischer Charakter, die Einmischung in innere Angelegenheiten der Diözesen und arbiträre Entscheidungen. Anderer Ansicht war Kardinal Kakowski, der ihn für einen loyalen und klugen Politiker hielt. Seine Anschauung teilte vermutlich Kardinal August Hlond, der vor der Abreise des Nuntius aus Polen bei den Bischöfen darum warb, ihn mit einem besonderen Geschenk zu beehren.[43] Nach der Ernennung zum Kardinal 1926 blieb Nuntius Lauri als Pronuntius in Polen. Präsident Ignacy Mościcki setzte ihm das Kardinalsbirett auf, die Zeremonie fand im königlichen Schloss im Januar 1927 statt.

Zum Nachfolger des Nuntius Lauri ernannte der Apostolische Stuhl am 13. Februar 1928 Erzbischof Francesco Marmaggi,[44] den ehemaligen Nuntius in Pressburg und in Prag. Die Stadt an der Moldau hatte dieser 1925 nach einem scharfen Konflikt mit der tschechischen Regierung wegen der Ehrung von Jan Hus verlassen. In der Literatur wird hervorgehoben, dass Erzbischof Marmaggi eine engere

---

40 Kakowski schreibt von einer Summe von 100.000 Dollar; Kakowski, Z niewoli (wie Anm. 4), S. 918. Unbekannt ist, inwieweit es der Wahrheit entspricht, dass 100.000 Dollar den Bischöfen von Papst Pius XI. geliehen worden seien.

41 Vgl. Józef Kowalczyk, Nuncjatura Apostolska. Dom Papieski w Warszawie. La Nunziatura Apostolica. Casa del Papa a Varsavia [Die Apostolische Nuntiatur. Das Päpstliche Haus in Warschau], Warschau 2009, S. 223–224, S. 291–301.

42 Kakowski, Z niewoli (wie Anm. 4), S. 915.

43 Wilk, Funkcja (wie Anm. 38), S. 186f.

44 Francesco Marmaggi, geboren am 31. August 1870 in Rom; 1900 Priesterweihe. In den Jahren 1917 bis 1920 arbeitete er in der Kongregation für Außerordentliche Kirchliche Angelegenheiten. 1920 wurde er zum Titularerzbischof von Hadrianopolis und zum Nuntius in Rumänien (1920–1923) ernannt. In den Jahren 1923 bis 1925 war er Nuntius in Prag. Am 16. Dezember 1935 wurde er zum Kardinal ernannt. Seit 1939 war er Präfekt der Konzilskongregation. Er starb am 3. November 1949 in Rom.

Zusammenarbeit mit dem Primas von Polen, Kardinal Hlond, begonnen habe. Mit zu berücksichtigen ist, dass in jener Zeit Rolle und Bedeutung von Primas Hlond in der polnischen Kirche und im Episkopat zunahmen. Durch die Entwicklung der Katholischen Aktion und durch die gesamtpolnischen und internationalen Kongresse wurde Posen ein Zentrum der kirchlichen Aktivität und quasi eine geistige Hauptstadt Polens. Der Nuntius strebte nach einer Pazifizierung der gegen das Piłsudski-Lager gerichteten Stimmungen unter den Bischöfen und wurde dabei von Primas Hlond unterstützt. Ein Beispiel solchen Verhaltens ist etwa die Genese des berühmten Hirtenbriefes von Kardinal Hlond *O chrześcijańskie zasady życia państwowego* (Für die christlichen Grundsätze des staatlichen Lebens). Er wurde 1932 nach dem Warschauer Prozess gegen die Aktivisten des gegen Piłsudski gerichteten Parteienbündnisses *Centrolew* publiziert.

Dem Nuntius gelang es nicht, alle zwischen dem Staat und der Kirche bestehenden Probleme zu lösen – sie entstanden unter anderem bei der Umsetzung des Konkordats oder bei der Entwicklung des byzantinisch-slawischen Ritus. Er war indessen bemüht, die Konflikte zu mildern, die zwischen manchen Bischöfen und den staatlichen Behörden vor dem Hintergrund der Trauerfeierlichkeiten nach dem Tod Piłsudskis entstanden.

Seit 1930 legte der Episkopat dem Apostolischen Stuhl keine Liste mehr mit Kandidaten für die Bischofswürde vor und überließ diesbezüglich die Initiative dem Nuntius. Eine eingehendere Untersuchung erfordert aber mit Sicherheit die Feststellung von Kardinal Kakowski, dass »Marmaggi den polnischen Episkopat zugemüllt hatte, dass hervorragendere Personen sogar zu den Zeiten zu Bischöfen bestellt worden seien, als die Besetzung der Bischofsämter noch von den Behörden der Teilungsmächte mitbestimmt worden war.«[45] Nachdem er seine Mission in Polen offiziell beendet hatte und im Dezember 1935 zum Kardinal ernannt worden war, erschien Marmaggi bei der Plenarsynode in Tschenstochau (24. bis 30. August 1936) als päpstlicher Legat.

Einen neuen Nuntius ernannte der Apostolische Stuhl am 24. Dezember 1936: Erzbischof Filippo Cortesi,[46] ehemaliger Apostolischer Nuntius in Venezuela, Argentinien und Paraguay. Ursprünglich sollte er die Vertretung in Madrid übernehmen, doch wegen des Bürgerkrieges in Spanien sandte man ihn nach Polen. In den vatikanischen Kreisen genoss er das Ansehen eines der besten Diplomaten. In Warschau kam er am 15. Mai 1937 an. Zu diesem Zeitpunkt erreichte der berühmte Wawel-Konflikt seinen Höhepunkt. Dessen Ursache war, dass Erzbischof Sapieha entschieden hatte, den Sarg von Piłsudski aus der Krypta des heiligen

---

[45] Remigiusz Dąbrowski, Wspomnienia o kardynale Aleksandrze Kakowskim [Erinnerungen an Kardinal Aleksander Kakowski], in: Acta Hlondiana, Bd. 6, Tl. 5. Gesammelt von Stanisław Kosiński SDB. Ląd n. Wartą 1969 (Maschinenschrift), S. 226.

[46] Filippo Cortesi, geboren am 8. Oktober 1876 in Alia. Nach der Priesterweihe (1899) und nach dem Studium an der Pontificia Accademia dei Nobili Ecclesiastici arbeitete er in den diplomatischen Vertretungen des Apostolischen Stuhls in Kolumbien und Brasilien. 1921 wurde er zum Titularbischof von Syrakus und zum Apostolischen Nuntius in Venezuela ernannt, 1926 zum Nuntius in Argentinien und seit 1928 auch in Paraguay. Im September 1939 verließ er mit dem Diplomatischen Korps Polen und begab sich nach Rumänien, wo er die polnischen Flüchtlinge betreute. Seit März 1940 hielt er sich in Rom auf, wo er Hilfe für die Flüchtlinge und für die Opfer des Krieges organisierte. Er starb am 1. Februar 1947 in Grottaferrata bei Rom.

Leonhard in die die Krypta unter dem Silber-Glocken-Turm zu verlegen. Ministerpräsident Felicjan Sławoj-Składkowski legte am 23. Juni sein Amt nieder, was jedoch nicht angenommen wurde. Die staatlichen Behörden wandten sich an den Nuntius und an den Apostolischen Stuhl mit einer Bitte um Intervention.

Die Beurteilung dieser Vorgänge überließ der Papst seinem Nuntius. Cortesi vereinbarte im Gespräch mit Außenminister Józef Beck den Inhalt einer Erklärung, die Erzbischof Sapieha dem Präsidenten der Republik übergeben sollte. Diese Erklärung wurde von Präsident Ignacy Mościcki jedoch nicht angenommen. Erst ein zweites, in der Presse publiziertes Schreiben, in dem Erzbischof Sapieha feststellte, dass eine Beleidigung des Präsidenten nicht in seiner Absicht lag, befanden der Präsident und die Regierung für befriedigend. Im Februar 1939 erklärte Erzbischof Sapieha seinen Verzicht auf die Führung der Erzdiözese Krakau. Diese Entscheidung hing in keiner Weise mit dem Wawel-Konflikt zusammen, obwohl manche Kreise sie unter dem Einfluss von Presseberichten entsprechend interpretierten. Nuntius Cortesi bat Sapieha, seinen Rücktritt in Anbetracht der über Polen schwebenden Gefahren noch einmal zu überlegen. Mitte Mai 1939 gab der Erzbischof bekannt, dass der Moment sich für einen Verzicht nicht eigne, auch wenn die Pflichten eines Bischofs seine Kräfte bedeutend überanstrengen würden – er war bereits 72 Jahre alt – und stellte sich dem Apostolischen Stuhl zur Verfügung.[47]

Besonders interessierte sich Nuntius Cortesi, ähnlich wie zuvor schon Lauri und Marmaggi, für die Angelegenheiten der Diözese Danzig, deren Ordinarius Bischof Edward O'Rourke war. In der Amtszeit von Cortesi übertrug der Apostolische Stuhl O'Rourke die Vollmacht, vier Personalpfarreien für die Polen zu errichten: in Danzig, in Langfuhr, in Neufahrwasser und in Zoppot. Im Oktober 1937 informierte der Bischof die polnische Regierung, dass zwei Pfarreien bereits errichtet seien, eine weitere werde binnen eines Monats folgen, und die letzte, in Zoppot, nach der Erfüllung bestimmter Bedingungen. Nach der Publikation der entsprechenden Dekrete traf beim Apostolischen Stuhl ein Protest des Senatspräsidenten des Freistaates Danzig ein. Der Bischof stellte die Umsetzung der Dekrete vorübergehend ein, wobei er an den Papst die Bitte richtete, ihn vom Amt des Ordinarius der Diözese zu entbinden. Als Kandidaten für seine Nachfolge brachte Primas Hlond Prälat Franciszek Sawicki ins Spiel, einen Professor am Priesterseminar in Pelplin. Im März 1938 erhielt dieser seine Ernennung, die Warschauer Nuntiatur verpflichtete ihn allerdings, sie geheim zu halten. Senatspräsident Artur Greiser stellte einen anderen Kandidaten vor, den Verwalter der Pfarrei Oliva Carl Maria Splett. Gegen den Prälaten Sawicki richtete er die Drohung, dass dieser nach einer Überschreitung der Grenze des Freistaates »von den Sturmabteilungen entsprechend empfangen« würde.[48] Nuntius Cortesi begab sich daraufhin nach Danzig und sprach dort mit Greiser. Die Ernennung von Sawicki wurde in der Folge rückgängig gemacht, die Bischofswürde erhielt Splett.

---

[47] Wilk, Episkopat (wie Anm. 21), S. 174.

[48] Krzysztof Krasowski, Między Warszawą a Watykanem. Episkopat Polski wobec rządu i Stolicy Apostolskiej 1918–1939 [Zwischen Warschau und Vatikan. Der Episkopat von Polen im Spannungsfeld von Regierung und Apostolischem Stuhl 1918–1939], in: Szkice z dziejów papiestwa 1 (1989), S. 269–405, hier S. 376.

In den letzten Wochen vor Ausbruch des Krieges bemühte sich Nuntius Cortesi im Einklang mit den Anregungen des Staatssekretariats, die antideutschen Stimmungen zu dämpfen. Auf Anordnung von Papst Pius XII. präsentierte er der polnischen Regierung die Vorschläge des Apostolischen Stuhls, wonach für die Rettung des Friedens den deutschen territorialen Ansprüchen genüge getan werden sollte. Nach dem Ausbruch des Zweiten Weltkrieges verließ Nuntius Cortesi Polen am 17. September 1939 mit dem Diplomatischen Korps und mit der Regierung. Bis Ende März 1940 hielt er sich in Rumänien auf, wo er den polnischen Flüchtlingen half. Anschließend begab er sich nach Rom, wo er ebenfalls diverse Hilfe für die Flüchtlinge und für die Opfer des Krieges organisierte. Er starb am 1. Februar 1947 in Grottaferrata bei Rom. Im Unterschied zu den vorigen Nuntien erhielt er kein Kardinalsbirett, bis zu seinem Lebensende behielt er aber den Titel des Apostolischen Nuntius in Polen.

Um ein vollständiges Bild von der Funktionsweise der Apostolischen Nuntiatur in Warschau zu erhalten, ist das Wirken ihres Hilfspersonals zu berücksichtigen, insbesondere der Auditoren der Nuntiatur, die nach der Ausreise des Nuntius als Chargé d'Affaires die laufenden Geschäfte führten. Beim jetzigen Forschungsstand lässt sich leider über dieses Thema wenig sagen. Die Arbeiten der Nuntiatur leitete nach der Ausreise von Nuntius Ratti vom 4. Juni bis zum 10. Oktober 1921 Prälat Ermenegildo Pellegrinetti.[49] Die Geistlichkeit und die Gläubigen bewunderten ihn für das sehr schnelle Erlernen und die gute Beherrschung der polnischen Sprache. Für Ratti bereitete er täglich eine Durchsicht der Presse vor. Auf Anordnung von Kardinalsstaatssekretär Gasparri erarbeitete er den sogenannten Schlussbericht (Relazione finale) über die Mission von Ratti in Polen.[50]

Ein kritisches Urteil von Kardinal Kakowski erhielt der Chargé d'Affaires der Nuntiatur, Monsignore Carlo Chiarlo,[51] der nach der Abreise von Kardinal Lauri für einige Monate die Pflichten des Nuntius übernahm: »Auditor der Nuntiatur, begabter Prälat, aber unangenehm im Umgang mit der Geistlichkeit, wegen des Fehlens guter Manieren. Man trauerte ihm nicht nach, als er mit einer Ernennung zum Apostolischen Nuntius in Bolivien aus Polen ausreiste.«[52]

---

[49] Ermenegildo Pellegrinetti, geboren am 27. März 1876 in Camaiore, Diözese Lucca. 1898 Priesterweihe, 1904 Doktortitel in kanonischem Recht. Seit 1905 Professor am Priesterseminar in Lucca. 1916 wurde er eingezogen und seit 1917 arbeitete er im Amt für Militärzensur in Rom; seine freie Zeit widmete er der wissenschaftlichen Arbeit im Vatikanischen Archiv und der Bibliothek. In den Jahren 1918 bis 1922 Sekretär und Auditor der Nuntiatur in Polen. Am 24. Mai 1922 wurde er Titularerzbischof von Adana und am 29. Mai Apostolischer Nuntius in Belgrad; hier am 25. Juli 1937 Abschluss des Konkordats zwischen dem Apostolischen Stuhl und Jugoslawien. Am 13. Dezember 1937 empfing er die Kardinalswürde. Er starb am 29. März 1943 in Rom.

[50] ANP LVII/1, S. XIV–XVI.

[51] Carlo Chiarlo, geboren am 4. November 1881 in Pontremoli, Diözese Lucca. Nach der Priesterweihe am 28. Mai 1904 arbeitete er als Pfarreiseelsorger. In den Jahren 1917 bis 1922 war er Sekretär und Auditor der Apostolischen Nuntiatur in Peru, anschließend Auditor der Nuntiatur in Polen. Am 12. Oktober 1928 wurde der zum Titularerzbischof von Amida und zum Apostolischen Nuntius in Bolivien ernannt. 1941 kehrte er nach Rom zurück, wo er Apostolischer Nuntius für besondere Aufgaben war. In den Jahren 1954 bis 1958 arbeitete er im Staatssekretariat. 1958 zum Kardinal ernannt, starb er am 21. Januar 1964 in Lucca.

[52] Kakowski, Z niewoli (wie Anm. 4), S. 917.

Die Arbeiten der Nuntiatur leitete nach dem Weggang von Nuntius Marmaggi fast ein Jahr lang, vom 4. Juni 1936 bis zum 15. Mai 1937, Prälat Alfredo Pacini,[53] der nach Warschau 1935 als Apostolischer Ablegat mit einem Kardinalsbirett für den Nuntius Marmaggi kam. Als Auditor der Nuntiatur war er ebenfalls Vertreter des Apostolischen Stuhls bei der polnischen Exilregierung in Frankreich (22. November 1939 bis 12. Juni 1940). Die Funktion des Chargé d'Affaires des Apostolischen Stuhls bekleidete während des Aufenthalts der polnischen Regierung in London seit dem 14. Mai 1943 der Apostolische Vertreter in England, Bischof Wilhelm Godfrey.[54]

---

[53] Alfredo Pacini, geboren am 10. Februar 1888 in Campannori, Diözese Lucca. Nach der Priesterweihe am 25. Juli 1913 arbeitete er in der Pfarreiseelsorge und war Dozent am Priesterseminar. Seit 1924 in der vatikanischen Diplomatie, u. a. in den Jahren 1924 bis 1933 als Sekretär und Auditor der Nuntiatur in Belgrad und seit 1935 Auditor der Nuntiatur in Warschau. 1946 wurde er zum Titularerzbischof von Germia und zum Apostolischen Nuntius auf Haiti und Santo Domingo ernannt, 1949 zum Nuntius in Uruguay und seit 1960 in der Schweiz. Am 26. Juni 1967 zum Kardinal kreiert, starb er bereits am 23. Dezember 1967 in Rom.

[54] Wilhelm Godfrey, geboren am 25. September 1889 in Liverpool. Die Priesterweihe empfing er am 28. Oktober 1916 in Rom. Am 21. November 1938 wurde er zum Titularerzbischof von Cio und zum päpstlichen Gesandten in England, Gibraltar, auf Malta und auf den Bermudas ernannt. Seit dem 10. November 1953 Metropolit von Liverpool, seit dem 3. Dezember 1956 Metropolit von Westminster. Am 15. Dezember 1958 zum Kardinal ernannt, starb er am 22. Januar 1963 in Westminster.

IV. Der Vatikan und die katholischen Parteien in Europa. Ansätze zu einem internationalen Vergleich

INTERAKTIONEN VON POLITISCHEM KATHOLIZISMUS, KIRCHE UND VATIKAN WÄHREND DER WEIMARER REPUBLIK

Karsten Ruppert

I.

Die Deutsche Zentrumspartei ist im Zuge der Gründung des Deutschen Kaiserreichs 1870/1871 entstanden.[1] Sie konnte organisatorisch, personell und programmatisch an Vorläufer anknüpfen, die alle nur ephemere Gebilde gewesen waren. Dass es überhaupt zu einer erneuten parteipolitischen Sammlung der Katholiken in Deutschland gekommen ist, war einer besonderen historischen Konstellation zu verdanken. Die Bildung des kleindeutschen Nationalstaates unter der Führung Preußens wurde von den stets großdeutsch orientierten Katholiken als eine historische Niederlage empfunden. Diese spürten sie umso mehr, als die ihnen feindliche Stimmung nicht nur andauerte, sondern sich verstärkte. Sie wurde gefördert von einer materialistischen Weltanschauung, positivistischer Wissenschaft und einer vom bürgerlichen Liberalismus dominierten Gesellschaft und Kultur. Die Lage spitzte sich dadurch nochmals zu, dass nach der Gründung des mehrheitlich protestantischen Hohenzollernreichs der schwelende Konflikt um die Machtgrenzen zwischen Kirche und Staat nun offen ausbrach. Dieser sogenannte »Kulturkampf« war ein europäisches Phänomen, er nahm aber in Deutschland – und hier wiederum in Preußen – eine besondere Schärfe an wegen des konfessionellen Gegensatzes und weil Otto von Bismarck ihn trefflich zur Stabilisierung seiner cäsaristischen Herrschaft zu nutzen verstand.

Die katholische Subgesellschaft reagierte auf die Herausforderungen, indem sie sich zum Milieu fortentwickelte. Das war ein konsistentes Gebilde, das sich von anderen Formationen der Gesellschaft nicht in erster Linie sozial und wirtschaftlich unterschied. Vielmehr bestand die entscheidende Differenz darin, dass Mentalität,

---

[1] Eine wissenschaftlichen Ansprüchen genügende Gesamtdarstellung des Politischen Katholizismus im Kaiserreich fehlt. Nicht befriedigend sind Ellen L. Evans, The German Center Party 1870–1933. A study in Political Catholicism, Carbondale/Edwardsville 1981 und Jürgen Strötz, Der Katholizismus im deutschen Kaiserreich 1871 bis 1918. Strukturen eines problematischen Verhältnisses zwischen Widerstand und Integration, 2 Bde. (Studien zu Religionspädagogik und Pastoralgeschichte 6), Hamburg 2005. Weiterhin nützlich bleiben Karl Bachem, Vorgeschichte, Geschichte und Politik der Deutschen Zentrumspartei. Zugleich ein Beitrag zur Geschichte der katholischen Bewegung, sowie zur allgemeinen Geschichte des neueren und neuesten Deutschland 1815–1914, 9 Bde., Köln 1927–1932 und Karl Buchheim, Geschichte der christlichen Parteien in Deutschland, München ^{2}1966. Unentbehrlich Margaret Lavina Anderson, Windthorst. Zentrumspolitiker und Gegenspieler Bismarcks (Forschungen und Quellen zur Zeitgeschichte 14), Düsseldorf 1988.

Alltag, Lebensführung und Weltanschauung signifikant kirchlich geprägt waren. Die Konfession hatte einen weit über die Glaubensvermittlung hinausreichenden, sozial und organisatorisch abgestützten Vorrang in der Weltdeutung. Das konfessionelle Werte- und Normensystem integrierte nach innen und grenzte zugleich nach außen ab. Die Milieu-Prägung bestimmte unter anderem ein politisches Verhalten, das sich neben der materiellen Interessenlage an spezifischen Wert- und Ordnungsvorstellungen orientierte. Als politischer Ausschuss zur Verteidigung wie Interessenvertretung dieses Milieus fungierte die Zentrumspartei, zunächst in Preußen und im Reich, dann in Bayern und den anderen Reichsländern mit einer nennenswerten katholischen Minderheit. Als Volkspartei, die alle »Stämme und Stände des Vaterlands« in sich einschloss, nahm sie eine Sonderstellung in einem System der Klassen- und Regionalparteien ein. Trotz ihrer Stigmatisierung und der Diskriminierung ihrer Anhänger hat sie sich nicht in die Systemfeindschaft abdrängen lassen. Sie ist vielmehr von dem letztlich erfolgreichen Weg der Loyalität und des Rechts nicht abgewichen.[2]

Ermöglicht wurde dieser Kurs nicht zuletzt dadurch, dass es bis in die zweite Hälfte der achtziger Jahre gelang, die frühere Bewegungsfreiheit der Kirche, wenn auch mit einigen Konzessionen an die Staatsgewalt, wiederherzustellen. Staat und Heiliger Stuhl waren sich dabei von Anfang darin einig gewesen, die Lösung bilateral diplomatisch zu suchen. Der deutsche Episkopat wie der Politische Katholizismus wurden also weitgehend umgangen, obwohl der Abbau der Kulturkampfgesetzgebung ohne diesen nicht möglich gewesen wäre. Bismarck hat im Laufe der Verhandlungen 1882 die preußische Gesandtschaft beim Heligen Stuhl wieder errichtet und eine Reichsnuntiatur in Aussicht gestellt, die aber erst unter Eugenio Pacelli verwirklicht werden sollte.

Für das Zentrum waren der Kulturkampf und dessen Beilegung die Zeit der intensivsten Interaktion mit Rom; sie endete mit einer durchwachsenen Bilanz. Prägend wurde die Erfahrung, dass die Kurie den Anspruch der Laien auf politische Mitgestaltung ebenso wenig zur Kenntnis genommen hatte wie die Bedeutung von deren Organisationen in einem parlamentarisch-demokratischen System. Die Partei musste wiederum um ihrer selbst willen jeden Anschein von Ultramontanismus und nationaler Unzuverlässigkeit vermeiden. Das Dilemma zwischen Nation und Konfession hat sie mit einem Prinzip überwunden, dem sie bis zum Schluss folgte: in kirchlichen Fragen »sentire cum ecclesia« bis an die Grenze des politisch noch Tragbaren, in politischen Fragen völlige Unabhängigkeit. Trotz römischer Pressionen stellte sie Rechtsstaat und Parlamentsrechte nicht zur Disposition!

So stand das aufgrund der Anfeindungen von außen und der Interessengegensätze im Innern zu Beginn der Ära Bismarck äußerst fragile Gebilde an deren Ende fest wie ein Turm. Untrennbarer Bestandteil der katholischen Minderheitsgesellschaft und im Rückhalt an einem der differenziertesten und umfänglichsten Vereinswesen der katholischen Welt, konnte es sich als die Partei der deutschen Katholiken fühlen. Wenn ihr auch selbstverständlich nicht alle Katholiken folgten, so doch in der Hochzeit des Kulturkampfes drei Viertel und danach immer-

---

2 Weiterführend dazu Margaret L. ANDERSON, Practicing Democracy. Elections and political Culture in Imperial Germany, Princeton 2000.

hin noch drei Fünftel; darunter wohl fast alle Bekenntnistreuen.[3] Denn es besteht bis in die Weimarer Republik hinein eine auffallende Parallelität zwischen der nachlassenden Bindung der Katholiken an das Zentrum und dem Rückgang der Osterkommunion.

Mit dem Ende des Kulturkampfes und dem Abgang ihres größten Gegners und Förderers haben sich die Handlungsmöglichkeiten der Zentrumspartei erheblich erweitert. Zunächst festigte sie ihre Schlüsselstellung als meist unentbehrliche parlamentarische Mehrheitsbeschafferin im Reich, in Preußen und den Zweiten Kammern einiger Bundesstaaten. Sie gehörte zum Beispiel im Reich mit einem Fünftel bis zu einem Viertel der Mandate stets zu den großen Fraktionen, ja war zeitweise sogar die größte. Eine zuverlässige Stammwählerschaft verschaffte ebenso ein erhebliches Maß an taktischer Beweglichkeit wie ein ideologiefreier Pragmatismus, der in christlichem Naturrechtsdenken und Gemeinwohlorientierung wurzelte. Der überproportionale Einfluss des Katholizismus in den Parlamenten war für die evangelische und liberale Mehrheitsgesellschaft eine anhaltende Provokation. Dennoch verblieben die Katholiken und ihre Partei im Vorhof der parlamentarischen Macht – und aus dieser ließ sich im Kaiserreich nicht unbedingt weitergehendes Kapital schlagen. Denn in Gesellschaft und Wirtschaft, Militär, Diplomatie und Staat blieben sie krass unterrepräsentiert. Trotzdem vollzog sich eine Annäherung an das System im Zeichen des Nationalismus. Diesem erlagen im besonderen Maße die bürgerlichen Schichten, die im Wilhelminismus nach den einst führenden Adel ablösten.[4]

II.

Die Deutschen hatten in ihrer Geschichte ja bisher jede Art von Staat fast nur in der Form der Monarchie kennen gelernt. Und gerade das Wilhelminische Reich hatte es verstanden, die Leistungen in Wissenschaft und Kultur wie die positiven Erfahrungen mit Rechts- wie Sozialstaatlichkeit, öffentlicher Ordnung und Sittlichkeit mit der Monarchie zu verbinden. Was zunächst an deren Stelle getreten war, suggerierte einen engen Zusammenhang zwischen dem Untergang dieser Ordnung einerseits und militärischer Niederlage wie Revolution andererseits. Daraus entsprang eine für die Weimarer Republik, die ja Erbin dieser Revolution war, typische kollektive Mentalität: eine Mischung aus Enttäuschung, Angst und Aggressivität.

Der Politische Katholizismus war davon weitgehend verschont geblieben. Ihn hatte aber das widerstandslose Hinsinken der Monarchien, der Ausbruch der Revolution wie die Ausrufung der Republik zunächst in lähmende Orientierungslo-

---

[3] Johannes SCHAUFF, Das Wahlverhalten der deutschen Katholiken im Kaiserreich und in der Weimarer Republik. Untersuchungen aus dem Jahre 1928 (Veröffentlichungen der Kommission für Zeitgeschichte A 18), Mainz 1975.

[4] Wilfried LOTH, Katholiken im Kaiserreich. Der politische Katholizismus in der Krise des wilhelminischen Deutschland (Beiträge zur Geschichte des Parlamentarismus und der politischen Parteien 75), Düsseldorf 1984.

sigkeit gestürzt.[5] Aus ihr wurde er durch die Furcht vor der politischen Entwicklung herausgerissen. Es galt, die Diktatur linkssozialistischer Volksbeauftragter zu beenden, räterepublikanische Bewegungen einzudämmen und vor allem eine antikirchliche Schul- und Kulturpolitik zu verhindern. Zentrumspolitiker traten daher in die neu gebildeten provisorischen Landesregierungen ein, versuchten nicht ohne Erfolg, Allianzen mit Protestanten zur Abwehr christentumsfeindlicher Bestrebungen zu schmieden und forderten darüber hinaus die Einberufung einer Nationalversammlung. Ihnen war rasch, wenn vielleicht auch nicht in letzter Konsequenz, klar geworden, dass die Bedrohungen nur abgewehrt werden können durch das Bekenntnis zur »demokratischen Republik« als Brückenschlag zum gemäßigten Teil der sozialistischen Machthaber.

Voraussetzung dafür war, von der bis zum Schluss verteidigten Monarchie Abschied zu nehmen.[6] Erleichtert wurde das dadurch, dass es im Politischen Katholizismus keinen ausgesprochenen Monarchismus gab. Die Monarchie war vielmehr als Folge der allmählichen Integration der Katholiken in das Kaiserreich als die gegebene Staatsform des Reiches angesehen worden. Der monarchische Gedanke war vor allem in Schichten lebendig geblieben, die einen beträchtlichen Teil ihrer Macht im Gefolge der Umwälzung verloren hatten: Adel, Teile der Agrarier und des arrivierten Bürgertums. Ihnen gegenüber profilierten sich süddeutsche Demokraten, die Jugend, Intellektuelle und die katholischen Arbeitervereine, die ihren politischen Aufstieg unmittelbar mit der neuen Ordnung verbanden, als entschiedene Republikaner. Die Parteiführung versuchte, den Gegensatz durch den Rückgriff auf konsensfähige Traditionen und das Offenhalten der Staatsformfrage zu mildern. Zugleich wurde durch die Mitarbeit der Partei in Parlamenten und Regierungen die faktische Entscheidung für die Republik im Laufe der Zeit stillschweigend sanktioniert.

Für das Zentrum war die Republik also zunächst eine geschichtliche Notwendigkeit. Nur auf ihrer Grundlage war die Einheit des Reiches zu bewahren gewesen und ihre Anerkennung blieb Voraussetzung für den äußeren Aufstieg wie die innere Konsolidierung. Es sind aber auch Versuche unternommen worden, die republikanische Idee zu vertiefen durch ihre Subsumierung unter die nach wie vor wirkungsmächtige Staatsidee. Nach der an Thomas von Aquin und an das Naturrecht anknüpfenden Staatslehre Leos XIII. kann jeder Staat Unterordnung und Mitarbeit der Katholiken fordern, der Ordnung und Recht verbürgt und mit dem christlichen Sittengesetz in Einklang steht. Spätestens seit seiner Legitimierung durch die Verfassung konnten die Verteidiger des republikanischen Staates darauf pochen, dass er diesen Kriterien genüge. Der aufgezeigte Begriff vom Staat hat es dem Zentrum nicht nur erleichtert, sich auf den Boden der republikanischen Tatsachen zu stellen, sondern ihm entnahm es auch die entscheidende Rechtfertigung seines politischen Wirkens. Es fand sie im Allgemeinwohl als dem immanenten

---

5 Rudolf Morsey, Die Deutsche Zentrumspartei 1917–1923 (Beiträge zur Geschichte des Parlamentarismus und der politischen Parteien 32), Düsseldorf 1966.

6 Karsten Ruppert, Die Deutsche Zentrumspartei in der Mitverantwortung für die Weimarer Republik. Selbstverständnis und politische Leitideen einer konfessionellen Mittelpartei, in: Winfried Becker (Hg.), Die Minderheit als Mitte. Die deutsche Zentrumspartei in der Innenpolitik des Reiches 1871–1933, Paderborn u. a. 1986, S. 71–88.

Zweck der von Gott zur Ordnung des menschlichen Daseins gewollten Staaten. Durch eine solche moralische Aufwertung des Staates gleich welcher Form war politische Mitgestaltung an ihm nicht nur gerechtfertigt, sondern Pflicht.[7]

Weit weniger schwer als mit der neuen Staatsform tat sich das Zentrum mit der politischen Form der parlamentarischen Demokratie. Als Erbe der katholischen Volksbewegung des 19. Jahrhunderts und als eine Partei, die alle Schichten des katholischen Volkes in sich einschloss, glaubte es per se eine demokratische Potenz zu sein. Die hohe Wertschätzung des Volkes übertrug sich auf die Demokratie als das Verfassungsprinzip, das die Volkskräfte zum Nutzen aller am besten zur Entfaltung bringt. Das hatte man ja selbst im Kaiserreich erfahren, wo man die Möglichkeiten des Parlamentarismus trefflich zu nutzen gelernt hatte: zur Selbstverteidigung, Interessenvertretung und politischen Mitgestaltung. Nicht weniger hatte man in der langen Zeit der Defensive und Diskriminierung die Grund- und Freiheitsrechte schätzen gelernt. In der katholischen Naturrechtstradition wurden sie mehr als Ordnungs- und Schutzrechte denn als individuelle Anspruchsrechte gedeutet.

Die Vorbehalte, die dennoch blieben, wurzelten in den Gebrechen der demokratischen Praxis. Sie nahmen ihren Ausgang davon, dass es nicht möglich war, über längere Zeit handlungsfähige Regierungen zu bilden und die Parlamente ihre Funktion als Organe der Gesetzgebung nur unzureichend erfüllten. Beklagt wurde das Überborden der materiellen Interessenvertretung, die zu geringe Identifikation der Wähler mit ihren Abgeordneten aufgrund von übergroßen Wahlkreisen wie der Mangel an staatsbürgerlichen Tugenden.

III.

Mit der Annahme des politischen Systems der parlamentarischen Demokratie und des republikanischen Staates waren die mentalen Voraussetzungen dafür geschaffen, sich an dessen Ordnung durch eine Verfassung zu beteiligen. Da der Politische Katholizismus mit Liberalismus und Sozialismus im Reich und einigen Ländern Regierungsverantwortung trug, verhielten sich diese bei der »christlichen Grundlegung von Staat und Gesellschaft« auffallend moderat. Mit der gelegentlichen Unterstützung christlicher Gruppen anderer Parteien waren Glaubens- und Gewissensfreiheit garantiert und der Schutz kirchlicher Rechte und Freiheiten in einem bisher nicht da gewesenen Umfang erreicht worden.[8]

Die christlichen Kirchen behielten ihren Status als Körperschaften des öffentlichen Rechtes und damit das Besteuerungsrecht. Sie wurden aber nicht nur materiell bevorzugt, sondern sie standen auch weiterhin unter dem besonderen Schutz des Staates. Gotteslästerung blieb ebenso strafbar wie Übergriffe auf Ehre, Kultus und Vermögen der Kirchen. Selbst im Hoheitsbereich des Staates nahm man auf

---

[7] Ausführlicher dazu Karsten RUPPERT, Die weltanschaulich bedingte Politik der Deutschen Zentrumspartei in ihrer Weimarer Epoche, in: Historische Zeitschrift 285 (2007), S. 49–97.

[8] Karsten RUPPERT, Protestantismus und Katholizismus in der Weimarer Republik, in: Kirchen und Staat. Vom Kaiserreich zum wiedervereinigten Deutschland, hg. von der Bayerischen Landeszentrale für politische Bildungsarbeit (Zur Diskussion gestellt 55), München 2000, S. 30–75.

kirchliche Vorstellungen Rücksicht: in Reichswehr und staatlichen Anstalten wurde die Seelsorge garantiert und der religiöse Charakter der Sonn- und Feiertage blieb gewahrt. Und schließlich waren die letzten Restriktionen, denen der Katholizismus unterworfen war, gefallen.

Die christlichen Religionsgemeinschaften sind also nicht, wie befürchtet, an den Rand gedrängt und rechtlich auf die Stufe eines Privatvereins gedrückt worden. So sehr die Weimarer Verfassung sich religionsneutral und sogar säkular im Prinzipiellen gab, so sehr hat sie die bisherige Privilegierung christlicher Kirchen in den konkreten Verfassungsartikeln beziehungsweise deren Ausführungsbestimmungen fortgeführt. Damit war eine tragfähige Lösung zwischen zunehmender Entkirchlichung und einer doch weiterhin christlichen Gesellschaft und Kultur gefunden worden. Das zeigt nichts nachdrücklicher als die Übernahme der Weimarer Kirchen- und Religionsartikel 1949 ins Grundgesetz.

Und schließlich konnte der Politische Katholizismus daraus, dass er 1919 für die Annahme des Friedensvertrags wie zur Eindämmung des Chaos unentbehrlich war, auf dem für ihn essenziellen Gebiet des Schulwesens nicht mehr für möglich gehaltene Erfolge erzielen.[9] Der Religionsunterricht wurde als ordentliches (fakultatives) Lehrfach (außer an weltlichen Schulen) in der Verfassung verankert, die (meist kirchlichen) Privatschulen wurden garantiert und die Eltern erhielten das Recht, letztlich über die zu errichtende Schulart zu entscheiden. Die anfangs höchst bedrohte Konfessionsschule blieb erhalten. Dass dieser unverzichtbare Bestandteil katholischer Lebenswelt überlebte, kann kaum hoch genug veranschlagt werden, und zwar sowohl für die Annäherung des Katholizismus an die Weimarer Republik als auch für das Ansehen des Zentrums (und weniger auch der BVP) innerhalb des Katholizismus weit über seine Anhänger hinaus.

Insgesamt wurden diese Erfolge bei den Verfassungsberatungen im Reich und vergleichbaren in den Ländern von Gläubigen und Episkopat aber nicht hinreichend gewürdigt; sie wurden vielmehr als viel zu selbstverständlich hingenommen.[10] Es war aber ironischerweise gerade diese komfortable Absicherung von Kirche und Konfession, die sich später in den Konkordaten fortsetzte, die die Bedeutung der Parteien für die Kirche minderte. Damit einher ging, dass die Katholiken jetzt kaum mehr gesellschaftlichen und gar keinen rechtlichen Restriktionen mehr unterlagen, sodass sich der Zusammenhalt des Milieus lockerte.

IV.

Für die Zentrumspartei kam dies durch nichts mehr zum Ausdruck, als dass sich neben ihr Parteien und Gruppen etablierten, die den Anspruch erhoben, im Geiste des katholischen Christentums Politik zu machen. Von ihnen war die Bayerische Volkspartei die gewichtigste. Sie war sowohl das Ergebnis eines politischen Son-

---

[9] Grundlegend Günther Grünthal, Reichsschulgesetz und Zentrumspartei in der Weimarer Republik (Beiträge zur Geschichte des Parlamentarismus und der politischen Parteien 39), Düsseldorf 1968.

[10] Eingehender dazu Karsten Ruppert, Les Églises sous la République de Weimar entre position privilégiée et peur du laïcisme, in: Sylvie Le Grand (Hg.), La Laïcité en Question. Religion, État et Société en France et en Allemagne du 18e siècle à nos Jours, Villeneuve d'Ascq 2008, S. 127–143, hier S. 138f.

derbewusstseins als auch Ausdruck der Eigenständigkeit und Eigenart des bayerischen Katholizismus.[11] Daher schwankte das Verhältnis zwischen dem Katholizismus inner- und außerhalb Bayerns ebenso zwischen Spannung, Konfrontation und Kooperation wie das zwischen den beiden Parteien. Im Reich konnte die BVP allerdings ohne den Rückhalt am Zentrum wenig ausrichten, da sie meist nur knapp über 3 Prozent kam. Im Bayerischen Landtag stellte die Volkspartei mit rund einem Drittel der Mandate stets die größte Fraktion: Sie konnte sich aber erst 1924 nach dem Schock des Hitler-Putsches dazu entschließen, die Regierungsverantwortung bis zum bitteren Ende zu übernehmen.

Im Vergleich mit der BVP fielen die deutschnationalen Katholiken und die Christlich-Sozialen kaum ins Gewicht; wohl aber waren sie eine ideologische Provokation. Zum einen bestritten sie dem Zentrum unaufhörlich mit einer Vehemenz, die über ihre Schwäche hinwegtäuschen sollte, das Recht, die deutschen Katholiken zu repräsentieren, zum anderen konnten sie, da sie nicht in der Verantwortung standen, politische wie soziale Maximalforderungen vertreten, mit denen Gruppen innerhalb des Katholizismus zu beeindrucken waren.[12]

Numerisch weitaus gravierender war für das Zentrum der Verlust der Katholiken, die durch ihre Konfessionszugehörigkeit und die daraus entspringende Weltanschauung nicht mehr nachhaltig politisch zu binden waren. Etwas mehr wanderten nach links als nach rechts ab. Schließlich haben geistig-kulturelle Strömungen in Katholizismus und Kirche die überkommenen politischen Bindungen allmählich in Frage gestellt. Bewegungen der Lebensreform und der Jugend wollten aus einem zu vertiefenden Glauben heraus als hohl und abgestorben empfundene Formen in Kirche und Gesellschaft mit neuem Leben erfüllen. In diesem integralistischen Kulturkatholizismus war man davon überzeugt, dass es genüge, wenn der einzelne seinen Glauben in der Welt bekenne.

Letztlich haben diese Bewegungen aber den Politischen Katholizismus nicht ernsthaft bedroht. Er konnte in der Weimarer Republik immer noch die Hälfte aller wahlberechtigten Katholiken für sich gewinnen. Denn in der Durchsetzung katholischer Anliegen in der pluralistischen Massengesellschaft blieb er ohne ernsthafte Konkurrenz.

Die daher forcierte christlich-katholische Politik manifestierte sich vor allem in der »Kulturpolitik«, mit der sich ganz eigene Vorstellungen verbanden. Neben Bildungs- und Kirchenfragen umfasste er so heterogene Belange wie das Bemühen um eine Durchdringung des öffentlichen Bewusstseins mit christlichem Geist und die Durchsetzung christlicher Moralvorstellungen. Dabei sah sich der Politische Katholizismus vor allem durch die liberale und indifferente Gesellschaft herausgefordert, in welcher der Rückgang christlicher Gesittung und das Vordringen materieller Lebensauffassungen als Symptome einer allgemeinen »Entchristlichung« wahrgenommen wurden. Denn gegenüber Anliegen wie konfessionelle Erziehung und Bildung, Abtreibung, Ehescheidung, Moralfragen, Jugendschutz und Jugenderziehung bildete sich schnell eine breite Abwehrfront. Diese reichte abwechselnd

---

[11] Klaus Schönhoven, Die Bayerische Volkspartei 1924–1932 (Beiträge zur Geschichte des Parlamentarismus und der politischen Parteien 46), Düsseldorf 1972.

[12] Ruppert, Politik (wie Anm. 7), S. 58ff.

von den atheistischen Sozialisten über kulturkämpferische Liberale und antirömische Protestanten bis zu den neuheidnischen Völkischen.

Wenn deswegen der Gegensatz zwischen dem katholischen Sozialmilieu (Lepsius) und dessen Umwelt vielleicht öfter allzu sehr dramatisiert wurde, so hat die Zentrumspartei aber auch erkannt, dass sie sich trotz des Vertretens genuiner katholischer Anliegen nicht in das Ghetto konfessioneller Politik abdrängen lassen dürfe – ein Problem, das sich der BVP weniger stellte. Sie strebte daher verstärkt danach, sich mehr als politische Partei zu profilieren. Sie konnte dabei an die Tradition als Volks- und Verfassungsbewegung anknüpfen und in der neuen Rolle als unentbehrliche Regierungspartei die konsequente Fortsetzung der politischen Arbeit im Kaiserreich sehen.[13] In dieser Praxis machten aber vor allem die Rechtskatholiken eine Ursache dafür aus, dass die Gesellschaft um sie herum noch so wenig ihren Vorstellungen entsprach. Wohingegen eine eher religiös motivierte Kritik von links darauf insistierte, dass die herkömmliche Kirchen- und Kulturpolitik die christliche Erneuerung nicht gebracht habe. Die Partei beharrte gegenüber solchen Anwürfen darauf, dass ihr Wirken Beweis dafür sei, dass unter der Mitgestaltung deutscher Politik frei von konfessionellen Rücksichten die Vertretung christlicher Belange nicht zu leiden brauche.

V.

Der Lebenswelt, die das Zentrum politisch repräsentierte, war die Scheidung zwischen eingeschriebenem und beitragszahlendem Mitglied, Anhänger und Nur-Wähler fremd. In der Praxis wurde kaum zwischen ihnen unterschieden, sodass über die soziale Zusammensetzung der Partei nur Schätzungen möglich sind.[14]

Diese gehen davon aus, dass das Zentrum ungefähr ein Drittel seiner Stimmen bei Reichstagswahlen von Arbeitern erhielt. Zum festen Arbeiterstamm wird man die 260.000 Mitglieder der Katholischen Arbeitervereine und etwa zwei Drittel der rund 750.000 Mitglieder der Christlichen Gewerkschaften rechnen können. In den Parlamenten stellten die Arbeiter ein Fünftel der Fraktionsmitglieder. Darüber gelangten auch die Vertreter der Bauern nicht hinaus, deren Wählerpotenzial aber deutlich unter dem der Arbeiter lag. Von den Beamten kamen die höheren vor allem aus den Bereichen Bildung und Justiz. Die Masse stellte die mittlere und untere Beamtenschaft aus den Sozial- oder Dienstleistungsverwaltungen.

Die Wirtschaft war erkennbar unterrepräsentiert. Traditionell hatte die Partei unter den katholischen Handwerkern und kleinen Gewerbetreibenden einen festen Rückhalt. Der Anteil von deren Vertretern in den Fraktionen blieb stets unter 10 Prozent. Obwohl die geschlossenen katholischen Gebiete des Rheinlands, Westfalens und Oberschlesiens die Industriezentren im Reich waren, hat nur eine kleine Gruppe katholischer Wirtschaftsführer den Weg in die Zentrumspartei gefunden.

---

13 Auch noch Karsten Ruppert, Der Einfluß christlich-demokratischer wie christlich-sozialer Ideen und Parteien auf Geist und Politik in der Weimarer Zeit, in: Winfried Becker/Rudolf Morsey (Hg.), Christliche Demokratie in Europa. Grundlagen und Entwicklungen seit dem 19. Jahrhundert, Köln – Wien 1988, S. 129–152.

14 Das Folgende nach eigenen noch unveröffentlichten Untersuchungen.

Die Partei, die bei den Wahlen der Weimarer Republik über die Hälfte ihrer Stimmen von Frauen erhielt, hatte nicht zu den Vorkämpfern des Frauenwahlrechts gehört. Dennoch gelang es ihr nach dessen Einführung mit tatkräftiger Unterstützung des Katholischen Frauenbunds, das neue Potenzial effektiv auszuschöpfen. In keiner Gruppe der Partei war die Differenz zwischen Repräsentanten und Repräsentierten so groß wie bei den Frauen. Die typische Zentrumsanhängerin und -wählerin, die als Hausfrau und Mutter in einem Kleinbürger- oder Arbeiterhaushalt mit mehreren Kindern wirkte, wurde durch unverheiratete oder verwitwete Akademikerinnen vertreten. Wegen solcher Diskrepanzen fehlte den gelegentlichen Vorstößen der Frauen jeglicher Schub, um die einst stillschweigend festgelegten Bedingungen für ihre politische Arbeit zu ändern: krasse Unterrepräsentation, Festlegung auf bestimmte Betätigungsfelder und stille Arbeit im zweiten Glied.

Die größere Distanz, die die Kirche in der Republik zum Zentrum hielt, kam auch dadurch zum Ausdruck, dass seit 1919 etwa nur noch halb so viele Geistliche wie vor dem Krieg den Fraktionen angehörten. Ihr Anteil schwankte jetzt zwischen 5 und 10 Prozent. Unter ihnen waren Prälaten und Hochschullehrer in der Mehrzahl. Soweit wir wissen, ist kein Kleriker im Auftrag seines Bischofs in die Politik gegangen. Andererseits ist auch nicht bekannt, dass einem einmal die notwendige Genehmigung verweigert wurde. Das ist insofern bemerkenswert, als der Heilige Stuhl den konfliktträchtigen Doppeleinsatz von Seelsorgern in der Politik nicht schätzte.[15]

Die Partei hatte es bisher vermieden, Führungspositionen mit Geistlichen zu besetzen, um dem Ruch des Klerikalismus zu entgehen. Umso erstaunlicher ist es, dass sie gerade jetzt in der vordersten Reihe zu finden sind. In einigen Landes- und Provinzialverbänden übernahmen sie die Führung und in einigen Fraktionen den Vorsitz.[16] Die spektakulärsten Fälle waren die Leitung der Reichstagsfraktion der BVP in der gesamten Zeit der Republik durch den Bamberger Prälaten Johann Leicht wie die der BVP-Fraktion im Bayerischen Landtag durch Dompropst Georg Wohlgemut von 1924 bis 1933; darüber hinaus die Führung des Badischen Zentrums durch die Prälaten Josef Schofer und Ernst Föhr, des Preußischen durch den Bonner Theologen Albert Lauscher und natürlich die Wahl des Trierer Kirchenrechtlers und Pacelli-Vertrauten Ludwig Kaas zum Vorsitzenden der Reichspartei im Dezember 1928. Freilich müssen aber gerade diese Fälle relativiert werden. In Baden wurde in der Weimarer Republik nur eine seit den Anfängen bestehende Tradition fortgeführt; in Preußen kam der Bonner Prälat Albert Lauscher nur durch den unerwarteten Tod des bisherigen Vorsitzenden im Krisenjahr 1932 an die Macht und mit der Wahl des Trierer Kanonisten Ludwig Kaas war, entgegen einem hartnäckigen Vorurteil der Forschung, keine langfristige Strategie verbunden. Er war der Verlegenheitskandidat des Augenblicks, durch dessen Nominierung das Scheitern des Reichsparteitags verhindert wurde.[17]

---

15 Rudolf Morsey, Der Untergang des politischen Katholizismus. Die Zentrumspartei zwischen christlichem Selbstverständnis und »Nationaler Erhebung« 1932/33, Stuttgart – Zürich 1977, S. 29.

16 Dies war kein deutsches Phänomen, auch in der Tschechoslowakei, in Italien und in Österreich wurden katholische Parteien von Geistlichen geführt; vgl. Rudolf Morsey, Kirche und politische Parteien 1848–1948/49, in: Anton Rauscher (Hg.), Kirche, Politik, Parteien, Köln 1974, S. 26f.

17 Karsten Ruppert, Im Dienst am Staat von Weimar. Das Zentrum als regierende Partei in der Weimarer Demokratie 1923–1930 (Beiträge zur Geschichte des Parlamentarismus und der politischen Parteien 96), Düsseldorf 1992, S. 335ff.

Bei der Suche nach den Gründen für den Aufstieg der Kleriker greift der Hinweis auf zunehmende soziale und wirtschaftliche Spannungen zu kurz. Denn entgegen einem weit verbreiteten Irrtum waren Konflikte dieser Art im Zentrum der zwanziger Jahre weder häufiger noch schwerer als zuvor. Es ist auch nicht zu sehen, dass Geistliche in besonderem Maße als Konfliktvermittler hervorgetreten sind. Man wird daher auch noch die Orientierungskrise, die seit Ende der zwanziger Jahre Partei und Land erfasst hatte, mitbedenken müssen. Und schließlich boten sich auch keine integrativen Führungsfiguren unter den Laien an, die außerhalb des jeweiligen Flügels ohne weiteres durchsetzbar gewesen wären.

VI.

Der Übergang in die parlamentarische Demokratie und das damit verbundene repräsentative Wahlrecht, doch auch das Selbstverständnis einer christlichen Partei erzwangen zumindest den Versuch, sich zum Protestantismus hin zu öffnen. Die dazu in den zwanziger Jahren gestarteten Initiativen, durch die Umgestaltung des gesamten Parteiensystems[18] oder durch Verhandlungen mit protestantischen Gruppen[19] den Durchbruch zu erzielen, hatten nur gezeigt, dass die jahrzehntelange Konfessionalisierung deutscher Politik all dem immer noch entgegenstand. Daran hat auch nichts geändert, dass die Partei selbst, um den Anstrich des Konfessionalismus zu vermeiden, ihre geistigen Grundlagen stets als christlich apostrophierte. Letztlich fehlten dem Zentrum der Wille und der Mut zur interkonfessionellen Öffnung. Nur Teile der Führung und einzelne Gruppen haben ihn ernsthaft erwogen. Im stark nach rechts tendierenden Lager der bekennenden Protestanten war die Begeisterung noch gedämpfter. Nachvollziehbar ist die Enttäuschung des Zentrums darüber, dass seine für Volk und Staat betriebene Politik dort so wenig Resonanz fand. So blieb es auch in der Republik, was es immer gewesen war: eine katholische Partei, die durchaus auch protestantische Wähler fand und dies durch den ein oder anderen Abgeordneten honorierte. Umso anerkennenswerter ist es, da die Partei daraus ja keinen Nutzen zog, dass sie dem Prinzip folgte, für die katholische Kirche nichts zu fordern, was nicht auch der evangelischen gewährt werden sollte.

Eine vergleichbare religiös motivierte Toleranz zeichnete die Haltung gegenüber dem Judentum aus. Der Politische Katholizismus hat in ihm nie eine Rasse, sondern eine Religionsgemeinschaft erblickt, von der darüber hinaus stets bewusst blieb, dass das Christentum aus ihr hervorgegangen war. Folglich hat es in der Zentrumspartei nie einen Zweifel gegeben an der verfassungsrechtlichen Gleichstellung der Juden als Staatsbürger und deren Privilegierung als Religions-

---

18 Larry Eugene JONES, Adam Stegerwald und die Krise des deutschen Parteiensystems. Ein Beitrag zur Deutung des »Essener Programms« vom November 1920, in: Vierteljahrshefte für Zeitgeschichte 27 (1979), S. 1–29 und MORSEY, Zentrumspartei (wie Anm. 5), S. 360ff.

19 Günther GRÜNTHAL, »Zusammenschluß« oder »Evangelisches Zentrum«? Ein Beitrag zur Geschichte der Deutschen Zentrumspartei in der Weimarer Republik, in: Werner PÖLS (Hg.), Staat und Gesellschaft im politischen Wandel. Beiträge zur Geschichte der modernen Welt. Festschrift für Walter Bußmann, Stuttgart 1979, S. 301–330.

gemeinschaft. Als Partei einer einst unterdrückten Minderheit zeigte das Zentrum vielmehr für den Schutz von Glauben, Kult und selbst ihr fremden Sitten des Judentums eine bemerkenswerte Sensibilität, die vom »Centralverein deutscher Staatsbürger jüdischen Glaubens« auch mehrfach anerkannt wurde.[20]

VII.

Aufbauend auf neuthomistischem Staatsdenken und ihrer Schlüsselstellung im parlamentarischen System des Wilhelminismus hat die Zentrumspartei dann in der Weimarer Demokratie überraschend schnell eine führende Rolle übernommen. Im Reichstag wurde kaum ein Gesetz verabschiedet, an dem der Politische Katholizismus nicht mitgearbeitet hatte; in allen Reichsregierungen zwischen 1919 und 1932 hat er Verantwortung übernommen, und die vier von ihm gestellten Kanzler haben die Republik über die Hälfte der Zeit, die ihr beschieden war, regiert. In den meisten Ländern war der Einfluss nicht geringer. In Oldenburg, Hessen und den süddeutschen Ländern waren Zentrum beziehungsweise Bayerische Volkspartei an zahlreichen Regierungen beteiligt und stellten in einigen sogar zeitweise die Ministerpräsidenten. Grundlage der relativ stabilen Verhältnisse in dem weitaus wichtigsten Land, Preußen nämlich, war die Dauerkoalition mit der Sozialdemokratie, dem weltanschaulichen Gegner also. In diesen Ländern wie im Reich erleichterte dem Politischen Katholizismus sein geistiges Substrat wie ein ausgeprägter Pragmatismus Regierungsbündnisse mit den ideologischen Antipoden, Sozialdemokratie und Liberalismus. Schließlich war er deswegen nach rechts hin offen bis an den Rand des gerade noch verfassungskonformen Spektrums wie in der spektakulären Koalition im Reich mit den Deutschnationalen 1927/1928.[21]

Es ist ein durchaus bemerkenswertes Faktum, dass das Zentrum zur regierenden Partei der Weimarer Republik geworden war. Denn es war weder durch Tradition noch durch seine politische Stärke, noch gar durch seine Anhängerschaft zu einer Führungsrolle prädestiniert gewesen. Bei Reichstagswahlen schwankte sein Anteil um die 13 Prozent und auch in den katholischen Ländern ging er nicht über ein Fünftel der Mandate hinaus; nur die BVP errang im Durchschnitt ein Drittel. Und schließlich war die katholische Volksminderheit in der wirtschaftlichen und staatlichen Elite ebenso spärlich vertreten wie an der Spitze der Gesellschaft. Historische Verspätungen wie eine lang anhaltende Benachteiligung im evangelisch dominierten Kaiserreich waren dafür verantwortlich. So vertrat der Politische Katholizismus vor allem Beamte, Bauern, Arbeiter sowie Klein- und Mittelbürger, die überwiegend auf dem Lande, in kleineren Städten oder den »Industriedörfern« des Ruhrgebiets und Schlesiens lebten. Dass ihm dennoch eine solche Macht zu-

---

[20] Hugo Stehkämper (Bearb.), Der Nachlaß des Reichskanzlers Wilhelm Marx, 4 Teile (Mitteilungen aus dem Stadtarchiv von Köln 52–55), Köln 1968; 5. Teil: Namen- und Sachindices, Ergänzungen und Berichtigungen, bearb. von Mechthild Wilkes (Mitteilungen aus dem Stadtarchiv von Köln 56), Köln 1997; hier 2. Teil, S. 390ff.

[21] Karsten Ruppert, Die Deutsche Zentrumspartei und die Weimarer Demokratie 1918–1933, in: Wolfram Pyta u. a. (Hg.), Die Herausforderung der Diktaturen. Katholizismus in Deutschland und Italien 1918–1943/45 (Reihe der Villa Vigoni 21), Tübingen 2009, S. 13–38.

gefallen war, hatte vor allem zwei Gründe. Einmal war dafür die systembedingte Zerrissenheit der Republik verantwortlich, welche die Lähmung gewichtiger politischer wie gesellschaftlicher Kräfte oder die gegenseitige Blockierung ernsthafter Konkurrenz zur Folge hatte; zum anderen ist die Führungsrolle des Politischen Katholizismus aus dessen vorpolitischer Weltanschauung zu erklären.

Die schon von den Zeitgenossen je nach Standpunkt bewunderte oder beargwöhnte Koalitions- und Kompromissfähigkeit vor allem des Zentrums entsprach christlicher Weltsicht. Sie zeichnete sich durch Skepsis gegenüber dem menschlichen Handeln und der Relativierung des Diesseits aus. Daher vermisste das Zentrum kein Programm oder gar utopische Entwürfe. Die Aufrechterhaltung der Ordnung und das Funktionieren des Parlamentarismus waren ihm Werte an sich. Dieser zutiefst pragmatischen Partei waren die Selbstvergewisserung durch Praxis und die theoretisch nur bedingt auslotbare Berufung auf christliche Weltanschauung und Zentrumstradition gemäßer.

Das Streben nach Regierungsverantwortung wurde durch praktisch-politische Überlegungen gestützt. Wegen der nicht primär interessenpolitischen Bindungen seiner Wähler konnte sich das Zentrum von dem, was manchen Parteien die Opposition so verlockend machte, nichts versprechen: der wirkungslosen, doch dafür um so parteiischeren Agitation. Wenn der bindende Zwang zur Verantwortung wegfiel, lief es vielmehr Gefahr, dass sich die Vertreter gegensätzlicher wirtschaftlicher Interessen um so ungehemmter zu Wort meldeten. Hingegen erwies sich die soziale Heterogenität bei dem Regieren mit wechselnden Mehrheiten als Vorteil. Ob mit der SPD Sozial-, der DVP Wirtschafts-, der DNVP Agrar- oder den Demokraten republikanische Staatspolitik gemacht wurde, eine Gruppe der Zentrumsanhänger wurde immer bedient. So ließ sich im Laufe einer Legislaturperiode eine durchaus akzeptable Gesamtbilanz vorlegen. Da das Zentrum nie mit einer weitreichenden Konzeption in Regierungen hineingegangen war, konnte es sich damit begnügen. Es hat daher auch kein Regierungsbündnis, wie zum Beispiel die SPD, mit dem Trauma des Versagens verlassen. Vielmehr war ihm jede Regierungsbeteiligung Beweis für die gegenüber Staat und Volk erfüllte Pflicht und des Dienstes am Allgemeinwohl.

Zu seiner eigenen Überraschung fand sich der deutsche Katholizismus aber nach dem Zusammenbruch des Wilhelminismus nicht nur an führender Stelle in der politischen Verantwortung wieder, sodass selbst der kommunistische Historiker Arthur Rosenberg von der »katholischen Demokratie« sprach. Noch erstaunlicher war aber vielleicht, dass man den Katholizismus nun sogar als geistige Ordnungsmacht schätzte. Gerade die Distanz, die er zu den intellektuellen und moralischen Grundlagen der Moderne, die seit dem Krieg von tiefen Selbstzweifeln befallen war, gewahrt hatte, war nun der Grund des Zutrauens, das ihm in einer Phase des Verfalls, der Beliebigkeit und Orientierungslosigkeit entgegengebracht wurde. Nicht nur katholische Denker erkannten nun im Universalismus von Kirche und Glauben ein Potenzial, dass es zu nutzen galt, um Deutschland nach der militärischen Niederlage und dem Diktatfrieden die Rückkehr in die Gemeinschaft der Völker zu ermöglichen. Denn vor allem die katholische Kirche könne Volk und Völker noch zu einer Einheit verbinden, ihr falle daher die zivilisatorische Aufgabe der Friedensstiftung im Nachkriegseuropa zu. Nur der deutsche Katholizismus sei in der Lage, den Hass zu überwinden, den das Ausland gegen den preußischen Militarismus des protestantischen Kaiserreichs aufgebaut habe.[22]

VIII.

Es mag erstaunen, dass sich das Verhältnis dieses Politischen Katholizismus zum deutschen Episkopat wie auch zum Heiligen Stuhl und dessen Vertreter vor Ort nicht so einfach fassen lässt. Denn für Zeitgenossen wie für die Forschung, die der Materie etwas ferner steht, ist es keine Frage, dass er deren Vollzugsorgan gewesen ist. Doch war die Lage weitaus vertrackter. Da war zunächst einmal die historische Erblast. Denn in die schwersten Krisen vor dem Ersten Weltkrieg war der Politische Katholizismus durch die Kirche gestürzt worden. Es hätte fast sein Ende bedeutet, dass Rom in der zweiten Hälfte der achtziger Jahre des 19. Jahrhunderts den Kulturkampf in direkten Verhandlungen mit Bismarck beilegen wollte und dafür vom Zentrum Selbstverleugnung bis zur Selbstaufgabe verlangt hatte. Kaum zehn Jahre später taten sich Papst und Bischöfe über die Maßen schwer zu erkennen, dass die bekenntnistreuen Arbeiter an Partei und Kirche dauerhaft nur zu binden sein würden, wenn sie sich in interkonfessionellen Gewerkschaften organisieren dürften. Keine Existenzkrise, doch blieben Verwundungen und tief sitzende Aversionen vor allem bei den Funktionären der katholischen Arbeiterbewegung zurück.[23]

Diese Erfahrungen, der Systemwechsel, der eine Neujustierung des Verhältnisses zwischen Kirche und Staat gebracht hatte, wie nicht zuletzt die bereits angesprochenen Verschiebungen im deutschen Katholizismus trugen zu einer gewissen Distanz nach 1918 bei, die für beide Seiten vielleicht mehr Vorteile als Nachteile hatte. Selbstverständlich blieb man dennoch aufeinander angewiesen und wusste weiterhin, was man voneinander hatte. Dennoch hat es während der Weimarer Republik wie auch zuvor keine institutionalisierte Verbindung zwischen der Kirche und dem Politischen Katholizismus gegeben. Selbst offizielle Kontakte zwischen dem Heiligen Stuhl und seinen Nuntien einerseits und den beiden Parteien andererseits sind nicht bekannt und mit dem Episkopat waren sie spärlich. Die Kirche trug ihre Anliegen direkt bei den staatlichen Stellen vor und vertrat dort auch selbst ihre Interessen, wenn auch durchaus gelegentlich von einflussreichen Politikern unterstützt.

Unverzichtbar waren einerseits die Dienste von Zentrum und BVP aber immer bei der parlamentarischen Gesetzgebung wie andererseits die Einschätzung der beiden Parteien und ihrer Politik durch Rom und den Episkopat für diese ausschlaggebend war. Denn für Wahlkampf, Propaganda wie Information und nicht zuletzt für dauerhafte Bindung ihrer Anhänger blieb die Verwurzelung im katho-

---

22 Karsten Ruppert, Der deutsche Katholizismus im Ringen um eine Standortbestimmung des Reiches nach dem Ersten Weltkrieg, in: Zeitschrift für Kirchengeschichte 104 (1993), S. 198–229.

23 Vgl. auch noch die Einleitung zu Eugenio Pacelli. Die Lage der Kirche in Deutschland 1929, bearb. von Hubert Wolf und Klaus Unterburger (Veröffentlichungen der Kommission für Zeitgeschichte A 50), Paderborn u. a. 2006, S. 79f.

lischen Vereins- und Pressewesen unverzichtbar trotz des allmählichen Aufbaus einer eigenen Parteiorganisation. Der dafür nötige Austausch an Informationen und Wünschen erfolgte zwischen einzelnen Bischöfen und erstaunlich wenigen Vertretern des Politischen Katholizismus, die deren besonderes Vertrauen hatten oder Experten der jeweiligen Materie waren. So erfreuten sich neben dem langjährigen Parteivorsitzenden Wilhelm Marx[24] vor allem die Priester und Prälaten der Reichs- wie Landtagsfraktionen des Wohlwollens der Vorsitzenden der Fuldaer und Freisinger Bischofskonferenzen, der Kardinäle Adolf Bertram und Michael Faulhaber, und des Sprechers der preußischen Bischöfe, Karl Joseph Kardinal Schulte.

Nuntius Pacelli hat zu keinem Vertreter des Politischen Katholizismus ein engeres Verhältnis aufgebaut, auch nicht zu dem umtriebigen Matthias Erzberger. Er blieb für ihn bis zu dessen Ermordung 1921 Informant und Kontaktmann zu Reichsregierung wie Zentrumspartei – seit er sich dem frisch ernannten Münchener Nuntius 1917 bei der päpstlichen Friedensvermittlung[25] und 1920 bei der Herstellung diplomatischer Beziehungen zwischen dem Reich und dem Vatikan angedient hatte.[26] Ludwig Kaas, der im Januar 1920 von der Fuldaer Bischofskonferenz offiziell als Verbindungsmann zum Nuntius bestellt worden war,[27] wurde diesem als Rechtsbeistand in der Konkordatspolitik unentbehrlich und ihn scheint er auch als Priester wie Mensch geschätzt zu haben.[28] Der Nuntius war im politi-

---

[24] Für die Persönlichkeit von Wilhelm Marx kennzeichnend und für dessen politische Karriere nicht zu unterschätzen war dessen Verwurzelung im katholischen Milieu wie seine u. a. daraus resultierenden Kontakte zum Episkopat. Darauf geht die Biografie von Ulrich von Hehl zu wenig ein: Ulrich von Hehl, Wilhelm Marx 1863–1946. Eine politische Biographie (Veröffentlichungen der Kommission für Zeitgeschichte B 47), Mainz 1987. Zahlreiche Belege in: Stehkämper (Bearb.), Nachlaß (wie Anm. 20), besonders 2. Teil, S. 359ff. und S. 397ff.

[25] Emma Fattorini, Germania e Santa Sede. Le nunziature di Pacelli fra la Grande Guerra e la Repubblica di Weimar (Annali dell Istituto sorico italo-germanico. Monografia 18), Bologna 1992, S. 74ff.; Michael F. Feldkamp, Pius XII. und Deutschland, Göttingen 2000, S. 25ff.; Rudolf Morsey, Eugenio Pacelli als Nuntius in Deutschland, in: Herbert Schambeck (Hg.), Pius XII. zum Gedächtnis, Berlin 1977, S. 103–139, hier S. 107ff.

[26] Stefan Samerski, Die Aufnahme diplomatischer Beziehungen zwischen dem Hl. Stuhl und dem Deutschen Reich (1920), in: Archivum Historiae Pontificiae 34 (1996), S. 325–368, hier S. 343f.; ders., Primat des Kirchenrechts. Eugenio Pacelli als Nuntius beim Deutschen Reich (1920–1929), in: Archiv für katholisches Kirchenrecht 170 (2001), S. 5–22, hier S. 19 f., spricht von einem »engen Verhältnis« zwischen Pacelli und Erzberger und bezeichnet diesen als »Initiator« einer Reichsnuntiatur entgegen dem, was er dann anschließend selbst ausführt. Die Päpstliche Friedensinitiative ist immer wieder von Gegnern Pacellis wie der Katholiken genutzt worden, um diese in den Ruch zu bringen, zur Niederlage des Deutschen Reiches beigetragen zu haben. Pacelli musste sich deswegen öffentlich mit einigen Weltkriegserinnerungen auseinandersetzen, im Untersuchungsausschuss der Nationalversammlung/des Reichstags übernahm dessen Verteidigung meist die Zentrumspartei; vgl. Feldkamp, Pius XII. (wie Anm. 25), S. 47ff.

[27] Feldkamp, Pius XII. (wie Anm. 25), S. 58.

[28] In seiner Abschlussrelation lobt Pacelli Kaas ausdrücklich; bezeichnend, dass er dabei dessen römische Ausbildung am Collegium Germanicum et Hungaricum wie dessen Ergebenheit gegenüber dem Heiligen Stuhl herausstreicht: Pacelli, Lage (wie Anm. 23), S. 249. Zu Kaas vgl. auch Georg May, Ludwig Kaas, Der Priester, der Politiker und der Gelehrte aus der Schule von Ulrich Stutz, 3 Bde. (Kanonistische Studien und Texte 33–35), Amsterdam 1981–1982, keine Biografie, sondern mehr ein aufgeschwemmter und nicht verarbeiteter Zettelkasten; zu Kaas und Pacelli besonders Bd. 1, S. 165ff. Charakterisierung Pacellis durch Kaas in Eugenio Pacelli. Erster Apostolischer Nuntius beim Deutschen Reich, Gesammelte Reden, ausgewählt und eingeleitet von Ludwig Kaas, Berlin 1930, S. 7–24.

schen Geschäft immer wieder auf die Dienste des Zentrums angewiesen und hat diese auch anerkannt.[29] Der BVP traute er sogar die Kraft zur moralischen Erneuerung Deutschlands zu[30] und hat die Spaltung des Politischen Katholizismus in Deutschland aufrichtig bedauert.[31] Für den Heiligen Stuhl und seine Nuntien waren Zentrum und BVP nur ein Mittel unter anderen zur Durchsetzung ihrer Interessen. Die Beziehungen gestalteten sich auf dem Wege der informellen Kommunikation. Rom konnte davon ausgehen, dass seine Wünsche an die Politik von den Parteien berücksichtigt werden würden. Daher erübrigten sich direkte Interventionen weitgehend, die, wenn sie publik wurden, beiden Seiten nur schadeten.[32] Die Leitlinie des Zentrums und wohl auch der BVP war, Fragen der »katholischen Weltanschauung« nicht aus dem Blickwinkel politischer Opportunität zu entscheiden, sondern aus dem der Religion und trotzdem auf Selbständigkeit und Unabhängigkeit zu bestehen.[33]

Weniger quellenmäßig fassbar, doch keinesfalls unwichtiger war die gemeinsame Arbeit von Vertretern des Episkopats und katholischen Politikern in den Vorständen der zahlreichen Vereine der Laien und Verbänden der Kirche, zumal gerade aus deren Reihen heraus manche sozial-, bildungs- und kulturpolitische Initiative erfolgte.[34] Und schließlich trafen sich Kirche und Laienkatholizismus zur jährlichen Heerschau der Katholikentage, denen die Nuntien stets persönlich ihre aufmunternden Grußworte überbrachten.[35] Neben diesen Wegen der Kommunikation darf aber das vielleicht Wichtigste nicht vergessen werden: Die Diener der Kirche wie die des Politischen Katholizismus hatten eine vergleichbare Sozialisation durchlaufen, teilten weitgehend dieselbe Weltanschauung und waren sich in der Bedeutung von Kirche und Religion für das Gemeinwesen wie für die Menschen einig. So sehr BVP und Zentrum auf ihrer Unabhängigkeit in der Politik bestanden, so galt für sie doch in Fragen von Kirche und Religion uneingeschränkt das »sentire cum ecclesia«.[36]

Dennoch blieb eine grundsätzliche Skepsis des Heiligen Stuhls gegenüber dem politischen Engagement katholischer Laien, gerade auch in Kirchen- und Kulturfragen. Deren hier und auch sonst gezeigtes Maß an Eigenständigkeit stieß sich mit dem römischen Ideal der folgsamen Schäfchen und setzte den Katholizismus

---

[29] Pacelli, Lage (wie Anm. 23), S. 167 und S. 169: »Sicherlich war das Zentrum nicht frei von Mängeln und Irrtümern, aber es bleibt dennoch (gemeinsam mit der Bayerischen Volkspartei für Bayern) die einzige Partei, auf die man zählen kann, wenn es darum geht, im Parlament die Interessen der katholischen Religion zu verteidigen.« Vgl. auch den Dank in der Antwort vom Dezember 1929 auf das Glückwunschschreiben der Zentrumspartei zur Ernennung zum Kardinal; Das Zentrum. Mitteilungsblatt der Deutschen Zentrumspartei, Berlin 1 (1930), S. 18.

[30] Philippe Chenaux, Pie XII. Diplomate et Pasteur, Paris 2003, S. 133f.

[31] Morsey, Pacelli (wie Anm. 25), S. 131.

[32] Stewart Stehlin, Weimar and the Vatican 1919–1933. German-Vatican Diplomatic Relations in the Interwar Years, Princeton 1983, S. 337.

[33] Vgl. Hess und Porsch an Bertram, 31. Januar 1930; Heinz Hürten (Bearb.), Akten deutscher Bischöfe über die Lage der Kirche 1918–1933, 2 Bde. (Veröffentlichungen der Kommission für Zeitgeschichte A 51), Mainz 2007, Nr. 493.

[34] Dazu besonders Stehkämper (Bearb.), Nachlaß (wie Anm. 20) 2. und 3. Teil, passim; Pacelli, Lage (wie Anm. 23), S. 173ff.

[35] Pacellis Ansprachen auf den Katholikentagen in Pacelli, Reden (wie Anm. 28).

[36] Das hat Pacelli BVP und Zentrum nochmals gegenüber dem französischen Botschafter beim Vatikan im Dezember 1932 bescheinigt; Chenaux, Pie XII (wie Anm. 30), S. 183.

angeblich allzu oft modernistischen Versuchungen aus.[37] Es ist ja bezeichnend, dass Rom vergleichbare Schwierigkeiten mit dem Partito Popolare Italiano hatte. Dass viele Probleme, die Pacelli in Deutschland hatte, in den doch recht verschiedenen Verhältnissen hier und in seiner Heimat wurzelten, hat Heinrich Brüning durchaus treffend erfasst, wenn er dem Nuntius bescheinigte, dass er »weder die Grundbedingungen der deutschen Politik noch die besondere Stellung der Zentrumspartei je richtig verstanden« habe.[38] Und sicherlich haben auch die Unterschiede der kirchlichen Kulturen beider Länder das kritische Urteil über die deutschen Oberhirten mit geprägt, von denen er wohl nur zu Erzbischof Faulhaber ein vertrauensvolles Verhältnis aufbaute, das über die Zeit der Münchener Nuntiatur Bestand hatte und vor allem während der Zeit des nationalsozialistischen Regimes Früchte trug.[39] Insgesamt aber waren ihm die deutschen Bischöfe statt romhörig zu staatsergeben und zeigten zuviel Bereitschaft, sich auf die Welt einzulassen. Das war wohl, so seine Vermutung, eine Folge der theologischen Ausbildung des Klerus an weltlichen Universitäten, wodurch dieser insgesamt viel zu stark vom Geist der Moderne geprägt würde.[40]

IX.

Neben der überraschend komfortablen Absicherung von Kirche und Religion in den Verfassungen des Reichs trug diese Haltung ihre sichtbarsten Früchte bei der Neubestimmung des Verhältnisses zwischen Kirche und Staat.

Als sich der Zusammenbruch des alten Europas abzeichnete, hat der Vatikan unter erkennbarer Beteiligung von Pacelli einen entscheidenden Kurswechsel in seiner Außenpolitik vollzogen. Es sollten nicht mehr wie bisher nur zu katholischen Staaten Beziehungen gepflegt werden, sondern ohne Rücksicht auf Konfession und politisches System zu möglichst vielen, um mit den Mitteln des Völkerrechts in diesen die katholische Kirche zu stärken und die Rechte von deren Gläubigen zu schützen.[41] Daher hat der Heilige Stuhl auch sofort die Chance ergriffen, eine Apostolische Nuntiatur beim Reich zu errichten, als ihm Reichspräsident Fried-

---

37 Pacelli, Lage (wie Anm. 23), S. 163ff.

38 Heinrich Brüning, Memoiren 1918–1934, Stuttgart 1970, S. 358. Pacelli hat in Deutschland für seine Entwicklung zweifellos wichtige Erfahrungen, die durchaus auch als eine Erweiterung seines Blickfelds anzusehen sind, gemacht. Dennoch ist es fraglich, ob, wie häufiger, von einer deutschen Prägung gesprochen werden kann. Denn es erstaunt schon, wie fremd ihm bis zum Schluss deutsche Kultur, Bildung und Politik und auch vieles, was sich in der Kirche tat, geblieben sind; vgl. auch Hubert Wolf, Papst und Teufel. Die Archive des Vatikan und das Dritte Reich, München 2008, S. 70ff.

39 Heinz Hürten, Pius XII. und Michael Kardinal von Faulhaber, in: Peter Pfister (Hg.), Eugenio Pacelli – Pius XII. (1876–1958) im Blick der Forschung. Vorträge zur Ausstellung »Opus Iustitiae Pax« in München (Schriften des Archivs des Erzbistums München und Freising 12), Regensburg 2009, S. 89–100.

40 Pacelli, Lage (wie Anm. 23), S. 60ff., S. 219ff. und Wolf, Papst und Teufel (wie Anm. 38), S. 54ff. Zu Pacelli und der Modernismus jetzt auch Franz Xaver Bischof, Pius XII. und die Moderne, in: Pfister (Hg.), Pacelli (wie Anm. 39), S. 41–62, hier S. 51ff. Illustrativ dazu auch noch Pacelli, Lage (wie Anm. 23), S. 131ff.

41 Einleitung zu Pacelli, Lage (wie Anm. 23), S. 31ff.; Feldkamp, Pius XII. (wie Anm. 25), S. 15ff.

rich Ebert Anfang 1919 seine Wahl anzeigte.[42] Mit den Verhandlungen wurde der Münchener Nuntius Pacelli beauftragt. Dieser versicherte dem Reichspräsidenten zu einem Zeitpunkt, als die Bischöfe noch erhebliche Vorbehalte gegenüber der aus der Revolution entstandenen Weimarer Republik hatten, dass man deren Gedeihen fördern wolle. Für Rom war diese Nuntiatur Voraussetzung, um in Abstimmung mit dem Reich die kirchenrechtlichen Auswirkungen des Versailler Vertrags, den der Papst als Gewaltfrieden kritisiert hatte,[43] zu regeln und langfristig unverzichtbar für das angestrebte Reichskonkordat. Für das Reich wiederum war eine solche Nuntiatur ein Mittel, um seine Position gegenüber den ehemaligen Kriegsgegnern zu stärken[44] und die Reichseinheit gegen Sonderbestrebungen und Separatismus zu festigen.

Obwohl beide Seiten eine rasche Lösung anstrebten und das Zentrum aus der Regierung heraus, in der es zusammen mit den Sozialdemokraten und Linksliberalen saß, dies nachdrücklich förderte, taten sich Schwierigkeiten auf. In schöner Eintracht von Bayerischer Volkspartei und sozialdemokratischem Ministerpräsidenten wollte der Freistaat nicht seine seit Ende des 18. Jahrhunderts bestehenden Beziehungen mit dem Heiligen Stuhl aufgeben; daraufhin hielt auch Preußen an seinen fest. Da auch Rom weiterhin in München eine Nuntiatur unterhalten wollte, hat sich das Reich mit diesen Sonderbeziehungen, die nur schwer mit der Verfassung zu vereinbaren waren, abgefunden. Preußen wurde damit zufrieden gestellt, dass der Reichsnuntius sich auch bei ihm akkreditieren ließ und der deutsche Botschafter im Vatikan zugleich die preußischen Interessen wahrnahm. Mit Zustimmung Pacellis, der Bischöfe und der Zentrumspartei erhielt diese Position Ende März 1920 der ehemalige preußische Botschafter am Vatikan, der Protestant Diego von Bergen. Pacelli, der noch bis 1925 zugleich Nuntius in Bayern blieb, überreichte daraufhin sein Beglaubigungsschreiben am 30. Juni 1920.[45]

Die parallel zur Errichtung einer Reichsnuntiatur erstrebten Vereinbarungen mit den Ländern waren das Herzstück von Pacellis Nuntiatur[46] und die praktische Umsetzung des Konzepts der Sicherung von Kirche und Glaube in den säkularen Staaten der Nachkriegszeit.[47] Der Nuntius gab die Leitlinie vor und achtete auf die römischen Interessen, der Episkopat vor Ort brachte die partikularen Wünsche ein und lieferte die notwendigen Detailinformationen,[48] und der Trierer Prälat und Zentrumsabgeordnete Ludwig Kaas begleitete die Verhandlungen mit juristischer Hilfestellung.[49] Die Aufgabe der Parteien des Politischen Katholizismus bestand

---

42 Ausführlich zur Errichtung der Reichsnuntiatur SAMERSKI, Aufnahme (wie Anm. 26), S. 325ff.

43 SAMERSKI, Primat (wie Anm. 26), S. 10f.

44 Dieses Motiv wird deutlich in der ersten Begegnung zwischen Pacelli und Ebert Ende August 1919 in München, bei der dieser auch versicherte, dass das neue Regime keinerlei Feindseligkeiten gegen die katholische Kirche hege; Ernst DEUERLEIN, Die erste Begegnung zwischen Reichspräsident Ebert und Nuntius Pacelli, in: Münchener Theologische Zeitschrift 17 (1966), S. 157–159.

45 SAMERSKI, Aufnahme (wie Anm. 26), S. 339ff.; STEHLIN, Weimar (wie Anm. 32), S. 57ff.; FATTORINI, Germania (wie Anm. 25), S. 187ff.; SAMERSKI, Primat (wie Anm. 26), S. 11f.; FELDKAMP, Pius XII. (wie Anm. 25), S. 37ff.

46 So bereits die Generalinstruktion; vgl. WOLF, Papst und Teufel (wie Anm. 38), S. 34ff.

47 SAMERSKI, Primat (wie Anm. 26), S 13f. und WOLF, Papst und Teufel (wie Anm. 38), S. 24ff.

48 Für MORSEY, Pacelli (wie Anm. 25), S. 116ff. ist das Bayerische Konkordat fast das Werk von Pacelli allein!

49 MAY, Kaas (wie Anm. 28) Bd. 1, S. 194ff.

darin, die Konkordate durch die Parlamente zu bringen, in denen sich der in der Gesellschaft noch erstaunlich lebendige Konfessionalismus und antikatholische Ressentiments spiegelten. Erleichtert wurde das Geschäft dadurch, dass gerade der Politische Katholizismus auf begleitenden Staatsverträgen mit den evangelischen Landeskirchen bestand[50] und er aus Regierungskoalitionen heraus agieren konnte.

Die Verhandlungen um ein Abkommen mit der Bayerischen Regierung, das wegen einiger staatskirchenrechtlicher Besonderheiten aus der Zeit des Königreiches ganz eigene Probleme aufwarf, waren bereits im Januar 1920 mit einem sozialdemokratischen Kabinett eröffnet worden. Doch erst im März 1924 konnte es von einer BVP-Regierung unterzeichnet und ein Dreivierteljahr später mit Unterstützung der Rechten durch den Landtag gebracht werden.[51] Es galt im besonderen Maße als das Werk des Nuntius, der seinetwegen auch immer wieder seine Übersiedlung nach Berlin verschob, die seit der Errichtung einer Reichsnuntiatur im März 1920 eigentlich fällig war.[52] Als Vertragswerk insgesamt wie insbesondere hinsichtlich der konfessionellen Schule und Lehrerausbildung blieb es Vorbild für das Kommende.[53]

Die Verhandlungen mit Preußen, dem Reichsland mit den meisten Katholiken, zeigten dann, dass solche Ergebnisse aber einer Sondersituation zu verdanken gewesen waren. Denn hier wurde von Seiten des Staates die Ausklammerung aller Schulfragen als Voraussetzung für einen erfolgreichen Abschluss überhaupt angesehen.[54] Darüber hinaus waren die Möglichkeiten des Nuntius hier aus zwei weiteren Gründen begrenzter. Zum einen hatten die Bischöfe Preußens, anders als die Bayerns, bereits genaue Vorstellungen zum Verhältnis von Kirche und Staat[55] und

---

50 Welche gravierende Rückwirkungen diese politische Linie, die sich selbstverständlich auch die jeweiligen Landesregierungen zu eigen machen mussten, für die evangelischen Landeskirchen hatten, da sie nach dem Zusammenbruch des landesherrlichen Kirchenregiments in einer tiefen Krise steckten, zeigt Klaus Scholder, Eugenio Pacelli und Karl Barth. Politik, Kirchenpolitik und Theologie in der Weimarer Republik, in: Karl Otmar von Aretin/Gerhard Besier (Hg.), Klaus Scholder. Die Kirchen zwischen Republik und Gewaltherrschaft. Gesammelte Aufsätze, Berlin 1988, S. 98–110, hier S. 104ff. Demnach erreichten die Landeskirchen eine Stellung, die sie aus eigener Kraft nie hätten schaffen können. Durch die rasch voranschreitende Konkordatspolitik Pacellis sind jedoch Fakten geschaffen worden, ehe im Protestantismus ein neues evangelisches Verständnis von Kirche herangereift und das Verhältnis zum republikanischen Staat geklärt war. Für den evangelischen Kirchenhistoriker gehört die Ernennung Pacellis zum Nuntius in München »zu den wichtigsten Daten des deutschen Katholizismus im 20. Jahrhundert« (ebd., S. 99). Zur Lage des Protestantismus vgl. auch Ruppert, Protestantismus (wie Anm. 8), S. 59ff.

51 Joseph Listl, Die konkordatäre Entwicklung von 1817 bis 1988, in: Walter Brandmüller (Hg.), Handbuch der bayerischen Kirchengeschichte. Bd. 3: Vom Reichsdeputationshauptschluß bis zum Zweiten Vatikanischen Konzil, Sankt Ottilien 1991, S. 427–463, hier S. 447ff.; Stehlin, Weimar (wie Anm. 32), S. 402ff.

52 Faulhaber an den außerbayerischen Episkopat, 3. Februar 1925; Ludwig Volk (Bearb.), Akten Kardinal Michael von Faulhabers 1917–1945. Bd. 1: 1917–1934 (Veröffentlichungen der Kommission für Zeitgeschichte A 17), Mainz 1975, Nr. 165.

53 Der Freiburger Kirchenrechtler Nikolaus Hilling: »Die Schulartikel werden deshalb nach dem Vorbild des bayerischen Konkordats vom 29. März 1924 den Kern- und Sternpunkt aller Konkordatsverhandlungen bilden, die in Zukunft mit dem Deutschen Reiche und den einzelnen Ländern abgeschlossen werden.« Nach Dieter Golombek, Die politische Vorgeschichte des Preußenkonkordats (1929) (Veröffentlichungen der Kommission für Zeitgeschichte B 4), Mainz 1970, S. 23.

54 Zum Preußenkonkordat vor allem ebd.

55 Hürten (Bearb.), Akten (wie Anm. 33), Nr. 60, Nr. 83–85.

zum anderen fand er in den linksliberalen Ministern der Regierung angelegentliche Verteidiger der Interessen des preußischen Katholizismus gegen römische Aspirationen besonders bei der Besetzung der Kapitel und den Bischofswahlen! Das bis zum Schluss gefährdete Konkordat mit dem mehrheitlich protestantischen Preußen unter einer von der SPD geführten Regierung gelang auch nur deswegen, weil deren Bestreben, die Trennung von Kirche und Staat durch den Abbau der Reste des monarchischen Staatskirchenwesens einzuleiten mit dem Wunsche Roms, die Freiheit der Kirche zu sichern,[56] zur Deckung kam. Daher hat auch der sozialdemokratische Ministerpräsident Otto Braun, der sich als »Dissident« bezeichnete, den Abschluss dadurch, dass er seine Partei aus Staats- wie Koalitionsräson auf Kurs hielt, in einem solchen Umfang gefördert, dass ihm Pacelli »staatsmännische Weitsicht« bescheinigte.[57]

Das Zentrum, dessen Regierungsmitglieder als einzige keinen Einfluss auf die Verhandlungen genommen hatten, konnte die Billigung des Ergebnisses im Juli 1929 durch Sozialdemokratie und Linksliberalismus als eine glänzende Bestätigung seiner bisherigen Koalitionen mit diesen von Rechtskatholiken und Kirche argwöhnisch beäugten ideologischen Kontrahenten verbuchen.[58] Pacelli bescheinigte der Zentrumspartei, dass das Konkordat für sie ein »Ehrendenkmal« bleiben werde, bei dessen Errichtung »sie ihr Bestes ihres weltanschaulichen Ideengehalts in die Tat« umgesetzt habe.[59] Ein Sieg, der dadurch nochmals glänzender wurde, dass der Katholikenausschuss der Deutschnationalen, die sich in dieser Frage prononciert evangelisch gaben, im Streit über das Konkordat zerbrach.[60] Durch das Konkordat und die auf seiner Grundlage durchgeführte Errichtung des Bistums Berlin[61] und die Neuorganisation der katholischen Kirche im Westen wie in der Diaspora des Ostens waren die Katholiken in Preußen ein Stück heimischer geworden. Das spürte niemand stärker als die Kulturkämpfer und die eifernden protestantischen Kreise wie deren Vertreter im Landtag, die den protestantischen Charakter des Landes schwinden sahen.

Vergleichbares bahnte sich in Baden nach den Landtagswahlen vom Oktober 1929 an. Die gestärkte Zentrumspartei verhinderte die Aufnahme der Linksliberalen in die Regierung, da diese sich bisher entschieden gegen ein Konkordat gestemmt hatten. Obwohl sie das angestrebte Kultusministerium den Sozialdemokraten überlassen musste, ging die Rechnung insofern auf, als diese sich aus ähnlichen Motiven wie die Genossen in Preußen Vereinbarungen mit den beiden Kirchen nicht widersetzten. Während die SPD darauf achtete, Staat und Kirche

---

[56] In diesem Sinne hat Pacelli seine Intentionen beim Abschluss zusammengefasst; MORSEY, Pacelli (wie Anm. 25), S. 125f.

[57] GOLOMBEK, Preußenkonkordat (wie Anm. 53), S. 115.

[58] Herbert HÖMIG, Das Preußische Zentrum in der Weimarer Republik (Veröffentlichungen der Kommission für Zeitgeschichte B 28), Mainz 1979, S. 196f.; GOLOMBEK, Preußenkonkordat (wie Anm. 53), S. 106ff.

[59] Pacelli an Kaas, 14. August 1929; HÜRTEN (Bearb.), Akten (wie Anm. 33), Nr. 480.

[60] GOLOMBEK, Preußenkonkordat (wie Anm. 53), S. 109.

[61] Zu diesem Spezialaspekt des Preußenkonkordats Michael HÖHLE, Die Gründung des Bistums Berlin 1930 (Veröffentlichungen der Kommission für Zeitgeschichte B 73), Paderborn u.a. 1996; Rudolf MORSEY, Die Geschichte des preußischen Konkordats und der Errichtung des Bistums Berlin, in: Wichmann-Jahrbuch 19/20 (1965/66), S. 64–89.

so weit wie möglich zu entflechten,[62] hat die Landtagsfraktion des Zentrums anders als die preußische unter der Führung der Parteivorsitzenden Josef Schofer (gestorben Oktober 1930) und Ernst Föhr eingehend einen Entwurf beraten.[63] Die beiden Prälaten sorgten auch dafür, dass die Verhandlungen am Nuntius vorbei direkt mit dem inzwischen als Kardinalstaatssekretär nach Rom gewechselten Pacelli geführt wurden. Als im Juni 1931 die Rechtsliberalen in die Regierung aufgenommen wurden, übernahm zum ersten Mal in einem Reichsland überhaupt ein Zentrumspolitiker das Kultusministerium. Obwohl die Partei nun in den Verhandlungen die staatliche Seite fast allein vertrat, waren deren Ergebnisse stets auch unter der Durchsetzbarkeit im Landtag zu gewichten. Entscheidend war dabei wiederum die Schulfrage, die vor allem Pacelli als essenziell ansah. Er und das Zentrum hatten aber von Anfang an darauf verzichtet, die bikonfessionelle Simultanschule in Frage zu stellen, wohl weil diese in Deutschland einzigartige Schulform in der Öffentlichkeit von Land und Reich beträchtlichen Rückhalt hatte. Deswegen hat man sich darauf verlegt, zumindest den Religionsunterricht nach den Vorstellungen der katholischen Kirche an diesen Schulen für die Zukunft konkordatär abzusichern.[64]

Dass dies, wenn auch nur eingeschränkt, gelang, war aber nicht der Grund, warum die SPD den Konkordatsentwurf zum Anlass nahm, um im Dezember 1932 aus der Regierung auszuscheiden. Vielmehr hatte ein Landesparteitag, Landtagsfraktion und Minister, die durch Stimmenthaltung die Annahme des Konkordats ermöglichen wollten, gezwungen, dieses abzulehnen.[65] Unter anderem auch wegen ihrer Konkordatspolitik in den Ländern von den Kommunisten vor sich hergetrieben, versuchte die SPD wie bereits in der Panzerkreuzerfrage und der Arbeitslosenversicherung erneut, ihre Identität durch die Flucht in radikale Opposition zu retten. Sie stahl sich so aus der Verantwortung, die sie in Baden 14 Jahre mit dem Zentrum getragen hatte.[66] Dass es dem Zentrum dennoch gelang, das Konkordat am 9. Dezember mit Hilfe der DVP und der Wirtschaftspartei zu verabschieden,[67] brachte ihm zwar nochmals die Anerkennung von Kirche und Anhängern ein, doch war daraus in der nationalsozialistischen Diktatur kein Kapital mehr zu schlagen

Als Nuntius war Pacelli das erstrebte Reichskonkordat versagt geblieben. Erste Sondierungen gingen mit der Errichtung einer Reichsnuntiatur einher. Die Verhandlungen wurden bis November 1924 kontinuierlich, wenn auch nicht mit Nachdruck geführt. Sie wurden dann mit der Regierung Marx 1926/1927 wieder aufgenommen. Ob Pacelli danach als Kardinalstaatssekretär nochmals versuchte, mit einem Zentrumskanzler weiterzukommen,[68] ist deswegen schwer zu beurteilen,

---

62 Ernst Föhr, Geschichte des Badischen Konkordats, Freiburg i. Br. 1958, S. 14ff.

63 Ebd., S. 21.

64 Ebd., S. 21f.

65 Susanne Plück, Das Badische Konkordat vom 12. Oktober 1932 (Veröffentlichungen der Kommission für Zeitgeschichte B 41), Mainz 1984, S. 149ff.

66 Eingehende Abwägung der Motive von Zentrum und SPD ebd., S. 182ff.

67 Vgl. auch noch Feldkamp, Pius XII. (wie Anm. 25), S. 78f.

68 Zu den Ansätzen eines Reichskonkordats in der Weimarer Republik ausführlich Ludwig Volk, Das Reichskonkordat vom 20. Juli 1933. Von den Ansätzen in der Weimarer Republik bis zur Ratifizierung am 10. September 1933 (Veröffentlichungen der Kommission für Zeitgeschichte B 5), Mainz 1972,

da darüber nur eine und dazu höchst problematische Quelle vorliegt. Reichskanzler Heinrich Brüning berichtet nämlich in seinen Memoiren,[69] dass nach einem Treffen mit Benito Mussolini ein Staatsbesuch beim Vatikan »unumgänglich«[70] gewesen sei. Dabei habe er das immer noch offene Problem der Bestellung eines katholischen Feldpropsts bei der Reichswehr zur Sprache gebracht.[71] Diese war bisher am Widerstand der Bischöfe gescheitert, da sie die vom Militär gewünschte Exemtion aus ihrer Jurisdiktion nicht zugestehen wollten.[72] Pacelli hatte sich bisher vor allem deswegen zurück gehalten, weil er die Frage als Einstieg für Verhandlungen über ein Reichskonkordat nutzen wollte.[73] Daher, so Brüning weiter, habe ihm der Kardinalstaatssekretär im August 1931 eine Rechtskoalition als Voraussetzung dafür vorgeschlagen.

Der Reichskanzler war über die Zurückhaltung enttäuscht und über die politischen Empfehlungen, die, wie er vermutete, mit dem Parteivorsitzenden Kaas abgestimmt worden waren, verärgert.[74] Die Empörung Brünings über die gewünschte Öffnung nach rechts ist wenig glaubhaft, da er sich ja selbst darum bemühte. Entscheidender ist, dass sich der Kardinalstaatssekretär den falschen Mann und den falschen Zeitpunkt für sein Anliegen ausgesucht hatte, wenn er es denn wirklich ernsthaft verfolgte. Denn Brüning prägte ein antiklerikaler Komplex, sei es aufgrund seiner wilhelminischen Sozialisation und seiner Ergebenheit gegenüber dem protestantischen Preußen oder als Nachwirkung des Gewerkschaftsstreits. Zudem ist es nachvollziehbar, dass der Reichskanzler ein Reichskonkordat ausschloss zu einem Zeitpunkt, da, worauf er hinwies, der evangelische Kirchenvertrag in Preußen noch nicht abgeschlossen war und seine Regierung von einem Reichspräsidenten und dessen Ratgeber abhängig war, für die Deutschland und der Protestantismus eins waren.[75]

S. 1ff. Den Entwurf des Reichsinnenministeriums vom November 1924 – Alfons KUPPER (Bearb.), Staatliche Akten über die Reichskonkordatsverhandlungen 1933 (Veröffentlichungen der Kommission für Zeitgeschichte A 2), Mainz 1969, Anhang Nr. 11 – hat Vizekanzler Papen dann im April 1933 mit zu ersten Sondierungen nach Rom genommen; SAMERSKI, Primat (wie Anm. 26), S. 15f.

69 BRÜNING, Memoiren (wie Anm. 38), S. 358ff.

70 Ebd., S. 358.

71 Die noch ungelöste Frage war erneut dringlich geworden, da die Reichswehr nachdrücklicher auf ihrer Lösung bestand, nachdem die evangelische Militärseelsorge inzwischen geregelt war. Brüning an Bertram, 22. Juli 1930; HÜRTEN (Bearb.), Akten (wie Anm. 33), Nr. 506. Vgl. auch VOLK, Reichskonkordat (wie Anm. 68), S. 44ff.

72 Bertram an Brüning, 11. August 1930; HÜRTEN (Bearb.), Akten (wie Anm. 33), Nr. 516.

73 Zur Unterredung Brünings mit Pacelli auch noch Ludwig VOLK, Brüning contra Pacelli, in: Dieter ALBRECHT (Hg.), Kirche und Nationalsozialismus. Ausgewählte Aufsätze von Ludwig Volk (Veröffentlichungen der Kommission für Zeitgeschichte B 46), Mainz 1987, S. 315ff. Volk druckt S. 319f. ein Schreiben Pacellis an Pizzardo vom 28. September 1932 ab, aus dem hervorgeht, dass der Kardinalstaatssekretär, der die Frage der Feldpropstei als Einstieg für Verhandlungen über ein Reichskonkordat nutzen wollte, bereit war, die Exemtion zuzugestehen und nicht zweifelte, dass sich die deutschen Bischöfe damit abfinden würden. Vgl. auch FELDKAMP, Pius XII. (wie Anm. 25), S. 73ff.; unergiebig Herbert HÖMIG, Brüning. Kanzler in der Krise der Republik. Eine Weimarer Biographie, Paderborn u. a. 2000, S. 361.

74 Bei einem Abendessen mit Harry Graf Kessler in der Wohnung Anette Kolbs im Juli 1935 in Paris behauptete Brüning sogar, dass die Auseinandersetzung so heftig gewesen sei, dass Pacelli beim Abschied geweint habe! Wolfgang PFEIFFER-BELLI (Hg.), Harry Graf Kessler. Tagebücher 1918–1937, Frankfurt a. M. 1961, S. 789.

75 Dazu auch noch Ludwig VOLK, Die unverzeihlichen Sünden des Prälaten Kaas. Was Heinrich Brüning nicht verhindern konnte, in: ALBRECHT (Hg.), Kirche (wie Anm. 73), S. 321–327.

X.

Gebraucht wurden die beiden Parteien des Politischen Katholizismus aber nicht nur bei der Verabschiedung von Verfassungen und Konkordaten, sondern auch noch in beträchtlichem Umfang bei deren Umsetzung und Ausführung. Dabei ging es um Finanzen und Dotationen, die Absicherung kirchlicher Wirkungsmöglichkeiten in staatlichen Einrichtungen oder aber die Abgrenzung der Tätigkeiten auf Feldern, die Staat und Kirche gemeinsam bestellten, wie Fürsorge und Wohlfahrt.

Darüber hinaus intervenierte die Kirche bei den Parteien auch immer mal wieder, um Wünsche an den Staat heranzutragen. So sah sich die preußische Landtagsfraktion sogar mit einer Beschwerde Kardinal Bertrams konfrontiert, dass es viel zu wenig katholische Kadetten gebe.[76] Pacellis Wunsch, angehende Priester nicht mehr an den Theologischen Fakultäten staatlicher Universitäten studieren zu lassen, war einer der wenigen, mit dem sich das Zentrum nicht anfreunden konnte.[77] Hingegen suchte man die Abstimmung mit dem Episkopat bei der Frage der Feiertage, insbesondere der staatlichen Garantie von kirchlichen.[78] Und selbst auf einem scheinbar weit vom kirchlichen Interesse entfernt liegenden Gebiete wie der Wohnungspolitik konvergierte die Sicht von Nuntius, Bischöfen und Politischem Katholizismus: sie wurde nicht um ihrer selbst willen betrieben, sondern als Mittel der Familienförderung und zur Festigung der Moral der Gesellschaft.[79]

Andererseits haben beide Parteien auch versucht, Rom für ihre politischen Ziele einzuspannen. Man konnte dabei auf dessen Interesse an einem starken Deutschland in Mitteleuropa als Bollwerk gegen den Bolschewismus setzen.[80] Als nämlich der Vatikan nach dem Krieg daran ging, die geistliche Jurisdiktion an die Neuordnung Europas anzupassen, unterstützte das Zentrum das Bestreben des Auswärtigen Amts, hierbei an den Ost- und Westgrenzen den deutschen Rechtsstandpunkt zu wahren, und fand dafür bei Pacelli auch ein offenes Ohr.[81] Zwar war es aussichtslos, die im Osten und Westen abgetretenen Gebiete kirchenrechtlich weiterhin bei Deutschland zu halten, doch gelang es immerhin, den provisorischen Status dieser Gebiete festzuschreiben, sie also nicht in die jeweiligen Bistümer des Auslands zu integrieren. Eupen-Malmedy blieb bis 1925 eigenständig, ein Saarbistum wurde verhindert und Danzig 1925 zu einem exemten Bistum unter einem polyglotten Bischof irischer Abstammung erhoben.[82] Im Gegenzug wurden die deutsch gebliebenen Teile des Erzbistums Posen in der Prälatur Schneidemühl zusammengefasst und das Grenzbistum Meißen gegründet.[83]

Nach dem Einmarsch an der Ruhr drängte das Zentrum zusammen mit den rheinischen Bischöfen den Vatikan 1923, diesen Bruch des Völkerrechts öffentlich zu brandmarken. Rom verlegte sich aufs Vermitteln. Es zeigte Verständnis,

---

76 Bertram an den Vorstand der preußischen Landtagsfraktion, 15. September 1928; Hürten (Bearb.), Akten (wie Anm. 33), Nr. 444.

77 Marx an Kaas, 4. Dezember 1929; Stehkämper (Bearb.), Nachlaß (wie Anm. 20) 2. Teil, S. 360.

78 Marx an Bertram, 11. Juli 1927; Hürten (Bearb.), Akten (wie Anm. 33), Nr. 404.

79 Pacelli, Lage (wie Anm. 23), S. 173.

80 Stehlin, Weimar (wie Anm. 32), S. 279f.

81 Ausführlich dazu ebd., S. 161ff.

82 Samerski, Primat (wie Anm. 26), S. 18f.

83 Morsey, Pacelli (wie Anm. 25), S. 118ff.; Feldkamp, Pius XII. (wie Anm. 25), S. 61ff.

hat aber zugleich die deutschen Sabotageakte verurteilt.[84] Vorstellungen eigener Art von den politischen Möglichkeiten Roms hatten die BVP und die bayerische Staatsregierung. Sie haben mehrmals versucht, den Nuntius und über den bayerischen Gesandten auch den Vatikan ohne erkennbaren Erfolg dazu zu bewegen, sich bei der Reichsregierung für den Schutz der föderalen Rechte des Freistaats zu verwenden.[85] In ähnliche Richtung dachte der Bischof von Speyer, Ludwig Sebastian, als er tatsächlich glaubte, durch den Nuntius Druck auf das Zentrum ausüben zu können, dass es sich beim Streit mit der Schwesterpartei über die Einflusssphären in der Pfalz konzilianter zeige.[86]

XI.

Bei politischen Forderungen herrschte also die gegenseitige Unterstützung von Kirche und Politischem Katholizismus vor, ging es aber um weltanschauliche Probleme und ideologischen Fragen hatten die Parteien einen schweren Stand gegenüber der Kirche.

Günstigen Umständen und dem erfolgreichen Zusammenspiel des Politischen Katholizismus mit christlichen Gruppen anderer Parteien während der Beratung der Reichsverfassung war es zu verdanken gewesen, dass in den Weimarer Jahren weiterhin mehr als 80 Prozent aller katholischen Kinder eine Konfessionsschule besuchen konnten.[87] Dennoch war es das alles überragende Anliegen im gesamten Katholizismus, mit Hilfe eines Reichschulgesetzes zu erreichen, dass alle katholischen Eltern, die dies wollten, ihr Kind auf eine Konfessionsschule schicken konnten.[88] Obwohl BVP und vor allem Zentrum die Möglichkeiten etwas nüchterner einschätzten, stand auch für sie das Abrücken von dieser Maximalposition nie zur Debatte. Denn sie sahen sich dabei dem Druck der Bischöfe, des Nuntius und des Vatikans ausgesetzt. Mit diesen stimmte sich vor allem Wilhelm Marx als Zentrumspolitiker und Vorsitzender einer mächtigen Schulorganisation der Laien, die dasselbe Ziel verfolgte, ab.[89] Der Bischof von Osnabrück, Wilhelm Berning, war für Erhalt und Ausbau dieser für die Erziehung in der katholischen Lebenswelt unverzichtbar gehaltenen Institution sogar bereit, die Verfassung zu umgehen![90] Im Vatikan sah man die Dinge nicht viel anders, scheint aber mit den tatsächlichen Schulverhältnissen wie der Rechtslage der Kirche in Deutschland nicht gut vertraut gewesen zu sein.[91] Der hier besser informierte Nuntius lobte zumindest

---

84 Fattorini, Germania (wie Anm. 25), S. 265ff.; Chenaux, Pie XII (wie Anm. 30), S. 153ff.

85 Stehlin, Weimar (wie Anm. 32), S. 279f.

86 Bischof Ludwig Sebastian an Pacelli, 18. Dezember 1924. Diesen Brief schickte der Nuntius am 21. an den Vorsitzenden der Fuldaer Bischofskonferenz; Hürten (Bearb.), Akten (wie Anm. 33), Nr. 301.

87 Vgl. Grünthal, Reichsschulgesetz (wie Anm. 9).

88 Ruppert, Dienst (wie Anm. 17), S. 287ff.

89 Vgl. Stehkämper (Bearb.), Nachlaß (wie Anm. 20) 2. Teil, S. 467ff.

90 »Ich schließe mich der Ansicht des Herrn Prälaten Kaas an. Denn für die weiteren Verhandlungen in der Schulfrage muß doch der katholische Standpunkt mit seinen Forderungen die Grundlage für die Zentrumsfraktion bleiben, selbst wenn die Verfassung in Art. 146 dabei nicht aufrecht erhalten werden kann.« Berning an Bertram, 29. April 1922; Hürten (Bearb.), Akten (wie Anm. 33), Nr. 207.

91 Als Papst Pius XI. 1929 gegenüber dem Initiator der 1911 gegründeten »Organisation der Katholiken Deutschlands zur Verteidigung der christlichen Schule und Erziehung« (seit 1920 Katholische Schul-

das katholische Privatschulwesen und den Einsatz der Schulorganisation wie deren Bereitschaft, den Wünschen der Bischöfe zu folgen.[92]

Obwohl also die umfassende reichsrechtliche Absicherung der Konfessionsschule ein Anliegen war, das Kirche und Gläubigen wie kein anderes am Herzen lag, haben sie ihr Ziel in der Weimarer Republik nicht erreicht. Dazu hatte man durch die Position des alles oder nichts selbst ein gutes Stück beigetragen. Die Niederlage empfand man nicht nur als eine politische, sie war grundsätzlicher Art. Denn sie ging mit der Enttäuschung einher, dass man in einem essenziellen Bereich die Republik nicht nach seinen Ordnungsvorstellungen und naturrechtlichen Grundanschauungen habe ausgestalten können, obwohl man bisher für das Staatswesen wie niemand anders Verantwortung übernommen hatte. Der schwerste Einbruch, den der Politische Katholizismus im Mai 1928 bei Reichstagwahlen je erlebt hat, ist wohl zu einem Teil auf ein solches Empfinden zurückzuführen. Denn die gerade gescheiterte Koalition mit den Deutschnationalen hatte den Durchbruch bringen sollen.[93] Die Rückwirkungen auf die Beziehungen der beiden Parteien zur Kirche waren allerdings nicht so gravierend. Denn dort ging man davon aus, dass dies nur eine der vielen Etappen des katholischen Konfessionsschulprojekts gewesen war und es damals noch nicht endgültig begraben wurde.[94] Das Desaster des Reichsschulgesetzes hatte aber auch noch eine darüber hinaus gehende Dimension. Es wurzelte auch darin, dass das Bestreben des Katholizismus den Verfassungskompromiss von 1919 in Frage stellte. Es sollte nämlich die dort gefundene Machtverteilung zwischen der religiös indifferenten und säkularisierten Gesellschaft einerseits und Kirche und Religion andererseits zugunsten der letzteren verschoben werden.[95]

Auch das zweite große Anliegen von Parteien, Episkopat und Vatikan hatte seine Wurzel im Gegensatz von säkularisierter Gesellschaft und Kirche. Die Weimarer Verfassung hatte nicht nur der katholischen Kirche und ihren Gläubigen mehr Freiheit gebracht, sondern auch ihren weltanschaulichen Antipoden. Mit dem sich infolgedessen herausbildenden weltanschaulichen Pluralismus und einer liberalen

---

organisation Deutschlands), Wilhelm Marx, darüber klagte, dass in Deutschland so wenigen Kindern Religionsunterricht erteilt würde und immer noch kein Reichsschulgesetz verabschiedet worden sei, setzte Marx den Pontifex in Erstaunen durch die Mitteilung, dass in Deutschland 85 Prozent der Kinder eine Konfessionsschule besuchen würden. Einen ähnlichen Effekt erzielte Marx, als er anschließend den Sekretär für besondere kirchliche Angelegenheiten, Giuseppe Pizzardo, über die Stellung der Kirche nach der Weimarer Reichsverfassung informierte; Stehkämper (Bearb.), Nachlaß (wie Anm. 20) 2. Teil, S. 370.

92 Pacelli, Lage (wie Anm. 23), S. 161, S. 163.

93 Ruppert, Dienst (wie Anm. 17), S. 287ff.

94 Vgl. dazu die Forderungen des Episkopats an katholische Abgeordnete beim Reichsschulgesetz im Protokoll der Fuldaer Bischofskonferenz, 7.–9. August 1928; Hürten (Bearb.), Akten (wie Anm. 33), Nr. 440. Diese gingen am 30. August offiziell an den Vorstand der Zentrumsfraktion des Reichstages (ebd., Nr. 442) mit dem Hinweis, auf eine günstige Situation zu warten. Dass die reichsrechtliche Absicherung der Konfessionsschule auf der Tagesordnung blieb, zeigen das Referat von Prälat Albert Lauscher über die schulpolitische Lage vom Januar 1931 (ebd., Nr. 527) und der Bericht von Marx vom 30. Januar 1933, in dem er unterstrich, dass es angesichts der Stimmung in Deutschland und der derzeitigen Zusammensetzung des Reichstags nicht ratsam sei, die Schulfrage anzupacken; ebd., Nr. 590.

95 Ausführlicher dazu Ruppert, Dienst (wie Anm. 17), S. 299.

bis libertären Gesellschaft kamen Teile des Katholizismus, aber vor allem der Episkopat, der hier durchaus auch Rückhalt im Nuntius fand, nur schwer zurecht.[96] Die Klagen, die immer wieder auch als Forderungen an die Politik formuliert wurden, erklangen ohne Unterlass: über die Verletzung des sittlichen und religiösen Empfindens durch die Schamlosigkeit der Mode, den Frauensport, aber auch in der Literatur wie Kunst, doch vor allem im neuen Massenmedium Film.[97] In die gleiche Richtung, wenn auch mit gewichtigerer Relevanz, zielte das fortgesetzte Insistieren auf dem bedenklichen Zustand einer Gesellschaft, in der Abtreibungen und Ehescheidungen zunahmen.[98]

Zentrum und Bayerische Volkspartei traten dem »Ansturm christentumsfeindlicher Kreise«[99] für eine Lockerung der Abtreibungsbestimmungen entschieden entgegen, bestanden auf der Entlassung von Beamtinnen mit unehelichen Kindern und strebten danach, die Ehescheidung zu erschweren. Schon weniger überzeugt war man in den Reihen der beiden Parteien davon, mit Hilfe des Strafgesetzbuchs die Kunst an die Kandare zu legen. Doch war die Erwartung in Katholizismus und Episkopat hier so groß, dass zumindest ein Versuch gemacht werden musste.[100] Führende Presseorgane und Künstlervereinigungen sahen schon eine »katholische Moral- und Kunstdiktatur« heraufziehen. Doch war man davon weit entfernt, denn vorzeigbare Ergebnisse waren in keiner Hinsicht erreicht worden. Der Katholizismus machte vielmehr die Erfahrung, dass sein Wertesystem in der pluralistischen Gesellschaft nicht ohne weiteres konsensfähig war und dass nicht so leicht, wie naiv angenommen worden war, Einverständnis darüber erzielt werden könne, was Kunst und was »Schmutz und Schund« sei.[101]

In Italien hatte das Papsttum vergleichbare Erfahrungen bei der Durchdringung der säkularen Gesellschaft mit katholischem Geist gemacht. Pius XI. hatte daraus die Erkenntnis gewonnen, dass es gelte, die Durchdringung der Welt durch Bündelung und Ausbau der Kräfte zu intensivieren. Wie so vieles, was aus Rom kam, war auch diese päpstliche Lieblingsidee der »Katholischen Aktion«,[102] die sich der Nuntius selbstredend zu eigen machte, viel zu sehr an italienischen Verhältnissen orientiert. Jedenfalls lag die Vorstellung, sämtliche katholische Ver-

---

[96] Pacelli, Lage (wie Anm. 23), S. 131ff.

[97] Zahlreiche Belege in: Hürten (Bearb.), Akten (wie Anm. 33).

[98] Pacelli, Lage (wie Anm. 23), S. 119ff. und Hürten (Bearb.), Akten (wie Anm. 33), passim. Für Pacelli war die Abtreibungsfrage die »dornenreichste« im katholischen Deutschland; die Kontroverse um die medizinische Indikation auch unter Katholiken war ihm ein Anzeichen dafür, dass das Eheleben der »gehobenen Klassen« nicht mehr mit den Lehren der Kirche übereinstimme; vgl. auch Pacelli, Lage (wie Anm. 23), S. 129ff. Zentrum und BVP unterstützten vorbehaltlos die Ablehnung der medizinischen Indikation durch die Kirche.

[99] Denkschrift der Fuldaer Bischofskonferenz zur Abtreibung, Mai 1924; Hürten (Bearb.), Akten (wie Anm. 33), Nr. 281.

[100] Zusammenfassend Helene Weber, Der gesetzliche Kampf zur Bewahrung der Jugend vor Schmutz- und Schundschriften, in: Georg Schreiber (Hg.), Politisches Jahrbuch 1926. Politik des Deutschen Reiches. Mit einem Anhang: Bücherkunde der Bayerischen Volkspartei und der Deutschen Demokratischen Partei, Mönchengladbach 1927, S. 400ff.

[101] Vgl. auch Ruppert, Dienst (wie Anm. 17), S. 235.

[102] Vgl. den Erinnerungsbericht von Marx; Stehkämper (Bearb.), Nachlaß (wie Anm. 20), 2. und 3. Teil, S. 363f. Rede Pacellis auf dem Magdeburger Katholikentag 1928, in: Bericht über den Katholikentag zu Magdeburg 5. bis 9. September 1928, hg. vom Generalsekretariat des Zentralkomitees der deutschen Katholiken, Paderborn u. a. 1928, S. 19ff.

eine und Organisationen zusammenzufassen und unter die straffe Leitung der Kirche zu stellen, völlig quer zur Tradition und Struktur des blühenden Laienvereinswesens in Deutschland.[103] Was darüber hinaus verlautete, nämlich zwischen kirchlichen und politischen Vereinen streng zu trennen und auch diese der Kirche unterzuordnen,[104] hätte den Politischen Katholizismus im Mark getroffen. Da auch die sich nach außen hin bemüht zeigenden Bischöfe die Problematik sahen, konnten sich die Vereine und Parteien zurückhalten.[105] Die Debatte zog sich so lange hin, bis sie sich angesichts der neuen Herausforderungen durch den Nationalsozialismus von selbst erledigte.

So leicht hatte es das Zentrum mit dem Misstrauen, das ihm wegen seiner Koalitionen mit den Sozialdemokraten von Bischöfen und Kurie entgegenschlug, nicht. Gab es doch diese nicht nur gelegentlich im Reich, sondern fast durchgehend in Preußen, Baden und Hessen;[106] die BVP war nach dem Abflauen der Revolution in Bayern von solchen Versuchungen frei. Das Missbehagen muss vor dem zeitgenössischen Hintergrund gesehen werden. Denn zu den schon traditionellen Geisteskämpfen zwischen Kirche und atheistischem Marxismus waren gerade in diesen Jahren brutale Erfahrungen mit der Praxis der unterschiedlichsten Spielarten des Sozialismus hinzugekommen: die Vernichtung der Kirche und die Verfolgung ihrer Anhänger, Priester und Ordensgeistlichen in Russland, Mexiko und ansatzweise auch in Spanien.[107]

In dieser Perspektive taten sich Kurie und Bischöfe schwer, trotz vielfältiger gegenteiliger Erfahrungen die Andersartigkeit der deutschen Sozialdemokratie zu würdigen. Denn diese hatte sich ja gerade in den Zweckbündnissen mit der Zentrumspartei und der BVP alles andere als kirchenfeindlich gezeigt. Ja es herrschte auch noch die Furcht vor, dass durch die Zusammenarbeit der Parteien mit den Sozialdemokraten und der christlichen Gewerkschaften mit den sozialistischen die Glaubensfestigkeit der Katholiken leide. Da es dafür keinerlei Anzeichen gab, ist solcher Kleinmut wohl als römischer und bischöflicher Reflex darauf zu verstehen, dass eine politische Partei wie das Zentrum in der Weimarer Republik zwangsläufig republikanischer und sozialer werden musste. Die Spannungen fanden ihren ersten sichtbaren Ausdruck in dem Streit über diesen Kurs der Partei auf dem Münchener Katholikentag von 1922[108] und der anhaltenden Animosität zwischen Kardinal Faulhaber und dem führenden Repräsentanten des Zentrumsrepublikanismus, Josef

---

103 Einleitung zu Pacelli, Lage (wie Anm. 23), S. 84ff.

104 Von Brentano an Marx, 14. August 1927; Stehkämper (Bearb.), Nachlaß (wie Anm. 20) 2. Teil, S. 363f.; vgl. auch ebd., S. 364ff.

105 Richtlinien der Fuldaer Bischofskonferenz zur Katholischen Aktion, 6. August 1929; Hürten (Bearb.), Akten (wie Anm. 33), Nr. 476.

106 Denkschrift von Marx mit dem Titel »Politik der deutschen Katholiken« vom Juli 1925 für die Bischöfe und den Papst; Hürten (Bearb.), Akten (wie Anm. 33), Nr. 331, dazu auch noch Nr. 332. Vgl. auch Stehkämper (Bearb.), Nachlaß (wie Anm. 20), 2. Teil, S. 375; dort auch weitere Korrespondenz zu diesem Komplex.

107 In einem Schreiben an den Verleger Julius Stocky, 27. Juni 1925, verwies der Journalist Edmund Raitz von Frentz auch noch auf die Erfahrungen des Papstes mit den italienischen Sozialisten; Stehkämper (Bearb.), Nachlaß (wie Anm. 20) 2. Teil, S. 373f.

108 Aufgearbeitet in Adenauer Studien IV: Hugo Stehkämper, Konrad Adenauer als Katholikentagspräsident 1922. Form und Grenzen politischer Entscheidungsfreiheit im katholischen Raum, hg. von Rudolf Morsey und Konrad Repgen (Veröffentlichungen der Kommission für Zeitgeschichte B 21), Mainz 1977.

Wirth. Schließlich saß das Ressentiment ziemlich fest, dass das Zentrum solche Verbindungen vor allem unter dem Druck der Arbeiter eingehe, um deren Lage zu verbessern.[109] Das für die Partei ausschlaggebende gesamtpolitische Motiv, dass so wenigstens zeitweise stabile Mehrheiten möglich waren, konnte zwar der Nuntius,[110] nicht aber die Kurie nachvollziehen. Hier setzte auch das kleine, doch nicht einflusslose Häuflein der Rechtskatholiken an. Es hatte mehrmals versucht, aus dieser Belastung Kapital zu schlagen, indem es die Befürchtungen schürte. Doch mehr als Zeichen des Wohlwollens einzelner Sympathisanten erreichte es nicht.[111]

Die Entwicklung trieb auf einen für die Zentrumspartei gefährlichen Höhepunkt zu, als deren Vorsitzender Wilhelm Marx 1925 im Bündnis mit der Linken gegen den unter anderem von der BVP und Rechtskatholiken unterstützen ehemaligen kaiserlichen Generalfeldmarschall Paul von Hindenburg für das Amt des Reichspräsidenten kandidierte. Die Lage wurde so ernst eingeschätzt, dass Marx noch zwischen dem ersten und zweiten Wahlgang im April 1925 um eine Audienz beim Papst nachsuchte, um die Situation in Deutschland zu erläutern und die bisherige Koalitionspolitik zu rechtfertigen. Er schied mit dem Gefühl, nicht mehr als Zurückhaltung während des Reichspräsidentenwahlkampfes erreicht zu haben.[112] Denn Gegner des republikanischen Kurses ließen sich diese Chance nicht entgehen. Sie waren einen Monat später mit einer hochkarätigen Delegation beim Papst, die diesem seine Bedenken bestätigte und unverhohlen eine Verurteilung einer solchen Zentrumspolitik forderten.[113] Da sich der *Osservatore Romano* zur gleichen Zeit grundsätzlich mit der Idee des Sozialismus auseinandersetzte, rechnete die Partei bis zum Ende des Jahres mit einem Verdikt, von dem sie sich wohl kaum mehr erholt hätte. Marx intervenierte nochmals mit einer umfangreichen Denkschrift,[114] in der er nachdrücklich darauf hinwies, dass das Zentrum dann auseinanderfallen würde und es keine Kraft mehr gäbe, die die Anliegen von Kirche und Gläubigen verträte. Eine Sicht, der sich mehrere Bischöfe anschlossen.[115]

Die Bedrohung war bis auf weiteres gebannt, als der Nuntius sekundierte. Er wies darauf hin, dass das Zentrum wenig Alternativen habe, da die Rechte bisher die Konkordate, das Schulgesetz und die Reichsnuntiatur bekämpft habe und sich dort neben Konservativen protestantische Eiferer tummelten bis hin zu Luden-

---

[109] Vgl. das Gespräch des Zentrumspolitikers Heinrich Köhler mit Unterstaatssekretär Pizzardo, Ostern 1928: »Es sei nicht zulässig, der Erringung irdischer Güter und Vorteile das ewige Heil unterzuordnen, wie es offensichtlich da und dort in Deutschland zu geschehen scheine.« Josef BECKER/Franz ZILKENS (Hg.), Heinrich Köhler. Lebenserinnerungen des Politikers und Staatsmannes 1878–1949 (Veröffentlichungen der Kommission für geschichtliche Landeskunde in Baden-Württemberg 11), Stuttgart 1964, S. 287.

[110] Pacelli an Gasparri, 1. Dezember 1926; Pacelli, Lage (wie Anm. 23), S. 83 Anm. 509.

[111] Vgl. dazu auch noch Rudolf MORSEY, Kirche und politische Parteien 1848–1948/49, in: RAUSCHER (Hg.), Kirche (wie Anm. 16), S. 11–56, hier S. 20ff. Zur Distanz zwischen der Fuldaer Bischofskonferenz und dem Katholikenausschuss der DNVP vgl. HÜRTEN (Bearb.), Akten (wie Anm. 33), Nr. 129, Nr. 130, Nr. 139, Nr. 285, Nr. 295, Nr. 362, Nr. 364.

[112] Ausführlich STEHLIN, Weimar (wie Anm. 32), S. 302ff.; Aufzeichnungen von Marx in: STEHKÄMPER (Bearb.), Nachlaß (wie Anm. 20) 2. Teil, S. 368f.

[113] HÜRTEN (Bearb.), Akten (wie Anm. 33), Nr. 318–320; Aufarbeitung durch die deutschen Bischöfe ebd., Nr. 327–329; vgl. auch noch STEHLIN, Weimar (wie Anm. 32), S. 315ff.

[114] Wie Anm. 106 und Marx an Pacelli, 6. Dezember 1925; STEHKÄMPER (Bearb.), Nachlaß (wie Anm. 20) 2. Teil, S. 379–381.

[115] Ebd., S. 375ff.

dorff und seinem Anhang, der im Hitler-Prozess wieder einmal seine paranoiden Attacken gegen die römisch-jesuitische Unterjochung Deutschlands geritten hatte.[116] Damit war noch nicht auf allen Seiten die Hoffnung begraben, dass das, was noch nicht erreicht war, vielleicht doch noch mit Rechts zu erlangen sei. Doch je mehr diese trog und noch ein Konkordat mit Unterstützung der SPD den Landtag passierte und ein anderes mit ihr auf den Weg gebracht wurde, umso mehr beruhigte sich die Lage. Ja, mancher Bischof konnte sich durchaus zu dankbarer Anerkennung durchringen[117] und Pacelli hat als Summe seiner Erfahrungen mit dem Zentrum – und das gilt sicherlich auch für die BVP – festgehalten, dass dies »trotz aller Mängel« die einzige Kraft sei, auf die sich die Kirche in der deutschen Politik verlassen könne.[118]

XII.

Schon die Erfahrungen, welche der Politische Katholizismus in der Auseinandersetzung mit der Kirchen- und Religionspolitik der Nationalsozialisten gemacht hatte, haben die Anfälligkeit des katholischen Milieus für deren Propaganda und Geschrei deutlich gemindert. Daran konnten die Bischöfe anknüpfen, als die Hitler-Bewegung nach ihrem sensationellen Durchbruch im Herbst 1930 ein pastorales Problem wurde. Bereits zuvor hatte das Mainzer Ordinariat ein Verbot der Mitgliedschaft in dieser Partei ausgesprochen und die korporative Teilnahme von Parteimitgliedern an kirchlichen Feiern untersagt.[119] Begründet wurde dies mit den gegen die katholische Kirche gerichteten Bestrebungen zur Errichtung einer bekenntnisfreien und dogmenlosen Nationalkirche und der Unvereinbarkeit der »Überschätzung der germanischen Rasse und Geringschätzung alles Fremdrassigen« mit dem christlichen Sittengesetz.

Die Mainzer Erklärung war Anlass dafür, dass sich der Vorsitzende der Fuldaer Bischofskonferenz seit den Septemberwahlen von 1930 um eine gemeinsame Stellungnahme bemühte. Für die deutschen Bischöfe hatte sich aber die Lage mit dem Votum von fast sechseinhalb Millionen Deutschen für die NSDAP verschoben. Sie gingen nun davon aus, dass ein beträchtlicher Teil der Anhänger und Wähler den Nationalsozialisten aus politischen und wirtschaftlichen Überlegungen folge und sich keinesfalls mit den verworfenen Teilen des Programms identifiziere. Daher haben die im März 1931 nach und nach erfolgten Kundgebungen der Kirchenprovinzen zwar weiterhin vor dem Nationalsozialismus gewarnt, »solange und soweit er kulturpolitische Auffassungen kundgibt, die mit der katholischen

---

116 Einleitung zu Pacelli, Lage (wie Anm. 23), S. 81f. Vgl. auch noch Pacelli an Gasparri, 1. Dezember 1926; ebd., S. 83 Anm. 509.

117 Auf Angriffe aus dem Rechtslager hin schrieb der Vorsitzende der Fuldaer Bischofskonferenz unter anderem in einem offenen Brief: »Meine bischöflichen Amtsbrüder und ich haben die Ueberzeugung, daß das Zentrum stets, wo und wie immer die Verhältnisse es für möglich erscheinen ließen, nach bestem Können für die religiösen Güter der Katholiken eingetreten war und daß es auch in Zukunft diesem Grundsatz treu bleiben werde.« Das Zentrum (wie Anm. 29) 2 (1931), S. 143.

118 Pacelli, Lage (wie Anm. 23), S. 167, S. 169.

119 Druck der Dokumente bei Hans Müller (Hg.), Katholische Kirche und Nationalsozialismus, München 1965, Nr. 1 und Nr. 2.

Lehre nicht vereinbar sind«, sie haben aber die Zulassung zu den Sakramenten davon abhängig gemacht, ob es sich nur um Mitläufer oder um überzeugte Anhänger handele. Priestern wurde allerdings eine Unterstützung der NSDAP kategorisch untersagt und das Verbot der korporativen Teilnahme der NSDAP, SA und anderer Verbände an kirchlichen Feiern blieb bestehen.[120] Aus Einsicht in die Besonderheiten des politischen Geschäfts wurde den katholischen Mandatsträgern die Zusammenarbeit mit solchen Bewegungen nicht untersagt.[121] Nach dieser Klärung sind auch die Presseorgane, Verbände und Organisationen des Katholizismus in die agitatorische und propagandistische Offensive gegen die Nationalsozialisten gegangen.[122] Diese wiederum haben mit wilden Tiraden gegen die Einmischung der Bischöfe in die Politik geantwortet.[123] Im März des folgenden Jahres hat der »Führer« sogar Hermann Göring in den Vatikan geschickt, um dagegen zu protestieren, die Kirchentreue der Bewegung zu versichern und das Zentrum wegen seiner Zusammenarbeit mit den Sozialdemokraten anzuschwärzen.[124] In Rom hat man den Besuch heruntergestuft, indem nur eine Unterredung mit Unterstaatssekretär Giuseppe Pizzardo gewährt wurde, die keine Folgen hatte. Das Verhältnis zum Politischen Katholizismus wurde dadurch nicht tangiert[125] und die ablehnende Haltung der Bischöfe zum Nationalsozialismus[126] fand weiterhin Unterstützung.

Die Verlautbarungen der Bischöfe haben sich bewusst nur mit – wie es hieß – den Kulturfragen und der Weltanschauung des »germanischen Neuheidentums« auseinandergesetzt, um nicht mehr, als es für die Seelsorge gut war, in den politischen Kampf gezogen zu werden. Daraus, dass sie sich zu politischen Fragen nicht äußerten, kann der Schluss gezogen werden, dass sie hier mit den Vertretungen des Politischen Katholizismus konform gingen, der in dieser Zeit deren besonderes Wohlwollen genoss. Dieses Zusammenspiel hat ohne Zweifel zur Festigung des Milieus in der Krise beigetragen. So blieben die Katholiken bis 1933 gegenüber allen nationalsozialistischen Versuchungen weitgehend immun. Keine Großgruppe der deutschen Gesellschaft hat den Nationalsozialisten bei Wahlen in einem solchen Umfang ihre Stimme verweigert wie sie.[127]

---

120 Ebd., Nr. 4–7.

121 Ludwig Volk, Der bayerische Episkopat und der Nationalsozialismus 1930–1934 (Veröffentlichungen der Kommission für Zeitgeschichte B 1), Mainz ²1965, S. 30ff.

122 Klaus Scholder, Die Kirchen und das Dritte Reich. Bd. 1: Vorgeschichte und Zeit der Illusionen, Frankfurt a. M. 1977, S. 166ff.

123 Volk, Episkopat (wie Anm. 121), S. 43f.

124 Feldkamp, Pius XII. (wie Anm. 25), S. 70ff.

125 Am 20. April 1932 erschien angesichts der Erfolge der Nationalsozialisten im »Osservatore Romano« ein Artikel, der unterstrich, dass das Zentrum trotz der Zusammenarbeit mit der SPD loyal zu seinen katholischen Prinzipien gestanden habe; Stehlin, Weimar (wie Anm. 32), S. 363f.

126 Die bischöflichen Verlautbarungen wurden zusammengefasst veröffentlicht in: Das Zentrum (wie Anm. 29) 2 (1931), S. 157ff. Druck: Bernhard Stasiewski (Bearb.), Akten deutscher Bischöfe über die Lage der Kirche 1933–1945. Bd. 1: 1933–1934 (Veröffentlichungen der Kommission für Zeitgeschichte A 5), Mainz 1968, Anhang Nr. 1–16.

127 Nach neueren statisch gut abgesicherten Untersuchungen haben zwischen 1930 und 1933 im Durchschnitt 40 Prozent der nichtkatholischen Bevölkerung, doch nur 15 Prozent der nominell katholischen für die NSDAP gestimmt; vgl. Jürgen W. Falter, Hitlers Wähler, München 1991, S. 186ff. Für die kirchlich gebundenen Katholiken wird man den Anteil noch deutlich geringer veranschlagen dürfen.

Für die Bischöfe änderte sich die Lage zunächst durch die legale Ernennung der Präsidialregierung Hitler am 30. Januar 1933. Der Führer der Bewegung war nun Reichskanzler und die Dynamik der Ereignisse ergriff auch die Katholiken, was dem Episkopat ein Überdenken seiner Position nahe legte. Doch zunächst hielt er daran fest, dass allein die Änderung der politischen Machtverhältnisse die bisherige grundsätzliche Verurteilung des Nationalsozialismus nicht erzwinge.[128] Dies erscheine erst denkbar, wenn der »Führer« und seine Partei ihr Verhältnis zum katholischen Glauben, der Sittenlehre und den Rechten der Kirche neu bestimmt hätten. In der Regierungserklärung Hitlers vom 23. März[129] vor der entscheidenden Abstimmung über das Ermächtigungsgesetz, das der Regierung diktatorische Vollmachten übertrug, schien dies der Fall zu sein.

Die Versicherung, dass »die christlichen Konfessionen wichtigste Faktoren der Erhaltung unseres Volkstums« seien und diesen der ihnen »zukommende Einfluss« ebenso eingeräumt werde wie die Verträge zwischen Kirchen und Staat respektiert würden, genügte jedenfalls dem Vorsitzenden der Fuldaer Bischofskonferenz, um seine Glaubensbrüder in einer überstürzten schriftlichen Abstimmung zu einer neuen Verlautbarung zu drängen.[130] In ihr hielten die deutschen Bischöfe zwar ihre »Verurteilung bestimmter religös-sittlicher Irrtümer« fest, nahmen aber ihre »allgemeinen Verbote und Warnungen« zurück.[131] Es wurde nochmals ausdrücklich unterstrichen, dass die Katholiken nun in »Treue gegenüber der rechtmäßigen Obrigkeit« ihre »staatsbürgerlichen Pflichten« gewissenhaft erfüllen könnten. Doch für die Frage, wie sie sich nun zum Nationalsozialismus stellen sollten, dafür boten die gedreht kompromisslerischen Formulierungen wenig Hilfe. Das zeigt nichts besser, als dass Bertram intern nochmals versichern musste, dass die Verlautbarung keine Empfehlung des Nationalsozialismus sei, sondern sie doch wohl auch die »Dankbarkeit zur kirchlich treuen Arbeit des Zentrums und der Bayerischen Volkspartei« verdeutlicht habe.[132] Die Verlautbarung war keine Kehrtwende, obwohl sie schon Zeitgenossen verblüfft hat, doch hat sie eine Hürde beiseite geräumt für die Annäherung der Katholiken an das Regime. Es ist der Beginn des neuen Kurses, der dann im Reichskonkordat fortgesetzt wurde: der Sicherung der kirchlichen Rechte wurde ab jetzt Vorrang vor der moralisch-weltanschaulichen Auseinandersetzung eingeräumt. Ein Weg, den der deutsche Episkopat in eigener Verantwortung gegangen war, da es Rom stets abgelehnt hatte, ihn in irgendeine Richtung zu drängen.

Die für die Wendung der Bischöfe entscheidenden Zusagen in der Regierungserklärung Hitlers hatten aber mehr instrumentellen Charakter als diesen klar sein

---

[128] Bertram an die Mitglieder der Fuldaer Bischofskonferenz, 19. März 1933; Stasiewski (Bearb.), Akten (wie Anm. 126), Nr. 6. Bertram ließ seine Glaubensbrüder hellsichtig wissen, »daß wenn die Partei die heiß erstrebte Alleinherrschaft in Deutschland erlangt, für die kirchlichen Interessen der Katholiken die dunkelsten Aussichten sich eröffnen.«

[129] Die für Konfessionen und Kirchen relevanten Auszüge ebd., S. 15 Anm. 1. Die Dokumentation der gesamten Sitzung am Nachmittag des 23. März 1933 bei Rudolf Morsey (Hg.), Das »Ermächtigungsgesetz« vom 24. März 1933. Quellen zur Geschichte und Interpretation des »Gesetzes zur Behebung der Not von Volk und Reich«, Düsseldorf 1992, S. 52ff.

[130] Stasiewski (Bearb.), Akten (wie Anm. 126), Nr. 8ff.

[131] Kundgebung der deutschen Bischöfe, 28. März 1933; ebd., Nr. 14a.

[132] Ebd., S. 31.

konnte. Denn sie waren Zusicherungen, die der Vorstand der Zentrumsfraktion in den Verhandlungen mit Hitler unter anderem für die unverzichtbare Zustimmung zum Ermächtigungsgesetz verlangt hatte.[133] Darunter war aber nicht die Forderung nach einem Reichskonkordat gewesen.[134] Daher brach der durch die Aussage von Reichskanzler Hitler, die Reichsregierung lege »den größten Wert darauf, die freundschaftlichen Beziehungen zum Heiligen Stuhle weiter zu pflegen und auszugestalten«,[135] überraschte Verhandlungsführer Kaas sofort am nächsten Tag nach Rom auf, um die Lage zu sondieren.[136] Daraus folgt auch, dass die Initiative zum Reichskonkordat von der Reichsregierung ausging; in den inzwischen zugänglichen vatikanischen Akten ist davon auch nicht vor dem 8. April die Rede.[137]

Nach Ansicht von erstaunlich vielen Historikern haben Bischöfe und Vatikan erheblich, ja schließlich entscheidend zum Untergang der Parteien des Politischen Katholizismus beigetragen. Dann hätte sich am Ende das erfüllt, was ihm in seinen Anfangsjahren gegen Ende des Kulturkampfes beinahe schon einmal aus Rom gedroht hatte. Doch gibt es keinen Beleg dafür, dass während der Verhandlungen von der deutschen Seite die Auflösung von Zentrumspartei und BVP gefordert worden oder aber dies von Rom angeboten worden wäre. Der die Verhandlungen führende Kardinalstaatssekretär war vielmehr durch die noch vor Unterzeichnung des Konkordats bekannt gewordene Selbstauflösung beider Parteien überrascht worden.[138] Das darin festgelegte Verbot der politischen Betätigung von Geistlichen traf aber die beiden Parteien auch nicht im Kern.[139] Denn für diese war das politische Engagement der Priester, wie bereits gezeigt, durchaus ambivalent und es stieß in der Gesellschaft weitgehend auf Unverständnis. Das hatte ins-

---

133 Sitzung des Vorstands der Reichstagsfraktion der Zentrumspartei, 22. März 1933; Rudolf Morsey (Bearb.), Die Protokolle der Reichstagsfraktion und des Fraktionsvorstands der Deutschen Zentrumspartei 1926–1933 (Veröffentlichungen der Kommission für Zeitgeschichte A 9), Mainz 1969, Nr. 746. Ausführliche Dokumentation der Verhandlungen zwischen dem Zentrum und der Reichsregierung: Morsey (Hg.), »Ermächtigungsgesetz«, S. 37ff.

134 Statt der umfangreichen Literatur jetzt der Forschungsüberblick von Rudolf Morsey, Das Ende der Zentrumspartei 1933. Forschungsverlauf und persönliche Erinnerungen an die Zusammenarbeit mit Zeitzeugen, in: Thomas Brechenmacher (Hg.), Das Reichskonkordat 1933. Forschungsstand, Kontroversen, Dokumente (Veröffentlichungen der Kommission für Zeitgeschichte B 109), Paderborn u. a. 2007, S. 37–54. Bisher hat sich die These, dass zwischen der Zustimmung des Zentrums zum Ermächtigungsgesetz und der Eröffnung der Verhandlungen über ein Reichskonkordat vor allem darauf gestützt, dass das Reichskonkordat während der Verhandlungen und der Sitzungen von Vorstand und Fraktion des Zentrums über seine Zustimmung nicht erwähnt wurde, also ex negativo. Durch eine von mir in den 80er Jahren entdeckte Mitschrift der Fraktionssitzung am Nachmittag des 23. März im Nachlass von Prälat Ernst Föhr, Freiburger Reichstagsabgeordneter und Vorsitzender des Zentrums in Baden, kann jetzt auch der positive Beweis erbracht werden. Dort heißt es: »Konkordate etc. gesichert. Reichskonkordat nicht beabsichtigt.« Föhr hat auch das Ergebnis der Probeabstimmung am Schluss der Sitzung festgehalten. »9 Nein, 5 Enthaltungen, 57 Ja«; Erzbischöfliches Archiv Freiburg, NL Föhr 3.

135 Wie Anm. 129.

136 Winfried Becker, Die Deutsche Zentrumspartei gegenüber dem Nationalsozialismus und dem Reichskonkordat 1930–1933. Motivationsstrukturen und Situationszwänge, in: Historisch Politische Mitteilungen 7 (2000), S. 1–37, hier S. 20ff.

137 Wolf, Papst und Teufel (wie Anm. 38), S. 196.

138 Ebd., S. 198. Zum Ringen um das Verbot der politischen Betätigung von Geistlichen auch noch Volk, Reichskonkordat (wie Anm. 68), S. 124ff.

139 Text des Reichskonkordats vom 20. Juli 1933 bei Alfons Kupper (Bearb.), Staatliche Akten über die Reichskonkordatsverhandlungen 1933 (Veröffentlichungen der Kommission für Zeitgeschichte A 2), Mainz 1969, Nr. 110, Art. 32, S. 273.

besondere die Nationalsozialisten bewogen, schon früh gegen Geistliche in der Politik zu polemisieren. Auch daraus, dass der Vatikan im Konkordat mit dem faschistischen Italien den Politischen Katholizismus geopfert hat, kann nicht geschlossen werden, dass er dies auch in Deutschland tun wollte. Die Lage war unvergleichlich. Denn in Italien hatten sich die bekenntnistreuen Katholiken auf Geheiß des Heiligen Stuhls nach der Nationalstaatsgründung wegen der ungeklärten Frage des Kirchenstaats bis zum Weltkrieg aus öffentlichen Angelegenheiten zurückgehalten, sodass sich erst danach ein Politischer Katholizismus formierte. Zusammen mit den Sozialisten ein Widerpart der Faschisten, ist er im Zuge von deren Machtübernahme spätestens 1926 kalt gestellt worden.[140] Als Pius XI. drei Jahre später im Laterankonkordat dem Verbot der politischen Betätigung von Geistlichen zustimmte,[141] war der Politische Katholizismus Italiens also schon längst bedeutungslos geworden. Ebenso ist es offensichtlich, dass nach der Gleichschaltung der Kommunen und Länder und nach der Verabschiedung des Ermächtigungsgesetzes die Parteien in Deutschland funktionslos geworden waren und der Weg in den Einparteienstaat, völlig unabhängig vom Abschluss eines Reichskonkordats, unumkehrbar war.[142] Es kann doch niemand im Ernst annehmen, dass ausgerechnet Zentrum und BVP im totalitären System Hitlers überdauert hätten, wenn das Reichskonkordat nicht abgeschlossen worden wäre.

---

[140] Michael P. FOGARTY, Christliche Demokratie in Westeuropa 1820–1953, Freiburg – Basel 1959, S. 368ff.; Giorgio CANDELORO, Storia dell'Italia Moderna. Il facismo e le sue guerre 1922–1939, Mailand 2002, S. 235.

[141] Vgl. Artikel 43,2; Die Lateran-Verträge zwischen dem Heiligen Stuhl und Italien vom 11. Februar 1929. Italienischer und deutscher Text. Mit einem Geleitwort von Eugenio Pacelli, Apostolischer Nuntius in Berlin, Freiburg i. Br. 1929, S. 74f.

[142] Ausführlich zu dem gesamten Komplex Konrad REPGEN, Reichskonkordats-Kontroversen und historische Logik, in: Manfred FUNKE u. a. (Hg.), Demokratie und Diktatur. Geist und Gestalt politischer Herrschaft in Deutschland und Europa. Festschrift für Karl Dietrich Bracher (Schriftenreihe der Bundeszentrale für Politische Bildung 250), Bonn 1987, S. 158–177.

CHRISTLICHDEMOKRATISCHE VOLKSPARTEI DER SCHWEIZ

Von »Bürgern zweiter Klasse« zu Hütern der Konkordanzdemokratie

Urs Altermatt

Die Zwischenkriegszeit ist für den politischen Katholizismus in der Schweiz eine Zeit zwischen den Wenden.[1] Am Ende des Ersten Weltkrieges lief die das 19. Jahrhundert prägende Epoche des Kulturkampfes aus. Der Eintritt des zweiten Christlichdemokraten in die siebenköpfige Landesregierung, Bundesrat genannt, schloß den langen Weg von der Oppositions- zur Regierungspartei ab. Am Ende des Zweiten Weltkrieges machten sich unterschwellig bereits die gesellschaftlichen Umbrüche bemerkbar, die die katholische Kirche und den Katholizismus nach der Mitte der 1960er Jahre erfassten und von Grund auf veränderten.

Dazwischen lagen die goldenen Jahre des katholischen Milieus, das die Katholiken im Innern sozial disziplinierte und nach Außen Geschlossenheit demonstrierte. Getragen wurde diese katholische Sondergesellschaft in der Schweiz (wie ich sie seit 1972 nenne) von folgenden drei Säulen: erstens vom Schweizerischen

---

[1] Zur Geschichte der CVP in der Schweiz haben sich meine Schüler und ich kontinuierlich seit Jahrzehnten in Büchern und Artikeln befasst, die ausführliche Bibliographien enthalten und deren Forschungsergebnisse hier einfließen. Ich verweise ohne Vollständigkeit auf: Urs Altermatt, Konfession, Nation und Rom. Metamorphosen im Katholizismus des 19. und 20. Jahrhunderts, Frauenfeld – Stuttgart – Wien 2009; ders., Aufstieg und Krise der Christlichdemokraten in der Schweiz, in: Bernhard Löffler/Karsten Ruppert (Hg.), Religiöse Prägung und politische Ordnung in der Neuzeit. Festschrift für Winfried Becker zum 65. Geburtstag, Köln – Weimar – Wien 2006, S. 607–632; ders., Die Christlichdemokratische Volkspartei der Schweiz 1945–1999, in: Hans-Joachim Veen (Hg.), Christlich-demokratische und konservative Parteien in Westeuropa Bd. 5, Paderborn 2000, S. 35–115; ders., Die goldenen Jahre des Milieukatholizismus 1920–1945, in: ders. (Hg.), Schweizer Katholizismus zwischen den Weltkriegen 1920–1940, Freiburg/Schweiz 1994, S. 3–24. Ich verzichte darauf, den Text mit Fußnoten zu überlasten und verweise außer den erwähnten Büchern auf die von mir herausgegebene Reihe »Religion – Politik – Gesellschaft in der Schweiz«, in der zahlreiche Studien zur Geschichte der Christlichdemokratischen Volkspartei CVP in der Zwischenkriegszeit 1920–1940 erschienen sind. Vgl. u. a.: Bernhard Wigger, Die Schweizerische Konservative Volkspartei 1903–1918. Politik zwischen Kulturkampf und Klassenkampf, Freiburg/Schweiz 1997; Markus Hodel, Die Schweizerische Konservative Volkspartei 1918–1929. Die goldenen Jahre des politischen Katholizismus, Freiburg/Schweiz 1994; Lukas Rölli-Alkemper, Die Schweizerische Konservative Volkspartei 1935–1943. Politischer Katholizismus zwischen Emanzipation und Integration, Freiburg/Schweiz 1993; Dieter Holenstein, Die Christlichsozialen der Schweiz im Ersten Weltkrieg. Entwicklung der christlichsozialen Organisationen und ihre Stellung in der Schweizerischen Arbeiterbewegung und der katholischen Sondergesellschaft 1940–1920, Freiburg/Schweiz 1993; Quirin Weber, Korporatismus statt Sozialismus. Die Idee der berufsständischen Ordnung im schweizerischen Katholizismus während der Zwischenkriegszeit, Freiburg/Schweiz 1989. Vgl. weiter Pierre-Antoine Schorderet, Crise ou chrysanthèmes? Le Parti démocrate-chrétien et le catholicisme politique en Suisse (XIXe–XXIe siècles), in: Thomas David/Philipp Müller, Geschichte der politischen Parteien der Schweiz, in: traverse 14 (2007), S. 82–94. Zu beachten sind ferner die regelmäßigen Beiträge zum Schweizer Katholizismus des 19. und 20. Jahrhunderts in der »Schweizerischen Zeitschrift für Religions- und Kulturgeschichte«.

Katholischen Volksverein SKVV, der 1905 den bereits 1857 gegründeten Piusverein ersetzte; zweitens von der Schweizerischen Konservativen Volkspartei SKVP, die zwischen 1894 und 1912 noch unter dem Namen »Katholische Volkspartei« aufgetreten war; drittens von den Organisationen der christlichsozialen Arbeiterbewegung, die 1899 auf nationaler Ebene den älteren katholisch-sozialen Verband der Männer- und Arbeitervereine abgelöst hatte.

Entwicklung bis zum Ende des Ersten Weltkrieges

Die Wurzeln der »Christlichdemokratischen Volkspartei der Schweiz« CVP reichen in die Gründungszeit der modernen Schweiz zurück, deren Verfassung die Jahreszahl 1848 trug.[2] Von 1830 bis 1880 beherrschte das Paradigma des Kulturkampfes, das heißt der Gegensatz zwischen dem nationalstaatlich ausgerichteten und laizistischen Liberalismus auf der einen und dem föderalistischen und kirchlich gesinnten Konservativismus auf der andern Seite die Schweizer Politik. Aus den kirchen- und verfassungspolitischen Konflikten entstanden schon in den 1830er Jahren radikal-liberale und katholisch-konservative Vereine und Parteien.[3]

Die »Konservativen« nahmen in den Auseinandersetzungen des 19. Jahrhunderts einen bewahrenden, die Rechte der Kantone und der Kirche verteidigenden Standpunkt ein und traten im Unterschied zu den »Radikal-Liberalen« für die Freiheit der christlichen Kirchen im Staat und für die Aufrechterhaltung des föderalistischen Aufbaus der Eidgenossenschaft ein. Der Parteiname »konservativ« beinhaltete – und das muss im Hinblick auf die europäische Geschichte betont werden – keine antidemokratische Haltung.

Für die Parteigeschichte der Christlichdemokraten war die Tatsache wichtig, dass die ursprünglich überkonfessionelle Allianz der konservativen Parteibewegung in den 1840er Jahren auseinander fiel, denn die Verkonfessionalisierung der Politik, die im Bürgerkrieg von 1847 und in der kulturkämpferischen Volksabstimmung über die Totalrevision der Verfassung von 1874 dramatischen Ausdruck fand, förderte die parteipolitische Isolierung des politischen Katholizismus. Als Ultramontane und als Römlinge verachtet und als Vaterlandsfeinde und unzuverlässige Patrioten verrufen, standen die konservativen Katholiken nach der Gründung des Bundesstaates von 1848 weitgehend außerhalb der national-liberalen Gesellschaft. Bis gegen die Jahrhundertwende von 1900 hatten sie keinen entscheidenden Anteil an der politischen Macht im Bundesstaat und waren »Eidgenossen zweiter Klasse«, die von der herrschenden Regierungspartei des radikalliberalen »Freisinns« nur als oppositionelle Minderheit geduldet waren. Die Folge

---

2 Zur Geschichte der christlichen Demokratie in der Schweiz des 19. Jahrhunderts bis zum Ersten Weltkrieg vgl. Urs Altermatt, Der Weg der Schweizer Katholiken ins Ghetto. Die Entstehungsgeschichte der nationalen Volksorganisationen im Schweizer Katholizismus 1848–1919, Zürich – Köln [1]1972, Freiburg [3]1995.

3 Vgl. dazu Peter Stadler, Der Kulturkampf in der Schweiz. Eidgenossenschaft und Katholische Kirche im europäischen Umkreis 1848–1888, Zürich [2]1996; Urs Altermatt, Conservatism in Switzerland: A study in Antimodernism, in: Journal of Contemporary History 14 (1979), H. 4, S. 581–610.

des konfessionellen und politischen Minoritäts- und Inferioritätsstatus war eine Art negativer Integration in den Bundesstaat.

Das Jahr 1848 brachte die Umwandlung der Schweiz von einem losen Staatenbund in einen Bundesstaat. Dadurch fielen die katholischen Kantone als Hauptträger der katholischen Staats- und Gesellschaftspolitik weg. In der Folge machten die Christlichdemokraten von den Mitteln des modernen Verfassungsstaates, das heißt von der Presse-, Versammlungs- und Vereinsfreiheit, Gebrauch und gründeten zur Abwehr des freisinnigen Zeitgeistes und seiner Organisationen eine katholische Volksbewegung, die im letzten Viertel des 19. und im ersten Fünftel des 20. Jahrhunderts ein ganzes Geflecht von Organisationen und Institutionen wie Parteien, Vereine, Gewerkschaften und Zeitungen hervorbrachte.

Auf diese Weise entstanden auf Bundesebene in den 1870er Jahren die ersten Ansätze zu einer christlichdemokratischen Partei. Die Anfänge der christlichdemokratischen Fraktion der Bundesversammlung gehen in die Gründungszeit des Bundesparlaments 1848 mit den beiden Kammern (National- und Ständerat) zurück. Die »katholisch-konservative« Fraktion der Bundesversammlung ist somit die älteste christlichdemokratische Fraktion Europas mit ungebrochener Tradition. Die offizielle Konstituierung der christlichdemokratischen Fraktion mit Statuten erfolgte 1882.

Eine wichtige Zäsur in der christlichdemokratischen Parteigeschichte bildete die Totalrevision der Bundesverfassung von 1874, die die freisinnige Regierungspartei in einer Volksabstimmung gegen den Widerstand des politischen Katholizismus durchsetzte. Mit Hilfe des neu eingeführten fakultativen Referendums überwand die katholisch-konservative Opposition, die im eidgenössischen Parlament von 1848 bis 1874 eine unbedeutende Minderheit dargestellt hatte, in den folgenden Jahren ihre politische Außenseiterrolle, setzte sich in zahlreichen Volksabstimmungen erfolgreich gegen die Gesetzesmaschinerie der radikal-liberalen Regierungspartei durch und wuchs zu einem einflussreichen Faktor in der nationalen Politik heran. Wenn das politische System nicht völlig unregierbar werden sollte, musste die radikal-liberale Regierungspartei die katholisch-konservative Opposition integrieren und ihre bisherige personelle Ausschließlichkeitspolitik aufgeben.

1879 nahm erstmals ein Vertreter katholisch-konservativer Richtung Einsitz im Bundesgericht. Im Jahre 1887 stieg ein katholisch-konservativer Politiker zum Präsidenten des Nationalrates und damit der Vereinigten Bundesversammlung auf. 1891 trat mit dem Luzerner Josef Zemp zum ersten Mal ein Vertreter der späteren Christlichdemokraten in die siebenköpfige Landesregierung ein. Allerdings besaßen sie einen klaren Minderheitenstatus, denn die übrigen sechs Regierungssitze wurden von der Partei des Liberalismus besetzt, die sich seit 1894 offiziell »Freisinnig-Demokratische Partei« FDP nannte.[4]

---

4 Zur Freisinnig-Demokratischen Partei vgl. Olivier Meuwly, L'Unité impossible. Le Parti radical-démocratique suisse à la Belle Epoque 1891–1914, Hauterive 2007; Michael Gehrken, »Im Zeichen einer wahrhaft eidgenössischen Solidarität«. Krise und Stabilisierung des Freisinns zwischen 1929 und 1947, Diss. Univ. Bern, Bern 2002.

Der »Bürgerblock« als Antwort auf die Zäsur von 1918/1919

Um die Jahrhundertwende von 1900 ließ der Druck des aufkommenden Sozialismus die beiden historischen Protagonisten zusammenrücken, obschon der liberale Freisinn dank der absoluten Mehrheit im Parlament und in der Regierung bis zum Ersten Weltkrieg die Macht auf Bundesebene fest in der Hand behielt.[5]

Die Stimmung des Ersten Weltkrieges und der Landesstreik von 1918 verfestigten den Bürgerblock zwischen den Freisinnigen und den Konservativen. In der Krise des Landesstreiks vom November 1918 stützten die Katholiken vorbehaltlos die bestehende bürgerlich-kapitalistische Gesellschaft. Die katholisch-konservative Fraktion der Bundesversammlung plädierte von Anfang an geschlossen für die sofortige Niederschlagung des Streiks und drängte auf eine harte Haltung des Bundesrates; die christlichsoziale Arbeiterorganisationen wandten sich entschieden gegen die landesweite Arbeitsniederlegung, und die konservative Presse lehnte die linke Revolution in scharfen Worten ab. Armeetruppen aus katholischen Regionen versahen den Ordnungsdienst in den städtischen Streikzentren wie in Zürich und Bern. Damit konnten die Katholiken das Stigma der unzuverlässigen Patrioten endlich abstoßen, das sie seit dem Bürgerkrieg von 1847 trugen. Mit ihrer Staatstreue im Landesstreik bewiesen sie der Öffentlichkeit, dass sie treue Schweizer waren.

Nach den Wahlen von 1919, die erstmals nach dem Proporz und nicht mehr nach dem Majorzsystems erfolgten, verlor der Freisinn die parlamentarische Mehrheit und war nun auf feste Koalitionspartner in der Regierung angewiesen. Auf diese Weise kamen die Christlichdemokraten 1919 zu ihrem zweiten Regierungssitz. 1929 wurde die bürgerliche Regierungskoalition mit einem Bauernvertreter erweitert, und der Bundesrat zählte nun vier Freisinnige, zwei Christlichdemokraten und einen Vertreter der neu gegründeten »Bauern-, Gewerbe- und Bürgerpartei« BGB.

Die Christlichdemokraten waren so die eigentlichen Gewinner der Landesstreik-Krise von 1918. Der Rechtsrutsch stärkte ihre politische Stellung. Allerdings vermochten sie diese in der Bundesverwaltung wenig auszunützen, denn die höheren Beamten gehörten in Bern nach wie vor mehrheitlich dem nationalliberalen Freisinn an.

Zwischen 1919 und 1939 gab es im politischen Katholizismus eine respektable Minderheit, die die Zusammenarbeit mit dem bürgerlichen Freisinn ablehnte und am liebsten einen stärker rechts gerichteten Oppositionskurs verfolgt hätte.[6] Vor allem die Jungkonservativen waren eine Zeit lang vom autoritären Zeitgeist der Zwischenkriegszeit beeinflusst. Das von den Jungkonservativen mitgetragene Projekt der Totalrevision der Bundesverfassung zur so genannten »nationalen Erneuerung« mit den Faschismus freundlichen Fronten scheiterte 1935. Damals vertraten die Jungkonservativen Programmpunkte, die korporativistische und

---

[5] Zur Geschichte des politischen Katholizismus 1920–1940 vgl. Altermatt (Hg.), Schweizer Katholizismus (wie Anm. 1).

[6] Als Beispiel vgl. Franziska Metzger, Die »Schildwache«. Eine integralistisch rechtskatholische Zeitung 1912–1945, Freiburg/Schweiz 2000.

autoritäre Züge für die angestrebte neue Staatsordnung trugen.[7] Unterstützt wurden sie von ultrakonservativen Intellektuellen wie dem Freiburger Schriftsteller und Literaturhistoriker Gonzague de Reynold, der aus seinem Antiliberalismus und Antiparlamentarismus keinen Hehl machte.[8] Man muss allerdings festhalten, dass die pragmatische Parteielite die Mehrheit des politischen Katholizismus während der gesamten Zwischenkriegszeit hinter sich zu scharen vermochte. Ein Rückzug in die Opposition hätte die Katholiken für längere Zeit in die Defensive gedrängt und wie in andern europäischen Ländern einem Linksblock Auftrieb gegeben.

Die Katholiken wuchsen so in der Zwischenkriegszeit mehr und mehr in die Rolle der staatserhaltenden Regierungspartei hinein und fanden mit dem liberalen Freisinn eine gemeinsame bürgerliche Basis. Ihre Hauptgegner waren nun eindeutig der Sozialismus und der Bolschewismus. In den Volksabstimmungen waren die Wählermassen der Konservativen Volkspartei treue Anhänger der Bürgerblock-Regierung. Insgesamt besaßen die Christlichdemokraten damals fast einen Viertel der Wählerschaft. Besonders wichtig war, dass die Partei bei interner Geschlossenheit sechs ganze und drei halbe Standes- beziehungsweise Kantonsstimmen in die Waagschale werfen konnte und damit bei Volksinitiativen eine zentrale Stellung besaß. Es war für den pragmatischen Stil der katholisch-konservativen Partei charakteristisch, dass sie in der Zwischenkriegszeit in keiner einzigen Volksabstimmung gegen den Bundesrat Opposition machte.

Nuntiatur und Ausnahmeartikel

Den politischen Bedeutungsgewinn der Katholiken unterstrich die Wiedererrichtung der Nuntiatur nach dem Ersten Weltkrieg. Die päpstliche Nuntiatur war mitten im Kulturkampf 1873 aufgehoben, und der Nuntius aus der Schweiz ausgewiesen worden.[9] Unter Führung des christlichdemokratischen Außenministers

[7] Für die katholischen Jugendbewegungen und die Jungkonservativen vgl. Joseph Jung, Katholische Jugendbewegung in der deutschen Schweiz. Der Jungmannschaftsverband zwischen Tradition und Wandel von der Mitte des 19. Jahrhunderts bis zum Zweiten Weltkrieg, Freiburg/Schweiz 1988; Josef Widmer, Von der konservativen Parteinachwuchsorganisation zur katholischen Erneuerungsbewegung. Die Schweizer Jungkonservativen in den dreißiger Jahren, unveröffentlichte Lizentiatsarbeit Freiburg/Schweiz 1983; Urs Altermatt, Das Verhältnis des Schweizerischen Studentenvereins zu Parteien und Politik, in: ders. (Hg.), Schweizer Katholizismus (wie Anm. 1), S. 183–212. Zur Initiative für eine Totalrevision der Bundesverfassung vgl. Peter Stadler, Die Diskussion um eine Totalrevision der schweizerischen Bundesverfassung 1933–1935, in: Schweizerische Zeitschrift für Geschichte 19 (1969), S. 75–169. Zur Haltung des Schweizer Katholizismus zum Faschismus und zum Korporatismus vgl. Quirin Weber, Korporatismus statt Sozialismus. Die Idee der berufsständischen Ordnung im schweizerischen Katholizismus während der Zwischenkriegszeit, Freiburg/Schweiz 1989; Davide Dosi, Il cattolicesimo ticinese e i fascismi. La Chiesa e il partito conservatore democratico ticinese nel periodo tra le due guerre mondiali, Freiburg/Schweiz 1999; Stephan Aerschmann, Katholische Schweizer Intellektuelle und der italienische Faschismus (1922–1943), Freiburg/Schweiz 2002.

[8] Vgl. Aram Mattioli, Gonzague de Reynold: Vordenker, Propagandist und gescheiterter Chef der »nationalen Revolution«, Zürich 1995.

[9] Zur Nuntiatur in der Schweiz vgl. Helvetia Sacra, Abt. I, Bd. 1: Schweizerische Kardinäle. Das Apostolische Gesandtschaftswesen in der Schweiz. Erzbistümer und Bistümer I (Aquileja, Basel, Besançon, Chur), Bern 1972; Claude Altermatt, Die Beziehungen der Schweiz zum Vatikan nach der Wiederer-

Giuseppe Motta wurde die Nuntiatur 1920 neu errichtet. Allerdings eröffnete die Schweiz beim Vatikan keine diplomatische Vertretung. Aus Rücksicht auf den Schweizer Protestantismus blieben die diplomatischen Beziehungen einseitig. Erst 1991 ernannte die Eidgenossenschaft im Zusammenhang mit der Affäre um Bischof Wolfgang Haas einen Sonderbotschafter beim Heiligen Stuhl.

1923/1924 kam es zu Spannungen zwischen der Schweizer Bischofskonferenz und dem Nuntius, weil letzterer nicht zu den jährlichen Konferenzen eingeladen wurde. Der Konflikt endete mit einem Kompromiss. Der Nuntius erhielt fortan eine formelle Einladung; Leitung und Beratung blieben aber alleinige Sache der Bischöfe. Die Bischofskonferenz konnte damit ihre Unabhängigkeit bewahren.

Obwohl die Schweizer Katholiken auf der politischen Ebene ihre Bedeutung eindeutig verstärken konnten, gelang es ihnen nicht, ihr Hauptanliegen zu realisieren und die konfessionellen Ausnahmeartikel betreffend die Jesuiten und Klöster aus der Bundesverfassung von 1874 zu eliminieren. Diese Kulturkampfartikel betrachteten sie stets als Diskriminierungen. Sie blieben bis 1973 bestehen, da vor allem der Episkopat zur Zurückhaltung mahnte und keinen neuen Kulturkampf provozieren wollten.

Zwischen bürgerlicher Integration in den national-liberalen Bundesstaat und »drittem Weg«

Ideologisch schwankten die Schweizer Katholiken in der Zwischenkriegszeit zwischen der Integration in den national-liberalen Bundesstaat und den Versuchungen eines »dritten Weges«. Nach anfänglichem Zögern verwarfen die Katholiken den Nationalsozialismus und Faschismus in Deutschland und Italien klar und wurden mit dem Zuger Bundesrat Philipp Etter zu Wortführern der »geistigen Landesverteidigung«. Die Katholiken machten mit ihrem Superpatriotismus keine Ausnahme unter den bürgerlichen Parteien.[10]

In den 1930er Jahren erlebten die antimodernistischen Komponenten der katholischen Parteiideologie eine kurze Blüte. Wie überall in Europa erhielten auch in der Schweiz berufsständische Konzepte Auftrieb. Das katholisch-konservative »Wirtschafts- und Sozialprogramm« von 1929 war Ausdruck dieser Strömungen, die durch die päpstliche Enzyklika *Quadragesimo anno* von 1931 eine autoritative Bestätigung erfuhren. Die korporativistischen Modelle erlitten jedoch spätestens am Ende der dreißiger Jahre Schiffbruch.

---

richtung der Nuntiatur im Jahre 1920, in: Altermatt (Hg.), Schweizer Katholizismus (wie Anm. 1), S. 331–342; Urban Fink, Die Luzerner Nuntiatur 1586–1873: zur Behördengeschichte und Quellenkunde der päpstlichen Diplomatie in der Schweiz, Luzern – Stuttgart 1997.

10 Zur »geistigen Landesverteidigung« vgl. u. a. Josef Mooser, Die »Geistige Landesverteidigung« in den 1930er Jahren. Profile und Kontexte eines vielschichtigen Phänomens der schweizerischen politischen Kultur in der Zwischenkriegszeit, in: Schweizerische Zeitschrift für Geschichte 47 (1997), S. 685–708; Kurt Imhof, Wiedergeburt der geistigen Landesverteidigung: Kalter Krieg in der Schweiz, in: ders./Heinz Kleger/Gaetano Romano (Hg.), Konkordanz und Kalter Krieg. Analyse von Medienereignissen in der Schweiz der Zwischen- und Nachkriegszeit, Zürich 1996, S. 173–247. Vgl. auch Altermatt, Konfession, Nation und Rom (wie Anm. 1).

Mit ihrer christlichen Weltanschauung verstanden sich die Katholiken als Antithese zu den modernen Entwicklungen in Staat und Gesellschaft. Vehement opponierten sie gegen die Säkularisierung und betonten traditionelle Werte wie Religion, Familie und Vaterland als konservative Ideale, die sie verteidigen wollten.

Die antimodernistische Grundhaltung hatte zur Folge, dass die Christlichdemokraten selten innovative Konzepte für die Politik entwickelten und in ihrer Mehrheit – anders als der linke christlichsoziale Flügel – dem Ausbau des Sozialstaates skeptisch gegenüber standen. In sozialen Fragen, wie zum Beispiel in der Alters- und Hinterlassenenversicherung, traten sie als Bremser auf. Ein dogmatisch interpretierter Föderalismus versperrte ihnen den Blick für die Erfordernisse der Zeit.

Amtskirche und Bischofskonferenz

In den politischen Katholizismus waren indirekt auch die Amtskirche und der höhere Klerus eingebunden.[11] Die Parteieliten standen in regelmäßigem Kontakt mit den Bischöfen, die hinter den Kulissen für eine Stärkung des politischen Katholizismus eintraten. Allerdings war die Partei auf politische Autonomie bedacht. Die katholischen Vereine kümmerten sich in erster Linie um die weltanschauliche Bildungsarbeit und traten nur vereinzelt bei politischen Abstimmungen und Wahlkämpfen mit Empfehlungen an die Öffentlichkeit.

Die Bischofskonferenz gab sich im Allgemeinen bei tagespolitischen Fragen zurückhaltend. Als Gesamtgremium trat sie nur 1923 bei der Abstimmung über das staatliche Alkoholmonopol und 1937 bei der Initiative für das Verbot der Freimaurer mit offiziellen Verlautbarungen an die Öffentlichkeit. Dennoch waren die Bischöfe nicht apolitisch. Einzelne kirchliche Oberhirten – etwa der Churer Bischof Georg Schmid von Grüneck – mischten sich direkt in die Politik ein. Gemeinsam äußerten sich die Bischöfe vorzugsweise in den Hirtenbriefen zu moralischen, theologischen und gesellschaftspolitischen Fragen, etwa zum Sozialismus, zum Frauenstimmrecht oder zur sozialen Frage.

Wie die christlichdemokratischen Parteiführer sahen die Bischöfe im Bolschewismus und Sozialismus die Hauptfeinde des Katholizismus. Gegenüber den faschistophilen Erneuerungsbewegungen der frühen 1930er Jahre waren sie zurückhaltend. Von Anfang an wandten sie sich gegen den antichristlichen und antireligiösen Nationalsozialismus, blieben aber in der Regel bei allgemeinen Verurteilungen.

In der Flüchtlingsfrage und in Bezug auf die Shoa verhielten sich die Bischöfe ähnlich wie Papst Pius XII. während des Zweiten Weltkrieges, sie waren äußerst kleinlaut, um ja nicht Anstoß zu erregen. Was die Judenmorde anging, kann man

---

[11] Zur Schweizer Bischofskonferenz vgl. Urs Altermatt, Schweizerische Bischofskonferenz: die Wende von 1970, in: Alois Schifferle (Hg.), Miteinander. Für die vielfältige Einheit der Kirche. Festschrift für Anton Hänggi, Basel 1992, S. 77–80; Victor Conzemius, Art. Schweizer Bischofskonferenz (SBK), in: Historisches Lexikon der Schweiz, http://www.hls-dhs-dss.ch/textes/d/D27050.php (23.07.2010); Romeo Astorri, La Conferenza episcopale svizzera: Analisi storica e canonica, Freiburg/Schweiz 1988.

wegen des langen Schweigens von einem moralischen Versagen des Episkopates sprechen.[12] Die demokratische Staatsform der Eidgenossenschaft stand nicht zur Debatte.

Risse in der Einheit

Nach außen bot der Katholizismus der Zwischenkriegszeit das Gepräge von Einheit und Geschlossenheit, allerdings täuschte das Bild. Der Schweizer Katholizismus war stets vielfältiger, als dies die Gegner auf der sozialdemokratischen und liberalen Seite behaupteten. Auch wenn der Stereotyp vom monolithischen Block nicht der Realität entsprach, passte es der katholischen Elite ins Konzept, denn sie konnte sich damit wirkungsvoller in Szene setzen und ohne Skrupel – fälschlicherweise – für *alle* Katholiken sprechen.

In Wirklichkeit gab es in der katholischen Schweiz stets verschiedene Richtungen und Strömungen, die sich gegen die Ausschließlichkeit des politischen Katholizismus zur Wehr setzten. Seit dem 19. Jahrhundert existierte ein liberaler Katholizismus, der in einzelnen Kantonen – so etwa in Solothurn und zeitweise im Tessin – die Mehrheit darstellte.

Auch der parteipolitische Katholizismus war öfters durch interne Spannungen geschwächt.[13] Die sozialen Fragen bargen Sprengstoff, etwa in der Frage der Arbeitszeit oder der Sozialversicherung. Da die katholische Partei einen wachsenden christlichsozialen Arbeiter- und Angestelltenflügel umfasste, kam es in regelmäßigen Abständen zu Zerreißproben. Doch rauften sich die Katholiken im Notfall zusammen, da sie wussten, dass ihnen nur eine minimale Geschlossenheit half, ihren religions- und kulturpolitischen Forderungen in der nationalen Gesellschaft Nachdruck zu verschaffen. Während die Christlichsozialen einen sozialreformerischen Kurs steuerten, traten die Konservativen mehrheitlich als defensive Kräfte auf.

Dazu kam der traditionelle Antagonismus zwischen dem Stammland- und dem Diasporakatholizismus. Zwar schwächten sich die Gegensätze im Vergleich zum 19. Jahrhundert ab. Während beispielsweise die Stammlande in der Schulfrage mit dem Status quo, der ihnen die kantonale Schulhoheit garantierte, zufrieden waren, strebten ihre Glaubensgenossen in der übrigen Schweiz einen verstärkten Zentralismus in Bildungsthemen an.

Die unterschiedlichen Lebensverhältnisse in den städtischen und ländlichen Gebieten sorgten dafür, dass die Christlichdemokraten unterschiedliche Konzeptionen über den einzuschlagenden Weg in Politik, Wirtschaft und Gesellschaft

---

[12] Urs Altermatt, Katholizismus und Antisemitismus. Mentalitäten, Kontinuitäten, Ambivalenzen. Zur Kulturgeschichte der Schweiz 1918–1945, Frauenfeld – Stuttgart – Wien 1999.

[13] Vgl. zu diesen Binnendifferenzen Urs Altermatt, Konfession, Nation und Rom (wie Anm. 1); ders., Katholizismus und Moderne. Zur Sozial- und Mentalitätsgeschichte der Schweizer Katholiken im 19. und 20. Jahrhundert, Zürich 1989; ders./Franziska Metzger, Milieu, Teilmilieus und Netzwerke. Das Beispiel des Schweizer Katholizismus, in: ders. (Hg.), Katholische Denk- und Lebenswelten. Beiträge zur Kultur- und Sozialgeschichte des Schweizer Katholizismus im 20. Jahrhundert, Freiburg/Schweiz 2003, S. 15–36.

besaßen. Die agrarisch geprägten Stammlande verfochten nicht nur einen konservativeren, sondern auch einen gouvernementaleren Kurs, wie sich etwa in der Abstimmung über die Staatsschutzvorlage von 1922 zeigte.

Dennoch kann man als Fazit festhalten: Im Schmelztiegel der »geistigen Landesverteidigung« und in der Mobilmachung der Kriegszeit von 1939 bis 1945 gaben die Katholiken ihre letzten Reserven gegenüber dem national-liberalen Staat auf und integrierten sich vollständig in das bestehende, bürgerliche Gemeinwesen. Eine zentrale Rolle spielte dabei die katholische Zivilgesellschaft der Vereine. Die Parteieliten, die Vereinsführer und der Episkopat zeichneten sich in der Weltkriegszeit durch einen prononcierten Patriotismus aus, der die Behörden auf allen Ebenen unterstützte. Zwischen dem Freiburger Bischof Marius Besson und protestantischen General Henri Guisan bestand eine Freundschaft.

Im Zeichen der Konkordanz nach 1945

Am Ende des Zweiten Weltkrieges war in der Schweiz Kontinuität größer als der Wandel. Der Katholizismus behielt im Wesentlichen seine bisherigen Organisationsstrukturen bei. Im Unterschied zu Deutschland blieb das Organisationsgeflecht bestehen. Der Katholische Volksverein, die Konservative Volkspartei und die christlichsoziale Arbeiterbewegung überlebten den Weltkrieg und gerieten erst später in eine Krise.

Nach der nationalen Anspannung der faschistischen Epoche traten alte Vorurteile wieder hervor. Die Katholiken, die um ihre hart errungene Stellung im politischen System bangten, sahen in den Wahlgewinnen der sozialistischen Linken bei den Nationalratswahlen von 1943 eine Bedrohung. Der linke Vormarsch auf 28,6 Prozent verstärkte ihre fast paranoide Angst vor einer Rückkehr der revolutionären Stimmung von 1918. Diese war kaum begründet, denn die Volkspartei erzielte 1943 immerhin 20,8 Prozent und blieb damit drittstärkste Partei. Den zweiten Platz belegten die Liberalen, die sich in der Schweiz »Freisinnig-Demokratische Partei« nannten. Die antisozialistische Stimmungslage unter den Schweizer Katholiken wurde dadurch gefördert, dass die Sozialdemokraten in der unmittelbaren Nachkriegszeit Jagd auf faschistenfreundliche Sündenböcke machten und dabei Exponenten der katholisch-konservativen Politik wie etwa die Bundesräte Giuseppe Motta und Philipp Etter aufs Korn nahmen. Im Verein mit diesen linken Attacken gegen den politischen Katholizismus meldeten sich auch im Protestantismus Stimmen zu Wort, die antikatholische Ressentiments schürten und das Vorurteil vom römischen Katholizismus, der die Schweiz rekatholisieren wolle, pflegten.

Trotzdem schritt die Integration der Katholiken unaufhaltsam voran. Auf dem Boden einer gefestigten nationalen Konkordanz trat der Schweizer Katholizismus in die Nachkriegsperiode ein, in der sich die 1970 reorganisierte Christlichdemokratische Volkspartei CVP bis in die 1980er Jahre gut halten konnte. Im Gegensatz dazu machte der Verbandskatholizismus, vorab der Volksverein und die Katholikentage, schon in den 1950er Jahren tief greifende Krisen durch.

Im Zusammenhang mit dem Zweiten Vatikanischen Konzil von 1962 bis 1965 veränderten die katholische Kirche und der Katholizismus ihr Gesicht so radikal, dass manchen nostalgischen Beobachtern die Zwischenkriegszeit wie ein goldenes Zeitalter erschien. Golden war es in der Tat, wenn man bloß den äußeren Organisationsgrad und die milieumäßige Geschlossenheit in Betracht zieht.

Mitte der sechziger Jahre – 1963 – stand die CVP als Erbin des politischen Katholizismus auf dem Höhepunkt ihrer wahlpolitischen Stärke und errang 23,4 Prozentpunkte. Wie in andern westeuropäischen Ländern nahmen die Christlichdemokraten eine Mittlerstellung zwischen dem rechten, liberal-konservativen und dem linken, sozialdemokratisch-grünen Lager ein. In finanz- und wirtschaftspolitischen Fragen politisierten sie mit der Rechten, in der Sozialpolitik häufig mit der Linken und in gesellschaftspolitischen und kulturellen Fragen, wie zum Beispiel beim straffreien Schwangerschaftsabbruch oder bei der Gentechnologie, vertraten sie einen konservativen Kurs. In der Periode der »Zauberformel« von 1959 bis 2003 betrachteten sie sich – und das war der Schlusspunkt des über ein Jahrhundert dauernden Integrationsprozesses – sogar als Hüter des Konkordanzstaates.[14]

Aus der Rückschau gesehen erweist sich das Glanzresultat von Mitte der sechziger Jahre als Wendepunkt. Wie ihre Schwesterparteien in Westeuropa litt die CVP zunächst an einem langsamen, in den neunziger Jahren an einem galoppierenden Schrumpfungsprozess, der teilweise mit der Erosion des katholischen Milieus infolge der kulturellen Revolution der langen sechziger Jahre erklärt werden kann.[15] Die Weltwirtschaftskrise von Mitte der 1970er Jahre erschütterte die Schweiz. Innenpolitische Spannungen, wie die Fichen-Affäre von 1989 oder die Vergangenheitsdebatte Mitte der 1990er Jahre, untergruben das Vertrauen der Bürger in die politischen Institutionen und in die staatstragenden Parteien; eine tiefgreifende Legitimationskrise war die Folge, der auch die Christlichdemokraten ihren Tribut zahlten. Sie erreichten 2003 bei den Nationalratswahlen einen Tiefpunkt von 14,4 Prozent, was ihnen den zweiten Sitz im Bundesrat kostete. Seither sucht die CVP, mittlerweile als säkularisierte C-Partei, ihr Profil und ihren Standort in der schweizerischen Politik.

---

14 Vgl. dazu auch Urs Altermatt, Konkordanz im Spiegel der Bundesratswahlen, in: Adrian Vatter u. a. (Hg.), Demokratie als Leidenschaft. Planung, Entscheidung und Vollzug in der schweizerischen Demokratie. Festschrift zum 65. Geburtstag von Wolf Linder, Bern 2009, S. 247–270.

15 Vgl. das Kapitel »Vom Konfessionalismus zur universalen Religion« in: Altermatt, Konfession, Nation und Rom (wie Anm. 1) sowie Timotheos Frey, Die Christdemokratie in Westeuropa. Der schmale Grat zum Erfolg, Baden-Baden 2009.

IM BANN DES PRIESTERPOLITIKERS

Die Christlichsoziale Partei in der Ersten Republik Österreich

Walter M. Iber

Die österreichische Politik wurde in der Zwischenkriegszeit ganz wesentlich von der Christlichsozialen Partei geprägt. In einer Zeit permanenter innenpolitischer Krisen mit ständig wechselnden Regierungskabinetten war die Partei 1918 bis 1933/1934, über die gesamte Erste Republik also, in sämtlichen Regierungen vertreten und stellte dabei zumeist den Bundeskanzler. Bis 1920 hatte man noch eine Regierungskoalition mit den Sozialdemokraten gebildet. Mit dem Ende dieser Koalition wurde der politische Ton rauer, der Kampf der Ideologien verstärkte sich. Die Sozialdemokraten zogen sich in ihre »rote« Festung, die Bundeshauptstadt Wien zurück, forcierten dort die Sozial- und Kulturpolitik und propagierten mehr denn je die Trennung von Kirche und Staat – besonders die Säkularisierung von Schul- und Ehewesen, aber auch die Abschaffung der staatlichen Besoldung des Klerus (Kongrua). Die Christlichsozialen wiederum zimmerten als Gegenmaßnahme den »Bürgerblock«, das heißt diverse Koalitionspakte mit kleineren bürgerlichen, deutschnational gesinnten Parteien, insbesondere mit der Großdeutschen Volkspartei. Außerdem hielt man sich die paramilitärischen Heimwehren, die sich mit Fortdauer der Republik immer deutlicher dem Faschismus näherten, als »Kettenhunde« gegen den politischen Widersacher.

In der politischen Auseinandersetzung zwischen Christlichsozialen und Sozialdemokraten gab es verschiedene Kernthemen: Finanzen, Wirtschaft, Soziales, Wehrpolitik ... Doch viele Konflikte wurzelten gerade in der Frage nach der Stellung der Kirche im Staat. In der kulturpolitischen Kontroverse agierte die Christlichsoziale Partei als politische Speerspitze der Kirche, als Verteidigerin katholischer »Bastionen« in der Gesellschaft. Dabei wurde die Partei von einem Mann auf Linie gebracht und dirigiert: vom Priesterpolitiker Ignaz Seipel, *der* Symbolfigur des Politischen Katholizismus in Österreich.

Der Politische Katholizismus: Verquickung von Partei und Kirche

Was die an sich inhomogene Christlichsoziale Partei zusammenhalte, sei neben dem bürgerlichen Klassenhass »die römische Pfäfferei«. Der Christlichsozialen Partei stünden die »politischen und kirchlichen Machtmittel zugleich zu Gebote« und die Kirche sei nur ein »anderes Versammlungslokal, die Pfarrei nur ein zweites Parteisekretariat, der Priester ein Agitator, der Katechet ein Jugendorganisator ...«.

So hieß es 1921 in der sozialdemokratischen *Arbeiter-Zeitung*.[1] Bei aller Polemik, die in dieser Analyse natürlich mitschwingt – die Fakten zeigen uns, dass sie in ihrem Kern doch zutreffend ist.

Die Christlichsoziale Partei, die Partei der bäuerlichen und der mittelständisch-bürgerlichen Bevölkerung, der nichtindustriellen Arbeiterschaft, die Partei eines großen Teils der Frauen,[2] bildete neben der Amtskirche und dem katholischen Vereins- und Verbandswesen die dritte Säule des Politischen Katholizismus in Österreich. Man könnte aber an Stelle dieser Dreigliedrigkeit einfach nur von einer Symbiose zwischen Kirche und Partei sprechen. Die Kirche stellte der Partei ein organisatorisches Korsett zu Verfügung: personell durch die Parteiintelligenz in der Gestalt des niederen Klerus; strukturell durch kirchliche (katholische) Vereine und Institutionen als Partei-Vorfeldorganisationen sowie durch die Pfarrkanzleien, die in fast allen Bundesländern auch für die Parteiarbeit genutzt wurden; ideologisch und programmatisch durch die Christliche Soziallehre.[3] Das alles ersparte der Partei zwar einiges an Aufbauarbeit, machte sie jedoch gleichzeitig in hohem Maße von der Amtskirche abhängig.

Die Kirche betrieb politische Propaganda zugunsten der Christlichsozialen, von den unzähligen katholischen Vereinen, als deren Dachorganisationen die »Katholische Aktion in Österreich« und der »Volksbund der Katholiken Österreichs« fungierten, wurde die Partei mit einer loyalen Wählerschaft versorgt. Regional gesehen stellten Partei und katholische Organisationen oft nur formell verschiedene Körperschaften dar. So etwa in Oberösterreich, wo die christlichsoziale Landesparteileitung bis 1934 gleichzeitig das Führungsgremium des Katholischen Volksvereins für Oberösterreich bildete, während der Katholische Volksverein mit seinen Unterorganisationen wiederum die Christlichsoziale Landesparteileitung innehatte.[4] Die Bischöfe unterstützten die Partei mit Wahlempfehlungen. So etwa im Vorfeld der Nationalratswahlen 1930, wo es in einem Hirtenbrief hieß:

> Keine Stimme einer unchristlichen, kirchenfeindlichen oder religiös-freiheitlichen Partei, sondern jede Stimme für eine katholische, wahrhaft christliche und kirchentreue Partei. Kommt ausnahmslos alle zur Wahl, Männer und Frauen, wie es eure heilige Gewissenspflicht ist, und wählet nur verlässliche, echt christliche Abgeordnete.[5]

Zu den politisch aktivsten Bischöfen zählten Johannes Gföllner, Bischof von Linz, und Sigismund Waitz, 1921 bis 1938 Apostolischer Administrator von Innsbruck-

---

1 Arbeiter-Zeitung, 7. Juni 1921, S. 1 und 21. April 1921, S. 1.

2 Anton Staudinger/Wolfgang C. Müller/Barbara Steininger, Christlichsoziale Partei, in: Emmerich Tálos u.a. (Hg.), Handbuch des Politischen Systems Österreichs. Erste Republik 1918–1933, Wien 1995, S. 160–176, hier S. 163.

3 Robert Kriechbaumer, Die großen Erzählungen der Politik. Politische Kultur und Parteien in Österreich von der Jahrhundertwende bis 1945 (Schriftenreihe des Forschungsinstitutes für politisch-historische Studien der Haslauer-Bibliothek Salzburg 12), Wien – Köln – Weimar 2001, S. 43f.

4 Anton Staudinger, Christlichsoziale Partei, in: Erika Weinzierl/Kurt Skalnik (Hg.), Österreich 1918–1938. Geschichte der Ersten Republik, Bd. 1, Graz – Wien – Köln 1983, S. 249–276, hier S. 251.

5 Reichspost, 23. Oktober 1930, S. 1f.

Feldkirch und ab 1934 auch Erzbischof von Salzburg.[6] Im Palais des Wiener Erzbischofs Kardinal Friedrich Gustav Piffl fanden sich christlichsoziale Politiker regelmäßig zu Besprechungen ein. Allen voran Ignaz Seipel, der bekannteste Priesterpolitiker der Ersten Republik, der 1921 bis 1930 Parteiobmann, 1922 bis 1924 und 1926 bis 1929 österreichischer Bundeskanzler sowie 1930 für kurze Zeit Außenminister war. Seipel referierte beim Kardinal über das politische Tagesgeschehen und wurde auch regelmäßig der Bischofskonferenz beigezogen.[7]

Den katholischen Charakter der Partei unterstreicht weiterhin, dass nicht wenige ihrer Funktionäre Geistliche waren. In den Jahren 1907 und 1911, also noch in der Monarchie, kamen jeweils rund elf Prozent der christlichsozialen Abgeordneten zum Reichsrat aus den Reihen des Klerus. In der Ersten Republik lag der Kleriker-Anteil der christlichsozialen Parlamentsfraktion 1919 bis 1930 bei durchschnittlich knapp fünf Prozent. Vor allem ab Mitte der 1920er Jahre nahm der Anteil des Klerus merklich ab, was jedoch keine Schlüsse über einen möglicherweise schwindenden Einfluss des Katholizismus auf die Partei zulässt. Der allmähliche Rückzug des Klerus ging einher mit dem Aufstieg der katholischen Laien-Intelligenz, vor allem der Vertreter des Cartellverbandes. So rekrutierten sich 1930 64 Prozent der christlichsozialen Parlamentsabgeordneten aus katholischen Laienorganisationen beziehungsweise aus der katholischen Elite (vor allem aus katholischen Korporationen), wogegen beispielsweise nur neun Prozent aus Bauernbund und Landwirtschaftskammer kamen. 1918 bis 1933 zählten 84 Prozent der christlichsozialen Regierungsmitglieder zum katholischen Vereinsleben, 70 Prozent zur katholischen Elite.[8] Noch im Herbst 1933 unterstrich übrigens der Obmann des oberösterreichischen katholischen Volksvereins und christlichsoziale Abgeordnete Josef Aigner in einer Sitzung des Klubvorstandes der Christlichsozialen Partei die Notwendigkeit der Verbindung mit dem Klerus, der, so Aigner, »unser Hauptvertrauensmann ist«.[9]

So viel zum grundsätzlichen Einfluss der Kirche auf die Partei. Die Konstellation, die ich hier zunächst überblicksartig und linear skizziert habe, barg aber durchaus Brüche und Konfliktfelder in sich. Im Zuge meiner Forschungen hat sich insbesondere der Übergang von der Monarchie zur Republik als echte Zäsur im Verhältnis zwischen Kirche und Partei herauskristallisiert – in der Ersten Republik gestaltete sich das parteipolitische Engagement der Kirche besonders intensiv, erhob sie parteiintern auch tatsächlich den Führungsanspruch.[10]

Zäsur 1918: Der »neue« Politische Katholizismus

Wie wir wissen, brachten die Bischöfe der in hohen Kirchenkreisen als »aufmüpfig« empfundenen frühen christlichsozialen Bewegung nur wenige Sympathien

---

6 Zu diesen Bischöfen vgl. Erika Weinzierl, Kirche und Politik, in: Weinzierl/Skalnik (Hg.), Österreich (wie Anm. 4), S. 437–494.

7 Vgl. etwa die Tagebücher des Piffl-Sekretärs Josef Wagners; DAW, Nachlass Wagner.

8 Kriechbaumer, Erzählungen (wie Anm. 3), S. 328–333.

9 Zitiert nach Weinzierl, Kirche (wie Anm. 6), S. 443.

10 Walter M. Iber, Die Christlichsoziale Partei 1918. Neue Schutzmacht der katholischen Kirche, in: politicum 102 (2007), S. 11–14.

entgegen. Die Partei gewann aber – vor allem durch ihren charismatischen Führer Karl Lueger, ab 1897 Bürgermeister von Wien – um die Wende vom 19. zum 20. Jahrhundert zusehends an Anziehungskraft, und an Sympathien im Vatikan. Auch die Bischöfe mussten dieser Entwicklung Rechnung tragen,[11] was schließlich die Fusion zwischen Christlichsozialen und der – eigentlich vom Episkopat favorisierten – Katholisch-Konservativen Partei 1907 zum Ausdruck brachte. Die Christlichsozialen weiteten dadurch ihren Einfluss über Wien hinaus auf die deutschsprachigen agrarischen Kronländer aus. Tatsächlich war diese Fusion aber ein Pyrrhussieg, denn der ideologische Akzent der Partei verschob sich damit vom christlichen Sozialismus Luegers zum christlichen Konservativismus.[12] Am Vorabend des Ersten Weltkrieges war die Christlichsoziale Partei so längst zu einem brauchbaren politischen Instrument geworden, auf das sich die katholische Kirche nach dem Ende der Monarchie stützen konnte. Beim Episkopat, besonders beim Wiener Erzbischof Kardinal Piffl, genoss sie inzwischen große Sympathien. Es bedurfte nur noch einer entsprechenden Führungsfigur, und auch diese war bald gefunden, nämlich im Priester Seipel.

In diesem Zusammenhang kann das Handeln kirchlicher Würdenträger in den Umbruchstagen 1918, allen voran der »Vernunftrepublikaner« Seipel, als der Kaiser zum »Verzicht auf jeden Anteil an den Staatsgeschäften« bewogen, die zwischen Monarchie und Republik hin- und her gerissene Christlichsoziale Partei auf die Republik eingeschworen wurde,[13] als Schachzug angesehen werden. Denn der Episkopat konnte sich dem bevorstehenden Zusammenbruch der Donaumonarchie längst nicht mehr verschließen.[14] Nach dem Ende des Bündnisses zwischen Thron und Altar war es nun im Interesse der Kirche, die Einheit der Partei aufrecht zu erhalten, galt diese doch als der einzig verbliebene weltliche Schutzschild gegen die »revolutionären« Strömungen der Zeit.

Das starke politische Engagement von Ignaz Seipel war in der Partei zunächst jedoch keineswegs unumstritten. Die Parteimitglieder aus den Reihen des Klerus hatten in der Monarchie eher Männer der zweiten und dritten Riege gestellt, und es gab in der Partei so manche, die es auch in der Republik gerne weiterhin dabei belassen hätten; zum Beispiel der in der Tradition Luegers stehende bürgerliche Flügel um Richard Weiskirchner, den letzten »schwarzen« Bürgermeister von Wien, der 1918 offen gegen eine Kandidatur Ignaz Seipels für die Nationalratswahlen im Februar 1919 auftrat. Weiskirchner wollte verhindern, dass ein »Klerikaler« die

---

11 Vgl. jüngst John W. BOYER, Karl Lueger (1844–1910). Christlichsoziale Politik als Beruf. Übersetzt von Otmar BINDER, Wien – Köln – Weimar 2010.

12 Paul M. ZULEHNER, Kirche und Austromarxismus. Eine Studie zur Problematik Kirche-Staat-Gesellschaft (Veröffentlichungen des Instituts für Kirchliche Zeitgeschichte am internationalen Forschungszentrum für Grundfragen der Wissenschaften Salzburg, II. Serie, Studien 1), Wien – Freiburg – Basel 1967, S. 186.

13 Zum Richtungsstreit in der Christlichsozialen Partei, der schließlich den Rücktritt des kaisertreuen Parteivorsitzenden Aloys Liechtenstein zur Folge hatte, vgl. KRIECHBAUMER, Erzählungen (wie Anm. 3), S. 252–254; Maddalena GUIOTTO, I cristiano-sociali tedeschi durante la prima guerra mondiale, in: Andreas GOTTSMANN (Hg.), Karl I. (IV.), der Erste Weltkrieg und das Ende der Donaumonarchie (Publikationen des Historischen Instituts beim Österreichische Kulturforum in Rom, Abhandlungen 14), Wien 2007, S. 23–32, hier S. 31f.

14 Vgl. Andreas GOTTSMANN, Die Wiener Nuntiatur und Kaiser Karl, in: DERS. (Hg.), Karl I. (wie Anm. 13), S. 93–118, hier S. 109–112.

Führung der Partei übernahm.[15] Unterstützt von Kardinal Piffl ging Seipel letztlich als Sieger aus dieser Auseinandersetzung hervor und wuchs in weiterer Folge zum starken Mann, der über weite Teile der Ersten Republik die Geschicke der Christlichsozialen lenkte. Parteiinterne Ressentiments gegen Seipel blieben jedoch Zeit seines Lebens bestehen, ja mehr noch: der Priesterpolitiker wurde von nicht Wenigen in der Partei gefürchtet und erreichte nie jenen Identifikationsgrad wie Lueger.[16] Mitunter soll Seipel in christlichsozialen Kreisen gar mit den Worten »Alles Hirn, kein Herz« charakterisiert worden sein.[17] Und dennoch: Er war der starke Mann; die Partei konnte sich seiner Strahlkraft nicht entziehen, sie folgte ihm.

Die von mir angesprochene Zäsur im Verhältnis zwischen Kirche und Partei gab es insofern, als sich die Christlichsozialen in der Ersten Republik schließlich von Männern führen ließen, die der Amtskirche angehörten beziehungsweise ein entsprechendes Nahverhältnis zu dieser aufwiesen und folglich ganz in deren Sinne agierten – zunächst vom Priester Ignaz Seipel, danach von Engelbert Dollfuß, jenem Kanzler, der von einem enormen katholischen Sendungsbewusstsein erfüllt war[18] und unter dem 1933 das Konkordat mit dem Heiligen Stuhl ausgehandelt werden sollte.[19]

Das Jahr 1918 führte zu also einem »neuen« Politischen Katholizismus, in dem die Kirche die Partei in ein starkes Abhängigkeitsverhältnis drängte – insbesondere durch die Initiative und das Engagement des Priesterpolitikers Seipel.[20] Es ist klar, dass es sich bei diesem Politischen Katholizismus um kein gänzlich homogenes Gebilde handelte: Es gab mehrere Flügel, und das Spektrum reichte von der katholischen Arbeiterbewegung und dem Einzelkämpfer Ernst Karl Winter am linken Rand bis hinüber zu den deutschnational gesinnten Exponenten wie Bischof Alois Hudal. Doch den Kern dieses Politischen Katholizismus, den bildete die Wiener Gruppe um Ignaz Seipel und Engelbert Dollfuß.[21] Zu diesem Kern gehörte auch Friedrich Funder, der einflussreiche Chefredakteur und Herausgeber der katholischen Tageszeitung *Reichspost*, auf dessen Rolle später noch näher einzugehen sein wird.

---

15 Klemens von Klemperer, Ignaz Seipel. Staatsmann einer Krisenzeit. Vom Verfasser erweiterte und revidierte Auflage, Graz – Wien – Köln 1976, S. 94 (amerikanischer Originaltitel: Ignaz Seipel, Christian Statesman in a Time of Crisis, übersetzt von Margreth Kees).

16 Ernst Hanisch, Der lange Schatten des Staates. Österreichische Gesellschaftsgeschichte im 20. Jahrhundert (Österreichische Geschichte 1890–1990), Wien 1994, S. 130.

17 Zitiert nach Wilhelm Ellenbogen, Menschen und Prinzipien. Erinnerungen, Urteile und Reflexionen eines kritischen Sozialdemokraten (Veröffentlichungen der Kommission für Neuere Geschichte Österreichs 71), Wien – Köln – Graz 1981, S. 107.

18 Gudula Walterskirchen, Engelbert Dollfuß. Arbeitermörder oder Heldenkanzler, Wien 2004, S. 165–171.

19 Das Konkordat zwischen dem Heiligen Stuhl und Österreich wurde am 5. Juni 1933 in Rom unterzeichnet. Es regelte alle kulturpolitisch strittigen Fragen im Sinne der Kirche und trat am 1. Mai 1934, gemeinsam mit der ständestaatlichen Verfassung, in Kraft; vgl. Erika Weinzierl-Fischer, Die österreichischen Konkordate von 1855 und 1933, Wien 1960, S. 181–249.

20 Iber, Partei (wie Anm. 10); vgl auch Dieter A. Binder, Fresko in Schwarz? Das christlichsoziale Lager, in: Helmut Konrad/Wolfgang Maderthaner (Hg.), … der Rest ist Österreich. Das Werden der Republik, Bd. 1, Wien 2008, S. 241–260, hier S. 259f.

21 Ernst Hanisch, Der Politische Katholizismus als ideologischer Träger des »Austrofaschismus«, in: Emmerich Tálos/Wolfgang Neugebauer (Hg.), »Austrofaschismus«. Beiträge über Politik, Ökonomie und Kultur 1934–1938, Wien 4., erw. Aufl. 1984, S. 53–73, hier S. 55.

Dem für das Schicksal der Ersten Republik so entscheidenden Antimarxismus der Christlichsozialen Partei lag vor allem die Ideologie des Politischen Katholizismus zugrunde. Der antiklerikale Flügel der Sozialdemokratie forderte die katholische Kirche mit seiner revolutionären Rhetorik, der Kirchenaustrittspropaganda,[22] der Forderung nach der Trennung von Kirche und Staat, heraus und beschwor bei dieser Ängste vor einer Neuauflage des im 19. Jahrhundert zwischen Liberalismus und Katholizismus geführten »Kulturkampfes« herauf. Er schürte bei den Katholiken die Furcht vor einer Revolution der Linken. Dadurch wurden im katholischen Lager auch jene Elemente, die im Grunde durchaus zu einer Kooperation bereit waren, abgeschreckt.[23] Der von den »Austromarxisten« zum Dogma hochstilisierte Glaube an den Endsieg des Marxismus wirkte auf die Sozialdemokratie insofern als Hemmschuh, als er der Oppositionspartei keine staatstragende Räson erlaubte. Ihre aus dieser bundespolitischen Konstellation[24] erwachsene Abwehrhaltung projizierte die Kirche auf die Partei, die sie in kulturpolitischen Fragen regelrecht vor sich hertrieb.[25] Das verstärkte politische Engagement, zu dem sich die Kirche ab 1918 veranlasst sah, barg aber einen Teufelskreis in sich. Es forcierte eine extreme Polarisierung und begünstigte innenpolitische Krisen, es verschärfte zwangsläufig den Konflikt mit dem antiklerikalen Flügel der Sozialdemokratie. Man denke etwa an die Untergriffe und Gewaltakte gegen den »Pfaffen« Seipel; beispielsweise an die Kampagnen in der *Arbeiter-Zeitung*, die sich teils »hart an der Grenze« zur »Mordpropaganda«[26] bewegten, und an das Attentat auf dem Wiener Südbahnhof 1924, bei dem der Bundeskanzler lebensgefährlich verletzt wurde.[27] Das Fortwähren der innenpolitischen Krisen aber führte wiederum dazu, dass unter den Katholiken die Kritik an Demokratie und Republik wuchs und schließlich in den 1930er Jahren ihren Höhepunkt erreichte.[28] Im Kontext eines europaweiten

---

22 So setzte etwa nach den blutigen Ereignissen rund um den Justizpalastbrand vom 15. Juli 1927 – Seipel war dadurch bekanntlich zum »Prälat ohne Milde« gestempelt worden – eine wohl organisierte Kirchenaustrittspropaganda ein, die ihre Wirkung nicht verfehlte. Allein in Wien verlor die Kirche innerhalb von zwei Monaten ca. 13.000, im ganzen Jahr schließlich 28.837 Mitglieder. Schon seit 1918 war es durch die antiklerikale sozialdemokratische Propaganda jährlich zu 6.000 bis 8.000 Austritten gekommen, 1923 waren es sogar 22.000 gewesen. Zu den Zahlen vgl. Ernst Hanisch, Die Ideologie des Politischen Katholizismus in Österreich 1918–1938 (Veröffentlichung des Instituts für Kirchliche Zeitgeschichte am internationalen Forschungszentrum für Grundfragen der Wissenschaften Salzburg, II. Serie, Studien 5), Wien – Salzburg 1977, S. 459f.

23 Rudolf Neck, Sozialdemokratie, in: Weinzierl/Skalnik (Hg.), Österreich (wie Anm. 4), S. 225–248, hier S. 241; vgl. dazu auch Hanisch, Ideologie (wie Anm. 22), S. 17.

24 Die Betonung liegt hier deshalb auf den bundespolitischen Voraussetzungen, weil in der Landespolitik die Gegebenheiten und Rahmenbedingungen oftmals völlig anders waren. So zwang etwa die auf Proporz ausgerichtete Landesverfassung in Oberösterreich Christlichsoziale und Sozialdemokraten zur politischen Kooperation. Vgl. Harry Slapnicka, Christlichsoziale in Oberösterreich. Vom Katholikenverein 1848 bis zum Ende der Christlichsozialen 1934 (Beiträge zur Zeitgeschichte Oberösterreichs 10), Linz 1984.

25 Ernst Hanisch, Das System und die Lebenswelt des Katholizismus, in: Tálos u.a. (Hg.), Handbuch (wie Anm. 2), S. 444–453, hier S. 446f.

26 Gerhard Botz, Gewalt in der Politik. Attentate, Zusammenstöße, Putschversuche, Unruhen in Österreich 1918–1938, München 1983, S. 120.

27 Ebd., S. 123–129; Reinhard Pohanka, Attentate in Österreich, Graz – Wien – Köln 2001, S. 99–108; Walter M. Iber, Gewalt im »Roten Wien«. Zur antimarxistischen Propaganda des Politischen Katholizismus, 1918–1934, in: Andrea Pehr/Johannes Giessauf/Peter Wiesflecker (Hg.), »Tabu, Trauma, Triebbefriedigung«. Aspekte erlittener und geschauter Gewalt, Graz 2011.

28 Alfred Diamant, Die österreichischen Katholiken und die Erste Republik. Demokratie, Kapitalismus und soziale Ordnung 1918–1934, Wien 1960, S. 133 (amerikanischer Originaltitel: Austrian Catho-

»Rechtsrucks« wurde der Ruf nach einer autoritären Lösung der Probleme immer lauter. Der Politische Katholizismus, inzwischen auch mit der nationalsozialistischen Bedrohung konfrontiert,[29] ließ den Parteienstaat hinter sich und beschritt den Weg zur autoritären Diktatur.

Im Zeichen Seipels: Die Christlichsoziale Partei im Spiegel der vatikanischen Akten

Aus Rom bekam man dafür volle Rückendeckung. Der Vatikan sah zunächst vor allem die »rote Gefahr«, das heißt als ideologischer Hauptfeind galten Sozialismus und Kommunismus (zwischen denen im Übrigen kein Trennstrich gezogen wurde).[30] Dementsprechend wohlwollend beobachtete man die antimarxistische Linie der Christlichsozialen Partei. Hatte sich der päpstliche Kardinalstaatssekretär Pietro Gasparri im März 1920 gegenüber dem österreichischen Vatikangesandten Ludwig Pastor noch besorgt über das bevorstehende Verhältnis zwischen Kirche und Staat in Österreich geäußert,[31] so ließ die tatsächliche Entwicklung in Österreich den Vatikan in seiner Meinung bald umschwenken. In einer 1922 verfassten Aktennotiz in den Beständen der Affari Ecclesiastici hieß es dazu sinngemäß: »Die Lage der Kirche in Österreich ist gut. Bis zum heutigen Tage, vier Jahre nach der Revolution, ist es noch immer nicht zu einer Trennung von Kirche und Staat gekommen. An den Schulen gibt es Religionsunterricht, Bischöfe und Priester können ihr Amt ungehindert ausüben, und der staatliche Religionsfonds ist intakt. Der Katholizismus hat seine Bastionen gehalten!«[32] All das wertete man als Verdienst der Christlichsozialen Partei, insbesondere aber als das Verdienst ihres Führers, Ignaz Seipel.[33]

Und 1923 hieß es in den Instruktionen für den neuen Wiener Nuntius Enrico Sibilia über Seipel:

> Seipel è un degno ecclesiastico, noto sociologo ed economista. Dopo la rivoluzione egli aveva rifiutato ogni partecipazione diretta al potere; ma la gravità della crisi lo determinò poi ad uscire dal suo riserbo. Egli entrò nel Governo come capo del partito cristiano-sociale e il fatto che il tale partito ebbe a di

lics and the First Republic – Democracy, Capitalism and the Social Order 1918–1934, übersetzt von Norbert Leser); Hanisch, Schatten (wie Anm. 16), S. 131f.

29 Die Nationalsozialisten schafften nie den Einzug in den österreichischen Nationalrat, jedoch konnten sie nach der letzten Nationalratswahl 1930 bei verschiedenen Regionalwahlen sprunghafte Stimmenzuwächse verbuchen; vgl. Kriechbaumer, Erzählungen (wie Anm. 3), S. 686–695.

30 Pionierarbeit im Hinblick auf die seit 2006 neu zugänglichen vatikanischen Bestände zur Zwischenkriegszeit leistete Andreas Gottsmann mit seinem umfassenden Archivbericht: Andreas Gottsmann, Archivbericht: »Finis Austriae« im Archiv der Kongregation für außerordentliche kirchliche Angelegenheiten (Affari Ecclesiastici Straordinarii), in: Römische Historische Mitteilungen 50 (2008), S. 545–556.

31 Ludwig Pastor, 12. März 1920; ÖStA, AdR, Gesandtschaft Rom-Vatikan, Karton 4, Z. 2/P.

32 Promemoria, o. D. [1922]; S.RR.SS., AA.EE.SS., Austria-Ungheria, 1932–1934, pos. 848–849, P.O., fasc. 20.

33 Ebd.

> segnare il suo duce stesso indica che si ritenevano in Austria necessari i più grandi sforzi per salvare il paese dalla rovina.[34]

Man wusste das politische Wirken der Partei also fraglos zu schätzen, aber noch weit mehr schätzte man die Person des Parteiführers Seipel. Nimmt man die vatikanischen Quellen indes weiter unter die Lupe, dann stellt sich bald heraus: Nicht die Partei an sich war es, der man zutraute, den Katholizismus gegen die Angriffe der Sozialdemokraten zu verteidigen. Dieses Vertrauen legte man voll und ganz in Seipel – nur unter seiner Führung, so dachte man, könne die Partei ihren Zweck als weltlicher Arm der Kirche erfüllen. Dieses Bild der Abhängigkeit der Partei von ihrem Obmann wurde schließlich immer stärker und kam besonders in den Berichten des Nuntius Sibilia zur Geltung.

Im Fokus der Berichte stand die Wiener Parteizentrale, insbesondere also Seipel, der ja mit Sibilia regelmäßig verkehrte und über den der Nuntius sich nur in den höchsten Tönen äußerte: Er goutierte Seipels Bürgerblockpolitik ausdrücklich, er billigte auch seine Heimwehrpolitik. Die Heimwehren sah Sibilia als absolute Notwendigkeit zur Verteidigung der katholischen Interessen in Österreich an. Lange Zeit betrachtet er sie als »Teil der Christlichsozialen Partei«. Als die Heimwehren 1930 eine eigene Partei, den Heimatblock, gründeten, kam das für Sibilia einer Parteispaltung gleich.[35] Dabei war es in der Realität so, dass sich ein großer Teil der inhomogenen Wehrverbände zu diesem Zeitpunkt längst von der Partei emanzipiert hatte. Überhaupt waren die Heimwehren formal niemals Bestandteil der Christlichsozialen Partei gewesen.[36] Einmal mehr spiegelte sich in diesen Ausführungen Sibilias die Politik Seipels wider, der sich – letztlich freilich erfolglos – bemühte, die Heimwehren unter Kontrolle der Partei zu halten. Seinem engen Mitarbeiter, dem Sektionschef Richard Schüller gegenüber erwähnte Seipel in diesem Zusammenhang, dass er die Wehrverbände deshalb fördere, weil es »im Inneren nicht gehen [könne], wenn sich die Sozi nicht fürchten«.[37]

Besorgt äußerte sich Sibilia 1927 nach dem nur knappen Wahlsieg der von Seipel kreierten »Einheitsliste« aus Christlichsozialen und Großdeutschen gegen die Sozialdemokraten: »Con queste nuove elezioni pertanto la situazione politica dei cristiano-sociali è divenuta alquanto più scabrosa e delicata.« Der Nuntius wetterte gegen die »kulturkämpferischen« Sozialdemokraten und forderte eine Mobilisierung aller verfügbaren Kräfte zur Verteidigung der katholischen Sache (insbesondere in der Schulfrage). All seine Hoffnungen setzte er in den »ottimo« Kanzler Seipel.[38] Überhaupt keine Beachtung im Bericht Sibilias fand indes die

---

34 Instruktionen für den neuen Nuntius Sibilia, Januar 1923; S.RR.SS., AA.EE.SS., Austria-Ungheria, 1932–1934, pos. 848–849, P. O., fasc. 21, fol. 52–56.

35 Sibilia, 1. Oktober 1930; S.RR.SS., AA.EE.SS., Austria-Ungheria, pos. 852 P. O., fasc. 24, fol. 58f.

36 Alfred Ableitinger, Das konservative und christdemokratische Lager, in: Erich Zöllner (Hg.), Österreichs Erste und Zweite Republik. Kontinuität und Wandel ihrer Strukturen und Probleme, Wien 1985, S. 57–80, hier S. 69f.; vgl. auch Walter Wiltschegg, Die Heimwehr. Eine unwiderstehliche Volksbewegung? (Studien und Quellen zur Österreichischen Zeitgeschichte 7), Wien 1985.

37 Richard Schüller, Unterhändler des Vertrauens. Aus den nachgelassenen Schriften von Sektionschef Dr. Richard Schüller, hg. von Jürgen Nautz, Wien – München 1990, S. 134.

38 Sibilia, 30. April 1927; S.RR.SS., AA.EE.SS., Austria-Ungheria, pos. 852 P. O., fasc. 23, fol. 12.

Tatsache, dass der »Einheitsliste« Seipels auch nationalsozialistische Splittergruppen angehört hatten. Diese Gruppen konnten letztlich zwar kein Mandat erobern, das Bündnis erregte aber durchaus Aufsehen. Umso bemerkenswerter scheint die Ignoranz des Vatikans. Sie unterstreicht, wie sehr man sich in Österreich auf die »rote Gefahr« konzentrierte – und darüber hinaus die »braune Gefahr« lange Zeit vernachlässigte. Seipel selbst, ein Pragmatiker und alles andere als ein demagogischer Antisemit, begegnete der Kritik an gewissen Namen auf seiner Einheitsliste mit dem trockenen Argument, »daß wir niemandes Mitwirkung ablehnen können, der guten Willens ist, die Prinzipien des Rechtsstaates zu verteidigen. Wenn das Haus brennt, fragt man den Feuerwehrmann nicht um seine Stellung zur Rassenfrage«.[39]

Ein weiteres Mal standen Seipel und die Christlichsozialen 1928 im Mittelpunkt, als der christlichsoziale Nationalratspräsident Wilhelm Miklas von der Bundesversammlung zum Bundespräsidenten gewählt wurde. Sibilia wertete das als großen Triumph über die Sozialdemokraten, die mit Karl Renner ebenfalls einen Kandidaten zur Wahl gestellt hatten. Der Nuntius sprach hier – bezeichnenderweise – aber nicht von einem wichtigen Sieg für die christlichsoziale Bewegung, sondern von einem »Triumph Seipels«.[40] Noch etwas weiter ging Kardinalstaatssekretär Gasparri, als er die Ernennung von Miklas gegenüber dem Vatikangesandten Pastor zwar begrüßte, gleichzeitig aber bedauerte, dass Seipel dieses Amt nicht zusätzlich zur Kanzlerschaft übernommen hatte.[41] Überhaupt, so scheint es, wurden die Pro-Seipel-Botschaften Sibilias im Vatikan auch angenommen – zumindest wurden die Inhalte der Berichte offenbar unreflektiert übernommen. Für Pius XI. war Seipel »der Mann der Vorsehung«.[42] Und Gasparri setzte – wie auch von Sibilia mehrmals gefordert – auf die Bildung einer antimarxistischen Einheitsfront aller bürgerlichen Kräfte unter der Führung Seipels.[43]

Abgesehen von Seipel wurden andere christlichsoziale Politiker bei Sibilia zwar da und dort erwähnt, jedoch nicht wirklich an ihren politischen Fähigkeiten gemessen. Ein gewöhnlicher christlichsozialer Spitzenpolitiker zeichnete sich für den Nuntius vor allem durch einen vorbildlichen katholischen Lebenswandel aus, und weniger durch politisches Geschick. War der Betreffende aber kein »ottimo cattolico«, dann hatte er beim Nuntius einen schweren Stand. Das betraf besonders Ernst Streeruwitz vom Wirtschaftsflügel der Christlichsozialen Partei, der 1929 die Nachfolge Seipels als Bundeskanzler antrat. Schon beim Antritt der Regierung Streeruwitz argwöhnte Sibilia unterschwellig, dass man nicht genau wisse, wie ka-

---

39 Zitiert nach Friedrich RENNHOFER, Ignaz Seipel. Mensch und Staatsmann. Eine biographische Dokumentation, Wien – Köln – Graz 1978, S. 495f.

40 Sibilia, 6. Dezember 1928; S.RR.SS., AA.EE.SS., Austria-Ungheria, pos. 852 P. O., fasc. 23, fol. 50.

41 Andreas GOTTSMANN, Ludwig von Pastor und Enrico Sibilia. Diplomatie im Dienste des katholischen Österreich, in: Arnold SUPPAN/Maddalena GUIOTTO (Hg.), Österreich und Italien im Mitteleuropa der Zwischenkriegszeit (Contributi/Beiträge. Collana dell'Istituto storico italo-germanico Trento) (im Druck).

42 Friedrich ENGEL-JANOSI, Vom Chaos zur Katastrophe. Vatikanische Gespräche 1918 bis 1938, vornehmlich aufgrund der Berichte der österreichischen Gesandten beim Heiligen Stuhl, Wien – München 1971, S. 94.

43 Ebd.

tholisch der neue Kanzler denn nun wirklich sei.[44] Es dauerte nicht lange, bis aus der Wiener Nuntiatur Rufe nach der Ablösung des Bundeskanzlers ertönten: Anstatt den Sozialisten die Zähne zu zeigen, mache er ihnen Zugeständnisse.[45] Tatsächlich überdauerte das Kabinett Streeruwitz nur wenige Monate und war bald darauf Geschichte. Es ist wenig überraschend, dass ausgerechnet Seipel an der Demission der Regierung Streeruwitz nicht ganz unbeteiligt war.[46] Wie Streeruwitz in seinen Memoiren andeutete, hatte Seipel sich von ihm als »altem Offizier und Industrieführer« deutlich mehr Tatkraft erwartet.[47]

Doch nicht nur Streeruwitz, auch den doch zahlreichen anderen christlichsozialen Bundeskanzlern der Ersten Republik brachte Sibilia relativ wenig Vertrauen entgegen – bis eben 1932 Engelbert Dollfuß das Ruder übernahm. Sein autoritärer Kurs war für den Nuntius die »Vollendung christlicher Politik«.[48]

Das Dreieck Seipel – Funder – Sibilia

Ich habe oben bereits den Namen des Chefredakteurs Friedrich Funder erwähnt. Funders *Reichspost* gehörte zu jenen katholischen Pressorganen, die die Kirche für die tagespolitischen Kontroversen offiziell in den Dienst der Christlichsozialen Partei (die ihrerseits über kein eigenes Presseorgan verfügte) stellte. Sie verstand sich als katholischer Vorposten im »Roten Wien« und erreichte bis zur Mitte der 1920er Jahre eine Auflage von 50.000 Exemplaren. Ein Blick auf die Besitzverhältnisse offenbart die Intensität des Einflusses der Amtskirche und die damit verbundene Integration in das Netzwerk des Politischen Katholizismus: Die *Reichspost* erfuhr seit 1905 massive finanzielle Unterstützung durch den österreichischen Pius-Verein, der auf Initiative des Jesuitenpaters Viktor Kolb ins Leben gerufen worden war. Dem Gründungskomitee des nach Papst Pius IX. benannten Vereins gehörten unter anderem die Bischöfe von Gurk und Sankt Pölten an. Im Handelsregister firmierte die *Reichspost* als »Verein Herold«; Ehrenpräsident dieses Vereins war Kardinal Piffl,[49] Vorsitzender seit 1919 kein geringerer als Prälat Ignaz Seipel persönlich.[50] Chefredakteur Funder, selbst ein ehemaliger Priesterseminarist, wurde bald zum loyalen Gefolgsmann Seipels, später unterstützte er die autoritäre Linie von Dollfuß.[51] Schon im November 1918 konnte Seipel die *Reichspost* mit einer Artikelserie[52] als Plattform nutzen, um sich als neue Führungsfigur der Christlichsozialen Partei zu positionieren. Die Berichterstattung der *Reichspost* war – wenig überraschend – ausgesprochen antimarxistisch gefärbt. Man kann hier sogar durchaus von antimarxistischer Propaganda sprechen, wobei sich dahinter eine

---

44 Sibilia, 5. Mai 1929; S.RR.SS., AA.EE.SS., Austria-Ungheria, pos. 852 P. O., fasc. 23, fol. 59f.

45 Sibilia, 20. September 1929; S.RR.SS., AA.EE.SS., Austria-Ungheria, pos. 852 P. O., fasc. 23, fol. 69.

46 Rennhofer, Seipel (wie Anm. 39), S. 639; Klemperer, Seipel (wie Anm. 15), S. 295.

47 Ernst Streeruwitz, Springflut über Österreich, Wien 1937, S. 413.

48 Gottsmann, Pastor (wie Anm. 41).

49 Hedwig Pfarrhofer, Friedrich Funder. Ein Mann zwischen Gestern und Morgen, Graz – Wien – Köln 1978, S. 19 und S. 26–29.

50 Tagebucheintrag Wagner, 19. Februar 1919; DAW, Nachlass Josef Wagner.

51 Vgl. Pfarrhofer, Funder (wie Anm. 49), S. 119–126.

52 Reichspost, 19. bis 21. und 23. November 1918.

Strategie, eine klare Linie erkennen lässt. Die Berichterstatter der Zeitung gingen stets nach demselben Muster vor: Als propagandistischer Überbau diente das Schreckgespenst einer vom »Roten Wien« ausgehenden Revolution gegen das Bürgertum. Eine Vorstellung, die unter anderem durch eine nur unscharf beziehungsweise zum Teil überhaupt nicht vorgenommene Unterscheidung zwischen Sozialisten und Kommunisten präsent gehalten wurde. Auf der anderen Seite wurde ein Gegenmodell zur »unverantwortlichen, orientierungslosen« Politik, zum »Irrweg« der Sozialdemokratie präsentiert. Die christliche Politik und ihre Exponenten – dabei insbesondere Seipel, später Dollfuß – erfuhren eine Quasi-Sakralisierung. Ziel dieser Propaganda war es, im bürgerlich-katholischen Lager die Revolutionsängste weiter anzufachen und einen möglichst hohen Mobilisierungsgrad zu erreichen.[53]

Es ist bezeichnend, dass exakt diese Muster auch in den Berichten Sibilias, der sich regelmäßig mit Seipel und Funder beriet und später ein Förderer Dollfuß' und Befürworter des »Ständestaates« war, auftauchten. Man wird sich angesichts dessen die Frage stellen dürfen, wer hier eigentlich wen beeinflusst hat. Jedenfalls konnte Sibilia, der deutschen Sprache nicht mächtig und daher in Österreich relativ isoliert,[54] dem Intellekt eines Seipel nicht das Wasser reichen, war aber auf den Prälaten und seine unmittelbaren Mitstreiter als Informationsquellen angewiesen – auch der Nuntius konnte (oder wollte) sich dem Bann des Priesterpolitikers nicht entziehen. Das erlaubt zumindest die These, dass den maßgebenden Vertretern des österreichischen Politischen Katholizismus, die gleichzeitig auch den klerikalen Flügel der Christlichsozialen Partei bildeten, eines ganz gut gelungen ist: Sie selbst waren letztlich die Architekten jener Eindrücke, die Sibilia in den Vatikan übermittelte. Diese These lässt sich noch durch mehrere Beispiele untermauern, die man an anderer Stelle wird nachlesen können.[55]

Neben dem Nuntius gab es übrigens auch andere Quellen, die Rom zusätzlich »anzapfte« und die die Notwendigkeit eines autoritären Weges nur zu bestätigen schienen. So schickte der Vatikan im Frühsommer 1929 den geistlichen Diplomaten Luigi Faidutti nach Wien, um die politische Situation dort auszuloten. Faidutti führte unter anderem Interviews mit Seipel und Funder, aber auch mit Bischöfen und hohen Ordensgeistlichen, und verfasste ein ausführliches Gutachten. Behandelt wurden in erster Linie kirchliche Angelegenheiten, die wohl schärfste politische Stellungnahme lieferte der (im Dokument namentlich nicht genannte) Jesuitenprovinzial.[56] Die Sozialdemokraten bezeichnete er als »Marxisten«. Die Christlichsoziale Partei sei zwar im Parlament das katholische Gegenstück zu den Sozialdemokraten, aber die einzig wahre Hoffnung, sie zu besiegen, sie in Schach zu halten, das seien »Heimwehr, Polizei und Armee«. Außerdem brauche man sich

---

53 Iber, Gewalt (wie Anm. 27).

54 Vgl. den Artikel von Rupert Klieber in diesem Band.

55 An der Universität Wien wird dazu von Jürgen Steinmair eine Dissertation vorbereitet. Steinmair widmet sich darin der Frage, inwieweit der Heilige Stuhl den Priesterpolitiker Seipel zu instrumentalisieren versuchte. Erste Auswertungen haben indes ergeben, dass eher das Gegenteil der Fall war. Jürgen Steinmair möchte ich an dieser Stelle für die zahlreichen fruchtbaren Diskussionen und sachdienlichen Hinweise herzlich danken.

56 Zwei Personen kommen hier in Frage: Österreichischer Jesuitenprovinzial war ab dem 15. Juni 1929 (bis 8. Juli 1936) Pater Alois Ersin. Sein unmittelbarer Vorgänger war Franz Salesius Hatheyer; freundliche Auskunft von Dr. Johann Weißensteiner, DAW, vom 9. Juni 2010.

nichts vorzumachen, denn die Kirche in Österreich stecke mitten in einem Kulturkampf, und gerade Wien sei ein zu wichtiger Boden, als dass man ihn den Sozialisten überlassen könne.[57] Die Botschaft war jedenfalls eindeutig: Die Partei alleine kann die Probleme nicht mehr bewältigen, es bedarf dazu autoritärer Mittel.

Auch diese Botschaft deckte sich voll und ganz mit der Sichtweise und den Intentionen des Politischen Katholizismus. Seine Motive waren klar: Den Einfluss der Kirche auf die Gesellschaft zu verteidigen. Dazu galt es, sich innenpolitisch über die Christlichsoziale Partei an den Schalthebeln der Macht zu halten – und die »kulturkämpferischen« Sozialdemokraten von eben diesen fernzuhalten. Nichts fürchtete man mehr, als eine regierungsfähige sozialdemokratische Mehrheit im Parlament. Seipel zog als Führungsfigur zumeist die Fäden. Stets das Wohl der Kirche im Auge behaltend, zeigte er sich mitunter auch bereit, gegen die Interessen der Partei zu handeln.

So wollte der Prälat nach dem katastrophalen Abschneiden der Partei bei den Novemberwahlen 1930 – die Sozialdemokraten hatten die Christlichsozialen an Mandaten überholt – die Verluste durch ein taktisches Manöver nachträglich kompensieren: Die Bildung einer Überpartei, zusammengesetzt aus Mandataren der Christlichsozialen, der Deutschnationalen und des Heimatblockes, sollte nicht nur eine antimarxistische Mehrheit im Parlament, sondern auch die Bildung einer »Autoritätsregierung« ermöglichen. Seipel scheiterte mit diesem Vorhaben letztlich an den Großdeutschen und am Widerstand aus den eigenen Reihen, wobei sich namentlich vor allem Bundespräsident Wilhelm Miklas und der Vorarlberger Landeshauptmann Otto Ender hervortaten.[58] Der Prälat, bereits von schwerer Krankheit gezeichnet, hatte nicht mehr die Kraft, sich hier durchzusetzen. Es lag schließlich an Engelbert Dollfuß, mit der Vaterländischen Front die Idee des Priesterpolitikers in etwas abgewandelter Form in die Tat umzusetzen.

Von Seipel zu Dollfuss – ein linearer Weg?

> Persönlich hat der faschistische Machtgedanke Seipel stark angezogen. Wiederholt hat er öffentlich seiner Bewunderung für Mussolini Ausdruck verliehen. Aber es ist sehr zu bezweifeln, ob er die für eine derartige Bewegung notwendige eisern konsequente Brutalität, die eine gewisse Verbrechermentalität zur Voraussetzung hat, aufgebracht hätte ... Eine solche Verbrechernatur war Seipel nicht.[59]

So urteilte der Sozialdemokrat Wilhelm Ellenbogen in seinen autobiographischen Aufzeichnungen über Ignaz Seipel – und er dürfte damit den Sachverhalt zumindest annähernd richtig skizziert haben. Die Ausführungen Ellenbogens sind

---

[57] Faidutti an Gasparri, 6. August 1929; S.RR.SS., AA.EE.SS., Austria-Ungheria, pos. 848 P. O., fasc. 20.

[58] Klemperer, Seipel (wie Anm. 15), S. 311f.

[59] Ellenbogen, Menschen (wie Anm. 17), S. 110f.

bemerkenswert differenziert und ehrlich, auch die Mitschuld der Sozialdemokratie am Scheitern der Ersten Republik verhehlte er nicht.[60]

Ein Blick auf die Politik des späten Seipel unterstreicht die Einschätzung Ellenbogens wenigstens weitgehend: Seipel war mit Sicherheit kein Freund Benito Mussolinis, aber er liebte die Ordnung. Die Art und Weise, mit der Mussolini in Italien regierte und so für Ordnung sorgte, hat dem Priesterpolitiker, ebenso wie dem Vatikan,[61] zweifellos imponiert.[62] Mit Fortdauer seiner politischen Tätigkeit näherte sich auch Seipel zunehmend und merklich dem Autoritarismus. Nach den Juliunruhen von 1927 forcierte er die – zunächst in Teilen faschistoiden, ab 1930 unverhohlen faschistischen – Heimwehren, und zwar auch dann noch, als sie bereits als eigene parlamentarische Fraktion auftraten. Das brachte ihn in Konflikt mit Teilen der Christlichsozialen Partei, die Seipels Heimwehrpolitik ablehnten und eine Annäherung an die Sozialdemokraten forderten.[63] Seipel war es auch, der seit dem Ende der 1920er Jahre (Tübinger Kritik der Demokratie[64]) massive Kritik an den Parteien – selbst an der Christlichsozialen – übte, die Abschaffung der »Parteienherrschaft« und die Einführung einer »wahren Demokratie« forderte. Im Blick auf diese »wahre Demokratie« engagierte sich der Priesterpolitiker auch vehement in den Diskussionen rund um eine Reform der Verfassung, die eine Machtverschiebung vom Parlament zum Bundespräsidenten bringen sollte. Das Endergebnis, die Verfassungsnovelle von 1929, war ein Kompromiss und ging Seipel, der zwischenzeitlich selbst mit der Bundespräsidentschaft spekulierte, offenbar zu wenig weit. Er war sich sicher, dass hier noch »durchgreifendere Reformen« folgen müssten.[65] Eine dieser Reformen sah Seipel schließlich im Einbau ständischer Elemente in die Verfassung; als ersten wesentlichen Schritt für einen langsamen, organischen Übergang zu einem Staat nach berufsständischer Ordnung.[66] Zwar stieß er auch hierbei auf Widerstände in der Partei,[67] durch die Veröffentlichung der päpstlichen Enzyklika *Quadragesimo anno* 1931 fühlte sich Seipel in seinem Streben jedoch bestätigt.[68]

Auf der anderen Seite musste Seipel als Priester natürlich Skrupel haben, wenn es darum ging, schärfere Mittel, sprich politische Gewalt anzuwenden. So geht

---

60 »Wir selbst haben das Ansehen des Parlaments und den Sinn für die parlamentarische Demokratie im Volk untergraben.« Ebd., S. 71.

61 Wiederholt erklärte der Vatikan, »dass in Italien nur Mussolini allein imstande sei, die Lage zu meistern und Ruhe und Ordnung im Land aufrechtzuerhalten«; Engel-Janosi, Chaos (wie Anm. 42), S. 93.

62 So hielt Seipel 1932, wenige Monate vor seinem Tod, Ausschau nach einem neuen »Cromwell« für Österreich und meinte dazu: »Vielleicht ist Italien der Demokratie am nächsten, denn es hat bereits seinen Cromwell«. Zitiert nach Klemperer, Seipel (wie Anm. 15), S. 329.

63 Die Landesparteileitungen Oberösterreichs und Vorarlbergs drohten sogar mit einer Abspaltung von der Bundespartei; vgl. Staudinger/Müller/Steininger, Partei (wie Anm. 2), S. 174.

64 Ignaz Seipel, Der Kampf um die österreichische Verfassung, Wien – Leipzig 1930, S. 177–188.

65 Rennhofer, Seipel (wie Anm. 39), S. 634–675.

66 Ebd., S. 660.

67 Helmut Wohnout, Regierungsdiktatur oder Ständeparlament? Gesetzgebung im autoritären Österreich, Wien – Köln – Graz 1993, S. 46f.

68 Diamant, Katholiken (wie Anm. 28), S. 97; Klemperer, Seipel (wie Anm. 15), S. 328–332. Zur Rolle der Enzyklika »Quadragesimo anno« vgl. jüngst auch Rupert Klieber, Quadragesimo anno e lo »Ständestaat« d'Austria Nuova (1934–1938), in: Cosimo Semeraro (Hg.), La Sollecitudine Ecclesiale di Pio XI. Alla luce delle nuove fonti archivistiche, Vatikanstadt 2010, S. 347–362.

aus den vatikanischen Akten hervor, dass der Priesterpolitiker 1929 deshalb das Kanzleramt niederlegte, weil er zu diesem Zeitpunkt härtere Maßnahmen gegen die Sozialdemokraten voraussah, sich selbst als Kirchenmann zu einem derartigen Vorgehen aber außerstande fühlte.[69] Selbst der große politische Widersacher, der führende »Austromarxist« Otto Bauer, urteilte 1932 in seinem Nachruf auf Seipel: »Er war von der Gerechtigkeit seiner Sache überzeugt, wie wir von unserer. Er war ein persönlich reiner Mensch; und so hart er als Kämpfer im öffentlichen Leben war, so gütig konnte er im persönlichen Verkehr sein.«[70] Man wird die Person Seipels letztlich also differenziert sehen müssen, wenngleich sich kaum bestreiten lässt, dass er mit seinem Handeln und seinen Ideen ganz wesentlich am Gedankengebäude des »Ständestaates« 1934 bis 1938 mitbaute.

Mit Dollfuß verband Seipel zunächst nicht viel – und später doch Vieles. Die anfänglichen Konflikte zwischen dem jungen, aufstrebenden Dollfuß und dem alten Parteiführer Seipel, die sich später in eine tiefe Bewunderung Dollfuß' für Seipel und in gegenseitigen Respekt wandelten, sind in der Literatur wenigstens knapp dokumentiert.[71] Von einem wirklich linearen Weg von Seipel zur Dollfuß'schen Diktatur kann jedoch nicht unbedingt gesprochen werden, zumal der Pragmatiker Seipel den Sozialdemokraten noch 1931 ein Koalitionsangebot unterbreitet und damit gezeigt hatte, dass sich sein Repertoire keineswegs bloß auf die autoritäre Form der Problemlösung beschränkte.[72] Außerdem blieben Seipels Vorstellungen darüber, wie man sich die »wahre Demokratie« und den »Ständestaat« denn konkret vorzustellen hätte, relativ diffus. Es ist spekulativ und daher für den Historiker wohl müßig, sich die Frage zu stellen, ob Seipel jene autoritäre Diktatur, wie sie nach seinem Tod unter Dollfuß errichtet wurde – immerhin war der Festigung und endgültigen Installierung des autoritären Systems ein zwar kurzer, aber blutiger Bürgerkrieg (Februarkämpfe 1934) vorausgegangen – nun goutiert hätte oder nicht. Daran vermag auch das Beharren Dollfuß' auf dem christlichsozialen Parteitag in Salzburg im Mai 1933, dass Seipel das Ende des Parlamentarismus »seit Jahren vorausgesehen und für notwendig gehalten« habe,[73] letztlich nichts zu ändern.

Doch zweifellos gab es zwischen den beiden Exponenten des Politischen Katholizismus nicht wenige Kontinuitäten und Parallelen, die nicht von der Hand zu weisen sind: die starke Bindung zum Katholizismus, der Antimarxismus, die Heimwehrpolitik, aber auch das Verhältnis zu Leuten wie Funder und Nuntius Sibilia, die ihrerseits wiederum nicht müde wurden, die Kontinuitäten von Sei-

---

69 Sibilia, 4. April 1929; S.RR.SS., AA.EE.SS., Austria-Ungheria, pos. 852 P. O., fasc. 23, fol. 55f. Ähnlich äußerte sich Seipel auch gegenüber Funder; KLEMPERER, Seipel (wie Anm. 15), S. 278.

70 Arbeiter-Zeitung, 3. August 1932.

71 Kurt SCHUSCHNIGG, Dreimal Österreich, Wien 1937, S. 93f.; KLEMPERER, Seipel (wie Anm. 15), S. 336f.; WALTERSKIRCHEN, Dollfuß (wie Anm. 18), S. 177f.

72 Vgl. Dieter A. BINDER, Zum Antiklerikalismus in der Ersten Republik, in: Christliche Demokratie 4 (1991/92), S. 369–389, hier S. 378.

73 Engelbert DOLLFUSS, Über die politische Lage Österreichs. Rede gehalten am 6. Parteitag der Christlichsozialen Partei vom 5. bis 7. Mai 1933 im Festsaal von St. Peter in Salzburg, in: Robert KRIECHBAUMER (Hg.), »Dieses Österreich retten...« Die Protokolle der Parteitage der Christlichsozialen Partei in der Ersten Republik (Schriftenreihe des Forschungsinstitutes für politisch-historische Studien der Haslauer-Bibliothek Salzburg 27), Wien – Köln – Weimar 2006, S. 442–451, hier S. 442.

pel zu Dollfuß in der *Reichspost* beziehungsweise in den Nuntiaturberichten nach Rom aufzuzeigen. Starke Parallelen zwischen Seipel und Dollfuß gab es nicht zuletzt auch in einer Hinsicht, nämlich in ihrem – keineswegs spannungsfreien – Verhältnis zur Christlichsozialen Partei.

Grundsätzlich war keiner der beiden, weder Seipel noch Dollfuß, ein Parteifunktionär im klassischen Sinn. Seipel war ein politischer Quereinsteiger[74] und auch Dollfuß war in der Partei keineswegs so stark verankert, wie man vielleicht annehmen möchte; er hatte zur Partei kein enges Verhältnis.[75] So ist es auch nicht überraschend, dass beide letztlich nicht Parteiinteressen, sondern »höhere Ziele« verfolgten, die im Grunde den Interessen der Kirche entsprachen. Seipels Augenmerk galt dem Schutz der Kirche, und Dollfuß machte den Katholizismus zum ideologischen Herrschaftsträger seines Systems, wissend, dass er die Unterstützung der Kirche brauchte. Die Christlichsoziale Partei diente bei all dem als Mittel zum Zweck, und das brachte beiden so manchen innerparteilichen Konflikt ein. Wie bereits erwähnt, wurde Seipel von Teilen der Partei für seine Heimwehrpolitik und auch für sein ständisches Gedankengut kritisiert. Und auch zwischen dem einfachen Parteimitglied Dollfuß und dem christlichsozialen Parteivorstand gab es bald tiefgreifende Differenzen, die besonders deutlich wurden, als sich nach der Ausschaltung des Parlaments im März 1933 eine autoritäre Regierungsdiktatur etablierte. Die Spannungen waren nicht zuletzt eine Folge des im Mai 1933 in Salzburg abgehaltenen Parteitages. Der Umstand, dass nicht Dollfuß – wie er es eigentlich erwartet hatte – zum Parteivorsitzenden gewählt wurde, kam für den Bundeskanzler einer schweren persönlichen Kränkung gleich. Unter dem zunehmenden Einfluss Mussolinis stand für ihn fest: In seinem autoritären Staat war für die Christlichsoziale Partei, die als solche ja für Demokratie und Parlamentarismus stand, kein Platz mehr.[76]

In dieser Situation gab die Amtskirche dem Kanzler Flankenschutz: Der »mit Zustimmung, vielleicht sogar auf Drängen des Kanzlers«[77] erfolgte Beschluss der österreichischen Bischöfe vom 30. November 1933 über den Rückzug der Priester aus der Parteipolitik hatte de facto die Entmachtung der Partei zur Folge. Ihr wurde damit eine wesentlicher Teil ihrer Eliten, vielerorts aber auch die Organisationsstruktur entzogen, weil mit dem Beschluss die »Entpolitisierung« der Katholischen Vereine einherging. In einer Stellungnahme bezeichnete die Bischofskonferenz selbst ihren Beschluss vom November 1933 »als eine rein taktische Maßnahme und im Hinblick ›auf die gegenwärtigen besonders heiklen politischen Verhältnisse‹. Letztere stehen vorwiegend im Zeichen des einheitlichen vaterländischen Gedankens zum Unterschied vom parteipolitischen Standpunkt, der hinter

74 Klemens von Klemperer, Ignaz Seipel, in: Friedrich Weissensteiner/Erika Weinzierl (Hg.), Die österreichischen Bundeskanzler. Leben und Werk, Wien 1983, S. 92–116, hier S. 98f.

75 Gerhard Jagschitz, Engelbert Dollfuß, in: Weissensteiner/Weinzierl (Hg.), Bundeskanzler (wie Anm. 74), S. 190–216, hier S. 197.

76 Kriechbaumer, Erzählungen (wie Anm. 3), S. 278–293.

77 Robert Kriechbaumer, »Unvergesslich ist ihr Lorbeerkranz«. Das Ende der Christlichsozialen Partei, in: ders. (Hg.), Österreich (wie Anm. 73), S. 465–468, hier S. 467.

ersterem mehr zurücktritt; einer Weiterentwicklung in diesem Sinne will die Kirche in keiner Weise hinderlich sein.«[78]
Bischof Gföllner, selbst glühender Befürworter des »Ständestaates«, betonte in diesem Zusammenhang die Notwendigkeit eines klaren Trennstrichs zwischen katholischem Vereinswesen und Christlichsozialer Partei. Er, Gföllner, habe ohnehin niemals Christlichsozial gewählt.[79]

Demokratische Gewissensbisse – Die »Miklas-Affäre« 1933

Zu einem letzten Aufbäumen der alten, um die Existenz der Partei fürchtenden, teils wegen des Verfassungsbruchs auch mit Gewissensbissen kämpfenden Granden gegen den autoritär gesinnten Flügel um Dollfuß kam es schließlich gegen Ende 1933. Diesmal bekam Dollfuß sogar Rückendeckung von höchster kirchlicher Stelle: Im Dezember 1933 berichtete der Wiener Erzbischof Theodor Kardinal Innitzer Kardinalstaatssekretär Eugenio Pacelli über schwere Differenzen zwischen Bundeskanzler Dollfuß und dem christlichsozialen Bundespräsidenten Miklas.[80] Letzterer hegte ernsthafte Zweifel an den Methoden, mit denen Dollfuß versuchte, einen Staat nach den Grundsätzen von *Quadragesimo anno* aufzubauen. Miklas »denkt scheinbar bisweilen ernstlich an eine Demission«, was »unter den jetzigen Verhältnissen eine Katastrophe« wäre, so Innitzer. Der Wiener Erzbischof hob hervor, dass es für den tief gläubigen Bundespräsidenten eines entsprechenden Winkes von vatikanischer Seite bedürfe. Die Antwort aus Rom ließ nicht lange auf sich warten: Im persönlichen Auftrag des Papstes wurden Innitzer geheime Instruktionen für eine Besprechung mit Miklas übermittelt, deren Inhalt keinen Zweifel an der vatikanischen Parteinahme zugunsten der autoritären Regierung ließ. So sollte der Bundespräsident darauf aufmerksam gemacht werden, dass man in Rom das Wirken der Regierung Dollfuß voll und ganz in Einklang mit dem Wohl des Volkes und der Religion und den Interessen der Kirche sah. Der Vatikan drängte vehement auf eine ständestaatliche Verfassung. »Seine Heiligkeit ist sogar der Auffassung, dass jedwedes weitere Hinausschieben schädlich ist, umso mehr als es bereits jetzt den Gegenströmungen Zeit und Möglichkeit zu geben scheint, sich auszubreiten und zu festigen«, so Pacelli. Gewisse Bedenken, die bei Miklas trotz dieser klaren Offenlegung der vatikanischen Position nach wie vor bestehen blieben, wurden in Rom mit Unverständnis quittiert und blieben ungehört.[81]
Anfang Februar 1934 legte der Vatikan sogar noch einmal nach und ließ über den österreichischen Gesandten beim Heiligen Stuhl nach Wien ausrichten, dass man in Rom die »bereits überfällige Durchführung des projektierten Umbaus des

[78] Zitiert nach Johannes Ebner, Bischofskonferenz beschließt Rückzug des Klerus aus der Politik (30. November 1933). Eine kleine Dokumentation, in: Neues Archiv für die Geschichte der Diözese Linz 1 (1982/83), S. 69–77, hier S. 70.
[79] Weinzierl, Kirche (wie Anm. 6), S. 484.
[80] Zur »Miklas-Affäre« auf der Basis der vatikanischen Akten vgl. ausführlich Walter M. Iber, Zu den ideologischen Grundlagen des Antimarxismus/Antisozialismus der Christlichsozialen Partei 1918–1934, in: Römische Historische Mitteilungen 49 (2007), S. 511–540, hier S. 527f.
[81] Ebd.

Staates« vermisse, der »dem Extremismus allein durch die Schwerkraft der geänderten Tatsachen bereits viel Wind aus den Segeln genommen« hätte. Es sei viel kostbare Zeit verloren gegangen.[82] Als schließlich am 1. Mai 1934 gemeinsam mit der neuen Verfassung auch das Konkordat ratifiziert wurde, durfte sich Dollfuß der freudigen Zustimmung aus Rom sicher sein. »Mit herzlicher Genugtuung« lobte Pacelli den Kanzler »angesichts des großen Werkes, mit dem Österreich seine staatliche Aufbauarbeit bewusst auf den Boden traditioneller Treue zu Christus und seiner Kirche stellt«.[83]

Wie zuvor schon Seipel, so konnte auch Dollfuß mit seinem Kurs erreichen, dass sich der Vatikan für seine Zwecke einsetzte – diesmal war es aber nicht bloß der Nuntius, der in der »Miklas-Affäre« mehr oder weniger umgangen wurde, sondern es waren keine Geringeren als Papst und Kardinalstaatssekretär, die sich persönlich einschalteten.

Was nun Wilhelm Miklas betrifft, so hat dieser sich letztlich gebeugt – er blieb im Amt und schwieg.[84] Sein Verhalten steht auch symbolisch für die Christlichsoziale Partei, die gegenüber der Kirche zumeist den Weg des geringsten Widerstandes gegangen war, sich 1918 bis 1934 als zuverlässiges Glied in der Kette des Politischen Katholizismus, als williges Instrument erwiesen hatte. Im autoritären »Christlichen Ständestaat«, wo der sozialdemokratische Antiklerikalismus auf verlorenem Posten stand und die Kirche Privilegien genießen sollte, die stark an ihre Stellung in der Monarchie erinnerten, hatte sie ihre Schuldigkeit getan. Nach dem Inkrafttreten der ständestaatlichen Maiverfassung von 1934, die sie noch selbst mitbeschlossen hatte, unterzog sich die Partei der Selbstliquidierung und ging in der Einheitspartei Vaterländische Front auf.

Schlusswort: Abgesang auf eine Partei

Gegen ihre Auflösung leistete die Christlichsoziale Partei keine nennenswerte Gegenwehr. Seit der Ära Seipels hatte sie sich daran gewöhnt, sich von einer starken Persönlichkeit leiten zu lassen und im Kielwasser des Politischen Katholizismus dahinzutreiben. Während die einen Seipel bedingungslos folgten, gab es parteiintern natürlich auch andere Strömungen (vor allem in einzelnen Bundesländern wie Oberösterreich, Vorarlberg, aber auch in der Christlichen Arbeiterschaft), die vereinzelt Kritik übten. Der Widerstand war letztlich jedoch weder konsequent noch überzeugend. Die Partei stand im Bann des Priesterpolitikers, dem sie sich auch 1933, nach Seipels Tod, noch immer nicht entziehen konnte. Aus Angst vor Verlusten bei Neuwahlen trug sie den Kurs seines »Nachfolgers« Dollfuß mit und wurde zu einer Erfüllungsgehilfin des Autoritarimus. Damit besiegelten die Christlichsozialen letztlich aber auch ihren eigenen Untergang. Ihre Rolle könnte wohl nicht trefflicher formuliert werden, als dies Engelbert Dollfuß am 14. Mai

82 Kohlruss an den Generalsekretär für auswärtige Angelegenheiten Peter-Thyllnreuth, 8. Februar 1934; ÖStA, AdR, Gesandtschaft Rom-Vatikan, Karton 7, Z. 2/P.

83 Zitiert nach Reichspost, 3. Mai 1934, S. 1.

84 Walter Goldinger, Wilhelm Miklas, in: Friedrich Weissensteiner (Hg.), Die österreichischen Bundespräsidenten, Wien 1982, S. 82–120, hier S. 120.

1934 bei der letzten Sitzung des christlichsozialen Klubvorstandes vor dessen Auflösung tat:

> Der Vorstand, der doch die Führung des Klubs war, hat durch diese Haltung die Entwicklung ja nur so ermöglicht. ... Die Christlichsoziale Partei ... hat konsequent die Linie bis zum Schluss eingehalten und einen tadellosen Eindruck gemacht.[85]

[85] Walter Goldinger (Hg.), Protokolle des Klubvorstandes der Christlichsozialen Partei 1932–1934 (Studien und Quellen zur österreichischen Zeitgeschichte 2), Wien 1980, S. 368f.

DIE KATHOLISCHEN POLITISCHEN PARTEIEN IN DEN BÖHMISCHEN LÄNDERN ZWISCHEN DEM ERSTEN UND DEM ZWEITEN WELTKRIEG

Jaroslav Šebek

Nach 1918 brachte die Bildung eines selbständigen tschechoslowakischen Staates in das geistige und kirchliche Leben Böhmens eine Reihe neuer Phänomene, die Auswirkungen auf die Ebene der politisch-gesellschaftlichen Entwicklung hatten und die Form der multinationalen Beziehungen im tschechoslowakischen Staat gestalteten.[1]

Für die römisch-katholische Kirche erwies sich die Nachkriegssituation in der Tschechoslowakei allgemein als schwierig. Es gab zweifelsohne eine Reihe von Faktoren, die die ungünstige Stellung der katholischen Kirche bedingten. Ein Faktor war der Zerfall der Habsburgermonarchie, der auch das bisherige Modell der Beziehungen zwischen Kirche und Staat, das sich durch eine enge gegenseitige Durchdringung ausgezeichnet hatte, beendete. Zudem gehörte die Tschechoslowakei nach dem Ersten Weltkrieg zu den am meisten säkularisierten Ländern in Mitteleuropa. Verursacht wurde dieser Zustand sowohl durch die traditionelle antireligiöse Animosität tschechischer national-liberaler und sozialistischer Eliten als auch durch die moralische Wertekrise nach dem Ersten Weltkrieg. Diese kirchlich-gesellschaftliche Entwicklung in der Tschechoslowakei erwähnte auch der damalige Papst Benedikt XV. (1854–1922).[2] Zur Verbreitung des Antiklerikalismus in der Tschechoslowakei trug zudem die Tatsache bei, dass die tschechische Öffentlichkeit, beziehungsweise die tschechischen liberal-nationalen Kreise, den böhmischen Katholizismus einer ungebrochenen Loyalität gegenüber der Habsburgermonarchie bezichtigten.[3] Zu den offiziellen Traditionen des selbständigen tschechoslowakischen Staates gehörten zusätzlich die Kulte und öffentlichen

---

1 Zur Problematik der Beziehungen von Staat und Kirche in der Tschechoslowakei der Zwischenkriegszeit vgl. Pavel Marek, Das Verhältnis zwischen Staat und Kirche, in: Martin Schulze Wessel/Martin Zückert (Hg.), Handbuch der Religions- und Kirchengeschichte der böhmischen Länder und Tschechiens im 20. Jahrhundert, München 2009, S. 3–46; František X. Halas, Religion und säkulare Gesellschaft, in: ebd. S. 267–289; Stanislav Balík, Kulturní boj v českých zemích a politický katolicismus [Kulturkampf in den böhmischen Ländern und politischer Katholizismus], in: Pavel Marek (Hg.), Teorie a praxe politického katolicismu 1870–2007 [Theorie und Praxis des politischen Katholizismus 1870–2007], Brünn 2008, S. 79–92.

2 Benedikt XV. an Franz Kordač, Rom, 3. Januar 1920; S.RR.SS., AA.EE.SS., Cecoslovacchia, 1922–1939, pos. 2, fasc. 1.

3 Zu den ideellen Wurzeln der antikatholischen Haltung in der tschechischen Gesellschaft seit der zweiten Hälfte des 19. Jahrhunderts bis zur Zwischenkriegszeit vgl. Martin Schulze Wessel, Die Konfessionalisierung der tschechischen Nation, in: Heinz-Gerhard Haupt/Dieter Langewiesche (Hg.), Nation und Religion in Europa. Mehrkonfessionelle Gesellschaften im 19. und 20. Jahrhundert, Frankfurt – New York 2004, S. 135–150.

Riten, die mit den Persönlichkeiten der böhmischen religiösen Reformatoren Johannes Hus oder Johannes Amos Komenský verbunden waren.

Die katholische Kirche hatte auch schon vor dem Ersten Weltkrieg in einem großen Teil der sozialen Schichten an Einfluss verloren, insbesondere unter der Arbeiterschaft, in den mittleren Schichten sowie in intellektuellen Milieus. Und sie war nicht imstande, entsprechende Antworten auf Prozesse zu geben, die mit der gesellschaftlichen und sozialen Modernisierung und der steigenden Industrialisierung und Urbanisierung der böhmischen Länder verbunden waren. Die tschechischen Katholiken erlebten eine ernsthafte innere Krise, deren Ausdruck beispielsweise eine Stärkung des Einflusses des Reformflügels der Geistlichen war, deren Repräsentanten in der Organisation »Vereinigung der katholischen Geistlichkeit« vergesellschaftet wurden. Aus diesem Reformflügel formierte sich im Januar 1920 die nationale Tschechoslowakische Kirche, in die bald mehr als eine halbe Million Gläubige und annähernd 300 Geistliche eintraten.[4]

Die offizielle Leitung der katholischen Kirche in der Tschechoslowakei war in ihrer Anlaufphase nach der Bildung der Republik so gelähmt, dass sie nicht in der Lage war, auf die sich wechselnde gemeinschaftliche und politische Situation zu reagieren und damit, was ihren Einfluss in Politik und Gesellschaft angeht, in die Peripherie geriet. Aus diesem Grund hatten vor allem politische Eliten des tschechischen Katholizismus die Hauptsprecherrolle der Kirche übernommen.

Die katholischen politischen Parteien blieben auch bedeutend für die weiteren Nationalitäten, die auf dem Staatsgebiet lebten. So beeinflusste die »Slowakische Volkspartei« das politische und nationale Leben im slowakischen Teil der Republik entscheidend.[5] An ihrer Spitze stand der Priester Andrej Hlinka, bekannt als kompromissloser Verfechter einer Stärkung der slowakischen Identität.[6] Im sudetendeutschen katholischen Milieu wurde die »Deutsche Christlichsoziale Volkspartei«

---

4 Zur Geschichte der Reformbewegung und der Tschechoslowakischen Kirche grundlegend vgl. beispielsweise Pavel Marek, Církevní krize na počátku první československé republiky 1918–1924 [Kirchliche Krise am Anfang der Ersten Tschechoslowakischen Republik 1918–1924], Brünn 2005; Marek Šmíd, Masaryk a česká Katolická moderna [Masaryk und die tschechische katholische Moderne], Brünn 2007; Emilia Hrabovec, Reformbestrebungen der tschechischen Priester und die Entstehung der »Tschechoslowakischen Kirche«, in: Römische Historische Mitteilungen 51 (2009), S. 337–368. Aus der älteren Forschung vgl. Rudolf Urban, Die Tschechoslowakische Hussitische Kirche, Marburg 1973.

5 Zur politischen und ideellen Entwicklung der Slowakischen Volkspartei vgl. Robert Letz/Peter Mulík/Alena Bartlová, Slovenská ľudová strana v dejinách 1905–1945 [Slowakische Volkspartei in der Geschichte 1905–1945], Martin 2006. Zu ihrer Stellung im Kontext der tschechoslowakisch-vatikanischen Beziehungen vgl. Emilia Hrabovec, Der Heilige Stuhl und die Slowakei 1918–1922 im Kontext internationaler Beziehungen, Berlin u. a. 2002.

6 Andrej Hlinka (1864–1938) setzte sich als Pfarrer in der österreichisch-ungarischen Monarchie für das Nationalbewusstsein und den wirtschaftlich-kulturellen Aufschwung der Slowaken ein, wobei er sich gegen eine Magyarisierung wandte. Im Sommer 1917 bekannte sich Hlinka zur Idee eines gemeinsamen Staates von Tschechen und Slowaken. Auf den Friedensverhandlungen in Paris versuchte Hlinka erfolglos die Unterstützung der Westmächte für den Gedanken einer slowakischen Autonomie zu gewinnen. Sein politisches Programm zeichnete sich durch einen antitschechischen Nationalismus, die Forderung nach Autonomie für die Slowaken sowie einen konservativen Katholizismus aus. Starke Animositäten kennzeichneten zudem sein Verhältnis zum Vorsitzenden der Volkspartei Šrámek. Sein politisches Engagement verhinderte im Vatikan seine Nominierung zum slowakischen Bischof. Vgl. Micara an Gasparri, Prag, 20. März 1922; S.RR.SS., AA.EE.SS., Cecoslovacchia, 1922–1939, pos. 8, fasc. 9.

(DCV) im Jahr 1919 als Sprachrohr kirchlicher Interessen gegründet. In ihrem Programm wie in ihrer Parteistruktur knüpfte sie an die Tradition der Christlichsozialen Partei in Österreich an.[7] Im böhmischen Milieu schließlich war die 1919 gegründete »Tschechoslowakische Volkspartei« die stärkste aller Parteien.[8]

Dieser Beitrag konzentriert sich primär auf die Fragen, die sich aus der Tätigkeit des tschechischen politischen Katholizismus in der Zwischenkriegszeit in der Ersten Tschechoslowakischen Republik ergeben.

Die Zwischenkriegszeit

Die Tschechoslowakische Volkspartei knüpfte an die Tradition der böhmischen katholischen Politik aus der Zeit Ende des 19. Jahrhunderts an, in der in Böhmen und Mähren politische Parteien entstanden waren, die im Vereinigungsprogramm die Verteidigung der Interessen der katholischen Kirche deutlich artikuliert hatten. Diese Bewegung hatte in Bezug auf ihre Ansichten zwischen dem christlichsozialen und konservativen Strom changiert, weshalb unter anderem manche Parteien und Fraktionen vor allem in Böhmen vor dem Ersten Weltkrieg entstanden waren. Der Trend zur Fragmentierung des katholischen politischen Stroms setzte sich auch nach 1918 fort. In ihm spiegelten sich die häufigen Trennungen und Dissonanzen bezüglich der politischen Leitwegbestimmung wider, die es auch im Rahmen der Tschechoslowakischen Volkspartei gab. Aus der Meinungsvielfalt – eine logische Folge der Bemühungen, in einer Partei ein breites Gönnerpotenzial zu konzentrieren – resultierten im Laufe der Ersten Republik relativ häufige Abspaltungen von Gruppen Unzufriedener.

Auch die regionalen Unterschiede, die durch eine sehr unterschiedliche Entwicklung des politischen Katholizismus in Böhmen und Mähren vor dem Ersten Weltkrieg gegeben waren, spiegelten sich in der Tätigkeit der Tschechoslowakischen Volkspartei deutlich wider. In dem stärker säkularisierten Böhmen kam es zu einer Marginalisierung des Einflusses der katholischen Politik, während sie im konservativeren Mähren zum politischen Hauptstrom gehörte. Diese Tatsache trug dazu bei, dass die Landesorganisation der Volkspartei in Böhmen für die Lösung der politischen und ökonomischen Probleme originellere Pläne formulierte.

Hauptrepräsentant der Tschechoslowakischen Volkspartei war der Priester und Politiker Jan Šrámek, der durch seine politische Tätigkeit in Mähren bereits über

---

7 Zur Geschichte der Partei vgl. ausführlich Werner Dietl, Deutsche Christlichsoziale Volkspartei in der Ersten Tschechoslowakischen Republik (1918–1929), München 1991; Jaroslav Šebek, Der sudetendeutsche Katholizismus auf dem Kreuzweg. Politische Aktivitäten der sudetendeutschen Katholiken in der Ersten Tschechoslowakischen Republik in den 30er Jahren, Berlin u. a. 2010.

8 Zur Rolle des politischen Katholizismus vgl. Miloš Trapl, Politika českého katolicismu na Moravě 1918–1938 [Die Politik des tschechischen Katholizismus in Mähren 1918–1938], Olmütz 1968; ders., Český politický katolicismus v letech 1918–1938 [Der tschechische politische Katholizismus 1918–1938], in: Petr Fiala/Jiří Foral/Karel Konečný/Pavel Marek/Michal Pehr/Miloš Trapl, Český politický katolicismus 1848–2005 [Der tschechische politische Katholizismus 1848–2005], Brünn 2008, S. 173–324. Zu Biographien der Persönlichkeiten der christlichen Politik in den Böhmischen Ländern vgl. Michal Pehr u. a., Cestami křesťanské politiky [Auf den Wegen der christlichen Politik], Prag 2007.

eine langjährige Praxis verfügte und der als einer von wenigen nach der Etablierung des selbständigen tschechoslowakischen Staates am 28. Oktober 1918 die bisherige antiösterreichische Politik der katholischen Parteien kritisierte.[9] In den ersten Jahren der Staatsexistenz geriet die Partei in eine politische Isolation, was im Zusammenhang mit dem Zustand des Katholizismus nach der Bildung des selbständigen Staates im Jahre 1918 zu sehen ist. Die Partei war auch in den ersten tschechoslowakischen Regierungen ab Juli 1919 bis September 1921 nicht vertreten.[10]

Šrámek war ein Meister der politischen Taktik; ihm gelang es, extreme Situationen und Konfrontationen zu vermeiden. Seine Stärken waren zweifellos seine Zähigkeit und Unnachgiebigkeit. Seine Strategie, die den tschechischen Katholizismus von den Problemen befreien sollte, bestand aus einem vorsichtigen und zurückhaltenden Standpunkt der Partei bei der Besprechung von wichtigen Fragen und im Hinausschieben bedeutender Entscheidungen, vor allem in Bezug auf die Frage der Trennung der Kirche vom Staat. Šrámek vermutete, dass sich der politische Radikalismus, je länger der Krieg vorbei war, mäßigen werde und sich auch die politischen Verhältnisse in der Tschechoslowakei stabilisieren würden. Damit lag er richtig. Seine Bestrebung, die Partei als Volkspartei zu definieren und sie in ein breites soziales Spektrum einzugliedern, ist als ein meisterhafter Schachzug zu bezeichnen.

Eine relativ gute Verankerung im vorpolitischen Raum stärkte zusätzlich die Tschechoslowakische Volkspartei. Unter Šrámeks Leitung gelang es, die Tätigkeit der verzweigten katholischen tschechischen Vereine mit den politischen Aktivitäten zu verbinden. Šrámek selbst, sein politisches Talent und sein Sinn für die Suche nach Kompromissen trugen dazu bei, für diese politische Konzeption nicht nur einen Großteil der Politiker der Volkspartei in Mähren und in Böhmen, sondern auch den entscheidenden Teil der Priesterschaft zu gewinnen. Überdies glückte es Šrámek, die konservativen Strömungen in den Hintergrund zu drängen.

Gleichzeitig setzte die Partei mit Geschick auch das Potenzial ein, das sich in der Mobilisierung breiter Schichten von Gläubigen bot, verbunden mit der Erinnerung an die Schutzheiligen des Volks: in Böhmen die Tradition des heiligen Wenzel, in Mähren die Tradition der Glaubensboten Kyrill und Methodius. Für die politischen und öffentlichen Manifestationen wurden dabei auch rein religiöse

---

9 Jan Šrámek (1870–1956) war bereits in den 1890er Jahren ein bedeutender Organisator der tschechischen christlichsozialen Bewegung in Mähren. 1906–1918 Abgeordneter des Mährischen Landtages und 1907–1918 Gesandter im österreichschen Reichsrat. Šrámek war Vorsitzender der Tschechoslowakischen Volkspartei seit deren Gründung im Januar 1919 bis zum Ende der Ersten Tschechoslowakischen Republik nach Annahme des Münchener Abkommens im Herbst 1938. In der Tschechoslowakei der Zwischenkriegszeit bekleidete er mehrfach ein Ministeramt. Šrámek galt als Verfechter der nationalen und zugleich pro-demokratischen Linie in der Politik der Volkspartei. Während des Zweiten Weltkriegs wirkte er in der Emigration, in den Jahren 1940–1945 war er Vorsitzender der tschechoslowakischen Exilregierung in London, wo Šrámek vorbehaltlos die Politik des Präsidenten Edvard Beneš unterstützte. Nach dem Krieg übte er wiederum das Amt des Vorsitzenden der Volkspartei aus. Nach dem kommunistischen Umsturz im Jahre 1948 wurde er beim Versuch, in den Westen zu emigrieren, gefangen und bis zu seinem Tode im April 1956 an verschiedenen Orten interniert.

10 Im ersten tschechoslowakischen Kabinett unter der Leitung von Karel Kramář (November 1918 bis Juli 1919) wurden die tschechoslowakischen Katholiken durch Mořic Hruban (1862–1945) vertreten. Es handelte sich dabei jedoch eher um eine symbolische Teilnahme ohne realen politischen Einfluss.

Wallfahrten genutzt. In Böhmen war ein solcher Ort Stará Boleslav, in Mähren war es vor allem Velehrad – Orte der Symbiosen des in den böhmischen Ländern sehr populären Marianischen Kultes mit der Verehrung böhmischer und mährischer nationaler Heiliger. Diese Aktivitäten, die den religiösen Traditionen starke symbolpolitische Inhalte gaben, brachten einerseits die Entschlossenheit zum Ausdruck, die bedrohten kirchlichen Interessen zu verteidigen (besonders im Schulwesen und im kulturellen Bereich), andererseits demonstrierten sie die Verbindung des katholischen Glaubens mit Volkstraditionen und patriotischen Traditionen, was zu einer erneuten Integration des Katholizismus in das tschechische nationale Leben beitragen sollte. Die leitenden Parteieliten versuchten mithilfe der deutlichen und begreifbaren Symbole der Volksheiligen Identifikationsmöglichkeiten für die sich etablierende katholische Volksbewegung zu finden und damit die ungünstige Entwicklung rückgängig zu machen. Nach und nach wurde es Šrámek möglich, auf der politischen Schaubühne eine wichtige Rolle zu spielen und damit an der Exekutivgewalt zu partizipieren.

In der Gegenüberstellung von Böhmen und Mähren lassen sich auch in Bezug auf die Haltung des Episkopats zur Volkspartei Unterschiede feststellen. In Böhmen hatte der erste Prager Nachkriegserzbischof František Kordač (1852–1934) praktisch keinen Einfluss auf die Politik der Volkspartei, obwohl er sich der katholischen Politik schon in der Zeit vor dem Ersten Weltkrieg aktiv angeschlossen hatte. Den Prager Erzbischof Kordač trennten von Šrámek vor allem dessen Bemühungen, pragmatische Abkommen quer über das politische Spektrum zu schließen, und die Tatsache, dass Šrámek kein großer Gönner des konservativen Integralismus war. In einem kritischen Geist gegen die Volkspartei trat auch ab Oktober 1931 Kordačs Nachfolger, Karel Kašpar (1870–1941), auf. Er zeigte wenig Verständnis für die Vernetzung der Politik der Volkspartei mit den kirchlichen Aktivitäten und strebte nach einer Steigerung der Aktivitäten unpolitischer Organisationen. Kašpar betonte, diese Ziele könnten mithilfe einer besseren Bildung breiter katholischer Schichten und der kirchlichen Formationen erreicht werden, so wie es schon früher vom Vatikan gefordert worden war.[11]

In Mähren stellte sich die Situation ganz anders dar. Šrámek wurde sogar für einen der wichtigsten Bischofssitze in Olmütz vorgeschlagen, und zwar mit Unterstützung der offiziellen tschechoslowakischen politischen Stellen. Den Grund solcher Bemühungen kann man im Versuch der Regierung sehen, Šrámek in eine rein kirchliche, wenn auch spirituell bedeutende kirchliche Position abzuschieben, um auf diese Weise seinen Rückzug aus dem öffentlichen Leben zu erzielen.[12] Der Vatikan freilich sah Šrámeks Rolle bei der Unterstützung der katholischen Interessen an der politischen Front. Deshalb lehnte der Prager Nuntius im Gespräch mit Außenminister Edvard Beneš (1884–1948) Šrámeks Kandidatur in Olmütz ab.[13]

---

[11] Saepe nobis. Schreiben Benedikt XV. an den Episkopat in der Tschechoslowakei, Rom, 30. November 1921; S.RR.SS., AA.EE.SS., Cecoslovacchia, 1922–1939, pos. 1464, fasc. 593; vgl. auch Emilia Hrabovec, Der tschechische Katholizismus nach dem Ersten Weltkrieg aus der Sicht des Heiligen Stuhls, in: Bohemia 45 (2004), H. 2, S. 396–429, hier S. 421 u. ö.

[12] Micara an Gasparri, Prag, 23. September 1920; S.RR.SS., AA.EE.SS., Austria-Ungheria, 1919–1921, pos. 1486–1487, fasc. 613.

[13] Micara an Gasparri, Prag, 29. Dezember 1920; S.RR.SS., AA.EE.SS., Austria-Ungheria, 1919–1921, pos. 1486–1487, fasc. 613. Zum neuen Olmützer Erzbischof wurde im März 1921 Antonín Cyril

Zwischen den Olmützer Erzbischöfen und der Tschechoslowakischen Volkspartei herrschte ein harmonisches Verhältnis, was sich auch auf die anderen politischen Parteien auswirkte. Grund dafür war die Tatsache, dass sich in Mähren sowohl der wesentliche Bestandteil der Mitgliederbasis als auch des Wahllektorats befand. Zwei Olmützer Bischöfe aus der Zwischenkriegszeit, Antonín Cyril Stojan (1851–1923) und Leopold Prečan (1866–1947), hatten die Tätigkeit der Volkspartei reichlich unterstützt und waren überdies eine große ideologische Stütze der Volkspartei gewesen. Dafür spricht, dass beide die gleiche Auffassung teilten, die nationale Einsetzung des böhmischen Katholizismus zu verteidigen.

Šrámek war überzeugt, dass er auf diese Art und Weise von der Beschuldigung eines unzureichenden Patriotismus freigesprochen werde, der in der Habsburgermonarchie der katholischen Kirche angehaftet hatte. Jedoch haben die nationalen Akzente die Aufnahme einer politischen Zusammenarbeit mit anderen katholischen Parteien in der Tschechoslowakei, der deutschen christlichen Sozialpartei und der Slowakischen Volkspartei sehr verkompliziert. Auswirkungen zeigten sich in der Erzdiözese Olmütz, der größten Diözese in der Republik in der Stärkung der tschechischen nationalen Komponente in den kirchlichen Strukturen, beispielsweise bei der Priesterausbildung; überdies wirkte sich ein solcher Trend auch in den latenten Spannungen zwischen den tschechischen und deutschen Gläubigen aus.[14] Der starke nationale Akzent in der Politik der Volkspartei störte auch den päpstlichen Nuntius Clemente Micara (1879–1965). Er warf Šrámek vor, dass er »unter einen totalen Einfluss der Regierung geraten ist, dass er einen übertriebenen Nationalismus demonstriert, mit dem Ergebnis, dass die böhmische katholische Partei mit Karel Kramář (1860–1937) als die nationalste Partei angesehen wird«.[15] Der Vatikan hat darüber hinaus während der gesamten Zeit, in der die Tschechoslowakei bestand, die Idee einer engen Kooperation aller katholischen Parteien unterstützt, die aber immer an Šrámek scheiterte. Laut Vatikan und einigen kirchlichen Persönlichkeiten, beispielsweise Karel Kašpar, hatte Šrámek für die Lösung der kirchlichen Interessen zwar eine große Bedeutung, zog aber die politischen Interessen den kirchlichen Interessen vor.[16]

Mithilfe geschickter und pragmatischer Manöver ließ Šrámek nichts unversucht, um der Partei grössere politische Macht und Einfluss zu verschaffen und sie in den Machtstrukturen zu etablieren. Seine Bemühungen deckten sich jedoch nicht völlig mit den Bemühungen des Vatikans. Für die päpstliche Politik war nämlich die Anwesenheit von zwei Ministern der Volkspartei in dem im September 1921 etablierten Edvard Beneš-Kabinett problematisch, weil die katholisch orientierte Partei dadurch mit der Mitverantwortung für die politischen Regierungsschritte

---

Stojan, Organisator und Inspirator zahlreicher kultureller, geistiger und sozialer Einrichtungen und Vereine in Mähren, ernannt.

14 Šrámek stellte sich gemeinsam mit Prečan beispielsweise gegen den Aufbau eines Priesterseminars für die deutschen Priesteramtskandidaten in Bruntál/Freudenthal in Nordmähren. Der Bau konnte nur mithilfe des Vatikans und der reichsdeutschen Regierungsstellen beendet werden; vgl. Information des reichsdeutschen Botschafters Walter Koch zum Bau des Priesterseminars in Bruntál, Prag, 24. März 1926; PA AA, R 62 252, Katholische Angelegenheiten Tschechoslowakei, Bd. 1.

15 Hrabovec, Katholizismus (wie Anm. 11), S. 427.

16 Karel Kašpar, damals noch Bischof in Königgratz (1921–1931) an Gasparri, Rom, 17. April 1923; S.RR.SS., AA.EE.SS., Cecoslovacchia, 1922–1939, pos. 13, fasc. 17.

belastet war und in den Augen der katholischen Wählerschaft kompromittiert wurde. Der erste päpstliche Nuntius in der Tschechoslowakei, Clemente Micara, kritisierte besonders scharf die antikatholischen Standpunkte mancher Minister der Linksparteien – der nationalsozialistischen und sozial demokratischen Partei – in der Regierung von Beneš. Im März 1922 informierte Micara Staatssekretär Pietro Gasparri (1852–1934) über den Vorsitzenden der Tschechoslowakischen Volkspartei schon in einem durchaus positiven Geiste: er lobte die Gründung des zentralen Presseorgans der Volkspartei, die *Volksblätter (Lidové listy),* die zum Instrument der katholischen Politik zur Festigung der kirchlichen Position im Staat geworden seien sowie die Treue, Ergebenheit und Frömmigkeit des Jan Šrámek.

Als sich die Zusammensetzung der Regierung änderte und der Agrarier Anton Švehla (1873–1933) anstelle von Edvard Beneš Ministerpräsident wurde, änderte sich, glaubt man Micara, im Oktober 1922 auch die Bewertung von Šrámek. Micara betonte in seiner Bewertung der Regierungsumbildung, die er Staatssekretär Gasparri zusandte, dass Šrámek einen großen Einfluss auf Švehla habe, was dazu beigetragen habe, dass es der Volkspartei gelungen sei, eine Zurückstellung mancher Entscheidungen zu erreichen, die zu Ungunsten der Kirche ausgefallen seien.[17] Hierunter fallen vor allem das endgültige Aus für die Überlegungen, die Kirche vom Staat zu trennen, sowie eine Linderung der Auswirkungen der Bodenreformen auf die Kirchengüter. Es ist in diesem Zusammenhang auffällig, dass in den vom Nuntius nach Rom gesandten Berichten unaufhörlich zum Ausdruck kommt, dass er hinsichtlich der Einbeziehung der Geistlichen in das politische Leben große Bedenken hat, da eine derartige öffentliche Tätigkeit nicht gerade in Harmonie mit ihrem geistlichen und pastoralen Dienst stehe.[18]

Aufgrund latenter Konflikte gehörten die diplomatischen Beziehungen zwischen der Tschechoslowakei und dem Heiligen Stuhl ohne Zweifel zu den schwierigsten Missionen der päpstlichen Diplomaten in der Zwischenkriegszeit. Ein interessantes Beispiel dafür ist der Konflikt zwischen dem Vatikan und der tschechoslowakischen Regierung in der zweiten Hälfte der zwanziger Jahre, dessen Ursache eine Auseinandersetzung um die ablehnende Haltung des Heiligen Stuhls zum offiziellen Charakter der Gedenkfeier für den Reformator Johannes Hus war. Im Geiste der staatsnationalen Ideologie und der etablierten national-liberalen Interpretationen der tschechischen Geschichte sahen die tschechischen politischen und intellektuellen Eliten sowie die von ihnen beeinflusste öffentliche Meinung in Hus eine Symbolfigur des apostrophierten historischen Kampfes der tschechischen Nation für Freiheit und Fortschritt und zugleich gegen die katholische Kirche.[19] Die katholische Kirche und der Vatikan betrachteten diese Persönlichkeit als einen verurteilten Häretiker und den modernen Hus-Kult in den böhmischen Ländern als einen Angriff auf die Stellung des Katholizismus in der Tschechoslo-

---

17 Micara an Gasparri, 8. Oktober 1922; ASV, Arch. Nunz. Cecoslovacchia 8, fasc. 30, Governi della Republica.

18 Marmaggi an Gasparri, 10. September 1923; S.RR.SS., AA.EE.SS., Cecoslovacchia, 1922–1939, pos. 33–34, fasc. 49.

19 Emilia Hrabovec, Der Heilige Stuhl und die Tschechoslowakei 1938–1939, in: Jörg Zedler (Hg.), Der Heilige Stuhl in den internationalen Beziehungen 1870–1939, München 2010, S. 333–360, hier S. 335.

wakei.[20] Das vor allem in Prag zelebrierte Hus-Jubliäum am 6. Juli 1925 wurde zu einem Bekenntnis zu den reformatorischen und damit logischerweise antikatholischen Traditionen. Der päpstliche Nuntius Francesco Marmaggi (1870–1949) folgte daraufhin der vatikanischen Weisung und reiste am Abend desselben Tages demonstrativ ab. Dieser Schritt fand ein leidenschaftliches Echo in der sozialistischen und national-liberalen Presse, aber auch in den Parteien, die verlangten, den Vatikan dafür offiziell zu verurteilen.[21]

Dieser Konflikt führte zu einem diplomatischen Bruch und zur Abkühlung der tschechoslowakisch-vatikanischen Beziehungen. Die Volkspartei bemühte sich, die Situation zu beruhigen, auch wenn aus dem konservativen katholischen Milieu Aufforderungen kamen, man müsse die Regierung verlassen. Šrámek argumentierte gegen diese Stimmen aus dem katholischen Lager, indem er vor der Gefahr einer sich weiter verschärfenden antikirchlichen Agitation warnte. Ferner warnte er vor einem voreiligen Abbruch der gegenseitigen Beziehungen und auch vor dem Austreten der Partei aus dem Kabinett.[22] Die päpstlichen Vertreter unterstützten vorwiegend Šrámek, in der Hoffnung, dass seine Taktik der Kirche einen momentanen Nutzen bringe.

Nach der Parlamentswahl im Jahr 1925 wurde die Volkspartei dann zu einer der stärksten politischen Kräfte. Die Wahlergebnisse ermöglichten die Etablierung einer neuen Koalition der bürgerlichen Parteien. Diese neue machtpolitische Situation trug auch wesentlich zur Entspannung im tschechoslowakisch-vatikanischen Konflikt bei. Die Rückkehr zum Status quo war jedoch für die beiden Hauptakteure keineswegs einfach. Es war ein schwieriges Taktieren, wobei sich positiv auswirkte, dass sowohl der Vatikan als auch die Tschechoslowakische Republik Interesse daran hatten, die ganze unangenehme Angelegenheit aus der Welt zu schaffen. Schon im November 1925 machte sich der Prager Erzbischof František Kordač auf den Weg nach Rom.[23] Auch Šrámek leistete seinen Beitrag zur Schlichtung des Streites, indem er unter anderem ein weiteres Gespräch mit Papst Pius XI. führte.[24]

In eine führende Rolle bei der Regierungspolitik gelangte die Volkspartei vor allem im Zeitraum 1928 bis 1929, in dem Šrámek den kranken Ministerpräsidenten Antonín Švehla vertrat und an der Spitze des Kabinetts stand. Die neue Regierungskoalition setzte von den katholischen Forderungen die Erhöhungen der Gehälter für die Priester (die sogenannten Kongrua) und die staatliche Finanzierung der theologischen Fakultäten durch. Im Februar 1928 wurde ein Übereinkommen mit dem Vatikan – der sogenannte »Modus Vivendi« – vereinbart, das die Beziehungen mit dem Vatikan stabilisierte. Der Vatikan erkannte darin unter anderem die damaligen Grenzen der Tschechoslowakei an, nach denen die

---

20 Marmaggi an Gasparri, Prag, 7. März 1925; S.RR.SS., AA.EE.SS., Cecoslovacchia, 1922–1939, pos. 56, fasc. 55.

21 Rückl an Gasparri, Prag, 15. Juli 1925; S.RR.SS., AA.EE.SS., Cecoslovacchia, 1922–1939, pos. 61, fasc. 57.

22 Bericht des deutschen Botschafters Walter Koch an das Auswärtige Amt, Prag, 16. Juli 1925; PA AA, Gesandtschaft Rom-Vatikan, Karton 799. Arata an Gasparri, 27. Juli 1925; S.RR.SS., AA.EE.SS., Cecoslovacchia, 1922–1939, pos. 61, fasc. 59.

23 Ordentlicher politischer Bericht für Dezember 1925, Rom, 11. Januar 1926; AMZV, PZ Vatikán, 12.

24 Pavel Marek, Das Verhältnis zwischen Staat und Kirche, in: Schulze Wessel/Zuckert (Hg.), Handbuch (wie Anm. 1), S. 3–46, hier S. 19.

Diözesen neu eingeteilt werden sollten.[25] Durchgesetzt werden konnte auch eine staatliche Beteiligung an den Feierlichkeiten, die anlässlich des Millenniums des heiligen Wenzel im Jahre 1929 stattfanden.

Die Sankt-Wenzel-Feierlichkeiten, die ihren Höhenpunkt im Herbst 1929 fanden, stellen eine Zäsur dar. Präsident Tomáš Garrigue Masaryk setzte sich zwar für eine strikte Trennung der kirchlichen und staatlichen Feierlichkeiten ein, würdigte allerdings die Bedeutung der Person des heiligen Wenzels für die Entwicklung des tschechischen Staates. Im Mittelpunkt der kirchlichen Feierlichkeiten standen am 28. September die feierliche Eröffnung des fertig gestellten Veitsdom auf der Prager Burg und die Prozession mit dem Schädel des heiligen Wenzel einen Tag später. An den Feierlichkeiten nahmen insgesamt etwa 600.000 Menschen teil. Der heilige Wenzel blieb auch zu dieser Zeit ein vor allem tschechisches Nationalsymbol, obwohl an den Feierlichkeiten auch eine große Zahl von Slowaken teilnahm. In der Slowakei war jedoch die Haltung der Katholiken durch die Politik von Hlinkas Slowakischer Volkspartei beeinflusst, die seit dem Ende der zwanziger Jahre immer stärker nationalistische Positionen bezog.[26] Auch einige tausend deutsche Katholiken waren nach Prag gekommen, die meisten von ihnen Anhänger der aktivistischen, also staatstreuen Parteien. Die Vorstellung eines Teils der kirchlichen Hierarchie, dass die Persönlichkeit des Fürsten und Heiligen Wenzel eine integrierende und übernationale Rolle in der Gesellschaft spielen sollte, konnte jedoch nicht vollständig erfüllt werden.[27]

Im Grunde wurden die Feierlichkeiten als eine politische Manifestation zur Stärkung der Position des tschechischen Katholizismus gestaltet. Die Verehrung des böhmischen Landespatrons sprengte den rein religiösen Rahmen; die Feierlichkeiten waren Ausdruck eines mehr entgegenkommenden Blicks der politischen Repräsentation auf die Rolle der katholischen Kirche in der Gesellschaft. Im zweiten Jahrzehnt der Existenz der Tschechoslowakischen Republik signalisierte die tschechische Gesellschaft nunmehr Entgegenkommen und Toleranz. Diese Faktoren trugen zur allmählichen Integration des Katholizismus ins nationale Leben bei. In der Erinnerung an den böhmischen Landespatron manifestiert sich eine grundlegende Wende, die dazu beitrug, dass die katholische Kirche aus der gesellschaftlichen Isolation geführt wurde und die das erhöhte Interesse an einer geistlichen Mission im Volk zeigte.

Die Feierlichkeiten zeitigten interessante Änderungen auch innerhalb des tschechischen politischen Katholizismus. Die Volkspartei nutzte sie zwar zu einer öffentlichen Präsentation, ihr Machteinfluss stieg dadurch jedoch nicht besonders.[28]

---

[25] Zur Frage des Modus Vivendi vgl. Jiří Koníček, Modus vivendi v historii vztahů Svatého Stolce a Československa [Modus Vivendi in der Geschichte der Beziehungen des Heiligen Stuhls und der Tschechoslowakei], Olmütz 2005.

[26] Zur Rolle des slowakischen politischen Katholizismus in den 1930er Jahren vgl. Emilia Hrabovec, Die Atmosphäre und die Strömungen im slowakischen Katholizismus der Zwischenkriegszeit, in: Rainer Bendel (Hg.), Aufbrüche und Umbrüche. Kirche und Gesellschaft Ostmittel- und Südosteuropas zwischen den Weltkriegen (1918–1939), Köln – Weimar – Wien 2007, S. 103–179.

[27] Zur Bearbeitung des Verlaufes der Millenniumsfeste vgl. Petr Placák, Svatováclavské milenium. Češi, Němci a Slováci v roce 1929 [Das Millennium des heiligen Wenzel. Tschechen, Deutsche und Slowaken im Jahr 1929], Prag 2002.

[28] Trapl, Katolicismu (wie Anm. 8), S. 264.

Ihre Position verkomplizierte sich auch dadurch, dass die Meinung, ein Priester solle sich besonders auf seine kirchliche Arbeit konzentrieren und sich nicht an öffentlichen Aktivitäten beteiligen, wieder erstarkte.[29] Die Geistlichen stellten einen wichtigen Teil der Mitglieder und Funktionäre der Partei. Darüber hinaus mehrten sich Stimmen, die das Establishment der Volkspartei dafür kritisierten, den feindlichen Tendenzen der katholischen Kirche gegenüber zu nachgiebig zu sein. Hinter diesen Ansichten verbarg sich das Konfliktpotenzial, das im Zusammenhang mit den ökonomischen und sozialen Problemen in den kommenden dreißiger Jahren das politische Spektrum radikalisieren sollte.

Auch nach dem Abschluss des Modus Vivendi fehlte es in den Beziehungen mit dem Vatikan nicht an Spannungen und Konflikten. So bewegten die katholische Öffentlichkeit in der zweiten Hälfte des Jahres 1931 beispielsweise die Streitigkeiten zwischen dem Nuntius und insbesondere den sudetendeutschen kirchlichen Kreisen über die unklaren Umstände des Rücktritts des Prager Erzbischofs Kordač. Zu Kordačs Verteidigung traten insbesondere deutsche Priestervereine und einer der bedeutendsten Politiker der Partei, Karl Hilgenreiner,[30] auf den Plan. Hilgenreiner veröffentlichte unmittelbar nach dem Bekanntwerden des Amtsverzichts einen umfangreichen Artikel in der *Deutschen Presse*, in dem er schrieb, mit der Person Kordačs sei letztlich der wichtigste Verfechter einer Annäherung zwischen dem tschechischen und dem deutschen Katholizismus abgetreten.[31] Den sudetendeutschen Katholiken gefiel jedoch zweifellos Kordačs intensives Interesse an sozialen Problemen, die in den Grenzgebieten an Aktualität gewannen. Bei den Herbstverhandlungen der Bischofskonferenz nahmen Diskussionen über die Haltung der deutschen Katholiken in den zurückliegenden Monaten breiten Raum ein. Ergebnis war die Auflösung des Druckvereins Egerland und der Entzug der kirchlichen Genehmigung für die Herausgabe der Tageszeitung der Deutschen

---

[29] Der Vatikan verlangte schon in der zweiten Hälfte der 1920er Jahre von den tschechoslowakischen Bischöfen eine radikale Reduktion der in der Politik, besonders in der Tschechoslowakischen Volkspartei engagierten Priester. Ein großer Verfechter solcher, im Geist der vatikanischen Forderungen durchgeführten Maßnahmen, war besonders der Prager Erzbischof Franz Kordač. Der Erzbischof von Olmütz Prečan war dagegen überzeugt, dass das öffentliche Engagement des Priesters eine Voraussetzung für eine erfolgreiche Abwehr gegen die antikatholische Feindwelle sei; vgl. Arata an Gasparri, Prag, 3. April 1926; S.RR.SS., AA.EE.SS., Cecoslovacchia, 1922–1939, pos. 5, fasc. 6.

[30] Karl Hilgenreiner (1867–1948) stammte aus Hessen und wurde nach Absolvierung theologischer Studien in Rom im Jahre 1892 zum Priester geweiht. Ab 1899 hielt er an der Theologischen Fakultät in Prag Vorlesungen. Hilgenreiner gehörte zu den führenden Funktionären der Deutschen Christlichsozialen Volkspartei, die er in den Jahren 1920–1938 als Senator vertrat. Im Jahre 1927 wurde er zum Parteivorsitzenden gewählt, ein Amt, das er bis zum September 1935 ausübte. Innerhalb der Partei zählte Hilgenreiner zum national orientierten Flügel. Die aktivistische Richtung unterstützte er erst nach längerem Zögern. Im Jahre 1938 betätigte sich Hilgenreiner als einer der Hauptinitiatoren des Eintritts der DCV in Henleins Sudetendeutsche Partei. Im Jahre 1939 lehnte er freilich die Okkupation der »Rest-Tschechei« ab und kritisierte die nationalsozialistischen Repressionen gegen die Kirchen. Faktisch stand Hilgenreiner während der gesamten Kriegszeit unter Polizeiaufsicht, und ab Juni 1944 wurde er im Kloster Zásmuky interniert, in dem die Gestapo unliebsame Priester konzentrierte. Kurz nach der Befreiung wurde er erneut inhaftiert, diesmal durch tschechische Behörden, die ihn bis 1946 in Prag gefangen hielten. Nach seiner Freilassung ging Hilgenreiner nach Wien, wo er im Mai 1948 starb.

[31] Deutsche Presse, Nr. 161, 16. Juli 1931.

Christlichsozialen Volkspartei *Deutsche Presse*.[32] Der neue Prager Erzbischof Karel Kašpar zeigte jedoch trotz seines energischen Vorgehens gegen die deutschen Geistlichen kein Interesse an einer Fortsetzung des Konflikts. Daher akzeptierte er die Versicherung der Loyalität, die ihm die deutschen katholischen Priester und Politiker zusandten. Im Januar 1932 wurde dieser Streit mit der Kirchenhierarchie definitiv beigelegt und die Kirchenstrafen, einschließlich des Verbotes der Tätigkeit der Vereine, aufgehoben.

Die Periode der grossen ökonomischen Krise

Die ökonomische Krise am Anfang der dreißiger Jahre, deren Folgen auch die Tschechoslowakei getroffen haben, hat neben dem Anstieg sozialer und nationaler Spannungen auch zu großen ideologischen Spannungen in den einzelnen politischen Parteien beigetragen, einschließlich des politischen Katholizismus. In dieser Zeit geriet die Tschechoslowakische Volkspartei in Konflikte, die mit der Reflexion der päpstlichen Soziallehre zusammenhingen: Im Jahr 1931 dominierte die Diskussion über die Rezeption des päpstlichen Rundschreibens *Quadragesimo anno* die Tätigkeit der Volkspartei. Die Auseinandersetzung entfaltete sich besonders um die Interpretation der ständischen Strukturierung. Zur Durchsetzung der Konstruktion eines ständischen Staates bekannten sich insbesondere die katholischen Politiker in Böhmen unter der Leitung von Bohumil Stašek.[33]

Im Unterschied zu Šrámek wollte Stašek eigene ideelle Konstrukte bauen. Nach der Etablierung der Republik legte er ideologische Konzeptionen vor, die gegen die antikatholischen Angriffe gerichtet waren und den katholisch motivierten Patriotismus begründeten. In diesen wurde gewissermaßen auf die päpstliche Politik nach dem Ersten Weltkrieg und vor allem die Politik von Pius XI. reagiert, also auf die von »oben« angeregten Bemühungen zur Erneuerung der Kirche, der Familie, der Politik und der Gesellschaft, die auch Impulse gegeben haben, wie man die Jugend behalten oder sie für den katholischen Glauben wieder gewinnen könne.[34]

32 Zu einer Beruhigung der angespannten Beziehungen zwischen den deutschen Katholiken und der Kirchenhierarchie trug auch der X. Parteitag der DCV bei, der nur drei Wochen nach der Bischofskonferenz in Olmütz vom 24.–26. Oktober 1931 in Prag tagte.

33 Bohumil Stašek (1886–1948) war seit 1919 Hauptvertreter der tschechischen Landesorganisation der Volkspartei. Er errichtete moderne Druckereien der Partei sowie Verlagshäuser. In den Jahren 1925–1939 vertrat er die Volkspartei in der Abgeordnetenkammer. Im Herbst 1938 gehörte Stašek zu den entschiedenen Gegnern der Annahme des Münchener Abkommens. Nach dem 15. März 1939 stellte er sich der deutschen Besatzung entgegen. Für seine Predigten während der nationalen Wallfahrt auf den Laurenzihügel bei Domažlice/Taus wurde er im August 1939 verhaftet und ins KZ Dachau überstellt. Nach der Befreiung war Stašek Funktionär im Verband der befreiten politischen Häftlinge (Svaz osvobozených politických vězňů). Er starb kurz nach der kommunistischen Machtübernahme im Jahre 1948.

34 Zu den gesellschaftspolitischen Konzepten von Pius XI. vgl. beispielsweise Patrizio Foresta, Der »katholische Totalitarismus«. Katholizismus und Moderne im Pontifikat Pius' XI, in: Manuel Franzmann/Christel Gärtner/Nicole Köck (Hg.), Religiosität in der säkularisierten Welt. Theoretische und empirische Beiträge zur Säkularisierungsdebatte in der Religionssoziologie, Wiesbaden 2006, S. 177–198; Franceso Malgeri, Pio XI e l'Azione Cattolica, in: Cosimo Semeraro (Hg.), La Sollecitudine ecclesiale di Pio XI: alla luce delle nuove fonti archivistiche. Atti del convegno internazionale di studio, Città del Vaticano, 26–28 febbraio 2009, Vatikanstadt 2010, S. 149–182.

Aus der Korrespondenz von Nuntius Pietro Ciriaci mit Gasparri geht hervor, wie man gedachte, diesen spirituellen Tendenzen zu eher unpolitischen, wenngleich öffentlichen Aktivitäten, einschließlich der Verbreitung der Ideen der Katholischen Aktion, in den Reihen der tschechischen Katholiken größeres Echo und Gewicht zu verleihen.[35] Bohumil Stašek strebte also eine offensivere Verteidigung der päpstlichen Interessen im tschechoslowakischen Raum an; während der Ersten Republik hatte jedoch Šrámek größeren Einfluss bei den praktischen Verhandlungen mit dem Vatikan.[36]

In den katholischen Kreisen – um den breiteren Kontext dieser Debatten um die päpstliche Enzyklika in der Volkspartei nicht zu vernachlässigen – wurde Ende der zwanziger und zu Beginn der dreißiger Jahre das Verhältnis zwischen Öffentlichkeitsarbeit und religiöser Mission intensiv diskutiert. Hierbei kam es zu Meinungsverschiedenheiten zwischen dem Episkopat und der Führung der Tschechoslowakischen Volkspartei. Wie schon erwähnt, machten sich die Politiker der Volkspartei die Arbeit der unpolitischen katholischen Vereine zunutze und instrumentalisierten sie für Partei- und Propagandazwecke. Die Politisierung der Religion stieß jedoch bei einem Teil der katholischen Geistlichkeit in Böhmen auf heftige Kritik. Ihrer Meinung nach bestand die Aufgabe der katholischen Vereine darin, die Menschen zu praktizierenden Christen im privaten und öffentlichen Leben zu erziehen und sie als solche auch für eine mögliche politische Laufbahn vorzubereiten.

Diese Streitigkeiten hingen auch damit zusammen, dass sich in dieser Periode in den böhmischen Ländern eine ganz neue spirituelle Situation ergab. Durch die bereits erwähnten Sankt-Wenzel-Feierlichkeiten von 1929 hatten die katholischen Vereine in der Vorbereitungsphase ganz neue spirituelle und organisatorische Erfahrungen gemacht. So hatte die mächtige Feier des Volkspatrons in den böhmischen katholischen Kreisen auch einen Anstoß zu allgemeinen Überlegungen über die Ausrichtung des konfessionellen Lebens zu Beginn des neuen Jahrzehntes gegeben. Der Katholizismus sollte nunmehr offensiv auftreten, sowohl nach innen als auch nach außen, aus der ängstlichen Ghettomentalität heraus kommen und nicht mehr nur primär aus Verteidigungseinstellungen gegenüber der modernen Außenwelt agieren. Nach den erfolgreichen Sankt-Wenzel-Feierlichkeiten wuchs zugleich das Selbstbewusstsein der katholischen Eliten. Sie antworteten viel entschiedener auf alle antikatholischen Angriffe, beispielsweise im Bereich von Kultur und Erziehung. Diese Phänomene trugen auch zu einer allmählichen Veränderung der Mentalität im tschechischen katholischen Milieu bei, die sich parallel auf der praktisch politischen Ebene niederschlugen.

---

35 Gasparri an Ciriaci, Rom, 22. Februar 1929; S.RR.SS., AA.EE.SS., Cecoslovacchia, 1922–1939, pos. 112, fasc. 139.

36 Ein Beispiel dafür ist Šrámeks Aufenthalt in Rom im Jahr 1923. Der Grund für seine Reise sollte nach Meinung des Kanonikus František Zapletal (1861–1935) die Ausgestaltung der Beziehungen zwischen der Tschechoslowakei und dem Vatikan sein, also ein Konkordat, wie es übrigens schon mit mehreren europäischen Ländern abgeschlossen worden war. Der Vatikan unterstützte zwar Šrámeks Bemühungen um die Reform der Beziehungen, war aber der Meinung, dass die Aufnahme von Verhandlungen über ein Konkordat in der Tschechoslowakei im Jahr 1923 kein positives Echo finden würde. Zapletal an Gasparri, Prag, 26. Februar 1923; S.RR.SS., AA.EE.SS., Cecoslovacchia, 1922–1939, pos. 28, fasc. 38.

Für die Zwischenkriegszeit in der Ersten Tschechoslowakischen Republik allgemein war charakteristisch, dass die Generation, die den Ersten Weltkrieg erlebt hatte, auch im katholischen Milieu sehr stark durch die Affinität zu autoritären politischen Strömungen beeinflusst wurde. Einige der jungen Katholiken schlossen sich den antidemokratischen Tendenzen in der Tschechoslowakei an. Aus dem Umkreis der Jugendelite sind besonders in den dreißiger Jahren markante Anregungen zur Korrektur der bisherigen Handlungs- und Benehmensformeln und klare Formulierungen in Bezug auf die Lösung der Probleme hervor gegangen. Insbesondere der Journalist Jan Scheinost übte auf die junge, mit dem tschechischen politischen Katholizismus verbundene Generation Einfluss aus.[37] Scheinost avancierte zum Gründer der Zeitschrift *Třetí generace* (Die dritte Generation), die erstmals im Januar 1930 erschien. Bald nach ihrer Gründung bildete sie eine Plattform für die Kritik an der liberalen Demokratie in der Tschechoslowakei aus Sicht katholischer Positionen. Scheinost verkündete gleich in der ersten Nummer der *Dritten Generation* pathetisch, gegen das Wirrwarr an Halbwahrheiten, die »der Krieg in seiner unbändigen Glut zum Schmelzen gebracht habe, müsse der unerschütterliche katholische Glauben und die Ordnung der Welt, errichtet auf ihren ewigen und verbindlichen Wahrheiten, gestellt werden«.[38] Die Zukunft der katholischen Kirche sollte sich demzufolge auf völlig neuer Grundlage formieren, wobei »die gedankliche Angriffslust mit der organisatorischen Aggressivität zusammenfalle«.[39] Die Formulierungen dürften auf die Betätigung von Jan Scheinost in der tschechischen faschistischen Bewegung zurückgehen, in der er sehr aktiv in der zweiten Hälfte der zwanziger Jahre mitgewirkt hatte. Scheinost war davon überzeugt, dass katholische Traditionen im Faschismus höher als in der Demokratie bewertet würden. Er formulierte sogar die These, dass das Ausmaß der erfolgreichen Verbreitung des Faschismus in einem bestimmten Land sehr eng mit dem Ausmaß der Verbreitung des katholischen Denkens in diesem Land zusammenhänge.[40]

Im Hintergrund der Diskussion um die Rezeption der Enzyklika spielte sich ein politisches Gerangel zwischen den einzelnen Gruppierungen in der Volkspartei und dem tschechischen Katholizismus ab. Bei der Verteidigung der berufsständischen Prinzipen der Enzyklika *Quadragesimo anno* wurde Stašek von einem großen Teil der katholischen intellektuellen Elite unterstützt, die sich nie allzu sehr mit der Ersten Republik und ihrer überwiegenden politischen Kultur identifiziert hatte.

---

[37] Jan Scheinost (1896–1964) gehörte in den zwanziger Jahren zum Kreis katholischer Intellektueller, die kritisch gegenüber der Politik der Volkspartei unter Šrámek eingestellt waren und die in der Revue »Rozmach« in Erscheinung traten. In dieser Zeit wurde Scheinost enger Mitarbeiter von Radola Gajda und dessen Nationalfaschistischer Gemeinde, wobei er erfolglos versuchte, Kontakte zwischen der hohen Kirchenhierarchie und faschistischen Kreisen zu vermitteln. Seit Beginn der dreißiger Jahre engagierte er sich in der Tschechoslowakischen Volkspartei und deren zentralen Presseorganen. Im Protektorat bekleidete Scheinost den Posten eines Chefredakteurs der »Národni politika« (Nationale Politik). Aufgrund seiner pro-deutschen Kollaboration wurde er nach 1945 inhaftiert und zu 22 Monaten Gefängnis verurteilt.

[38] Jan Scheinost, Proč třetí? [Warum die Dritte (Generation)?], in: Třetí generace, Nr. 1, 27. Januar 1930.

[39] Ebd.

[40] Jan Scheinost, Náboženství ve fašismu [Religion im Faschismus], in: Stěžeň [Die Stange] 1 (1928), S. 246.

Die Vertreter dieser kirchlichen Meinungskreise wirkten vor allem als Schriftsteller und Publizisten. Diese kritisierten ständig das liberal-demokratische politische Modell, das sich in der Tschechoslowakei der Ersten Republik etabliert hatte, und das ihrer Meinung nach die konservativen Traditionen und moralischen Werte nicht respektierte und der Regierung des Volkes einen großen Raum bot. Auf mögliche Risiken, die aus einer Schwächung der Rolle politischer Parteien im politischen System und der nachfolgenden Gefährdung der parlamentarischen Demokratie erwuchsen, verwiesen dagegen Jan Šrámek und seine ideellen Anhänger in der Partei.[41] Zugleich bemühte sich jedoch Bohumil Stašek den Eindruck zu erwecken, er stehe den demokratischen Prinzipien loyal gegenüber. Aus diesem Grunde unterstrich er auch den Unterschied zwischen Faschismus und Ständewesen.[42]

Der Höhepunkt der Diskussion um die Rezeption der Enzyklika *Quadragesimo anno* fiel in die Jahre 1933 bis 1934, als ein Konkurrenzkampf zwischen Šrámek und Stašek um die Parteiführung ausbrach. Stašek gelang es zwar, die Anhänger der nachfolgenden Parteigeneration auf seine Seite zu ziehen, Šrámek jedoch wusste viel einflussreichere Kräfte hinter sich. Hinter den amtierenden Vorsitzenden stellten sich der gesamte mährische Flügel und die Reichsorganisation der christlichen Gewerkschaften. Ebenso muss die Unterstützung in Betracht gezogen werden, die der Olmützer Erzbischof Leopold Prečan, der die größte Diözese in der Tschechoslowakei repräsentierte, Šrámek gewährte. All diese Tatsachen trugen zu einer Konsolidierung von Šrámeks innerparteilicher Position dar. In der zweiten Hälfte des Jahres 1934 schwächte sich auch die Intensität der Diskussionen um eine ständische Gliederung der Gesellschaft merklich ab. Einen ausdrücklicheren Einfluss auf die Politik der Volkspartei besaß also danach die Ständeidee bereits nicht mehr. Seit der Mitte der 1930er Jahre kam es zudem zu einer Annäherung in den Positionen der Sozialdemokratie, die sich ständischen Rezepten zur Lösung der Wirtschaftskrise gegenüber eher ablehnend verhielt, und des mährischen Flügels der Volkspartei. Diese Zusammenarbeit konnte als Gegengewicht gegen den wachsenden Einfluss der Republikanischen Partei (»Agrarpartei«) dienen, die zu den Opponenten beider Parteien gehörte.[43] Wasser auf die Mühlen von Stašeks Gegnern waren die Probleme, in die die Ständekonzeption in Österreich geriet, die immer mehr Sympathisanten an die Nationalsozialisten verlor.[44]

Weiteren entscheidenden Einfluss im Rahmen der Volkspartei erhielt Šrámek dadurch, dass er zu einem Mittler der Verhandlungen zwischen Staat und Vatikan geworden war. Diese Verhandlungen sollten die Spannung nach dem Inzident im Rahmen der Feierlichkeiten in Nitra 1933 beruhigen. Hier hatte Nuntius Ciriaci

---

41 Alfred Fuchs, Berufsständischer Gedanke in der Tschechoslowakei, in: Der christliche Ständestaat, 11. März 1934.

42 Bohumil Stašek behauptete, dass »eine innere Beziehung zwischen Ständewesen und Faschismus nicht existiere, aber lediglich der Faschismus die Vorzüge, die das Ständewesen auszeichnen, für seine Zwecke ausnutze«; Bohumil Stašek, Pro vzkříšení stavovství [Für eine Auferstehung des Ständewesens], in: Třetí generace, Nr. 12, 20. Dezember 1933.

43 Bericht des österreichischen Gesandten Ferdinand Marek über den Verlauf der Verhandlungen der Führung der Volkspartei in Prag, 4. Februar 1937; ÖStA, AdR, Gesandtschaftsberichte des Gesandten Marek, Karton 43, Zl. 52/Pol.

44 Ernst Hanisch, Die Ideologie des Politischen Katholizismus in Österreich 1918–1938, Wien – Salzburg 1976, S. 37.

die slowakische autonome Bewegung unterstützt und war dadurch in Konflikt mit der Regierungsrepräsentation geraten, die in solchen Bemühungen eine Gefährdung der Staatsintegrität gesehen hatte.[45] Ciriaci sah sich genötigt, sein Amt aufzugeben, und wechselte deshalb als Nuntius im Dezember 1933 nach Portugal. Die päpstliche Nuntiatur in Prag blieb nach diesem Zwischenfall bis zum Herbst 1935 für insgesamt zwei Jahre unbesetzt.

Für die sudetendeutschen Katholiken wurde das Jahr 1933, der Beginn des nationalsozialistischen Regimes in Deutschland und die Entstehung der Bewegung Henleins, zu einer wichtigen Zäsur. Im Mittelpunkt der Debatten stand das Thema der nationalen Einigung des deutschen katholischen Lagers, die sich vor dem Hintergrund der Einigung aller Sudetendeutschen abspielten. Die Befürworter dieser geistlich-nationalen Aktivitäten waren davon überzeugt, dass die Vermischung christlicher und nationaler Ideen nicht nur helfe, das sudetendeutsche Volk zu vereinigen, sondern auch dazu beitrage, dass die Mehrheit des Volkes den Weg zu christlichen Werten, Moral und auch zu Gott finde. In ihrem ohne Zweifel aufrichtigen Bemühen machten sie sich allerdings nicht ausreichend die politischen Risiken dieses Prozesses bewusst beziehungsweise unterschätzten diese. Auf der praktischen politischen Ebene zeigte sich mit fortschreitender Zeit, dass die Bildung einer einheitlichen deutschen Bewegung und der Kampf gegen das politische Parteienwesen vor allem die schrittweise Abkehr von pluralistischen Prinzipien und die Einführung einer totalisierenden »Gleichschaltung« aller Bereiche des gesellschaftlichen Lebens der deutschen Minderheit in der Tschechoslowakei nach dem Vorbild des nationalsozialistischen Bewegung in Deutschland bedeuteten. Die »Sudetendeutsche Heimatfront« (SHF) wurde freilich von Seiten mancher sudetendeutschen Katholiken nicht als eine politische Partei, sondern als ein Symbol der nationalen Erneuerung der Deutschen im tschechoslowakischen Staat empfunden.[46] Dieser Prozess richtete sich auf die Marginalisierung des politischen und ideellen Einflusses der Deutschen Christlichsozialen Volkspartei; damit verbunden wurde auch eine Abschwächung der pro-tschechoslowakischen Kräfte im sudetendeutschen katholischen Milieu.

---

[45] Ciriaci hatte nämlich an Hlinka einen Brief geschrieben, in dem er die slowakische Nation als internationales Subjekt erkannte und damit alle Theorien von einer einheitlichen tschechoslowakischen Nation ablehnte. Die tschechischen Zeitungen, einschließlich des Blattes der Partei des Ministerpräsidenten, waren im Herbst 1933 gegen Ciriaci ausfällig gewesen und die Regierungsstellen hatten trotz Vorstellungen von seiner Seite nichts dagegen unternommen; vgl. Information der Deutschen Botschaft beim Heiligen Stuhl zum Konflikt zwischen der Tschechoslowakei und dem Heiligen Stuhl, Rom, 20. September 1933; PA AA, R 72 213, Akten betreffend die Beziehungen des Vatikans zur Tschechoslowakei 1931–1935. Zu den Spannungen zwischen der Tschechoslowakei und dem Heiligen Stuhl in der Zeit nach den Pribina-Feiern aus der Sicht der päpstlichen Diplomatie, welche die Haltung der Regierung und vor allem der Agrarpartei zu den Ereignissen als Signal der neohussitischen Bewegung empfunden hat, vgl. S.RR.SS., AA.EE.SS., Cecoslovacchia, 1922–1939, pos. 126–127, fasc. 151.

[46] Zur politischen Dimension der geistigen Erneuerung in den Reihen der sudetendeutschen Katholiken vgl. Paulus Sladek, Die kirchliche Erneuerung bei den Deutschen in der Ersten Republik, in: Ferdinand Seibt (Hg.), Bohemia sacra. Das Christentum in Böhmen 973–1973, Düsseldorf 1974, S. 175–208; Ernst Nittner/Hans Schmid-Egger, Staffelstein. Jugendbewegung und katholische Erneuerung bei den Sudetendeutschen zwischen den Grossen Kriegen, München 1983; Jaroslav Šebek, Die geistliche Erneuerung und ihre Reflexion in den politischen Aktivitäten tschechischer und deutscher Katholiken in der Tschechoslowakei in der Zwischenkriegszeit, in: Bendel (Hg.), Aufbrüche (wie Anm. 26), S. 83–101.

Als Reaktion auf diese Entwicklung bemühte sich Jan Šrámek in dieser Periode weiter darum, die enge Verknüpfung der tschechischen Katholiken vor allem mit der eigenen Nation zu demonstrieren. In dieser Zeit arbeitete die Volkspartei auch mit der an der Regierung beteiligten Linkspartei (vor allem mit der Tschechoslowakischen Sozialdemokratischen Partei) zusammen, die in ihrem Programm Anfang der dreißiger Jahre die Härte der antireligiösen Rhetorik gemildert hatte. Jede Zusammenarbeit mit den tschechoslowakischen Kommunisten aber, die eine relativ starke Kraft im Rahmen des politischen Spektrums in der Ersten Republik repräsentierten, blieb für die Tschechoslowakische Volkspartei – im Geist der päpstlichen Dokumente (wie zum Beispiel der Enzyklika *Divini redemptoris*) – ganz ausgeschlossen. Šrámek hat sich seinen politischen Grundsätzen gemäß pragmatisch verhalten, weil er zu dem katholisch-sozialistischen Bündnis, das von der politischen Gruppe »Hrad« (»Die Burg«) und Edvard Beneš unterstützt wurde, eine Alternative nur in einer Mitwirkung der rechts orientierten Republikanischen Partei (»der tschechoslowakischen Agrarier«) sah.[47] Die Politik der Volkspartei wurde – neben den innenpolitischen Spannungen – von den politischen Bemühungen des Vatikans auf internationaler Ebene beeinflusst. In der zweiten Hälfte der dreißiger Jahre suchte man im Vatikan nach einem Gegengewicht zu Nazideutschland, um der Schwächung der katholischen Positionen durch die Naziideologie und der Bestrebung einer Trennung von Rom entgegenzuwirken. Dieses Gegengewicht hätte aus dem Block der mitteleuropäischen Staaten Österreich, der Tschechoslowakei, Polen und Ungarn bestehen sollen. In dieser Richtung ist Präsident Beneš auch mit dem Nuntius übereingekommen.

Diese Tatsache hat sich wesentlich auf die Präsidentenwahl im Dezember 1935 ausgewirkt. Damals wurde gegen Außenminister Beneš, der nach der Demission von Präsident Masaryk im November 1935 der Hauptkandidat für das Staatsoberhaupt gewesen war, eine starke Rechtskoalition geformt, in der die tschechoslowakische Republikanische Partei (»Agrarpartei«), die stärkste böhmische Partei des bürgerlichen Lagers ab 1918, die Schlüsselrolle spielte. Beneš' Kandidatur unterstützten vehement die regierungsbildenden tschechoslowakischen sozialistischen Parteien – also die Sozialdemokraten und Nationalsozialisten. Die Wahl Beneš zum Präsidenten unterstützte auch der Vatikan. So drängte der kurz zuvor ernannte neue Nuntius in der Tschechoslowakei, Saverio Ritter (1884–1951), der seine diplomatische Mission in der Tschechoslowakei offiziell am 16. Oktober 1935 begann, den abwägenden und lavierenden Vorsitzenden der Slowakischen Volkspartei, Andrej Hlinka, zur Unterstützung von Edvard Beneš und trug damit zu einer definitiven Entscheidung der Abgeordneten der Slowakischen Volkspartei bei, die am Vorabend der Wahl ihre Unterstützung für den Außenminister bekundeten. Dieses Vorgehen des Nuntius lässt die bereits zuvor sichtbar gewordene Orientierung der kurialen Politik in Richtung einer Unterstützung des demokratischen Regimes in der Tschechoslowakei erkennen.[48] Am 18. Dezember 1935 wurde Ed-

---

47 Šrámek wurde aber seine Orientierung auf eine Zusammenarbeit mit den tschechischen sozialistischen Parteien von einem großen Teil der katholischen Intellektuellen und der böhmischen hohen Priesterherrschaft, an der Spitze der Prager Erzbischof Karel Kašpar, kritisch vorgeworfen.

48 Information des deutschen Botschafters Walter Koch zur Rolle des Vatikans bei der Präsidentenwahl von Beneš, Prag, 19. Dezember 1935; PA AA, Gesandtschaft Rom-Vatikan, Karton 803. Ritter un-

vard Beneš schließlich mit einer deutlichen Mehrheit von 340 der 440 gültigen Stimmen zum Präsidenten gewählt.[49] Ein derartiges Wahlergebnis hatte Beneš' Vorgänger, Tomáš Garrigue Masaryk, bei den vorangegangenen Präsidentschaftswahlen nie erreicht. Für kurze Zeit war es gelungen, ein gemeinsames Vorgehen aller katholischen Parteien im Staate zu erreichen. Eine kuriose Situation ist aber aus der Sicht des Vatikans eingetreten, unter dem Gesichtspunkt, dass Edvard Beneš und sein Gegenkandidat Mitglieder der Freimaurerloge waren, gegen die der Papst und die katholische Kirche auftraten.

Nach der Wahl des Präsidenten stieg in den böhmischen Ländern die Anzahl der Aktivitäten der Vertreter der katholischen intellektuellen Sphäre, die die Fähigkeiten der liberalen politischen und ökonomischen Strukturen bei der Lösung der wirtschaflichen und gesellschaftlichen Schwierigkeiten im Land in Zweifel gezogen hatten. In diesen Kreisen wurden zugleich die grundsätzlichen Reformen im Sinn der Verstärkung der autoritären und nationalen Komponenten angefordert. Eine Bühne, auf der diese Meinungen präsentiert wurden, waren insbesondere kulturgesellschaftliche Revuen, in denen katholische Intellektuelle das Sagen hatten. Inspiriert waren diese vor allem durch katholische Nationalbewegungen in West- und Mitteleuropa, zum Beispiel durch konservative französische Kreise, die sich zu Traditionen und Größe des französischen Royalismus und Katholizismus zu Wort meldeten und darin einen Antipoden zum Modernismus und Materialismus der Dritten Französischen Republik ausmachten. Zu einem Ideal dieser Strömungen sollten die Gesellschaftsumwandlung im Geiste der konservativen Traditionen, des tschechischen Nationalismus und die Einhaltung der Prinzipien des katholischen Glaubens und der katholischen Moral im öffentlichen Leben werden.[50] Ein Merkmal dieser war beispielsweise das sich vertiefende Misstrauen gegenüber dem politischen Parteiwesen jeder Meinungsrichtung. Die politischen Parteien quer durchs Ideenspektrum wurden als parasitäre Institutionen wahrgenommen, die nur irdische Interessen verfolgten.[51] Manche dieser Meinungen zielten auf eine bessere Gestaltung der bestehenden Demokratie. Die Kritik an den politischen Verhältnissen durch die katholischen Kreise war derart heterogen, dass es freilich schwierig ist, eine klare Linie zu ziehen zwischen jenen, die die parlamentarische Demokratie nur grundsätzlich erneuern und umbauen wollten, und jenen, welche sie ganz ablehnten und abschaffen wollten.

Zum wichtigen Katalysator antiliberaler, antidemokratischer und nationaler Stimmungen innerhalb des tschechischen Katholizismus sind vor allem die Er-

---

terstützte die Wahl von Beneš zugleich auch dadurch, dass der Vorschlag der Kandidatur von Němec aus der Reihe der Agrarpartei stammte, die nach der Pribina-Feier-Affäre von 1933 von der Nuntiatur in Prag als kirchenfeindliche Partei bezeichnet wurde. Vgl. Ritter an Pacelli, Prag, 8. Dezember 1935; S.RR.SS., AA.EE.SS., Cecoslovacchia, 1922–1939, pos. 137, fasc. 178.

49 Für Bohumil Němec stimmten, obwohl dieser seine Kandidatur zurückgezogen hatte, während der Wahl 24 Abgeordnete; 76 Abgeordnete und Senatoren (zumeist von Henleins Sudetendeutscher Partei) gaben weiße (leere) Stimmzettel ab.

50 Třetí generace, Nr. 8, 15. August 1933.

51 Memorandum Mladé generace československé strany lidové Zemskému výkonnému výboru čsl. strany lidové v Čechách [Ein Memorandum der Jungen Generation der Tschechoslowakischen Volkspartei dem Landesausschuss der Tschechoslowakischen Volkspartei in Böhmen], in: Třetí generace, Nr. 5, 5. April 1934.

eignisse des Spanischen Bürgerkrieges (1936–1939) geworden. Relativ große Teile der katholischen Periodika und ihre Autorenkreise grenzten sich bewusst gegenüber den liberal-linken Eliten in der Tschechoslowakei ab, welche mehrheitlich mit der legalen spanischen Regierung sympathisierten und die Handlungsweise von General Francisco Franco und seiner Anhänger kritisierten.[52]

In der Zeit, in der die Republik durch den aufkommenden Nationalsozialismus gefährdet war, hat die Tschechoslowakische Volkspartei den Kampf um die Verteidigung der Demokratie, der nationalen Einheit und der Unabhängigkeit aufgenommen. Šrámek ist es gelungen, sowohl den Papst als auch Kardinalstaatssekretär Eugenio Pacelli davon zu überzeugen, dass die ausgewählte Strategie auch kirchlichen Interessen diene.[53] Die Kardinalskreierung des Prager Erzbischofs Karl Kašpar im Dezember 1935 signalisierte ein Entgegenkommen des Vatikans in dieser Frage. Es wurde als Zeichen eines antitotalitären Auftretens des Papstes wahrgenommen, was tendenziell in den Reihen der Volkspartei klare Zustimmung fand. Ein Teil der reichsdeutschen Presse griff den Vatikan und die katholische Kirche deswegen jedoch an.[54] Die Volkspartei und der Prager Kardinal waren sich mit den Repräsentanten des tschechischen politischen Katholizismus im wachsenden Misstrauen gegenüber der Nationalisierung des sudetendeutschen katholischen Spektrums einig.[55] Der Vatikan hat freilich die Volkspartei zunächst in dieser Haltung unterstützt, obwohl sich der Nuntius bewusst war, dass die komplizierte nationale Situation in der Tschechoslowakei, die eine latente Spannungsquelle darstellte, auch die Politik der tschechoslowakischen Regierung bestimmte.[56] Im Vatikan beurteilte man die weitere Entwicklung in der Tschechoslowakei nach dem

---

52 Zur Rolle der tschechischen katholischen Intellektuellen im Spektrum des antidemokratischen Denkens in der zweiten Hälfte der dreißiger Jahre vgl. Jaroslav MED, Literární život ve stínu Mnichova (1938–1939) [Literarisches Leben im Schatten von München 1938–1939], Prag 2010; Martin C. PUTNA, Katolická publicistika třicátých let, »kvalitativní demokracie« a fašismus: Rudolf Ina Malý a časopis Tak [Katholische Publizistik in den 30er Jahren, »qualitative Demokratie« und Faschismus. Rudolf Ina Malý und die Zeitschrift »Tak«], in: Václav NEKVAPIL/Rudolf VÉVODA (Hg.), Média, kultura a náboženství, Prag 2007, S. 40–53.

53 Šrámek spielte eine wesentliche Rolle bei der Beilegung des Konfliktes der Regierung mit dem Vatikan in der Frage der Abberufung von Nuntius Ciriaci. Es war auch Šrámek, der im Juni 1935 den päpstlichen Legat Jean Verdier (1864–1940), Erzbischof von Paris, bei seinem Eintreffen in der Tschechoslowakei anlässlich dessen Teilnahme am Katholikentag begrüßte. Vgl. TRAPL, Katolicismu (wie Anm. 8), S. 284.

54 Information des reichsdeutschen Botschafters beim Heiligen Stuhl zu Artikeln im »Osservatore Romano«, Rom, 13. Dezember 1937; PA AA, R 103253, Akten betreffend die Beziehungen des Heiligen Stuhls zu Deutschland.

55 Einer der Konfliktpunkte in den deutsch-tschechischen kirchlichen Beziehungen war die gespannte Situation in den Priesterseminaren in Prag und Leitmeritz, in denen sich die überwiegende Mehrzahl der deutschen Seminaristen kurz vor dem Abschluss der Studien im Mai 1938 entschied, in die Sudetendeutsche Partei einzutreten. Erst nach der Intervention des tschechischen Episkopats und der sudetendeutschen Priester in Rom wurde der Streit beigelegt und die deutschen Theologen konnten die Priesterweihe empfangen; vgl. Römisch-katholische Priesterseminare, Informationen des deutschen Botschafters Eisenlohr nach Berlin, Prag, 17. August 1938; PA AA, Gesandtschaft Rom-Vatikan, Karton 803.

56 Emilia HRABOVEC, Der Heilige Stuhl und die böhmischen Länder 1938–1945, in: Martin ZÜCKERT/Laura HÖLZLWIMMER (Hg.), Religion in den böhmischen Ländern 1938–1948. Diktatur, Krieg und Gesellschaftswandel als Herausforderungen für religiöses Leben und kirchliche Organisation (Veröffentlichungen des Collegium Carolinum 115), München 2007, S. 99–146, hier S. 106f.

Anschluss Österreichs im März 1938 jedoch sehr pessimistisch. Man versuchte im Herbst 1938 eine friedliche Lösung der Krise zu finden, in der Überzeugung, dass ein Krieg nicht nur unsagbares Leid bringen würde, sondern in letzter Konsequenz in einer allgemeinen Revolution und Bolschewisierung Europas zu enden drohte.[57] Während der politischen Krise in der Tschechoslowakei traten Šrámek und die Volkspartei dagegen als entscheidende Gegner der Appeasement-Politik der westlichen Mächte und der nationalen Einstellungen der Sudetendeutschen Partei auf. Bei den Verhandlungen über das bei der Münchener Konferenz am 30. September beschlossene Diktat lehnte Šrámek die Verabschiedung ab.

Der unmittelbare Schock aus der Münchener Katastrophe katalysierte sich in der tschechischen Gesellschaft in der Suche nach einem »Schuldigen« für die Münchener Ereignisse, was eine zumindest vorübergehende Abwendung von liberalen und parlamentarisch-demokratischen Konzepten der Ersten Republik bewirkte. Der Zusammenbruch der Ersten Republik brachte Eliten in den Vordergrund, die sich in den vorhergehenden zwanzig Jahren übersehen gefühlt hatten. Zu ihnen gehörten auch konservative katholische Kreise, die im Fall der Ersten Republik die Gelegenheit zur Satisfaktion für antikatholische Angriffe in der Vergangenheit sahen. Antidemokratische und nationale Haltungen eines Teils der tschechischen katholischen Kreise fanden also ihre Fortsetzung in der aktiven Unterstützung der autoritär gerichteten politischen Veränderungen in der Periode der sogenannten »Zweiten Republik«, die nach dem Münchener Abkommen im Herbst 1938 etabliert wurde.[58] Der Heilige Stuhl begrüßte die Verstärkung des katholischen Elements mit Sympathie, in die sich jedoch auch erste Besorgnisse wegen des politischen und ideologischen Eindringens von Regierungsstellen aus dem Hitler-Deutschland zu mischen begannen. Im November 1938 endet überdies auch die selbständige politische Einwirkung der Tschechoslowakischen Volkspartei infolge des Beitritts in die rechtsorientierte Partei der nationalen Einheit.[59]

In diesem Moment lagen schwere Gewitterwolken nicht nur auf dem weiteren Schicksal des politischen Katholizismus, sondern auch auf dem Schicksal des ganzen Restes der böhmischen Länder. Die Zweite Republik sollte mit dem Einmarsch der deutschen Truppen am 15. März 1939 und mit der anschließenden Bildung des Protektorats Böhmen und Mähren enden.

---

57 Hrabovec, Heiliger Stuhl (wie Anm. 19), S. 346.

58 Zur Geschichte und der ideologischen Position in der Periode der Zweiten Republik vgl. Jan Rataj, O autoritativní národní stát. Ideologické proměny české politiky v druhé republice (1938–1939) [Um den autoritativen Nationalstaat. Ideologische Verwandlungen der tschechischen Politik in der Zweiten Republik 1938–1939], Prag 1997; Jan Gebhart/Jan Kuklík, Druhá republika. Svár demokracie a totality v politickém, společenském a kulturním životě [Die Zweite Republik. Konflikt der Demokratie mit der Totalität im politischen, gesellschaftlichen und kulturellen Leben], Prag 2004; René Küpper, Religion und Kirchen in der Zweiten Republik, in: Schulze Wessel/Zückert (Hg.), Handbuch (wie Anm. 1), S. 299–316.

59 Die Deutsche Christlichsoziale Volkspartei beendete ihre politische Tätigkeit in der Tschechoslowakei schon einige Monate davor, nämlich im März 1938, kurz nach der Besetzung Österreichs. Es dürfte sehr wahrscheinlich sein, dass die entscheidende Initiative dafür von Hilgenreiner ausging, der unter den christlichsozialen Spitzenpolitikern die nationalen politischen Stellungen langfristig vertrat. Im Frühjahr 1938 lösten sich zudem zahlreiche katholische Organisationen auf.

DIE ITALIENISCHE VOLKSPARTEI »PARTITO POPOLARE ITALIANO«

Ursprünge, ideelle Einflüsse, Programmatik

STEFANO TRINCHESE

DER FORSCHUNGSSTAND ZUR KATHOLISCHEN BEWEGUNG

Die Historiographie der sechziger und siebziger Jahre enthält eine Reihe wichtiger Impulse, die für die historiographische Debatte in Italien in Bezug auf Themen, die bisher eher in zweiter Reihe standen, besonders interessant sind. Hier muss vor allem Ettore Passerin d'Entreves erwähnt werden, der zwar eigentlich zur späten Neuzeit gearbeitet hat, aber eben gerade deswegen wichtige Auslegungen für die Bedeutung des Themas in der *longue duree* geben konnte. Passerin d'Entreves ist es auch zu verdanken, dass diese Themen wieder für junge Forscher interessant wurden. Einen Platz für sich nimmt Mario Bendiscioli ein, der erste, der im Kielwasser der Studien zur katholischen Bewegung zwischen Italien und Deutschland segelte. Fausto Fonzi ist es zu einem großen Teil zu verdanken, dass die Aufmerksamkeit der Historiker von der Untersuchung der Führungsspitzen weggelenkt und auf die Rekonstruktion der Haltungen und der Mentalität der Masse gerichtet wurde, mit einer präzisen und völlig neuen Analyse der religiösen und sozialen Haltung der Gläubigen, die zu einer begründeten und glaubhaften Neubewertung des Phänomens führte, das in den politischen Zielen seiner kulturellen Prämisse intransigent war.[1]

Pietro Scoppola hat die Aufmerksamkeit auf das Phänomen einer auf Aussöhnung bedachten Bewegung (*conciliatorismo)* und der aufgeschlossenen Katholiken gelenkt, ein Phänomen, das bisher übergangen worden war, und damit den Startschuss für neue nachfolgende Interpretationen gegeben (Camillo Brezzi, Filippo Mazzonis). Scoppola hat den Weg zur Analyse des Modernismus in seiner komplexen Originalität des Denkens geöffnet, noch unvollständige Interpretationen vervollständigt (Michele Ranchetti, Luciano Pazzaglia) und dessen Erforschung wiederbelebt.[2] Zudem hat er die Rolle der Katholiken während des Faschismus untersucht, neu bewertet und die politische Idee Alcide De Gasperis zugunsten einer Autonomie der Hierarchie neu betrachtet, um sich schließlich der Erforschung der Rolle der Katholiken in der Krise der Ersten Republik zu widmen. Dazu analysierte er die Verfassung, die katholische Partei und die Öffnung von

---

1 Pietro SCOPPOLA, I cattolici e la società italiana dopo l'unità, Rom 1953.

2 Pietro SCOPPOLA, Crisi modernista e rinnovamento cattolico in Italia, Bologna 1961.

Aldo Moro, die Möglichkeiten der Begegnung mit der Kommunistischen Partei Italiens (PCI) und den Betrug des Konsumismus.[3]

Zu den Schülern der ersten Generation Scoppolas gehören der eingangs erwähnte Brezzi, Andrea Riccardi, Carlo F. Casula, Agostino Giovagnoli. Nicht zu vergessen sind die Studien anderer, die auf irgendeine Weise Anhänger Scoppolas sind, nämlich Emma Fattorinis Arbeiten zur Marienverehrung und die Arbeiten Cecilia Dau Novellis, Stefano Trincheses und Umberto Gentilonis.

Lorenzo Bedeschi, der ein rastloses priesterliches Gewissen und den leidenschaftlichen und scharfsinnigen Historiker in sich vereint, hat sich der Erforschung ansonsten vergessener Persönlichkeiten angenommen. Auf der Grundlage bisher vernachlässigter Quellen hat Bedeschi eine sehr erfolgreiche Reihe von Editionen im Rahmen des »Zentrums für die Geschichte des Modernismus« (»Centro studi per la storia del modernismo«) vorgelegt. In diesem Rahmen darf man jedoch nicht die allzeit luzide und mutige Figur von Giacomo Martina vergessen, Autor von gelungenen Überblicken über die Kirchengeschichte zum 19. und 20. Jahrhundert sowie von wertvollen Vertiefungen zur Kirche seit Pius IX. und überdies von erfolgreichen Darstellungen zum Selbstbewusstsein der kirchlichen Mission.[4]

Alberto Monticone hat mit einem außerordentlichen Feingefühl die christliche Inspiration des päpstlichen Pazifismus Benedikts XV. rekonstruiert[5] und darüber hinaus Pionierstudien zur religiösen Mentalität der italienischen Soldaten unternommen, was bei Roberto Morozzo della Rocca eindrucksvolle Ideen zur Interpretation der Arbeit der Militärkapläne hervorgerufen hat.[6]

Francesco Traniellos Studien zum *Conciliatorismo,* zum Rosminianismus und seiner überzeugenden Lesart zur politischen Kultur des Katholizismus in der Geschichte der Einheit Italiens[7] sowie Pier Giorgio Camaianis Arbeiten zur religiösen Motivation der Tatsache, dass die Römische Frage in die Länge gezogen wurde, können diese richtungsweisende und heute noch inspirierende Grundphase der italienischen Produktion historisch-religiöser Natur vervollständigen. In eine Linie, die für den europäischen Rahmen von französischen Wissenschaftlern wie Jean-Marc Mayeur und René Remond eröffnet wurde, reiht sich die spezifischere Untersuchung von Ereignissen ein, die zu politischen Aspekten des organisierten Lebens der Katholiken gehören.

Außerdem müssen wir die stets originelle und lebhafte Aktivität von Maurilio Guasco in Betracht ziehen, mit seinen brillanten und bislang singulär dastehenden Studien zum Klerus, seiner Bildung und besonders seiner Rolle und seiner Präsenz innerhalb der italienischen Geschichte.[8] Sodann sind zu nennen: Danilo Veneruso mit zahlreichen Studien, die immer reich an Dokumenten und interpretatorischen Hypothesen sind; Luigi Ganapinis Studien unter dem Gesichtspunkt der Ideen; in anderem Maße Guido Verucci[9] und Giorgio Campanini, die

---

3 Pietro Scoppola, La nuova cristianità perduta, Rom 1985.

4 Giacomo Martina, Pio IX, Chiesa e mondo moderno, Roma 1976.

5 Alberto Monticone, Benedetto XV e la Germania, in: Giorgio Rumi (Hg.), Benedetto XV e la pace 1918, Brescia 1990, S. 9–17.

6 Roberto Morozzo della Rocca, La fede e la guerra, Rom 1980.

7 Francesco Traniello, Città dell'uomo. Cattolici, partito e Stato nella storia d'Italia, Bologna 1990.

8 Maurilio Guasco, Storia del clero in Italia, Bari 1997.

9 Guido Verucci, La Chiesa nella società contemporanea, Rom – Bari 1988.

den Aspekt der ideellen Inspiration der persönlichen Religiosität betonen; Renato Moro zur Führungsbildung,[10] Maria Cristina Giuntella zu den Erfahrungen der katholischen Jugend zwischen den Fronten Modernismus, Partito Popolare und Modernismus,[11] und schließlich Mario Casella zur Katholischen Aktion.[12]

Seit dem epochemachenden *Dizionario storico del movimento cattolico*[13] haben sich Forscher der neuen Generation unmittelbarer mit der Präsenz von Katholiken in der Politik beschäftigt, alles Vorhaben, die einerseits viele bisherige Erkenntnisse zusammenfassen und andererseits zweifelsohne Ansporn für Detailforschungen sind. Auch wenn sich nicht immer alle auf gleichem kritischen Niveau bewegen, sind hier anzuführen: Nicola Antonetti, Pierluigi Ballini, Alfredo Canavero, Bartolo Gariglio, Luisa Mangoni, Giorgio Vecchio, Pier Giorgio Zunino und viele andere. Agostino Giovagnoli hat weise und scharfsinnig das Abenteuer des christdemokratischen Vorhabens und der katholischen Partei nach dem Zweiten Weltkrieg rekonstruiert, ausgehend von den früheren Ursprüngen der katholischen Bewegung.[14]

Die gescheiteren Versuche zur Gründung einer katholischen Partei

Das Pontifikat von Papst Benedikt XV. (1914–1922) war charakterisiert durch drei grundlegende Momente: die Verurteilung des »unnützen Blutvergießens« des Ersten Weltkrieges, den Abschluss der Phase der Verurteilungen und Verdächtigungen des Modernismus und die Einwilligung zu einer organisierten politischen Erfahrung der italienischen Katholiken.

Die Forschung hat die von Luigi Sturzo gegründete italienische Volkspartei als Ergebnis des drängenden Willen des Papstes qualifiziert (Mayeur) oder als absolute Neuheit in der Geschichte des politischen Katholizismus in Italien (De Rosa). Die erste der beiden genannten Thesen trägt der Tatsache Rechnung, dass die Partei Sturzos in dem Moment rapide zerfiel, in dem ihr unter dem neuen Papst Pius XI. (1922–1939) von Seiten der Kurie das Vertrauen entzogen wurde, ja, Sturzo sogar ausdrücklich vom Heiligen Stuhl selbst in Person von Pietro Kardinal Gasparri dazu aufgefordert wurde, diese Erfahrung aufzugeben und das Exil auf sich zu nehmen. Die zweite These lässt sich durch einen kurzen Exkurs in die Geschichte des politischen Engagements der Katholiken Italiens verifizieren, obwohl jeder Versuch fehlschlug, die Katholiken zu einen oder deren Stimmen gemeinsam zu organisieren.

Der so genannte »liberale« oder konziliatorische Katholizismus war derjenige, der daran interessiert war, im Parlament in der Diskussion mit dem Einheitsstaat eine politische und vor allem einvernehmliche Lösung der Römischen Frage zu

---

10 Renato Moro, La formazione della classe dirigente cattolica, Bologna 1979.

11 Maria Cristina Giuntella, La Fuci tra modernismo partito popolare e fascismo, Rom 2000.

12 Mario Casella, L'Azione cattolica nell'Italia contemporanea, Rom 1992.

13 Francesco Traniello/Giorgio Campanini (Hg.), Dizionario storico del movimento cattolico in Italia. 1860–1980, 3 Bde., Turin 1981–1984.

14 Agostino Giovagnoli, La cultura democristiana, Rom – Bari 1991.

erzielen. Dieses Vorhaben war zum Scheitern verurteilt. Denn diejenigen Vertreter der kirchlichen Hierarchie, die ein solches Vorhaben unterstützen, wurden seitens des Heiligen Stuhls immer im Stich gelassen. Man denke hier zum Beispiel an Carlo Maria Curci, Luigi Tosti, an Geremia Bonomelli und Giovanni Battista Scalabrini.

Ein erster echter Versuch, eine organisierte politische Partei zu gründen, fand in den Jahren 1878 bis 1879 statt. Eine Gruppe prominenter Katholiken versammelte sich regelmäßig im Haus des Grafen Paolo Campello und bildete den Nukleus einer politischen Partei, die als konservativ national bezeichnet wurde. Sie sollten die Leere am rechten Flügel füllen, die von der intransigenten katholischen Wählerschaft gelassen worden war, die durch die römische Hierarchie in unbeweglich enthaltender Haltung mit dem *non expedit* aufgestellt wurde, was Anlass zu einer intransigenten Mehrheit der katholischen Bewegung gab. Dieses erste konservative Experiment, das riskiert hatte, den katholischen Wählern eine zwar gemäßigte aber dennoch aktive Rolle im Parlament einzuräumen, zerbrach an der fehlenden Unterstützung Papst Leos XIII. (1878–1903).

Ein zweiter wichtiger Versuch hatte 1904 und 1905 mit Filippo Meda stattgefunden, der in Anlehnung an die Erfahrung der deutschen Katholiken ein italienisches Zentrum ins Leben rufen wollte. Auch in diesem Fall – wie im vorhergehenden – lag der Grund für das Scheitern des Experiments in der expliziten Preisgabe durch den Papst, in diesem Falle durch Pius X. (1903–1914).

In beiden Fällen gründete das bestimmende Argument für die päpstliche Missbilligung in der laizistischen und autonomen Beschaffenheit beider Parteien, die die katholischen Massen aus der umfassenden Kontrolle der Bischofshierarchie loslösen wollten, um mit ihnen in den Kern des politischen Wettkampfs überzusiedeln, mit dem Ziel, an der Regierung des Staates teilzuhaben.

Man muss betonen, dass sowohl in Bezug auf die vorhergehenden Erfahrungen eines vermittelnden Einsatzes als auch in diesen beiden Fällen das Referenzmodell das deutsche Zentrum gewesen ist, das in Italien als Bremse für die Unmäßigkeiten des laizistischen liberalen Staates und als Wellenbrecher für die rote Welle des Sozialismus interpretiert wurde.

Das deutsche Zentrum als Modell für die italienischen Katholiken

Was allerdings die Natur dieser Erfahrung angeht, hat die Geschichtsschreibung für gewöhnlich die Natur des Zentrums falsch verstanden, da sie ihm eine konfessionelle Natur beimaß. Genauere Studien zur politischen Natur des deutschen Zentrums haben jedoch die interkonfessionelle Natur des Experiments gezeigt, das, wenn auch in einer Minderheit, auch protestantische Schichten mit einbezog, im Sinne einer gleichsam natürlichen Bereitschaft zum Dialog mit der nicht nur konfessionellen, sondern auch politischen und ideologischen Andersartigkeit. In der Tat ist die politische Erfahrung der Katholiken in der deutschen Geschichte gekennzeichnet durch eine dauerhafte Suche nach einem Einvernehmen mit den

Parteikräften einer anderen Ausrichtung, einerseits mit den Liberalen, andererseits mit den Sozialisten. So gestalteten katholische Laien lange Zeit die parlamentarische Politik des Reichs. Dieses bedeutende und reiche Erbe trug bis in die folgende Zeit der Weimarer Republik hinein Früchte, als gelungenes und glückliches Experiment einer Mitte-Links-Koalition, die zur Betrachtung der fortgeschrittenen Ansprüche sozialer und politischer Rangordnung offen war.

Die Erfahrungen des deutschen Zentrums reichen bis zu den Brüdern August und Franz Reichensperger im Jahr 1852 zurück. Als parlamentarische katholische Fraktion verkörperte die deutsche Partei eine moderate und zugleich reformistische Option und präsentierte sich fast von Anfang an als Treff- und Ausgangspunkt verschiedener Tendenzen und Erfahrungen sowohl unter dem politischen als auch religiösen und konfessionellen Profil. Die Verteidigung der kirchlichen Ansprüche und sogar die Wahrung einer Gesetzgebung, die für die katholische Kirche vorteilhaft war, schloss das Zusammentreffen mit der protestantischen Fraktion nicht aus, sondern forderte es sogar heraus. Nebenbei schützte das Zentrum die Rechte der Juden, was zu ihrer vollständigen Emanzipation beitrug. Frühzeitig im Parlament präsent, zielte das Zentrum auf pragmatische Lösungen durchaus auch im Ausgleich mit anderen reformatorischen Kräften – angefangen von dem gemäßigten Teil der Liberalen über die rechte Mitte bis hin zu den gemäßigten und reformfreudigen Flügeln der Sozialdemokratie.

Die Beziehungen zwischen Kirche und Staat bereicherten sich an den häufig sehr unterschiedlichen regionalen Erfahrungen, die oft ziemlich entfernt voneinander, wenn nicht divergierend waren. So wurde beispielsweise eine vollständige Trennung von Kirche und Staat im liberaldemokratischen Großherzogtum Baden gefordert, wo sich 1869 eine katholische Partei gebildet hatte, die mit einem offen progressiven Charakterzug unumwunden demokratische Ziele verfolgte, und die als christliche Volkspartei bezeichnet wurde. Im Gegensatz dazu war die homologe Bildung in Bayern, die Bayerische Vaterlandspartei, später umbenannt in Bayerische Volkspartei, eine partikularistische, landwirtschaftliche, regionalistische und vor allem konfessionelle und sehr konservative Einheit.[15]

Das Programm von Soest vom 28. Oktober 1870 war es, das – zu Recht zum beispielhaften Modell emporgestiegen – unter dem Motto »Für Wahrheit, Recht und Freiheit« die katholisch-liberale, katholisch-soziale und betont dezentralisierende Akzentuierung des Zentrums zusammenfasste, das unter der nationalen Leitung von Hermann Mallinckrodt zur Verteidigung der religiösen und kirchlichen Vorrechte bereitstand, aber auch zur Verteidigung der lokalen Kirchen und Episkopate.

Im Grundsatzprogramm nach dem Ende des Kirchenstaats 1870/1871 – das das Zentrum auch für die protestantische und jüdische Wählerschaft zu öffnen suchte – war man noch mehr bedacht auf die Vorrechte des nationalen und betont antiinfallibilistischen Klerus, als dies übrigens schon weitläufig beim Ersten Vatikanischen Konzil von Seiten mehrerer einflussreicher Mitglieder der hohen deutschen Hierarchie offenkundig geworden war.

---

15 Sehr viel verdankt man dem umfangreichen vergleichenden Werk von Jean-Marc Mayeur, Des partis catholiques à la Démocratie chrétienne XIXe-XXe siècles, Paris 1980, S. 49–57 und passim.

Ganz auf der Linie der Lehren von Charles de Montalembert erklärte sich die Partei der Katholiken, oder besser gesagt: der Christen in Deutschland, die der Nationalverfassung vollen Respekt zollte, für den Schutz der Religionsfreiheit und für die Verbesserung des Verhältnisses mit den liberalen Institutionen und Ideen. Indes lösten der Wechsel an der Führungsspitze nach dem Tod Mallinckrodts zu Ludwig Windthorst und der Sturm des Kulturkampfes[16] eine Akzentuierung der konfessionellen Grundeinstellung aus, gegen die interkonfessionellen Ambitionen, die von Windthorst vertreten worden waren, sowie den Rückzug aus der schwierigen Moderation der Beziehungen zwischen Staat und Kirche.

Das Ereignis des Kulturkampfes müsste nicht nur wegen der Auswirkungen untersucht werden, die dieser auf das Verhältnis zwischen Kirche und Staat hatte, sondern auch wegen der evidenten Sympathien der unterschiedlichen politischen Kreise in Italien für die eine oder die andere Gruppe im Kampf. Zum Beispiel vermerkte man nicht nur im katholischen Lager eine offenkundige Empathie gegenüber dem Schicksal des deutschen politischen Katholizismus, sondern auch im laizistischen Lager verfolgte man interessiert, zuweilen auch enthusiastisch, die antikirchlichen Maßnahmen, die das protestantische Preußen Otto von Bismarcks aufgenommen hatte. In den Reihen der *Destra storica* (historische Rechte), die zudem eine gewisse Distanz zu der Politik Bismarcks beibehielt, auch um eine Verschärfung der Auswirkungen der Römischen Frage zu vermeiden, erwies sich Quintino Sella als leidenschaftlicher Rezipient der lutherischen Kultur und neben vielen anderen als Bewunderer der deutschen Wissenschaft und Technik, während Ruggero Bonghi, wie andere liberale Vertreter aus dem Süden, lebendige Sympathien für den Einsatz des Zentralstaates im Kulturkampf hegte.

Während der *Osservatore Romano* eine apokalyptische Lesart der antireligiösen deutschen Politik verbreitete, bewunderte besonders die mailändische laizistische Presse im eisernen Kanzler den Urheber der Bejahung der vor allem ideologischen Modernität. Und während man bis in die sechziger Jahre hinein einen partiellen Einfluss der hegelianischen Linken und in den späten Siebzigern des Darwinismus feststellen konnte, dominierte in den letzten beiden Jahrzehnten des Jahrhunderts das Beispiel des preußischen Staates: in der positivistischen und progressiven Auffassung der wissenschaftlichen Technik, in der Anwendung der Schul- und Sportmodelle und schließlich in den letzten achtziger Jahren zur Verbreitung einer nationalen Volkskultur und zur generellen Verbesserung der hygienisch-sanitären Verhältnisse der Bürger.

Die italienische Bewunderung für Deutschlands konfessionellen Pluralismus und die mutigen antirömischen Entscheidungen Martin Luthers und Ignaz von Döllingers – letzterer war eine Persönlichkeit, die in liberalen Kreisen außerordentlich en vogue war – drückte sich im Schulbereich mit der Übernahme des deutschen pädagogischen Modells aus. Das preußische Modell inspirierte aber teilweise auch die Politik der Linken, von Agostino Depretis[17] bis Francesco

---

[16] Zum komplexen Verhältnis zwischen dem Heiligen Stuhl und Deutschland während des Kulturkampfes vgl. Massimiliano VALENTE, Diplomazia pontificia e Kulturkampf. La Santa Sede e la Prussia tra Pio IX e Bismarck (1862–1878) (Religione e società), Rom 2004.

[17] Zum Denken und zur Persönlichkeit des jungen Agostino Depretis vgl. Giuseppe TALAMO, La formazione politica di Agostino Depretis, Mailand 1970, S. 184ff.

Crispi, indem es durch ein Nacheifern des liberal rechtsstaatlichen und sozialen Staates die Adoption eines positivistischen juristischen Gewissens verschleierte. Somit wurden die Dreibund-Option als auch die Kultusreform von Pasquale Stanislao Mancini zwischen 1877 und 1878 inspiriert und verstärkt. Aber auch im katholischen Lager animierte sie parallel dazu die Polemik von Pater Carlo Maria Curci. Curci folgte dem Beispiel Wilhelm Emmanuel von Kettelers und begab sich in einen Dialog mit Ferdinand Lassalle; Döllinger stieg zum Symbol der vollkommenen Autonomie des Verstands gegenüber der Ketten der Religion auf, was Cesare Cantù zu einem Versuch der Rebellion gegen dogmatische Bindungen in der religiösen Beurteilung aufleben ließ. Auch im juristischen Bereich beobachtete man das deutsche positive Modell; besonders im Kirchenrecht orientierten sich an der deutschen Schule Francesco Scaduto, Experte für Fragen der Koordination von Staat und Kirche, und der Kirchenrechtler Francesco Ruffini. Giuseppe Toniolo ließ sich durch die deutsche wirtschaftsgeschichtliche Schule inspirieren, dessen Hauptbezugspunkt das deutsche rechtsprechende Modell gemeinsam mit dem Kathedersozialismus war.[18]

Sogar die viel diskutierte Person des neuen Kaisers, der lutherische Wilhelm II., wurde in den Augen der italienischen katholischen Meinung neu bewertet: Der katholische Bürgermeister von Rapallo, Lorenzo Ricci, verfasste ein Gedicht anlässlich des Besuchs des »imperator Guglielmo« bei Papst Leo XIII. im Jahr 1887. Der Kleriker Angelo Roncalli reihte sich im Mai 1903 in den Applaus des katholischen Roms ein, das Spalier bildete für den deutschen Souverän, der Leo XIII. besuchte, welcher nunmehr dem Tod nah war, und ihn begrüßte als jemanden, der »wenn er nicht Häretiker wäre, der Karl der Große der modernen Zeit wäre«.[19]

Gerade im Jahr 1887 hatte das Scheitern des Versuchs einer Aussöhnung von Staat und Kirche einen Meilenstein für die italienische katholische Bewegung dargestellt und damit ein Schicksal besiegelt, dass vollkommen anders als die analoge deutsche Erfahrung war. Das Motto »Germania docet!«, das von Andrea Carlo Kardinal Ferrari beim Katholikentag in Köln propagiert wurde, wurde damals von den italienischen Katholiken breit geteilt. Diese drückten damit ihre Bewunderung für das deutsche Modell des Zentrums aus. Seit den ersten Versammlungen der *Opera dei congressi* hatten die Intransigenten, die in einer abstentionistischen Haltung und in der messianischen Erwartung des unvermeidlichen Zusammenbruchs des gottlosen Einheitsstaates verharrten, das organisatorische Modell des Volksvereins beachtet, gemeinsam mit dem Beispiel des belgischen sozialen Katholizismus. Beim zweiten Kongress der *Opera* in Florenz im Jahre 1875 pries Francesco Nardi die heroischen Taten jener »wunderbaren Männer«, die sich gegen den Kulturkampf engagierten.[20]

Die Kultur der Katholiken Italiens zwischen den beiden Jahrhunderten erscheint also durchdrungen von der deutschen katholischen Welt: Bei Filippo Meda

---

18 Vgl. Paolo PECORARI (Hg.), Ketteler e Toniolo. Tipologie sociali del movimento cattolico in Europa (Idee 25), Rom 1977.

19 Angelo Giuseppe RONCALLI, Il Giornale dell'Anima, Rom 1977.

20 Giorgio VECCHIO, Il mito del Centro e i progetti di Filippo Meda, in: Cultura e società in Italia nel primo Novecento (1900–1915). Centro di ricerca »Letteratura e cultura dell'Italia unita«. Atti del secondo convegno, Milano 7–11 settembre 1981, Mailand 1984, S. 147.

und Ernesto Vercesi, Giuseppe Toniolo und Edoardo Soderini findet sich davon ein unmissverständliches Echo.[21] Der junge Sturzo lebte an der Gregoriana mit Carl Sonnenschein zusammen und war ihm in Freundschaft verbunden. Dadurch wurde er in die Betrachtung der deutschen Modelle eingeführt. Auch Vertreter aus der zweiten Reihe, wie Franco Berra, propagierten durch die katholische Presse die Unterfangen des deutschen Zentrums. Die renommierte *Rassegna Nazionale*[22] sah im Zentrum die Kraft, wie man damals sagte, eines »collaborazionista«: Kollaboration im Sinne einer Öffnung zum politischen Kompromiss mit Strömungen anderer Überzeugung zum Zweck der Teilnahme an der Regierung des Staates. Die deutsche Partei erschien als das »Muster aller Klassen«, das heißt als reformierende und klassenverbindende Partei, aber auch als Muster in Bezug auf die parallelen Unmäßigkeiten der christlichen Demokratie Romolo Murris.[23]

Auf dem Weg zu einer laizistischen Partei der Katholiken

Die Auflösung der intransigenten Bewegung markierte den Übergang von der enthusiastischen Phase der Zustimmung für die Ereignisse bei den deutschen Zentrumskatholiken zu einem Moment der kritischen Assimilation: Die *Civiltà Cattolica* publizierte diverse Artikel, in denen eine Öffnung in diese Richtung zu verzeichnen war, hauptsächlich von Antonio Pavissich oder von Angelo De Santi, in Anlehnung an das politische Testament Windthorsts.[24]

Während in Deutschland Julius Bachem die deutschen Katholiken »aus dem Turm« schleifte – mit diesem Ausdruck rechnete man die Abweisung jeglicher Verschanzung des katholischen Zentrums als Verdienst an – erstickte der Versuch Filippo Medas und Ernesto Vercesis, eine Zentrumspartei zu gründen, die die katholischen Wählerstimmen von der nunmehr verwesenden Dürre einer anachronistischen Stimmenthaltung der Wähler befreien sollte, direkt im Keim, und zwar an der päpstlichen Verurteilung, die mit der Enzyklika *Il fermo proposito* im Juni 1905 ausgesprochen wurde.[25] Die Enzyklika sanktionierte eine partielle Aufhebung des *non expedit*, auch für die politischen Wahlen; man sprach von einer »Milderung« in Bezug auf die Position des Papstes: »der Papst wird schweigen«, hatte Pius X. zu denen gesagt, die eine Form der Teilnahme an den liberalen Wählerlisten vorgeschlagen hatten.

---

21 Zentral für diesen Punkt bleibt Giorgio Vecchio, Alla ricerca del partito. Cultura politica ed esperienze dei cattolici italiani nel primo Novecento, Brescia 1987.

22 Vgl. Glauco Licata, La »Rassegna nazionale«. Conservatori e cattolici liberali italiani attraverso la loro rivista (1879–1915), Rom 1968.

23 Zu diesen Vergleichsaspekten des politischen Engagements von Katholiken in Italien und Deutschland vgl. Stefano Trinchese, Governare dal Centro. Il modello tedesco nel »cattolicesimo politico« italiano del '900, Rom 1994.

24 Antonio Pavissich, Il testamento di Ludwig Windthorst al suo popolo, in: Civiltà Cattolica 55 (1904), H. 4, S. 641–657.

25 Vgl. auch Emma Fattorini, Il cattolicesimo politico tedesco, in: Gustavo Corni/Pierangelo Schiera (Hg.), Cultura politica e società borghese in Germania fra Otto e Novecento, Bologna 1986, S. 241–284.

Meda hatte im antizentralistischen Ansatz Windthorsts eine entschiedene Alternative zum preußischen Etatismus wahrgenommen und sich einen ähnlich charismatischen Leader auch für die italienischen Katholiken erwünscht. Auch Ernesto Vercesi hatte den Zustand des italienischen Katholizismus mit dem deutschen Modell verglichen. Gemeinsam mit Meda betrachtete man obendrein andere europäische Beispiele, wie das flämische der Ligue démocratique Arthur Verhaegens, das irische Daniel O'Connells und das schweizerische Gaspard Decurtins.[26] Vercesi erhoffte sich von der Realisierung eines politischen Objekts in der Linie des deutschen Zentrums »einen Strom neuen Lebens«[27] für das politische Leben Italiens. Vom deutschen Beispiel ausgehend sollte man sich ein Programm, reformistisch im sozialen Bereich und autonom auf der Ebene der Wähleroptionen, ableiten, das jegliche Regelung gemäßigten Typs abwenden sollte, weit entfernt von den konservativen Bestrebungen der Mailänder Gruppe um Gaetano Cornaggia Medici.

Im Dissens mit der konservativen Gruppe und stark angefeindet vom führenden Intransigenten, Stanislao Medolago Albani, zielte die Linie Filippo Medas hingegen deutlich auf eine autonome und konfessionslose Partei ab, am Modell des Zentrums Windthorsts orientiert, reformierend und progressiv, nicht konfessionell geprägt und politisch offen für Allianzen mit nicht gebundenen Kräften. Die zukünftige Zentrumspartei, die sich an der Erfahrung der deutschen Katholiken im Reichstag orientieren sollte, nehme sich trotz ihrer unterschiedlichen Traditionen und Vertreter vor – so Meda in seiner berühmten Rede in Rho im Dezember 1904[28] – Verfechter von Idealen »des religiösen Friedens, der politischen Freiheit und der sozialen Gerechtigkeit«[29] zu sein. Das Konzept Medas zeichnete sich, besonders im Vergleich zum zeitgleichen Programm der katholisch-konservativen Gruppen, nicht nur im Sinne der Autonomie aus, sondern auch darin, wie Gabriele De Rosa in Erinnerung ruft, dass es über »jenes leblose Konzept von Ordnung« hinaus ging, das weiterhin die klerikalen Vertreter der katholischen Bewegung auszeichnete, die die antisozialistische Aversion und die Verschlossenheit gegenüber jeglichem Reformvorhaben widerspiegelten.[30]

Die italienische Volkspartei Luigi Sturzos

In seiner Mailänder Rede vom 17. November 1918, unmittelbar nach dem Ende des Ersten Weltkriegs, rief Luigi Sturzo zur Gründung einer Partei auf, die nicht im Namen der Katholischen Aktion operieren, nicht als Stützbalken von Thronen und Altären konzipiert sein, sondern auf dem Vertrauen der ganzen Nation ruhen sollte. In Bezug auf die Namensgebung dachte er an die katholische trentinische Partei De Gasperis: die Volkspartei. Angesichts der Wiedergeburt der Welt nach dem Fall der autokratischen Monarchien und der Befreiung ganzer Völker forderte

---

26 Gabriele De Rosa, Filippo Meda e l'età liberale, Florenz 1959, S. 187.

27 Erver [Ernesto Vercesi], Una conferenza di Vercesi a Ferrara, in: L'Osservatore Cattolico, 10. Dezember 1904.

28 Vgl. Filippo Meda, Scritti scelti, hg. von Giampetro Dore, Rom 1959.

29 I cattolici italiani nella vita politica, in: L'Osservatore Cattolico, 29. Dezember 1904.

30 Gabriele De Rosa, Il movimento cattolico in Italia, Bari 1976, S. 272.

Sturzo folgende Eigenschaften der neuen Partei ein: Religionsfreiheit, Freiheit der Lehre, eine laizistische Gestaltung des Staates, administrative Dezentralisierung, Organisation der Klassen, kommunale Autonomie und konstitutionelle Reformen. An erster Stelle stand allerdings die Einführung des Wahlrechts im Verhältniswahlsystem.

Die gleichen Stichworte, aber ungleich programmatischer formuliert, finden sich im Appell »An alle Freien und Starken« (»A tutti gli uomini liberi e forti«), den Sturzo am 18. Januar 1919 im Hotel Santa Chiara in Rom diktierte. Hier findet sich das tatsächliche politische Programm der neuen Partei: Integrität der Familie, Freiheit der Lehre, Anerkennung der Freiheit für gewerkschaftliche Organisationen, soziale Gesetzgebung, Organisation der Produktionskräfte, Autonomie für die örtlichen Ämter, Unabhängigkeit des kirchlichen Organismus, Reform der sozialen Vorsorge, Steuerreform, Wahlreform zum Verhältniswahlsystem, Lösungen zur Emigration, Völkerbund.

Der sizilianische Parteiführer definierte ausführlich in der Rede, die er im April 1923 in Turin zur »historischen Funktion« der Volkspartei hielt, die Partei von vier Adjektiven aus: laizistisch, konfessionslos, demokratisch, klassenübergreifend. Für Sturzo lag der »Urfehler« in der alten und überholten Definition als katholische Partei, wie man sie für alle vorherigen zusammenführenden Bewegungen von Katholiken in Italien beansprucht hatte. Sturzo plädierte für eine strikte Trennung beider antithetischen Termini: der Katholizismus sei nämlich universal, weil er religiös sei, während die Partei Trennung bedeute, weil sie politisch sei. Somit konnte und sollte die Partei weder die Kirche institutionell repräsentieren noch das Bewusstsein der Katholiken; sie hätte sich von der sozialen Doktrin inspirieren lassen können, aber ihr Tun auf das Gebiet der politischen Allianzen mit den laizistischen Kräften unterschiedlicher inspirativer Richtung lenken müssen.

Der Erfahrung Sturzos und all den hier betrachteten Versuchen einer politischen Vereinigung der italienischen Katholiken ist gemein, dass eine Integration der katholischen Massen in den liberalen Staat nicht vollzogen wurde; besonders die Volkspartei hatte es versäumt, die historische Chance einer katholisch-demokratischen Sukzession auf den sich in der Krise befindlichen liberalen Staat und auf die politische liberale Klasse an sich zu nutzen, mit einer möglichen sozialen Allianz der städtischen Mittelklassen und der Massen an Bauern, die die Partei für die katholische Stimme zu interessieren verstanden hat.

Die Partei Sturzos hatte den Eindruck erweckt, als ob sie den historischen liberalen Block der Zeit Giovanni Giolittis, der aus Industrie und agrarischen Großgrundbesitzern bestand, durch die Allianz der Bauern und der städtischen Mittelschicht hätte ersetzen können. Es schien jedoch in ihr ein tiefer Bruch zu existieren zwischen den progressistischen Haltungen der obersten Führungsebene, die sich dieser maßgeblichen Opportunität bewusst war, und der Basis der Wähler sowie der weiteren Führungskräfte, die grundsätzlich noch mit der alten, aber nicht aufgegebenen klerikal-gemäßigten Praxis verbunden waren, die also eher an politische Machenschaften und den persönlichen Kompromiss im Tausch gegen unmittelbare Begünstigungen gewöhnt waren, die die Tragweite eines politischen Vorhabens, das die Rangordnung der kirchlichen Hierarchie hätte überwinden können, nicht erfassen konnte.

Zudem führte möglicherweise die zu große Aufmerksamkeit, die man dem parlamentarischen Kampfplatz gerade im Moment von dessen Krise widmete, dazu, dass man dem Neuen zu wenig Aufmerksamkeit schenkte. Und dieses Neue verkörperte das faschistische Phänomen, welches drohte, den Staat der parlamentarischen Demokratie von innen her auszuhöhlen (Pietro Scoppola).

Besonders die marxistische Historiographie hat in den unterschiedlichen Phasen der Geschichte des politischen Einsatzes der Katholiken sowie in der Haltung des Heiligen Stuhls zu diesen unterschiedlichen Erfahrungen eine einzigartige Phase in der Geschichte der Kirchenwelt gesehen und die Aspekte einer entschiedenen Kontinuität zwischen der liberalen Epoche, dem Faschismus und dem Postfaschismus unterstrichen (Giovanni Miccoli). In einigen Fällen hat die linke Historiographie sogar eine einzige historische Parabel der Eingliederung der Katholiken in die industrielle Welt gesehen, ausgehend vom klerikal-gemäßigten Block über die Parabel Sturzos bis zur Aneignung der Macht durch die Democrazia Cristiana De Gasperis in der Zeit nach dem Zweiten Weltkrieg (Mario Giuseppe Rossi).

Das Scheitern des Popularismus angesichts des Faschismus

In Wahrheit zeichnete sich die katholische Bewegung – und das seit ihrem Ursprung – durch eine differenzierte Bandbreite von Positionen und Strömungen aus, die einander häufig widersprachen, wenn sie sich nicht überhaupt antithetisch gegenüberstanden. So existierten und überlebten in der Partei Sturzos gleichzeitig Nationalkonservative und ultramontane Kleriker, Volksdemokraten und liberale Katholiken, transigente Konziliatoristen und intransigente Staatsgegner.

Es bleibt allenfalls zu fragen, ob im Zusammentreffen der katholischen Bewegung mit dem faschistischen Regime und vorher mit dem liberalen Staat Giolittis das atavistische und ursprüngliche Misstrauen gegenüber dem System der politischen Parteien vor allem für die Demokratie eine wichtige Rolle für ihre Entscheidungen gespielt hat, ein Gefühl, das beim Kardinalstaatssekretär Gasparri evident war, aber von der *Civiltà Cattolica* als Gegengift gegen den Liberalismus und den Sozialismus propagiert wurde, die beide, kurz und bündig, als die zwei Gesichter eines einzigen System aufgefasst wurden (Scoppola).

Für einen großen Teil der Historiographie war es die autoritäre Wendung, die der Kirche von Pius XI. eingeprägt wurde, die das Zusammentreffen mit dem Regime begünstigte, auch im Hinblick auf eine konkrete Suche nach konkordatären Abkommen, sowohl mit dem faschistischen Italien (1929) als auch mit Deutschland, das seit kurzem nationalsozialistisch war (1933) und besonders wegen der guten Dienste von Franz von Papen und Ludwig Kaas, die auf eine unglückliche Weise mit der Unterstützung der Katholiken konvergierten. Die Enzykliken *Ubi arcano* und *Quas primas* zeugen von der Rückkehr zu Formen des Denkens einer hierarchischen und autoritären Ordnung.

Mit dem Anbruch des faschistischen Regimes kehrte man von einer immerhin partiellen Teilnahme der Katholiken an den Wahlen zum traditionalen Verhältnis der Führungsspitzen zurück. Nun schloss die Annäherung an das faschistische Regime notwendigerweise das Überleben der Erfahrung der Volkspartei aus. Überdies war und blieb der Sozialismus in der bestehenden konservativen Klasse der gemäßigten Volkswähler der Hauptfeind, lange vor dem Faschismus selbst.

Obwohl die katholische Position eine parlamentarische Mediation ausschloss, die ohnehin vom Regime nunmehr gänzlich abgeschafft war, verhinderte sie sowohl eine unmittelbare Klerikalisierung des Staatsapparates als auch gleichzeitig das Fortbestehen radikaler Formen des Totalitarismus. In dieser Hinsicht kehrte man durch den Beitritt zum Kolonialkrieg in Abessinien und die spätere Teilnahme an der franquistischen Kampagne sowohl zum argumentativen Apparat der traditionellen Doktrin des gerechten Krieges als auch zur für die Kreuzzugsideologie zugespitzten typischen Sprache zurück.

SUMMARY

In 2003 and in 2006 the never-ending discussions on Pius' XII »silence« on the Holocaust as well as the failure of the Jewish-Catholic Historical Commission induced John Paul II (1978–2005) to make the holdings of Pius' XI (1922–1939) pontificate in the Vatican Secret Archives accessible to research. Among others, they contain approximately 6.500 reports that nuncio Eugenio Pacelli, the later Pope Pius XII (1939–1959), sent to Rome from Munich and Berlin. On the one hand, these letters permit a unique insight into one of the most controversial personalities of the 20th century and on the making of Pacelli's patterns of perception and action, which supposedly have also forged his pontificate in a decisive manner. On the other hand, they open up an unparalleled *view from Rome* on the development and role of the Catholic Church in the Weimar Republic, but also on the politics and the social culture of these years in Germany, Europe and the world. The central record of this *global player*, the Catholic Church, of the time between the two world wars, one of the most intense periods of transition in the history of the world, offers research, apart from the focus on Pacelli, possibilities that have, however, not been sufficiently exploited yet. Most of all, this is due to a rather nationally-oriented segmentation of the questions and the evaluation of the sources. Treated as cross-cutting issues many important questions on the attitude of Church and Curia may only be answered by means of an international comparison.

The symposium »Eugenio Pacelli als Nuntius in Deutschland«, which was held in Münster from 24 to 26 March 2010, consequently pursued two goals. In the first two sections, the new possibilities that the various edition projects offer to the analysis of single issues were presented. In the other two sections, approaches to an international comparison were focused on; to be more precise, a comparative analysis of the nuncios and the Catholic parties in Europe was initiated. The public ceremonial act was also influenced by the internationalization of research. After greetings by Prof. Dr. Jörg Becker, pro-rector of Münster University for strategic planning and quality management, Dr. Michael Stückradt, former secretary of state in the Ministry of Innovation, Science, Research and Technology of North Rhine-Westphalia, and Prof. Dr. Matthias Kleiner, president of the German Research Foundation (DFG), the »Forschungsnetzwerk Pius XI.« was solemnly inaugurated. The two statements by Prof. Dr. Alberto Melloni, head of the »Fondazione per le Scienze Religiose Giovanni XXIII« (Bologna) and Prof. Dr. Gerd Althoff, then speaker of the Cluster of Excellence »Religion und Politik« in Münster, emphasized the importance of an interdisciplinary and international approach to research, especially as far as this particular issue is concerned. Two speeches topped off the night: giving an overview Mordechay Lewy, ambassador of Israel to the Holy See, addressed the mentioned »silence« of Pius XII by referring to the deficits of research as well as to the history of the reception of the unfinished chapter »The Holy See, the Jews and the making of Israel« (cfr. the text of his speech in the *Frankfurter Allgemeine Zeitung,* no. 72 of 26 march 2010); Romano Prodi, former president of the European Commission, analyzed the Catholic roots of the European unification process, which go back until Pacelli's days; on this basis he then developed guiding principles for Church, research and society today (cfr. the text of his speech »Quei cattolici che fecero laica l'Europa« in the Italian newspaper *Il Sole 24 Ore* of 25 march 2010).

The present volume collects the academic contributions to the symposium. In part I the reader will find an overview on the topic »Eugenio Pacelli: Quellen und Editionen«. The prefect of the Vatican Secret Archives, Bishop Sergio Pagano, reports on the volume of the holdings in the Vatican Secret Archives belonging to Pius' XI pontificate. 9.000 archival units out of 71 different holdings in the Secret Archive and 6.500 archival units out of 53 series of the archive of the Congregation for Extraordinary Ecclesiastical Affairs were made accessible to research, which is reflected in a considerable increase of its users. After a presentation of the holdings Pagano concentrates on a unique class of documents, the *fogli di udienza*; these are handwritten notes Pacelli authored after his audiences with the pope. A team of researchers from Münster directed by Hubert Wolf reports on the critical online edition of the approximately 6.500 nuncial reports, which Pacelli dispatched to Rome from 1917 to 1929. The edition, accessible at www.pacelli-edition.de, is mounted as a longtime project financed by the DFG and in cooperation with the Vatican Secret Archives and the German Historical Institute in Rome. It has become evident that Pacelli's nuncial reports represent the most important coherent non-German corpus of sources on German Catholicism during the Weimar years. These reports, which are frequently furnished with numerous enclosures (*allegati*), are in general available as draft and definitive version. The genesis of each report and with it the development of Pacelli's thinking may therefore be reconstructed easily. A newly developed »layer-model« makes the single steps of the formation of a report clearly visible. The dispatches sent by secretary of state Pietro Gasparri are edited as well, in order to help to better comprehend the flow of information and the decision making process in the Vatican.

In order to better integrate Pacelli's work as a nuncio in Germany into the historical context of the nunciatures of the time, a coordinate system is laid by five contributions forming part II (»Eugenio Pacelli als Nuntius: Themen, Personen, Strukturen«). Giorgio Feliciani analyzes in how far the *Codex Iuris Canonici* of 1917 offered a basic norm for the work of the apostolic nunciatures and for Pacelli in particular. He concludes that the *Codex* indeed contains guiding principles for the nuncios' work, therewith representing the framework of all issues that belong to the scope of the canonic legislator. However, the *Codex* does not provide any tangible instructions, so that the nuncio, especially in case he had not been equipped with clear instructions from Rome, was shift for himself. Emma Fattorini concentrates on Pacelli's first tentative diplomatic steps by referring to Benedict's XV (1914–1922) peace initiative in World War I. Pacelli's first big diplomatic mission failed among other reasons because the nuncio relied too much on the statements and estimations of his informant Matthias Erzberger. Klaus Unterburger classes Pacelli in the theological history of his times. While integralism and Thomism prevailed strong at the Roman universities and within the Roman Curia, Pacelli was faced with a rather moderate cardinal secretary of state, Pietro Gasparri, who was concerned about understanding. As Unterburger demonstrates at the example of efforts for a reform of theology in Germany and the apostolic constitution *Deus scientiarum Dominus*, Pacelli took over the Roman, anti-modernist view, which rejected Protestantism and historical-critical studies. PHILIPPE CHENAUX once more raises the issue of Pacelli's German imprinting. On the basis of an analysis of sources on the November revolution, Bavarian separatism and anti-Catholic nationalism he concludes that a sort of »germanophily« of the later Pius XII must be doubted, as his penchant for Germany only concerned Bavaria or rather that part of Germany that had remained Catholic during the Reformation. Chenaux, however, states that Pacelli clearly rejected aggressive German nationalism, which in his eyes represented an immense danger to Christian faith. MARK RUFF approaches the later Pius XII from a completely different perspective. In his contribution »Auseinandersetzungen um Rolf Hochhuths ›Stellvertreter‹« he pleads in favour of a historicization of the debate on Pius XII. *The Deputy*'s success was only possible because it was published during a period in which a new critical public had formed, the analysis of the Nazi-past being in full swing anyway. Not least did Hochhuth's play act as a kind of promoter for an academic accounting of papal contemporary history.

Part III opens an international comparison of various other European nuncios in Pacelli's days. In Austria, France, Italy, Czechoslovakia and Poland the nunciatures representing the Holy See were directed by completely dissimilar personalities. All the contributions are based on central questions. Basic information on the respective nunciature and on the coining and training of the nuncios in question, indications on instructions for the nuncio(s) as well as on a possible final relation were requested. Moreover the following issues were of interest: how many reports were written? Which topics turn up in the reports? Which scope of action did the nuncios have on site (as far as the episcopate and the government were concerned) and with the Vatican (that is, with the Cardinal Secretary of State, the Holy Office and the Pope)? Who did they consider social, political or the Church's enemy?

Due to the varying states of research these questions could not be comprehensively answered in the single contributions. The authors had to concentrate on different concepts. This way, RUPERT KLIEBER, writing on Austria, concludes that the evaluation of Enrico Sibilia's and Gaetano Cicognani's nuncial reports so far turned out to be less fruitful than that of Pacelli's. Sibilia mainly had to act as a correspondent and intermediary in discrete diplomatic affairs. Politically and ecclesiastically thorny affairs however did not concern the nuncio. Focusing on France, GIANFRANCO ARMANDO states that after an interruption of sixteen years Bonaventura Cerretti, who was sent to Paris, acted as a transmission belt between the French episcopate and the Secretariat of State, rendering outstanding services to the renewal of a good relationship between the Vatican and the French government. The work of Cerretti's successor, Luigi Maglione, extended to all realms of the churchly live in France. Maglione was considered as a faithful executor of the Catholic Action propagated by Pius XI. Valerio Valeri, whose time in office lasted until World War II had been furnished with the instruction to take an intermediary position in the politically delicate question. The situation in Italy was completely different: ALBERTO GUASCO traces the antecedents of the erection of a nunciature in

Rome in 1929. The dainty post was filled with Francesco Borgongini Duca, who had received the classic Roman education and served in the Secretariat of State. Due to his knowledge of the Roman Curia and the world of the Church and as he was a faithful follower of the Pope Borgongini Duca was considered the ideal man. Besides, he was known to the fascist regime and even accepted by Mussolini himself. The situation in Czechoslovakia was particularly hard, as EMILIA HRABOVEC demonstrates. Clemente Micara was first dispatched as a representative with the Czech and Slovakian bishops in order to expand the information and communication network on site and to provide the Holy See with bitterly needed information on the situation of the Church. After he was appointed to be nuncio Micara was dedicated to the rearrangement of the jurisdictional and personnel structure of the Church, in accordance with the new political laws and pastoral needs. He also authored a comprehensive final relation. Francesco Marmaggi, Micara's successor, was called back to Rome in 1925 as a sign of protest, after extensive irritations on celebrations in honour of Johannes Hus had aroused. In consequence Czechoslovakia interrupted the diplomatic relations with the Holy See. Under Pietro Ciriaci, who had the task to establish the modus vivendi for a reorganization of the relationship between Church and state, and under Saverio Ritter the situation calmed down only partly; 1939 the nunciature in Prague was closed, after the independence of Slovakia had been declared and the bohemian parts had fallen under the German protectorate. By sending an apostolic visitor to Warsaw, as STANISŁAW WILK explains, the foundation for a nunciature was laid. No less a person than Achille Ratti, the later Pope Pius XI, was to explore the situation and problems of the Church in the Kingdom of Poland and to inform the Holy See about it. After Ratti's election to pope a large number of nuncios followed in a short time; Wilk consequently points to the fact that a nunciature cannot work properly without the auxiliary staff behind the stage (such as auditors and secretaries).

Part IV focuses on a further issue in the international comparison by dealing with the Catholic parties in Europe. Here, the contributors were given central questions, too, and basic information on the respective party was asked for (amount of clerics, wings), on the role of the bishops (instructions, pastoral letters), on the attitude towards democracy or towards the authoritarian state, on the denominational question, on a possible coalition with the socialists, the liberal party etc. and on the reactions, instructions and interactions from Rome. As far as Germany is concerned, which KARSTEN RUPPERT deals with, the so called coalition of Weimar is central in this context, for example the collaboration of the Catholic Zentrum with the socialist party, the SPD, and the liberal party. This coalition not only adopted the Weimar constitution jointly, but also governed together for a few years. URS ALTERMATT focuses on the situation in Switzerland, where Catholics grew more and more into the role of the ruling party supportive of the state and found a middle-class basis in liberalism. The Swiss Christian democrats were prone to anti-modernism emphasizing the traditional values such as religion, family and fatherland. As WALTER IBER shows, Austrian politics in the time between the wars were massively forged by the Christian social party and the symbolic figure of political Catholicism, Ignaz Seipel. The situation in the bohemian parts turns out to be somewhat more complicated. JAROSLAV ŠEBEK demonstrates how the German

Christian social popular party attempted to exercise its influence orientating itself at Roman guidelines. No Roman guidelines, but the German Zentrum was the role model for Italian Catholics as far as the foundation of the Italian popular party »Partito Popolare Italiano« was concerned, as STEFANO TRINCHESE explains.

The two cross-cutting issues of the international comparison not only enabled new insights into the stance of Pope and Church on central questions of the time between the wars. The results of the international comparison together with the analysis of the »German« material on Pacelli allow a first hypothesis: collegial decision finding, which had emerged as such in the operating principles of the congregations and the Secretariat of State in the course of the 19th century (written opinions by the consultors, discussion in consultors' assemblies and in the congregations of the cardinals, referenda with individual votes by the eminences, audience of the prefect with the pope, who in general adopted the majority voting), was virtually suspended by Pius XI. Informality instead of organized procedures and a tendency towards an autocratic managerial style are clearly discernible. The entire decision was concentrated at the peak, that is, in the person of the Pope and in his Cardinal Secretary of State. Collegial mechanisms to control the absolute, infallible monarch were systematically disabled. The Congregation for Extraordinary Ecclesiastical Affairs, which had dealt with all important political questions in extensive sessions ever since its foundation in the 19th century, was rarely convoked by Pius XI. By doing so he consequently continued a policy that his two predecessors had begun. These two had even brought sub-governments into life. Under Pius X (1914–1922) all important issues were dealt with by his secret cabinet, the so called *sacro tavolo*, which only few confidents had access to.

The conclusions concerning German issues connected with curial decision finding cannot, however, be completely relied upon yet. It might be that Germany represents a special case, as Pacelli was considered the expert on Germany within the Curia. Why should Pius XI then seek advice of other persons or offices on German issues? Therefore the »German« work hypothesis should be put to the test in an extended international access. There, fundamental insights on the governing style of Pius XI, but also on the development of curial decision making are to be expected.

Translation: ELISABETH-MARIE RICHTER

VERZEICHNIS DER SIGLEN UND ABKÜRZUNGEN

AAdK	Archiv der Akademie der Künste, Berlin	
	FVB	Freie Volksbühne
AAS	Acta Apostolicae Sedis	
ACDF	Archivio della Congregazione per la Dottrina della Fede, Rom	
	SO	Bestand Sanctum Officium
	RV	Bestand Rerum Variarum
ACDP	Archiv für Christlich-Demokratische Politik, Sankt Augustin	
ACEC	Archivio della Sacra Congregazione per la educazione cattolica, Rom	
	DScD	Fondo Università, Buste zu *Deus scientiarum Dominus*: Riordinamento degli studi ecclesiastici superiori
AEK	Historisches Archiv des Erzbistums Köln	
AEM	Archiv des Erzbistums München und Freising	
AKZG	Archiv der Kommission für Zeitgeschichte, Bonn	
AMZV	Archiv Ministerstva zahraničních věcí České republiky, Prag	
ANP	Stanisław WILK (Hg.), Achilles Ratti (1918-1921), 7 Bde. (Acta Nuntiaturae Polonae 57), Rom 1995-2003	
ASS	Acta Sanctae Sedis	
ASV	Archivio Segreto Vaticano, Rom	
	Arch. Nunz. Berlino	Archivio della Nunziatura di Berlino
	Arch. Nunz. Cecoslovacchia	Archivio della Nunziatura di Cecoslovacchia
	Arch. Nunz. Monaco	Archivio della Nunziatura di Monaco
	Arch. Nunz. Parigi	Archivio della Nunziatura di Parigi
	Arch. Nunz. Varsavia	Archivio della Nunziatura di Varsavia
	Arch. Nunz. Vienna	Archivio della Nunziatura di Vienna
BGB	Bauern-, Gewerbe und Bürgerpartei	
BVP	Bayerische Volkspartei	
CDU	Christlich Demokratische Union	
ČNA	Český národní archiv, Prag	
CVP	Christlichdemokratische Volkspartei	
DAB	Diözesanarchiv Berlin	
DAL	Diözesanarchiv Limburg	
DAW	Diözesanarchiv Wien	
DBI	Dizionario Biografico degli Italiani	
DH	Enchiridion symbolorum	
DNVP	Deutschnationale Volkspartei	
DPA	Deutsche Presseagentur	
DVP	Deutsche Volkspartei	
fasc.	Fascicolo/Faszikel	
FDP	Freisinnig-demokratische Partei (Schweiz)	
fol.	folio/folii	
HAWDR	Historisches Archiv des Westdeutschen Rundfunks, Köln	

KNA	Katholische Nachrichtenagentur
NSDAP	Nationalsozialistische Deutsche Arbeiterpartei
ÖStA	Österreichisches Staatsarchiv, Wien
	AdR Archiv der Republik
pos.	Posizione/Position
RIAS	Radio in the American Sector
SKVP	Schweizerische Konservative Volkspartei
SKVV	Schweizerischer Katholischer Volksverein
SLA	Schweizerisches Literaturarchiv Bern
SPD	Sozialdemokratische Partei Deutschland
S.RR.SS.	Segretaria di Stato, Sezioni per i Rapporti con gli Stati, Archivio Storico, Rom
	AA.EE.SS. Congregazione per gli Affari Ecclesiastici Straordinari
UPI	United Press International
WDR	Westdeutscher Rundfunk
ZAKNA	Zentralarchiv der Katholischen Nachrichtenagentur, Bonn
ZAZdK	Zentralarchiv des Zentralkomitees der deutschen Katholiken, Bonn

AUTORENVERZEICHNIS

Urs Altermatt, Emeritierter Professor für Allgemeine und Schweizerische Zeitgeschichte an der Universität Freiburg/Schweiz

Gianfranco Armando, Beamter im Vatikanischen Geheimarchiv Rom

Philippe Chenaux, Ordentlicher Professor für moderne und zeitgeschichtliche Kirchengeschichte an der Lateran-Universität Rom

Emma Fattorini, Ordentliche Professorin für Zeitgeschichte an der Universität »Sapienza« Rom, Mitglied des »Comitato scientifico Treccani« und des »Comitato nazionale di bioetica«

Giorgio Feliciani, Ordentlicher Professor für kanonisches Recht an der Juristischen Fakultät der Katholischen Universität Mailand

Alberto Guasco, Wissenschaftler in der »Fondazione per le Scienze Religiose Giovanni XXIII« in Bologna

Sascha Hinkel, Leitender Wissenschaftlicher Mitarbeiter im DFG-Projekt »Kritische Online-Edition der Nuntiaturberichte von Eugenio Pacelli« am Seminar für Mittlere und Neuere Kirchengeschichte in der Katholisch-Theologischen Fakultät der Universität Münster

Jörg Hörnschemeyer, Wissenschaftlicher Mitarbeiter im Deutschen Historischen Institut in Rom

Emilia Hrabovec, Direktorin des Instituts für Kirchengeschichte an der Römisch-Katholischen Theologischen Fakultät der heiligen Kyrill und Method an der Komenský-Universität Bratislava, Slowakei

Walter M. Iber, Wissenschaftlicher Mitarbeiter am Ludwig Boltzmann-Institut für Kriegsfolgen-Forschung, Graz – Wien – Klagenfurt

Rupert Klieber, Außerordentlicher Professor am Institut für Kirchengeschichte an der Katholisch-Theologischen Fakultät der Universität Wien

Maria Pia Lorenz-Filograno, Wissenschaftliche Mitarbeiterin im DFG-Projekt »Kritische Online-Edition der Nuntiaturberichte von Eugenio Pacelli« am Seminar für Mittlere und Neuere Kirchengeschichte in der Katholisch-Theologischen Fakultät der Universität Münster

Sergio Pagano, Präfekt des Vatikanischen Geheimarchivs Rom, Direktor der Vatikanischen Archivschule, Barnabit und Titularbischof von Celene

Elisabeth-Marie Richter, Wissenschaftliche Mitarbeiterin im DFG-Projekt »Kritische Online-Edition der Nuntiaturberichte von Eugenio Pacelli« am Seminar für Mittlere und Neuere Kirchengeschichte in der Katholisch-Theologischen Fakultät der Universität Münster

Mark Edward Ruff, Außerordentlicher Professor für Geschichte an der Saint Louis Universität Missouri, USA

Karsten Ruppert, Professor für Neuere und Neueste Geschichte an der Katholischen Universität Eichstätt-Ingolstadt

Kirsi Salonen, Dozentin an der Historischen Fakultät der Universität Tampere, Finnland

Barbara Schüler, Leiterin der Abteilung »Wissenschaftskommunikation und Wissenschaftsmanagement« am Seminar für Mittlere und Neue Kirchengeschichte in der Katholisch-Theologischen Fakultät der Universität Münster

Jaroslav Šebek, Mitarbeiter am Historischen Institut der Akademie der Wissenschaften, Prag

Stefano Trinchese, Ordentlicher Professor für Zeitgeschichte und Vorstand der Fakultät für Literatur an der Universität »Annunzio Chieti«, Direktor des »Centro per la Storia dell'Adriatico«

Klaus Unterburger, Privatdozent und Vertreter des Lehrstuhls für Mittlere und Neuere Kirchengeschichte in der Katholisch-Theologischen Fakultät der Universität Münster

Stanisław Wilk, Rektor der Katholischen Universität »Johannes Paul II.«, Lublin

Hubert Wolf, Direktor des Seminars für Mittlere und Neuere Kirchengeschichte an der Westfälischen Wilhelms-Universität in Münster

PERSONEN-, ORTS- UND SACHREGISTER